A GLOBO
HEGEMONIA
1965•1984

ERNESTO RODRIGUES

A GLOBO
HEGEMONIA
1965•1984

autêntica

VOLUME 1

Copyright © 2024 Ernesto Rodrigues
Copyright desta edição © 2024 Autêntica Editora

Todos os direitos desta edição reservados pela Autêntica Editora Ltda. Nenhuma parte desta publicação poderá ser reproduzida, seja por meios mecânicos, eletrônicos, seja via cópia xerográfica, sem a autorização prévia da Editora.

EDITORAS RESPONSÁVEIS
Rejane Dias
Rafaela Lamas

EDITOR CONVIDADO
Ricardo Pereira

REVISÃO
Deborah Dietrich
Julia Sousa
Livia Martins
Lorrany Silva

PROJETO GRÁFICO E CAPA
Diogo Droschi
(sobre imagem de Adobe Stock)

DIAGRAMAÇÃO
Guilherme Fagundes

Dados Internacionais de Catalogação na Publicação (CIP)
(Câmara Brasileira do Livro, SP, Brasil)

Rodrigues, Ernesto
  A Globo : hegemonia : 1965-1984 / Ernesto Rodrigues. -- 1. ed. -- Belo Horizonte, MG : Autêntica Editora, 2024. -- (A Globo ; v. 1)

  ISBN 978-65-5928-472-6

  1. Televisão - Aspectos sociais - Brasil 2. Televisão e política - Brasil 3. TV Globo - História I. Título. II. Série.

24-223511   CDD-302.23450981

Índices para catálogo sistemático:

1. Brasil : TV Globo : Televisão : História : Sociologia 302.23450981

Cibele Maria Dias - Bibliotecária - CRB-8/9427

Belo Horizonte
Rua Carlos Turner, 420
Silveira . 31140-520
Belo Horizonte . MG
Tel.: (55 31) 3465 4500

São Paulo
Av. Paulista, 2.073, Conjunto Nacional
Horsa I . Salas 404-406 . Bela Vista
01311-940 . São Paulo . SP
Tel.: (55 11) 3034 4468

www.grupoautentica.com.br
SAC: atendimentoleitor@grupoautentica.com.br

Para meus companheiros da Globo,
nos bons e maus momentos da jornada.

SUMÁRIO

O LIVRO 17

TÍTULO		TEMA	ÁREA	PÁG.
Agosto de 2022	CAPÍTULO 1	O novo endereço da Globo no século 21	PODER	25
Abril de 1965		Onde estava todo mundo em abril de 1965?	PODER	27
Bonitinha, mas ordinária		Por dentro, um luxo; no Ibope, um fiasco	AUDIÊNCIA	29
Negócios à parte		Carlos Lacerda, o primeiro grande inimigo	POLÍTICA	31
Terraço dos milagres		A precariedade das primeiras novelas	DRAMATURGIA	35
Um revólver na bancada		Erickson, o âncora da ditadura, sem intermediários	JORNALISMO	39
Farda, terno e jaleco		As duas correntes dos militares dentro da Globo	ENGENHARIA	42
Os dois lados da fita		A pré-história do Padrão Globo de Qualidade	ENGENHARIA	46
A nova missão de Joe		Joe Wallach, o aliado americano	PODER	49
Concorrência		Os fiascos iniciais de audiência	AUDIÊNCIA	50
São Paulo Ltda		A chegada na terra das três grandes: Tupi, Record e Bandeirantes	PODER	53
A cascata de Walter		A enchente redentora que pôs a Globo no mapa da audiência	JORNALISMO	57
A cubana		Glória Magadan, a cubana que fez Clark, Boni e Daniel tremerem	DRAMATURGIA	59
O jabuti americano	CAPÍTULO 2	Caso Time-Life: a radiografia da pedalada	POLÍTICA	61
Guerra		Caso Time-Life: os inimigos poderosos e suspeitos	POLÍTICA	63
O show de Brasília		Caso Time-Life: a CPI que foi infinita enquanto durou	POLÍTICA	65
A turma da lacração		Caso Time-Life: os mais temidos usavam farda	POLÍTICA	69

TÍTULO	TEMA	ÁREA	PÁG.
A outra cascata de Walter	O milagre das *globetes* na cobertura do Carnaval	JORNALISMO	72
Bomba! Bomba!	Ibrahim Sued, Otto Lara & Cia: o flerte com o jornalismo impresso	JORNALISMO	74
Boni	Boni chega e começa a fazer história	PODER	78
Sorry, Karabtchevsky	Walter Clark mexe na grade da elite, de olho na audiência	AUDIÊNCIA	81
Tal pai	*Casamento na TV* antecipa um dilema de cinco décadas	ENTRETENIMENTO	85
Quem queria bacalhau?	A chegada de Chacrinha, mistura de remédio com dor de cabeça	AUDIÊNCIA	86
Contágio inicial	Enfim, as primeiras vitórias da Globo no Ibope	DRAMATURGIA	89
Música, vaias e racismo	Festival Internacional da Canção: uma febre intensa, curta e histórica	ENTRETENIMENTO	92
Primeiro round	A trama interna de Boni e Daniel para derrubar Glória Magadan	DRAMATURGIA	97
Dois terremotos e um tremor	*Anastácia*, a última mexicana	DRAMATURGIA	100
O homem da selva	*Amaral Netto*: show de imagens e de propaganda militar	JORNALISMO	104
São Paulo contra Chicago	*Beto Rockfeller*, a revolução da Tupi que virou realidade na Globo	DRAMATURGIA	109
O fim dos escrúpulos	O AI-5 na Globo	POLÍTICA	113
O poder das cinzas	Incêndios suspeitos nas TVs atiçam o anticomunismo	PODER	117
O camelô e o astronauta	A batalha de Neil Armstrong contra Silvio Santos	JORNALISMO	121
O atraso mais demorado	Um tempo de racismo raiz nos estúdios	DRAMATURGIA	123
Te cuida, *Repórter Esso*	Criação do *Jornal Nacional*: jornalistas queriam informar e os militares queriam controlar o território	JORNALISMO	128
Gigante silencioso	O *Jornal Nacional* entra no ar para nunca mais sair da história	JORNALISMO	131
É o Cid	O que, afinal, fazia Cid Moreira?	JORNALISMO	135

CAPÍTULO 3

TÍTULO		TEMA	ÁREA	PÁG.
Em busca do ouro	**CAPÍTULO 4**	Copa de 1970: a primeira cobertura	ESPORTE	138
O longa do Heizer		Futebol não era prioridade na grade da Globo nos primeiros anos	ESPORTE	143
Sangue de groselha		*Telecatch Montilla*: a mentirinha irresistível	ENTRETENIMENTO	144
A orelha do coelho		Fórmula 1: o início improvisado do que seria uma mina de dinheiro	COMERCIAL	146
Proibido desmaiar		A novela *Véu de Noiva* faz história	DRAMATURGIA	148
A noiva do véu		O "sequestro" de Regina Duarte na concorrência	DRAMATURGIA	151
Novela de macho		O fenômeno chamado *Irmãos Coragem*	AUDIÊNCIA	154
Por trás da grade		Quem mandava nos *breaks* antes da chegada da Globo	COMERCIAL	158
Show do intervalo		A turma do comercial: a origem anônima da fortuna dos Marinho	COMERCIAL	160
Um rato no ombro		"Topo Gigio": o incrível antepassado do "Louro José"	ENTRETENIMENTO	162
Adeus jabá		Merchandising: fim dos "bicos" do elenco	COMERCIAL	164
Vale-tudo	**CAPÍTULO 5**	A baixaria dos auditórios toma conta das telas	ENTRETENIMENTO	168
Pobres inúteis		Dercy e Chacrinha começam a pesar demais na grade	AUDIÊNCIA	172
Conta outra		A comédia começa a pegar o jeito da TV com *Faça Humor, Não Faça Guerra*	HUMOR	174
Conexão Praga-Sucupira		Os comunistas da Globo em ação	DRAMATURGIA	176
Um dia especial		Exército ocupa a redação na morte de Lamarca	JORNALISMO	180
Bandeira da Shell		Cineastas perseguidos sobrevivem na redação do *Globo Repórter*	JORNALISMO	182
A parceira silenciosa		O papel da classe média na ascensão da Globo	POLÍTICA	184
Uau!		O fiasco da televisão feita por intelectuais	HUMOR	188
Um fracasso hilariante		Uma estranha novela chamada *O Bofe*	DRAMATURGIA	190

TÍTULO		TEMA	ÁREA	PÁG.
Naufrágio no ar		A Globo conquista a hegemonia enquanto a Tupi se desfaz diante dos telespectadores	AUDIÊNCIA	193
Yankees go home		O dia em que a Globo quase virou empresa do futuro Banco Itaú	POLÍTICA	197
Os donos da festa		O nascimento do "hino" da Globo	PODER	203
Nada a ver	CAPÍTULO 6	Na chegada da cor, a pressa era dos militares	ENGENHARIA	205
Delírios coloridos		Os exageros e micos hilariantes dos primeiros programas em cores	ENGENHARIA	208
Olho no olho		A chegada do *teleprompter* foi uma tortura para Cid Moreira	ENGENHARIA	211
Bruxarias		Homero Icaza Sánchez: o polêmico profeta da audiência chega à Globo	AUDIÊNCIA	215
Quinze minutos		O dia da conquista do monopólio, na ponta do lápis	AUDIÊNCIA	222
O fio da navalha		A viagem cada vez mais arriscada entre o fato e o mito na tela da Globo	AUDIÊNCIA	225
Coisas de família		O fenômeno *A Grande Família*	DRAMATURGIA	228
Coisa de criança		O desafio de adaptar *Vila Sésamo* no Brasil	ENTRETENIMENTO	231
A hora da buzina		A demissão de Chacrinha	ENTRETENIMENTO	234
A estaçãozinha auxiliar	CAPÍTULO 7	A criação do *Fantástico*	JORNALISMO	237
História do Brasil		*O Bem-Amado* desmoraliza o poder de um jeito que o jornalismo não podia mostrar	DRAMATURGIA	244
Noveleiros do porão		*Cavalo de Aço*: mistura de folhetim e metáfora social no auge da ditadura	DRAMATURGIA	249
Chama o Aníbal		Elis Regina pede socorro contra a ditadura	PODER	252
A preguiça do rei		Roberto Carlos fecha com a Globo, quase por acidente, um contrato de décadas	ENTRETENIMENTO	256
É mentira, Chico?		Chico Anysio: um artista e um ego intermináveis	HUMOR	260
Queimação de filme		Bonita e impagável, a película dá lugar, no jornalismo, às imagens velozes, baratas, mas rarefeitas do videoteipe	JORNALISMO	266

TÍTULO		TEMA	ÁREA	PÁG.
Ousadias da noite	**CAPÍTULO 8**	As novelas aproveitam o sinal verde da Censura no horário em que o povo já estava dormindo para acordar cedo	DRAMATURGIA	273
Tesão no ar		*Gabriela*, um romance que não "dava" novela encanta o Brasil	DRAMATURGIA	276
O enigma da ostra		*O Grito* mergulha fundo nas neuroses urbanas	DRAMATURGIA	278
O sanduíche do Cid		A fórmula que garantiu o domínio da Globo no horário nobre	AUDIÊNCIA	280
O último furo		O dia em que o presidente Richard Nixon apareceu, sem máscara, só na tela da Globo	JORNALISMO	283
Chile podia		O paradoxo diário da cobertura internacional da Globo nos anos 1980	JORNALISMO	284
Preto no branco		Portugal: um assunto delicado do jornalismo da Globo depois da Revolução dos Cravos	JORNALISMO	285
Recheio importado		Correspondentes lavavam a alma dos colegas nas redações da emissora no Brasil	JORNALISMO	287
Terrenos minados		Nem tudo era fácil para os jornalistas do país de Pelé	JORNALISMO	291
O grampo fatal		O preço da vaidade de Dias Gomes no veto total de *Roque Santeiro*	DRAMATURGIA	293
O pecado de Janete		*Pecado Capital*: um resultado muito além da encomenda	DRAMATURGIA	299
Estupidez carimbada		Momentos antológicos dos absurdos da Censura à dramaturgia da Globo	POLÍTICA	303
Calouros do espaço	**CAPÍTULO 9**	As primeiras transmissões via satélite da Globo	ESPORTE	308
O mistério de Zandvoort		O desafio de cobrir Fórmula 1 no golpe de vista	ESPORTE	312
Infância pobre		Criação do *Esporte Espetacular*	ESPORTE	314
Fuzis e marmelada		A cobertura da Copa da ditadura, na Argentina, em 1978	ESPORTE	315
Grita comigo que eu gosto		A era dos diretores tóxicos na Globo	DRAMATURGIA	319

TÍTULO	TEMA	ÁREA	PÁG.
Escravos do sucesso	*Escrava Isaura*: um fenômeno, dos bastidores da novela à loucura dos chineses	DRAMATURGIA	327
Por trás daquele beijo	*O Casarão*: a novela nem sempre compreendida que muita gente adorava	DRAMATURGIA	332
O cercadinho do general	A sina de cobrir os generais inacessíveis do Planalto	JORNALISMO	335
O peixe ainda estava vivo	Morte de JK: a notícia triste demais para ser totalmente censurada	JORNALISMO	338
A célula do Jardim Botânico	O balaio de "comunistas" da Globo só aumentava	JORNALISMO	340
Os famosos Quem	A vaidade e os altos salários tiraram muitos chefes da Globo do sério	PODER	343
Lugares de fala	O império do "carioquês" e o dilema dos sotaques na Globo	JORNALISMO	348
A Bruxinha	Glorinha, a dona das vozes, olhares e gestos do elenco	DRAMATURGIA	353
Muito fio, pouca tomada	O incêndio que apagou parte da memória da Globo	ENGENHARIA	356
Dependência de empregada	*Anjo Mau*, a novela que fez as patroas balançarem	DRAMATURGIA	360
Ser ou não ser?	O dilema do elenco da Globo continuou: prestígio no palco ou salário na telinha?	DRAMATURGIA	363
Melhor não	*Espelho Mágico*, a novela indesejada por mergulhar na intimidade dos atores	DRAMATURGIA	368
Melhor assim	*O Astro* mobiliza o país para saber quem tinha matado um certo Salomão Hayala	DRAMATURGIA	371
O meio do túnel sem fim	A agonia da Tupi: lenta e gradual, como o sucesso e o fracasso em televisão	PODER	373
Os leões românticos do Leme	*Os Trapalhões*, quem diria, chegam à Globo	ENTRETENIMENTO	376
Luxos da liderança	Tempos despreocupados de Beethoven e Monteiro Lobato	AUDIÊNCIA	379
A noite dos generais	A demissão de Walter Clark	PODER	383

CAPÍTULO 10

TÍTULO		TEMA	ÁREA	PÁG.
Primeiras baixas	**CAPÍTULO 16**	Jardel Filho, uma perda de milhões	AUDIÊNCIA	583
A metralhadora do macaco		O impacto diário da Globo no cotidiano brasileiro	JORNALISMO	586
Conhecidos de algum lugar		Intimidade esquizofrênica: bastava aparecer na telinha	AUDIÊNCIA	594
Muito além da torta		*Guerra dos Sexos*: Silvio de Abreu bagunça o coreto da dramaturgia	DRAMATURGIA	599
Segredos do intervalo		A Globo enquadra de vez o mercado publicitário	COMERCIAL	602
Os truques do camelô		O SBT tenta e consegue incomodar	AUDIÊNCIA	608
Três dias de folia e brincadeira		A jovem Manchete dá um baile na Globo	AUDIÊNCIA	611
A volta ao berço	**CAPÍTULO 17**	*Roque Santeiro* no ar, dez anos depois	DRAMATURGIA	617
O povo não era bobo		Cobertura das Diretas Já: onde tudo começou	JORNALISMO	625
Heranças		Diretas Já: os desafios da Globo e da *Folha de S.Paulo*	JORNALISMO	628
Os micos da catedral		Diretas Já: pecados jornalísticos em plena Catedral da Sé	JORNALISMO	631
Sucessão temporária		Diretas Já: Roberto Irineu Marinho entra em cena	JORNALISMO	637
O ronco da Candelária		Diretas Já: a força da Globo sem amarras	JORNALISMO	639
Carga de cavalaria		Diretas Já: uma grande cobertura, uma derrota no Congresso e uma dívida jornalística em forma de slogan	JORNALISMO	643

Índice onomástico 651

Referências bibliográficas 661

O LIVRO

– E aí, morreu?

Meus catorze anos de jornalismo na Globo acabaram quando, como chefe da redação, anestesiado pelo risco de levar um furo da concorrência, plantei-me, ofegante, junto à bancada de apresentação do *Jornal da Globo*, na então novíssima redação da emissora, no Brooklin, zona sul de São Paulo, no final de uma manhã do dia 18 de maio de 1999, e pedi que alguém confirmasse a notícia.

No instante anterior, eu tinha até tomado um tombo, inaugurando o novo piso do trajeto até o *switcher*, a sala de controle das transmissões de jornalismo, ao correr para deixar a equipe de operações em alerta para a iminência de um plantão jornalístico em rede nacional. A notícia era a morte do então exatleta olímpico João Carlos de Oliveira, o "João do Pulo", e, por coincidência, naquela madrugada, o dramaturgo e autor de novelas Dias Gomes havia morrido num acidente em que um ônibus atingiu o táxi em que ele estava na Avenida Nove de Julho, região dos Jardins, zona oeste da cidade.

Diferentemente da trágica surpresa da perda de Dias Gomes, todos já sabíamos que "João do Pulo" vinha morrendo aos poucos, no Hospital da Beneficência Portuguesa, consumido pela cirrose e por uma infecção generalizada. A edição do obituário já estava pronta, como sempre acontecia quando gente famosa era internada em estado grave, e uma rádio tinha acabado de dar a notícia. Só faltava a confirmação para que Sandra Annenberg, então apresentadora e editora-executiva do *Jornal Hoje*, lesse o texto diante da câmera instalada à frente de sua mesa, no centro da redação.

– Morreu!

A voz era de um homem. Tenso, não me dei ao trabalho de identificar quem tinha respondido, entre os cerca de cinquenta profissionais, repórteres, editores, produtores e técnicos que ocupavam a redação naquele momento. Dei um giro de 180 graus e corri de novo para o *switcher*, com a mesma impulsividade que me levara ao chão momentos antes. O que me movia, como já tinha acontecido em tantos plantões do passado para o *Jornal Nacional* e outros programas, era a mais genuína razão de ser do jornalista: a oportunidade ou obrigação de dar uma informação importante em primeira mão. Além, no caso, do temor de ser cobrado por um eventual furo da então incômoda concorrente, a Record.

– Morreu! Morreu! Morreu! Pode dar!

Ao orgulho efêmero de ser a voz de comando para interromper a programação com a imagem grave de Sandra Annenberg na redação seguiu-se o alívio de ver, nos monitores do *switcher*, que as emissoras concorrentes continuavam com seus desenhos animados e programas baratos de estúdio. Estávamos na frente.

Não lembro se tive tempo de saborear a possibilidade de Evandro Carlos de Andrade, então diretor da Central Globo de Jornalismo, e seu braço direito, Carlos Schroder, diretor de produção, estarem de olho nos monitores das salas que ocupavam na sede da emissora, no Rio de Janeiro, para testemunhar aquela demonstração de profissionalismo e agilidade. Estavam.

"Um dia triste para o Brasil. Depois da perda do dramaturgo Dias Gomes esta madrugada, morreu agora há pouco, em São Paulo, João Carlos de Oliveira, o 'João do Pulo'. O ex-atleta, recordista do salto triplo, estava internado no Hospital da Beneficência Portuguesa, com cirrose hepática. Outras informações daqui a pouco, no *Jornal Hoje*."

Sandra voltaria ao assunto bem antes do *Hoje*. Quando eu ainda deixava o *switcher* para, enfim, aliviado, caminhar civilizadamente de volta para minha mesa na redação, fui interceptado por Patrícia Marques, produtora-chefe do telejornalismo local. Seus olhos verdes brilhavam, mistura de fúria com perplexidade. A intensidade de seus gestos, multiplicada pela responsabilidade que ela tinha de saber, na ponta da língua, a qualquer momento do dia, tudo que a Globo deveria saber que estivesse acontecendo de importante na cidade de São Paulo, mostrava que algo estava errado.

– Você está louco! O que você fez? O "João do Pulo" não morreu! Nós temos uma equipe com link na porta do hospital! Ele não morreu!

Catatônico, nem respondi. Sabia que tinha cometido o erro mais grave que um jornalista pode cometer. Era com ela, Patrícia, chefe de produção, que eu tinha de confirmar a notícia, antes de autorizar aquele plantão. E não me basear apenas no sujeito oculto da redação que respondera com um "Morreu!" à minha pergunta aflita. Envergonhado, fui direto para a mesa de Sandra Annenberg e dei a nova notícia:

– Sandra, vamos ter que dar outro plantão desmentindo. O "João do Pulo" não morreu.

Instantes depois, entramos no ar com a correção:

"Não está confirmada a morte de João Carlos de Oliveira, o 'João do Pulo'. Ele continua internado em estado grave, no Hospital da Beneficência Portuguesa, em São Paulo. Outras informações, daqui a pouco no *Jornal Hoje*".

Pelo telefone, fui imediatamente informado por Amauri Soares, então diretor regional de jornalismo em São Paulo, que Evandro Carlos de Andrade tinha me demitido. Na mesma hora me despedi dos mais chegados e fui embora para o Rio, onde minha mulher e meus filhos continuavam morando. Dois anos depois, eu ficaria sabendo que o autor do grito "Morreu!" tinha sido um jornalista da emissora que, ao fazer o texto do plantão a quatro mãos com Sandra Annenberg, não havia dado atenção à informação, passada à redação por um editor da equipe de esportes da emissora, de que o hospital não confirmava a morte de "João do Pulo", que só morreria onze dias depois.

Jamais questionei a legitimidade da minha demissão. E fiz questão de contar a história, sempre na primeira aula, ao me apresentar para todas as turmas de jornalismo que tive na PUC-Rio por mais de uma década, pela força da lição que o episódio continha. Jornalismo, eu sempre dizia para os alunos, é coisa séria.

Até aquela manhã, eu tinha trabalhado na Globo como editor do *Jornal Nacional* e do *Jornal da Globo*, diretor de programas do *Globo Repórter*, chefe do escritório da emissora em Londres e diretor-executivo do *Fantástico*. Antes, a partir de setembro de 1980, tinha sido repórter do jornal *O Globo*, da sucursal do *Jornal do Brasil* em Brasília, da revista *IstoÉ* em São Paulo e da sucursal da *Veja* no Rio.

Quase dezoito anos depois daquele plantão, em setembro de 2017, eu estava à frente de uma equipe de filmagem, como produtor independente, percorrendo os cômodos da residência do então presidente da Globo, Roberto Irineu Marinho, no bairro carioca da Gávea. A convite de sua mulher, Karin, produzia um vídeo surpresa que ela e Roberto Marinho Neto, o filho mais velho, haviam me encomendado e que seria exibido na festa íntima que a família faria no dia 13 de outubro daquele ano em Veneza, para celebrar os 70 anos do primogênito de Roberto Marinho.

Entre a demissão da redação em São Paulo e aquele ensaio cinematográfico na mansão de Roberto Irineu haviam se passado quase duas décadas, durante as quais eu tinha produzido, também como terceirizado, dezenas de conteúdos audiovisuais para praticamente todas as áreas da Globo. Ao longo dos anos, tinha conciliado aquela atividade audiovisual e a produção de documentários com a autoria de biografias de Ayrton Senna (2004), João Havelange (2006) e Zilda Arns (2018); um mandato de dois anos como *ombudsman* da TV Cultura de São Paulo (2008-2010); a direção da empresa de comunicação corporativa CDN no Rio, em 2001; e onze anos de aulas como professor de técnicas de redação e telejornalismo da PUC-Rio.

A ideia deste livro nasceu durante um dos trabalhos que fiz para a Globo como produtor independente, quando tive acesso a alguns pedaços de um tesouro: o conteúdo integral de centenas de depoimentos de atores, jornalistas, executivos, diretores, roteiristas, produtores, administradores, publicitários, profissionais de marketing, programadores, engenheiros e artistas entrevistados pela equipe do Memória Globo, o departamento responsável pelo resgate e pela organização da história das empresas e dos profissionais do Grupo Globo.

Em outubro de 2018, entrei em contato com Roberto Irineu e falei do meu projeto de mergulhar, de forma irrestrita e independente, nas transcrições dos depoimentos do Memória Globo, e de usar o conteúdo dos depoimentos em uma "biografia" da Globo que eu queria que fosse publicada por uma editora do mercado brasileiro sem qualquer ligação editorial ou financeira com o Grupo Globo.

Como garantia de que faria um uso responsável, equilibrado e profissional do acervo original do Memória Globo, ofereci minha história no jornal *O Globo* e na emissora. E antecipei, no e-mail que enviei a Roberto Irineu, que a obra procuraria ficar "tão distante de um conteúdo meramente institucional quanto de um panfleto mal-informado, sensacionalista ou ressentido".

Roberto Irineu se mostrou simpático à ideia, mas me pediu alguns dias para consultar João Roberto e José Roberto, cumprindo uma espécie de protocolo que os irmãos seguiam em decisões daquele tipo. Na mesma semana, respondeu informando que os dois concordavam e que, a partir daquele momento, eu poderia procurar Silvia Fiuza, diretora do Memória Globo, para ter acesso ao acervo de entrevistas dos homens e mulheres que fizeram os sessenta anos de história da emissora.

Um contrato assinado semanas depois estipulou que minha única responsabilidade com o Grupo Globo seria a de usar os conteúdos das entrevistas única e exclusivamente no livro. Não há cláusulas prevendo qualquer tipo de contrapartida de minha parte, nem supervisão editorial ou poder de veto de quem quer que seja sobre o conteúdo do livro. Em nenhum momento, portanto, os originais foram submetidos a qualquer pessoa ou instância do Grupo Globo, incluindo os três irmãos Marinho, aos quais agradeço pela confiança e nos quais reconheço o espírito jornalístico.

A partir de março de 2019, passei a receber as transcrições de centenas de entrevistas que renderiam os milhares de verbetes de informação que produzi sobre episódios e acontecimentos que considerei relevantes da história da Globo nas áreas de jornalismo, dramaturgia, entretenimento, esportes, comercial e institucional, assim como as relações da emissora, de seus profissionais e de seus proprietários com a sociedade brasileira.

Durante quase cinco anos, sempre como jornalista que sempre fui, nunca com pretensões de acadêmico e, menos ainda, de historiador, procurei, sempre que julguei necessário, cotejar os depoimentos do Memória Globo com o conteúdo de mais de sessenta entrevistas inéditas que fiz com protagonistas importantes que atuaram dentro e fora da emissora ao longo dos anos; e com a bibliografia que organizei a partir de outras centenas de fontes independentes e que incluíram os principais jornais e revistas do país, existentes ou extintos; colunistas e pesquisadores especializados em televisão; sites e livros sobre a Globo; biografias de personagens importantes da história da emissora; e programas de TV e documentários, além de teses e ensaios acadêmicos que considerei relevantes.

Uma das premissas principais do projeto foi a de que os brasileiros não precisávamos de um livro para contar uma história que nós mesmos vivemos. Sabemos o que ardeu, refrescou, doeu, aliviou, envergonhou, brilhou, chocou e inspirou em todos esses quase sessenta anos em que nosso olhar foi atraído, primeiro pelo tubo de imagem, depois pela tela da Globo. Querendo ou não, a partir dos *baby boomers* nascidos entre 1946 e 1964, fomos todos envolvidos pela Globo, em todos os sentidos que forem dados para o verbo envolver. E o que este livro oferece é uma oportunidade inédita de sabermos mais e compreendermos melhor, pelo olhar múltiplo e inédito dos brasileiros que fizeram a emissora.

O que aconteceu por trás das câmeras para que a Globo se tornasse, ao mesmo tempo, uma gigantesca janela e um poderoso espelho da sociedade brasileira? Quando e como a emissora começou a liderar, perdeu, ganhou, reinou monolítica, assustou-se, teve que brigar, desistiu ou tomou decisões equivocadas? Como foi possível construir a hegemonia que dominou, absoluta, por décadas, o entretenimento de massa, o telejornalismo, o esporte e o mercado publicitário do país? Quem, de carne e osso, fez as escolhas certas ou erradas que conduziram a Globo pelos caminhos que ela trilhou no tapete político, no caldeirão social e no palco cultural do Brasil?

Para tentar responder a essas e outras perguntas, este livro, em vez de dialogar separadamente com cada uma das gerações de telespectadores da emissora, tenta conversar com todas ao mesmo tempo; avança e retrocede no tempo, mesclando referências, fatos, bastidores e personagens, num exercício constante de contextualização, sempre com o objetivo de tornar cada página pertinente, interessante e saborosa para qualquer leitor que tenha vivido no Brasil entre 1965 e 2024, mesmo que ele não seja um fanático por televisão e goste ou não, muito pelo contrário, da Globo.

A obra divide a história da emissora em três períodos e volumes cujos títulos, creio, são autoexplicativos: *Hegemonia*, este primeiro, cobre os acontecimentos entre 1965 e 1984 e reconstitui as origens, o crescimento e a consolidação da liderança e da presença absoluta da emissora na vida brasileira. *Concorrência*, o segundo, resgata os altos e baixos da Globo na travessia de 1985 a 1998, período histórico em que o Brasil passou por grandes transformações na política, na economia e no perfil social, econômico e cultural dos telespectadores. *Metamorfose*, o terceiro volume, cobre o período entre a virada do século e o início da década de 2020, época em que a Globo se viu obrigada a promover mudanças profundas em todas as suas áreas, da tecnologia ao conteúdo, para manter a liderança num cenário de transformações radicais impostas pela internet, pelas redes sociais e pelas novas plataformas de informação e entretenimento.

Na identificação das fontes dos episódios que reconstituo no livro, o uso de asterisco junto aos nomes dos protagonistas indica que as informações relatadas em seguida são originárias do acervo de depoimentos do Memória Globo. E, qualquer que seja a origem da informação, as aspas são usadas para transcrições literais de depoimentos gravados, enquanto o travessão indica que os diálogos são uma reconstituição feita a partir das entrevistas.

Agradeço aos jornalistas Paulo Rubens Sampaio, Rômulo Diego Moreira, Alicia Lerer, Lucas França e Sergio Gilz pelas pesquisas de conteúdo; à equipe do Memória Globo, especialmente Silvia Fiuza e Christiane Pacheco, pela interlocução profissional durante meu acesso ao acervo de entrevistas; a Lucia Riff e Eugênia Ribas-Vieira, pelo entusiasmo com que apresentaram o projeto ao mercado editorial; e à equipe da Autêntica, pela qualidade que seus profissionais agregaram ao meu trabalho e pela forma contagiante com que Rejane Dias me recebeu na editora.

Agradeço pela confiança e pela preciosa contribuição dos protagonistas que me concederam entrevistas inéditas. De modo especial, sou grato a Elizabeth Garson Passi de Moraes, viúva de meu colega e amigo saudoso Geneton Moraes Neto, pela cessão da entrevista inédita que ele fez com o jornalista Evandro Carlos de Andrade e cujo conteúdo contribuiu de forma decisiva para a reconstituição de momentos importantes do jornalismo da Globo.

Acima de tudo, agradeço ao meu também amigo e colega Ricardo Pereira, jornalista responsável por uma parte importante da pesquisa sobre a Globo em fontes independentes e, principalmente, primeiro leitor e crítico fundamental de cada parágrafo deste livro. A ele devo inúmeros ajustes que fiz e que deram mais precisão, equilíbrio e sabor ao conteúdo final. A ele não posso atribuir nenhuma das imperfeições que certamente terei cometido nesta empreitada tão vasta e desafiadora.

Longe de estabelecer veredictos, esta trilogia pretende levar o leitor a uma viagem reveladora e instigante, na qual ele compreenda um pouco mais e tire suas próprias conclusões sobre o extraordinário impacto que a Globo teve, nos últimos sessenta anos, em todos os aspectos da vida brasileira. Lima Duarte, um dos protagonistas deste livro, resumiu o sentido desta minha aventura profissional com uma de suas frases preferidas:

"O passado não só não morreu como ainda não passou".

Ernesto Rodrigues
Outubro de 2024

CAPÍTULO 1

Agosto de 2022

Não havia nada pintado na cor platinada. Nem carpete ou garçons com bandejas de inox com copos altos e guardanapos. Apenas uma geladeira branca com latas de Minalba, cuja parte superior servia de mesa para uma máquina de café, sacos de copos plásticos e um pote com envelopes de açúcar e adoçante. O teto de concreto sem forro estilo rústico expunha instalações hidráulicas e luminárias em forma de tubos.

No andar aberto, à exceção de um conjunto de pequenas salas sem dono com vidros opacos destinadas a reuniões e de banheiros cujos espelhos exibiam cartazes da área de *compliance* dizendo que "Flerte é recíproco, assédio sexual não", dezenas de estações de trabalho geminadas e entremeadas por corredores eram ocupadas por um contingente maciçamente jovem, *dress code* modo informalidade radical, muito tênis, uma ou outra bermuda, *t-shirt*, mochilas, tatuagens aqui e ali, nenhum *tailleur*, *blazer* ou salto alto à vista, terno e gravata nem pensar.

A única sala exclusiva, ainda assim totalmente exposta pelo vidro grosso da porta e de uma divisória, era a do diretor. Na parede maior, seis grandes monitores com os números da audiência instantânea da TV aberta e a programação da emissora. Na menor, alguns prêmios e diplomas emoldurados. No canto junto à porta, uma mesa de reuniões com quatro cadeiras. No outro, a mesa do diretor à frente de um armário baixo em cujo topo ele havia espalhado fotos de família.

A cinco metros da sala, em duas estações de trabalho também geminadas, trabalhavam os dois executivos mais importantes abaixo do jornalista Amauri Soares, o diretor, 57 anos: Gabriel Jacome, 30 anos, diretor de conteúdo, e Leonora Bardini, 32, diretora de programação e marketing. Os três, junto com pouco mais de 170 profissionais, ocupavam o segundo andar do bloco 3 do Condomínio ION, na Barra da Tijuca, Rio de Janeiro. Eram a face visível do Canal TV Globo.

O único sinal de que naquele lugar existia um legado e de que aqueles profissionais deviam ser herdeiros de algo importante eram as placas de rua que Amauri mandara instalar em todos os cruzamentos de corredores do andar, com nomes que milhões de brasileiros saberiam identificar instantaneamente: Rua Carminha, de *Avenida Brasil*; Rua Odete Roitman, de *Vale Tudo*; Avenida Dona Lurdes, de *Amor de Mãe*; Rua das Helenas, de *Páginas da Vida*; Avenida Foguinho, de *Cobras & Lagartos*; Rua Nazaré Tedesco, de *Senhora do Destino*; Rua Juma Marruá, de *Pantanal*; e Praça Odorico Paraguassu, de *O Bem-Amado*, espaço maior usado para reuniões.

A TV Globo Ltda, responsável por aqueles logradouros icônicos da história da televisão brasileira, não existia mais. Àquela altura, já tinha sido desmembrada; Projac para um lado, com o nome de Estúdios Globo, Jornalismo para outro, Esportes *idem*, tudo no rastro de uma consultoria milionária da empresa Accenture, contratada em 2018 pelos filhos de Roberto Marinho e cuja principal recomendação era a de, aos poucos, desembarcar da TV aberta, considerada pelos consultores um *dying business*, negócio destinado à bancarrota.

A proposta, seguida de forma radical pelo então presidente do Grupo Globo, Jorge Nóbrega, o primeiro sem o sobrenome Marinho, era a de concentrar os esforços, os investimentos e a capacidade de produção audiovisual do grupo num portfólio de canais no qual a TV aberta seria apenas uma das opções, e o *streaming* Globoplay a prioridade absoluta.

Passados quatro anos e uma sucessão de *business plans* do Globoplay incapazes de produzir o desejado *break even point*, indicador de equilíbrio entre despesa e receita e, por isso, premissa de qualquer lucro, Jorge Nóbrega já tinha sido afastado do cargo, cerca de dois anos antes do previsto, passando a ocupar uma cadeira no conselho administrativo do grupo e sendo substituído por Paulo Marinho, filho de José Roberto e neto do fundador da Globo. As recomendações da Accenture, a essa altura, já tinham sido esquecidas.

O Globoplay, embora crescendo, não conquistava assinantes em número suficiente para começar a dar lucro antes de 2025. A Globosat e seus 26 canais de assinatura, vítimas tecnológicas impotentes da entrada no mercado da Netflix, Amazon e outros gigantes do *streaming*, também perdiam assinantes sem parar. O único negócio audiovisual lucrativo da empresa unificada resultante do projeto denominado "Uma só Globo" era a TV Globo, aberta, ainda que os números fossem incomparavelmente menores que os dos tempos hegemônicos da emissora.

A existência de uma Rua Juma Marruá naquele corredor do Condomínio ION, em 2022, não era uma apropriação indevida do sucesso fenomenal da novela da TV Manchete que fizera a própria Globo tremer em 1990. Era a Juma interpretada pela atriz Alanis Guillen, da versão produzida pelos Estúdios

Globo em exibição naqueles dias e então detentora do maior percentual, em 15 anos, do total de aparelhos ligados da TV aberta; o *share* de audiência: 52,3%.

Naquela mesma semana, o *Jornal Nacional* tinha conquistado 50% de *share*, o maior desde o início da pandemia da Covid-19, em março de 2020, mostrando, para mais de 43 milhões de brasileiros, o então candidato à reeleição Jair Bolsonaro, inimigo declarado que boicotava e ameaçava cassar a concessão da emissora, submeter-se, contrafeito, a uma severa sabatina conduzida por William Bonner e Renata Vasconcellos.

Era tudo o que o neto de Roberto Marinho queria, ao assumir a presidência do grupo, na conversa em que comunicou a Amauri que os acionistas tinham decidido fazer uma "correção de rumos":

– Vamos recolocar a TV Globo no centro, acabar com essa história de *dying business*, parar com essa divisão entre futuro e passado.

Abril de 1965

Beatriz Segall, então com 39 anos, não assistia. Em sua casa, a TV ficava num "quarto de arranjo separado", onde ela e o marido deixavam tudo que não queriam usar, só não se livrando do televisor a pedido dos três filhos, que mesmo assim não podiam ficar mais de uma hora por dia diante do aparelho. Benedito Ruy Barbosa, aos 34, era um redator da agência de publicidade J. Walter Thompson que "detestava" novelas e que havia acabado de aceitar um convite para ser "editor de script" para TV sem ter a menor noção do que era aquilo.

Quando a ZYD-81, TV Globo, canal 4 entrou no ar no Rio de Janeiro, ao som do Hino Nacional, às 11h35 do dia 26 de abril de 1965, alguns profissionais que fariam a história da emissora nos sessenta anos que estavam por vir trilhavam caminhos distintos e nutriam sentimentos diversos em relação à televisão.

Fernanda Montenegro, 36, atuava quase a contragosto em telenovelas, classificando como "infames" os salários oferecidos à época pela Globo aos artistas. Estavam distantes os dias de 1951, quando, festejada pela revista *O Cruzeiro* como "a pioneira da oitava arte na América do Sul", orgulhara-se de ser uma "bandeira" no campo "novo e fascinante" da televisão.

Tarcísio Meira, 30, nutria uma incontida "antipatia" pelo gênero, principalmente depois de ter participado de uma novela "muito ruim" feita a partir de um texto argentino chamada *25499 ocupado* e exibida pela TV Excelsior. Só um tempo depois, o grupo de atores do qual ele fazia parte e que era refratário ao gênero "começou a perceber que a novela poderia ser teatro de boa qualidade".

Em 1965, a televisão que Fernanda, Tarcísio e outros futuros ícones da Globo gostavam de elogiar não existia mais. Era uma TV que exibia montagens ao vivo de óperas como *Madama Butterfly*, de Puccini, no programa *Grandes Momentos Líricos*, da TV Tupi de São Paulo, e que também produzia o *Grande Teatro Tupi*, atração que o produtor, diretor e ator Luiz Carlos Miele descreveu como "uma coisa muito pretensiosa e totalmente suicida, entre o romântico e o amador", com peças "dificílimas" feitas ao vivo por Fernanda Montenegro, Sérgio Britto e outros "atores maravilhosos".

No grupo mais pragmático de artistas que embarcaram assim que puderam na onda de telenovelas dos anos 1960, figuravam outros futuros protagonistas da Globo. Ary Fontoura, então aos 32, preocupado com as contas do fim do mês e inseguro com a fragilidade do currículo, naquele momento restrito a uma carreira de cantor de bordel em Curitiba e a uma participação no seriado *Vigilante Rodoviário*, da TV Tupi, deixava, por desencargo, uma placa com o aviso "Engraxam-se sapatos" na entrada do prédio em que morava, na Rua Constante Ramos, em Copacabana.

Tony Ramos, aos 17 e ainda a doze anos de sua contratação pela Globo, o que só ocorreria em 1977, tinha estreado na sua primeira novela, *A Outra*, na Tupi, mas já iniciava um périplo vocacional movimentado: matrícula trancada em curso de direito; aluno de publicidade de Roberto Duailibi, Alex Periscinoto e Rodolfo Lima Martensen na Escola Superior de Propaganda, ainda sem "Marketing" no nome; curso de filosofia pura na PUC-SP e participações no programa *TV de Vanguarda*, da Tupi, "encenando de John Steinbeck a Hamlet".

Contratado em 1965 já para estrear na novela *A Moreninha*, Epaminondas Xavier Gracindo, o Gracindo Jr., então com 22 anos e cansado de ver a classe artística "maltratada no teatro e no circo", era só felicidade com os "estúdios limpinhos", a organização e a forma como a nova emissora estava cuidando de seu elenco: "Não tínhamos muito do que reclamar. Éramos pagos! E só de ser pago em dia, era uma coisa!". Agildo Ribeiro, 33 anos, cansado das bilheterias incertas do teatro, não hesitou quando a Globo lhe ofereceu um contrato de dois anos:

"Dois dias depois de assinar o contrato, eu já estava procurando um apartamento para comprar".

Aos 17, Tonico Pereira, um vendedor de bombas elétricas apaixonado por teatro, mas no fundo do poço de uma vida à época levada na base de "lança-perfumes, Quelene, Dexamil, Pervitin e muita cachaça", havia resolvido acabar com tudo, cortando o pulso com o caco da "última" garrafa de cerveja, num bar de Atafona, litoral do estado do Rio, escapando da morte por ter escolhido o ponto de corte "errado" do punho, segundo os médicos que o salvaram. Irene Ravache, aos 21 anos, procurando emprego nas emissoras e ao mesmo tempo dando de mamadeira para o filho, chegou a peitar o primeiro diretor da Globo, Rubens Amaral, na porta da emissora:

– Eu canto, eu danço, eu represento, eu apresento telejornal!

Aos 23 anos, também com um filho recém-nascido, Susana Vieira, dançarina formada em arte no Theatro Municipal de São Paulo e levada para os palcos e estúdios de novelas da TV Tupi pelo autor e diretor Cassiano Gabus Mendes, tinha abandonado a carreira, pressionada pelo primeiro marido, o diretor Régis Cardoso.

Manoel Carlos, 32 anos, era um produtor e diretor já experiente de televisão, em carreira sólida que quase não acontecera por causa do desejo que ele cultivou por um bom tempo de ser padre. Lauro César Muniz, 35 anos, com um filho recém-nascido para criar, ainda hesitava entre a segurança da carreira de engenheiro e o "vazio pela frente" representado pela dramaturgia.

Mário Lúcio Vaz, 32 anos, futuro todo-poderoso do Projac, estava de mudança de Belo Horizonte para o Rio em busca de emprego, depois de um parente militar, o general Eurico Balão Filho, sugerir que ele desse uma "sumida" e fosse para os Estados Unidos. Tudo porque, em meio à crise política que desaguara no golpe militar de 1964, Mário, à época se considerando "contra a revolução", tinha sido apresentador do programa *Momento Político*, da TV Itacolomi, e cujos textos eram de Fernando Gabeira e Argemiro Ferreira, "dois notórios comunistas", em suas palavras.

Lima Duarte, 35 anos, empregado da TV Tupi numa época em que os graves problemas estruturais da emissora de Assis Chateaubriand ainda eram subterrâneos, empolgado com os programas ousados lá desenvolvidos pelo diretor Fernando Faro, entre eles *Móbile* e *Poder Jovem*, não levava muita fé na estação carioca que o consagraria. O colega Cassiano Gabus Mendes, com quem Lima já estava conversando sobre *Beto Rockfeller*, novela da Tupi que revolucionaria a teledramaturgia brasileira em 1968, achava que a Globo tinha tudo para ser um sucesso. Lima, categórico, esnobou:

– Vai nada! Nós vamos ser muito melhores que todo mundo. Nunca ninguém vai nos alcançar, Cassiano.

Bonitinha, mas ordinária

A opinião de quem já trabalhava na Globo na época da fundação, no caso o portador do crachá número 1 da emissora, o jornalista e comentarista esportivo Teixeira Heizer, falecido em 2016 aos 83 anos, não era só elogios. Os filmes que a emissora exibia em 1965, segundo ele, "eram muito ruins". Uma série importada americana, em especial, *The Beverly Hillbillies*, batizada com o título *A Família Buscapé* e vertida para o português por dubladores predominantemente originários da região Nordeste, provocava em Heizer uma sensação estranha:

CAPÍTULO 1 · 29

"Parecia que só tinha o Chico Anysio falando".

Parte dos filmes ruins, "alguns completamente idiotas e outros até razoáveis", Roberto Irineu, então com 18 anos, tinha assistido quando ele e o irmão Paulo Roberto acompanharam o pai a Nova York, para a assinatura do polêmico contrato com o grupo Time-Life. Foi quando Roberto Marinho, aproveitando a viagem, experimentou o exercício da atividade de programador, escolhendo dezenas de filmes que seriam exibidos na nova emissora. A experiência não seria repetida.

Para Roberto Irineu, os primeiros dias da Globo foram inicialmente de "desespero", antes de entrar no ar, por conta de um transmissor novo que se recusava a funcionar nos testes; e, depois da estreia, de "aflição" com uma grade de programação montada sem qualquer pesquisa prévia sobre o comportamento do telespectador brasileiro.

Otto Lara Resende, um dos pioneiros da emissora, fora informado de que a grade de estreia tinha sido desenhada a partir de um modelo da TV americana segundo o qual a atenção do público a um determinado conteúdo nunca durava mais que 12 minutos, o que sugeria, portanto, intervalos comerciais obrigatórios antes de cada 13º minuto, de qualquer programa. O resultado de audiência, porém, nas palavras de Roberto Irineu, foi "um desastre lindo".

Mesmo o engenheiro Herbert Fiuza, um dos pioneiros responsáveis pela implantação da emissora, embora satisfeito com o desempenho técnico nos primeiros dias de transmissão, saudado por abraços emocionados da equipe, achou que havia algo de errado no ar:

"Você olhava para a programação, era absolutamente asséptica. Tudo direitinho, a qualidade era ótima, tudo entrava arrumadinho, mas não dava resultado em audiência".

Começando com os infantis *Capitão Furacão* e *Uni-Duni-Tê*, programa com intenções educativas em que as crianças participantes tomavam copos de leite e até entoavam orações católicas, no estúdio, junto com a professora Fernanda Barbosa Teixeira, a Tia Fernanda, antecessora comportada de Xuxa e Angélica, o "desastre lindo" da Globo dos primeiros dias incluía fórmulas que se revelariam eternas na televisão brasileira. Caso do programa de culinária comandado por Edna Savaget, com ingredientes típicos do posterior *Mais Você*, de Ana Maria Braga, e do *Show da Noite*, cujo título despretensioso abrigava, além de entrevistas e números musicais, quadros de disputa de prêmios que bem poderiam fazer parte, no futuro, do *Domingão do Faustão*.

O *Show da Noite* também apresentava um quadro chamado "Labirinto", que antecipava uma ideia central do futuro *Big Brother Brasil*, ao instalar uma câmera no alto do estúdio e flagrar, sem aviso, o comportamento dos competidores sendo expostos a obstáculos inesperados pelos corredores do cenário. O cardápio da primeira grade da Globo se completava com duas edições diárias do *Tele Globo*, telejornal politicamente comportado preparado pela agência de publicidade McCann Erickson: recheado de amenidades, refém de imagens e fotografias das agências internacionais e apresentado por uma bancada múltipla, que contava com Hilton Gomes, futuro apresentador do *Jornal Nacional*, e a atriz Nathalia Timberg, entre outros.

Audiência, que era bom, nada.

Para Walter Clark, que seria contratado como diretor-geral da Globo ainda em dezembro de 1965, antes que a emissora completasse um ano de funcionamento, a programação tinha começado "toda redondinha e bem encadeada", mas fora aos poucos se transformando numa "barafunda": filmes entravam no ar em horários diferentes ao longo da semana; o *Uni-Duni-Tê* começou a ocupar o horário do esporte e do jornalismo, em pleno meio-dia; e o show *Espetáculos Tonelux*, detentor de 80% dos recursos de produção em sua passagem pela grade da Globo, mesmo contando com o famoso estalar de dedos de Neide Aparecida, a mais famosa "garota-propaganda" da TV brasileira, simplesmente não dava audiência, para desespero de Walter:

"Meu medo era que os Diários Associados se ajustassem e liquidassem a Globo a qualquer momento, que percebessem o nosso trabalho. A Tupi tinha dezoito emissoras, nós tínhamos só o Rio".

A programação visual, nas palavras de Walter, era "uma coisa horrorosa baseada numa palmeirinha infeliz inspirada pela proximidade do Jardim Botânico do Rio". O mal-estar com o visual da emissora se agravava ainda mais quando, nas falhas operacionais que começaram a deixar a Globo sem ter o que mostrar durante panes que podiam durar até dez minutos, lá estava, no ar, o *slide* com a "maldita palmeirinha", que Walter fez questão de eliminar já no primeiro dia de trabalho como diretor da emissora.

Negócios à parte

Nos meses que antecederam a fundação da Globo, Roberto Marinho, aos 64 anos, dependendo da ocasião, só saía de casa armado de um revólver. E, não raro, o sangue produzido pelo nervoso roer das unhas denunciava a tensão e a angústia que não o abandonavam naqueles dias.

O motivo para o revólver na cintura era um só e tinha nome: Carlos Lacerda, o político e ex-aliado que rompera furiosamente com ele, liderando, com a força do cargo de governador da Guanabara, uma campanha barulhenta e cheia de veneno que teria grande impacto nos primeiros anos de existência da Globo.

O motivo do roer das unhas naqueles dias podia ser repartido, não necessariamente pela ordem, entre a decisão de acabar com o casamento de 19 anos com Stella Goulart Marinho, comunicada a Roberto Irineu, o filho mais velho, durante uma viagem a Nova York, semanas antes da inauguração da TV Globo; a trinca irreparável na relação e na sociedade com os irmãos Rogério e Ricardo quando eles resolveram desembarcar, em cima da hora, do projeto da televisão; e o pesadelo financeiro em que Roberto se veria mergulhado por alguns anos ao decidir tocar o negócio da Globo sozinho.

Ricardo, então com 56 anos, e Rogério, 46, eram unidos a ponto de ganharem o apelido duplo carinhoso de "Tico e Teco" dos jornalistas de *O Globo*. Tinham uma sociedade do tipo espelho com Roberto, o que significava que fariam jus, na TV Globo, aos mesmos percentuais a que tinham direito no jornal. Poderiam, portanto, tornar-se milionários com o passar dos anos. Para Roberto Irineu, os tios não perderam apenas dinheiro ao saírem do projeto da Globo:

"Quando o negócio começou a custar dinheiro, e a gente sabia que televisão no início é um inferno mesmo, muito dinheiro, os irmãos resolveram sair. Não apoiaram mesmo. E, pior do que não apoiar, num certo momento queriam ficar do lado de Carlos Lacerda. E aí foi a primeira vez que o papai se indispôs com os irmãos. Um episódio que o marcou muito, ele nem gostava de falar sobre o assunto".

Leonencio Nossa, biógrafo de Roberto Marinho, reconstituiu no livro *Roberto Marinho: o poder está no ar* a conversa tensa que Roberto, furioso, teve com os irmãos e na qual citou o episódio traumático em que o pai dos três, Irineu Marinho, perdeu a participação no jornal carioca *A Noite*, em 1925:

"Olhem aqui. Se vocês quiserem se acertar com o Lacerda, vou fazer o que o nosso pai fez. Quando ele fez a viagem com a gente para a Europa, o sócio passou a perna e ficou com *A Noite*. Mas papai criou *O Globo* para acabar com *A Noite*. Então, se vocês querem apoiar Lacerda, eu vou fazer outro jornal para acabar com *O Globo*".

A determinação de Roberto Marinho em avançar sozinho com o negócio da televisão não poderia ser atribuída apenas à sua crença no futuro do novo veículo ou à sua visão empresarial. O jornal *O Globo*, na época, não era competição para o *Jornal do Brasil* em prestígio e influência, menos ainda no aspecto comercial. O *JB* tinha grande influência política, reinava aos domingos, faturando com edições que chegavam a 120 páginas, e detinha 95% do mercado de anúncios classificados, um grande negócio da época.

O Globo era um jornal que não circulava aos domingos e a maioria de seus leitores era funcionários de classe média da já ex-capital federal e de militares, um público majoritariamente órfão do lacerdismo. Para completar, o *JB* tinha, no comando do jornal pertencente à Condessa Pereira Carneiro, o genro dela, Manoel Francisco Nascimento Brito, que não hesitava em desdenhar o concorrente chamando-o de "mulato".

O protagonismo de Carlos Lacerda era decisivo, tanto para o sonho inaugurado daquela manhã de abril em que a Globo entrou no ar quanto para o pesadelo que começou antes mesmo que o transmissor fosse ligado.

O Lacerda do sonho, de acordo com o relato de Walter Clark em sua autobiografia, foi quem indicou, em 1961, Roberto Marinho a Andrew Heiskell, *chairman* do grupo Time, como "um amigo do capital estrangeiro" e sócio potencial confiável para a empreitada que resultaria no contrato da Globo com o grupo Time-Life. Lacerda também havia sido, na mesma época, signatário de uma carta enviada ao então presidente Juscelino Kubitschek, seu adversário político, garantindo que não havia qualquer irregularidade no pedido de concessão de TV que Roberto Marinho, também um histórico opositor de JK, fizera tramitar no governo. A autorização de funcionamento da futura TV Globo, nas palavras de Lacerda, seria "um ato de justiça".

O Lacerda do pesadelo surgiu no início de 1965, quando, ainda como governador da Guanabara, ele procurou Roberto Marinho para pedir apoio à sua candidatura à sucessão do marechal Castelo Branco na Presidência da República, projeto que a ditadura militar, à época em processo de endurecimento, encarregar-se-ia de abortar. A resposta, na lembrança de Roberto Irineu, surpreendeu Lacerda, companheiro do pai na conspiração que desaguara no golpe militar de 1964:

"Meu pai disse que a candidatura não era a melhor solução e que não podia apoiar a ideia. O Lacerda, que era muito passional, ficou enfurecido. Aí começou a briga".

Em junho de 1965, em contraste absoluto com o apoio que havia dado à concessão à TV Globo quatro anos antes, Lacerda denunciou à imprensa, por violação da Constituição e do Código de Telecomunicações, as relações entre a emissora e o grupo Time-Life. Baseava-se em supostas irregularidades reveladas por Alberto Catá, executivo do grupo americano detido naqueles dias no Rio, em circunstâncias nebulosas, pelo Departamento de Ordem Política e Social (DOPS) da Guanabara.

O segundo ataque de Lacerda foi em 20 de setembro daquele ano, quando ele desapropriou, por um valor que Roberto Irineu lembrou ter sido "ridículo, pouco menos que o preço de um Volkswagen na época", uma vasta porção preservada de mata atlântica na Rua Jardim Botânico, zona sul do Rio, pertencente a Roberto Marinho e a Arnon de Mello, pai do futuro presidente Fernando Collor de Mello, dando a ela o nome de Parque Lage.

Os dois sócios pretendiam construir, na área, um condomínio residencial de luxo, mas o que saiu na imprensa, por obra de Lacerda, era a informação, primeiro, de que o empreendimento seria "quase uma favela" que, na lembrança de Roberto Irineu, destruiria a mata virgem do terreno. Depois, que a ideia mesmo era construir "um cemitério para crianças":

"A ideia do projeto do Parque Lage era a mesma do Parque Guinle, no entorno do Palácio das Laranjeiras, também no Rio. Era preservar o verde no meio, e, nas laterais, construir dois conjuntos de prédios voltados para dentro do parque".

Fato é que a polêmica em torno do Parque Lage levou Arnon de Mello a deixar a sociedade, o que seria considerado uma traição que retardaria o apoio de Roberto Marinho à candidatura presidencial de Fernando, 25 anos depois. Em meio à polêmica, Roberto Irineu testemunhou uma tentativa do pai de usar a emissora para responder aos ataques de Lacerda. Foi quando o dono da Globo fez um pronunciamento e, ao final, descobriu que seu forte não era atuar na frente das câmeras que o transformariam num dos homens mais poderosos do Brasil, em todos os tempos:

"Foi um desastre absoluto. Meu pai era tímido e falava mal na televisão. No final da vida, ele até já estava melhor, mas, naquele dia, foi um desastre. Sem contar que quem fazia as acusações era Lacerda, talvez o maior orador que o Brasil já teve. Muito complicado".

O desempenho do pai foi tão ruim que data dessa época, segundo Roberto Irineu, a decisão dos tios Ricardo e Rogério de não mais apoiar Roberto na empreitada da TV Globo e romper, no papel, a sociedade familiar, achando que ele estava "alucinado".

Em depoimento que prestaria diante da CPI que seria instalada em 1966 para apurar as irregularidades do contrato da Globo com o grupo Time-Life, Lacerda providenciou uma releitura do encontro que havia tido com Roberto Marinho, no início de 1965, pedindo apoio para sua candidatura à Presidência:

"Uma proposta de apoio me foi reiteradamente oferecida para uma candidatura à Presidência da República, em troca de certos favores que entendi não poder fazer, pois não dependiam do meu arbítrio, e sim do interesse público que me incumbia de defender, como governador do estado que era".

Nem todos acreditavam na nova versão. Até mesmo adversários e inimigos de Roberto Marinho sabiam que a relação íntima que o dono da Globo cultivava com os militares, especialmente o grupo liderado pelo então presidente Castelo Branco, sem contar os oficiais que trabalhavam na própria emissora, permitia a ele antever, muitas voltas à frente no relógio, a viabilidade, ou não, de Carlos Lacerda sustentar uma candidatura civil naquele momento da história do país.

Chamado por Lacerda de "Al Capone da imprensa", Roberto chegou a escrever um texto para ser transmitido pela TV Globo, citando um laudo psiquiátrico que diagnosticava uma suposta psicose maníaco-depressiva do ex-aliado. Desistiu na última hora, mas, no auge da guerra que ainda teria muitos capítulos na CPI, pelo menos uma vez o dono da Globo chegaria a tirar o revólver do coldre, ao entrar no prédio em que o governador morava na Praia do Flamengo.

Lacerda, alertado a tempo, tinha acabado de sair.

Terraço dos milagres

– Passa Fusca em alto-mar?

A pergunta aparentemente absurda, feita em 1966 pelo operador de VT João Rodrigues*, foi sua primeira reação depois de ser cercado em sua sala pela equipe técnica, pelo diretor Henrique Martins e por atores da novela *Eu Compro Esta mulher*, estes molhados da cabeça aos pés por baldes de água jogados pelos contrarregras. João tinha acabado de avisar, pelo sistema interno de comunicação, que uma cena de ação "no mar" que acabara de ser gravada no terraço do terceiro andar do prédio da Globo na Rua Von Martius não tinha valido e teria de ser regravada.

– Claro que não passa Fusca em alto-mar! Como assim?

A reação de Antônio Faya, sonoplasta da novela, foi a deixa para João Rodrigues explicar que o som de um anônimo Volkswagen, passando pela Rua Von Martius, tinha invadido irremediavelmente a cena de uma briga em que um dos personagens havia sido "jogado ao mar". A partir daquele dia, as gravações no terraço passariam a ser interrompidas quando um carro entrasse na Von Martius. Ou quando os moradores do prédio em frente à Globo, cansados do privilégio de acompanhar *in loco* as filmagens, gritassem: "Olha o barulho aí, porra!".

No mesmo terraço pra toda obra dos tempos pioneiros da teledramaturgia da Globo, num indício evidente de que o improviso persistiria ainda por alguns anos, antes de a emissora começar a fazer história por seu padrão técnico, a atriz Norma Blum, a "Lady Pamela Abbott" da novela *O Homem Proibido* (1967), foi "atacada" por um poderoso jato d'água dos bombeiros do quartel do bairro da Gávea. Nos planos fechados da cena, "Pamela" está num hospício e é castigada por uma vilã interpretada pela atriz Leina Krespi, logo depois de ter seu cabelo tosquiado em cena, ao vivo, numa antecipação em décadas de um momento semelhante ao da atriz Carolina Dieckmann, a "Camila" da novela *Laços de Família* (2000). Norma Blum jamais esqueceria aquelas horas no terraço e os 15 dias seguintes, quando, coincidência ou não, teve de ficar em repouso em casa por conta de uma hepatite:

"Eu não sabia que aquilo doía tanto. A água da mangueira dos bombeiros batia na gente com muita força. E, por causa do barulho de ônibus na rua, a filmagem teve que ser feita de madrugada, um frio danado e eu lá encharcada, tremendo. O contrarregra, preocupado, até mandou buscar conhaque em um bar pra mim".

Na mesma *O Homem Proibido*, fora do terraço, por pouco não aconteceu uma morte no set. Yoná Magalhães, no papel da protagonista "Surama", fora amarrada num toco e seria salva de um incêndio por "Demian", o par romântico interpretado pelo galã Carlos Alberto, seu marido na vida real. Para gravar a cena, o então diretor Daniel Filho* pediu que a produção montasse uma fogueira entre a câmera e o toco onde a atriz ficaria amarrada:

"Do ponto de vista da câmera, você tinha a Yoná dentro da fogueira e, fechando um pouco o enquadramento, com um pouco de teleobjetiva, você meio que colava ela na fogueira. Começaria a pegar fogo e o Carlos Alberto tinha de que vir a cavalo, subir em cima da coisa, botar a Yoná na garupa do cavalo e sair".

– Roda, gravando!

– Toca fogo!

Foi só depois da ordem de Daniel que todos no set se deram conta de que o contrarregra, em vez de álcool, havia usado gasolina de avião:

"Foi uma explosão imensa! Explosão de gasolina de avião é uma coisa! Subiu aquela labareda, e pior que a labareda foi o vento que veio e jogou fogo pra cima da Yoná. Ela estava com o olho tapado, fechado, com um vestido de jérsei. Bastava uma fagulha cair ali e se foi a Yoná".

Na lembrança de Daniel, Carlos Alberto, assustado, partiu em disparada para fora do set. Em vez do maridão, ainda segundo Daniel, coube ao câmera Oscar Rubles "pular lá em cima e salvar a Yoná Magalhães", em cena que não ficou para a posteridade porque o herói, compreensivelmente, não conseguiu resgatar a atriz e filmar a cena ao mesmo tempo.

Para escapar dos limites territoriais e cenográficos que iam do terraço do terceiro andar da emissora à Ilha de Paquetá, na Baía de Guanabara, passando por um parque de diversões às margens da Lagoa Rodrigo de Freitas, o Tivoli, e por uma vila de funcionários do Jardim Botânico onde Susana Vieira costumava gravar "novelas que tinham gente pobre", Tarcísio Meira e Daniel Filho tentaram inaugurar, sem sucesso, o que se tornaria uma tradição da Globo no futuro: estreias de novelas com capítulos especiais produzidos em locações no exterior. A ideia, no caso, era gravar, em arenas do México, um estoque de cenas de touradas nas quais Tarcísio, astro principal de *Sangue e Areia*, aparecesse, simulando duelos com touros.

Não deu nem para começar a gravar. Como apenas a unidade móvel, então chamada de "caminhão de externas", custava impensáveis 35 mil dólares, restou a Daniel Filho comprar algumas roupas de toureiro e um estoque de imagens de touradas já produzidas pela TV mexicana, entre elas as de performances de um *matador* local fisicamente parecido com Tarcísio Meira. Nas salas de edição do Jardim Botânico, essas imagens mexicanas seriam mescladas com as da personagem "Sol de Alcântara", protagonizada por Glória Menezes, numa arquibancada com capacidade para cerca de vinte figurantes, montada, claro, no terraço, e com takes fechados de Tarcísio enfrentando o "touro", uma cabeça de boi montada em cima de uma roda de bicicleta com chifres acoplados, guiada pelo ator Fernando José.

Cláudio Marzo, um dos galãs de *Irmãos Coragem* (1970), não se queixava de ter que galopar cadeiras em vez de cavalos, quando Daniel Filho tinha dificuldade de conseguir, emprestadas, na Sociedade Hípica Brasileira ou na Polícia Militar do estado, montarias que não lhe criassem problemas de continuidade:

"Os cavalos ou não chegavam a tempo ou, quando chegavam, às vezes não eram os mesmos da gravação anterior. E era preciso um mínimo de coerência: não dava para o ator sair ao amanhecer num cavalo branco de cara preta e voltar ao meio-dia num cavalo preto de cara branca".

E tome cadeiras galopantes.

Para completar, nem sempre a vizinhança da Globo na Rua Von Martius era solidária com a produção frenética no terraço da sede do Jardim Botânico. No início dos anos 1970, quando a direção resolveu transmitir, ao vivo, do terraço, a tradicional missa das manhãs de domingo que Roberto Marinho jamais permitiria que fosse retirada da grade de programação da emissora, uma sinfonia combinada de aparelhos de rádio no volume máximo, postos nas janelas dos apartamentos próximos, inviabilizou a captação de áudio da cerimônia, obrigando o padre e os técnicos da emissora a correrem de volta para o estúdio.

Dois andares abaixo daquele terraço de façanhas cenográficas inesquecíveis, como a reprodução de canais de Veneza para a novela *A Ponte dos Suspiros* (1969) num tanque de dez metros de extensão por cinquenta centímetros de profundidade, todas as histórias de amor tinham de caber em planos e contraplanos gravados em preto e branco naqueles estúdios projetados originalmente para telejornalismo e, por isso mesmo, apertados demais para dramaturgia.

Atrizes como Marília Pêra, falecida em 2015 aos 72 anos, costumavam passar cerca de vinte horas, direto, sem reclamar, entre camarins superlotados e cenários minúsculos, dividindo corredores com operadores de câmera que, segundo ela, "não paravam de correr de um lado para o outro, como se estivessem de patinetes". E, ao contrário do que acontecia numa concorrente carioca, a TV Excelsior, onde cada estúdio tinha uma novela com equipe completa exclusiva, na Globo era uma equipe para todas as produções. A vantagem, como lembrou o diretor Reynaldo Boury*, um dos que trocaram a Excelsior pela Globo, eram os salários. Nunca atrasavam.

"Corta!"

A mítica expressão do mundo do cinema e da TV só era ouvida em último caso, durante a gravação de um bloco de novela. O ideal, nos primeiros anos da dramaturgia da Globo, era gravar um bloco inteiro "de primeira" nos *switchers*, as salas de controle dos estúdios, como fazia Maurício Sherman, diretor experiente contratado pela emissora em 1965 aos 34 anos. Assim, os programas e novelas eram gravados quase ao vivo, ficando praticamente prontos para exibição. Em caso de erro de um ator em cena, buscava-se, na fita magnética gravada, um *cue*, o ponto de corte a partir do qual a cena poderia ser retomada.

Um sistema menos estressante e mais racional só seria adotado alguns anos depois pelo diretor de engenharia Adilson Pontes Malta, que instituiu uma rotina que demorou para se tornar óbvia: primeiro as cenas brutas seriam gravadas; depois, as sequências previstas no roteiro seriam montadas e, num terceiro estágio, depois da passagem pela Censura, a trilha e os ruídos seriam inseridos. Foi quando começaram, pra valer, os processos de edição que dariam mais ritmo às telenovelas e programas.

Sherman, falecido em 2019, aos 88 anos, sabia também que não havia como mexer muito na iluminação do estúdio e que, na hora das externas, na impossibilidade de se filmar à noite, só dava para contar histórias que se passavam de dia. Florestas eram pintadas na parede do cenário, assim como boa parte dos móveis que compunham a cena. O elenco daqueles tempos ainda não se importava muito, segundo Sherman, com a falta de opções de figurino, mesmo quando "um mesmo personagem usava, na mesma cena, uma bota do século 15, um calção do século 17, um chapéu do século 19 e uma espada que nem existia".

José Wilker, falecido em 2014 aos 67 anos, costumava recorrer a São Francisco de Assis para explicar como tudo, de alguma maneira, acabava tendo algum sentido quando ia ao ar: "Comece fazendo o possível, depois o necessário e finalmente você terá feito o impossível". Entre as impossibilidades da época, uma era a de se obter um close, efeito que a atriz Aracy Balabanian* garantia ao diretor, caminhando cuidadosamente em direção à lente da câmera e torcendo para que o "clarc, clarc" das rodas dos pesados tripés sobre o piso do estúdio não invadisse e inutilizasse o áudio dos diálogos:

"Não tinha essa coisa de zoom. A gente é que fazia".

Não por outro motivo, as câmeras da época eram chamadas de "paralíticas". Uma vez obtido o close, Dercy Gonçalves, por exemplo, sabia que em close a cena ficaria até o final. João Lorêdo, diretor dos primeiros programas de Dercy na Globo, preocupado com a atenção do telespectador, ensinava:

"O espectador, em casa, está sentado na beira da poltrona, vendo o seu monólogo e rindo muito. No momento em que eu abro o plano, o telespectador também faz isso, se distancia da cena e o impacto se perde. É psicológico".

Um revólver na bancada

A cena, take fechado, no estúdio da Globo, parecia gravação de novela: um senhor se sentava na cadeira, tirava um revólver do coldre e colocava a arma na bancada, ostensivamente. Depois, ajeitava o terno e, ao sinal do diretor, no *switcher*, começava a ler para a câmera o texto datilografado pela secretária. Sem mostrar o revólver.

Durava alguns minutos.

Não era novela, o estúdio era o da Globo Brasília, o nome era *Ordem do Dia* e o programa entrava no ar de segunda a sexta, entre julho de 1968 e janeiro de 1971, às 21h45. O conteúdo editorial não passava pelo crivo de ninguém da emissora, incluindo Roberto Marinho, e o revólver de verdade que só aparecia nos bastidores, intimidador, pertencia ao dono e apresentador daquele espaço, o coronel Edgardo Erickson, detentor do cargo-fantasia de diretor do Departamento de Relações Públicas e, na prática, a expressão mais evidente e rasgada da subserviência imposta à Globo, nos seus primeiros anos, pela ditadura militar.

O *Ordem do Dia* era uma segunda versão do programa *Cinco Minutos de Opinião*, feito de editoriais diários entusiasticamente favoráveis ao governo, encomendados pelos militares e apresentados pelo mesmo Edgardo Erickson desde 1965, a partir dos estúdios do Rio. Em sua autobiografia, Walter Clark explica que Erickson e o coronel Paiva Chaves, oficial do Exército que se tornou um executivo importante da Globo, "foram contratados com a função de fazer a ponte entre a emissora e o regime":

"Ambos tinham boas relações e podiam quebrar os galhos, quando surgissem problemas na área de segurança. Cedemos, dando aos militares os programas do Amaral Netto e o do Erickson, feitos exclusivamente para puxar o saco. Era o preço que pagávamos para podermos fazer outras coisas".

Em sua entrevista ao autor em 2023, Boni disse que devia a Clark o fato de nunca ter tido de lidar com Erickson:

"Eu disse: 'Walter, se você me pedir para resolver as questões com esses caras, vai azedar a relação e eu vou acabar saindo da emissora. Me tira dessa, por favor'. E o Walter realmente disse para o Erickson que não queria interferências diretas dos militares na dramaturgia e que falassem com ele".

Paiva Chaves não aparecia no vídeo, mas era alinhado com as ideias de Erickson até o colega de farda ficar "governista demais":

"Era uma época de ânimos muito exacerbados e os jornalistas eram todos contrários ao governo militar. Apesar de a emissora ter uma linha de centro, que era a linha do doutor Roberto Marinho, volta e meia escapavam coisas. Então havia a necessidade de se ter alguém que contrabalançasse de certa forma, e o Edgardo fazia isso muito bem, no início".

Antes da chegada de Walter Clark à direção-geral, em dezembro de 1965, e de Armando Nogueira, diretor de jornalismo a partir de outubro de 1966, o preço pago pela emissora em renúncia ao jornalismo independente e profissional, no programa *Tele Globo*, que estreou junto com a Globo, e no seu sucessor, o *Ultranotícias*, a partir de janeiro de 1966, era ainda maior. Equivalia a conceber, como rotina diária da Globo, em plenos anos 2020, o âncora e editor-chefe William Bonner e o diretor Ali Kamel receberem, sem direito de mexer, o script e as imagens do *Jornal Nacional* produzidos e finalizados por redatores da agência de publicidade do Bradesco, patrocinador do telejornal.

No caso do *Ultranotícias*, patrocinado pelas empresas Ultragaz e Ultralar, as imagens e o texto final eram providenciados pela agência americana McCann Erickson, detentora da conta publicitária das duas empresas. Nada diferente, a propósito, do antológico *Repórter Esso*, da TV Tupi, líder de audiência da época e também redigido sob responsabilidade da mesma McCann Erickson, dona da conta da Esso, na redação da United Press International (UPI).

O *Ordem do Dia* sequer tentava disfarçar seu conteúdo oficialista com algum tempero jornalístico. Armando Nogueira, falecido em 2010, aos 83 anos, considerava Edgardo Erickson "um convicto das causas do autoritarismo, um milico de corpo e alma com a vocação da subserviência" que prestava um desserviço à empresa:

"Por uma dessas vocações catastróficas, ele opinava sempre contra a vítima, estava sempre a favor do opressor, nunca a favor da vítima. E não apenas isso: ele levava informações sobre o nosso comportamento interno para os militares".

O cinegrafista Chucho Narvaez*, que trabalhava na redação do Rio antes de se tornar exclusivo do programa de Amaral Netto, revelou que "ajudava" Erickson, sem explicar com precisão o tipo de ajuda, acrescentando que o coronel "tinha trânsito com o presidente da República" e intervinha "quando a Globo tinha problemas com a Censura".

Sem poder para tirar Erickson do ar, Walter Clark conseguiu convencer Roberto Marinho a aceitar uma solução intermediária para aquele constrangimento, transferindo o programa, com o nome de *Ordem do Dia*, para a Globo Brasília, e livrando o resto do país dos panfletos noturnos do coronel. Foi quando ele e Armando Nogueira descobriram, nos trâmites burocráticos da transferência, que Erickson não era mesmo subordinado a ninguém na emissora.

Com a ida do programa para Brasília, o problema passaria a ser dos profissionais da redação da capital, como a repórter Marilena Chiarelli, uma das testemunhas da intimidação armada diária de Erickson nas dependências da emissora:

"Aquele senhor policiava até as coisas que a gente escrevia, sem que a gente soubesse até onde ia o poder dele ou quais eram as relações dele. E andava armado até no estúdio. Era opressivo, de dar arrepio".

O editor Ronan Soares, que só entraria na Globo de Brasília em 1975, mas sabia da situação que Marilena e outros colegas da redação enfrentavam nos anos 1960, contava que Erickson fazia cobranças pessoais, perguntando sobre as reportagens que cada um estava fazendo e tentando influir abertamente nas pautas. Tanto que jornalistas amigos de Armando Nogueira que trabalhavam em outros veículos sediados em Brasília, como Evandro Carlos de Andrade, Carlos Castelo Branco e Pompeu de Sousa, chocados com o que assistiam na TV e com o que ouviam sobre os bastidores do *Ordem do Dia*, começaram a fazer pressão para que ele tirasse Erickson do ar. Foi quando Armando decidiu tentar:

– Dr. Roberto, nós estamos com um problema: temos lá em Brasília um programa apresentado diariamente depois do *Jornal Nacional*. O Edgardo Erickson faz um editorial sempre deplorável e isso está criando um mal-estar muito grande nos formadores de opinião de Brasília contra a Rede Globo.

Alguns dias depois, Roberto Marinho deu a resposta a Armando, por telefone:

– Olha, Armando, eu estive pensando naquela sua ideia de nós tirarmos do ar o Edgardo Erickson. É capaz de acontecer o seguinte: a gente tira ele do ar em Brasília e, como somos uma entidade de direito público, uma concessão a título precário e, por conseguinte, com um tremendo calcanhar de Aquiles, sabe o que pode acontecer? É o Erickson voltar em quinze dias, não em Brasília, mas em rede nacional.

Convencido pelo "sábio conselho" do patrão, Armando resolveu, "para tristeza do Evandro e do Pompeu", deixar que Erickson "apodrecesse lá em Brasília". Só a partir de 1974, com a chegada do general Ernesto Geisel à Presidência da República e a volta do chamado "grupo do Castelo Branco" ao Palácio do Planalto, pessoas como Edgardo Erickson, segundo relato de Armando Nogueira em 2001, "deixaram de ter importância":

"A impressão que se tinha é que instrumentos esbirros como o Erickson prestavam um desserviço à causa do governo Geisel. Então ele foi naturalmente sendo afastado, afastado, afastado e que Deus o tenha".

– Sempre alerta e obediente!

Outro programa cujos slogan e conteúdo agradavam aos militares e que tinha, entre suas atrações, passeios em navios da Marinha do Brasil, permanecendo na tela da Globo por mais de cinco anos, foi o infantil *Capitão Furacão*, apresentado por Pietro Mario, com a posterior companhia da atriz Elizangela.

Cercado de crianças no leme de um navio cenográfico, lendo cartas, contando histórias e mostrando filmes curtos e desenhos, Pietro Mario, que se orgulhava de ter estado à frente do primeiro programa da Globo a dar boa audiência, usava uma japona e um quepe cedidos pela Marinha, mas fazia questão de ressalvar:

"O Capitão Furacão não era um militar. Ele era da Marinha Mercante. Eu jamais quis dar uma característica militarista para o personagem, mas, às vezes, nós participávamos de cerimônias oficiais para estimular as crianças ao respeito ao dever cívico".

Não havia arma, nem de brinquedo, no cenário do *Capitão Furacão*.

Farda, terno e jaleco

Além do coronel Edgardo Erickson, evidência da presença de militares transmitida ao vivo na própria grade de programação da Globo de segunda a sexta, havia dois tipos distintos de integrantes das Forças Armadas nos bastidores da empresa: os oficiais egressos das melhores instituições de ensino de engenharia do país na época, o Instituto Militar de Engenharia (IME) e o Instituto Tecnológico de Aeronáutica (ITA), e que estavam lá para fazer a emissora entrar no ar com qualidade técnica; e os que atuavam dentro da Globo para garantir que o conteúdo que fosse ao ar, independentemente da qualidade, não contrariasse os chefes militares da ditadura. Quando possível, e com muito cuidado, este segundo grupo tentava facilitar a vida da emissora na Censura Federal, no Ministério das Telecomunicações e em outras áreas do governo.

"Eu trocava a farda pelo terno no carro, no trajeto entre o 1º Exército e a Globo. Meu expediente no Exército era das onze às cinco. Então eu ia para a Globo de manhã e voltava às seis horas da tarde, ficando até de madrugada."

O autor da ginástica diária, coronel do Exército João Paiva Chaves, foi o mais notório e bem-sucedido integrante do grupo cuja atividade ele próprio classificava de "difusa", na intermediação entre os interesses da direção da Globo e os dos chefes militares, num tempo em que não existia a palavra *compliance* no meio corporativo. Era tanta demanda que a situação começou a contaminar o currículo:

"Eu tinha que me preservar porque eu era da ativa. Eu não podia chegar lá no comando para defender a TV Globo. Mas a coisa era de tal ordem que, como eu não podia aparecer pessoalmente ajudando a emissora, acabei contratando um companheiro que tinha acabado de passar para a reserva, Bramauri Antonio da Silva, para trabalhar comigo. Era ele que aparecia, externamente, para procurar os órgãos de segurança, quando necessário".

Formado na Academia Militar das Agulhas Negras, Paiva Chaves havia desistido de seguir carreira em 1965, depois de passar quase três anos servindo na força de emergência enviada pela ONU à Faixa de Gaza, entre Israel e Egito, e perder o prazo para fazer o curso de Estado-Maior do Exército. Amigo de Maurício Memória, casado na época com Tatiana Memória, então chefe de serviços gerais da TV Globo, e disposto a começar a fazer a vida fora dos quartéis, Paiva Chaves aceitou o convite para trabalhar com ela, conciliando o horário da emissora com o do Exército:

"Meus dez primeiros anos de Rede Globo, entre 1965 e 1975, tiveram muita relação com as minhas atividades como oficial da ativa do Exército".

Com a edição do Ato Institucional n.º 5 em dezembro de 1968 e o escancaramento da ditadura, Paiva Chaves, assim como outros colegas do 1º Exército, acabaria sendo formalmente convocado para integrar o grupo de oficiais censores que passariam a atuar regularmente na imprensa escrita e nas emissoras do Rio. Foi quando ele deu um salto triplo na ginástica de conciliação da farda com o terno e a gravata:

"Todo mundo sabia que eu trabalhava na televisão. Aí disseram que eu ia entrar para o grupo de censura. Eu disse tudo bem, estou na ativa e tenho que fazer o que me mandarem. Só vou pedir o seguinte: não me botem para fazer censura na Globo porque não dá. Aí, me mandaram para a TV Rio e eu fui. Só que lá eu ia fardado".

Contribuiriam, para que a carga horária tripla de Paiva Chaves fosse factível, as boas relações que ele tinha com o diretor de programação da TV Rio. Apesar da farda verde-oliva, ele combinou com o diretor que, "*a priori*", não analisaria nenhum conteúdo da emissora como censor, certo de que o executivo "sabia o que tinha de fazer" para não criar problemas para ele, Paiva Chaves:

"E eu ia na TV Rio todo dia, no início da programação, para saber se havia algum problema. Depois ia para a TV Globo. No final do dia, ia de novo para a TV Rio. Trocava de roupa no carro".

Paiva Chaves, cuja capacidade de abrir portas poderosas para a Globo lhe valeu o apelido interno de "Maçaneta", acabaria sendo muito mais que um militar útil à Globo nos tempos sombrios da ditadura. Unanimemente considerado habilidoso, simpático e competente na área administrativa, continuaria crescendo na empresa, chegando à alta direção, primeiro como assessor de Walter Clark e do Conselho Executivo, depois como diretor-adjunto da Superintendência Executiva, na gestão Joe Wallach, entre 1977 e 1980 – quando deixou a emissora e foi contratado pela empreiteira Odebrecht, onde dirigiu as áreas de relações institucionais e de comunicação social até se aposentar em 2008.

Roberto Marinho não hesitava em contar com Paiva Chaves e outros assessores militares em meio expediente, porque tinha medo de perder a concessão da TV Globo nos primeiros anos da ditadura, mesmo tendo cultivado amizades nas Forças Armadas bem antes de conspirar com os generais no Golpe de 1964 e não escondendo sua admiração pelo marechal Castelo Branco, a quem considerava "um estadista" traído pelos oficiais linha-dura que o sucederam.

De acordo com Leonencio Nossa, além do risco de não conseguir botar a Globo no ar dentro do prazo estipulado pela concessão, Marinho, um entusiasta da presença do capital estrangeiro no Brasil, temia se tornar alvo dos militares nacionalistas do governo, à época determinados a levar à frente um projeto ainda do governo João Goulart, que previa a criação de uma estatal para monopolizar o serviço de telecomunicações no país, inviabilizando o espaço da iniciativa privada no setor.

O temor se justificaria pelo menos uma vez, num início de noite em agosto de 1965, durante o governo Castelo Branco, quando o capitão de mar e guerra Euclides Quandt de Oliveira, líder histórico dos militares nacionalistas e então presidente do Conselho Nacional de Telecomunicações (Contel), chegou a mandar a secretária datilografar um decreto de cassação da concessão da Globo. Chamado às pressas numa festa, Marinho correu sem tirar o *smoking* para a redação de *O Globo*, de onde ligou para o presidente da República, que mandou suspender a cassação da concessão.

Não por acaso, em outra festa na mesma época, desta vez no apartamento de Walter Clark na Lagoa Rodrigo de Freitas, ao se ver cercado de convidados que sabiam das investidas dos militares ligados a Euclides Quandt contra a concessão da Globo, Marinho confessou:

– É, de vez em quando recebo coisas desagradáveis. Mas não ligo. Eu admito perder a televisão. O jornal é que ninguém me tira.

Para o coronel Paiva Chaves, no fundo, Marinho não ligava porque sabia que os militares também precisavam da Globo.

Nas salas da outra banda de militares da emissora, a dos oficiais engenheiros eletrônicos aparentemente sem envolvimento com atividades "difusas" de inteligência ou censura, quem mandava, no começo, era o general reformado Lauro Medeiros, pioneiro nas comunicações no Exército, colaborador de Marinho desde os tempos da Rádio Globo e diretor técnico da emissora. A ele se juntariam, aos poucos, futuros protagonistas importantes da construção do futuro e famoso Padrão Globo de Qualidade: entre eles, Herbert Fiuza, Renê Xavier dos Santos, Fernando Bittencourt e outros engenheiros que trabalhariam inspirados, inicialmente, no modelo tecnológico e operacional da WFBM, emissora do grupo Time-Life na cidade americana de Indianápolis.

A chegada à Globo do capitão do Exército Herbert Fiuza, então professor da PUC-Rio formado pelo Instituto Militar de Engenharia, é um exemplo de como os militares ganharam espaço na área técnica da emissora. Em 1963, ao final da conversa e de um passeio que fez com o general Lauro pelas instalações da Rádio Globo, aconteceu o convite para Fiuza:

– Puxa, eu queria tanto continuar conversando com o companheiro de farda. Você é eletrônico. Então, poderia vir aqui de vez em quando pra me dar uma ajuda?

Em pouco tempo, Fiuza estaria participando, em regime de meio expediente, como assistente do general Lauro, dos primeiros movimentos para a montagem técnica da TV Globo a tempo de não perder a concessão. Começava, também, a se livrar de uma situação que era um retrato do ambiente político do Brasil daquele momento:

"Eu era professor na PUC e todo mundo sabia que eu também era oficial do Exército. Eu dava aula pra estudante e o clima era sempre muito difícil. Então achei por bem que não devia continuar dando aula".

O problema é que, por conta do culto entusiasmado do general Lauro à hierarquia, à disciplina e à mentalidade burocrática típica dos militares, os corredores da Globo dos primeiros tempos não combinavam muito com o ambiente normalmente frenético, quase caótico e operacionalmente arriscado da televisão. A então estagiária Márcia Clark* tinha a impressão de que trabalhava num laboratório de pasteurização de leite:

"As câmeras tinham paninho pra tirar bactéria. Era um ambiente asséptico, higienizado, tudo limpo, todo mundo usando uniforme, de jalequinho".

Da primeira vez que entrou na Globo, "maravilhado" e ciceroneado por Boni, Daniel Filho* guardou a impressão de "uma coisa assim de doação de óvulos, uma limpeza, uma coisa absurda". Além do jaleco apelidado de "papo amarelo" devido à cor da camisa que compunha o uniforme, engenheiros e técnicos como o operador de VT João Rodrigues já eram obrigados, na época, a pendurar no peito uma biriba, precursora do crachá de identificação que inspiraria, no futuro, o personagem "Bozó", com o qual Chico Anysio ironizaria a falta de modéstia que grassou ao longo dos anos em todos os escalões da empresa, incluindo o dele. O regime comandado pelo general Lauro também previa para técnicos como João Rodrigues uma espécie de padrão Globo de aparência:

"Era proibido entrar de calça jeans. Cabelo comprido, nem pensar, tinha de ser cortadinho. O sapato tinha de estar brilhando. Até para sair andando pelo corredor você tinha de fazer com discrição".

O que parecia uma inofensiva extravagância visual da nova emissora do Rio se tornou uma crescente dor de cabeça quando a mentalidade de quartel do general começou a afetar a própria operação da Globo. Câmeras e outros equipamentos só podiam ser transferidos de um estúdio para outro com ordem expressa dele; operadores de câmera não podiam ter baixa estatura; e ninguém podia tocar nos botões da mesa dos *switchers* sem um documento de "certificação" da engenharia, entre outros exageros.

O modelo hospital militar dos primeiros tempos começou a deixar de existir, primeiro, no início de 1966, quando as enchentes que atingiram o Rio levaram lama e caos para dentro das instalações da emissora, desmanchando o "laboratório de pasteurização" que tanto impressionara Márcia Clark:

"Ninguém mais usava uniforme porque era impossível. As pessoas passaram cinco dias dentro da Globo, virando noite e dormindo no estúdio ou no meio do corredor".

Depois, em 1968, o general Lauro, adoentado e idoso, foi substituído por outro militar, o coronel Wilson Britto, tirado da concorrente TV Rio por Walter Clark e, desde o início, em veloz rota de colisão com o recém-contratado Boni, que se lembrou da briga em sua autobiografia:

"O coronel Britto era mais flexível que o general, mas não era um homem de operações. Considerava-se protegido do Walter Clark. Tivemos uma batalha final para a aquisição de novos gravadores de vídeo para a Globo. Britto queria comprar as máquinas trogloditas da RCA, ligeiramente mais baratas. Se adotássemos a solução do Britto, inviabilizaria a Globo. A gente sabia que a RCA não fabricaria mais suas máquinas obsoletas, como, de fato, ocorreu. Bati o pé pelas máquinas da Ampex, muito superiores e mais confiáveis, e o Britto se demitiu".

Os dois lados da fita

O mecanismo era constituído por um "canhão eletrônico" que gerava feixes de elétrons que, ao passarem por bobinas, criavam campos magnéticos verticais e horizontais. Ao passarem por um tubo e atingirem a tela composta por material sensível à luz, os elétrons deixavam manchas que, unidas, formavam as imagens.

A ideia, pelo menos, era essa em 1965, quando a televisão, a uma distância intergaláctica da qualidade das telas planas de "n" polegadas em 4K do século 21, nem sempre entregava tudo o que prometia aos telespectadores. Ainda era um tempo em que os fabricantes deixavam por conta e risco do proprietário, através de botões que vinham instalados no painel de controle dos televisores, o ajuste dos campos magnéticos: o botão de horizontal, para que as imagens das pessoas não fossem alteradas como se estivessem num espelho distorcido de parque de diversões; o de vertical, para que as imagens não disparassem, descontroladas, subindo ou descendo, como no descarrilamento de um filme na tela de cinema.

As antenas, fossem na versão de duas hastes metálicas em forma de "V" para uso interno ou nas grelhas de alumínio instaladas nos tetos das casas, escondiam uma outra terceirização compulsória imposta pelos fabricantes: no caso das antenas em "V", era o próprio televisor que, de certa forma, "escolhia" o local da sala ou do quarto em que a TV e a antena deveriam ficar, quase sempre com o auxílio poderoso de chumaços da lã de aço Bombril enroscados na ponta das hastes. No caso das grelhas de teto, as intervenções para mudar a posição da antena, geralmente uma sinfonia interminável de "vai!", "volta!", "foi muito!" e "mais um pouco!" entre o corajoso que subia do telhado e quem estava diante da TV. Só que menos frequentes, pelo óbvio desconforto e pelo risco de um sério acidente doméstico.

Para completar a experiência de assistir à TV naqueles tempos, dependendo da qualidade da recepção dos sinais das emissoras, o telespectador tinha de se acostumar com o surgimento, em seu tubo de imagens, de duas transmissões simultâneas: a que ele escolhia, um pouco mais nítida, e um programa concorrente do horário, desfilando em meia-fusão, numa espécie de carrossel de imagens fantasmagóricas. Previdentes, os fabricantes produziam, para abrigar o tubo de imagem, móveis que chegavam a pesar quarenta quilos, robustos o suficiente para aguentar socos, chutes e pontapés dos usuários mais impacientes.

Na manhã em que a Globo entrou no ar, 26 de abril de 1965, a televisão brasileira já guardava, na memória dos corredores das emissoras cariocas, um momento marcante do ano de 1961 que o diretor Carlos Manga* e um editor do programa *Chico Anysio Show*, da TV Rio, comemoraram com um beijo na boca, "feito duas bichas românticas": a realização do primeiro *cue*, a marcação da edição em uma máquina de videoteipe – revolução tecnológica que libertou os profissionais de TV do planeta da angustiante impossibilidade de preservar o que aparecia diante das câmeras, fosse uma performance antológica de dramaturgia ou a exaltação das qualidades de um sabonete.

No modesto embrião do departamento que se tornaria a poderosa Central Globo de Engenharia, um dos pilares do futuro Padrão Globo de Qualidade, a revolução do videoteipe, muito por conta do contrato da emissora com o grupo Time-Life, começou com duas modernas máquinas VR-1000 fabricadas pela Ampex e por equipamentos então de última geração fornecidos pela RCA, que incluíam outro prodígio tecnológico que só a Globo possuía, na época, na América do Sul: o Editec, aparelho implantado pelo engenheiro Reynaldo Losso e que dispensava editores de VT como João Rodrigues do uso, subitamente tornado medieval, de estiletes e lupas para cortar as fitas:

"Era o que tinha de moderno na época. O corte era feito eletronicamente. A gente marcava o ponto na fita e a máquina fazia a edição".

Dado o passo à frente em tecnologia, um subproduto decorrente da revolucionária capacidade que o videoteipe tinha de armazenar conteúdos só começaria a ser percebido bem mais tarde, quando os próprios profissionais da TV se deram conta de que as emissoras, Globo entre elas, estavam se valendo intensamente de outra capacidade, esta não exatamente revolucionária, daquelas máquinas: a de apagar material gravado e receber novos conteúdos. Incluindo programas e capítulos inteiros de novelas estreladas, para citar um exemplo, por Tarcísio Meira:

"Como não havia nem micro-ondas nem satélite, era o videoteipe que transitava pelo país inteiro, fitas enormes Ampex de três polegadas. A gente gravava e regravava. Por isso não temos muitos capítulos de novelas que eu gostaria de rever. Foram simplesmente apagados".

Por causa de restrições de importação da época, da deterioração decorrente do uso intensivo das fitas, da falta de planejamento do departamento de compras, do descuido operacional, do dinheiro curto e de todas essas razões citadas somadas, a Globo e as outras emissoras adotaram com as fitas, em graus diferentes, uma espécie de canibalismo. O resultado ficaria evidente anos depois, em longos apagões na memória da televisão brasileira, prejuízo que Boni lamentou mas não conseguiu evitar:

"Era difícil trazer material eletrônico para o Brasil. Você não podia trazer um chip no bolso que era proibido. Não podia trazer nada, era terrível, uma situação muito difícil para as televisões e para os patrocinadores que custeavam esse material".

Os capítulos de novelas e de programas da Globo levavam até oito semanas para "viajar" pelo Brasil e completar um arremedo de rede nacional. Naquela época, segundo o diretor Reynaldo Boury, falecido em 2022 aos 90 anos, quanto menos dinheiro, como no caso da TV Excelsior em seus últimos dias, maiores eram os absurdos:

"A gente tinha de apagar. Não havia como guardar, senão você não gravava novas cenas da novela. Pior: você gravava um capítulo na fita e a fita passava primeiro em São Paulo. Depois, ela viajava para o Rio, para Curitiba, depois Porto Alegre, depois Recife. Só que era uma fita só, sem cópia, filha única".

Às vezes um problema a mais contribuía para manchar a reputação do videoteipe Brasil afora: o extravio das fitas. Quando acontecia, "simplesmente pulava-se o capítulo e a novela continuava", de acordo com Reynaldo Boury.

Nos casos graves de falta de continuidade, segundo ele, "aparecia uma pessoa da afiliada para ler o resumo do capítulo perdido". Um consolo para os noveleiros do interior, na época, seria conhecer a rotina de resignação que Phelippe Daou*, fundador da Rede Amazônica, grupo de afiliadas da Globo na região Norte, enfrentou por anos a fio:

"Para se ter uma ideia, o *Jornal Nacional* de segunda-feira era visto quarta ou quinta-feira, isso se não houvesse nenhum acidente com o transportador e se o avião não atrasasse. E não preciso dizer o que falavam de nossas mães, que não tinham nada que ver o problema, quando não chegava o capítulo da novela".

A nova missão de Joe

– Puxa, entrei numa fria!

O contador de origem judaica Joe Wallach, especializado em gestão na área de TV, veterano do exército dos Estados Unidos no *front* ocidental da Segunda Guerra Mundial e enviado do grupo Time-Life para ser o interlocutor de Roberto Marinho na administração do contrato do grupo americano com a Globo, ainda não sabia o equivalente em inglês da palavra "fria" quando, aos 42 anos, deslumbrado com a visão da Baía de Guanabara na manhã radiante de 1º de agosto de 1965, desembarcou no Aeroporto Santos Dumont acompanhado do diretor e do "homem de finanças" da empresa, respectivamente, Weston Pullen e Andrew Burton:

"Eu vi a cidade de cima e me pareceu uma coisa tão linda, maravilhosa. Entramos num Volkswagen e fomos direto para o Copacabana Palace reunir com Roberto Marinho. Eu já sabia que tínhamos problemas".

Quem recebeu Joe Wallach no saguão do Copacabana Palace foi o executivo que ele começaria a substituir naquele dia, o cubano Alberto Catá, ainda traumatizado com a aterrorizante prisão seguida de interrogatório a que tinha sido submetido dias antes, no Departamento de Ordem Política e Social (DOPS) da Guanabara, por ordem direta de Carlos Lacerda – na primeira das muitas batalhas da guerra política e midiática que estava apenas começando entre o governador e o dono da Globo. Trauma pessoal à parte, Catá, um cubano exilado que Walter Clark, antes mesmo de entrar para a Globo, considerava "um dos grandes executivos de televisão da América Latina", tinha péssimas notícias para o sucessor:

– As coisas aqui não andam bem com o Roberto Marinho. E não estou conseguindo o que nós queremos. É difícil aqui. Ele não quis fazer certas coisas, assinar certas notas promissórias. E a programação acho que não vai dar certo. Acho que acabou.

Concretamente, de acordo com Joe Wallach, Marinho se recusava a assinar promissórias e dar garantias de alguns pagamentos previstos no acordo, justificando a decisão como sendo uma resposta à recusa do grupo Time-Life de dividir, com ele, os prejuízos que já começavam a se acumular com pouco mais de três meses de funcionamento da emissora – ainda dirigida por Rubens Amaral e sofrendo com os 9% da audiência que davam à Globo o quarto e último lugar na disputa do Ibope do Rio.

Nos corredores da emissora, naquela manhã, diretores como Maurício Sherman tinham como certa a informação de que Wallach estava chegando ao Brasil "para fechar a filial e ver se salvava algum dinheiro", confirmando boatos de que o grupo Time-Life estava desembarcando, em escala mundial, de empreendimentos editoriais como o do acordo com a Globo.

Era o que parecia na reconstituição que Wallach fez do encontro no Copacabana Palace entre Marinho, seu secretário, Vitório Berredo, Alberto Catá e os dois executivos americanos. Joe nem precisava entender o português que aprenderia, sem nunca perder o sotaque americano, nos quinze anos que viveria no Brasil e na Globo:

"Nós entramos e eu percebi que houve um desentendimento entre eles. O Catá falou da programação da emissora. Doutor Roberto falou pouco. O Pullen tentou ser agradável com ele, mas foi difícil. O desentendimento da linguagem, primeiro, e a cultura diferente pesaram. E foi aí que eu pensei: estava tão feliz em San Diego! Entrei numa fria".

Os problemas estavam apenas começando para Wallach, que na época descrevia o acordo ou contrato da Globo com o Time-Life da seguinte maneira:

"Pelo acordo, o Time-Life comprou todo o equipamento da emissora. Os prédios também estavam em nome do Time-Life. Pelo contrato de aluguel dos prédios e do equipamento, o Time-Life ficava com 45% do lucro, mais 3% pela assistência técnica e 3% sobre o faturamento da Globo, e eu era parte dessa assistência técnica, como o Alberto Catá tinha sido. Mas não podia ultrapassar 49% do lucro".

Quem dera.

A CPI do Grupo Time-Life, que incendiaria o mundo político e as páginas da grande imprensa brasileira nos anos seguintes, ainda nem havia sido instalada.

Concorrência

"Tintim tiririm tintim/ tintim tiririm tintim/ Peguei, soltei, chacoalhei, guardei/ Tornei pegar, chacoalhar, guardar/ Tornei guardar no mesmo lugar, ah!"

Artur Xexéo reproduziu, em sua coluna de *O Globo* de 13 de setembro de 2020, a letra que jamais esqueceu do "Coral dos Bigodudos", quadro criado pelo ator Castro Gonzaga, grande sucesso da TV Rio e um dos programas que faziam sucesso na cidade em 1965, ano em que a Globo entrou no ar.

Na mesma coluna, uma viagem da memória pela TV que Xexéo amava quando tinha 14 anos; havia referência a outros campeões de audiência da época, como *Grande Boliche Royal*, *Rapa-Tudo Vulcan*, *Biscoiteste Duchen*, *Teatro de Comédias da Imperatriz das Sedas*, *Grande Gincana Kibon*, *Times Square* e a novela *O Preço de Uma Vida*, cujo protagonista, o "doutor Valcourt" interpretado por Sérgio Cardoso, cunhara um bordão que os telespectadores adoravam repetir: "Eu sou um médico, não um charlatão!".

Nenhum desses programas passava na Globo.

A grade de programação da emissora começou a ter sérios problemas alguns meses antes de entrar no ar. Primeiro porque o diretor de programação, Abdon Torres, militar contratado por Roberto Marinho e que o diretor Maurício Sherman, à luz da experiência que tivera com ele na TV Tupi, considerava "perfeitamente incapaz de fazer televisão", propôs uma grade inteira baseada na TV americana, projeto que os colegas da direção consideraram inviável. O segundo problema também veio à tona antes da estreia, quando Roberto Irineu foi informado de que Abdon Torres tinha registrado, em seu próprio nome, todos os títulos da programação da Globo.

Abdon tornou-se, assim, o primeiro executivo demitido da história da Globo. E, como não havia à mão quem conseguisse fazer o trabalho, Mauro Salles, à época o diretor de jornalismo da emissora, foi convocado para cuidar da programação. No levantamento que fez do que a Globo tinha na mão para exibir, Mauro descobriu que "não havia nada além de uns poucos filmes dublados". Era pouco para enfrentar o que passava nas telas da concorrência formada pela TV Tupi, TV Rio e TV Excelsior.

Não surpreendia, na época, a ideia de que trabalhar na emissora não era exatamente um emprego tentador. O próprio Boni tinha declinado, em 1965, de um primeiro convite para trabalhar com Walter Clark, preferindo embarcar num projeto da TV Tupi de São Paulo de fazer um programa da rede nacional chamado *Telecentro*. Também por considerar a Globo "uma emissora regional, sem a pretensão de ser uma emissora nacional", Tarcísio Meira decidira ficar na TV Excelsior.

Até a atriz Ilka Soares, então com 33 anos, casada com o mesmo Walter Clark da Globo e com uma filha de 3 meses de idade para criar, achou mais seguro continuar na TV Rio para ter chance de receber os vários salários atrasados que a emissora lhe devia. Assim como o futuro trapalhão Dedé Santana, então com 29 anos:

"Eles chamaram, mas tinha que fazer um teste e o artista brasileiro não é acostumado com esse negócio de teste. Eu pensei: está doido! Vou ficar aqui na Tupi mesmo".

Para completar o *pool* de dificuldades da Globo na luta pela audiência, a Tupi de Assis Chateaubriand abria espaços generosos e regulares em sua programação para Carlos Lacerda e o senador João Calmon, um dos condôminos dos Diários Associados, fazerem ataques regulares e cada vez mais agressivos a Roberto Marinho e sua TV. Por essa e outras, Roberto Irineu não tinha a parcimônia do pai ao falar do dono da Tupi:

"Era um vigarista, um chantagista, um gângster. Eu não diria que havia um respeito por parte do papai ao Chateaubriand. Papai respeitava era a obra dele".

O grupo Time-Life, além de ser o alvo central dos ataques de Chateaubriand e Lacerda, por conta do acordo irregular com a Globo, à época estava mais preocupado em recuperar o que tinha investido na empreitada do que com audiência. E, pensando bem, Roberto Irineu achou que foi até melhor assim:

"O Time-Life quase não contribuiu em nada; nem em jornalismo, nem em programação. E, quando contribuiu, no início, foi um desastre. A equipe que entrou depois da inauguração trocou tudo".

Um episódio especialmente trágico do "desastre" aconteceu em 13 de agosto, uma sexta-feira, três meses e dezoito dias depois de a Globo entrar no ar, quando o ator e dramaturgo Domingos Oliveira, um dos contratados de Abdon Torres, diretor do *Show da Noite*, e o apresentador Gláucio Gil combinaram de começar o programa daquela noite com luzes e música "soturnas", seguidas de uma introdução fantasmagórica:

– Hoje é sexta-feira, 13 de agosto, e, por enquanto, tudo bem...

Assim foi feito. Também como tinha sido combinado, todas as luzes foram acesas e uma música alegre encheu o estúdio na sequência, completando a abertura. Na volta ao vivo de um dos intervalos, porém, Gláucio, então com 33 anos e sabidamente hipertenso, tombou para o lado e desmaiou assim que se sentou numa poltrona, em cena que Domingos descreveu como "uma coisa muito violenta":

"Essa imagem eu não esqueço. Nós todos corremos e o pegamos com muito esforço para levá-lo para um sofá. A impressão que eu guardo é a de que foi nesse momento que o coração dele parou".

A estação foi tirada imediatamente do ar, mas, com a aglomeração que se seguiu das pessoas na porta da emissora, o estúdio do *Show da Noite* acabou se transformando no local do velório de Gláucio Gil; primeira das muitas celebridades da Globo que, ao morrer, atiçaram a curiosidade e o fascínio voyeurista dos telespectadores brasileiros.

São Paulo Ltda

Em 18 de dezembro de 2021, o mercado e a mídia de São Paulo foram surpreendidos pela decisão do Grupo Globo de vender, para a empresa Vinci Partners, todo o complexo de imóveis do grupo situado no valorizado bairro do Brooklin e delimitado por um grande quadrilátero que incluía a Avenida Jornalista Roberto Marinho e uma rua cujo nome homenageia um importante ex-diretor da emissora, Evandro Carlos de Andrade. O contrato, do tipo *sale & leaseback*, no valor de 522 milhões de reais, garantia ao Grupo Globo o direito de continuar ocupando o espaço pelos quinze anos seguintes, podendo também ser renovado por mais quinze, mas sem direito de sublocar.

Tomada em meio ao processo radical de enxugamento em curso no grupo naquele momento sob o nome de "Uma só Globo", a decisão, mesmo não significando prejuízo direto para as atividades da emissora na cidade, foi considerada um tiro no pé, do ponto de vista de imagem, por observadores do mercado. O reluzente complexo de instalações de 56 mil metros quadrados, construído pela Globo numa gleba compartilhada com o Bank Boston e o Hotel Hyatt, era o símbolo poderoso de uma conquista, ao lado da ponte estaiada que, em 2008, o prefeito Gilberto Kassab, para compensar a autoestima dos paulistanos, batizara com o nome de Octavio Frias de Oliveira, fundador da *Folha de S.Paulo*.

Quase seis décadas antes, em 1964, após tentar, sem sucesso, obter uma concessão de TV do governo militar para instalar a Globo na capital paulista, Roberto Marinho ousara cravar uma estaca na cidade que era sede das então poderosas Tupi, Bandeirantes, Excelsior e Record, comprando, das Organizações Victor Costa, a TV Paulista, canal 5, principal emissora de "uma rede falida que era uma coisa horrorosa", nas palavras do filho Roberto Irineu.

O dono da Globo comprou, mas nem quis conhecer o que tinha comprado. O primeiro executivo da empresa a pôr os pés no velho prédio de cinco andares da Rua das Palmeiras, no bairro de Santa Cecília, quase um ano depois da compra, em novembro de 1965 – e mesmo assim escondido de Rubens Amaral, então diretor-geral da Globo –, foi Joe Wallach, que voltou da viagem escandalizado e com uma proposta radical para Roberto Marinho e o comando do grupo Time-Life:

"Parecia um museu de estátuas, as pessoas lá sentadas nas mesas. A impressão era de que nada estava acontecendo. Muitos só iam lá no dia de pagamento, às vezes mandando outras pessoas receberem. Uma situação tão desastrosa que decidi dizer ao doutor Roberto e ao Time-Life que a empresa não tinha condições de sobreviver. Vendo a situação no Rio e em São Paulo, achei, naquele momento, que era melhor acabar".

Dionísio Poli, um dos principais diretores da história da área comercial da Globo, também não tinha boas lembranças daquela emissora que era "um palavrão" no mercado publicitário, localizada "naquele prédio infeliz da Rua das Palmeiras" e com uma equipe de vendas formada por "pobres coitados menosprezados e ridicularizados pelas agências de publicidade".

A audiência baixa dos programas, que alugavam horários na grade da TV Paulista de segunda a sábado por uma pechincha e seriam gradualmente substituídos pela grade da Globo, dava um grande salto todo domingo, do meio-dia às oito da noite. Era quando o apresentador Silvio Santos, falecido em 2024, aos 93 anos, e sua maratona de auditório tomavam conta da grade e da comercialização de todos os intervalos, sem nenhuma ingerência da Globo, pagando migalhas pelo espaço e ainda faturando com a exibição do programa também na grade da TV Tupi. Geraldo Casé, diretor artístico enviado à TV Paulista por Walter Clark e Boni em 1968, viveria uma experiência traumatizante na emissora paulista, a começar pelo auditório:

"Com o perdão da palavra, era nojento. E a primeira coisa que eu disse foi: vamos encerar, limpar, pintar isso, porque essa sujeira está entrando no ar. Mas o próprio Silvio Santos não queria mexer porque achava que aquele auditório horroroso dava sorte".

Walter Clark, a partir do momento em que assumiu a direção-geral da Globo, em dezembro de 1965, não demorou a descobrir que o espaço na grade da TV Paulista custava praticamente zero para Silvio Santos e que a emissora faturava metade da receita da Rádio Nacional de São Paulo, que também fazia parte da rede. Queria mudar aquele modelo de negócio, praticamente uma emissora funcionando dentro da outra, mas sem perder o programa, num momento em que o número de televisores no país, cerca de dois milhões, já começava a deixar de ser uma exclusividade das casas das classes A e B:

"Eu queria o Silvio Santos em rede nacional, começando pelo Rio. E ele achava que isso valia uma fortuna incalculável, tão grande quanto o próprio ego dele".

Walter teria que conviver muito mais tempo com o futuro dono do SBT do que poderia imaginar, e não por causa apenas dos percentuais das cláusulas de comercialização do programa de Silvio na TV Paulista. O apresentador, a partir de junho de 1966, data do último repasse de recursos do Grupo Time-Life para a Globo, passaria a ser, também, um dos credores dos empréstimos que Roberto Marinho teve que fazer, a juros pouco camaradas, pelas contas de Joe Wallach, para que a emissora continuasse no ar:

"Havia prejuízo, sempre. Tivemos de pegar dinheiro em banco, com juros altos, e o Silvio Santos, que ganhava muito com o programa dele, emprestava para nós. Era nosso funcionário e cobrava 8% ao mês de nós, uma loucura".

Outra dor de cabeça de Roberto Marinho relacionada à compra da TV Paulista duraria décadas, devido ao tipo de negociação que ele tinha feito com o radialista Victor Costa em 1964: um clássico contrato de gaveta, versão de mil utilidades do jeitinho brasileiro no mundo empresarial, no caso envolvendo um valor aproximado equivalente a dois milhões de dólares, de acordo com uma investigação feita em 2002 pela jornalista Elvira Lobato, respeitada especialista na cobertura da área de telecomunicações.

As pontas soltas do negócio ficaram evidentes em 1984, com a morte do ex-deputado Oswaldo Junqueira Ortiz Monteiro, primeiro dono da TV Paulista e cuja família entrou na Justiça para reclamar que Victor Costa, segundo dono e responsável pela venda a Roberto Marinho, havia sido apenas um presidente, e não um acionista. Os herdeiros pediam a anulação tanto da negociação feita em 1964 quanto de um contrato complementar que Marinho assinou com Ortiz Monteiro dez anos depois, em 1975, com o objetivo, na letra do processo, de "sanar eventuais irregularidades presentes no negócio jurídico anterior".

A rede estadual liderada pela TV Paulista, nas palavras de Boni*, "era um território de ninguém" do ponto de vista acionário, por ser originalmente montada por subscrição popular, com centenas de acionistas, e por não ter dado lucro antes de passar a crescer e faturar como TV Globo. Ainda segundo Boni, as Organizações Victor Costa, que compraram a TV de Ortiz Monteiro, "pagaram parte dos acionistas". A Globo, que comprou depois, pagou outra parte dos acionistas e "outros nem sequer apareceram para cobrar as suas ações".

O diretor administrativo nomeado para a TV Paulista por Walter Clark, Luiz Eduardo Borgerth, ao atuar no mutirão jurídico da emissora para amparar o contrato de gaveta com o aditivo de 1975, acabaria providenciando uma documentação curiosa, de acordo com uma perícia particular juntada ao processo pelos autores: procurações de herdeiros de Ortiz Monteiro em nome dele, Borgerth, com data de 1953, catorze anos antes de sua contratação pela Globo, e com o número do seu Cartão de Identificação de Contribuinte (CIC), documento que só foi criado pelo governo em 1969.

Ao comentar o caso em seu livro de memórias lançado em 2003, Borgerth tinha certeza de que Roberto Marinho não sabia da "encrenca" quando decidiu comprar a TV Paulista:

"Era uma televisão caindo aos pedaços, quebrada, uma aventura feita para tomar dinheiro, diziam as más línguas. Eram 600 acionistas. Foi por isso que o doutor Roberto deve ter comprado maravilhosamente bem, mas obviamente sem imaginar o que ia acontecer".

A disputa judicial só terminaria em agosto de 2010, quando a 4ª Turma do Superior Tribunal de Justiça (STJ), em decisão unânime, negou a ação declaratória de inexistência de ato jurídico da compra de ações por Roberto Marinho, considerando prescrita a obrigação de exibir a documentação da venda.

Aquela primeira incursão da Globo em São Paulo, cheia de desafios e controvérsias que iam do auditório "nojento" e deficitário da TV Paulista à encrenca que mobilizaria advogados e executivos de Marinho por mais de quatro décadas, aconteceu numa época em que não havia fluxo regular de sinal de televisão nem mesmo entre Rio e São Paulo. Mas Joe Wallach e Walter Clark já estavam convencendo Marinho de que o futuro da televisão se resumia numa palavra: *network*, ou rede, de Rede Globo, que, começando por São Paulo, chegaria ao ano de 2022 com 121 emissoras, 116 delas afiliadas, cobrindo 98,53% dos municípios brasileiros. De todas elas, Boni, em sua entrevista ao autor em 2023, não tinha dúvidas sobre qual foi a mais importante:

"Se não fosse o Silvio Santos, não tinha TV Globo. Ele promovia as novelas da Globo. A grade da TV Paulista, sem o Silvio, tinha 5% de audiência. O Silvio, no horário dele, tinha 20%. E eu anunciava a programação da Globo na TV Paulista durante o programa Silvio Santos. Eu dizia a ele: 'Silvio, eu preciso de sua ajuda'. E ele ajudava, levando o elenco das nossas novelas ao programa dele. Ele achava que ia continuar na TV Paulista e ajudava".

Boni disse ter voado "São Paulo inteiro num teco-teco" com Joe Wallach para implantar a rede da Globo no estado. Junto com Wallach e com o diretor de engenharia Adilson Pontes Malta, e sem avisar Roberto Marinho, "que não acreditava em São Paulo", disse ter comprado transmissores para levar o sinal da Globo a Campinas, Ribeirão Preto, São José do Rio Preto e Marília.

Nenhuma das emissoras e afiliadas, incluindo a TV Globo canal 4 do Rio de Janeiro, teria importância comparável, afetos à parte, à da Globo de São Paulo, com seu mercado bilionário e sua audiência mandatória, no longo e sólido casamento de conveniência do carioca Roberto Marinho e de seus filhos com a cidade. Importância a ponto de Roberto Irineu providenciar um endereço paulistano, uma mansão na Rua Bucareste, o quarteirão mais cobiçado do Jardim Europa, endereço estelar da elite da cidade.

O pai Roberto preferiu sempre não ter que dormir em São Paulo e, embora fosse uma pessoa cuja vaidade não recusava homenagens, declinou com firmeza quando o então diretor de Relações com o Mercado da Globo, Gilberto Leifert, fez uma sondagem, via Boni, em março de 1996, sobre uma ideia que só se tornaria realidade em 2003, depois da morte do empresário. A ideia era dar o nome Roberto Marinho à então Avenida das Águas Espraiadas. Resposta do dono da Globo:

– Nome de rua é pra defunto.

O complexo da emissora na cidade no endereço com o nome do fundador se tornaria emblemático, ainda que os gestores do projeto Uma só Globo tenham resolvido vender a propriedade e alugá-la imediatamente dos novos proprietários, em 18 de dezembro de 2021.

A cascata de Walter

A atriz Norma Blum, grávida de oito meses aos 26 anos e apresentadora do *Romance da Tarde* – programa ao vivo da Globo que começava às 14h e no qual ela emoldurava a exibição de filmes "água com açúcar" com comentários sobre a "fita" do dia e notas culturais –, estava ansiosa, no início da tarde de 10 de janeiro de 1966, quando pegou um táxi em Copacabana debaixo de chuva forte com destino ao Jardim Botânico, sem saber por que os telefones da emissora não atendiam.

Integrante do primeiro elenco da emissora, Norma sabia que Walter Clark, o novo diretor-geral, vinha fazendo mudanças radicais que incluíam demissões e cancelamento de programas. E a ansiedade virou aflição quando o motorista do táxi, depois de evitar trechos alagados da Lagoa Rodrigo de Freitas e chegar à praça em frente ao Jockey Club, a cerca de um quilômetro da Globo, já completamente tomada pela enchente, avisou que dali não passaria:

– Mas eu não posso faltar. O programa é ao vivo!

Na sede da Globo na Rua Von Martius, a aflição de Walter Clark, pelo menos até a noite anterior, tinha outros motivos. Contratado aos 27 anos, depois de um leve tremor nas mãos na hora de assinar com Roberto Marinho na mansão do dono da Globo no bairro do Cosme Velho e convencido por um decisivo conselho dado pelo jornalista e dramaturgo Nelson Rodrigues na tribuna de honra do Maracanã, durante um jogo do Fluminense, ele começava a se questionar se deveria ter trocado o cargo executivo mais importante da concorrente TV Rio pela direção da Globo.

À exceção dos elogiados humorísticos *TV 0 – TV 1* e *Bairro Feliz*, e de alguns poucos pioneiros como o *Capitão Furacão*, Walter simplesmente havia tirado do ar a maioria dos programas da grade original criada pela direção que o antecedera, e que àquela altura já estava quase toda demitida. A equipe original contratada pelo antecessor Rubens Amaral também fora radicalmente enxugada, inclusive com a demissão do jornalista Eugênio Fernandes, autor da lista de cortes. Em vez de liberar dinheiro, Joe Wallach, inconformado com a indisciplina orçamentária generalizada nas contratações de elenco, avisava que a emissora caminhava para o abismo, faturando 180 mil e gastando 800 mil cruzeiros por mês. Completando o cenário de aflição de Walter, a lanterna do quarto lugar na audiência:

"Faltava um grande lance, algum evento que cristalizasse a imagem da emissora no conceito do público e que criasse uma aura de simpatia".

O coronel Paiva Chaves, cada vez mais envolvido com a gestão de Clark, tinha uma espécie de slogan às avessas da Globo da época:

"A emissora existia, mas ninguém sabia".

Só que o Rio de Janeiro, naquele momento, começava a sofrer com um trágico temporal de cinco dias que atingiria 60% dos bairros da cidade, deixando mais de 200 mortos e cerca de 50 mil desabrigados. Uma aflição que se tornaria pauta rotineira da imprensa carioca e da Globo nas décadas seguintes e cuja origem residia no fato de o Rio ter se tornado "uma cidade que se descontruía com o deslizamento dos morros", ao mesmo tempo que o governo Carlos Lacerda promovia a remoção de comunidades para conjuntos habitacionais à época distantes, como o da Cidade de Deus, como consta num estudo feito sobre aquela enchente pelas historiadoras Ana Carolina Oliveira Alves e Marcela Martins.

A Globo, situada ao pé de uma das muitas encostas da cidade e próxima do Rio dos Macacos, que transbordara mesmo tendo sido canalizado, nem precisou ir muito longe para fazer o retrato jornalístico da situação. O retrato, em forma de uma enxurrada lamacenta, invadiu os estúdios situados no primeiro andar do prédio, inutilizando parte do que até então era o maior diferencial da emissora em relação à concorrência: os equipamentos e as instalações.

Norma Blum, sem saber da invasão do primeiro andar pela lama e depois de andar por centenas de metros da Rua Von Martius com água pela barriga de oito meses, chegou ainda achando que ia apresentar o seu *Romance da Tarde*:

"Quando eu cheguei, tinha uma escadaria do lado de fora que levava ao segundo andar e quem eu vejo com uma câmera improvisada, fazendo a reportagem de toda aquela encrenca? Hilton Gomes. Ele olhou para mim e falou: O que você veio fazer aqui?".

Por ordem de Walter Clark, a programação tinha sido suspensa para que a cobertura do que estava acontecendo ali perto fosse ao vivo e contínua. Clark sabia que muros de arrimo das casas próximas caíam e que as pessoas ficavam ilhadas ou corriam para se abrigar na Globo, na época o maior prédio da redondeza. Também mandou equipes para as ruas com câmeras dezesseis milímetros de mão Arriflex, sem áudio, as "mudinhas" da pré-história do telejornalismo brasileiro, e pesadas Auricon com tripés que documentaram o caos trágico em bairros como Santa Tereza, Tijuca e Laranjeiras e em morros como o da favela da Rocinha, o do Parque Proletário da Gávea e o da Avenida Niemeyer:

"Foi um início de ano trágico, mas, por um lance de ousadia e, também, um pouco de sorte, conseguimos transformar a dramática enchente que flagelou o Rio naquele verão no nosso pulo do gato".

O impulso definitivo para o pulo do gato de Walter foi a ideia que ele teve de mandar instalar uma câmera fixa numa cascata que só se formava em dia de muita chuva, numa encosta de pedra e mata virgem próxima ao prédio da Globo. Resultado: durante os cinco dias, a imagem daquela câmera fixa se transformaria numa espécie de índice pluviométrico com o qual os cariocas puderam calcular, com mais precisão, pelo tamanho da cascata, o grau de risco de sair de casa naqueles dias difíceis.

Foram momentos inesquecíveis para quem trabalhava na Globo na época. E, também, para os cariocas, que aderiram em massa à campanha humanitária SOS Globo, lançada pelo jornal e pela TV de Roberto Marinho, com resultados de encher os olhos de Walter Clark e os 2.250 metros cúbicos do maior estúdio da emissora com toneladas de donativos de toda espécie:

"Daí em diante, a Globo passou a ser amada pelos cariocas. A campanha foi o toque de humanização que faltava para que ganhássemos o coração do público".

Um ano depois, um deslizamento soterraria casas e prédios no bairro de Laranjeiras, causando a morte de cerca de 200 pessoas. Outras tragédias se seguiriam, confirmando o saldo sempre trágico do encontro mortal entre a topografia e a miséria social do Rio de Janeiro. Mas o início súbito daquela relação da Globo com a cidade se traduziria nos números do Ibope, que, já naquele janeiro de 1966, deram à emissora a liderança na média do dia, de 13 a 14%, considerando todos os programas exibidos pelas quatro concorrentes no Rio de Janeiro, do meio-dia à meia-noite.

A relação ainda não era intensa o suficiente para alterar a audiência entre oito e dez da noite, horário nobre, quando a Tupi e a Excelsior chegavam a índices entre 40 e 50%, e a Globo perdia longe. Mas àquela altura Walter Clark já tinha levado para o arsenal da emissora uma arma que vinha de Cuba e que ele descrevia de uma forma inusitada:

"Baixinha, dentes feios, óculos enormes, deselegante e malcriada, ela não era exatamente uma fadinha de histórias infantis. Mas tinha o dom de enlouquecer o público com folhetins delirantes".

A cubana

– Mário Lago é comunista e não vai trabalhar nessa novela.

A decisão, comunicada a Walter Clark, no primeiro semestre de 1966, na hora de definir o elenco de *O Sheik de Agadir*, futuro sucesso da Globo, não foi de Roberto Marinho, dos diretores da novela, Régis Cardoso e Henrique Martins, ou dos militares que frequentavam os corredores da emissora, em missões mais ou menos explícitas de informação.

Quem estava enfrentando o diretor-geral da Globo era a cubana anticastrista exilada María Magdalena Iturrioz y Placencia, nome artístico Glória Magadan, autora que gostava de definir seu ofício como o de "provocar evasão" e que o próprio Clark, responsável pela contratação, considerava "uma máquina capaz de transformar o absurdo em sucesso", referindo-se às tramas folhetinescas e melodramáticas que ela trouxera das novelas radiofônicas que faziam muito sucesso em toda a América Latina.

Até a chegada de Walter e Glória praticamente juntos à emissora, a exemplo do que acontecia na área de jornalismo, em que os diretores da Globo apitavam pouco ou nada no conteúdo dos "telejornais" *Tele Globo* e *Ultranotícias*, o modelo de negócios do departamento de dramaturgia era uma espécie de terceirização da grade de programação, sistema impensável, seis décadas depois, numa emissora que mantinha um dos maiores complexos de produção de TV do planeta, com mais de 320 novelas no acervo.

Quem mandava nos estúdios, roteiros e elencos das novelas brasileiras nos anos 1960 eram dois anunciantes que disputavam o mercado de pastas de dente, então chamadas de dentifrícios. Colgate-Palmolive e Kolynos tinham atrizes e atores exclusivos sob contrato e controlavam toda a produção, a ponto de cuidarem até da importação de fitas de videoteipe. Na Colgate, reinava Glória Magadan. Na Kolynos, a brasileira Ivani Ribeiro.

Antes do impasse na escalação de Mário Lago, Walter Clark já tinha colhido, com a bem-sucedida *Eu Compro Esta Mulher* (1966), os primeiros frutos da parceria que fizera com Glória, ao tirá-la da Colgate-Palmolive e fazê-la diretora do departamento de novelas da Globo, criado por ele logo de chegada, em dezembro de 1965. Por isso, para evitar um confronto direto com ela, propôs a escalação do ator, um notório militante do Partido Comunista Brasileiro (PCB), garantindo que ele não faria nenhum comício durante a novela.

Glória aceitou e Mário Lago se conteve, até porque seu papel era de um nazista, na delirante história que se passava entre a França ocupada pelas tropas de Hitler na Segunda Guerra Mundial e o deserto do Saara, este reproduzido nas areias da Restinga de Marambaia, litoral do Rio de Janeiro.

Em sua autobiografia, Walter Clark registra que Glória Magadan passaria a ser "rodeada por todos os galãs ou candidatos a galã que queriam um papel em suas novelas", deixando escapar que, "apesar do pouco charme" da galanteada e de um provável "sacrifício", atores como Amilton Fernandes e Geraldo Del Rey conseguiram participações importantes com ela na Globo. O próprio Walter reconhece, no livro, que também entrou na fila do suposto sacrifício:

"Eu também paparicava tanto quanto podia, dava a ela um tratamento de rainha. No seu aniversário, dei uma grande festa no Golden Room do Copacabana Palace, coisa de cinema, com todo o elenco da Globo, gente em todos os cantos, centenas de pessoas, imprensa, tietes, o diabo. E a Glória no centro de tudo, brilhando como grande estrela".

A tietagem acabaria de modo traumático para Glória em 1970, quando ela saiu da Globo, atingida em cheio por causa de uma trama de traição e poder concebida por Boni e Daniel Filho.

Trama da vida real.

CAPÍTULO 2

O jabuti americano

"O acordo era totalmente ilegal, no meu ponto de vista. O pessoal do Time-Life era muito responsável, tinha ordem de não passar perto da redação para não contaminar o conteúdo, mas, de acordo com a legislação brasileira, o acordo era ilegal."

Boni já estava fora da direção da Globo havia mais de uma década quando, em entrevista concedida ao portal *Imprensa*, em setembro de 2010, disse o que pensava sobre o episódio controverso que definiria o destino da emissora: o acordo de Roberto Marinho com o grupo americano Time-Life, assinado em julho de 1962 e através do qual os americanos investiriam cerca de seis milhões de dólares na Globo, equivalentes a 56,9 milhões de dólares em 2022, em troca de participação nos lucros.

Os dólares do grupo Time-Life, que editava as revistas *Time*, *Life*, *Fortune* e *Sports Illustrated*, possuindo onze agências de notícias nos Estados Unidos e dezenove no exterior, permitiriam que, ao longo de três anos, entre fevereiro de 1963 e maio de 1966, a TV Globo do Rio de Janeiro pudesse ser montada e começasse a funcionar, sem depender exclusivamente de receita publicitária, num formato financeiro que Boni comparou, na mesma entrevista de 2010, ao que seria adotado pelo pastor Edir Macedo a partir de 1990, quando a Igreja Universal do Reino de Deus comprou a Rede Record e passou a sustentar a emissora, no caso por mais de vinte anos, com as doações de seus milhares de fiéis. O acordo com o grupo Time-Life, no entanto, se revelaria tão problemático e controverso que os sócios estrangeiros o abandonariam à própria sorte.

Própria sorte de Roberto Marinho.

No meio do caminho havia uma Constituição, a de 1946, em vigor na época, e um artigo, o de número 160, que proibia a propriedade de empresas jornalísticas a "sociedades anônimas por ações ao portador e a estrangeiros", fossem essas sociedades "políticas, simplesmente noticiosas ou de radiodifusão", cabendo exclusivamente a brasileiros "a responsabilidade principal delas e sua orientação intelectual e administrativa".

Para contornar esse obstáculo constitucional e receber os dólares que o grupo Time-Life estava decidido a investir no Brasil no início dos anos 1960, sob orientação do então governador Carlos Lacerda, antes do seu estridente rompimento com Roberto Marinho, seria necessária uma espécie de jabuti ou pedalada contratual. Júlio de Mesquita Filho, líder da família proprietária do jornal *O Estado de S. Paulo* e primeira opção sugerida por Lacerda aos americanos, declinou, temendo, segundo o que o neto Rodrigo diria anos depois, abrir "um flanco" que pudesse fragilizar a posição do jornal em relação ao governo. Marinho, segundo da lista e apresentado por Lacerda ao Time-Life como um empresário que fizera fortuna com revistas de quadrinhos, não hesitou.

O contrato principal assinado entre as partes era do tipo "sociedade em conta de participação", formato jurídico que previa duas categorias de sócio: o ostensivo, que, na linguagem jurídica, "pratica a atividade e aparece diante de terceiros", no caso, a TV Globo; e o sócio participante, também chamado de "sócio oculto", no caso, o grupo Time-Life, que "não aparece perante terceiros, tampouco pratica relações negociais com eles, respondendo tão somente perante o sócio ostensivo".

Outra característica dessa modalidade de contrato era a não existência de personalidade jurídica, devido ao fato de ela ser adotada geralmente em razão de um objetivo transitório, em parcerias momentâneas entre empresas, seja para desenvolver um projeto ou produto específico ou para viabilizar investimentos.

Numa espécie de defesa antecipada e com a clara intenção de circunscrever o acordo ao âmbito estritamente financeiro, a quinta cláusula do contrato entre Roberto Marinho e os americanos explicitava que a "contribuição financeira" prevista no documento não daria, ao grupo Time-Life, o direito de possuir ações de capital da TV Globo, acrescentando que ficava "expressamente entendido" que o sócio estrangeiro não teria "qualquer interferência direta ou indireta na direção ou administração da TV Globo".

A décima primeira cláusula do contrato estabelecia que as partes concordavam que a responsabilidade pelas atividades de transmissão e pelo "procedimento intelectual e comercial da TV Globo", sendo o termo "intelectual" a referência da época para a direção editorial e jornalística, recairia "exclusivamente sobre os acionistas da TV Globo". E que todas as ações da emissora seriam "sempre pertencentes a brasileiros natos".

O segundo documento do acordo, também assinado no dia 24 de julho de 1962, ainda no governo João Goulart, era um contrato identificado como de assistência técnica, que, além de garantir ao grupo Time-Life 3% da receita bruta publicitária por dez anos, prazo renovável indefinidamente, previa a participação de executivos da empresa americana na gestão de todas as áreas da Globo, da administrativa à comercial, incluindo a engenharia e a atividade que o contrato identificava como "noticiário", nomenclatura diferente do "procedimento intelectual" previsto no contrato principal.

Na época, os contratos de assistência técnica prestados por empresas estrangeiras no país eram comuns e costumavam ter vigência nos cinco primeiros anos de funcionamento de empresas nacionais ou em períodos de introdução de processos especiais de produção adquiridos por elas, podendo ser prorrogados e, consequentemente, pagos com remessas para o exterior, por mais cinco anos, desde que a necessidade de sua extensão fosse demonstrada junto ao Ministério da Fazenda.

O terceiro contrato foi assinado dois anos e meio depois, em 15 de janeiro de 1965, já em meio à polêmica que antecedeu a inauguração da Globo e na qual Carlos Lacerda e os Diários Associados alardeavam que o contrato principal era uma tentativa de driblar o artigo 160 da Constituição, camuflando a efetiva participação de um sócio estrangeiro no capital de uma empresa de radiodifusão.

O documento formalizava um arrendamento pelo qual a Globo vendeu, ao grupo Time-Life, por cerca de 6 bilhões de cruzeiros, equivalentes, na época, a 3,2 milhões de dólares, o terreno e o prédio da sede da emissora no Jardim Botânico, passando imediatamente a pagar aluguel do imóvel ao mesmo grupo Time-Life por um prazo inicial de dez anos, renovável por outros quatro períodos sucessivos de dez anos. Durante cinco décadas, portanto, o grupo Time-Life seria sócio da TV Globo, recebendo 45% do lucro líquido da empresa, a título de "aluguel básico" do prédio e das instalações da emissora.

Seria.

Guerra

"Africano de trezentos anos de senzala."

"Débil mental sem remédio."

"Homem de cor da América do Sul."

"Crioulo alugado."

Foi com este combo de racismo e preconceito, impensável mesmo nas esquinas traiçoeiras da internet do século 21, que Assis Chateaubriand, fundador dos Diários Associados, grupo de mídia à época hegemônico no Brasil, e seu vice-presidente, o então ex-senador e deputado João Calmon, referiram-se ao concorrente Roberto Marinho em artigos de jornais do grupo publicados durante a campanha contra o acordo da Globo com o Time-Life iniciada em janeiro de 1966.

Ao fazê-lo, num tempo em que a ideologia e a estética do branqueamento eram facilmente detectáveis no comportamento e nos padrões da elite brasileira, Chateaubriand e Calmon exploravam uma dificuldade pessoal que o fundador da Globo, um mulato, revelava, segundo seu biógrafo, Leonencio Nossa, ao ter que lidar com a questão racial. Não por outro motivo, em conversas que não iam ao ar e nem eram publicadas, Leonel Brizola, inimigo histórico, chamava-o de "neguinho"; Nascimento Brito, diretor do concorrente *Jornal do Brasil*, de "crioulo"; e Carlos Lacerda, feroz ex-aliado, de "Marinho-quase-negro".

Os ataques racistas de Chateaubriand e João Calmon, assim como os artigos inflamados que Carlos Lacerda publicava regularmente no jornal carioca *Tribuna da Imprensa*, eram sempre acompanhados do argumento central: o contrato principal afrontava o artigo 160 da Constituição. No final de um desses artigos, publicado em três dos jornais de seu grupo, Chateaubriand denunciou "a penetração do capital internacional nos meios de comunicação do Brasil, desnacionalizando a cultura e alterando as leis do mercado".

Campanha à parte, a Globo, à época usando o slogan que a identificava, ainda modestamente, como "mais uma emissora de *O Globo*", estava entrando num mercado em que praticamente todas as emissoras de TV, mesmo sem ter estrangeiro na composição acionária, já se deixavam influir, desde o início dos anos 1960, pelos interesses e critérios do capital internacional, abrindo as respectivas grades de programação para novelas, seriados, programas e telejornais financiados e produzidos por multinacionais como a Colgate-Palmolive e a Gessy Lever.

À parte o verniz dos debates sobre proteção à cultura, defesa da soberania nacional e independência editorial diante dos grupos de comunicação internacionais, a ideia de empresários brasileiros se associarem a grupos multinacionais de comunicação também não era uma extravagância do dono do jornal *O Globo*. Além do flerte dos Mesquita de *O Estado de S. Paulo* com o Time-Life, Nascimento Brito, do *Jornal do Brasil*, segundo Leonencio Nossa, tentou, sem sucesso, com o grupo americano ABC, um acordo nos moldes do que foi celebrado por Roberto Marinho. Walter Clark, em sua autobiografia, acrescentou à fila do caixa a própria TV Tupi:

"Quando a Globo fechou o acordo com o Time-Life, os Diários Associados tentaram fazer uma operação semelhante com o grupo da revista *Look*, mas deram com os burros n'água. Estavam, portanto, se roendo de inveja da parceria do Roberto Marinho com os americanos".

Inveja ou não, os Diários Associados de Assis Chateaubriand, encabeçados pela TV Tupi, eram os concorrentes mais incomodados pelo contrato da Globo, por mais discrepante que fosse o resultado da comparação entre o poder do grupo, à época formado por 26 jornais, 4 revistas nacionais, 23 estações de rádio e 13 emissoras de TV; e as forças de Roberto Marinho, então compostas pelo jornal *O Globo*, as rádios Globo e Eldorado do Rio de Janeiro, a Rio Gráfica e Editora, a TV Paulista e a TV Globo, canal 4, do Rio de Janeiro.

A origem dos temores da Tupi em relação à Globo, para Luiz Eduardo Borgerth, estava no tipo de decisão que a emissora de Chateaubriand tomava em momentos como, por exemplo, a exibição de um dos maiores sucessos da história das telenovelas no Brasil, em 1964:

"Para se ver o absurdo: a novela *O Direito de Nascer* foi produzida pela TV Tupi de São Paulo e a TV Tupi do Rio não exibiu; tal o ciúme, a estupidez, a burrice, a falta de disciplina e de visão. Quem exibiu *O Direito de Nascer* no Rio foi a TV Rio".

Por trás daquele absurdo, Maurício Sherman, outro pioneiro da Globo que já tinha sido diretor da Tupi e se dizia testemunha de uma história ao mesmo tempo "fascinante e trágica", identificava a imagem emblemática de Chateaubriand, "inválido, numa cadeira de rodas, escrevendo, falando coisas incompreensíveis que só uma enfermeira entendia", enquanto o seu império se desfazia em dívidas, erros escandalosos de gestão e brigas entre os feudos regionais que ele próprio criara em 1959, ao distribuir as cotas das empresas para 22 amigos, entre eles vários dirigentes dos veículos de comunicação do grupo, e seus filhos.

O jornalista Toninho Drummond, falecido em 2018 aos 82 anos, à época também ex-empregado de Chateaubriand e futuro diretor da Globo em Brasília, chamava o condomínio de "diários desassociados". João Lorêdo, um ex-diretor de teledramaturgia da Tupi que também se mudou para a Globo, tinha uma explicação para o lento e gradual desmanche do grupo:

"Quando o Chateaubriand ficou doente e fez a divisão, tudo piorou. Não era uma sucessão hereditária. E, como não passava de pai para filho, quem estava ali meteu a mão em tudo. Entrava muito dinheiro na Tupi".

O surgimento da Globo só fez piorar a situação.

O show de Brasília

30 de março de 1966.

O objetivo oficial da Comissão Parlamentar de Inquérito instalada pela Câmara dos Deputados, em Brasília, era investigar "as ligações da Organização Globo com o grupo norte-americano Time-Life". Formada por dez deputados da Aliança Renovadora Nacional (Arena) e cinco parlamentares do Movimento Democrático Brasileiro (MDB), único partido de oposição permitido àquela altura pelos militares que tinham derrubado o presidente João Goulart, a CPI era presidida pelo futuro prefeito do Rio e então deputado federal Roberto Saturnino Braga (MDB) – engenheiro originalmente filiado ao proscrito Partido Socialista Brasileiro (PSB) e cuja atuação lhe renderia a futura e eterna condição de *persona non grata* nas redações das empresas de Roberto Marinho. Tão *non grata* que, em 1979, por exemplo, Armando Nogueira sentiria necessidade de validar, com o dono da Globo, a contratação da jovem repórter Leilane Neubarth, à época casada com Bruno, filho de Saturnino.

O currículo do relator da CPI, o professor de direito constitucional Djalma Marinho, deputado pela Arena do Rio Grande do Norte – nenhum parentesco com o dono da Globo – descrito por Leonencio Nossa como "um ex-udenista de paradoxos", combinava com os debates incomuns que se sucederiam na tribuna, ao longo dos 4 meses e 22 dias de funcionamento da comissão. Por um lado, Djalma Marinho atuara na insurreição comunista de 1935 para tirar, dos cárceres getulistas, os presos políticos de Natal. Por outro, fizera parte, às vésperas do golpe de 1964, da lista dos políticos financiados pelo IBAD, entidade de empresários criada em torno da embaixada americana para desestabilizar o governo Goulart.

O já ex-governador Carlos Lacerda, depois de desafiar o marechal presidente Castelo Branco, acusando-o de prevaricação e de ser conivente com a Globo e o grupo Time-Life "com a cobertura por omissão das Forças Armadas do Brasil", atuaria naquela CPI como se não tivesse sido, anos antes, o notório articulador da aproximação dos grupos de mídia americanos com os donos da grande imprensa brasileira, incluindo Roberto Marinho. Na tribuna da CPI, os discursos de Lacerda primeiro alertaram a nação para o perigo da implantação da TV Globo "como instrumento de controle da opinião pública":

"Vai se vendo, pouco a pouco, como Time-Life representa, na realidade, nesta operação, um biombo de grupos interessados em se apossarem da economia nacional".

Depois, em longa participação perto do final da CPI, em agosto, Lacerda trocaria o nacionalismo vigilante das primeiras intervenções por uma proposta que incluía uma alternativa de flexibilização:

"A organização do sr. Roberto Marinho pertence a grupos econômicos estrangeiros e, portanto, está infringindo a Lei e a Constituição, restando ao presidente da República duas alternativas: ou cassa o canal da televisão ou concede a todas as emissoras o direito de receber os mesmos favores de grupos estrangeiros".

As manifestações da área militar, logo após o início dos trabalhos da CPI, foram mais uma evidência de que nem todos os generais estavam ao lado de Roberto Marinho naquele momento. No dia 14 de abril, um deles, Justino Alves Bastos, comandante do 3º Exército, um dos oficiais em rota de colisão com Castelo Branco, parabenizou João Calmon por sua atuação contra o acordo da Globo:

"Estou certo de que a vigilância do governo do marechal Castelo, bem como a patriótica pregação do nobre deputado, evitará as ameaças reveladas por vossa excelência e tramadas dentro e fora do nosso território".

O então ministro do Superior Tribunal Militar, general Peri Bevilacqua, futuro cassado pelo AI-5 e integrante de outra vertente ideológica do Exército, a que tinha apoiado a campanha da legalidade que garantiu a posse de João Goulart em 1961, mostrou, em entrevista à TV Tupi, que também estava longe de ser um aliado da Globo:

"É fora de dúvida que essa intromissão e a consequente influência alienígena sobre a opinião pública comprometem a segurança nacional".

João Calmon, nas várias ocasiões em que ocupou a tribuna da CPI, queria ser visto como ex-senador, deputado federal recém-eleito pela Arena do Espírito Santo e aspirante a vice do general Costa e Silva na chapa indireta à época engendrada pelos militares para a sucessão do presidente Castelo Branco. Não como vice-presidente da empresa que era a maior concorrente da Globo.

Ao interrogar Roberto Marinho, Walter Clark, Joe Wallach e o já então ex-diretor-geral da Globo, Rubens Amaral, João Calmon, além de denunciar a infração do acordo com o Time-Life ao artigo 160 da Constituição, esmiuçou com estardalhaço e suspeita todas as cláusulas e operações de repasse dos dólares do Time-Life, apresentando o dono da Globo e os executivos brasileiros da emissora como capachos impotentes do capital estrangeiro, inteiramente dominados pelo principal representante do grupo americano no Brasil, Joe Wallach, que, sendo americano, não entendeu nada:

"Fui lá e fiquei respondendo durante cinco horas, das quais duas horas foram de perguntas feitas pelo João Calmon. Achei meio engraçado nosso concorrente estar fazendo perguntas esse tempo todo".

Até a posição de Joe Wallach sobre a Guerra do Vietnã, na hipótese de o governo brasileiro se posicionar contra o envolvimento dos americanos no conflito, João Calmon quis saber:

"Eu disse que não era o meu ramo. Eu sou mais o homem das finanças, não tenho nada a ver com o jornalismo. E o que eu disse era verdade. Eu não tinha nada a fazer no jornalismo".

Rubens Amaral, que entrara na Justiça contra a emissora depois de ser substituído por Walter Clark, chegando depois a um acordo financeiro com Roberto Marinho, disse na CPI o que João Calmon e Carlos Lacerda queriam ouvir: que Joe Wallach "usurpava" as funções dos executivos brasileiros, o que foi desmentido por Walter Clark e por Wallach; e que os recursos obtidos pela Globo com o grupo Time-Life tornaram "muito difícil a competição para as demais empresas", o que ninguém teve coragem de negar.

Walter Clark, no dia do depoimento que deu à CPI, em maio, almoçou antes no Hotel Nacional de Brasília, com Pedro Praxedes, à época o representante do jornal *O Globo* na capital. E ouviu dele uma sugestão:

– Em primeiro lugar, trate todo mundo por "Vossa Excelência". No Congresso, todo mundo é excelência, embora sejam raros os excelentes. Depois, cuidado com o seu jeito, com a forma de dizer as coisas. Você tem essa fama de Walter Clark, o boêmio, o *bon-vivant* da televisão, e os caras vão ficar doidinhos para te enquadrar. Vê se não dá folga!

Clark não guardou queixas ou mágoas do tratamento que recebeu na CPI do presidente Saturnino Braga e do relator Djalma Marinho. Ambos, segundo ele, deixaram claro que não queriam transformar o depoimento num "circo romano". Mas, quando os debates foram abertos e entrou em cena João Calmon, "metido num terno azul da Ducal, com seu olhar gelado habitual, sua língua de cobra, sinais de um cara amargurado com a vida", Walter Clark teve de mudar a postura, depois de ser chamado de "apátrida" pelo deputado concorrente:

"Eu rebatia tudo, sem aceitar a xenofobia cínica, o nacionalismo interesseiro que ele representava ali naquela farsa. Ele começou a me cobrar como brasileiro, insinuando que eu estava me dobrando a interesses americanos. Atacou Joe Wallach, tentando desqualificá-lo só porque era americano".

Em seu depoimento, no dia 20 de abril, saindo-se "muitíssimo bem", de acordo com o testemunho do então repórter de *O Estado de S. Paulo* Evandro Carlos de Andrade, futuro diretor de jornalismo da Globo, Roberto Marinho fez um histórico de sua aproximação com os americanos, defendeu a legitimidade dos contratos, não negou a vantagem desproporcional que o acordo com o Time-Life havia dado à Globo, mas também deixou um conselho e um aviso de que não estava disposto a recuar da empreitada:

"As estações de televisão brasileiras muito teriam a lucrar se fizessem contratos semelhantes ao que fizemos com o Time-Life, porque assim elevaríamos bastante o nível técnico e operacional da nossa televisão".

Uma irreparável contradição no contrato de arrendamento seria intensamente explorada na CPI: só um mês depois da assinatura do documento, em 11 de fevereiro de 1965, a Globo lavraria a escritura da venda do prédio ao Time-Life no Cartório do 11º Ofício de Notas do Rio. O que significava que, no dia do arrendamento, 15 de janeiro, a emissora estava alugando um prédio que já pertencia a ela. As rasuras suspeitas que posteriormente impossibilitaram a comprovação das datas contraditórias, no livro de registros do cartório, incendiaram ainda mais a polêmica em torno do acordo, durante a CPI.

Em 22 de agosto de 1966, o relatório final do deputado Djalma Marinho, aprovado por unanimidade pelos quinze parlamentares da CPI concluiu que os contratos firmados entre TV Globo e Time-Life feriam o artigo 160 da Constituição "porque uma empresa estrangeira não podia participar da orientação intelectual e administrativa de sociedade concessionária de canal de televisão". Por isso, sugeriu, ao Poder Executivo, "aplicar à empresa faltosa a punição legal pela infringência daquele dispositivo constitucional".

O relatório recomendou, ainda, o envio de toda a documentação da CPI ao Poder Executivo e a criação de uma comissão da Câmara dos Deputados para elaborar legislação específica sobre televisão, rádio e jornal, com o objetivo de "preservar a sua nacionalização, dada a presença de capitais estrangeiros nas organizações que exploram essa atividade".

Através de *O Globo*, Roberto Marinho protestou contra a forma com que o relatório tinha sido aprovado; segundo ele, por apenas três dos quinze parlamentares da CPI e sem considerar as conclusões de uma comissão especial sobre o caso que tinha sido criada pelo Ministério da Justiça e cujos integrantes ficaram divididos.

No final, a CPI do Caso Time-Life, como a maioria das CPIs na história do Congresso, antes, durante e depois da ditadura, incluindo a da Covid-19, em 2021, foi infinita enquanto durou.

A turma da lacração

Discursos inflamados na tribuna, datas impossíveis, rasuras misteriosas e relatórios polêmicos à parte, a preocupação maior de Roberto Marinho, naqueles dias, era com o que acontecia em outro endereço de Brasília: a sede do Conselho Nacional de Telecomunicações, o Contel. Ao contrário da CPI, era o órgão presidido pelo capitão de mar e guerra Euclides Quandt de Oliveira, um nacionalista que não gostava de ver estrangeiros no setor, que poderia efetivamente inviabilizar o projeto TV Globo, cassando a concessão e lacrando os transmissores da emissora.

Em agosto de 1965, sete meses antes da instalação da CPI, o dono da Globo já tinha sido tirado às pressas de uma festa no Rio para ser informado de que existia um parecer da divisão jurídica do Contel constatando a violação da Constituição e recomendando uma iminente cassação da concessão da emissora. Um telefonema de Marinho para o presidente Castelo Branco interrompera o processo.

Mas não o problema: no ano seguinte, 1966, enquanto a CPI fervia e atendendo a uma representação de Carlos Lacerda, o Contel criara uma comissão cujo parecer, publicado em 26 de abril e assinado por Quandt de Oliveira, ficara no meio do caminho. Dizia que, apesar de as cláusulas contratuais expressarem obediência à legislação brasileira, não era possível afirmar que o grupo Time-Life não estivesse participando, mesmo de maneira indireta, da orientação e administração da TV Globo; informava que os contratos não poderiam ser aceitos na forma em que existiam, devendo ser ajustados "inequivocamente" à letra e ao espírito do artigo 160; e propunha um prazo máximo de 90 dias para que a Globo fizesse as alterações contratuais necessárias.

O muro do Contel não agradou a Carlos Lacerda:

"Se está violada a Constituição, não há que dar prazo ao violador para promover um casamento político. Trata-se de promover as medidas cabíveis para fazer cessar os efeitos da violação, ou seja, a cassação do canal, pois é esta a penalidade".

Também não agradou a Roberto Marinho, que entrou com recurso contra a decisão do Contel e que, menos de um mês depois, em 17 de maio, sofreria novo revés. Acionado pelo presidente Castelo Branco, àquela altura sofrendo pressões dos dois lados, o então ministro da Justiça, Mem de Sá, acolheu todas as conclusões do Contel, incluindo a proposta do órgão de elaborar um anteprojeto de lei que resguardasse, com mais precisão, o interesse nacional nos contratos do setor de radiodifusão.

No início de agosto, dias antes da conclusão dos trabalhos da CPI, Roberto Marinho entrou com novo recurso contra a decisão do Contel, este de efeito suspensivo e desta vez endereçado ao presidente da República. Foi quando começou uma temporada de sete meses do recurso na gaveta do Palácio do Planalto, o que enfureceu Lacerda, que passou a carregar ainda mais na suspeita sobre a antiga amizade de Marinho e Castelo:

"O senhor presidente da República, de posse do recurso com efeito suspensivo, deixa passar os dias e não decide sobre o recurso que, assim, mantém em suspenso. Castelo vai se exibir nas festas de *O Globo*, ao lado do cabeça do grupo incriminado. É como se um juiz, tendo em suas mãos os autos para decidir, comparecesse, a pretexto de uma festa em família, ao batizado da filha do réu".

3 de março de 1967.

Mais de seis meses depois da conclusão da CPI e da temporada do recurso da Globo na gaveta, o presidente Castelo Branco voltou ao assunto: indeferiu o pleito da Globo e, diante de um pedido de reconsideração feito pela emissora dias depois, encomendou um parecer definitivo ao consultor-geral da República, Adroaldo Mesquita da Costa.

Em resposta, no dia 8 de março, o consultor emitiu um longo parecer no qual concluiu que não havia controle do capital ou da Globo pelo grupo Time-Life, nem ocorrera interferência intelectual ou administrativa da empresa norte-americana sobre a brasileira, propondo, por essas razões, que o pedido de reconsideração da Globo fosse aceito pelo presidente. Que pediu "novas diligências".

Acabou o governo Castelo Branco e o impasse continuou.

A sucessão indireta, com a posse do marechal Costa e Silva, em 15 de março, uma semana após o pedido de diligências de Castelo, animou a concorrência da Globo. Na edição de 22 de julho de 1967, a revista *O Cruzeiro*, uma das poderosas peças de artilharia dos Diários Associados, apostou:

"O primeiro presidente de nossa revolução moralizadora de 31 de março de 1964 consumiu quase dois anos para aprovar a decisão do Contel que condenou os acordos entre Time-Life e TV Globo e, depois, a jato, entre 3 e 11 de março de 1967, acolheu o parecer do consultor-geral da República. Agora o sr. Roberto Marinho está enfrentando outro marechal, que não se deixa intimidar, que não gosta de recuar".

Não se sabe se Costa e Silva chegou a avançar para depois recuar, mas fato é que, com um segundo parecer do consultor-geral Adroaldo Mesquita da Costa, reafirmando, em 20 de outubro de 1967, as conclusões do primeiro, o general presidente, quase um ano depois, em 23 de setembro de 1968, acatou o parecer e pôs um ponto-final no caso, legalizando os contratos de uma sociedade que, àquela altura, já estava prestes a ser extinta por livre e espontânea vontade dos dois lados.

Na interpretação futura do jornalista Daniel Herz, autor de *A história secreta da Rede Globo*, livro publicado em 1986 e que incluiu uma análise crítica detalhada dos documentos da CPI, o acordo da Globo com o grupo Time-Life nada mais foi do que o desdobramento de "uma nova estratégia das forças imperialistas em relação aos meios de comunicação" iniciada em 1961 e que só pôde ser executada no Brasil com a implantação da ditadura.

Segundo Herz, João Calmon representava, além dos Diários Associados, os interesses das empresas que sofriam a concorrência "desleal" da Globo. E Carlos Lacerda "ligava-se aos interesses de frações da burguesia que foram excluídas do bloco de poder que assumiu o Estado com o golpe de 1964". A campanha dos dois contra a Globo, na visão de Herz, era "movida por elementos sem compromisso com as lutas populares e defensores de um 'nacionalismo' voltado exclusivamente para os interesses das classes dominantes".

Para os autores de *O ópio do povo*, revista lançada em 1976 que também tratou do acordo, "foi a partir do apoio financeiro e do *know-how* americanos, inspirando-se nos padrões atingidos pela televisão comercial dos Estados Unidos, que o talento de um punhado de jovens publicitários implantou a modernização do modelo brasileiro de televisão". Walter Clark, 23 anos depois de ser demitido da emissora, considerava a participação do Time-Life no desenvolvimento da Globo "um desses mitos persistentes que contribuem talvez para o brilhareco de algumas carreiras políticas, mas que seguramente não explicam como e por que a Globo chegou aonde chegou":

"O Time-Life ajudou, mas não teve a mais remota responsabilidade, direta ou indireta, no que foi construído".

Roberto Marinho, que encerraria os contratos em julho de 1971, ressarcindo o grupo Time-Life através de empréstimos feitos no Brasil e, mais uma vez, empenhando seu patrimônio, deixou registrada, num editorial publicado em *O Globo*, em março de 1967, sua definição da campanha contra o acordo iniciada por Carlos Lacerda em junho de 1965:

"Uma solerte exploração movida pela aliança entre o ódio político e a incompetência de concorrentes fracassados".

O filho Roberto Irineu foi na mesma linha e não resistiu à ironia com a concorrência:

"O protesto cresceu e votaram uma lei que impedia o tipo específico de acordo que tínhamos com o Time-Life. Mas, pela legislação brasileira, as leis não são retroativas. Então, ao proibir esse tipo de acordo, fizeram a idiotice de proibir para eles, e não para nós, que já tínhamos o acordo vigorando".

A outra cascata de Walter

A concorrência não conseguia nem entender o show acachapante daquela cobertura. Só podia ser resultado dos dólares injetados na Globo pelo grupo Time-Life, era a conclusão óbvia. Nos televisores sintonizados no canal 4, durante o Carnaval de 1966, no Rio de Janeiro, repórteres e apresentadores, entre eles a atriz Leila Diniz, estrelíssima do momento, sucediam-se em *flashes* vibrantes sobre a festa em todos os pontos tradicionais da folia na cidade: a passarela do desfile de escolas de samba na Avenida Rio Branco; o concurso de fantasias do Theatro Municipal; o carnaval popular na Rua Miguel Lemos, em Copacabana; e os bailes tradicionais, como o do Clube Monte Líbano, na Lagoa Rodrigo de Freitas, e o do ginásio do Maracanãzinho, na zona norte. Um espanto.

As equipes se autodenominavam *globetes*: *Globete número 1*, por exemplo, em Copacabana; *Globete número 4*, no Maracanã; *Globete número 5*, na Avenida Rio Branco; e assim por diante. Os repórteres davam as últimas informações, a câmera mostrava o que estava acontecendo no entorno, naquele momento, e eles encerravam o *flash*, chamando uma outra *globete*, em outro local da cidade. Aquilo nunca tinha acontecido em coberturas ao vivo da televisão brasileira. Ao vivo?

Não, não era ao vivo. E não eram oito ou dez câmeras, como dava a impressão de ser. Era uma câmera, uma Auricon Pro-600 portátil de dezesseis milímetros, preciosidade do departamento de engenharia da Globo, rodando a cidade freneticamente e sendo passada de uma equipe para outra, enquanto os motoqueiros da emissora se revezavam na tarefa crucial de levar o material filmado para edição e exibição imediata de cada conjunto de *flashes*. Orlando Moreira foi um dos cinegrafistas que participaram da cobertura:

"O motoqueiro levava o filme e aquilo entrava rápido no ar, com pouca defasagem. Ninguém sabia. E ninguém dizia nos *flashes*, mas parecia que era ao vivo".

A Globo, ao exibir os *flashes*, também não inseria a expressão "ao vivo" no canto da tela, mas a sensação de instantaneidade era mais forte. E o resultado, no limite entre a fraude jornalística e uma jogada genial de marketing, foi o que José Luiz Franchini*, ex-diretor da área comercial da Globo, chamou de "potencialização de um equipamento de vanguarda", fruto do "marketing intuitivo" de Walter Clark, um "belo vendedor". Na lembrança de Orlando Moreira, Walter Clark estava ansioso para "vender" a cobertura daquele Carnaval:

"Nós tínhamos saído para as ruas para filmar a enchente daquele ano. Gravamos nas favelas e nos escombros onde houve deslizamentos. A Auricon era a câmera do momento, e o Walter Clark um homem muito inteligente que tinha vindo da publicidade, precisava de dinheiro".

"Potencialização de equipamento" à parte, Walter Clark sabia que, "no mano a mano com as outras estações", a cobertura da Globo no desfile das escolas de samba na Avenida Rio Branco seria "humilde":

"Foi então que decidimos aproveitar o equipamento portátil que o Joe Wallach tinha trazido dos Estados Unidos. Era apenas uma câmera".

A razão e o símbolo da desvantagem da Globo na cobertura dos desfiles das escolas de samba "mano a mano" daquele Carnaval, aí, sim, obrigatoriamente ao vivo e sem chance de uma solução *globete*, era um caminhão de mudanças da Transportadora Gato Preto que foi transformado às pressas num carro de externas, para constrangimento do engenheiro Herbert Fiuza, um dos pais do futuro Padrão Globo de Qualidade:

"O Walter queria fazer a cobertura, só que nós não tínhamos meio nenhum para uma transmissão externa. Então a gente foi obrigado a montar uma central, um *switcher*, dentro do caminhão de mudança. Pegaram as câmeras de estúdio, que eram as pesadíssimas RCA TK-60, e foi muito ridículo a gente chegar na avenida e ver a Tupi e a TV Rio lá com seus caminhões de transmissão".

E quase não chegou. O caminhão, chamado por Clark de "antiquado réptil mecanizado", tinha sofrido uma pane na véspera, durante a transmissão do baile do Copacabana Palace:

"Por sorte, o caminhão resistiu no domingo e pudemos fazer a transmissão do desfile das escolas, com comentários de João Saldanha, Sérgio Cabral, Haroldo Costa e meus, intercalando o desfile com as reportagens das *globetes*".

No Carnaval do ano seguinte – numa tentativa de se livrarem do caminhão da Gato Preto e de dar um *upgrade* na estrutura de transmissão dos bailes e do desfile das escolas de samba usando um ônibus de externas da recém-comprada TV Paulista –, os engenheiros da Globo viveriam uma situação inacreditável para a emissora, que seria até criticada, no futuro, por sua obsessão com a qualidade e a vanguarda tecnológica. Uma experiência sofrida para Herbert Fiuza:

"Era um ônibus antigo, com velhíssimas câmeras RCA TK-31. Só que o ônibus era tão velho que o carburador entupiu na hora de sair de São Paulo. Teve que ser levado para o Rio de trem e ser rebocado. Nós acabamos tendo de fazer todo o Carnaval com um reboque puxando aquele ônibus de um lado para o outro. E, na hora de fazer a transmissão do Copacabana Palace, o caminhão pegou fogo e tivemos de sair correndo, todo mundo puxando os cabos de transmissão".

O ônibus importado de São Paulo, apelidado de "Globossauro" pela própria equipe da Globo, não foi o único desafio da pré-história do *Carnaval Globeleza*. Na lembrança do editor Alfredo Marsillac, além das panes e dos pequenos incêndios, as equipes das emissoras brigavam na rua:

"Era de um cortar o cabo do outro".

Bomba! Bomba!

No tempo em que era estagiária do departamento de jornalismo da Globo, Glória Maria, falecida em 2023 aos 73 anos, detestava e queria "matar" o cachorrinho "preto e nojento" que chegara na emissora alguns anos antes dela e que latia, impunemente, na sala reservada que Ibrahim Sued teve durante nove anos, a partir de 1966, e onde ele preparava a versão para a TV da coluna social do jornal *O Globo* que transitou nos bastidores da ditadura militar como nenhuma outra. "De leve", claro, para usar uma das dezenas de expressões que ele inventou.

O cachorro que irritava Glória Maria não era a única excentricidade na redação da Globo. O programa *Ibrahim Sued Repórter*, exibido de segunda a sexta às dez da noite, de agosto de 1966 a junho de 1974, era editado pelo jornalista Adirson de Barros, um anticomunista declarado, e produzido por Aníbal Ribeiro, que fazia hora extra dentro da emissora, segundo Glória, como informante e mensageiro dos militares:

"Na época, a pessoa que era o contato político com os militares era o Aníbal Ribeiro, nunca me esqueço. Ele começou trabalhando com o Ibrahim Sued".

Ao mesmo tempo, Ibrahim usava, na versão da TV, conteúdos produzidos pela equipe de sua coluna no jornal e por onde passaram, em momentos diferentes, no início de suas respectivas carreiras jornalísticas, os então jovens militantes do Partido Comunista Brasileiro (PCB) Elio Gaspari e Ricardo Boechat.

Em conversa com Evandro Carlos de Andrade*, revelada no depoimento que o então diretor da Central Globo de Jornalismo deu em novembro de 2000, Boechat, ilustrando o sentimento que a esquerda tinha por Ibrahim Sued, fez uma revelação surpreendente:

"Ricardo Boechat me contou que ele entrou para a coluna do Ibrahim a mando do Partido Comunista, que ordenou que ele fosse lá se oferecer como foca, e o Ibrahim foi um camarada que deu muita força pra ele. Boechat hoje é um burguesão de primeira, mas ele me disse assim: 'Olha, Evandro, se o Partido Comunista me desse ordem para matar o Ibrahim, eu matava'. Eu não acredito, mas ele fez essa firula pra cima de mim".

Quem também não tinha entusiasmo algum por Ibrahim Sued era Armando Nogueira, que assumiu o cargo de diretor de jornalismo em outubro de 1966 já sabendo que, como no caso da panfletagem pró-ditadura do programa diário do coronel Edgardo Erickson, nada poderia fazer em relação ao espaço garantido pela Globo ao colunista que anunciava os furos inegáveis que conseguia na elite brasileira com a expressão "Bomba! Bomba!"; criticava desafetos com "bolas pretas"; distribuía "*Sorry*, periferia" para os desimportantes e se despedia dos leitores e telespectadores com o eterno "Ademã, que eu vou em frente".

Armando dizia que Ibrahim "olhava a sociedade pelo buraco da fechadura" e, referindo-se à gramática claudicante das notas do colunista, "tirava um partido enorme da própria ignorância". No jornal *O Globo*, preventivamente, Ibrahim usava, nas notas, um carimbo em que pedia aos revisores: "Favor esquecer Camões. Proibido mexer no meu estilo. *Merci*". Na televisão, era um pouco diferente: ele reclamava muito quando Jorge Pontual, então um jovem editor da equipe de jornalismo, cumprindo ordens do chefe, pedia para ele tentar melhorar o texto. Mas Armando sabia que tirar o programa de Ibrahim da grade era difícil:

"Ele tinha um sabor popular muito grande, não servia muito ao telejornalismo que eu pretendia fazer, mas a gente tinha que fazer concessões. A direção o queria. Era interesse comercial da empresa. Nunca dei uma importância maior, mas também nunca destratei o programa".

O *Ibrahim Sued Repórter* saiu da grade de programação da Globo em junho de 1974, para dar lugar à exibição dos jogos da Copa do Mundo da Alemanha, e não voltou mais ao ar, mas Ibrahim continuaria aparecendo por mais alguns anos na emissora, com uma espécie de coluna eletrônica de poucos minutos no *Fantástico*, com notas exclusivas e furos jornalísticos cujo conteúdo ele não revelava com antecedência nem para Boni, segundo o próprio.

Dava picos no Ibope todo domingo.

Para a alegria de Armando, outro jornalista egresso da redação d'*O Globo* que tinha lugar na programação da emissora era Nelson Rodrigues. Não como o cronista esportivo querido ou o dramaturgo aclamado, mas como o desconcertante conservador que protagonizou, com Otto Lara Resende, no programa *Otto Zero Hora*, conversas que Armando depois descreveria como "encontros históricos que transpiravam inteligência, perfídia, malícia, maledicência e sabedoria".

Além do dueto intelectual com Otto, Nelson também foi titular de um quadro de entrevistas do programa *Noite de Gala*, cuja excentricidade era a presença, no palco, de uma cabra que Nelson chamava de "vadia". Maurício Sherman, um dos ex-diretores do programa, disse que foi incentivador e cúmplice do delírio rodriguiano com a cabra na TV: "O Nelson tinha uma seção no jornal na qual, quando queria se referir a uma coisa inteiramente fechada e que ninguém ia saber, ele dizia que só tinha, por testemunha, a cabra vadia. Eu achei aquilo muito curioso e propus a ele botar aquilo na televisão".

Nelson, de acordo com Sherman, primeiro hesitou:

– Maurício, você está maluco? Eu não tenho imagem para televisão. O que você quer que eu faça?

– Eu quero que você faça o encontro da cabra vadia.

Nelson aceitou e o passo seguinte de Sherman foi mandar colher capim-manteiga num terreno em frente à emissora e montar um capinzal cenográfico no palco do estúdio A da Globo:

"A cabra ficava ali a semana inteira e era uma maldade: eu a deixava sem comer o dia inteiro. Na hora de gravar, pedia pra trazer a cabra e ela começava a devorar o capim-manteiga".

Enquanto a cabra se saciava, a câmera dirigida por Sherman executava um plano-sequência que passava por ela e chegava a uma "clareira" do estúdio onde já estavam Nelson Rodrigues e o entrevistado do dia. A participação da cabra combinava com uma provocação que Nelson gostava de alardear: a de que entrevistas não passavam de "uma empulhação cínica" na qual o entrevistado jamais dizia uma palavra verdadeira sobre o que realmente pensava ou sentia. A descrição do quadro, no site da Globo, acrescenta:

"A cada semana ele escolhia uma personalidade e a entrevistava na única situação em que considerava possível arrancar, do entrevistado, as verdades que este não confessaria 'nem ao padre; nem ao psicanalista; nem ao médium, depois de morto': em um terreno baldio, à meia-noite, tendo como testemunha apenas a figura da cabra vadia, que "não trai nem sai por aí fazendo inconfidências".

Nada foi mais inusitado, no entanto, para Armando Nogueira, em sua chegada ao jornalismo da Globo, do que constatar, com menos de um mês de trabalho, o poder da agência de publicidade americana McCann Erickson no processo de tomada de decisões editoriais do programa *Teleglobo*. Em suas palavras, era "um caso esquisitíssimo de terceirização de notícias" que chegou a um ponto crítico quando, em outubro daquele ano, foi cortada, do noticiário, uma reportagem sobre um estacionamento exclusivo criado pela Marinha em plena Avenida Rio Branco, no centro do Rio:

"O primeiro script do programa era entregue ao representante da McCann Erickson, que detinha a conta do patrocinador, a empresa Ultragaz. O Celso Guimarães, um jovem, lia e autorizava ou não a exibição da matéria. Eu achei aquilo uma coisa muito fora de propósito."

A reportagem censurada por Celso Guimarães demonstrava que era uma exorbitância a Marinha manter o estacionamento privativo num local público, mas a McCann Erickson, segundo o novo diretor de jornalismo da Globo, "achava muito perigoso mexer com a Marinha". Foi quando Armando chamou Celso para uma conversa:

– Olha, Celsinho, agora que passou um mês e eu observei tudo, vamos fazer o seguinte: pra manter a tradição, você será o primeiro a receber o script, mas passará a ser o último a opinar.

Armando chegou a temer que uma pressão da McCann Erickson lhe custasse o emprego, mas Walter Clark, segundo ele, também achava que a Globo não poderia ser "caudatária" de um anunciante. O próprio *Teleglobo*, um programa que dava mais destaque a temas culturais e de entretenimento do que à política, sairia do ar logo depois do incidente. Àquela altura, Walter Clark já tinha levado para a grade da Globo outra ideia de programa jornalístico.

A ideia, na verdade, era do jornalista Fernando Barbosa Lima e se chamava *Jornal de Vanguarda*, programa diário inovador na linguagem e politicamente ousado que abria espaço, na televisão, para jornalistas originários da imprensa escrita; e que estreara em 1963 na TV Excelsior, passando em 1965 pela TV Tupi, antes de entrar na grade da Globo em abril de 1966, com participações de João Saldanha, Sérgio Porto, Millôr Fernandes e outras estrelas da imprensa da época.

Durou menos de oito meses na Globo.

Walter Clark exigia a presença do diretor e cartunista Mauro Borja Lopes, o Borjalo, no comando do programa. Fernando Barbosa Lima, que não gozava da confiança de Clark, não aceitava e acabou saindo, levando de volta para a TV Excelsior o programa e o nome. Ficaram na Globo, fazendo uma versão semelhante ao original que se chamaria *Jornal de Verdade* e que duraria exatos três anos, Borjalo, os irmãos locutores Célio e Cid Moreira, falecido em 2024, aos 97 anos, e colaboradores como o jovem crítico musical Nelson Motta e Otto Lara Resende.

Depois de voltar à TV Excelsior, o *Jornal de Vanguarda* passou ainda pela TV Continental e pela TV Rio. Na edição do AI-5 pela ditadura em 13 de dezembro de 1968, Fernando Barbosa Lima tomou uma atitude que se tornaria um emblema dos dramas da imprensa brasileira naqueles tempos sombrios que estavam começando: tirou o programa do ar e, numa última reunião com a equipe, justificou:

"Cavalo de raça se mata com um tiro na cabeça".

O *Jornal de Verdade* sairia do ar um ano depois, num momento em que passaria a valer, mais do que nunca, no jornalismo da Globo, uma regra que Boni resumiria numa frase famosa:

– Na Globo, se cair um ministro, é problema do doutor Roberto; mas se cair um avião, o problema é meu.

Quando não caía nem ministro nem avião, os laços que alguns profissionais da primeira equipe de jornalismo da Globo tinham com os militares às vezes resultavam em oportunidades exclusivas, como a que foi dada ao cinegrafista Chucho Narvaez e ao repórter Ely Moreira pelo então ministro da guerra e futuro presidente da República, general Costa e Silva.

Personagem de várias filmagens de Narvaez e íntimo a ponto de chamá-lo de "Chucho Martinez" em homenagem ao cancioneiro mexicano, Costa e Silva assinou uma carta de recomendação de Chucho aos militares que comandaram a caçada que culminou na morte do líder comunista Ernesto Che Guevara em La Higuera, perto da cidade boliviana de Vallegrande, no departamento de Santa Cruz, em 9 de outubro de 1967.

Por obra da carta forjada na relação de "confiança ilimitada" que Narvaez dizia ter com o general, ele pôde passar cerca de dois meses na selva boliviana acompanhando os militares, e seria um dos poucos cinegrafistas a captar imagens das operações na região cujo acesso fora vetado à imprensa internacional, sendo também um dos primeiros a filmar a cena histórica do corpo de *Che* estirado na laje de cimento de uma lavanderia de Vallegrande. Imagens que seriam completamente destruídas no incêndio que atingiu a Globo do Rio em junho de 1976. Assim como as que Narvaez fez do acidente aéreo que matou o já ex-presidente Castelo Branco, em junho de 1967.

Boni

– Senta aqui e faz!

Essa expressão costumava ser o último instante de diplomacia antes da explosão de crises ou barracos antológicos nas ilhas de edição do jornalismo e da dramaturgia da Globo, geralmente protagonizados por diretores ou editores que se engalfinhavam, à beira de sair no braço, para cumprir determinações superiores de mudanças nos conteúdos, sob intensa pressão de prazos sempre apertados, quando não impossíveis.

Quem a pronunciava, num misto de desabafo e desafio, quase sempre era alguém que sabia, como ninguém, o que efetivamente poderia ou não ser feito, naquele momento, na novela ou na reportagem, para que a determinação superior pudesse, ou não, ser atendida. Quem ouvia o desabafo ou desafio quase nunca tinha a menor condição de resolver o problema se aceitasse assumir o comando da ilha e fazer, em vez de ficar dando palpites no cangote do colega que pilotava a edição.

Pode-se dizer que José Bonifácio de Oliveira Sobrinho, embora merecedor de todos os adjetivos que o consagram como principal mentor do sucesso da Globo, nunca viveu, na emissora, a circunstância de ter alguém dando palpites no seu cangote, fosse ao vivo no *switcher* ou no escurinho de uma ilha de edição no meio da madrugada. E a razão é muito simples: Boni dirigiu, pessoalmente, da captação à finalização, um único programa, a edição de *Concertos para a Juventude* em homenagem a Heitor Villa-Lobos exibida no final de 1985, com regência do maestro Isaac Karabtchevsky e montada pelo editor Hugo Garcia com a ajuda do maestro Júlio Medaglia.

E não foi um programa qualquer. A edição especial contou com a participação de vários diretores da Globo à época. De forma inédita, em vez de várias câmeras captando imagens para serem editadas em tempo real no *switcher*, Boni determinou que a equipe usasse cerca de dez câmeras para captar, em paralelo, separadamente, para edição posterior, mais de dez ângulos diferentes dos instrumentos ou naipes, na execução de *O trenzinho caipira*, *Bachianas n.º 2 e n.º 4 e Choros n.º 6*, clássicos do compositor brasileiro. E também não teve de se preocupar nem com a audiência, no tranquilo e pouco disputado horário da manhã de domingo.

Em março de 1967, dezoito anos antes daquela experiência única de Boni de fazer um programa do começo ao fim, o comediante Paulo Silvino, falecido em 2017 aos 78 anos, tomava um chope num "pé-sujo" da Rua Saturnino de Brito, apelidado de "Mosca Frita" e frequentado por funcionários da Globo por ser próximo da emissora, quando Walter Clark, que às vezes passava pelo bar, anunciara:

– Paulinho, a partir da semana que vem vou botar outro cara pra você encher o saco. Você não vai pegar mais no meu pé.

Quando Paulo Silvino quis saber quem seria o "cara", Clark deu uma resposta que foi uma senha profética sobre o início e, também, sobre o fim da década em que ele, Clark e Boni construíram, juntos, as bases da hegemonia que a Globo conquistaria nos anos seguintes:

– Vou trazer o Boni. Eu já tinha conhecimento da capacidade dele. Com todo o respeito aos nossos diretores, não existe ninguém no mundo que entenda mais de televisão do que José Bonifácio de Oliveira Sobrinho.

– Mas você vai trazer o Boni e vai fazer o quê?

– Aí é que está a malandragem: vou ficar só cuidando das contas, atendendo às grandes contas, e o Boni vai ficar na operação. Vou me livrar desse negócio de ter de descer em estúdio. O Boni vai ficar com a superintendência de operação da emissora.

Ainda demoraria para a "malandragem" de Walter Clark começar a entrar em curto-circuito com o desejo que Boni também tinha de, a seu modo, livrar-se da obrigação de ir para o estúdio. E assim foi feito: um ano depois de recusar um primeiro convite de Clark para trocar a TV Tupi pela Globo, Boni, decepcionado com o projeto *Telecentro*, uma tentativa que não vingou de unificação da programação das emissoras de Chateaubriand, aceitou a segunda oferta e deixou a Tupi, não sem ser chamado de "traidor" e "colaboracionista" por João Calmon, no auge da campanha dos Diários Associados contra a TV de Roberto Marinho, por conta dos contratos dele com o grupo Time-Life.

Pesara na decisão de ir para a Globo o fato de Boni já ter tido contatos anteriores com Joe Wallach, ter gostado muito dele e vice-versa. Em sentido oposto, pesara a impressão ruim que tivera dos sócios americanos de Roberto Marinho, numa ida anterior à Globo, antes da chegada de Walter Clark. Boni sabia que o grupo Time-Life, que ele comparou à Editora Abril da época, estava chegando atrasado e, mesmo nos Estados Unidos, não tinha tradição no negócio de televisão:

"Eu fiquei com medo dos gringos, um pessoal todo engravatadinho, arrumadinho, perfumado, andando pelos corredores, e, televisão mesmo, nada".

Salário? Em seu livro, Boni não falou de números, mas descreveu a situação financeira que explicava o êxodo dele e de muitos outros profissionais da Tupi para a Globo:

"Eu acreditava que a situação melhoraria logo, mas estava com a grana curta devido aos salários atrasados da Tupi, parte dos quais recebi em notas promissórias de clientes que não conseguia descontar em nenhum banco".

Clark, em sua biografia, procurou harmonizar sua conhecida falta de modéstia com os elogios a Boni, ao explicar por que insistiu em contratar o futuro parceiro:

"Eu organizava perfeitamente o cardápio, mas não era um *expert* na cozinha. E meu mestre-cuca predileto continuava a ser o Boni, eu não desistia de trabalhar com ele. Tinha tanta vontade de trazê-lo que oferecia um salário igual ao meu, o que não era nenhuma maravilha para ele e nem um gesto de altruísmo meu, porque eu sabia que meu salário só aumentaria se eu pudesse transformar a cozinha da Globo numa fábrica de alimentos finos e reputados".

O "mestre-cuca predileto", o tempo iria mostrar, queria outro cargo na fábrica.

Sorry, Karabtchevsky

"Fábrica de psicopatas, segundo os psiquiatras, e transmissora de subcultura, vendida como bem de consumo, segundo os sociólogos, ela está ameaçando de entorpecimento e alienação total cerca de dois milhões de pessoas que a veem diariamente."

O alerta não era sobre a internet no ano 2000. Era sobre a programação da TV carioca em meados dos anos 1960, analisada pelo então presidente da Sociedade de Grupoterapia Analítica do Rio de Janeiro e chefe do Ambulatório de Higiene Mental do Hospital Miguel Couto, Leão Cabernite, em matéria publicada pelo *Jornal do Brasil* em 16 de junho de 1968 sob o título "Televisão, subcultura a serviço da alienação". O diagnóstico de Cabernite, citado num ensaio publicado em 2004 pelo professor João Freire Filho, continha, ainda, num tempo em que não se usava o termo "nerd", a advertência de que a televisão estava se tornando uma nova "bolinha" (droga) e que seu "vício" começava a criar "o problema da dependência física".

Para o doutor Cabernite, o telespectador de nível cultural mais elevado e maior poder aquisitivo sentia-se "relegado" e "agredido" pela linha de programação e, "em protesto", conservava o aparelho de TV "geralmente desligado", numa proporção que ele afirmava ser de "40% do total". Uma "rápida pesquisa" revelava, segundo ele, o que um "esquadrão dissidente" formado por "jovens universitários, intelectuais e em geral o setor instruído da classe média" esperava do veículo: "shows bem-feitos de música popular, sem a imposição de ídolos; documentários e filmes de bom nível; telejornais que exploram mais a imagem dos fatos; e debates políticos livres".

"Nós precisávamos de índices de audiência, urgente, e não tínhamos verba. Era melhor ser brega vivo do que apenas recordação de uma TV de bom gosto e bem-intencionada."

Esse foi o argumento dado por Walter Clark em sua autobiografia, três décadas depois, para justificar o movimento da programação em direção ao popularesco que escandalizara o chefe do setor de higiene mental de um dos maiores hospitais públicos do Rio. Movimento muito semelhante ao que as redes Record e SBT adotariam, na virada do século, para esfolar a hegemonia que seria conquistada pela Globo. João Paiva Chaves, à época assessor da direção, foi testemunha do pragmatismo de Clark:

"Foram os programas populares que permitiram implantar a TV Globo, logo que o Walter Clark entrou. A qualidade era, no meu entender, tremendamente discutível, mas deram audiência".

Premido pela falta de receita publicitária, Clark havia introduzido, na grade da Globo, a partir de 1967, atrações de auditório comandadas por Dercy Gonçalves, Abelardo Barbosa, o Chacrinha, e Raul Longras, apresentador do programa *Casamento na TV*, em substituição a conteúdos mais sofisticados como o programa *Espetáculos Tonelux*, que exibia concertos sinfônicos sob a regência do maestro Isaac Karabtchevsky e foi tirado do ar sem dó nem piedade:

"Era uma coisa fina, sem dúvida, de ótima qualidade, mas aquela orquestra consumia 80% de todos os gastos de cachê da estação para dar nove de audiência, quando atingia picos. Era, portanto, uma aberração e foi devidamente retirada. Para o seu lugar, fui buscar o *Musikelly*, do João Roberto Kelly. Mantivemos o patrocinador, a Tonelux, e o programa dobrou a audiência do horário".

Ao trocar os clássicos de Karabtchevsky pelo samba de João Roberto Kelly, a Globo de Walter Clark ficava mais distante do tipo de televisão que Nathalia Timberg, então contratada da emissora, por exemplo, gostava de elogiar; seu programa preferido era o *Grande Teatro Tupi*, teleteatro apresentado entre 1954 e 1961, que, na lembrança de Nathalia, era assistido por pessoas como Candido Portinari, Carlos Drummond de Andrade e Manuel Bandeira:

"Era até possível caminhar pelas ruas da zona sul do Rio ouvindo, ao longo das casas e prédios, a música 'Smile', de Charles Chaplin, trilha sonora do programa. Mas a verdade é que, no começo, a televisão era bastante elitista e não era todo mundo que tinha um aparelho em casa".

Stella, a primeira esposa de Roberto Marinho e mãe dos quatro filhos do empresário, sonhava com uma emissora que o primeiro chefe de reportagem da Globo, Mário de Moraes, então testemunha dos pedidos e recomendações dela, chamava de "estação classe A":

"Era balé, ópera, todas as óperas, exposição de quadros, entrevista com intelectuais. O *Jornal do Meio-Dia* era adorado pela Dona Stella".

O próprio Roberto Marinho, se na época controlasse a grade de programação de sua emissora com o mesmo rigor com que decidia os próprios programas culturais ou pontificava diariamente na primeira página de *O Globo*, muito provavelmente prescreveria, para a Globo, conteúdos cuja referência era outra. Para ele e outros abastados proprietários de televisores no Brasil nos anos 1960, a referência era a então recém-inaugurada BBC Two, canal criado em 1964 pelo governo britânico e entregue ao comando do lendário naturalista David

Attenborough para que ele criasse programas dedicados "a novas abordagens e a assuntos negligenciados" e que incluíam temas como arqueologia, natureza, conservação, ciência, concertos ao vivo de música clássica e adaptações em teleteatro de clássicos de George Eliot, Henry James, Sartre, Tolstói e Dostoiévski.

O que não ocorria a muitos da elite brasileira era o fato de que a audiência do canal BBC Two, não por acaso também o preferido da elite britânica, era muito pequena e jamais chegava perto dos índices da BBC One, esta sim a emissora eternamente em disputa, ponto a ponto, com a rede independente WTN, pela preferência de milhões de telespectadores do Reino Unido, oferecendo uma programação muito mais popular, ainda que impecavelmente bem-produzida, de teledramaturgia, esporte, programas de auditório de toda espécie e jornalismo.

Em sua biografia, Boni, claramente vacinado contra o que o professor João Freire Filho chamou em seu ensaio de "memória seletiva dos pioneiros", confirma que o cenário da televisão brasileira, nos primeiros anos da Globo, era bem distinto do encomendado à época pela BBC a Sir David Attenborough. Os produtos importados americanos, especialmente os seriados, ocupavam quase 70% do horário nobre das emissoras brasileiras.

Eram séries como o faroeste *Bonanza*; *Os Intocáveis*, inspiradora do futuro filme de Brian de Palma; *Dr. Kildare*, personagem antítese do cínico Dr. House, de Hugh Laurie; *Além da Imaginação*, espécie de *Black Mirror* otimista; e ancestrais de *blockbusters* das décadas seguintes como *Superman*, *Batman* e *O Fugitivo*. Sem contar as novelas da Globo que começavam a tomar conta do horário nobre, fenômeno que *Veja* registrou, em sua edição de 7 de maio de 1969, ouvindo, entre outros, profissionais como Benedito Ruy Barbosa:

"Qual o mal de oferecer meia hora de sonho às cinderelas frustradas que não se casaram com o príncipe certo?".

Nelson Rodrigues...

"Estou satisfeito e fico exultante com o mau gosto. A telenovela é feita à nossa imagem e semelhança, e, portanto, tem que ter o nosso mau gosto."

E o próprio Walter Clark...

"Todo mundo implica com a novela e o seu conteúdo. Mas é um fenômeno mundial. Na BBC tem novelas tão calhordas como as nossas."

O que não existia, em qualquer canal da BBC, era algo sequer parecido com *Dercy Espetacular* ou *Dercy de Verdade*; programas ao vivo nos quais, a partir de 1967 e ao longo de cinco anos – primeiro no início das noites de domingo e, depois, a partir das oito da noite de sexta-feira –, a atriz, que Walter Clark reconhecia não ser "a apresentadora dos sonhos da classe média conservadora", comandava. Ela recebia convidados, fazia entrevistas e apresentava reportagens especiais que o site oficial do Memória Globo, polidamente, descreve como "sempre mescladas com improviso, humor e irreverência". Luiz Eduardo Borgerth* achava que era um pouco mais que isso:

"A Dercy rezando uma Ave Maria você acha que é sacanagem. Você acha que tem sacanagem nessa Ave Maria".

Geraldo Casé, em sua traumática temporada como diretor enviado da Globo à TV Paulista, acompanhou de perto os acontecimentos no auditório comandado por Dercy:

"Os programas da TV Paulista eram brabos mesmo, de mundo cão mesmo. O da Dercy era uma fileira de gente carente, de aleijados, e ela fazendo entrevistas terríveis, pessoas indigentes do lado de fora, onde ela oferecia cadeira de rodas".

Uma dessas entrevistas a própria Dercy reconstituiu em sua biografia, *Dercy de cabo a rabo*: a de Osvaldo Nunes, "um cantor veado muito sofrido que tinha sido abandonado ainda criança pela mãe":

"Ele foi ao programa pra pedir que, se ela estivesse viva, aparecesse, porque ele morria de vontade de conhecer a mãe. Apareceu uma porção de mulheres, todas se dizendo mãe do rapaz. Algumas, era fácil dispensar. Acabou sobrando uma. Era muito parecida, jurava que era mãe do Osvaldo e ele estava com vontade de acreditar. Foi aquela agarração e 'choração' no palco: 'Perdão, meu filho, meu perdão! Eu não sabia o que estava fazendo quando te abandonei!'".

Não era.

"O exame de sangue dos dois não tinha nada a ver. A fulana era vigarista. O coitado ficou no maior abatimento e a Censura ficou puta da vida. Meu programa vivia de explorar o sensacionalismo. Por diversas vezes eles tinham ameaçado suspender, mas o episódio do Osvaldo Nunes havia sido demais".

Depois da suspensão, alguém deu a ideia de o programa deixar de ser ao vivo para que uma versão com cortes pudesse ser apresentada sem problemas com a Censura. Boni aceitou, os cortes foram feitos, mas aí surgiu um outro problema: o programa durou bem menos que as duas horas "normais":

"Não havia jeito, nem com ponto eletrônico, de segurar a Dercy".

Dercy se divertiu, na autobiografia, lembrando de momentos de charlatanismo puro do programa, como quando abriu espaço para pessoas que garantiam, por exemplo, que água oxigenada e ipê-roxo tinham poderes de cura milagrosos. Outra área que Boni lembrou ter sido desmoralizada por Dercy foi a dos "reclames" ao vivo, que à época ainda não tinham o nome de merchandising:

"Com a Coca-Cola, falando de si mesma, Dercy revelou: 'Eu só tomo Coca-Cola. É ruim, mas todo mundo bebe'".

Assim, imprevisível, desbocada e abusada, Dercy seria uma arma eficiente para Walter Clark e Boni consolidarem a posição da Globo no horário nobre até 1972, quando, já em condições de disputar as verbas publicitárias da classes A e B com as emissoras concorrentes, aproveitaram as pressões de uma campanha da classe média contra a baixaria na TV e incentivada pelo governo militar para tirar Dercy do ar.

Tal pai

Bem podia ser Boninho, imperando nos bastidores do programa *Big Brother Brasil* dos anos 2020, com a enésima ideia de aliciar a audiência de milhões de telespectadores e internautas para os acontecimentos da casa cenográfica milionária situada nos Estúdios Globo, em Jacarepaguá, e cercada de câmeras, microfones e merchandising por todos os lados. Mas era o pai, Boni, superintendente de produção e programação, na sede do Jardim Botânico, segundo semestre de 1967, reagindo imediatamente quando o produtor Ruy Mattos informou que uma jovem que vinha sendo barrada havia dias na portaria da emissora alegava estar grávida de Josias, o rapaz que ficaria noivo de outra mulher, ao vivo, durante o programa *Casamento na TV*:

– Não deixa essa mulher sair! Vamos fazer a coisa direito!

A ideia original Boni tinha visto nos Estados Unidos e havia se tornado programa da Globo quando ele ficou sabendo que Raul Longras, descrito por Ruy Mattos como "um baixinho, um anãozinho dotado de um tremendo carisma", ex-locutor esportivo e então apresentador de um programa policial, recebia muitas cartas de mulheres querendo encontrar marido. Longras passou então a comandar, em agosto daquele ano, no horário entre o final do programa *Capitão Furacão*, às sete da noite, e o início do comentário esportivo de João Saldanha, às sete e meia, um programa de formato simples: um auditório, um palco com duas arquibancadas e candidatos a se casarem de verdade expondo sentimentos e intimidades, homens de um lado e mulheres do outro.

Ruy Mattos, mesmo recusando comparação com o "baixo nível" do programa de Carlos Massa, o Ratinho, futura dor de cabeça da Globo na guerra dos índices do Ibope, descreveu em detalhes o plano de bastidores de Boni para o dia seguinte, quando o candidato Josias ficaria noivo:

"Eu levei a moça para a coxia, conversamos eu, ela e o Longras. Depois ela ficou lá, escondidinha. Combinamos que, com dez minutos de programa, a gente ia empurrar a mulher para ver o que acontecia".

E assim foi feito: Josias ficou noivo, trocou alianças e, aos dez minutos de programa, a grávida traída foi "empurrada" para a cena. Na lembrança de Mattos, aconteceu o que se esperava:

– Seu Longras, esse homem não pode se casar.

CAPÍTULO 2 · 85

Como combinado, Longras fingiu que não a conhecia e perguntou o que estava acontecendo. E a jovem respondeu, levantando a roupa e mostrando a barriga:

– Ele é pai do meu filho, é um miserável, já engravidou uma colega minha também.

Era a deixa para Longras encerrar a farsa, pedindo, ao vivo, que o programa fosse tirado do ar, tudo já combinado com Boni e a equipe de operação no *switcher*, menos com os telespectadores.

A repercussão daquele escândalo pré-produzido na imprensa, nos dias que se seguiram, era o que faltava para o programa decolar e se transformar numa das forças da audiência da Globo no horário nobre, atraindo novos candidatos, sendo a maioria deles, segundo Ruy Mattos, empregadas domésticas e operários da construção civil cujas histórias Raul Longras fazia questão de ouvir, em pacientes caminhadas ao longo da fila que passou a se formar na portaria da Rua Von Martius.

A Globo organizava a cerimônia religiosa numa igreja próxima à emissora e também oferecia recepção, quase sempre no terraço que era pau pra toda obra da emissora. Os patrocinadores, de acordo com o Memória Globo, presenteavam os noivos com alianças, cartório, igreja, bolo, champanhe, roupas de cama, móveis e uma viagem de lua de mel. Por trás da contabilidade oficial de dez a quinze casamentos por mês, ao longo de dois anos, houve de tudo: de cobertura de batizados de casais nascidos no programa a enlaces que, como lembrou Geraldo Casé, mal sobreviveram ao apagar das luzes do estúdio:

"Era um negócio absolutamente inacreditável. Faziam casamentos e os casamentos acabavam não se concretizando".

Outra fragilidade do formato introduzido por Boni e que seria adotado por Silvio Santos e outros apresentadores surgiu quando *Casamento na TV* saiu do ar na Globo e Raul Longras o levou para a TV Excelsior. De acordo com o editor Alfredo Marsillac, que trabalhou para Longras na concorrência escondido sob um pseudônimo, casais que já se conheciam passaram a se inscrever no programa pra ter a festa de casamento paga pela emissora:

"A gente sentiu, depois de um tempo, que as pessoas até combinavam isso, que elas tinham um compromisso. Aí se conheciam no programa e às vezes a gente não estava sabendo da história. E o programa dava tudo".

Quem queria bacalhau?

"A história da televisão brasileira é feita, em sua grande parte, dos programas de auditório, e, diga-se, de Chacrinha a Silvio Santos, da humilhação do povo. No Chacrinha, os calouros eram sistematicamente humilhados; o Silvio Santos humilhava os calouros e participantes na rua. Isso é uma tradição da televisão brasileira."

Em dezembro de 2007, o repórter e âncora Pedro Bial* já tinha pilotado seis edições do *Big Brother Brasil*, interagindo com dezenas de participantes do programa e já acostumado com as críticas dos telespectadores que tinham condenado sua decisão de trocar o jornalismo pelo comando do *reality show* que entrara, com amor e ódio, para a história da televisão brasileira. Mas deixou claro, em seu depoimento, que tinha ressalvas em relação aos métodos de seu mitológico antecessor, José Abelardo Barbosa de Medeiros, o Chacrinha, principal contratado pela TV Globo em 1967, dentro da estratégia de Walter Clark para tirar a TV Globo do quarto lugar no Ibope do Rio de Janeiro:

"Faço questão de tratar aqueles participantes como príncipes, entendeu? Como nobres".

Quarenta anos antes, Chacrinha, tirado da TV Rio por um salário que exigira uma tensa reunião sua com Clark, Boni e Roberto Marinho na mansão do empresário no bairro do Cosme Velho, também provocava polêmicas e controvérsias cheias de amor e ódio, exatamente pelo tratamento que dava aos calouros em sua *Discoteca do Chacrinha*. Em meio aos concursos inusitados que promovia, entre eles o da galinha que "botasse ovo mais rápido" ou o do cachorro "com maior número de pulgas", uma dessas polêmicas, testemunhada pelo então diretor comercial da Globo em São Paulo, Dionísio Poli, começou quando uma professora do Paraná interrompeu uma entrevista de Chacrinha para uma equipe de televisão:

– Senhor Chacrinha, me diga por que o senhor é tão cruel com esses calouros? O senhor os espezinha, o senhor põe em mostra, digamos, os defeitos, o aspecto estético.

– Dona senhora, senhora fulana, a senhora se acha bonita ou feia?

Na lembrança de Dionísio, a professora, "uma senhora muito normal e, digamos, gordinha", hesitou na resposta e Chacrinha não esperou. Virou-se para câmera e concluiu:

– Está vendo? Todo mundo se acha bonito.

Às vésperas da contratação do futuro "Velho Guerreiro", se Joe Wallach tinha como missão impor à grade da Globo uma programação americanizada importada diretamente da matriz do grupo Time-Life, como afirmavam os concorrentes e críticos da emissora, os planos mudaram quando ele resolveu prestar mais atenção na disputa de audiência no Rio:

"Quando *A Família Buscapé* entrou no ar, o programa deu apenas 1 ponto no Ibope, enquanto a TV Rio dava 30 pontos. Foi fácil, então, saber o que estava errado na nossa programação. Comecei a ver o Chacrinha. Assisti muito. Conheci alguns brasileiros, fui à casa deles e vi como eles adoravam o Chacrinha. Aí comecei a ver o que era o gosto do povo".

A preocupação de Boni, na estreia de Chacrinha na Globo, não era com o apresentador, considerado por ele "perfeito", mas com a embalagem. Ele não mexeu, por exemplo, com a marca registrada controvertida, nascida durante uma queima de estoque de bacalhau da rede de supermercados Casas da Banha, histórico patrocinador do programa, ainda nos tempos em que a *Discoteca do Chacrinha* estava na TV Tupi: a de lançar produtos de supermercado para a plateia, geralmente formada por pessoas de origem humilde.

Boni queria, sim, melhorar o "nível" das bailarinas, as *chacretes*, e das atrações musicais, levando para o auditório, entre outros, os então tropicalistas Caetano Veloso, Gal Costa e Gilberto Gil, este último autor do clássico "Aquele abraço", de 1969, uma espécie de hino informal da cidade do Rio de Janeiro cuja segunda estrofe ilustra a transformação de Chacrinha num ícone da cultura brasileira:

> *Chacrinha continua balançando a pança.*
> *E buzinando a moça e comandando a massa.*
> *E continua dando as ordens no terreiro.*
> *Alô, alô, seu Chacrinha, velho guerreiro!*
> *Alô, alô, Terezinha, Rio de Janeiro!*
> *Alô, alô, seu Chacrinha, velho palhaço!*
> *Alô, alô, Terezinha!*
> *Aquele abraço!*

Mesmo decidido a não propor mudanças drásticas no comportamento de Chacrinha durante o programa, Boni arriscou:

– Chacrinha, se você trouxer um pianista clássico para tocar no seu programa, todo mundo vai ouvir. Você só não pode dizer "palmas pra ele!" no meio do concerto, que não dá.

Nos primeiros anos, Boni e Chacrinha não precisariam se confundir, explicar ou trumbicar. O programa, que inicialmente era transmitido a partir do estúdio da TV Paulista e passaria a ser exibido uma segunda vez na semana com o nome de *Buzina do Chacrinha*, referência à temida buzina que ele usava para interromper abruptamente os calouros que reprovava, foi um dos responsáveis pela ascensão da audiência da Globo, conquistando pontos inclusive junto aos telespectadores das classes A e B. Palavra da então esposa de Walter Clark, a atriz Ilka Soares:

"As pessoas achavam um absurdo: 'Como?! Chacrinha?! Chacrinha é programa para gente baixo nível!'. Mentira! Todo mundo assistia".

Borgerth achava que os críticos do programa ou não assistiam ou não entendiam o que viam na TV:

"O Chacrinha era um palhaço, se vestia de palhaço e jogava banana, bacalhau para a plateia, que os recebia com prazer. Você pode dizer: 'Isso aí não é de bom gosto, jogar bacalhau'. Não sei se é de bom gosto ou mau gosto. Eu tinha que estar sentado lá".

Os problemas, dentro e fora da Globo, só começariam a acontecer mais tarde, a partir de 1970, quando estrearia, na TV Tupi, Flávio Cavalcanti, um apresentador que protagonizaria, com Chacrinha, uma das disputas de audiência mais pesadas e controversas da história da televisão brasileira e que resultaria numa crise interna na Globo cujo desfecho foi duplo: o afastamento de Chacrinha da emissora por uma década, entre 1972 e 1982; e a criação de um programa que Boni já tinha na cabeça, em meio à descarada baixaria que tomaria conta dos programas de auditório da época. O nome seria um adjetivo. *Fantástico.*

Contágio inicial

"A telenovela, evidentemente, é uma diversão de massa, eu não sou exatamente a massa, não tenho tempo pra ser a massa, adoraria ser a massa, gosto muito de ser a massa, não tenho nada contra a massa, simpatizo muito com a massa, mas eu não sou a massa, então eu vejo pouco telenovela, mas, de vez em quando, a telenovela me apaixona, não tenho uma visão apocalíptica da telenovela, não."

O autor do parágrafo é um poeta.

Poeta, compositor e roteirista de teatro, cinema e televisão contratado pela Globo em 1976, Geraldinho Carneiro* repetiu oito vezes a palavra "massa" no depoimento que deu em 2007, e não foi à toa: quase trinta anos depois de começar a trabalhar na emissora, ele sabia que estava falando do dilema multipolar de boa parte dos colegas autores, artistas, jornalistas e diretores da emissora, entre eles, por exemplo, o veterano Carlos Manga, que preferiu deixar a poesia de lado em entrevista do jornal *O Pasquim*:

"Quem estiver na televisão e não confirmar isso é um mentiroso, não me venha com outra conversa. Quem faz televisão no Brasil dorme, acorda e come na cama com o Ibope. Só pensa nisso. É um louco".

O humorista Cláudio Manoel, já resolvido com os altos e baixos do programa *Casseta & Planeta* na montanha-russa do horário nobre ao longo de dezoito anos, preferiu dar, em 2013, um conselho aos que desdenham da importância do *reloginho*, diminutivo falsamente carinhoso dado pelos profissionais da Globo ao sistema de medição de audiência do Instituto Brasileiro de Opinião Pública e Estatística, o Ibope:

"Todo mundo fala assim: 'ditadura do Ibope'. Ibope é só um outro nome do povo brasileiro, de audiência, de plateia, que é o objetivo de quem quer se comunicar. Quem não quer se comunicar não deveria estar trabalhando com comunicação".

Outro veterano, Maurício Sherman, na entrevista que deu em 2001, não tinha resposta para uma pergunta que não parava de se fazer:

"No começo, o Ibope media uma vez por mês. Quer dizer, um mês depois, você sabia que o seu programa não tinha dado ibope. Então, você corrigia e esperava mais um mês. Depois, passou a ser semanal, diário, de hora em hora e, finalmente, em 1972, passou a ser de meia em meia hora. Num período de poucos meses, já estava de quinze em quinze minutos. Hoje, está de minuto em minuto, e a televisão não vai acabar, mas surgiu um problemão. Você está com um programa no ar e fica vendo: se o cara não está dando ibope, tira. Pra onde isso vai nos levar?".

Trinta e cinco anos antes, o *reloginho* implacável do Ibope começava a mostrar, nos relatórios enviados à Globo, as verdades, sentenças e surpresas da "massa". E não tinha sido com uma novela que a Globo, ainda em 1966, começara a subir a escada de audiência do horário nobre do Rio de Janeiro.

Foi com Célia Biar, a atriz que se vestia de grã-fina e, sentada numa poltrona aconchegante com uma piteira interminável na mão direita e um gato chamado "Zé Roberto" mantido quieto em seu colo à base de calmante, apresentava diariamente os filmes do acervo da emissora. Era a *Sessão das Dez*, mais uma invenção de Walter Clark, que, no elogio heterodoxo do então diretor João Lorêdo, "não botava ovo, mas sabia quando estava estragado" e, no de Joe Wallach, conseguiu, além de audiência, uma bela economia:

"O Walter viu as coisas porque estava tudo errado. Até eu sabia disso. A gente tinha muitos programas americanos no horário nobre. *A Família Buscapé*, às nove horas da noite, era a nossa programação. E muitas séries americanas. Cancelei vários contratos americanos de filmes. E ele pegou as velhas reprises de longas-metragens e colocou na *Sessão das Dez*, com a Célia Biar".

Clark achava que os longas adquiridos pela Globo junto às distribuidoras americanas estavam sendo "pessimamente programados". Borjalo acompanhou, surpreso, a reação dos telespectadores cariocas à moldura criada por Clark para uma simples sessão de cinema e, também, ao gato que virou até tema de marchinha de Carnaval no ano seguinte:

"Aí era todo dia. A gente começou a ganhar audiência sistematicamente. Aconteceu então um fenômeno importantíssimo: a Globo começou a pinçar os extremos. Às seis horas, o primeiro horário do horário nobre, também com filmes, e às dez, último horário do horário nobre. Aí ficou fácil você encher".

Encher, no caso, significou bater, com *Eu Compro Esta Mulher* (1966), folhetim de Glória Magadan inspirado no romance *O Conde de Monte Cristo*, de Alexandre Dumas, a audiência da novela *Anna Karenina*, da TV Rio, que estreara em 16 de março no horário das nove e meia da noite, com Tônia Carrero e Milton Rodrigues no elenco. O placar negativo inicial do Ibope, Clark garantiu em sua autobiografia, não assustou:

"Quando chegou o Ibope da estreia, o pessoal da TV Rio foi para o Bar Belmiro comemorar. Eles tinham dado 50 pontos, e nós 15. Mas eu tinha certeza de que a alegria deles ia durar pouco".

Com um mês de exibição, a novela que consagrou o par romântico Yoná Magalhães e Carlos Alberto inaugurou os três anos de poder da cubana Glória Magadan na dramaturgia da Globo e conquistou a liderança para não mais perder. Clark teria outros motivos para lembrar a primeira novela vitoriosa da emissora no Ibope:

"Ela foi escalando a audiência até atingir 45, 50 pontos. Um estouro. E, como entrava às nove e meia, a novela deixava uma audiência de no mínimo 30 pontos para a Célia Biar e o gato Zé Roberto. A partir daí, a Globo começou a ganhar dinheiro".

Antes de 1966, a intensidade da relação dos brasileiros com as novelas já tinha sido sentida em momentos áureos das outras emissoras. A novela *O Direito de Nascer*, por exemplo, exibida pela Tupi e pela TV Rio em 1965, teve festas de encerramento que levaram milhares de pessoas a lotar o Maracanãzinho, no Rio, e o ginásio do Ibirapuera, em São Paulo, além de um desfile do elenco em carro aberto dos bombeiros pelo centro da capital paulista.

No caso da Globo, os sinais de que a "massa" estava começando a se apaixonar pelas novelas da emissora surgiram mais fortes no auge do folhetim *O Sheik de Agadir*, quando, numa manhã de 1966, o ator Emiliano Queiroz, falecido em 2024, aos 88 anos, entrou numa filial das Lojas Brasileiras em Copacabana, um dia depois de "matar", na novela, o colega Cláudio Marzo, que vivia o personagem "Marcel De Laporte". Emiliano fazia o papel de "Hans Stauben", um oficial nazista e espião "violentíssimo":

"O povo me odiava. Já tinha começado a ficar brabo quando eu vinha pela rua de madrugada e os caras passavam de táxi ou ônibus gritando: assassino, assassino! O Cláudio Marzo era amado na novela, sempre foi muito amado, não é? Aí, dentro das Lojas Brasileiras, uma mulher foi chegando para perto de mim e me atacou com uma sombrinha. E aí alguém falou assim: 'Fecha a loja que tem ladrão! Fecha a loja que tem ladrão!'. Eu disse: 'Não é ladrão, não, meu filho! É o Stauben!'".

A novela das novelas, angústia e êxtase do *reloginho* do Ibope, tinha começado na Globo.

Música, vaias e racismo

"O festival que começou quando o Brasil buscava recuperar a democracia e hoje vê o país lutando para não perdê-la precisa ser menos bandejão e mais caldeirão."

A crítica do repórter Carlos Albuquerque, na *Folha de S.Paulo* de 11 de setembro de 2022, último dia da 37ª edição do Rock in Rio, comparando-a à primeira, em 1985, primeiro ano da redemocratização do país após a ditadura, era centrada no fato de o local do festival, a Cidade do Rock, gigantesco complexo de palcos montados na Barra da Tijuca, ter se transformado num "imenso shopping ao ar livre, com várias praças de alimentação e alguns palcos oferecendo música no cardápio".

Ao reclamar da alienação política do festival, às vésperas da eleição em que Jair Bolsonaro e Luiz Inácio Lula da Silva disputariam a presidência da República, Albuquerque afirmou que o festival criado pelo publicitário Roberto Medina e cujos direitos de transmissão pertenciam à Globo valorizava mais os números de *streams* e ouvintes no Spotify do que as qualidades artísticas dos músicos convidados para o evento.

Não havia bandejão, muito menos shopping ao ar livre, mas um grande caldeirão, político, prestes a transbordar em mais de 25 mil vozes, no ginásio do Maracanãzinho, em setembro de 1968, nos estertores da "ditadura envergonhada" que precederam a "missa negra" do AI-5. Quando a Globo transmitiu aquela que era a segunda das seis edições do Festival Internacional da Canção (FIC) que organizou, a temperatura política era tal que o então comandante do 1º Exército, general Syzeno Sarmento, determinou que duas músicas já inscritas e com autorizações da Censura simplesmente não poderiam vencer a competição.

Foi Walter Clark quem soube, ao ser chamado ao telefone para falar com o ajudante de ordens do general quando chegou a sua sala, na Globo, na tarde do domingo que precedeu a finalíssima do festival:

– O general Syzeno manda lhe avisar que não podem ganhar o festival "Caminhando" e "América, América".

– Como não podem ganhar? Eu estou aqui com cinquenta jornalistas. Como vou chegar para o júri, que é composto de pessoas da maior respeitabilidade, e dizer que essas músicas não podem ganhar porque o general mandou? A emenda vai sair pior do que o soneto!

– Isso é problema seu. As músicas não podem ganhar.

Clark entrou em pânico. Achava, como diz em sua autobiografia, que "subversão ao vivo, na TV, seria demais para os milicos". Por outro lado, não queria ficar "com fama de censor para agradar o general Syzeno". E entrou em pânico novamente, desta vez ao chegar no Maracanãzinho, lotado e já sacudido pelas torcidas organizadas das músicas concorrentes. O que estava em jogo naquele dia, como explicou Elio Gaspari em seu livro *A ditadura envergonhada*, não eram apenas duas canções:

"Uma era 'Sabiá', de Antonio Carlos Jobim e Chico Buarque de Hollanda. Soava bonita, mas estava fora do lugar. A outra era 'Caminhando', de Geraldo Vandré. Musicalmente banal, quase uma guarânia, impressionava pela letra emocional, verdadeiro hino político, poético na sua raiva. Falava de 'soldados armados, amados ou não', prontos a 'morrer pela pátria e viver sem razão'".

Primeiro foi "Sabiá", cantada por Cynara e Cybele, integrantes do grupo Quarteto em Cy, aplaudidas de forma apoteótica. Na apresentação de "Caminhando" por Geraldo Vandré, porém, o delírio tomou conta do ginásio, "todo mundo cantando a plenos pulmões, com uma voz que saía do útero, dos colhões", nas palavras de Clark. Que, sem esquecer o recado do general Syzeno, começou a olhar para os números da apuração dos votos dos jurados como se eles fossem uma "sentença de morte". Sentado ao lado dos dois responsáveis pela totalização, a representante da Columbia Pictures Hani Rocha e o compositor Luís Antônio, Clark foi um dos primeiros a saber que tinha dado "Sabiá" em primeiro lugar.

Boni, que comandava a transmissão ao vivo no *switcher* da Globo instalado no ginásio, diz em seu livro que a vaia espetacular sofrida por Cynara, Cybele, Tom Jobim e Chico Buarque, após o anúncio do resultado, foi o auge do que ele descreveu como "uma terrível noite de violência e intolerância". Ao mesmo tempo, pelo poder que tinha como superintendente de operações, começava a ter que enfrentar uma desconfiança que já crescia, em certos setores da sociedade, na mesma medida do poder que a Globo conquistava naquela época:

"Era difícil convencer a imprensa e o público de que a Globo não foi forçada a mudar o resultado. Eu, no comando da transmissão, mas não do festival, tinha certeza de que o Vandré não perderia, mas a canção 'Sabiá', sofisticada composição de Tom Jobim e Chico Buarque, tinha fortes admiradores no júri e foi a vencedora. Foi a vaia mais injusta que eu já vi".

Elio Gaspari, que em seu livro descreve o refrão "quem sabe faz a hora, não espera acontecer" de "Caminhando" como "variante melódica do conceito marighellista de que a vanguarda faz a ação", não acreditou que a vaia fosse contra "Sabiá":

"A vaia era contra a ditadura, e aquela seria a última manifestação vocalista das multidões brasileiras. Passariam uma década em silêncio, gritando pouco mais que 'gol'".

CAPÍTULO 2 · 93

Nelson Motta, que trabalhou como repórter naquele festival e presenciou a vaia da torcida organizada de "Caminhando", considerada por ele "um panfleto musical" que "provocava militares, coisa de bravata, de deputado baiano, no mau sentido", indignou-se:

"O Tom Jobim e o Chico Buarque foram vaiados pelo Maracanãzinho inteiro. Olha que absurdo! Não há movimento político no mundo, não há eleição que justifique uma estupidez dessas".

Eram tempos tão politizados que, no ano anterior, em 17 de julho de 1967, Elis Regina com o apoio de Geraldo Vandré, Jair Rodrigues e até Gilberto Gil, entre outros artistas, em um movimento batizado de "Marcha Contra a Guitarra Elétrica", tinham feito uma passeata no centro de São Paulo e da qual a maioria dos participantes se arrependeria posteriormente.

Ter ou não guitarra no palco, no entanto, não era o problema da Globo na estreia da emissora em festivais de música. Nem a política ou a censura. Os problemas do FIC 1967 eram principalmente de produção e começaram com um temporal que inundou a cidade, horas antes da abertura do festival, ameaçando inviabilizar a chegada de artistas, jurados e convidados ao Maracanãzinho na hora marcada.

A solução encontrada por Borjalo foi a inauguração antecipada e extraoficial do túnel mais famoso do Rio de Janeiro, o Rebouças, que faz a ligação entre a zona sul e a região do bairro do Maracanã. A pedido dele, o locutor Jorge Sampaio, que trabalhava na Globo e, também, no Palácio Guanabara, sede do governo estadual, fez algumas ligações telefônicas e os VIPs do festival se tornaram os primeiros usuários da história do túnel.

Outros problemas daquela estreia, de acordo com o relato de Geraldo Casé, um dos diretores da Globo que atuaram no FIC, seriam inimagináveis em eventos futuros da emissora: ninguém, na equipe técnica, segundo ele, sequer sabia o que era retorno, sistema de fones ou caixas de som pelo qual o intérprete ouve a própria voz durante o show, independentemente do barulho da banda, da orquestra ou do público, e cuja inexistência, no Maracanãzinho, provocou um chilique memorável do cantor francês Richard Anthony, concorrente da chamada "fase internacional" do festival.

O próprio Maracanãzinho, com uma reverberação que embaralhava a dispersão do som, era um pesadelo para os operadores de áudio da emissora. Assim como o complicado sistema de comunicação de Hilton Gomes e Ilka Soares, os apresentadores de palco, com o comando da transmissão. Restavam a Casé alguns consolos como, por exemplo, o de contar com Érlon Chaves, "um maestro fantástico", e sua orquestra, para enfrentar o desafio maior: fazer um festival

94 · A GLOBO | VOLUME 1

melhor que o FIC 1966, organizado e transmitido no ano anterior pela TV Rio, e melhor, também, que o festival que a Record realizaria ainda em 1967, logo depois do evento da Globo.

Não daria para comparar.

O próprio Boni, mesmo orgulhoso da participação que teve nos seis festivais realizados pela Globo, reconheceu que o FIC 1967, que teve como vencedora a canção "Margarida", de Guttemberg Guarabyra, com "Travessia", de Milton Nascimento, em segundo lugar, não foi páreo para o Festival de Música Popular Brasileira organizado pela Record entre 30 de setembro e 21 de outubro de 1967, no Teatro Record Centro, em São Paulo:

"O Festival da Record que aconteceu um mês depois do nosso talvez tenha sido o melhor de todos os festivais. Musicalmente, apresentava joias como 'Alegria, alegria', de Caetano Veloso, e 'Domingo no parque', de Gilberto Gil, engenhosamente arranjada pelo maestro Rogério Duprat, reunindo orquestra de cordas e os instrumentos elétricos dos Mutantes. O vencedor foi o maravilhoso e erudito 'Ponteio', de Edu Lobo e Capinan".

E depois de 1968?

Na fase unanimemente considerada decadente dos festivais que foi de 1969 a 1972, mais do que as músicas, o que ficaria marcado, nas arquibancadas do Maracanãzinho e na transmissão da TV Globo canal 4, seria um emblema do estágio civilizatório da sociedade brasileira à época.

No FIC 1970, embora o clima político já estivesse agravado por dezenas de cassações, pela existência de cerca de 500 presos políticos no país, 56% deles estudantes cuja idade média era de 23 anos, e pelas ações da guerrilha urbana que levaram ao sequestro do embaixador alemão Von Holleben, com a consequente libertação de 40 presos, a razão da surpreendente detenção de Boni e do maestro Érlon Chaves nas dependências da Polícia Federal no Rio não seria a exibição de músicas de esquerda ou eventuais manifestações contra a ditadura durante o festival.

Foi um episódio histórico de racismo.

Na noite de 25 de outubro, em transmissão ao vivo da Globo para o Rio de Janeiro, que posteriormente seria exibida em videoteipe em outras capitais, a instantes de iniciar o show de encerramento do festival com mais uma apresentação de "Eu também quero Mocotó", música de Jorge Ben com a qual tinha participado da competição, o negro Érlon Chaves, 37 anos incompletos, maestro, pianista, cantor, arranjador e à época namorando Vera Fischer, eleita Miss Brasil no ano anterior aos 18 anos, caminhou até o centro do palco, pegou o microfone e anunciou:

– Hoje os escravos do sultão serão substituídos pelas gatas do Canecão...

No momento seguinte, de acordo com detalhada reconstituição do episódio feita pelo historiador Gustavo Alonso no livro *Simonal: quem não tem swing morre com a boca cheia de formiga*, duas louras com trajes em tons neutros, presumíveis dançarinas dos shows da casa de espetáculos carioca Canecão, entraram em cena lançando olhares insinuantes para Érlon, que continuou:

– Agora vamos fazer um número quente, eu sendo beijado por lindas garotas. É como se eu fosse beijado por todas as que estão aqui presentes.

Junto com o início das vaias da plateia, outras mulheres vestidas em trajes sumários semelhantes foram entrando no palco, dando início ao que Nelson Motta, um dos jurados do festival, fascinado pelo "deboche festivo da canção dentro da suposta seriedade do festival", descreveu como "uma coreografia erótica de alta voltagem", na qual as louras se esfregavam em Érlon, ajoelhando-se entre suas pernas e rebolando para ele. Tudo ao vivo, sob vaias crescentes da plateia.

O escândalo que ecoou em parte da imprensa em torno da performance seria tão grande que a direção da Globo decidiu distribuir um comunicado afirmando, na mesma linha do diretor do festival, Augusto Marzagão, criador e detentor dos direitos do FIC, que a coreografia erótica não estava no script e fora realizada à revelia da emissora.

Na outra ponta das reações, Nelson Motta, junto com os também jurados Rita Lee e Luiz Carlos Maciel, chegou a propor, sem sucesso, um movimento para que "Eu também quero Mocotó" fosse declarada vencedora, no lugar da campeã "BR-3", música de Antonio Adolfo e Tibério Gaspar cantada por Tony Tornado. A reação mais indignada e reveladora seria a do cartunista Ziraldo, nas páginas do jornal *O Pasquim*, 50 anos antes da eclosão das lutas identitárias no país:

"Foi muito menos um atentado à moral do que um atentado violento aos valores da classe média cruel, fascistoide como toda classe média do mundo, cheia de preconceitos, dominada cada dia mais pela cultura burra que lhe entra pela alma através dos meios de comunicação mais contundentes, todos nas mãos deles mesmos".

Detidos logo após a apresentação, Boni e Érlon Chaves foram levados à sede da Polícia Federal e interrogados. Em sua autobiografia, Boni indicou a origem da detenção:

"Houve uma explosão de racismo de algumas senhoras de generais. Eu e Érlon fomos convidados para esclarecer quais eram as nossas intenções. Responsável pela transmissão, esclareci que cada concorrente montava seu número do jeito que quisesse. Me deram um esporro, mas me liberaram".

Érlon Chaves permaneceu detido por cinco dias na Polícia Federal. E, ao ser liberado, segundo Boni, ouviu um recado:

"Recomendaram que ele fosse embora do Brasil".

O maestro não deixou o país. Morreria quatro anos depois, em novembro de 1974, após sofrer um infarto em sua loja de discos, no bairro do Flamengo. Na véspera, segundo a *Folha de S.Paulo*, tinha se emocionado ao visitar o colega e cantor Wilson Simonal, preso três dias antes, acusado de extorsão mediante sequestro de seu antigo contador.

Boni, Walter Clark, Nelson Motta, Geraldo Casé e outros protagonistas e testemunhas dos festivais da canção produzidos e transmitidos pela Globo entre 1967 e 1972 não guardam muitas lembranças, menos ainda as boas, da competição paralela chamada de "fase internacional", que selecionava, sob a direção de Augusto Marzagão, as composições e os intérpretes estrangeiros. "Per una Donna", a música italiana que venceu a fase internacional do FIC de 1967, por exemplo, seria lembrada menos pela melodia e mais pela involuntária expressão pornográfica em que se transformava, ao ser pronunciada pelos brasileiros. Boni não mediu palavras para criticar a fase internacional:

"Em todas as edições, ela não teve qualquer importância. Por conta da má qualidade das músicas inscritas e pela falta de representatividade dos intérpretes, em sua maioria cantores inexpressivos nem sequer conhecidos em seus países de origem ou que nem mesmo pertenciam aos países que representavam. Uma farsa".

Para Walter Clark, como para Roberto Medina a partir de 1985 com o Rock in Rio, os festivais seriam bons enquanto o lucro durasse:

"Esse primeiro FIC foi um sucesso. Vendemos todas as cotas de patrocínio e tivemos um lucro de 100% no evento".

Para Nelson Motta, de 1968 em diante "seria um horror". E a história da MPB poderia ter sido outra se o Brasil não estivesse sob uma ditadura:

"A obra produzida nos anos 1970 por essa geração de Chico Buarque, Caetano Veloso, João Bosco, Aldir Blanc, Milton Nascimento, Jorge Ben Jor, Roberto Carlos, Rita Lee, Erasmo Carlos, Geraldo Vandré, Toquinho e tantos outros forma uma produção colossal. Nós trabalhamos nos vinte melhores anos de nossas vidas, dos 20 aos 40, sob uma ditadura militar, sob censura. E eu pergunto: imagina o que eles não teriam produzido se vivessem como os americanos ou como os europeus, em total liberdade de expressão? Esse é o ponto".

Primeiro round

Quem poderia imaginar que tenha existido um momento da história da Globo em que Walter Clark, Boni e Daniel Filho, três monumentos de poder e talento da televisão brasileira em qualquer tempo, tivessem medo de enfrentar, juntos, no estúdio ou nas salas da direção, uma mulher?

Existiu e foi mais que um momento.

Foi um período de pelo menos dois anos, entre 1965 e 1967, quando Glória Magadan reinou, intocável, como diretora do então departamento de novelas da Globo. Palavra de Daniel Filho*, então um prestigiado diretor, ator e produtor de cinema e TV, ao reconstituir o momento em que Boni o convidou para dirigir novelas na emissora:

"O problema importante que o Boni tinha com a Glória Magadan é que ele não podia mexer no horário das novelas. Ele não podia entrar um minuto atrasado, senão tomava um berro. Ela fazia um escândalo, ia ao Walter Clark e o Walter Clark ficava com medo de perder a Glória dizendo: 'Não podemos perder a Glória Magadan'".

Responsável principal, segundo o diretor Fabio Sabag, pela transferência do público noveleiro do rádio para a televisão no Brasil, Glória, uma autora originalmente do rádio, escrevia em espanhol e costumava ser traduzida para o português pelo ator Sadi Cabral; não permitia "vilãs humanizadas", como uma personagem que a atriz Joana Fomm tentou fazer prevalecer, sem sucesso, na novela *O Homem Proibido* (1982); e produzia diálogos rebuscados a ponto de Marieta Severo, a princesa árabe "Éden de Bássora" de *O Sheik de Agadir*, terminar algumas cenas às gargalhadas por não ter entendido nada do que tinha acabado de dizer.

Embora contrariasse muito autores jovens como o autoproclamado "aprendiz de feiticeiro" Benedito Ruy Barbosa pela intransigência com que ditava os caminhos da dramaturgia nas emissoras com as quais trabalhou, Glória gostava de repetir uma frase que o futuro autor de *Pantanal* (1990) e *Terra Nostra* (1999) jamais esqueceu, por considerá-la "essencial" para quem trabalha com telenovelas:

– Eu escrevo com duas donas Maria na minha máquina de escrever: uma é dona da padaria e a outra é lavadeira. Ambas têm que entender.

Para Irene Ravache, que tinha 22 anos quando atuou em *Eu Compro Esta Mulher* (1966) e não confundia as novelas de Glória com o teleteatro à época muito celebrado pela elite, "era o que havia de melhor em folhetim; tudo exagerado, cenários, interpretações, mas Glória amarrava muito bem as histórias, uma escola e tanto". Yoná Magalhães, falecida em 2015 aos 80 anos e uma das principais estrelas daquele período definido pelo diretor Wolf Maya como "a era do folhetim ostensivo" e da "televisão fabular e super-representada criada em Cuba e na Venezuela", foi testemunha de que o público entendia tanto as tramas de Magadan que, fascinado com o surgimento, nos televisores, de histórias e personagens que antes apenas imaginava na era do rádio, muitas vezes misturava as estações:

"Havia menos distanciamento do trabalho do ator. Então, se um ator fizesse o papel do mau, do que batia na mocinha, ele corria perigo na rua de poder levar uns tabefes, uma pedra. Identificavam muito o pobre do ator com o personagem".

Nos bastidores da Globo, Boni tomar um berro de Glória Magadan, quem diria, pelo menos por enquanto, na época, era o de menos. O problema urgente não era a diretora escandalosa, mas *A Rainha Louca* (1967).

A novela de Glória, mais uma *commodity* dramatúrgica de raiz mexicana, desta vez inspirada na série de quatro romances Memórias de um médico, de Alexandre Dumas, estava patinando no Ibope, exibidos cerca de 30 dos 160 capítulos que teriam de ir ao ar ao longo de 1967, no horário das nove e meia da noite. O investimento tinha sido grande e incluíra, pela primeira vez, cenas de novela brasileira gravadas com parte do elenco no exterior, no caso, o Castelo de Chapultepec, na Cidade do México, e que foram complementadas com filmagens no Parque Lage, por acaso o alvo da represália do já ex-governador Carlos Lacerda em sua guerra pessoal com Roberto Marinho, em 1965.

Olhando para cima, no organograma, Boni, recém-chegado, estava prestes a desafiar Glória Magadan pela primeira vez, intervindo fortemente no comando da dramaturgia. Para baixo, o problema era substituir, sem traumas, o diretor da novela, Zbigniew Marian Ziembiński, o Ziembinski, considerado um dos fundadores do moderno teatro brasileiro e que, como outros profissionais do palco em todas as épocas, no Brasil, dividia a carga horária com a televisão para garantir um salário líquido e certo da Globo no final do mês:

"Assisti a alguns capítulos. Eram terrivelmente chatos e arrastados. O Ziembinski dava à novela um ritmo lento e pesado. Em alguns momentos, chegava a ser *dark*. Soube que ele estava doente e cansado, apesar de todo o espírito que tinha. Precisava substituí-lo. Era o momento de recorrer ao Daniel Filho. Falei com o Joe Wallach e consegui a verba necessária".

Faltava combinar com Daniel Filho:

"O Boni me perguntou se eu estava assistindo à novela, eu disse que não estava assistindo à novela porque eu achava novela uma coisa muito chata, achava a novela uma coisa inverossímil, uma coisa absurda, não entendia como alguém podia ficar sentado diariamente assistindo aquela porcaria".

Mas Daniel, como Ziembinski, precisava de dinheiro. Aceitou assumir a direção da novela e enfrentar a mulher que, para ele, "escrevia histórias brabas, incoerentes e absurdas". Foi para uma sala de videoteipe, assistiu a todos os capítulos já exibidos e se deu conta de que Glória, ao seguir sugestão do próprio Boni de passar a história do século 16 para o 18, tinha transferido a trama de Alexandre Dumas da França para o México e trocado a rainha do título vivida por Nathalia Timberg por uma imperatriz, que, por sua vez, era casada com Rubens de Falco no papel do imperador Maximiano, substituto do rei Luís XVI do romance original.

Ao voltar da vertigem das sessões d'*A Rainha Louca* na sala de videoteipe para o mundo real, Daniel foi informado de que o elenco da novela tinha feito um abaixo-assinado pela permanência de Ziembinski. Em sua autobiografia, disse que contou com a ajuda do ator Amilton Fernandes, um dos galãs da trama, que, ainda segundo Daniel, simulou um erro de interpretação na gravação de uma cena que foi seguido de uma bronca exemplar igualmente simulada por Daniel, o que fez com que o movimento pró-Ziembinski fosse esvaziado.

Com cenas de capa e espada mais convincentes, um ritmo mais ágil e os toques cinematográficos introduzidos por Daniel, *A Rainha Louca*, em vez de 160, acabaria durando 215 capítulos. Um sucesso.

Corte.

Dois terremotos e um tremor

Não se sabe se a história nasceu do nada, num dos devaneios regados a litros de vodka em sua fazenda, entre um e outro capítulo, pronto ou nem tanto para ser mandado para o Projac, ou se Benedito Ruy Barbosa apenas esqueceu o nome da novela dos anos 1960 que, segundo ele, tinha tantos personagens que um deles, esquecido pelo autor da trama, entrou no quarto de uma casa para nunca mais sair.

Pelo sim, pelo não, precavido, Benedito nunca gostou de trabalhar com elencos grandes.

Manoel Carlos, ao contrário, não se preocupava com elencos populosos e, no caso de *Páginas da Vida* (2006), como registrou o crítico e pesquisador Nilson Xavier, foram tantos personagens criados por Manoel que um deles, chamado "Otávio", na primeira fase da novela, teve o nome trocado para "Rubens" na segunda, ganhando inclusive o apelido de "Rubinho", para ainda ser identificado, erroneamente, pelo site oficial da novela, como "Camilo", depois "Laerte" e, finalmente, "Rubens".

No caso do autor e ator Emiliano Queiroz*, designado em meados de 1967 por Glória Magadan para escrever *Anastácia, a Mulher sem Destino* – adaptação de *A Toutinegra do Moinho*, folhetim no qual Emile Richebourg conta a história de uma menina perdida de seu pai e criada por um lenhador na época da Revolução Francesa –, a superpopulação do elenco, de proporções até então inéditas na teledramaturgia brasileira, foi resultado, em primeiro lugar, como revelou Emiliano, de uma enorme bagunça que começou com o fato de ele não ter tido "saco" nem para ler o livro, "muito chato, muito grande":

"A Glória dizia: 'vai lendo, vai fazendo'. Aí alguém lia pedaços do livro, me contava e eu escrevia. E foi assim, um sacrifício. A novela estreou e acontecia de tudo em um só dia. Eu falava para a Glória que tinha muitos personagens, tinha circo, tinha uma casa de mendigos. E ela dizia: 'Não diminui, não diminui!'".

Também contribuíram para a bagunça, segundo Emiliano, razões humanitárias relacionadas ao lento naufrágio financeiro da TV Tupi:

"As pessoas falavam que eu botei na novela o povo da TV Tupi que estava desempregado. Eu botei mesmo. Aí virou quase que uma piada aquele negócio, porque também foi uma leviandade eu ter aceitado escrever a novela. Por causa de dinheiro, não é?".

Ary Fontoura*, confirmando ter sido testemunha do "imenso coração" de Emiliano, acompanhou os momentos em que a nau de artistas salvos do desemprego começou a ficar definitivamente sem rumo no roteiro da novela:

"De repente a novela tinha oitenta personagens e o Emiliano não sabia mais o que escrever e pra quem escrever. Aí ele foi ao Boni e pediu pelo amor de Deus para ser tirado. Ele não conseguia mais escrever, estava desesperado. Ao mesmo tempo, sentia uma dor moral porque sabia que, a partir do momento em que saísse, as outras pessoas não iam mais trabalhar".

Fosse por amizade com o autor, solidariedade de classe ou demanda dramatúrgica, devido ao caos que tomou conta da produção de elenco da novela, não restou documentação conhecida e precisa sobre a real quantidade de personagens que a trama chegou a ter, no pico da bagunça que resultaria no afastamento de Emiliano. Ao longo dos anos, a bibliografia e a crônica jornalística de TV chegariam a mencionar, genericamente, como no caso dos oitenta personagens citados por Ary Fontoura, mais de cem atores e atrizes. Esse contingente colocaria *Anastácia* (1967) no padrão demográfico de *Em Família* (2014), de Manoel Carlos, um dos maiores elencos da história da Globo, com seus 65 personagens e suas 82 participações especiais.

Qualquer que fosse o número preciso, quis o destino, o da Globo, não o de *Anastácia*, e muito menos o do elenco ameaçado de desemprego, que, naqueles dias, nos estúdios da concorrente TV Tupi, as relações do ator Sérgio Cardoso com Janete Clair estivessem péssimas a ponto de o galã rasgar os scripts escritos por ela, recusando-se a gravar cenas da novela *Paixão Proibida* (1967). Num telefonema de Janete para Daniel Filho, ela estava preocupada com o risco de também ficar desempregada, já que o marido Dias Gomes, romancista e dramaturgo consagrado, já estava se escondendo dos militares, por causa de suas conhecidas ligações com o Partido Comunista Brasileiro:

"A Janete me telefonou desesperada porque o Dias Gomes não podia trabalhar, pelo clima já instaurado da ditadura militar. E pediu para que eu a apresentasse à Glória Magadan".

Boni achou ótima a ideia de Janete "consertar" *Anastácia*, e a contratação da futura "rainha da novela das oito" da Globo acabou resultando em dois terremotos: um deles, citado em todas as antologias da teledramaturgia brasileira, foi o sismo que Janete introduziu no roteiro da novela para eliminar dezenas de personagens de uma só vez e dar um salto de vinte anos na história sem confundir os telespectadores, já extenuados pelo caos no script original. O total de papéis cancelados, também muito afetado pela ação do tempo e da imprecisão histórica, chegou, em conta que Janete fez para o *Jornal do Brasil* em 13 de março de 1983, a inacreditáveis 143 execuções.

O outro sismo foi ainda mais festejado por Boni:

"Foi também um terremoto dentro da TV Globo, porque os textos da Janete Clair eram tão superiores aos da Glória Magadan que aí a gente abalou Bangu, foi um sucesso. E eu imediatamente contratei o Dias Gomes, que foi a pessoa que me introduziu no rádio e na televisão, e por quem eu tinha uma gratidão muito grande".

Na ficha técnica dos 125 capítulos de *Anastácia*, preservada no site da Globo após o rescaldo do terremoto de Janete Clair, restou um elenco que caberia em duas vans: 21 personagens, encabeçados por Leila Diniz, Henrique Martins e Aracy Cardoso e que, apesar de não catapultarem a audiência da emissora no horário, pelo menos passaram a protagonizar uma história que ganhou sentido para os telespectadores. E houve ainda um tremor sísmico mais discreto, resultante da chegada de Janete e que Boni celebrou, pela contribuição que o episódio deu à "desestabilização" de Glória Magadan:

"Passei a ter dois bons autores comigo e poderia brigar com a Glória Magadan. Eu estava com o jogo feito".

Quando *Anastácia* caminhava para o final, no segundo semestre de 1967, um casal de fora do Rio, ele paulista, ela gaúcha, fez um demorado tour pelas instalações e estúdios da Globo no Jardim Botânico, ciceroneado pelo próprio Boni. Ambos estavam rodando o país à frente do elenco de *A infidelidade ao alcance de todos*, peça de Lauro César Muniz dirigida por Walter Avancini, naquele momento sendo apresentada em Salvador, onde o maquiador titular da emissora, Eric Rzepecki, já tinha ido para coletar uma mecha de cabelo dela que serviria de referência para uma peruca.

Nilcedes Soares de Magalhães, ou Glória Menezes, então com 33 anos, e Tarcísio Pereira de Magalhães Sobrinho, ou Tarcísio Meira, 32, tinham sido convidados para trocar a TV Excelsior pela Globo e ficaram encantados com o que viram durante o tour. A proposta era para estrearem na emissora à frente do elenco de *Sangue e Areia* (1967), a primeira novela de Janete Clair na emissora, com direção de Régis Cardoso e Daniel Filho, que contaria a história de um toureiro espanhol, "Juan Gallardo", Tarcísio, claro, dividido entre o amor de "Dolores", papel de Myriam Pérsia, "Pilar", vivida por Theresa Amayo e "Doña Sol", Glória, mulher elegante que poderia lhe garantir ascensão social. Impressionada com o acolhimento que teve na Globo, "tão pequenininha", ela não hesitou:

"Eram quinhentos funcionários apenas. Mas a gente acreditou tanto que fomos de olho fechado".

Tarcísio, Glória, Daniel, Janete, Dias, Boni, Walter, Armando e Joe, o americano.

O futuro estava começando.

CAPÍTULO 3

O homem da selva

A multidão gritava amém para o Papa e o telespectador não escutava. O soldado americano disparava seu fuzil M16 na trincheira do Vietnã, a mesma coisa. A tempestade devastava o bairro da periferia do Rio e o som do temporal não vinha junto. Entrevistas em campo, raríssimas. A voz que informava era a do apresentador, e um certo eco indicava que ele estava, claro, no estúdio, e não no local da notícia. Os takes eram curtos; os closes, raríssimos; os planos-sequência, inexistentes; e o diafragma das lentes não dava conta de compensar mudanças bruscas de luz. Imagens aéreas, limitadas e tremidas, a anos-luz do espetáculo dos drones do século 21, só em momentos especiais.

Salvo situações excepcionais, como a da mágica de marketing das *globetes* inventadas por Walter Clark com uma câmera Auricon Pro-600 no Carnaval de 1966, o jornalismo das emissoras de TV brasileiras, em meados dos anos 1960, era feito com imagens em geral sem som ambiente, captadas por diferentes modelos da câmera Bell & Howell que tinham em comum, além do compreensível apelido de "mudinha", o fato de serem barulhentas e movidas por um sistema a corda acionado por uma manivela dobrável. As emissoras, Globo inclusive, também eram reféns da linguagem e dos cacoetes do rádio e mais contavam do que mostravam o que acontecia nas cidades e no país. E, quanto mais longe dos centros urbanos, mais invisíveis ficavam os fatos. Os telejornais, na ironia da *Veja*, eram "programinhas de dez minutos" que serviam "de intervalo entre as novelas".

Um telejornalismo sem olhos e pernas.

Sem falar da censura.

A noite de 7 de dezembro de 1968, um domingo, marcou o início de uma novidade quando a Globo, então já transmitindo para os estados do Rio, São Paulo, Minas, Rio Grande do Sul, Goiás e Santa Catarina, estreou *Amaral Netto, o Repórter*, programa que representaria, de um lado, um salto inédito e exclusivo na capacidade da televisão brasileira de mostrar imagens e sons do país, algo que à época só era feito regularmente pelos cinejornais, noticiários em película de dez minutos de duração que antecediam os filmes nas salas de cinema.

De outro, o programa era mais um gesto de adesão da emissora ao governo militar, que, menos de uma semana depois, baixaria o Ato Institucional n.º 5, impondo a ditadura, aí, sim, de forma escancarada. O programa duraria quinze anos, período em que ofereceria, semanalmente, junto com alguns retratos inéditos espetaculares do Brasil, uma série de motivos para que o futuro slogan "O povo não é bobo, abaixo a Rede Globo" ecoasse com força crescente nas ruas do país, à medida que a democracia fosse sendo reconquistada.

De uma hora para outra, a partir das dez e meia da noite, sempre com som direto, tribos nunca vistas filmadas no coração da Amazônia; expedições de barco por rios gigantescos da região do Xingu; filmagens ousadas a bordo de helicópteros militares; cenas de pesca de baleia no litoral do Nordeste; operações dos pelotões de fronteira do Exército na selva; e reportagens arriscadas, como o registro do fenômeno da pororoca, encontro da água do mar com a do Rio Iriri, no estado do Pará, passaram a dominar a tela da Globo nas noites de domingo. De forma ainda improvisada e quase sempre refém absoluto da logística das forças armadas, Amaral Netto começou não a contar o que via, mas a mostrar um Brasil que o chamado jornalismo-aventura, antes, só mostrara em grandes reportagens fotográficas das revistas semanais *O Cruzeiro* e *Manchete* e, no futuro, exibiria rotineiramente no programa *Globo Repórter*.

O que era desconcertante, para quem se chocava com a existência e a permanência, no ar, de um conteúdo aparentemente jornalístico e documental, mas completamente omisso em relação ao então cenário de crise institucional constante, denúncias de tortura, ações armadas de grupos de esquerda, censura e cassações, era o sucesso. Apresentado pelo deputado direitista, cofundador da *Tribuna da Imprensa* e a quem *Veja* chamou de "uma charge malfeita de Carlos Lacerda", *Amaral Netto, o Repórter* era apreciado por "pessoas comuns, homens, mulheres, crianças, de todas as idades e classes sociais", como constatou, em 2013, citando dados do Ibope, a historiadora Katia Krause, em ensaio sobre o programa. Uma de suas conclusões:

"Era um público ao qual o programa, em tese, não era imposto. Havia outras opções em outros canais, além do botão liga e desliga. Os dados do Ibope, em diferentes anos, estados, dias e horários de exibição, mostram a expressiva preferência pela TV Globo no horário do programa de Amaral Netto. Isso é um dado que não pode ser ignorado".

Uma das conjecturas feitas por Katia Krause para explicar o sucesso do programa, além do "teor das mensagens" passadas por Amaral Netto, seria "a força da identificação de uma grande parcela da sociedade, em alguma medida, ou com a estética do produto". Joe Wallach, como americano, já tinha visto aquele filme:

"O programa foi maravilhoso porque, pela primeira vez, incrível, a criança em Copacabana viu o búfalo da Amazônia, algo que ela não sabia que existia no país. E, também, lá em Belém, depois, os índios podiam ver os prédios do Rio de Janeiro. Aí a noção de país começa a ser mais entendida".

Noção de país, sim, mas bem parcial, na visão de Alfredo Marsillac, diretor de imagem da equipe da Globo que ensinou Amaral Netto a trabalhar em televisão e que, embora concordasse com a ideia de que, "comprometido ou não com alguma coisa", o programa "começou a mostrar o que ninguém sabia que existia", ressalvou:

"Ele era político, mostrava a realidade brasileira bonitinha, não as misérias, as mazelas brasileiras. Ele mostrava só o que tinha de bonito".

Em seu depoimento, Chucho Narvaez*, cinegrafista titular e principal parceiro de Amaral Netto nas filmagens, sempre orgulhoso do "programa maravilhoso" que fazia, não deixa dúvidas de que, em outro tema recorrente do programa, os militares, a ordem era mostrar o trabalho deles do jeito que só eles e mais ninguém queria:

"A obrigação nossa era mostrar por que o Exército estava lá e o que ele fazia. Muito bem. Quando se tratava de Marinha e a questão era perguntar como o Brasil poderia se defender sem um submarino possante, nós íamos lá e eles davam toda facilidade. E assim sucessivamente, com a Aeronáutica, a Marinha e o Exército".

Poderia ser pior, segundo Boni contou ao autor em 2023, e para quem Amaral "chegou como dono da TV, dizendo que tinham de fazer como ele queria e acabou". Sabendo que não tinha autoridade alguma sobre "um espaço da grade cedido pela TV Globo aos militares", Boni pediu ao deputado que pudesse pelo menos ver os programas antes de eles serem levados ao ar:

"Eu não tinha como tirar o Amaral Netto. Então eu resolvi dar sugestões para que ele fizesse algo que desse audiência. Sugeri que ele se desligasse um pouco da política e começasse a mostrar coisas interessantes do Brasil, com programas que tinham princípio, meio e fim. Ele foi aceitando e, em dois meses, o programa melhorou bastante. Ficamos até amigos e passamos a nos frequentar".

Já tendo de conviver com Ibrahim Sued de um lado, com suas "bombas" e "ademãs", e com o coronel Edgardo Erickson do outro, com seu programa a favor do regime militar, Armando Nogueira também não tinha tanta paciência com *Amaral Netto, o Repórter*, considerado por ele "um corpo estranho dentro do jornalismo da Globo":

"Eu também não me dei bem com o Amaral Netto, mas ele acabou sendo uma imposição política, uma coisa de fora pra dentro. Ele era um político muito influente, então acabava usando todos os instrumentos de pressão que havia no universo do Rio de Janeiro pra ter um programa".

O que causava especial irritação em Armando era o "narcisismo" de Amaral Netto, facilmente percebido na obsessão que o deputado tinha de aparecer toda hora em cena, nas reportagens, tentação à qual, aliás, sucumbiriam, nos anos vindouros, contingentes inteiros de repórteres da Globo. Em entrevista à *Veja*, o deputado se justificou dizendo que pretendia, na verdade, "fazer ressurgir a figura do repórter, anonimamente escondido atrás do fato, protegido pelas saias do redator do texto final". Narcíseo ou não, Amaral acabaria presenteando Armando com a chance de um comentário antológico quando resolveu perguntar o que o diretor de jornalismo achava de seu programa. Resposta:

– Olha, Amaral, eu tenho a impressão de que você aparece de tal maneira em primeiro plano, o entrevistado sempre atrás, os fatos principais sempre atrás, que me dá vontade de botar uma legenda no teu programa assim: ao fundo, a notícia.

João Paiva Chaves*, interlocutor da direção da emissora com os militares, tratou de *Amaral Netto, o Repórter* como "uma propaganda semioficial" do governo. Um andar acima na intimidade com o dono da Globo, Evandro Carlos de Andrade, falecido em 2001, aos 69 anos, em entrevista inédita ao repórter Geneton Moraes Neto em 2000, revelou que, no auge da repressão, governo Médici, Roberto Marinho tentou acabar com o programa, não conseguindo, nas palavras de Evandro, porque "a audiência estava toda na Globo e a televisão mais oprimida foi a Globo":

"Quando o dr. Roberto quis acabar com o *Amaral Netto, o Repórter*, aquilo foi uma pressão, porque era ameaça de tudo, ameaça de cassar, tirar isso, tirar aquilo. Era uma ditadura e a TV era uma concessão. Então você imagina o grau de ameaça que esses militares podiam fazer. Viviam censurando, as novelas eram cortadas, os programas eram censurados. Aos outros eles não davam a menor bola porque eles não tinham audiência".

Ao fundo, além das notícias cuja visão Amaral Netto às vezes dificultava com seu narcisismo diante da câmera e da "exaltação ufanista" do "Brasil Grande", como o próprio site da Globo define o programa, havia, também, uma vertente de puro negócio no ar, de acordo com a entrevista de Boni ao autor em 2023. Joe Wallach*, por exemplo, revelou que Amaral Netto "pegava dinheiro" dos estados em troca de filmagens nas regiões de interesse dos respectivos governos.

E o balcão, com o tempo, segundo artigo de Iza Freaza em edição d'*O Pasquim* de outubro de 1975, não funcionaria apenas na área governamental e nem precisaria envolver filmagens em locações inéditas e sensacionais fora do Rio de Janeiro. Sob o título "O mais longo comercial dos 25 anos da TV brasileira!", referindo-se a uma longa "reportagem" do programa exibido no dia 29 de setembro daquele ano, Iza classificou o material como "propaganda" de lançamento do Parque Atlântico Sul, empreendimento dos incorporadores Carvalho Hosken e Sérgio Dourado localizado na Barra da Tijuca, numa época em que a especulação imobiliária desfigurou a paisagem da cidade. Na lembrança de Alfredo Marsillac, o balcão de Amaral Netto, no final, tornar-se-ia explícito:

"No final ele andou fazendo umas coisas mais dirigidas para empresas, começou a ressaltar algumas empresas, mas isso já foi num período final. Chegou a editar uma revista, tinham uma editora, vendia *slides* das viagens dele que eram muito solicitados pelos estudantes".

Além da façanha de impor a Walter Clark, Boni e Armando Nogueira o conteúdo e o formato de seu programa, Amaral Netto conseguiu, ainda que apenas nos primeiros anos em que foi ao ar, o que só Silvio Santos conseguiu enquanto esteve na Globo: a comercialização e o faturamento referentes aos *breaks* comerciais durante a exibição do programa. O publicitário Nelson Gomes, à época trabalhando na área de promoções e comunicação social da Globo, confirmou:

"O que eu sei é que ele comprava horário, e isso na Globo, a Globo sem dinheiro".

Em seu ensaio sobre *Amaral Netto, o Repórter*, a historiadora Katia Krause, baseando-se numa entrevista que Boni concedeu a ela, também afirma, sem especificar a época, que o controle dos intervalos comerciais do programa de Amaral Netto era feito pelo próprio deputado e sua produtora, a Plantel, acrescentando:

"Boni conta ter recebido o assunto como fato consumado, apenas negociando o horário e recebendo o programa que era 'uma produção independente, entregue pronto para exibição'".

Em 2015, os repórteres Clayton Conservani e Carol Barcellos estreariam, 37 anos depois de Amaral Netto e em taxas semelhantes de protagonismo pessoal no vídeo, o programa *Planeta Extremo*. Repetiriam, em escala internacional, agora com recursos espetaculares de captação de som e imagem e com uma sólida infraestrutura de produção, os fundamentos da fórmula de jornalismo-aventura do deputado. Seriam reportagens extenuantes e de risco acima da média, em locações inusitadas como o vulcão Marum, no Pacífico, o Círculo Polar Ártico e a Pirâmide Carstensz, a montanha mais alta da Oceania. Em dois aspectos importantes, porém, não haveria como comparar o *Planeta Extremo* ao programa do deputado que fingiu fazer jornalismo para bajular a ditadura.

Não havia militares no comando.

A receita dos *breaks* ia direto para o caixa da Globo.

São Paulo contra Chicago

– Beto, Beto! Eu lembro daquela hora em que você desce a escada e diz assim pra Maitê: "Você tem um olhar oceânico"!

Ao ser abordado no meio da rua por uma senhora, no Rio de Janeiro, início de junho de 2005, o ator Luis Gustavo, então com 71 anos, mais uma vez se deu conta de que estava sendo reconhecido não como o "Mário Fofoca", de *Elas por Elas* (1982), o "Victor Valentim" de *Ti-Ti-Ti* (1985) ou o "Tio Vavá" de *Sai de Baixo* (1996). A cena tinha acontecido 37 anos antes; a Maitê mencionada pela fã não era a Proença e sim uma personagem da atriz Maria Della Costa; a emissora não era a Globo, mas a Tupi; e Beto era o nome do personagem que ele interpretou e que também dera nome à novela *Beto Rockfeller* (1968), fenômeno de audiência que, ao longo de 1969, além de marcar o nascimento da moderna teledramaturgia brasileira, contribuiria para dar o último empurrão no desmanche do então já poderoso mas antiquado e desunido departamento de teledramaturgia comandado, na Globo, por Glória Magadan.

Com 230 capítulos, inicialmente inspirada nas façanhas de um penetra conquistador, durante uma festa numa boate paulistana pertencente ao então diretor da TV Tupi Cassiano Gabus Mendes, escrita por Bráulio Pedroso, à época jornalista cultural desempregado, e dirigida por Lima Duarte e Walter Avancini, *Beto Rockfeller*, nas palavras do pesquisador Nilson Xavier, "deu ao público uma fantasia com gosto de realidade", ao contar a história de um irresistível anti-herói da São Paulo dos anos 1960, revolucionando o modelo então vigente de interpretação e incorporando gírias e expressões do cotidiano, ao som de sucessos populares de artistas como Erasmo Carlos, Beatles, Rolling Stones, Bee Gees e Salvatore Adamo.

Em meados de 1968, enquanto *Beto Rockfeller* era escrita por Bráulio Pedroso em São Paulo, os estúdios apertados da Globo na sede do Jardim Botânico, no Rio, mal conseguiam acomodar a luta pelo poder e os egos em ebulição nos bastidores das novelas que estavam no ar: Tarcísio Meira, que já era casado com Glória Menezes, fora separado dela por Glória Magadan para estrelar seu folhetim *A Gata de Vison* ao lado de Yoná Magalhães, que era casada com Carlos Alberto, por sua vez escalado para estrelar a novela *Passo dos Ventos*, de Janete Clair, ao lado de Glória Menezes, que reclamava do diretor Daniel Filho com Boni, que tirou Daniel de *Passo dos Ventos* para provocar ciúmes em Glória Magadan, que Walter Clark ainda tentava manter na emissora, mas que fora fragilizada pelas críticas pesadas do desafeto Sérgio Cardoso, galã então recém-contratado contra a vontade dela, ao texto de *O Santo Mestiço*, novela que Glória escrevera para o novo horário das sete.

Já nos bastidores da TV Tupi, o que se debatia, às vésperas da estreia de *Beto Rockfeller*, era o tamanho da ousadia com que a novela mandaria para o além o enfoque histórico antiquado, as tramas melodramáticas, o escapismo transbordante e a linguagem pré-histórica dos folhetins de inspiração mexicana que dominavam a TV brasileira naquela época. Como aconteceu no flagrante de estúdio descrito em 2008 pela atriz Bete Mendes*, intérprete da personagem "Renata" e testemunha de uma discussão entre o diretor Lima Duarte e o dramaturgo e ator Plínio Marcos, personagem do mecânico "Vitório", melhor amigo de Beto Rockfeller. Plínio, segundo Bete, começou uma cena com uma palavra que não estava no roteiro:

– Porra, Beto!

Lima Duarte interrompeu a gravação na mesma hora:

– Não pode falar porra!

– Sou mecânico e tu não quer que eu fale porra, porra!

E "porra", por coincidência a interjeição que se tornaria emblema das históricas broncas que Boni distribuiria a rodo quando não gostasse de novelas e programas da Globo, acabaria indo ao ar em *Beto Rockfeller*, para a alegria de Bete Mendes.

Na Globo, o máximo de proximidade da realidade que Glória Magadan se permitia era situar a trama de *A Gata de Vison* na Chicago dos anos 1920, onde "Dolly Parker", a personagem de Yoná Magalhães, chefe de uma quadrilha violenta, é morta pela máfia e substituída pela irmã gêmea "Maggie Parker", também vivida por Yoná. A crise no set explodira, no entanto, quando Tarcísio Meira, separado a contragosto da mulher Glória Menezes nos estúdios, vivendo o delegado "Bob Fergusson" e inconformado com várias mudanças no caráter de seu personagem, pediu afastamento da novela. Glória Magadan até havia concordado em matar o personagem, mas Tarcísio* se negou a gravar a cena da morte do detetive. E explicou:

"Foi o personagem que eu menos gostei de fazer porque era um personagem de mentira. Eu não conseguia encontrar verdade nenhuma nele. Então eu fiz com muita má vontade, era um horror. E a autora não gostava de mim".

Com o contrato prestes a acabar, Tarcísio esperou o fim do vínculo e avisou a Boni que não gravaria a cena escrita por Glória Magadan e na qual seu personagem seria assassinado. E assim foi feito: na hora de gravar, "Bob Fergusson" simplesmente desceu de um trem e foi embora.

Por trás das câmeras, Daniel Filho também sentia-se mal com a novela porque sabia que a Globo não tinha condições de enfrentar uma comparação com a qualidade de produção do seriado americano *Os Intocáveis*, estrelado por Robert Stack, sucesso internacional à época já conhecido dos telespectadores brasileiros. Em sua autobiografia, Daniel lembrou o constrangimento que sentiu durante uma gravação na região ainda desabitada de São Conrado, zona sul do Rio:

"Seria um encontro das duas gangues para pegar um carregamento de uísque. Era uma pequena picape 1940 que tinham conseguido, um caminhãozinho que dava mais ou menos umas dezesseis caixas de uísque, nada. E, na verdade, eu tinha quinze pessoas de um lado e quinze pessoas de outro, com pretensas metralhadoras de madeira, para defender aquelas dezesseis caixas de uísque. Uma coisa absolutamente ridícula".

O caldo entornaria de vez quando Boni chegou no estúdio do Jardim Botânico para ver como estavam as gravações da novela. O que aconteceu naquele dia Daniel reproduziu, em seu livro, como se fosse uma cena:

– Porra, Daniel, esses figurantes estão uma merda! Os figurantes estão uma bosta, uma merda, como é que você me deixa uns figurantes desses?

– Eu disse para você que isso aí não ia dar legal. O que tem de figurante bom é isso aí.

– Mas está uma merda! Não vai colocar essa porra no ar. Você está brincando de botar essa merda no ar?!

– Não estou brincando, não! Isso aí é o figurante que tem, é o melhor cachê que tem.

– Não, não vai botar no ar, não! Tem que fazer melhor!

– Então faz melhor você! O melhor que eu sei fazer é isso aí! Eu te disse que essa merda não dava certo!

E foi-se embora do estúdio Daniel Filho, com Boni atrás, acompanhado de sua interjeição preferida:

– Porra, volte aqui, porra! Não saia daqui!

Daniel desceu as escadas que davam para a portaria da Rua Von Martius, pegou a direção da Rua Pacheco Leão, à época ainda vazia, a pé, e Boni atrás:

– Volte aqui para dirigir a novela!

– Não volto, não. Não vou dirigir essa merda mais, não!

Não dirigiu mesmo. E não apenas saiu da novela. Acabou sendo demitido da Globo, depois do fracasso de uma reconciliação com Boni, intermediada por Borjalo e que o levaria a uma decepcionante temporada como diretor da TV Rio. Boni, por sua vez, sabia que o estilo mexicano de fazer novelas, ainda presente tanto em *Passo dos Ventos* quanto em *A Gata de Vison*, novelas que sairiam do ar em janeiro de 1969, não resistiria à modernidade de *Beto Rockfeller*, e, cerca de três meses depois de demitir Daniel Filho, jogou a toalha, mandando um cartão em que, segundo a autobiografia do destinatário, foi direto ao ponto, tendo como resposta, olho no olho, uma condição:

– Seu veado! Estou precisando do seu trabalho. Por favor, venha me ajudar.

– Coisa da Glória Magadan eu não dirijo.

A história dos acontecimentos que se seguiriam e que culminariam na demissão de Glória Magadan da Globo em meados de 1969 ressente-se de uma versão conhecida da própria Glória. A julgar pelos relatos de Boni*, reiterados em seu *O livro do Boni*, e, também, pelos de Daniel Filho, em sua autobiografia, a autora e diretora cubana foi demitida após cair numa armadilha baseada numa mentira que foi executada em maio de 1969, com a ajuda do então diretor de produção Renato Pacote, cujo papel, no episódio, Daniel compararia ao do personagem "Iago", manipulador maquiavélico da peça *Otelo*, de Shakespeare.

Exasperado com a impossibilidade de somar, ao seu poder de gestor, a autonomia sobre textos, autores, elenco e horários das novelas da Globo, Boni aceitou a sugestão de armadilha feita por Renato Pacote e que tinha duas etapas: primeiro, Boni desafiaria o poder de Glória, antecipando, unilateralmente, o final de *A Última Valsa*, novela das nove e meia da noite escrita por ela que estreara em janeiro, substituindo a tumultuada *A Gata de Vison*:

– Pois então, Glória, pelo contrato você tem o poder de colocar no ar uma novela, mas eu tenho um poder maior: o de tirar uma novela do ar quando a Globo quiser, com o número de capítulos que a Globo quiser. E já estou comunicando a você que vou encerrar *A Última Valsa* daqui duas semanas, com 103 capítulos. É uma decisão final.

A reação de Glória, já enfraquecida por novelas problemáticas e atritos "com deus e o mundo", nas palavras de Daniel Filho, foi uma tentativa de acordo que Boni disse ter rejeitado, já contando com a segunda parte da armadilha: o conselho supostamente solidário que Renato Pacote deu a Glória para que ela não aceitasse aquela "intromissão" em sua área e entregasse a Boni uma carta de demissão diante da qual, Renato garantiu a ela, Boni certamente recuaria. Como havia sido planejado com Renato, Boni, em vez de recuar, aceitou na hora o pedido de demissão e logo comunicou a saída de Glória aos superiores Joe Wallach e Walter Clark, garantindo que o casal de autores então recém-contratados pela Globo, Janete Clair e Dias Gomes, daria conta da modernização que tinha de ser feita na teledramaturgia da emissora. No capítulo final do golpe de poder, descrito por Boni em sua autobiografia, só faltou o clichê de uma garrafa de vinho tinto numa mesa reservada no fundo de uma cantina italiana vazia: "Morro de pena, mas não tinha como conviver mais com a Glória [...]. Mandei flores em reconhecimento por ela ter aberto o caminho para nós".

Elogiada pelo profissionalismo e chamada de "feiticeira" pelo *feeling* que tinha em relação às tendências do Ibope em reportagem da *Veja* sobre sua demissão, Glória Magadan ainda experimentaria uma breve e malsucedida passagem pela Tupi em 1970, antes de se mudar para Miami, cidade onde viveria até morrer, aos 81 anos, em junho de 2001, sem fazer chegar ao público brasileiro seu próprio relato sobre aquele breve reinado na dramaturgia da Globo.

– Boni, o navio está afundando aqui. Eu estou sozinho aqui, tenho que pular fora. Até os ratos já caíram fora.

Quando Luis Gustavo ligou para Boni pedindo emprego, a revolucionária *Beto Rockfeller* já tinha acabado havia alguns meses, depois de ficar no ar por um ano e 26 dias e de mudar para sempre o jeito brasileiro de fazer novela, com índices espetaculares de audiência, ainda que sofrendo com esticadas oportunistas implausíveis da história, excesso de improvisação, falhas de roteiro, estafa do autor, ausências do diretor e personagens-relâmpago meio inexplicáveis. À beira do desespero e depois de tentativas frustradas de emprego no teatro e no cinema, Luis Gustavo sabia que o sucesso da novela não tiraria a Tupi do caminho da falência e achava que o sucesso de seu personagem poderia pesar a favor, na hora de pedir um lugar no elenco da Globo.

– Tatá, eu não posso te trazer pra Globo porque a sua imagem do Beto Rockfeller é muito forte. E eu estou lutando aqui para fazer uma nova emissora.

A resposta de Boni, considerada "uma barbaridade" por Luis Gustavo no depoimento que deu em 2005, não impediu que ele insistisse em tentar a vaga na emissora também com Daniel Filho, àquela época já se consolidando como um poderoso diretor, em meio ao processo de esvaziamento do poder de Glória Magadan. O ator achava que, assim como Sean Connery não morrera de fome depois de fazer *007*, "tirando casca de James Bond e fazendo outros trabalhos", ele também poderia "tirar casca do Beto Rockfeller".

– Tatá, espera um pouquinho, Tatá. Eu já te chamo. Deixar sentar esse pó de *Beto Rockfeller*.

A promessa de Daniel Filho só seria cumprida sete anos depois, em 1976, quando Luis Gustavo foi convidado para atuar em *Anjo Mau*, novela que marcaria também a estreia, como autor da Globo, de seu cunhado Cassiano Gabus Mendes, o sócio da boate paulistana onde tinha começado a história de *Beto Rockfeller*.

O fim dos escrúpulos

"Às dezessete horas de sexta-feira, 13 de dezembro do ano bissexto de 1968, o marechal Artur da Costa e Silva, com a pressão a 22 por 13, parou de brincar com palavras cruzadas e desceu a escadaria de mármore do Laranjeiras para presidir o Conselho de Segurança Nacional, reunido à grande mesa de jantar do palácio. Começava uma missa negra."

Assim o jornalista Elio Gaspari descreveu, no capítulo final do livro *A ditadura envergonhada*, primeiro dos cinco volumes de sua obra referencial sobre a ditadura iniciada com o golpe militar de 1964, o momento que precedeu a reunião que culminou na edição do AI-5, pelo qual o marechal Costa e Silva ficaria autorizado a decretar o recesso do Congresso Nacional; intervir nos estados e municípios; cassar mandatos parlamentares; suspender por dez anos os direitos políticos de qualquer cidadão; decretar o confisco de bens considerados ilícitos; e congelar as garantias do *habeas corpus*.

Cerca de uma hora antes da reunião do Palácio das Laranjeiras, numa mesa do bar Castelinho, esquina da Rua Joaquim Nabuco com Avenida Vieira Souto, na Praia de Ipanema, Walter Clark, recém-chegado de São Paulo e fazendo uma pausa para um chope antes de ir para casa, já sabia, segundo conta em sua autobiografia, que algo muito sério estava acontecendo no país naquele fim de tarde. Ao ligar para a secretária Regina para saber dos números da audiência do dia anterior no Ibope, percebera que ela estava apavorada e que o coronel Edgardo Erickson, dublê de interventor militar e apresentador da Globo, estava do lado dela:

– Seu Walter, o senhor não vá para casa de jeito nenhum! Espere um segundo que o seu Edgardo vai falar!

Ao receber o telefone de Regina, Erickson, de acordo com o relato de Clark, avisou:

– Walter, já está tudo contornado, mas não vá para casa, porque tem uma ordem de prisão contra você.

– O que é isso, Edgardo? Brincando comigo?

– Não é brincadeira, não. Depois eu explico. Vou ter uma conversa agora com o general Murici. Ele vai ajeitar as coisas, mas não vá para casa!

Espécie de versão brasileira dos precursores da geração de executivos agressivos e charmosos que comandariam o capitalismo globalizado do final do século 20, Clark estava longe, muito longe de representar uma ameaça aos militares que, naquele início de noite, nas palavras do então ministro do Trabalho, coronel da reserva Jarbas Passarinho, mandavam "às favas todos os escrúpulos da consciência" para estabelecer de vez, no país, uma ditadura sem atenuantes. As razões que levaram Clark, então o executivo mais poderoso da Globo, ao lado de Joe Wallach, a fazer parte de uma lista de pessoas a serem presas a partir da decretação do AI-5 dão uma ideia do que estava para acontecer no Brasil naquela noite que, nas contas de Elio Gaspari, duraria dez anos e dezoito dias.

Clark conta em seu livro que, pouco mais de dois meses antes daquele final de tarde em Ipanema, em setembro, ao deixar o ginásio do Maracanãzinho com a mulher Ilka Soares e entrar em seu Fiat 124, depois de um dia tenso nos bastidores do Festival Internacional da Canção, envolvera-se, ainda no estacionamento, num bate-boca banal com um motorista que, Clark saberia depois, trabalhava para o general da reserva Luiz França de Oliveira, então chefe da polícia do estado da Guanabara.

A discussão esquentara quando o produtor Carlinhos Niemeyer, que também saía do Maracanãzinho, tomou o lado de Clark, mandando "à merda" o motorista, que naquele momento também deixava o ginásio num Aero Willys, levando a mulher e os netos do general. De acordo com Clark, o motorista pediu que um policial que estava por perto o enquadrasse por desacato à autoridade. Não conseguiu, mas não deixou barato:

"O guarda não seria besta de comprar uma briga com o diretor de uma televisão por causa do mau humor de um chofer. Mas a coisa não morreu ali. Eu não fui preso, mas o meu nome ficou devidamente marcado no caderninho do general Luiz França para utilização no momento oportuno".

Para quem trabalhava na área cultural e não tinha o coronel Erickson e o então chefe do Estado-Maior do Exército, general Antonio Carlos Murici, para se livrar do risco de ser preso, estavam começando tempos difíceis e arriscados que tiveram, como consequência, uma migração em massa, para a Globo, a TV que mais contratava à época, de um expressivo contingente de profissionais para os quais a possibilidade de trabalho no teatro e no cinema simplesmente desaparecera de uma hora para outra. Como aconteceu com o ator Paulo José, falecido em 2021 aos 84 anos, à época com 32 anos e um dos que seriam contratados pela emissora:

"O AI-5 facilitou as coisas porque deixou todo mundo desempregado, então todo mundo podia ser chamado. Os autores, escritores, atores, todo mundo foi puxado pra dentro. Começa então uma cooptação dos talentos das outras áreas. E a experiência toda dos anos 1950, 1960, do cinema experimentalista de Nelson Pereira dos Santos, ou *Vidas Secas* ou a comédia urbana, o drama urbano, os anos 1960, estava ali pronta pra ser usada pela televisão. Estava na mão, era só pegar".

De certa forma, a classe artística, que na época tinha uma aversão à televisão cuja intensidade os jovens elencos da Globo na virada do século seriam incapazes de imaginar, também mandou às favas os escrúpulos vigentes no meio cultural da época, cujos porta-vozes mais radicais, na lembrança de Reynaldo Boury, um diretor genuíno de telenovelas, costumavam traduzir o trabalho em televisão como "prostituição da arte". Paulo Autran, um dos que à época resistiram mas acabariam protagonizando momentos antológicos na Globo muitos anos depois, teria sido o autor, segundo Antonio Fagundes, de uma frase que resumia o sentimento que a classe teve de administrar, ao aceitar ou pedir emprego na Globo nos chamados "anos de chumbo" que estavam começando:

CAPÍTULO 3 · 115

– O teatro é a arte do ator. O cinema é a arte do diretor. A televisão é a arte do patrocinador.

O próprio Lima Duarte, diretor da festejada *Beto Rockfeller*, faria questão de esclarecer, em entrevista à *Veja* em maio de 1969:

"*Beto Rockfeller* não é uma novela inventada por intelectuais denodados que, súbita e quixotescamente, resolveram enfrentar o monstro da máquina de fazer doidos, só para elevar o nível cultural do povo. Os intelectuais vão se achegando às telenovelas primeiro pela atração dos salários".

O pragmatismo de muitos dos contratados da dramaturgia da Globo nos tempos de AI-5, no entanto, surpreenderia o próprio Boni. Ele não acreditava, por exemplo, que Dias Gomes, ganhador da Palma de Ouro em Cannes com o filme *O Pagador de Promessas*, em 1962, e uma espécie de bônus de luxo no pacote da contratação da esposa Janete Clair pela emissora, aceitaria escrever para televisão tão facilmente. Dias não apenas aceitaria escrever a novela *A Ponte dos Suspiros* (1969) como também assinaria o folhetim como Stela Calderón, pseudônimo inventado por Walter Clark para evitar que ele fosse preso, militante comunista que era.

Igualmente pragmático, disposto a não deixar que a ditadura atrapalhasse seu projeto de construir uma grande emissora e sabendo que, com o AI-5, a censura passaria a ser mais intensa e sistemática, Boni tratou também de mandar às favas alguns de seus escrúpulos de executivo de televisão. Para tentar se antecipar aos vetos dos militares que poderiam comprometer o fluxo de produção das novelas, decidiu contratar censores aposentados como Wilson Aguiar e José Leite Ottati, este com a experiência de ter sido chefe do Serviço de Censura de Diversões Públicas do Rio de Janeiro durante 25 anos. A ideia de Boni era poder fazer o que ele chamava de "pentear a novela":

"Nós tínhamos que encontrar uma maneira de fazer uma sinopse cujo conteúdo não fosse mexido pela Censura. Mudar a linguagem do autor e fazer um disfarce para você ter pelo menos um certificado e depois discutir o conteúdo dos capítulos. Ninguém era capaz de entender a Censura, os critérios eram os mais diversos e não havia lógica nenhuma. Então, a gente pegava o nosso censor e dizia: 'Faça uma sinopse que você aprovaria'".

Em entrevista aos autores de *O ópio do povo* em 1976, oito anos depois de ser contratado pela Globo, José Leite Ottati, ainda na atividade que descreveu como "pré-exame" dos textos de novela da emissora antes do envio à Censura, arriscou um conceito de seu ofício:

"A censura não foi feita para o sábio, que sabe tudo, e nem para o analfabeto, que não sabe nada. A censura foi feita para o semianalfabeto, o cara que pensa que sabe. Esse não digere. Não absorve o que está vendo, interpreta mal. Então, você vai ter que tomar muito cuidado com o que ele vai assistir".

Até que a censura inaugurada pelo AI-5 acabasse, dezessete anos depois daquela noite no Palácio das Laranjeiras, nem José Leite Ottati nem ninguém seria capaz de evitar que a dramaturgia da Globo fosse impactada por uma realidade que a jornalista Laura Mattos, em artigo da *Folha de S.Paulo* publicado em setembro de 2019, assim descreveu:

"Para os militares, os comunistas infiltrados nos meios de comunicação tentavam destruir os 'valores tradicionais' a fim de criar um clima de desagregação social favorável à derrubada da ditadura. Cada cena de adultério, cada beijo lascivo e cada personagem homossexual, entre outras 'perversões', eram considerados ataques diretos aos ditadores. Em resposta a tamanho 'perigo', criou-se uma complexa rotina em que linha por linha de todos os roteiros era conferida por um grupo de censores, que também assistia previamente, ora na Divisão de Censura, ora nas próprias emissoras, aos capítulos gravados – mais de 2 mil por ano, em média. O trabalho era minucioso, chegando, por exemplo, à cronometragem de beijos e à discussão de quantos segundos deveriam ser suprimidos".

Isso para não falar dos conteúdos jornalísticos da Globo, que passariam a ser vigiados com rigor ainda maior a partir de 1968, mesmo quando a origem era insuspeita, como aconteceu com um documentário sobre a Guerra do Vietnã cuja exibição pela emissora fora sugerida por Joe Wallach, um ex-combatente do exército americano na Segunda Guerra Mundial, e que, na lembrança de Walter Clark, despertaram desconfiança nos militares "apavorados com a onda revolucionária mundial", entre eles o mesmo general Murici que livrara Clark da cadeia no dia do AI-5:

"Era um trabalho da CBS, mas tinha uma visão liberal da guerra, uma perspectiva antimilitarista que os fardados daqui, o general Murici à frente, consideraram 'tendenciosa'. Tive um bocado de trabalho para explicar a ele que não podíamos considerar subversivo um produto realizado por uma das três maiores redes de TV americanas".

Era a anarquia da ditadura, invadindo, sem escrúpulos, as redações e os estúdios da televisão brasileira.

O poder das cinzas

– Ou o Luiz Guimarães ou eu!

Como não poderia deixar de ser, assim como acontecera nas crises entre as oligarquias políticas da República Velha, nas disputas internas da Confederação Brasileira de Desportos (CBD) sobre quem mandava na seleção canarinho e no debate intelectual a respeito da relevância da Semana de Arte Moderna de 1922, para citar apenas alguns conflitos de província mais famosos, Rio e São Paulo vinham batendo de frente nos bastidores da Globo desde meados de 1967, quando Boni, enviado por Walter Clark para submeter a programação da TV Paulista aos critérios da sede carioca, foi ignorado de primeira e mandado de volta à sede do Jardim Botânico pelo diretor paulista Roberto Montoro, sob o argumento de que seu auxiliar direto, Luiz Guimarães, daria conta do recado.

O ultimato dado por Boni, "bufando", segundo Walter Clark, ao voltar da reunião em São Paulo, reforçava a certeza de Joe Wallach de que Roberto Montoro não era o diretor ideal para a Globo em São Paulo, e a razão Clark sabia havia algum tempo: a insistência de Montoro em manter uma produção paralela e onerosa de conteúdos como o *Baile da Saudade*, do apresentador Francisco Petrônio, o humorístico do comediante Juca Chaves e o programa *O Homem do Sapato Branco*, "mundo cão" de auditório apresentado por Jacinto Figueira Júnior, todos com audiência bem menor que os produzidos no Rio. Sem contar a falta de uma solução satisfatória para a má qualidade da transmissão a partir das antenas no Pico do Jaraguá e as consequentes "zonas de sombra" do sinal da emissora em várias regiões da Grande São Paulo.

Aqueles problemas entre o comando da Globo e a direção de sua mais importante filial começariam a ser solucionados a partir das 48 horas que transcorreram entre os dias 14 e 16 de julho de 1969, quando três emissoras de televisão, Record, Paulista (Globo) e Bandeirantes, localizadas em diferentes pontos da cidade de São Paulo, foram atingidas por quatro incêndios que destruíram parcial ou totalmente instalações e equipamentos.

No caso da Globo, à época ainda com o nome de TV Paulista, o incêndio foi o segundo, na sequência iniciada por volta de cinco da tarde do dia 14, um domingo, no Teatro Paramount, da TV Record. O fogo havia começado duas horas depois do incêndio na Record, no auditório já vazio da Rua das Palmeiras, onde Silvio Santos tinha acabado de apresentar seu programa. O diretor Luiz Guimarães estava em sua sala quando um assistente de estúdio deu o alerta:

– Guimarães, está saindo uma fumacinha ali no estúdio!

– Fumacinha? Então vamos ver o que está errado. Não pode sair fumacinha ali no estúdio.

Nas horas seguintes, enquanto a Record, pela segunda vez, e a Bandeirantes eram atingidas por incêndios, Walter Clark e Joe Wallach viajaram de jato executivo do Rio para São Paulo e, ao chegarem na TV Paulista, já encontraram Boni e outros funcionários armados de revólveres e sob proteção de agentes de segurança. Wallach, que também recebeu um revólver, não tinha dúvidas:

"Óbvio que foi feito por um grupo de esquerda, pelos jovens que estavam contra os militares".

Quem sustentaria com desenvoltura a convicção de Wallach seria Walter Clark. Em sua autobiografia, ele se refere, sem dar mais detalhes, ao suposto uso, pelos autores, de um frasco de napalm, explosivo feito de gasolina gelatinosa que teria explodido atrás de um cenário, com o aumento da temperatura ambiente. E justifica o silêncio das emissoras atingidas sobre a tese de terrorismo de grupos subversivos argumentando que os incêndios tinham sido "uma demonstração de força da esquerda que o regime não poderia tolerar". Clark se permitiu até ironizar, em seu livro, o momento que o país vivia:

"Claro que essa incineração coletiva das emissoras de televisão não era obra de um Nero enlouquecido da Pauliceia. Era terrorismo mesmo. Um dos grupos clandestinos de esquerda estava querendo nos transformar em churrasquinho, provavelmente para que deixássemos de alienar as massas revolucionárias. Se elas parassem de ver telenovelas, talvez tivessem tempo para derrubar a ditadura e instaurar o socialismo no Brasil".

Geraldo Casé, à época diretor da TV Paulista e testemunha dos acontecimentos, não acreditava na hipótese de um atentado de esquerda. Pelo contrário: para ele, os incêndios poderiam ter sido resultado da mesma lógica do atentado que os órgãos de repressão forjariam no Riocentro, em maio de 1981, para tentar incriminar a esquerda: "Eu não acredito que tenha sido uma oposição ao regime. Eu acredito até, ao contrário, que tenha sido feito pelo próprio regime. Isso é uma conjectura pessoal".

A favor da conjectura de Geraldo Casé, que Boni considerou tão plausível quanto a do atentado de esquerda, Elio Gaspari registra, em *A ditadura escancarada*, que naquele mesmo julho de 1969, em meio aos sombrios desdobramentos do AI-5 e em cumprimento a uma Diretriz para a Política de Segurança Interna expedida pela Presidência da República, estava sendo criada a Oban, ou Operação Bandeirante, corpo de polícia política dentro do Exército que, para ter mais tropa, equipamentos, armas e uma delegacia própria, com sala para torturas que funcionaria no sinistro endereço da Rua Tutoia, zona sul de São Paulo, precisava de recursos obtidos através de uma "caixinha" alimentada por empresários e entidades como a Federação das Indústrias do Estado de São Paulo (Fiesp).

Gaspari sustenta, em seu livro, que a "caixinha" dos empresários para a Oban só começou a engordar depois de reações estridentes aos incêndios como a da Fiesp, que publicou manifesto denunciando "o vandalismo das falanges da subversão e do genocídio", e a da Confederação Nacional do Comércio, que pediu um "basta". O autor acrescenta que "a associação entre interesses empresariais e os de segurança estava semeada desde 1964, mas floresceu em julho de 1969". Depois, portanto, dos quatro incêndios.

Outra informação de *A ditadura escancarada* é a de que, se não há registro oficial de qualquer indício de que os incêndios tenham sido atentados de esquerda, o mesmo não se poderia dizer em relação a uma possível e rendosa ativação de apólices de seguro por parte das emissoras:

"Os responsáveis pelos incêndios nas emissoras de televisão nunca foram identificados. Desvendaram-se todos os assaltos e atentados de vulto cometidos em 1969 pelas organizações de esquerda, mas os incêndios das emissoras ficaram na pasta dos crimes insolúveis. Um telegrama do cônsul americano em São Paulo lançou a suspeita de que se destinavam a tomar o dinheiro do seguro".

Elio Gaspari conclui:

"Houve, sem dúvida, uma relação fraudulenta entre a denúncia das 'falanges', a materialidade dos incêndios, as emissoras e as companhias de seguro. Nenhuma televisão se considerou formalmente vítima de um atentado, pois como seus contratos não cobriam sinistros provocados por sabotadores, elas preferiram ficar com a versão bem mais lógica dos acidentes".

A apólice do seguro contra incêndio da TV Paulista, segundo Boni, tinha sido feita com muita competência pelo diretor Luiz Eduardo Borgerth:

"Um grande advogado, Borgerth tinha muito medo dos prédios, que eram muito precários em São Paulo, e fez um seguro que era de lucro cessante, mas extremamente bem-feito".

Walter Clark reconhece em seu livro que, para a Globo, o incêndio na TV Paulista "foi simplesmente o melhor que podia acontecer":

"Com o incêndio, nos livramos de uma só vez de toda a velharia técnica que atrapalhava a nossa produção. E, com o dinheiro do seguro, uma bolada de quase sete milhões de dólares; pudemos comprar tudo o que precisávamos, do jeito que queríamos, novo em folha".

– Eu não abro mão, tem que vir tudo para o Rio.

– Joe, mas não tem lugar para gravar no Rio.

O espaço que Boni pediu só passaria a existir 26 anos depois, com a inauguração do complexo de produção do Projac em 1995. O importante para Joe Wallach era que a chegada dos milhões de dólares do seguro do incêndio ao caixa da Globo ia viabilizar o processo de unificação e concentração da produção dos conteúdos na Globo do Rio, no momento em que os programas locais da TV Paulista, mantidos até então por Roberto Montoro contra a vontade de Boni e Clark, tinham sido compulsoriamente interrompidos pela destruição das instalações da emissora.

Para Boni, que chegara a divergir e discutir muitas vezes com Clark e Wallach defendendo uma programação específica para São Paulo, aquele foi o momento em que a Globo "realmente decolou". Borgerth, que considerava o rescaldo milionário do incêndio o marco inicial do que chamou de "televisão moderna brasileira", também viu no episódio o fim de uma lenda, "uma bobagem fantástica":

"Diziam que os paulistas não iam rir das piadas dos cariocas, que paulista era diferente, contra um pouco de evidência, porque a novela *O Direito de Nascer* fez sucesso no Rio e em São Paulo. Havia essa lenda, mas o Chacrinha fazia o programa na TV Globo do Rio, tomava o trem noturno porque tinha medo de avião e desembarcava em São Paulo para fazer o mesmo programa. Em vez de falar Vasco, ele falava Palmeiras, em vez de falar Flamengo, ele falava Corinthians e fazia o mesmo programa. Dercy, a mesma coisa".

De certa forma, a Rede Globo, com programação única transmitida para o resto do país a partir do Rio de Janeiro, começara a existir acidentalmente, antes de ser propriamente planejada, naqueles dias de julho de 1969, quando os técnicos da TV Paulista, para evitar que a estação incendiada ficasse fora do ar, ajustaram as antenas do Pico do Jaraguá, na Serra da Cantareira, para receber o sinal da TV Globo canal 4, direto das torres do Morro do Sumaré, na Floresta da Tijuca, usando o link de micro-ondas entre Rio e São Paulo cuja operação comercial a estatal Embratel tinha acabado de inaugurar.

Walter Clark também viu, "sobre as cinzas do antigo prédio das Organizações Victor Costa", o começo da "poderosa Rede Globo de Televisão". Mas não resistiu à tentação de uma extrapolação com a qual, mais uma vez, dando como fato consumado uma versão de atentado de esquerda que nunca foi confirmada, cutucou os brios de uma geração que teve alguns de seus integrantes mortos ou torturados nas celas financiadas pela "caixinha" empresarial que só engordou depois dos incêndios de julho de 1969:

"Numa das maiores ironias da história recente do Brasil, os jovens idealistas da esquerda, de arma em punho, deram o empurrão que faltava à Globo para que ela se transformasse na força que é. Muito mais que os militares, em qualquer tempo, ou que o Time-Life, no começo, foram os revolucionários de 1969 que deram a Roberto Marinho o poder que ele tem".

O camelô e o astronauta

– Papinha, segura porque não chegou imagem ainda! Segura, Papinha!

Elon Musk ainda não era nascido, Jeff Bezos tinha apenas 5 anos de idade, invenções como Facebook, Twitter e Instagram não existiam nem em romances de ficção científica e ainda não era possível alguém se achar importante distribuindo ou negando *likes*, mas cerca de 650 milhões de pessoas ao redor do mundo estavam de olhos pregados na tela da TV no início da noite de 20 de julho de 1969, horário de Brasília, quando os astronautas Neil Armstrong e Buzz Aldrin, a bordo do módulo lunar *Eagle*, começaram a se aproximar do solo da Lua.

No *switcher* da Globo na sede do Jardim Botânico, porém, nada das imagens da NASA que, supostamente, chegariam à então recém-inaugurada Estação Terrena de Comunicação Via Satélite da Embratel, situada no município fluminense de Itaboraí, para serem distribuídas para o *pool* de emissoras brasileiras que estavam na transmissão. Mais uma vez, era o terceiro mundo tendo que se resignar com o fim da fila das inovações tecnológicas.

Hilton Gomes, o Papinha, repórter e apresentador da Globo que, dias antes, tinha feito a cobertura do lançamento da Apollo 11, em Cabo Kennedy, na Flórida, voltando a tempo ao Brasil para narrar o momento histórico, em *off*, de um dos estúdios da emissora, fez o que o diretor de TV Alfredo Marsillac pedira, do *switcher*, pelo sistema de comunicação interna. Segurou, ou seja, improvisou, ilustrando, com informações sobre o voo histórico, a única imagem disponível naquele momento e transmitida dos Estados Unidos: uma radiofoto do módulo *Eagle*, já pousado, a minutos, portanto, do que seria a descida de escada mais importante da história da humanidade e que Marsillac temia não ter como mostrar:

"A gente não tinha como mostrar como é que o homem estava descendo na Lua, Houston ainda não tinha passado as imagens para o satélite que estava ligado para a América do Sul. Então a gente dependia de um bom apresentador pra segurar a transmissão no papo".

Momentos antes do drama da falta de imagens ao vivo da Lua, os diretores da Globo no Rio e em São Paulo tinham vivido um outro dilema que se resumia numa pergunta: em que momento encerrar o *Programa Silvio Santos*, transmitido ao vivo a partir do *switcher* da TV Paulista e com uma audiência naquele momento na faixa dos 39 pontos, e cortar para a transmissão do *switcher* do Rio, onde Marsillac e outros da equipe carioca rezavam por imagens da façanha de Neil Armstrong?

Não por outro motivo, a hesitação do então diretor artístico de São Paulo, Luiz Guimarães, no meio da guerra de audiência paulistana, faria com que a Globo fosse, com a anuência de Walter Clark, a última das emissoras brasileiras a entrar na transmissão do pouso da Apollo 11 na Lua. Em sua autobiografia, Clark lembrou a decisão e, mantendo o estilo, dourou a pílula na hora de contar uma bronca que tomou:

"O Silvio Santos estava no ar e o Luiz Guimarães ficou com escrúpulos de cortá-lo. Tinha medo de que ele se aborrecesse. Dessa vez, até o Roberto

Marinho ficou indignado. Por causa do Guimarães, levei talvez a minha única e justificada bronca do patrão".

Às 23h56, para a satisfação do patrão e alívio de todos no *switcher* do Rio, a Globo teve como mostrar, junto com as outras emissoras brasileiras, cada uma com seu narrador em *off*, as imagens da caminhada lunar que entrou para a história. No *reloginho* do Ibope de São Paulo, outro alívio: 41,4 pontos, que significariam a conquista, pela Globo, pela primeira vez, da liderança de audiência na cidade.

No ranking da média de audiência paulistana daquela semana, o Ibope ofereceria o retrato da hegemonia que tinha chegado para ficar:

Chegada do Homem à Lua (Globo): 41,1
Cidade contra Cidade (Globo): 40,0
Programa Silvio Santos (Globo): 35,8
Mister Show (Globo): 33,5
Missão Impossível (Globo): 32,0
Discoteca do Chacrinha (Globo): 28,0
Nino, o Italianinho (Tupi): 25,8

No caso do Rio de Janeiro, onde a Globo à época já detinha nove dos dez programas mais assistidos, o desafio seria outro. Na manhã seguinte à transmissão lunar, Hilton Gomes* contou que, ao chegar para um café na Padaria Século XX, na Rua Von Martius, em frente à emissora, em vez de ser cumprimentado pela cobertura desafiadora, foi censurado pela balconista que costumava atendê-lo:

– Você é um mentiroso. O homem não foi à Lua coisa nenhuma!

O atraso mais demorado

"O pretexto foi oferecido pela própria Globo com a estreia de *Segundo Sol*, uma novela ambientada em Salvador, cidade com população, em sua maioria, formada por negros e pardos. Além de todos os protagonistas serem brancos, havia apenas três atores negros entre os 26 principais. A situação incomodou até mesmo o elenco da novela, que procurou a direção da emissora. Em nota, na ocasião, a Globo reconheceu o problema: 'Foi colocado que, de fato, ainda temos uma representatividade menor do que gostaríamos e vamos trabalhar para evoluir com essa questão'".

O disparate dramatúrgico da novela de João Emanuel Carneiro exibida pela Globo entre maio e novembro de 2018, lembrado pelo crítico Mauricio Stycer em sua coluna para a *Folha de S.Paulo* do dia 5 de janeiro de 2020, época de intensa militância dos movimentos identitários, evidenciava, principalmente para os telespectadores mais velhos, quão lenta e controversa continuava a ser a pretendida evolução da Globo na questão da representatividade racial de seu elenco.

Quarenta anos antes, entre meados de 1969 e fevereiro de 1970, nos estúdios do Jardim Botânico, Sérgio Cardoso, um ator branco sob qualquer ângulo ou ótica, em dias de gravação, pintava o rosto e o corpo de preto, botava uma rolha no nariz e vestia peruca e barba postiça importadas da Holanda para gravar cenas de seu personagem, o escravo negro protagonista da novela *A Cabana do Pai Tomás*, uma transposição do romance de Harriet Beecher Stowe.

Apesar de a estreia da novela coincidir com um momento de excitação e de longas reportagens da imprensa sobre a iminente descida da Apollo 11 ao solo da Lua, o uso pela Globo do *blackface*, técnica de Hollywood para não depender de atores negros em papéis principais, desencadeara um movimento liderado pelo ator e dramaturgo Plínio Marcos, o "Vitório" da novela *Beto Rockfeller*. Em sua coluna no jornal *Última Hora*, Plínio protestou contra o *blackface* e defendeu que o personagem "Pai Tomás" deveria ser entregue ao ator Milton Gonçalves, então com 36 anos, integrante do elenco negro da emissora e, até aquele momento, mantendo-se distante da polêmica sobre aquela que seria a última produção sob responsabilidade de Glória Magadan na Globo.

Em seu depoimento, Milton* contou que um diretor da emissora que ele não quis identificar ficou contrariado com Plínio Marcos e, falando como se Milton fosse "um débil mental", mandou ele participar de uma manifestação em sentido contrário, de desagravo a Sérgio Cardoso, em São Paulo:

– Isso é coisa de comunista de São Paulo. Você tem que ir lá para participar.

– Não, não vou.

– Como você não vai?

– Não vou porque vocês não me perguntaram se eu concordava em que pintassem o Sérgio Cardoso de negro.

Quem não perguntou, a julgar pela informação do próprio site do Memória Globo, foi a agência de publicidade que representava a multinacional americana Colgate-Palmolive, responsável pela exigência de Sérgio Cardoso no papel de um personagem negro. E, embora Boni tenha dito em sua autobiografia que era Sérgio que queria enfrentar o desafio do papel, o ator, segundo Milton Gonçalves, por diversas vezes, manifestou constrangimento e pediu desculpas a ele pela situação.

– Você não serve. Você está na lista negra.

A reação do diretor à negativa de Milton de participar do desagravo a Sérgio Cardoso fez o ator pensar que seria demitido, mas o que se seguiu, segundo ele, foi um "silêncio" cuja explicação só viria "muito tempo depois":

"Quem não deixou me mandarem embora foi o Walter Clark, com o seguinte argumento: se me mandassem embora, aí sim é que se caracterizaria o preconceito".

Além de atuar com *blackface*, Sérgio Cardoso conseguiu protagonizar, sem se pintar de preto, outros dois papéis da novela: o personagem "Dimitrius" e ninguém menos que o ex-presidente americano Abraham Lincoln. Nas lembranças do episódio que transpôs para seu livro publicado em 1988, Daniel Filho, um dos três diretores de *A Cabana do Pai Tomás*, para ele um folhetim "muito ruim" com "texto inverossímil" e "cenas absurdas", disse que cuidou da novela "até tirá-la do buraco", e reconheceu que foi contra o protesto de Milton Gonçalves:

"Acho que o Milton tinha razão. Mas acho isso agora. Na época, pensava diferente. Achava que não havia nenhum problema que um autor do nível do Sérgio Cardoso fizesse os mais variados tipos".

Antes da polêmica em torno do *blackface*, no início daquele ano, Daniel lembra em seu livro que Janete Clair já vira ser desfeito o romance inter-racial que tinha escrito para um casal da novela *Passo dos Ventos* e interpretado por Jorge Coutinho e Djenane Machado. De acordo com reportagem da *Veja*, o romance "não foi bem aceito pelo público" e a então diretora Glória Magadan mudou o enredo, providenciando um parceiro branco para Djenane e uma parceira negra para Jorge.

A trajetória de Milton Gonçalves, vítima e sobrevivente do processo que no futuro seria definido de forma mais precisa como racismo estrutural e que nas décadas seguintes mancharia, incólume e difuso, a história da teledramaturgia brasileira, é uma senha para que se entenda como, quarenta anos depois de *A Cabana do Pai Tomás*, foi possível acontecer uma novela como *Segundo Sol* (2018).

Em 1970, um ano após o episódio do *blackface*, durante o desenvolvimento dos personagens da novela *Irmãos Coragem*, Milton seria protagonista de outra encruzilhada do preconceito na dramaturgia da Globo. Para evitar reações negativas do público, Daniel Filho e Janete Clair combinaram que o casal inter-racial "Braz Canoeiro" e "Cema", interpretado por Milton e Suzana Faini, daquela vez seria apresentado ao público já casado para, nas palavras de Daniel, "não colocar a sexualidade que pode existir na relação inter-racial". Em sua autobiografia, o diretor comemorou uma solução ainda melhor, segundo ele, que Janete daria aos personagens, ao decidir que "Cema" seria estuprada pelo bandido "Juca Cipó", interpretado pelo ator branco Emiliano Queiroz, e não revelaria o fato ao marido:

"Emiliano Queiroz pertencia aos bandidos e Milton Gonçalves era do lado dos mocinhos, trabalhava na mina com Tarcísio Meira. O personagem do Milton ficava cabreiro com a gravidez da mulher, preocupado se tinha ou não tinha havido estupro, e a mulher, com medo de o marido tomar uma atitude contra o estupro, omitia que tinha sido estuprada e, ao mesmo tempo, ficava com medo ao pensar de quem era aquele filho. Então, o que fez Janete Clair? Fez o Brasil inteiro torcer para que uma mulher branca tivesse um filho mulato".

O Brasil inteiro, por outro lado, não ficaria sabendo que, sete anos depois de *A Cabana do Pai Tomás*, em 1976, *Escrava Isaura*, que se tornaria o maior sucesso internacional da história da Globo, teve 76 de seus 100 capítulos dirigidos por Milton Gonçalves, depois de Herval Rossano deixar o comando da novela para ele. Na ficha técnica da novela, disponível no site da Globo, consta que a direção foi de Herval Rossano e Milton Gonçalves, mas, na abertura de pouco mais de um minuto, disponível no YouTube em 2022 e feita em 1976 a partir das gravuras de Debret com personagens e costumes do Rio de Janeiro na época de dom João VI, só aparece um diretor-geral, Herval Rossano, o responsável por um quarto dos capítulos. Em seu depoimento, Milton não esqueceu a omissão do crédito:

"Eu conhecia a reação de todos os atores da novela. Quando eu os colocava em cena, a gente já tinha um código nosso: eles sabiam exatamente para onde eu ia cortar, e estavam esperando, preparados. Eu fiquei muito feliz. Embora tenha terminado a novela, não trocaram meu nome, não me botaram como diretor-geral".

Quando botaram Milton na direção, independentemente de seus acertos ou erros, dificilmente as tarefas seriam fáceis ou confortáveis. Como aconteceria em 1972, quando caberia a ele dirigir duas pedreiras: os primeiros episódios do seriado *A Grande Família*, em meio a um intenso conflito estético e ideológico nos bastidores do programa, e a adaptação brasileira de *Sesame Street*, o programa infantil americano que no Brasil se chamaria *Vila Sésamo*.

Ainda assim, algumas "recompensas" do caminho seriam inesquecíveis para Milton, como a do dia em que ele ia atravessar uma rua do bairro do Catete, no Rio, em 1974, e foi agarrado pelo braço por uma senhora que parecia estar transtornada emocionalmente e, olhando firme em seus olhos, pediu, sem soltá-lo:

– Eu queria que você fosse o meu psiquiatra.

Milton, para ela, naquele momento, era o personagem "Doutor Percival Garcia", um psiquiatra negro criado por Janete Clair para a novela *Pecado Capital* (1975), profissional competente, equilibrado e respeitado pelos demais personagens da trama, e que respondeu, também segurando os braços da mulher:

– Eu não posso, não sou formado. Mas eu posso ser seu amigo.

"Você quer coisa melhor que isso?", celebrou Milton*, em seu depoimento.

Milton protagonizaria, em 1981, doze anos depois de *A Cabana de Pai Tomás*, o primeiro beijo inter-racial da história das telenovelas brasileiras, de acordo com pesquisa do jornalista Gustavo Alonso, quando "Otto", seu personagem na novela *Baila Comigo* (1981), depois de 147 capítulos, tocou seus lábios nos da personagem "Letícia", interpretada por Beatriz Lyra, em acontecimento cultural ao qual a *Veja* deu um título emblemático: "Atraso calculado: beijo inter-racial chega ao horário nobre". Teria menos repercussão a informação de Gustavo Alonso de que a direção da Globo, "temendo uma possível represália dos telespectadores mais conservadores", só aprovou a cena "se se fizesse clara a condição de casados dos dois personagens".

O atraso brasileiro continuaria nos anos seguintes, chegando a 2006, quando Milton, aos 73 anos e ainda integrante do elenco da Globo, mesmo "sem receber carta de fãs", como ressalvou na entrevista que deu em 2008, protagonizou uma cena marcante no primeiro capítulo do *remake* de *Sinhá Moça* e na qual seu personagem, um velho escravizado, é barbaramente açoitado:

"Na cena eu morro no tronco. Lamentavelmente, no final da novela, não é culpa do Benedito Ruy Barbosa, nem de ninguém, no final os negros são libertados. O que é uma mentira. Eles cantam, dançam, sambam, saem e vão para lugar nenhum. Na direção em que eles vão não tem nada".

Para quem não entendia como era possível o ator indignado com a mentira histórica sobre a escravidão conviver com a realidade de papéis sempre menores e previsíveis destinados ao elenco negro das emissoras, Milton, que nunca foi exatamente o militante preferido dos movimentos identitários mais combativos, costumava dizer que não era "do Movimento Negro", mas algumas vezes tinha de se manifestar "como negro em movimento". Em 2008, aos 75 anos, ele argumentaria:

"É muito difícil um ator negro se manter na dramaturgia buscando personagens que não sejam aqueles esperados, o sambista, o gaiato. É muito difícil você encontrar outros personagens. E a minha vida inteira, na medida do possível, eu fiz tudo que gostaria de fazer numa novela. Eu sou gaiato, eu gosto de brincar, gosto de piada, gosto muito. Mas tem um momento em que eu quero ser o *commedia dell'arte* e quero ser o shakespeariano".

Milton Gonçalves morreu em 30 de maio de 2022, aos 88 anos. Dois anos e meio antes, em dezembro de 2019, vivera, na programação especial de Natal da Globo, mais um papel típico de sua trajetória profissional, sempre situada em algum ponto entre o movimento negro e seu compromisso de ser "um negro em movimento": protagonizou, no especial *Juntos a Magia Acontece*, o aposentado e viúvo "Orlando", que tenta arrumar um bico como Papai Noel para ajudar nas contas da família, mas não consegue emprego nem mesmo com um comerciante negro interpretado por Tony Tornado, que, numa referência a Barack Obama, sentencia:

– Presidente até vai, mas Papai Noel preto não!

Te cuida, *Repórter Esso*

A ideia original de Roberto Marinho, desde 1965, de acordo com Walter Clark, era levar para a Globo o *Repórter Esso*, o telejornal mais prestigiado do Brasil nos anos 1960 e à época transmitido pela TV Tupi em edições locais, com diferentes apresentadores das afiliadas dos Diários Associados. Por conta da negociação do dono da Globo com o amigo Roberto Furtado, então presidente da Esso Brasileira de Petróleo, o *Repórter Esso* já estava sendo transmitido, com apresentação de Kalil Filho, pela TV Paulista, emissora pertencente a Marinho, e prestes a entrar na grade da TV Globo canal 4 do Rio de Janeiro quando Clark, que acabara de ser contratado como diretor-geral da emissora, conseguiu convencer o patrão de que aquela não era uma boa ideia.

A ideia boa, de Clark, com o apoio de Boni e Armando Nogueira, no entanto, era algo impossível nos primeiros anos da Globo: um telejornal em rede nacional como os noticiários do horário nobre das americanas ABC, NBC e CBS, e cujo diferencial básico eram matérias de repórteres das emissoras regionais, com seleção e edição final do material centralizadas. Não era possível porque não havia, no Brasil, uma rede de repetidoras de micro-ondas e, ainda que houvesse, as afiliadas da Globo, de acordo com Boni, não abriam mão de seus telejornais locais, só aceitando ceder quinze minutos dos respectivos horários nobres para um eventual noticiário nacional. Isso numa época em que o interior do Brasil simplesmente não existia na TV, só recebendo, das capitais, televisores com antenas que nem sempre pegavam bem e capítulos defasados de novelas.

Tudo começaria a mudar em 23 de março de 1969, quando a então recém-inaugurada Empresa Brasileira de Telecomunicações, a Embratel, preciosidade dos oficiais nacionalistas do regime, tornou viável uma transmissão de rede, com a inauguração do Tronco Sul, ligando o Rio a São Paulo, Curitiba e Porto Alegre. Na Globo, no entanto, o entusiasmo com a retomada do projeto do telejornal nacional não seria o mesmo entre os diretores da emissora.

Embora figure, com justiça, em qualquer registro histórico, como o criador do *Jornal Nacional*, Armando Nogueira montou a equipe e desenvolveu o formato do programa quase a contragosto e saiu "queimado", adjetivo de Boni, de desgastantes discussões com Walter Clark, confirmadas por ele em sua autobiografia, sobre se setembro de 1969 seria o melhor momento para se lançar o novo telejornal.

O que estava em jogo, para Armando, e Boni concordava, pelo menos no modelo inicial previsto para o *JN*, uma espécie de *pool* jornalístico, era a capacidade ou não de se fazer um telejornal nacional de verdade:

"O Armando e a Alice-Maria queriam fazer direito. O corte teria que ser feito no *switcher* da Embratel, uma empresa do governo, e não na Globo. E não haveria controle sobre os locutores".

Clark, em seu livro, registra e também aceita outro argumento de Armando, o de que seria "uma loucura" e uma "desmoralização" lançar o telejornal num *pool* operacional com emissoras regionais que não tinham o mesmo padrão técnico do Rio e que contavam com "equipamentos ruins" e "equipes fracas". Armando* sustentou, em sua entrevista, que o *Jornal Nacional* acabaria sendo "uma imposição mercadológica, uma necessidade ao mesmo tempo técnica, tecnológica e mercadológica":

"A ideia do alto comando da Rede Globo, evidentemente que com aprovação e homologação do doutor Roberto Marinho, era transformar a Rede Globo não numa estação local, mas numa estação nacional, fazer da Globo uma rede, e não um canal local. Para isso, o governo militar, por outras razões que não eram da nossa conveniência, estava cuidando de estabelecer uma grande rede de micro-ondas interligando o Brasil, por razões de segurança".

Armando se referia aos catorze bilhões de dólares que o governo, através do Ministério das Telecomunicações e da Embratel, estava começando a investir, naquela virada de década, na implantação da rede nacional de micro-ondas que, em poucos anos, interligaria as principais capitais do país. A rigor, no entanto, no dia da estreia, o sinal do *Jornal Nacional* trafegaria apenas pelo Tronco Sul, chegando também a Belo Horizonte, mas pela rede própria de repetidoras de segunda mão "em ótimo estado" que Walter Clark comprara no ano anterior nos Estados Unidos, para garantir o tráfego alternativo de sinal da Globo no triângulo Rio-Belo Horizonte-São Paulo. Ou seja: seria quase um arremedo da rede própria que, em outra virada, a do século, distribuiria o sinal da Globo via satélite para mais de 120 afiliadas, cobrindo mais de cinco mil municípios brasileiros. Naquele momento, porém, para Clark, tamanho não era argumento:

– Nós vamos criar um grande impacto, Armando. Vai ser o primeiro jornal nacional do país, isso vai ser um estouro. Os problemas técnicos você resolve com o tempo. Os caras mandam as matérias antes, você edita do jeito que quiser e depois põe no ar. Mas vamos pôr esse negócio para funcionar!

Negócio. O argumento de Clark, nas discussões com Armando citadas em seu livro, quem usou pela primeira vez foi o publicitário uruguaio José Ulisses Arce, então diretor da área comercial da emissora e verdadeiro autor da ideia de lançar o *Jornal Nacional* naquele 1º de setembro de 1969, convencendo Borjalo a nem esperar a volta de Boni das férias que passava na Alemanha. O argumento de Arce de que o *JN* seria "um prato cheio" para os clientes anunciantes da Globo tinha apoio total de Clark, até porque, desde julho daquele ano, usando parte dos milhões que recebera de seguro após o incêndio da TV Paulista, a emissora "já vinha pagando sem regatear a fortuna que a Embratel cobrava" pela utilização das repetidoras de micro-ondas da estatal:

CAPÍTULO 3 · 129

"Nós precisávamos de um programa diário, que entrasse ao vivo em vários estados, para estimular outras emissoras a se filiarem à Rede Globo. Com mais emissoras, poderíamos oferecer aos nossos clientes a audiência de outras praças, cobrando mais caro por isso".

De volta das férias, Boni deu uma bronca em Borjalo pela ultrapassagem indevida, mas não mexeu nos planos de lançamento do *JN*. Pelo contrário, como lembraria Ricardo Scalamandré, um dos principais executivos da história da área comercial da Globo, deu uma ordem:

– O telespectador tem que acertar o relógio pelo *Jornal Nacional*.

Assim seria feito, segundo Scalamandré, quando o *JN* veiculou seu primeiro "anúncio nacional", na verdade pouco mais de uma dúzia de cópias de um mesmo filme publicitário que entraram no ar no exato momento em que a Globo e suas afiliadas foram, juntas, para o primeiro intervalo da história do telejornal. Um ensaio do que seria a verdadeira rede, também na área comercial, com seus futuros *breaks* transmitidos a partir do Rio ou São Paulo, cobrindo simultaneamente todo o território nacional e, por isso mesmo, caros, muito mais caros, como queriam José Ulisses Arce e Walter Clark.

O mítico nome "Rede Globo", que seria usado na divulgação do lançamento do *Jornal Nacional* e que, por sinal, nunca existiu no antigo Cadastro Geral de Contribuintes (CGC) ou no futuro CNPJ, não nasceu junto com o telejornal, como alguns autores afirmam, mas antes, em 1967, diante da impossibilidade de a TV Paulista, sucursal da empresa de Roberto Marinho, usar a identificação "TV Globo", idêntica à da matriz carioca, nas planilhas de audiência do Ibope. Foi Boni, entusiasmado com a ideia da rede, quem, depois de batizar a TV Paulista com o nome fantasia "Rede Globo", nacionalizou a identificação para batizar, também, aquele ajuntamento de emissoras que iam transmitir o *JN* .

E bastaria o *Jornal Nacional* entrar no ar para que, no dia seguinte, Armando Nogueira, mais uma vez, exercesse o papel que alguns autores se acostumariam a lhe negar ao longo do tempo: o de jornalista, no caso, inconformado com a proposta do Banco Nacional de patrocinar o *JN*, pagando todos os custos do programa. Armando era contra a associação do telejornal a qualquer anunciante e, na lembrança do publicitário Lula Vieira, "se enfureceu" quando a agência JMM, que detinha a conta do Banco Nacional, iniciou uma negociação para que a empresa do então ex-governador mineiro Magalhães Pinto se tornasse patrocinadora.

Lula Vieira, então diretor de criação da JMM, disse, em entrevista ao autor em janeiro de 2022, que Armando o tratava "muito mal" nas reuniões de implementação do patrocínio e que Alice-Maria chegou a intervir para que o clima melhorasse. Só depois de um almoço que durou horas e que teve a participação de Walter Clark, José Ulisses Arce e do dono da agência, João Moacir de Medeiros, ficou definido que o Banco Nacional teria direito a uma vinheta de 15 segundos na abertura do *JN*, exibindo um privilégio que logo acabaria: os logotipos da Globo e do Banco Nacional, juntos, no mesmo enquadramento.

Patrocínio assim, explícito, só aconteceria 36 anos depois, nas eleições de 2006, com a série *JN no Ar*, quando o logo de outro banco, o Bradesco, foi aplicado na cauda do avião que transportaria a equipe de jornalismo da emissora, o jato *Falcon 2000* particular que Roberto Irineu Marinho alugou ao projeto, para reportagens especiais em vários pontos do país. "Um projeto muito bonito" em relação ao qual não houve nenhum questionamento ético, na lembrança de Carlos Schroder, à época diretor da Central Globo de Jornalismo.

Gigante silencioso

46 segundos.

Este tempo, pouco mais do que dura uma contração na gravidez, equivalente a uma fração das horas de reportagens dedicadas pela Globo a coberturas históricas como o *impeachment* de Dilma Rousseff em 2016, a renúncia de Fernando Collor em 1992 e a internação fatal do então presidente eleito Tancredo Neves em 1985, foi o que durou a notícia sobre o início do funcionamento da junta militar que substituiu o marechal Costa e Silva, vítima de uma isquemia cerebral, na Presidência da República, em 1º de setembro de 1969. A noite em que o *Jornal Nacional*, apresentado por Cid Moreira e Hilton Gomes, entrou na vida dos brasileiros para não mais sair, ao longo de mais de cinquenta anos, admirado, criticado, mas quase sempre impossível de ser ignorado.

A qualidade do ar respirado na redação do *JN* – que naquele dia noticiou, em quinze minutos, junto com o censuradíssimo registro da substituição de Costa e Silva, as obras de alargamento da Praia de Copacabana, a morte do campeão mundial dos pesos pesados Rocky Marciano e o gol de Pelé que garantiu a classificação do Brasil para a Copa de 1970, entre outros assuntos – podia ser medida não só pela presença de um oficial do Serviço Nacional de Informações (SNI) *in loco*, entre as mesas apertadas da redação do segundo andar da sede do Jardim Botânico, mas também pela participação, no próprio organograma da equipe comandada por Armando Nogueira, como um dos chefes de reportagem, do jornalista Aníbal Ribeiro, então conhecido leva e traz dos militares na emissora.

"Eles cortavam, tiravam páginas, faziam de tudo. Isso eu vi na redação. Era muito barra pesada. Nós fomos fichados. Você precisava ter carteira do DOPS e era fichado. Eles sabiam das nossas vidas, com quem você trabalhava dentro da redação. Eles sabiam de tudo."

O autor do relato, o então coordenador de edição do *JN* Jotair Assad*, vivia com medo de ser monitorado pelo então temido Departamento de Ordem Política e Social (DOPS) da Guanabara. Jotair, futuro editor do *Fantástico* e do *Globo Repórter*, disse ter sido testemunha, naquele período, de muitos momentos de frustração da então editora nacional Alice-Maria Tavares Reiniger, futura braço direito de Armando, nas ilhas de edição, comandando cortes determinados pelos censores. Roberto Irineu Marinho, futuro presidente da Globo em tempos democráticos, então com 22 anos e acompanhando de perto aquele momento histórico da empresa, tinha um sentimento semelhante ao de Jotair Assad:

"Começar o *Jornal Nacional* com a censura que tínhamos a partir do AI-5 foi muito duro. Acho que o Armando e a Alice foram geniais ao conseguirem fazer, durante tanto tempo, um jornal que tivesse interesse, apesar dos cortes, apesar de todas as dificuldades".

Naquele ano, como registra Elio Gaspari em sua série de livros sobre a ditadura, 39 parlamentares, três ministros do STF e um do STM tinham sido cassados; enquanto o *New York Times* informava que o regime brasileiro era "antipatizado", mas também afirmava que o país crescia, Caetano Veloso e Gilberto Gil seguiam no exílio em Londres, Chico Buarque estava morando na Itália, Vinicius de Moraes vivia seus últimos momentos como diplomata antes de ser aposentado pelo AI-5 e o governo já tinha concedido isenção de imposto de importação às emissoras de rádio e TV.

Mais do que a frustração de Alice-Maria com a censura, Armando Nogueira, quando estreou o *JN*, estava confessadamente resignado com a censura:

"Nós queríamos saber se tudo estava funcionando do ponto de vista técnico, estritamente técnico. Não estávamos preocupados em fazer, no *Jornal Nacional*, um belo jornalismo, porque isso não seria possível debaixo de uma censura que era exercida de forma rigorosa. Nossa preocupação, em matéria de telejornalismo, não ia além da forma, do formato, da parte visual, porque sofremos restrições ao exercício da plena liberdade de informação".

Vistos de fora, inseridos numa grade de programação pontilhada por conteúdos claramente simpáticos ou subservientes ao governo militar, como os programas de Ibrahim Sued, pela simpatia, e Amaral Netto e Edgardo Erickson, pela adesão incondicional, além das campanhas institucionais ufanistas e das novelas de temática quase extraterrestre da emissora na época, os desafios éticos e profissionais da primeira equipe do *Jornal Nacional*, em vez de despertar solidariedade, acabariam turbinando uma polêmica que duraria décadas e que poderia ser resumida na busca de uma resposta que deve estar em algum ponto entre os extremos de duas alternativas: o *JN* era omisso, comportado e governista por convicção de seu dono e de seus profissionais ou era a audiência já hegemônica e poderosa da emissora que levava os militares a serem muito mais rigorosos e vigilantes com a Globo do que com os outros veículos de comunicação?

Armando Nogueira sempre garantiu que a censura dos militares não fazia distinção entre os veículos e era obedecida por todos:

"Na época não havia internet, não havia nem fax. Havia telex, que era o instrumento de comunicação mais ágil que havia. E o mesmo telex que mandavam pra redação do *Jornal Nacional*, mandavam pra redação do *Globo*, do *Jornal do Brasil*, do *Estado de S. Paulo*, da revista *O Cruzeiro*, de todos os jornais".

Alfredo Marsillac, o primeiro diretor de imagem do *JN*, tinha uma explicação para a "preferência" dos militares pela Globo:

"Quando eles viram que a Globo era uma potência em termos de audiência, passaram a utilizar. Entrevista de ministro? Era aos montes, todos eles lá, eu me lembro de todos eles, Delfim Netto, todo mundo lá. Quer dizer: a Globo passou a ser uma válvula das coisas que eles queriam dizer para o povo".

Um telespectador não exatamente incluído na categoria "povo" naqueles dias, o presidente Emílio Garrastazu Médici, cuja natureza reservada, segundo Elio Gaspari, escondia "uma surpreendente vocação para a força", teria feito, em março de 1973, sem citar expressamente o *Jornal Nacional*, um elogio que ficou famoso mesmo sem ter sua veracidade comprovada:

"Sinto-me feliz, todas as noites, quando ligo a televisão para assistir ao jornal. Enquanto as notícias dão conta de greves, agitações, atentados e conflitos em várias partes do mundo, o Brasil marcha em paz, rumo ao desenvolvimento. É como tomar um calmante após um dia de trabalho".

Walter Clark, o executivo mais atacado pelo papel desempenhado pelo *Jornal Nacional* e pela Globo nos "anos de chumbo", competindo com Cid Moreira e só perdendo para Roberto Marinho como alvo dos adjetivos depreciativos, não hesitava ao responder aos jornalistas, pesquisadores e teóricos que, ao longo dos anos, denunciariam o que teria sido um conluio premeditado, harmonioso e maquiavélico entre o dono da Globo e a ditadura. Na autobiografia em que oferece descrições fraternas de Médici e de vários generais, atribuindo a ferocidade do regime aos "gorilas" do oficialato, "tudo na faixa de major, tenente-coronel", Clark rebate:

"OK, a Globo prestigiava os eventos militares. Fizemos a festa do Sesquicentenário da Independência, cobríamos as Olimpíadas do Exército, transmitíamos as paradas de 7 de Setembro. Eu mesmo fiz até a campanha 'Diga Não à Inflação', junto com Delfim Netto e o Hélio Beltrão. Mas não saímos defendendo o atropelo da Constituição, não dissemos que o AI-5 era bom para o país e nunca batemos palminhas para a Censura, pedindo mais".

Não importa quem pedisse ou mandasse, não haveria censura que evitasse, apenas três dias depois da estreia do *Jornal Nacional*, 4 de setembro, que o novo telejornal da Globo revelasse detalhes do que seria a mais bem-sucedida ação armada da guerrilha de esquerda contra o regime. A menos de três quilômetros da sede da emissora, o futuro comentarista de política do *JN*, Franklin Martins, à época atendendo pelo codinome "Valdir", dirigindo um fusca azul e apoiado, na retaguarda, entre outros, pelo jornalista Fernando Gabeira, codinome "Honório", bloqueara a passagem do carro do embaixador americano Charles Burke Elbrick para que outros quatro guerrilheiros sequestrassem o diplomata. Um dos trechos do ultimato escrito por Franklin e que a guerrilha enfiou goela abaixo dos generais dizia:

"A ditadura tem 48 horas para responder publicamente se aceita ou rejeita nossa proposta. Se a resposta for positiva, divulgaremos a lista dos quinze líderes revolucionários e esperaremos 24 horas por seu transporte para um país seguro. Se a resposta for negativa, ou se não houver resposta nesse prazo, o sr. Burke Elbrick será justiçado. [...] Quem prosseguir torturando, espancando e matando ponha as barbas de molho. Agora é olho por olho, dente por dente".

Em pouco mais de um ano, em dezembro de 1970, o *Repórter Esso* envelheceria tanto que seria tirado do ar. Num ensaio sobre o telejornalismo brasileiro daquele período, o já ex-editor do *JN* Octavio Tostes explicaria:

"O *JN* fulminou o *Repórter Esso*, até então líder absoluto de audiência. Além do alcance da transmissão e da eficiência técnica e comercial da emissora, o noticioso da Globo tinha mais uma arma poderosa: a linguagem moderna desenvolvida pela equipe de Armando Nogueira e Alice-Maria, que privilegiava o texto coloquial, as falas dos entrevistados e o som ambiente das imagens externas, em oposição ao texto formal, telegráfico e ao uso comedido das imagens pelos telejornais da época".

E como aconteceu naquela semana inusitada de 1969 em que o Brasil teve um presidente inválido escondido por generais num palácio e um embaixador americano mantido num cativeiro por guerrilheiros de esquerda, mais cedo ou mais tarde, às vezes bem mais tarde do que seria aceitável e de forma nem sempre jornalisticamente completa ou equilibrada, em notas de 46 segundos ou em blocos de reportagem de um quarto de hora, os fatos relevantes dos mais de cinquenta anos que estavam por vir encontrariam algum espaço no script do *Jornal Nacional*.

Seria pelo *JN*, em audiências crescentes que situariam o público do telejornal entre os maiores da história da televisão mundial, que milhões de brasileiros sofreriam o impacto de acontecimentos como a conquista do tricampeonato no México; o escândalo de Watergate; o atentado à delegação israelense na

Olimpíada de Munique; o golpe militar contra Allende; a Revolução dos Cravos em Portugal; a morte de Juscelino Kubitschek; as revoluções no Irã e na Nicarágua; a Lei da Anistia e a volta dos exilados ao Brasil; os atentados à OAB e ao Riocentro; o flagelo da aids; a redemocratização; a campanha e a votação das eleições diretas e todas as eleições que se seguiram; a morte de Tancredo Neves; os planos econômicos das décadas de 1980 e 1990; o acidente nuclear de Chernobyl; a Constituição de 1988; o assassinato de Chico Mendes; o massacre da Praça Tiananmen; a Queda do Muro de Berlim; o fim da União Soviética; a reunificação da Alemanha; as perdas de Drummond, Elis, Cazuza, Senna e Tom Jobim, entre centenas de brasileiros e estrangeiros inesquecíveis; as guerras do Golfo; o *impeachment* e a renúncia de Collor; os massacres do Carandiru, Candelária e de Vigário Geral; a morte da Princesa Diana; o surgimento do Movimento dos Trabalhadores Rurais Sem Terra (MST); o adeus a João Paulo II; as eleições e os governos de Fernando Henrique e Lula; os atentados de 11 de setembro; o Estado Islâmico; Barack Obama; os escândalos do "mensalão" e da "Lava Jato"; a eleição e o governo Bolsonaro; a pandemia da Covid-19; a morte da Rainha Elizabeth II; a tentativa de golpe de Estado de Bolsonaro em 8 de janeiro de 2023; a invasão da Ucrânia pela Rússia e o ataque terrorista do Hamas de 2023, que foi seguido do massacre de milhares de palestinos na Faixa de Gaza.

Isso até o fechamento da edição deste livro e sem contar um punhado de revoluções da ciência, da tecnologia e da cultura; alguns milagres formidáveis do espírito humano; flagrantes memoráveis do esporte; crimes horrorosos; bobagens; erros de informação; exageros e omissões imperdoáveis; micos hilariantes; e as quase quinze mil oportunidades que, nessas cinco décadas, Cid Moreira, Hilton Gomes, Sérgio Chapelin, Celso Freitas, Carlos Nascimento, Lillian Witte Fibe, Fátima Bernardes, Patrícia Poeta, William Bonner, Renata Vasconcellos e outras dezenas de apresentadores que passaram pela bancada do *JN* tiveram de desejar uma boa noite para quem estava do outro lado da câmera.

É o Cid

Muitos foram os âncoras mensageiros dos milhares de "boas-noites" do *JN*, mas seria Cid Moreira o protagonista solitário de um mito duradouro na cobertura que jornais e revistas do país fizeram dos bastidores do jornalismo da Globo. Ao longo de décadas, além dos telespectadores comuns, inúmeros títulos, reportagens e análises sugeriram que Cid até "comandava" o telejornal no sentido editorial da palavra, decidindo, opinando rotineiramente sobre os conteúdos ou mesmo redigindo textos, à frente ou acima dos jornalistas profissionais nomeados diariamente nos créditos finais do telejornal.

CAPÍTULO 3 · 135

"Eu cheguei para apresentar o *JN*, vi aquele nervosismo, todo mundo preocupado. Fiz meu trabalho normal, porque eu ainda tinha na cabeça a ideia de locutor de rádio. No dia seguinte, saiu na capa de *O Globo*. Tive a dimensão do significado".

Antes de começar na Globo, Cid já era uma das vozes mais emblemáticas do país, por ter sido narrador de cinejornais do antológico *Canal 100* e de filmes publicitários que ficaram impregnados na memória dos consumidores, mas jamais teria qualquer ingerência ou responsabilidade editorial no *JN*. O máximo que fazia, como narrador excepcional que sempre foi, era reclamar respeitosamente com os editores, quase sempre com razão, de textos confusos, pontuações enganosas, palavras difíceis e períodos excessivamente longos. Não importava se o texto fosse sobre a Lei da Anistia ou a mais recente atração do Zoológico do Rio de Janeiro.

O livro *A deusa ferida: por que a Rede Globo não é mais a campeã absoluta de audiência*, obra coordenada pelos jornalistas Silvia Borelli e Gabriel Priolli e uma das análises mais completas da trajetória da emissora nos índices do Ibope, não chega a afirmar que Cid comandava o noticiário editorialmente, mas confere a ele a condição de "voz ordenadora" que inspirava "uma remissão ao tom reconfortante do telejornal", citando um trecho de uma coluna em que o crítico de TV Nelson de Sá, da *Folha de S.Paulo*, atribui ao âncora um papel grave, no limite do crime:

"Cid Moreira foi a cara da ditadura, mimetizou o regime em seu rosto, não na opinião, que inexistia. Foi sua face tranquilizadora que manteve o Brasil estático quando caiu o general Sílvio Frota ou morria Vladimir Herzog. A face e a voz, donas de um fascínio irracional, pentecostal, que vai muito além da técnica".

Sempre mais chegado a conversas banais e brincadeiras inofensivas com os assistentes de estúdio do que a debates com os jornalistas da equipe do *JN* sobre a conjuntura política e econômica, Cid não dava sinais exteriores de que perdesse o sono por causa de artigos que o elegiam como um ícone da ditadura na Globo. Mas qualquer jornalista que tenha escrito algo para ele ler conhecia e se espantava com sua capacidade extraordinária de dar brilho e força a qualquer texto, independentemente do grau de conhecimento que ele tinha do assunto.

Não por outro motivo, na tarde de 9 de maio de 1978, dia do desfecho trágico de uma cobertura intensiva de 55 dias da imprensa mundial, Brasil inclusive, provocada pelo sequestro do então primeiro-ministro italiano Aldo Moro pelo grupo terrorista Brigadas Vermelhas, Armando Nogueira contava que pediu a Cid que subisse à sua sala no sexto andar da sede da Globo. Queria que a matéria do *JN* daquele dia sobre o encontro do corpo de Moro no porta-malas de um carro em Turim não fosse mais uma das muitas que Cid havia apresentado sobre o caso ao longo de quase dois meses. Após uma rápida preleção sobre a gravidade daquele ato terrorista no coração da Europa, ouvida em silêncio por Cid, Armando recomendou:

– Cid, hoje é um dia especial. Quero que você dê o melhor de si no *JN*. A morte do Aldo Moro é uma coisa muito séria.

Cid aquiesceu, levantou-se, caminhou até a porta e, antes de sair, como se não tivesse trabalhado naqueles 55 dias, perguntou:

– Armando, quem é Aldo Moro?

Alguns críticos, jornalistas e estudiosos que tiveram acesso aos bastidores do *Jornal Nacional* também dariam interpretações curiosas e míticas a certos procedimentos básicos de segurança operacional que eram e continuariam sendo adotados em qualquer estúdio de televisão do mundo. Os próprios autores do livro *A deusa ferida*, por exemplo, assim descreveriam o estúdio do *JN* na Central Globo de Jornalismo no Rio:

"No auge dos anos de glória do *Jornal Nacional*, o estúdio era ainda um local do qual literalmente se bania o inesperado. Desde a locução sincopada, quase retumbante, com ênfases emocionadas cuidadosamente estudadas, evitando-se o viés crítico ou interpretativo no repasse das notícias até a pitoresca dedetização do estúdio uma hora antes da entrada do telejornal no ar, o informativo esmerava-se na satisfação do que, como indicavam seus avassaladores índices de audiência, seria um desejo de tranquilização por parte de seu público".

Os mosquitos, porém, continuariam driblando o inesperado e tirando a tranquilidade do estúdio do *JN*, como aconteceu em 1983, quando o apresentador Marcos Hummel até engoliu um, enquanto apresentava o telejornal. Com um perfil diferente do de Cid Moreira, dotado de uma cultura e de uma consciência política que não lhe eram exigidas diante das câmeras, Hummel dera o azar, meses antes, em 20 de janeiro de 1984, de ser o âncora da vez em um capítulo pouco edificante da história do *JN* e ter de ler a página em que a Globo fingiu que uma gigantesca manifestação popular na Catedral da Sé por eleições diretas era apenas uma festa pelo aniversário da cidade de São Paulo. Procurado pela *Veja* para comentar o episódio do mosquito, Hummel mostrou que a porta do estúdio do *JN* também permitia contatos imediatos com o mundo exterior:

"Pra quem anda engolindo sapo todo dia, um mosquito a mais não é problema".

CAPÍTULO 4

Em busca do ouro

The Economist, em post publicado em 4 de junho de 2013, começou o artigo com uma piada sobre a engenharia brasileira, dizendo que "o estádio reconstruído do Maracanã, no Rio de Janeiro, não caiu, apesar dos temores." Em seguida, advertiu que "futebol significa muito dinheiro" e que "os direitos televisivos mudam de mãos por milhões de libras". Afirmou, então, categoricamente, que a Globo tinha sido a responsável, dois dias antes, por uma série "preocupante" de problemas de áudio e vídeo durante a transmissão de um amistoso entre as seleções do Brasil e Inglaterra, um empate de 2 x 2, ambas cumprindo os respectivos calendários de preparação para a Copa de 2014, que seria disputada no país. Finalmente, em mais uma de suas sentenças com as quais à época costumava decidir, por exemplo, se o Cristo Redentor era um foguete para além do infinito ou um míssil desgovernado nos céus do Rio de Janeiro, *The Economist* ensinou:

"Em 2007, quando a Fifa, órgão que rege o jogo mundial, concedeu a um país sul-americano aquele que será o evento esportivo mais assistido do ano, esperava trazer desenvolvimento para o continente. Esta foi uma continuação de uma abordagem adotada para a Copa do Mundo anterior, que ocorreu sem problemas na África do Sul em 2010, apesar das preocupações. Para evitar constrangimentos, o Brasil deve garantir que toda a sua infraestrutura – de estádios a unidades móveis para transmissões via satélite – seja menos desorganizada daqui a 12 meses do que é atualmente".

A revista atribuía à infraestrutura de transmissão da Globo não apenas as falhas de áudio e vídeo, mas também o mau funcionamento da inserção de mensagens publicitárias em painéis instalados no entorno do campo pela empresa finlandesa-britânica Supponor; acrescentando que foi a ITV, rede britânica que teria instalado um sistema de transmissão de reserva no Maracanã, que, ao "substituir" o sinal da Globo, comparada pelo autor do artigo a "um atacante fora de forma", garantiu a chegada das imagens do segundo tempo da partida ao Reino Unido.

Tudo errado, segundo *The Economist.*

Em 11 de junho, a revista viu-se obrigada a publicar uma carta em que o então diretor de jornalismo e esportes da Globo, Ali Kamel, de forma elegante e sem fazer piadas sobre a nostalgia britânica de títulos mundiais e colônias, lamentou o fato de a Globo não ter sido consultada para informar que o *upload*, a subida do chamado "sinal internacional" do amistoso no Maracanã, havia sido responsabilidade exclusiva da empresa Pitch International, contratante da Supponor, e que não foi a ITN, mas a Globo, responsável pela captação das imagens do jogo, que salvou a transmissão do segundo tempo, ao substituir a Pitch International e redirecionar o sinal para todas as emissoras que estavam no evento, incluindo a ITN.

Kamel aproveitou a oportunidade para informar que, na época, a Globo transmitia cerca de 180 partidas de futebol em TV de alta definição por ano, com tecnologia de ponta continuamente aprimorada em cerca de cinquenta outros eventos anuais, incluindo os de esportes olímpicos e os de automobilismo, com padrões de qualidade sempre reconhecidos internacionalmente.

O interesse apenas episódico da revista inglesa pelo estágio de desenvolvimento da televisão brasileira naquele momento não permitiu que *The Economist* apurasse que a Globo, além de garantir o *upload* do segundo tempo do amistoso no Maracanã, vivia o auge da hegemonia absoluta, chamada por alguns de monopólio, que conquistara ao longo de mais de quarenta anos, tanto no domínio e uso das tecnologias e equipamentos de ponta de transmissões esportivas quanto no acesso aos direitos de imagem da Copa do Mundo, das Olimpíadas e da Fórmula 1, eventos que o marketing esportivo transformou em negócios bilionários a partir dos anos 1980.

Exatos 43 anos antes do amistoso de 2013 no Maracanã, outro jogo entre o Brasil e Inglaterra, disputado em 7 de junho de 1970, durante a Copa do México, entrara para a história da televisão brasileira não apenas pelo gol de Jairzinho que deu a vitória aos brasileiros ou pela defesa épica de uma cabeçada espetacular de Pelé pelo goleiro Gordon Banks, mas também por ter obtido, no Brasil, índices de audiência mais altos que os da transmissão da chegada de Neil Armstrong à Lua, cerca de um ano antes. Um marco do início da era em que o esporte passaria a ser um conteúdo intensamente disputado pelas emissoras brasileiras.

Antes, nos mundiais do Chile e da Inglaterra, em 1962 e 1966, respectivamente, os brasileiros tinham de esperar dois dias ou mais para conferir, nos videoteipes que chegavam do exterior de avião para serem copiados e exibidos pelas emissoras, o que tinham apenas imaginado, ao acompanhar a transmissão radiofônica dos jogos da seleção. Na Copa do México, beneficiados pela mesma estação da Embratel que viabilizara, meses antes, o início da transmissão em rede do *Jornal Nacional*, os jogos do Brasil chegariam ao vivo ao complexo de grandes parabólicas de Tanguá através do satélite americano Intelsat II. E quem estava na frente, e sozinha, no direito de exibição era a TV Tupi, por força de um contrato que assinara com o mexicano Emilio Azcárraga Milmo, dono do Telesistema Mexicano, futura Televisa, detentor, através da empresa VT Latin Programs, dos direitos mundiais da Copa de 1970.

Nem pensar, reagiram Globo, Bandeirantes e Record, ao tirarem da gaveta e levarem para o Ministério das Telecomunicações, controlador definitivo dos botões no *switcher* da Embratel em Tanguá, um protocolo que havia sido assinado em 1966 por todas as emissoras, Tupi inclusive, e pelo qual ficara proibida a exclusividade nas transmissões de jogos da seleção brasileira. Para resolver o impasse, o Ministério das Comunicações entrou no assunto no final de 1969, avalizando um acordo pelo qual o contrato entre a VT Latin Programs e a TV Tupi seria anulado e as emissoras fariam um *pool* para exibir a Copa de 1970. Nas palavras de Felipe dos Santos Souza, autor de uma série do site Trivela sobre as copas na televisão brasileira, "faltava combinar com os mexicanos".

Na tensa reunião que se seguiu na Cidade do México ainda em dezembro daquele ano e na qual os representantes das emissoras brasileiras deram a Azcárraga a notícia de que o contrato com a Tupi não existia mais, o empresário mexicano pediu um milhão e duzentos mil dólares por um novo acerto com o *pool* e a contraproposta foi de 550 mil dólares. Dois trocos de padaria, se comparados aos futuros contratos de centenas de milhões de dólares que a Fifa sob comando de João Havelange cobraria das televisões.

Azcárraga bateu o pé, dizendo que não tinha negócio e teve como resposta um grande soco na mesa de Paulo César Ferreira, diretor da Rádio Nacional, em reação que Walter Clark, representante da Globo na reunião, reproduziu em sua autobiografia:

– Pois bem, senhor Azcárraga. O senhor é o homem mais poderoso da América Latina, faça então o que quiser. Não transmita a Copa para o Brasil, mas também fique certo de que não vai ter a seleção brasileira no campo. O senhor acha que o governo brasileiro vai permitir que a nossa seleção jogue depois de uma ofensa dessas no México? Jamais! E eu quero ver como vai ficar essa merda da sua Copa sem o Brasil.

Era um blefe de Paulo César.

Todos os brasileiros à mesa fingiram que era verdade e Azcárraga acabou piscando primeiro e aceitando, segundo Clark, um novo contrato no valor de 715 mil dólares. As empresas Gillette, Esso e Souza Cruz então pagaram ao *pool* o equivalente a cerca de um milhão de dólares pelo patrocínio e Globo, Tupi e a Rede de Emissoras Independentes, esta reunindo Bandeirantes e Record, puderam enfim mostrar, para cerca de 25 milhões de telespectadores, em quatro milhões de residências, com narrações e comentários próprios e um único sinal de vídeo, o que seria o primeiro grande evento internacional exibido ao vivo pela televisão brasileira.

A equipe da Globo enviada para o México no Mundial de 1970, diferentemente dos contingentes entre 150 a 200 profissionais da emissora que viajariam para copas futuras como a da Espanha, em 1982, e a dos Estados Unidos, em 1994, era tão diminuta que poderia dividir, com folga, o ônibus da seleção com os 22 jogadores e a comissão técnica liderada por Zagallo. A saber: o narrador Geraldo José de Almeida, posteriormente homenageado com o título de "voz do tri"; o cinegrafista Gabriel Kondorf, encarregado de registrar as atividades da seleção; o comentarista João Saldanha, técnico do time brasileiro na classificação para aquele Mundial; e Armando Nogueira, responsável pelo bloco diário do *Jornal Nacional* dedicado exclusivamente às notícias da Copa.

Sem sair do Jardim Botânico, dos estúdios da Globo no Rio, Léo Batista apresentou o *Globo em dois minutos esportivos*; e, aos domingos, Nelson Rodrigues, José Maria Scassa e outros comentaristas debateram a Copa no programa *Super Resenha*, uma mesa-redonda clássica, versão anos 1970 do *Central da Copa* que estrearia no Mundial de 2010 sob o comando de Tiago Leifert. E não adiantaria mandar repórteres, produtores e editores para o México: devido às limitações técnicas da época, também inimagináveis nas copas futuras com sinal exclusivo de satélite 24 horas, não havia como transmitir diariamente para o Brasil, por exemplo, no caso da Globo, algo além do boletim de Armando Nogueira para o *JN* e da coluna *Dois minutos com João Saldanha*.

E mais: na hora da transmissão dos jogos do Brasil, os únicos acompanhados ao vivo no país, além da partida de abertura entre o México e a União Soviética, os narradores e comentaristas das emissoras brasileiras tiveram de se alternar, em turnos de quinze minutos, ao longo dos dois tempos das partidas, numa única cabine de transmissão, usando o único sinal via satélite posto à disposição da televisão brasileira. No mesmo jogo, portanto, um gol poderia ser narrado por Geraldo José de Almeida, da Globo, outro por Walter Abrahão, da Tupi, e outro por Fernando Solera, da Bandeirantes. Não adiantava mudar de canal no Brasil.

Além de uma corrida às lojas de eletrodomésticos que fez disparar a venda de televisores, os meses que antecederam aquela Copa e a programação da TV foram marcados, também, por uma música escolhida num concurso organizado pelos patrocinadores do *pool* de emissoras e cuja letra falava de noventa milhões de brasileiros, não dos cerca de 25 milhões de telespectadores que

CAPÍTULO 4 · 141

efetivamente puderam acompanhar os jogos pela TV. Música que também jamais deixaria de ter duplo significado para quem sabia o que estava acontecendo nos porões da ditadura:

> *Noventa milhões em ação*
> *Pra frente Brasil do meu coração*
> *[...]*
> *De repente é aquela corrente pra frente*
> *Parece que todo o Brasil deu a mão*
> *Todos ligados na mesma emoção*
> *[...]*
> *Todos juntos vamos, pra frente Brasil*
> *Salve a seleção!*

Uma espécie de ilusão de ótica, acentuada pelo tempo, faria com que muitos brasileiros, confundindo as imagens em preto e branco acompanhadas ao vivo em junho de 1970 com reportagens posteriores sobre aquela Copa, tivessem quase certeza de que assistiram a conquista do tri pelo Brasil em cores; mas essa experiência só aconteceu para algumas centenas de pessoas, em locais onde foram instalados televisores com decodificadores especiais, entre eles o Palácio da Alvorada, onde o general Médici reuniu convidados do regime, as sedes da Embratel no Rio, São Paulo e Brasília, as próprias emissoras do *pool* e uns poucos endereços exclusivos como o da casa de Walter Clark, no Rio, em cujo *living* a esposa Ilka Soares acomodou cerca de 120 pessoas. Léo Batista, mesmo trabalhando na Globo, desistiu de conseguir um lugar na sala da TV em cores da emissora:

"Era tanto peru, tanto convidado, tanta gente de fora que não tinha nada a ver que eu resolvi assistir em preto e branco mesmo".

Estava começando, naquela Copa, um longo casamento da Globo com a Fifa; relação que seria regularmente contestada por críticos e concorrentes da emissora, mas só seria abalada em junho de 2020, exatos cinquenta anos depois, num litígio multimilionário que será tratado no volume 3 deste livro: o que foi aberto pela Globo na Justiça do Rio, em torno do contrato de licenciamento de direitos para a transmissão no Brasil de diversos eventos esportivos organizados pela entidade entre 2015 e 2022 e cujo valor, firmado em 2011, com previsão de pagamento em nove parcelas das quais sete já tinham sido liquidadas pela Globo, era de seiscentos milhões de dólares.

Inacreditáveis 839 vezes o valor acertado entre o *pool* de emissoras brasileiras e Emilio Azcárraga Milmo pelos direitos de transmissão da Copa do

Mundo de 1970. Se pudesse, Geraldo José de Almeida, falecido em 1976, aos 57 anos, muito provavelmente dispararia um de seus bordões:

– O que é que é isso, minha gente!?

O longa do Heizer

"Eu via aquilo e dava uma ponta de inveja. Olhava para a TV Rio e estava lá TV Rio gravando os jogos para serem passados à noite. Olhava para a TV Tupi e lá estava o Rui Viotti transmitindo ao vivo. Aquilo me fazia mal. E a Globo sempre fora do ar na hora do futebol."

A frustração do jornalista Teixeira Heizer, crachá número 1 e "encarregado do esporte" da Globo em novembro de 1965, às vésperas de tomar a última e mais radical decisão de sua curta trajetória na emissora então recém-inaugurada, dá uma medida da situação da TV de Roberto Marinho em relação à concorrência, no que dizia respeito ao conteúdo esportivo oferecido pela programação nos anos que antecederam o *pool* histórico que transmitiu a Copa do Mundo de 1970.

Quando, porém, desenhou-se para o dia 21 daquele mês, no cenário grandioso do velho Maracanã, um amistoso do Brasil de Pelé, Jairzinho e Gérson contra a União Soviética do mítico goleiro Lev Yashin, o Aranha Negra, já no aquecimento de ambas as seleções para a Copa da Inglaterra do ano seguinte – e ainda com despedida de Bellini e a presença do então poderoso senador americano Robert Kennedy –, Teixeira Heizer, à época responsável por programas esportivos da Globo que não saíam do estúdio, como o *Em Cima do Lance* e o *Por Dentro da Jogada*, achou que era demais e resolveu tomar uma atitude.

Sem consultar a direção da Globo, repetindo uma solução que já vinha utilizando em reportagens curtas de futebol semelhantes às do cinejornal *Canal 100*, Heizer decidiu filmar o jogo inteiro, noventa minutos, com narração direta dele, em película, com três câmeras Auricon de dezesseis milímetros, uma enquadrando o centro do campo e as outras duas as laterais, e exibir a partida ainda na noite daquele mesmo 21 de novembro antes que os videoteipes gravados pelas emissoras concorrentes no Maracanã fossem ao ar, com imagens de qualidade muito inferior.

Como? Através de uma logística que incluiria, como disse Heizer*, um esquadrão de sete motociclistas que, durante o jogo, à medida que os rolos de película fossem sendo "queimados" em média a cada quinze minutos, transportaria as latas de filme primeiro para os laboratórios da Líder Cinematográfica, no bairro de Botafogo, para que eles fossem revelados, e depois para a sede da Globo no Jardim Botânico, onde o material seria montado numa moviola para ser finalmente exibido pela máquina de "telecine", uma espécie de "dois em um" de projetor com câmera ligado direto ao *switcher* da emissora. Tecnicamente, a empreitada seria equivalente a um longa-metragem filmado, montado e exibido no espaço de algumas horas.

Deu certo: por volta das oito da noite daquele domingo, cerca de duas horas depois do início do jogo no Maracanã, a Globo exibiu, antes da concorrência e com imagens muito superiores, o empate em 2 x 2 que teve dois golaços, um de Gérson, outro de Pelé, um frango e uma defesa espetacular do goleiro brasileiro Manga, e mais um dos milagres de Lev Yashin, defendendo uma pedrada de Pelé.

Mesmo reconhecendo que "um mundo de dinheiro" havia sido gasto na operação, especialmente no pagamento da Líder Cinematográfica, Heizer celebrou com orgulho o "sucesso excepcional" daquela que foi a primeira transmissão de um jogo de futebol da história da Globo. Mas Rubens Amaral, ainda diretor-geral e prestes a ser substituído por Walter Clark, não gostou, alegou que Roberto Marinho ficaria muito bravo com o tamanho da despesa e, ainda naquela noite, segundo Heizer, tentou até empurrar a conta:

"O Rubens Amaral queria que eu pagasse aquela despesa. Eu nunca poderia. Só se eu trabalhasse dez anos só pra pagar".

Magoado, Heizer resolveu tudo antes de ir para casa: escreveu uma carta de demissão "agredindo muito" Rubens Amaral, com quem já não se dava bem, e a enfiou por baixo da porta da sala do diretor. Duarte Franco e Jotair Assad, dois colegas de Heizer que estavam na Globo naquela noite e sabiam que o que estava dito no papel não teria volta se fosse lido por Amaral, ainda tentaram resgatar a carta do chão da sala com um pedaço de arame, mas a operação foi a única que não deu certo naquele dia histórico.

Teixeira Heizer só reapareceria na sede do Jardim Botânico para dar entrevista ao Memória Globo, em 22 de novembro de 2021, exatos 36 anos depois do dia em que impôs, meio na marra, à transmissão do futebol da emissora um ainda inexistente Padrão Globo de Qualidade.

Sangue de groselha

Fora os pugilistas, os empresários de boxe e alguns jornalistas esportivos incomodados com o que consideravam uma desmoralização das lutas profissionais, duas pessoas, uma de fora e outra de dentro da Globo, nutriam um ódio especial a um programa que o próprio Boni chamava de "luta livre fajuta".

O inimigo, fora da emissora, sem que ninguém na Globo soubesse o motivo exato, era o então ministro das Comunicações do governo Médici, coronel da reserva Hygino Corsetti, que fez o que pôde, sem sucesso, usando até alíquotas mais salgadas de imposto, segundo Luiz Eduardo Borgerth, para tirar o programa da grade e, depois, do horário nobre.

Dentro da emissora, o inimigo era o editor de VT João Rodrigues, encarregado de gravar o programa ao vivo, e, por isso mesmo, quase sempre em pânico quando a fita de uma hora cravada de duração começava a se aproximar do final e a luta não terminava no tempo que todos, lutadores, árbitro, o apresentador Tércio de Lima, o editor Arnaldo Artilheiro e ele, João, tinham mais ou menos combinado:

"Era eu quem encerrava o programa, por causa da fita. Quando a fita estava acabando, a luta também tinha que acabar. E muitas vezes não acabava, era um sufoco. Tirar a fita da máquina e gravar em outra era difícil. E não tinha como gravar com outra fita em outra máquina. Era um desespero aquela luta".

Mistura de UFC, circo e programa de auditório que Walter Clark levou da TV Excelsior para a Globo quando foi contratado, o *Telecatch Montilla* foi uma grande mentira, um espetáculo de ilusionismo que reinou nas noites de sábado da emissora entre março de 1967 e setembro de 1969, encantando plateias e telespectadores com lutas do tipo vale-tudo aparentemente muito violentas e das quais, milagrosamente, lutadores sempre fantasiados com temas de filme B saíam sem fratura, hematoma, inchaço ou um corte sequer. Sangue, quando aparecia, era groselha em saquinhos de plástico cuidadosamente escondidos no *corner* do ringue.

Incendiado pela narração de Tércio de Lima, o público do ginásio reagia com raiva, gritava e jogava sapatos e até guarda-chuvas no *corner*, embarcando docilmente nas lutas encenadas às vezes de forma tosca por lutadores "do bem" e "do mal", como Tigre Paraguaio, Verdugo, Mongol, Galã Beto, Leopardo, Touro de Bronz e Ted Boy Marino, este o ídolo que sobreviveria ao fim do *Telecatch Montilla*, tornando-se um futuro coadjuvante do programa *Os Trapalhões*.

Protegidos pela falta de qualidade das câmeras preto e branco e das lentes da época para captar detalhes com nitidez, os lutadores simulavam de tudo antes do desfecho invariável das lutas nas quais os "do bem", depois de supostamente apanharem de forma revoltante, venciam os "do mal" em grande estilo. Mordidas, dedos nos olhos, brigas com o árbitro da luta, tijoladas na cabeça, limões espremidos nos olhos e até supercílios cortados com gilete, tudo era simulado, descontada uma ou outra contusão de verdade decorrente de golpes ou saltos que não davam certo.

Ninguém se machucava sério e, talvez por causa de sua atmosfera farsesca e circense, o *Telecatch Montilla* não costumava ser alvo dos protestos indignados que autoridades e vozes da opinião pública à época faziam contra as baixarias apelativas de programas de auditório como os de Dercy Gonçalves e Chacrinha, na Globo, e o de Flávio Cavalcanti, na Tupi.

Mais de quatro décadas depois do fim do *Telecatch Montilla*, a partir de outubro de 2011, até Galvão Bueno seria convocado para trabalhar no entorno de um ringue, quando a Globo decidiu voltar ao ramo da transmissão regular de lutas e assinou um contrato que seria renovado até 2022, dando à emissora exclusividade para transmitir todos os eventos do UFC, o Ultimate Fighting Championship, e do reality *The Ultimate Fighter*.

O contrato foi consequência direta do sucesso, em emissoras da concorrência, de Vitor Belfort, Anderson Silva e José Aldo, ídolos brasileiros da modalidade inventada nos Estados Unidos em 1993 pelo executivo Art Davie e pelo artista marcial Rorion Gracie, e que juntou técnicas de jiu-jitsu, boxe, wrestling, muay thai, judô, karatê e taekwondo, com uma diferença fundamental em relação aos tempos inofensivos do *Telecatch Montilla*: fraturas, concussões, hematomas e traumatismos eram pra valer.

Assim como o sangue.

A orelha do coelho

Apesar do sucesso de audiência na Copa do México, não seria exatamente por sua parte na divisão da receita publicitária do *pool* de emissoras que transmitiram aquele Mundial que a Globo começaria a faturar de verdade com a transmissão de eventos esportivos.

Foi "meio no desespero", para viabilizar a transmissão subitamente impagável do primeiro grande prêmio oficial de Fórmula 1 disputado em Interlagos, três anos depois da Copa do México, em 1973, que o diretor Ricardo Scalamandré* e a equipe da área comercial da Globo em São Paulo acabariam implantando, pela primeira vez no mercado brasileiro, um projeto comercial que, aplicado a outros esportes e acontecimentos nas décadas seguintes com um nome chique, *upfront sales*, provocaria até filas de espera anuais de anunciantes poderosos, ansiosos para herdar alguma desistência e pagar cifras milionárias por cotas de patrocínio de copas, olimpíadas e campeonatos, entre eles o de Fórmula 1.

Bernie Ecclestone, o ex-piloto que se tornaria chefe de equipe e depois virtual dono da Fórmula 1 por quase quarenta anos, como presidente da Formula One Constructors' Association (Foca), cobrara da Globo, em 1973, cerca de um milhão de dólares pelo direito de transmissão do Grande Prêmio (GP) no Brasil. Para se ter uma ideia do tamanho da conta, a Globo pagava, em média, cinquenta mil dólares pela transmissão de cada uma das outras etapas do Mundial, catorze na época, disputadas em circuitos de outros países.

As despesas da Globo, no caso das corridas no exterior, eram apenas as de às vezes mandar o locutor Luciano do Valle, o comentarista Ciro José e uma pequena equipe de apoio às pistas estrangeiras para acompanhar e narrar, *in loco*, as imagens "limpas" e sem narração que já chegavam, via satélite, nas parabólicas da emissora no Jardim Botânico, com o som dos motores de Emerson Fittipaldi, Jackie Stewart e outros astros da época. No caso do GP do Brasil, para complicar, somava-se, ao milhão de dólares cobrado por Ecclestone, a obrigação contratual da Globo de bancar parte das despesas de montagem do "circo" da Fórmula 1 no autódromo de Interlagos e, claro, das transmissões nacional e internacional da corrida. A conta de Scalamandré era de assustar:

"Os custos da corrida em Interlagos chegavam a ser dez vezes maiores do que o das corridas em outros países".

Para piorar o cenário, Scalamandré e os anunciantes sabiam que a audiência e o respectivo custo de inserção comercial que a Globo cobrava pelos *breaks* durante a transmissão da Fórmula 1 daquela época, bem mais modestos que os dos tempos e ibopes fenomenais de Ayrton Senna, não cresciam apenas pelo fato de a corrida estar sendo disputada no Brasil. A rigor, a diferença das emoções de Interlagos para, por exemplo, as de Monza, na Itália, existia apenas para quem comprava ingresso ou era convidado para a corrida em Interlagos ou em Monza.

O que Scalamandré propôs foi vender a transmissão dos 15 GPs da temporada de 1973 de uma só vez, diluindo o alto custo dos direitos e despesas da corrida de Interlagos e oferecendo, aos anunciantes, cotas iguais de patrocínio que lhes dariam visibilidade não apenas durante as transmissões da corrida, geralmente no fraco horário das manhãs de domingo, mas também ao longo de todas as semanas do ano, em chamadas de "oferecimento" exibidas nos intervalos dos programas esportivos e telejornais, incluindo os caríssimos *breaks* do *Jornal Nacional* e do *Fantástico*.

Daria mais que certo para todos: o telespectador nem precisaria assistir ao evento patrocinado, o anunciante teria a marca mostrada o dia inteiro na tela da Globo e a emissora receberia o valor total da fatura, *cash*, antes mesmo de o evento esportivo acontecer.

Daqueles dias desafiadores que mudariam os hábitos do telespectador de esportes brasileiro, Scalamandré guardou outro desafio inesperado, ao vender uma das cotas de patrocínio do GP do Brasil para a Marchand, empresa que estava lançando o desodorante Playboy e que havia adquirido o direito de uso comercial do nome da revista masculina mais importante do mercado.

Na hora de assinar o contrato, no entanto, os representantes da Marchand foram alertados de que não poderiam usar, na marca a ser impressa na

CAPÍTULO 4 · 147

embalagem do desodorante que aparecia na transmissão da TV, a figura igualmente famosa da silhueta de um coelho de *black-tie* que compunha a marca Playboy. Scalamandré, em contido desespero com o risco de perder a venda daquela cota de patrocínio, sugeriu ao interlocutor da Marchand:

– Dobra a orelha do coelho.

Também deu certo: o coelho de orelha caída foi para a tela da TV, para as placas de publicidade do circuito de Interlagos e ninguém reclamou antes, durante ou depois da corrida.

Muito dinheiro entraria no caixa da Globo nos anos seguintes, com os direitos da Fórmula 1. Mas em 1970, Nelson Piquet, então com 18 anos, ainda corria de kart em Brasília; e Ayrton Senna, com 10, ainda brincava de pilotar um kart com motor de picadeira de cana num terreno baldio do bairro Tremembé, zona norte de São Paulo.

Proibido desmaiar

Até Janete Clair, autora de *A Rosa Rebelde*, novela da Globo que enfrentava como podia a audiência ainda alta de *Beto Rockfeller* na Tupi, no segundo semestre de 1970, foi convocada por Boni para esticar a história estrelada por Tarcísio Meira e Glória Menezes pelo menos até outubro. Ele queria estrear *Véu de Noiva* no momento certo, de olho nos tropeços que já afetavam a reta final dos 335 capítulos da novela revolucionária de Bráulio Pedroso, então já prejudicada por estafas e sucessivas ausências do autor, integrantes do elenco que saíam de férias com cenas para gravar e lacunas da trama preenchidas com imagens de festinhas sem diálogos, embaladas com músicas de sucesso:

"Eu fiquei esperando. Fomos esticando a novela *A Rosa Rebelde*, que não ia tão mal, mas o sucesso do *Beto Rockfeller* era total, avassalador. E, quando chegou um certo momento, ela começou a declinar, perder em interesse, violentamente; eu disse: Vamos lançar *Véu de Noiva*".

Em 10 de novembro de 1969, quando ainda faltavam vinte dias para *Beto Rockfeller* enfim terminar, a Globo estreou *Véu de Noiva*, trama que varreria de vez da dramaturgia da emissora a temática distante e antiga de Glória Magadan com uma história que a mesma Janete Clair escrevera originalmente para o rádio, a partir de um anúncio na seção de classificados de um jornal que promovia a venda de um véu de noiva.

Nas palavras de Luiz Eduardo Borgerth, a partir daquele momento, "ninguém desmaiaria mais no altar" na dramaturgia da Globo. Luís Lara*, ex-diretor da Central Globo de Comunicação e à época envolvido na campanha de lançamento, contou que os diálogos coloquiais de *Véu de Noiva* em lugares da moda, boates, bares e na própria Praia de Ipanema inspiraram a invenção de uma nova categoria dramatúrgica, a "novela verdade", e de um slogan que soaria redundante nas décadas seguintes:

"Em *Véu de Noiva*, tudo acontece como na vida real".

Daniel Filho, o diretor, além do prazer de substituir personagens como "Maria de La Mercedes" por outros chamados simplesmente "João" ou "Maria", teria chance de levar as pesadas câmeras RCA TK-60 de estúdio para a rua e buscar, nas cenas externas, uma narrativa moderna cuja inspiração, segundo ele, para espanto dos cinéfilos inimigos da televisão, era *Sem Destino*, ou *Easy Rider*, o *road movie* icônico de Dennis Hopper lançado aquele ano nos cinemas. Emiliano Queiroz, que fez o personagem "Tomaz" na trama, não foi tão longe; mas ainda que achasse que *Véu de Noiva* mantinha, na essência, "o ranço do melodrama", comemorou:

"O povo começou a ver novela com gente usando calça e saia. *Véu de Noiva* serviu também para levar para a televisão coisas como o automóvel. Havia drama, precisa haver sempre, faz parte do gênero, mas eram dramas mais instigantes: a história de uma menina que podia trabalhar quando quisesse, mas não conseguia, não porque estava sendo oprimida pelo papai, mas porque não encontrava emprego mesmo. Foi essa a mudança".

No melodrama a que Emiliano se referia e que tinha como cenário o Rio de Janeiro daqueles anos 1970, "Andréa", personagem de Regina Duarte, depois de sofrer um acidente com o noivo "Luciano", pianista vivido por Geraldo Del Rey e que a traía com sua irmã "Flor", vivida por Myriam Pérsia, apaixona-se por "Marcelo", piloto de corridas inspirado no então jovem piloto Emerson Fittipaldi e interpretado por Cláudio Marzo, cuja noiva, "Irene", papel de Betty Faria, torna-se a grande vilã da novela.

> *Rumo, estrada turva, sou despedida*
> *Por entre lenços brancos de partida*
> *Em cada curva, sem ter você vou mais só*

Quem fechasse os olhos na hora de assistir *Véu de Noiva*, em vez de arranjos de sonoplastia grandiloquentes anunciando o juízo final a instantes de revelações fatais, ouvia as canções da primeira trilha sonora concebida no Brasil especialmente para uma novela– ideia do produtor André Midani realizada por, olha ele aí, Nelson Motta, com participação de músicos da estatura de César Camargo Mariano e Roberto Menescal –, que incluía, além da canção de abertura com o título profético de "Teletema", composta por Antônio Adolfo e Tibério Gaspar, composições como "Irene", autoria de Caetano Veloso e interpretação de Elis Regina, e "Gente humilde", enviada do exílio na Itália por Chico Buarque

CAPÍTULO 4 · 149

e composta em parceria dele com Vinícius de Moraes sobre uma canção do violonista Aníbal Augusto Sardinha, o Garoto. E que começava assim, quando surgia em cena a família pobre da personagem "Andréa" de Regina Duarte:

Tem certos dias
Em que eu penso em minha gente
E sinto assim todo o meu peito se apertar

Nem tudo foi tranquilidade nos bastidores de *Véu de Noiva*. Com a novela no ar, Boni e Daniel Filho se deram conta de que Glória Magadan tinha plantado uma bomba de efeito retardado nos estúdios do Jardim Botânico, depois de partir para a Tupi. Por uma distração da Globo na gestão dos contratos, o vínculo de Geraldo Del Rey, o pianista "Luciano" que só fazia a "Andréa" de Regina Duarte sofrer na trama, terminaria com trinta dias de novela, e, sabendo da situação, Glória ofereceu a ele o dobro do salário. Foi Daniel Filho quem recebeu a notícia do ator:

– Olha, ou me aumenta ou eu vou embora para a TV Tupi. A Glória Magadan está me chamando na Tupi.

Informada por Daniel sobre o risco iminente de não poder contar com um dos atores importantes do elenco, Janete Clair, que três anos antes inaugurara oficialmente o cemitério de personagens da dramaturgia da Globo, inventando um terremoto para mandar para o além dezenas de personagens anônimos da então incompreensível *Anastácia, a Mulher sem Destino*, não hesitou:

– Eu mato ele.

– Como?

– Você abre a porta e dá um tiro.

Janete não apenas mataria, mas aproveitaria a saída de Geraldo Del Rey para criar o primeiro "quem matou" da teledramaturgia da Globo, escrevendo uma cena em que "Luciano", já interpretado por um dublê, leva um tiro fatal de um assassino misterioso enquanto toca piano, deixando gotas de sangue nas teclas brancas antes de cair ao chão, ao mesmo tempo que um personagem novo criado por ela, "Zé Mario", o fotógrafo interpretado pelo ator Paulo José, testemunha a cena do tiro e se torna o único do elenco que sabe quem é o assassino. Paulo José, que entrou na novela por volta do capítulo 80, ficou impressionado com a capacidade de Janete Clair "de se livrar do personagem, construindo um novo gancho, um gancho fortíssimo, uma nova história dessa morte, e com simplicidade":

"Só um gênio da dramaturgia sabe fazer isso. Não existia assassino na história original. Um autor mais ingênuo mataria o personagem num desastre de avião ou dando a notícia da morte pelo telefone. Ela não: ela mata e cria um assassino. E daí pra frente a suspeita começa a cair sobre vários personagens da novela".

Com o tempo, a matança e o mistério continuariam seduzindo milhões de telespectadores com defuntos ilustres como "Salomão Hayala", de *O Astro* (1977), "Odete Roitman", de *Vale Tudo* (1988), e os nove assassinados pelo personagem "Adalberto" de Cecil Thiré, em *A Próxima Vítima* (1995).

Mas também aconteceriam outras execuções de personagens que ficaram circunscritas aos bastidores das novelas e cujos autores e motivações não foram mistério para ninguém. Caso do núcleo quase inteiro da novela *Fera Ferida* (1993), que, à exceção de Cláudio Marzo e de um ator mirim, Aguinaldo Silva, contrariado com os desempenhos, exterminou não com tiros, mas com um incêndio, solução segundo ele "mais prática". E "Tião Galinha", personagem de Osmar Prado que, apesar de fazer sucesso em *Renascer* (1993), teve sérios desentendimentos com a produção da novela e foi convidado pela direção a se matar em cena, enforcando-se após sofrer uma grande humilhação na cadeia.

A noiva do véu

– Tudo bem, eu vou pensar...
– Não, não tem como pensar, você me responde já.
– Olha, em princípio está ok, mas eu vou pensar.

Cinquenta anos antes de ser convidada por Jair Bolsonaro para ser secretária de Cultura do governo, experiência que duraria 123 dias, entre 17 de janeiro e 20 de maio de 2020, e que tingiria de constrangimento e de atitudes surpreendentes seu extraordinário currículo de atriz de TV, a paulista Regina Blois Duarte, nascida em Franca e filha de um tenente do exército e de uma professora de piano, também pediu para pensar quando Boni a convidou para deixar o elenco de uma novela da TV Excelsior e estrear ganhando o dobro na Globo no papel de "Andréa", a personagem de *Véu de Noiva* que inicialmente seria interpretada pela atriz Theresinha Amayo.

Diferentemente de Bolsonaro em 2020, na conversa de meados do segundo semestre de 1969 confirmada posteriormente tanto por Boni quanto por Regina, ele contava com bons informantes, tinha "mandado investigar" a vida da atriz por quem se dizia "apaixonado" e sabia que ela tinha acabado de se casar, que contraíra dívidas na compra de um apartamento e não recebia salário da Excelsior já havia quatro meses. Quando Regina ensaiou uma preocupação com o fato de deixar uma novela da TV Excelsior pelo meio, Boni apertou:

– Você não vai pagar as suas contas. Os móveis que você comprou para o seu casório, geladeira, tudo aquilo, você vai viver do quê? E vai comer como?

– Como é que você sabe?

– Eu sei toda a sua vida. Eu sei o banco onde você deve, sei tudo direitinho.

Regina e os colegas do elenco da Excelsior viviam uma situação financeira descrita por ela como de "desespero", e a proposta, segundo a atriz, foi como se "no mar revolto da tempestade" em que ela se encontrava Boni tivesse estendido "uma prancha de surfe bem grande" em que ela podia se agarrar. Determinado a levar uma "cara paulista" para a tela da Globo e melhorar os índices da emissora na cidade, Boni apertou mais:

– Quero fazer o seguinte: você paga as suas dívidas já. Esses quatro meses que você não recebeu da Excelsior eu te adianto.

– E como é que eu faço para deixar o meu personagem lá?

– Isso já não é problema seu. É problema da Excelsior.

Regina não resistiu. Abandonou a TV Excelsior, onde seria substituída por Leila Diniz na novela *Dez Vidas*, de Ivani Ribeiro e, alguns meses depois, no ar em *Véu de Noiva*, já tinha se transformado num fenômeno impossível de ser ignorado, mesmo por estrelas já estabelecidas no elenco da Globo como, por exemplo, e principalmente, Betty Faria:

"Nossa! Em *Véu de Noiva* eu quase apanhei na rua. E eu era a 'Irene', a vilã, que fazia maldades para a namoradinha do Brasil. A Regina Duarte chegou já famosa em São Paulo pelas novelas da TV Excelsior, como cria, invenção do Avancini e fazia aquela mocinha mais pura do mundo. Eu quase apanhava na rua, tinha uma filha pequena, tinha medo de ir ao supermercado, mas eu ia".

Ao citar a "namoradinha do Brasil", Betty*, na verdade, antecipou em cinco anos o surgimento do apelido que só seria dado a Regina em 1975, depois de outros três grandes sucessos da Globo em que ela atuaria, em par constante e romântico com Cláudio Marzo: *Irmãos Coragem*, ainda em 1970; *Minha Doce Namorada*, em 1971; e *Carinhoso*, em 1973. Uma época de puro sofrimento, a julgar pelo depoimento de Marzo, teoricamente apto a receber o apelido equivalente de "namoradinho do Brasil":

"Veio a Regina Duarte, aí foi terrível, terrível. Ficava ruim de sair na rua, todo mundo queria falar. Isso não é comigo, eu não estou nem aí, eu não tinha nenhum prazer em alimentar isso".

Daniel Filho*, em seu depoimento, também antecipa a época do surgimento do apelido "namoradinha do Brasil", atribuindo-o à sua própria decisão de batizar, com o título *Minha Doce Namorada*, a novela de Vicente Sesso exibida pela Globo no horário das sete da noite entre abril de 1971 e janeiro de 1972, e na qual Regina Duarte fazia o papel de uma órfã moradora de um parque de diversões ambulante que se apaixona por um rico estudante interpretado por Cláudio Marzo:

"Com esse título, pensei em explorar o invulgar êxito que Regina Duarte vinha conquistando. Queria que ela fosse a irmãzinha de todos nós, a namorada que desejaríamos para os nossos filhos".

A própria Regina*, no entanto, esclareceu, na entrevista que deu em 2005, que o diminutivo "namoradinha" e a localização "do Brasil" só surgiram no título "A ex-namoradinha do Brasil", dado em 1975 pela *Veja* a uma entrevista em que ela explicou a "parada" de cerca de três anos que dera nas novelas, após *Carinhoso*, período durante o qual se dedicara ao teatro para se reciclar e se "abastecer" como atriz:

"Eu fiquei relacionada com esse título *Minha Doce Namorada*. Passei oito anos da minha vida fazendo sempre meninas muito sofredoras, muito submissas, dóceis, passivas, sem muita definição dos próprios desejos, sem o autoconhecimento. Meninas subjugadas mesmo pela autoridade do pai ou do marido ou do namorado, da família ou das instituições".

Ao trocar temporariamente a televisão pelo teatro em 1975, para que não ficasse dúvida sobre seu desconforto com papéis já então defasados de "garotinhas de 18 anos absolutamente inocentes, bobinhas" e mostrar que estava casada, com filhos, sentindo-se uma "supermulher" e "dona do próprio nariz", Regina não deixaria por menos: atuou no papel de uma prostituta, ao lado de Sérgio Mamberti, Yara Amaral e Mário Prata, na montagem paulista dirigida por Paulo José da peça *Réveillon*, história em que pai, mãe e filhos preparam um suicídio coletivo na virada do ano.

Para quem estava assistindo à televisão em casa, em 1970, porém, como a então jovem estudante de teatro de 13 anos nascida em Santo André chamada Maria Lucélia dos Santos, futura estrela de *Escrava Isaura*, a novela mais assistida da Globo no mundo em todos os tempos, conhecer aquela "mocinha mais pura do mundo" de *Véu de Noiva* foi um acontecimento transformador:

"A Regina Duarte, na televisão, era o que eu queria ser. Eu me achava parecida com ela, queria ser a Regina Duarte. Ela era linda em *Véu de Noiva*".

Tamanha foi a força da "Andréa" de Regina que uma brincadeira do casal Janete Clair e Dias Gomes com a simultaneidade, no horário nobre, de suas respectivas novelas, *Véu de Noiva* às oito da noite e *Verão Vermelho* às dez, acabou tirando a Globo do ar por alguns minutos. Dias contou, em entrevista ao *Pasquim*, que na cena única que ele e a mulher escreveram para as duas novelas, a "Andréa" de *Véu de Noiva* vai se consultar com um médico "Doutor Flávio", papel de Paulo Goulart em *Verão Vermelho*. Tudo combinado com os diretores das duas novelas.

Menos com o operador que comandava o *switcher* do controle-mestre da emissora no horário das dez da noite, que, ao ver Regina Duarte no monitor, em *Verão*

Vermelho, concluiu imediatamente que alguém da área técnica tinha botado a fita errada para rodar na sala do videoteipe e apertou, imediatamente, o botão de "*slide* no ar", aquela imagem muda, interminável e angustiante do logotipo do programa da hora, sinônimo, na Globo, de emprego em perigo. Até alguém chegar no *switcher* em pânico:

– O que você fez, rapaz? Tá maluco?

Novela de macho

"Era um faroeste à brasileira, onde se exalava o cheiro do cavalo, do macho, do brigalhão, do policial, do delegado. *Irmãos Coragem* foi a novela que mudou o perfil dos espectadores, trouxe o macho, o homem para ver."

Falando não apenas como um dos personagens, "Braz Canoeiro", um garimpeiro amigo da família protagonista, mas também como um dos diretores de *Irmãos Coragem*, junto com Reynaldo Boury, depois que Daniel Filho se afastou para dirigir toda a dramaturgia da emissora, Milton Gonçalves não tinha dúvidas de que aquela história da luta de três irmãos garimpeiros contra um "coronel" latifundiário corrupto e violento, no ar durante um ano, entre junho de 1970 e junho de 1971, fez os homens se juntarem às mulheres no sofá.

Homero Icaza Sánchez*, falecido em 2011, aos 86 anos, "bruxo" das pesquisas de audiência que norteariam muitas decisões de conteúdo da Globo por quase vinte anos, contratado pela emissora exatamente quando a novela estava no ar, concordou:

"Até *Irmãos Coragem*, o homem chegava em casa, botava sua capa, seu cetro e sua coroa, perguntava o que tinha acontecido e faziam um relatório pra ele. Ele não assistia televisão. Ele se sentava e abria *O Globo* para ler e a mulher assistia televisão, baixinho, colada no aparelho porque ele não queria barulho. Depois que acabava a novela, aí entravam as coisas dele".

Nem tanto, discordou Tarcísio Meira, o "João Coragem", astro principal da história, para quem, na verdade, aquela foi a primeira vez que muitos homens "admitiram fazer o que já faziam escondido".

A novela foi inspirada no romance *Os irmãos Karamázov*, de Fiódor Dostoiévski, para dar vida aos irmãos Coragem; no livro *As três faces de Eva*, de Corbett H. Thigpen e Hervey M. Cleckley, para compor a tripla personalidade de "Lara", personagem de Glória Menezes; e em *Mãe Coragem e os seus filhos*, peça de Bertolt Brecht, para construir a "Sinhana" de Zilka Salaberry. Mas boa parte dos episódios de ação Janete copiou inteiramente de originais de *westerns* americanos por sugestão de Milton Gonçalves, segundo ele mesmo.

O cenário sujeito a descargas de testosterona podia ser a locação que a Globo usou na Serra de Teresópolis ou o terreno baldio da zona oeste do Rio de Janeiro onde seria erguido o futuro Barra Shopping, à época abafado, cheio de cobras e mosquitos e transformado em "Coroado", primeira cidade cenográfica da televisão brasileira.

Tarcísio às vezes chegava ao set de gravação montado em Galante, o cavalo de estimação que, depois das decepcionantes montarias emprestadas à Globo pela PM do Rio, ele havia preferido levar de São Paulo para o Rio. Galante foi descrito por Glória Menezes como "um manga-larga maravilhoso que até dançava" e que também saltava, arisco, por causa dos choques elétricos nas patas, quando a chuva encharcava a fiação espalhada pelo chão. A atriz Neuza Amaral, falecida em 2017 aos 86 anos, intérprete de "Branca", a professora casada com o rude capataz "Lourenço" vivido por Hemílcio Fróes, jamais esqueceria a visão da "imponência natural" de Tarcísio e seu cavalo:

"Quando ele chegava, acabou: ele naquela postura, você não sabia se era o Tarcísio, se era o Galante que estava em cima ou se era o Galante que estava embaixo. Eles eram uma coisa só".

Como se não bastassem Tarcísio, seu cavalo e o "cheiro do macho, do brigalhão, do policial e do delegado", Janete Clair ainda providenciou, em *Irmãos Coragem*, pela primeira vez na teledramaturgia da Globo, a entrada em cena do futebol, levando o personagem "Duda" de Cláudio Marzo a trilhar uma carreira que o levaria a disputar um clássico pelo Flamengo contra o Botafogo em dia de Maracanã lotado. Daniel Filho, superando a má vontade do então técnico do Flamengo Fleitas Solich e com a assessoria de João Saldanha, depois de gravar alguns takes de Cláudio Marzo treinando com os jogadores verdadeiros na concentração do time no bairro de São Conrado, teve permissão para que "Duda Coragem" entrasse em campo vestindo a camisa 10.

A equipe da novela gravaria a entrada da cabine da própria Globo no estádio e momentos do próprio jogo. A presença de Regina Duarte, a "Ritinha", óbvia namorada do personagem de Cláudio Marzo, "Duda Coragem", "sentadinha no meio da torcida, devidamente protegida por alguns figurantes", também seria registrada. O show de bola de "Duda" ficaria por conta de uma edição posterior de chutes e lances dele em campo com gols e comemorações do jogo verdadeiro. E deu tudo certo para Daniel Filho:

"De repente, entrou aquele fulano com a camisa 10 e o Maracanã silenciou, porque ninguém entendeu quem era que estava escalado. Fiquei com a câmera acompanhando o Cláudio Marzo, que se meteu numa roda de jogadores batendo bola. E ele ficou lá, enfrentando um dos maiores vexames da sua vida. Sentado na beira do gramado, a cada gol ele se levantava, entrava em campo e pulava, fingindo que estava jogando e comemorando".

O futebol, no caso o da seleção brasileira, não o de "Duda", acabaria sendo referência do tamanho do sucesso de *Irmãos Coragem*: o décimo primeiro dos 328 capítulos escritos por Janete Clair conseguiu a façanha de obter um ponto a mais de audiência que a transmissão da conquista do tricampeonato mundial pelo Brasil na Copa do México, no dia anterior, 21 de junho de 1970.

Três décadas depois de *Irmãos Coragem* sair do ar, Cláudio Cavalcanti, ou "Jerônimo", o irmão garimpeiro que entrou para a política na novela e depois na vida real, seria regularmente surpreendido, na rua ou ao entrar num táxi, pela permanência da novela na lembrança dos brasileiros. Em 2006, ao falar do "bangue-bangue goiano que deu certo", o ator lembrou o comentário de um taxista ao entrar no carro:

– Como vai, tudo bem? Olha, eu vou dizer uma coisa: vocês podem fazer o que vocês fizerem, mas igual a *Irmãos Coragem* nunca mais.

Logo Cláudio, que, ao tomar conhecimento da história, na primeira reunião do elenco de *Irmãos Coragem*, chegara a estranhar a sinopse e lamentar um suposto retrocesso na onda de modernização das novelas em curso naquele momento na Globo:

"Quando surgiu *Véu de Noiva* eu vi a novela na rua, falei: 'Abriu-se um filão inesgotável, agora a gente vai poder fazer novela nossa'. Fiquei feliz. Aí, reunião de elenco, a próxima novela vai ser *Irmãos Coragem*. Mas que estupidez! Os caras conseguem abrir um filão da novela urbana, novela atual e vão fazer um bangue-bangue no interior de Goiás, o que é que é isso? Todo mundo de bota, a cavalo, dando tiro. Isso pra vocês verem a visão que eu tinha das coisas. E aí veio *Irmãos Coragem*, 326 capítulos do mais absoluto sucesso".

No que descreveu como "talvez a maior emoção" de sua vida, Boni* disse que só sentiu que estava à frente de uma rede de televisão de verdade na Bahia, na virada de 1970 para 1971, quando, no auge do sucesso de *Irmãos Coragem*, convidou Tarcísio e Glória para o acompanharem na procissão de barcos de Nossa Senhora dos Navegantes, em frente à Praia da Boa Viagem, em Salvador. Na mesma lancha estavam Daniel Filho, que confirma o relato de Boni, a filha Carla, Dorinha Duval e Tarcísio Filho, então com 6 anos.

À medida que a notícia de que "João Coragem" estava na procissão foi se espalhando, dezenas e, depois, centenas de barcos, segundo Boni, foram se aproximando e "encostando". Até que alguém começou a cantar o tema de abertura da novela cujo refrão famoso era "Irmão, é preciso coragem":

"O Tarcísio chorava feito uma criança. E nós estávamos lá e nem sabíamos do êxito de *Irmãos Coragem* na Bahia, onde havia uma estação afiliada da Globo".

Quem também desabaria em lágrimas, mas 25 anos depois, seria Regina Duarte, ao ver a filha Gabriela interpretar, no *remake* de *Irmãos Coragem* produzido pela Globo em 1995, a mesma "Ritinha" que ela tinha "adorado" fazer. Zilka Salaberry, intérprete antológica de "Sinhana", a mãe dos irmãos Coragem, mulher de fibra, sofrida e honesta, nem daria conta de assistir ao *remake*: "Eu e o Tarcísio Meira nos recusamos a ver porque nós tínhamos paixão pelo papel. Até quando eu fazia *Irmãos Coragem* e começava a assistir, eu chorava comigo porque não era eu, eu estava vendo a 'Sinhana'".

Irmãos Coragem consolidou a liderança da Globo no Ibope em São Paulo e, mais importante, produziu, pela primeira vez, segundo Luiz Guimarães, à época diretor de programação da emissora, um efeito de audiência tão sólido que seria decisivo na crescente dificuldade ou desinteresse que a maioria dos telespectadores brasileiros passariam a ter, mesmo com a disseminação do controle remoto, de trocar a Globo por outro canal na hora que ligassem a televisão: "As novelas sempre davam picos de audiência na programação. A partir de *Irmãos Coragem*, as novelas da Globo sustentaram tanto a programação anterior quanto a posterior a elas".

– Quem quiser realidade que assista ao *Jornal Nacional*.

Era assim, na frase reproduzida por Elizabeth Savala, uma grande admiradora, que Janete Clair costumava responder às cobranças da esquerda por sua suposta "alienação" e pela alegada falta, nas novelas que escreveu durante a ditadura militar, do que Savala chamou de "compromisso com o real". Uma resposta desnecessária a uma acusação injusta, na opinião da jornalista Laura Mattos, autora de um livro e de uma série de reportagens sobre a censura imposta à teledramaturgia da Globo naquele período. Em uma delas, publicada pela *Folha de S.Paulo* em 12 de março de 2021, Laura argumentou que "o desapego de Clair à verossimilhança a levou a ser chamada de 'alienada' pela esquerda, acusação injusta, uma vez que embalava as juras de amor dos pares românticos com uma visão crítica do país":

"*Irmãos Coragem*, de 1970, o primeiro sucesso da Globo na teledramaturgia mais próxima da realidade brasileira, discutia opressão e liberdade, retratando as injustiças da exploração de garimpos. Janete Clair não era filiada ao Partido Comunista como o marido, mas seu nome aparecia frequentemente em dossiês da ditadura militar sobre 'o perigo da infiltração do comunismo na TV'".

Tarcísio Meira também achava que seu "João Coragem", ao se tornar um fora da lei e liderar um bando armado de garimpeiros para reagir às injustiças cometidas pelo latifundiário "Pedro Barros" vivido por Gilberto Martinho, foi muito além do folhetim:

CAPÍTULO 4 · 157

"'João Coragem' era um personagem muito autêntico, muito verdadeiro, maravilhoso. E liderou uma guerrilha no Brasil em pleno 1970 para lutar contra o bando do 'Pedro Barros', que era o grande bandido".

Por trás da grade

– Nós vamos falir.

O aviso era de Ângelo Franzão, diretor de mídia da McCann Erickson do Brasil, agência de publicidade que detinha mundialmente a conta da General Motors, e a notícia era o motivo da reunião que ele pedira ao então diretor da Central Globo de Comercialização, Willy Haas, em dezembro de 2008, na sede paulistana da emissora, já na ressaca da crise que tinha acabado de derrubar grandes bancos americanos, abalando profundamente a economia mundial. Por causa do rapa multinacional no caixa das filiais da GM espalhadas pelo mundo, a subsidiária brasileira estava sem um tostão para honrar a compra de espaço na grade comercial da Globo naquele final de ano. Willy, no entanto, nem hesitou:

– Duvido que o governo americano deixe a GM falir. E a gente também não deseja isso. Você vai ter sua mídia.

A resposta de Willy significou, de uma hora para outra, quinze milhões de reais a menos no caixa da Globo. Ele falava como responsável direto pela receita e pelo comando de uma força de vendas que podia ser dimensionada pelo Siscom – um sistema de comercialização que à época gerenciava a exibição, por 122 emissoras da Rede Globo, de cerca de 2,5 milhões de comerciais regionais e nacionais por mês, em média, comprados por cerca de 1.200 agências de publicidade do país, ligadas à emissora eletronicamente, em *real time*. Um sistema que não aceitava comerciais com mais de um minuto, por maior que fosse o dinheiro oferecido, e que oferecia ao mercado intervalos cuja duração, no caso do *Jornal Nacional*, por exemplo, jamais poderia ultrapassar 120 segundos. Em sua entrevista em março de 2010, Willy* explicava:

"O cliente não vem aqui fazer programação dentro da TV Globo. Ele vem comprar a nossa audiência, tem que comprar o que nós oferecemos. O nosso *break* é muito bem trabalhado para que a gente perca o mínimo possível de audiência".

Quatro décadas e meia antes, entre 1965 e 1967, Orlando Costa, dono das lojas Tonelux e patrocinador do programa *Espetáculos Tonelux*, dirigido por Maurício Sherman e apresentado, entre outros, por Marília Pêra e Gracindo Jr., mandava e desmandava tanto, dentro da TV Globo, canal 4 do Rio, que, por ser "muito namorador", segundo o depoimento de João Lorêdo*, "de vez em quando arranjava uma menina bonita, botava no programa e fim de papo". Ciro do

Canto e Mello, dono das Óticas Fluminense, outro patrocinador da época, tinha preferências mais sofisticadas, segundo Lorêdo:

"O Ciro do Canto e Mello era apaixonado por ópera e cantava ópera. Ele se escalava no programa. E também cantavam a filha e o genro dele. Os donos dos produtos mandavam na televisão".

Recém-chegado à Globo de São Paulo à época para chefiar uma pequena equipe de vendedores, ou contatos, da área comercial da emissora, Dionísio Poli se indignava:

"O mercado publicitário era nojento. Estava na mão dos anunciantes. A Gessy Lever, a Colgate, a Kolynos, que eram empresas de produtos de higiene e limpeza, financiavam a produção de novelas, pagando salários de atores e autores, e a televisão pegava as migalhas".

A Gillette do Brasil da época, definida por Poli como "uma empresa feroz", em vez de se envolver com novelas, preferia interferir na programação de filmes na Globo de duas maneiras. De um lado, ameaçava não anunciar na emissora se ela não exibisse filmes patrocinados que a Gillette queria lançar no Brasil. De outro, sabendo que a Globo não tinha verba para os filmes que ela, Globo, queria exibir, comprava os *breaks* comerciais que viabilizavam a exibição desses filmes.

Uma certa bagunça predominava na grade de intervalos comerciais da época depois das seis da tarde, quando deixava de valer um roteiro de inserções comerciais, antecessor do Siscom, o futuro programa computadorizado, e começava a funcionar o que o então operador de VT João Rodrigues, à época um dos responsáveis pela exibição dos comerciais, chamava de "balcão":

"A televisão vinha até as seis da tarde com o roteiro comercial. De seis da tarde em diante, eles alteravam tudo: à medida que iam vendendo, iam botando comercial. O negócio era vendido no dia para botar no ar no dia".

Era quando começava, para o telespectador da época, uma chatice semelhante à que os internautas do século 21 também passariam a ter que enfrentar, ao serem fulminados de forma indiscriminada, na tela do computador ou do celular, pela publicidade da internet, antes de conseguir acesso aos conteúdos desejados: intervalos longos e imprevisíveis no tempo de duração, um sacrilégio impensável para a área comercial da Globo do futuro, segundo Luiz Guimarães, ex-diretor de programação em São Paulo:

"Se nós tivéssemos comerciais para cinco minutos de *break*, nós fazíamos um *break* de cinco minutos, mas comercialmente era ruim e, para o telespectador, era pior ainda quando interrompíamos momentos de grande expectativa nas novelas e filmes".

Na memória de Nelson Gomes, um dos pioneiros na área de promoções e comunicação da emissora, mais tarde diretor da Globotec, a produtora de comerciais da Globo, eram anúncios gravados em videoteipe e "muito ruins, para vender cebola no dia seguinte a 58 centavos", em sua maioria veiculados pelas redes de supermercados do Rio da época como Casas da Banha e Casas Sendas, anunciantes varejistas chamados na emissora de "ceboleiros".

Um pequeno grupo de operadores de VT se revezava na tarefa de montar dois rolos de filme, dois copiões, um titular e um reserva, com todos os comerciais previstos para exibição ao longo do dia colados uns aos outros. João Rodrigues e os colegas que se revezavam com ele como "estivadores" tinham de manusear, sem parar, entre 20 e 30 fitas de duas polegadas pesando sete quilos cada uma, contando com apenas uma máquina *player*. Um trabalho que no futuro seria feito, primeiro por uma sistema mecânico apelidado de "cartucheira" capaz de armazenar e disparar ao longo do dia, por comando eletrônico, até quarenta fitas; e depois por um poderoso servidor de conteúdo digital. Apesar da década da sofisticação das instalações futuristas e digitais dos *switchers* hightech da Globo do século 21, o sistema de "dois rolos" já era uma espécie de evolução.

"Eu ficava cercado de fitas, de vários programas, em dois carrinhos, porque só tinha aquela máquina. Você botava a novela, tirava a novela; botava dois, três comerciais, depois tirava; botava a novela, de novo. Era a noite inteira: bota a fita, tira a fita; bota a fita, tira a fita. Daí eu tive a ideia de passar os comerciais para uma fita só."

Show do intervalo

Foi neste cenário de improvisação e sem muito planejamento que, junto com o esforço de controlar praticamente toda a produção de programas e novelas da Globo, deixando para depois um problema chamado Silvio Santos, que Walter Clark e Boni, ambos egressos de agências de publicidade, criaram um núcleo de profissionais pouco lembrado na anatomia do sucesso que a Globo alcançaria nas cinco décadas que viriam: os executivos liderados inicialmente por José Ulisses Arce e José Octavio de Castro Neves, e que, com o tempo, fariam dos intervalos e projetos comerciais da emissora uma máquina de transformar televisão em dinheiro.

Diferentemente das outras TVs, que então se permitiam fazer intervalos de até dez minutos, a Globo decidiu, a partir de 1970, ideia de Boni, que os *breaks* da rede não poderiam ter mais de três minutos, terminando sempre com uma chamada da programação para que o telespectador, ao ouvi-la, voltasse do banheiro ou da geladeira a tempo. Na base desse conceito, uma convicção e uma espécie de premissa de humildade que nem o mais premiado criador da publicidade brasileira, Washington Olivetto, em entrevista a este autor, ousaria contestar:

"Publicidade é uma intromissão. Ninguém liga televisão para ver um anúncio. Como intrometido, o publicitário tem de ser inteligente, talentoso e democrático".

Pouco tempo depois, em 1971, o plim-plim, sinal operacional criado inicialmente para substituir a sincronização por telefone das emissoras Globo na hora de exibir comerciais em rede nacional, seria adotado por Boni para marcar o começo e o fim dos *breaks*, tornando-se a vinheta que seria, também, no futuro, um sinônimo icônico da Globo, tanto para elogiar quanto para bater na emissora.

Na mesma época, final dos anos 1960, a equipe da área comercial adotou a estratégia criada por Walter Clark de "comer pelas bordas" a audiência das concorrentes no Rio e em São Paulo, negociando pacotes que obrigavam o anunciante a comprar, junto com os *breaks* do horário nobre, espaços publicitários menos valorizados de manhã e à tarde, o que atraía o telespectador para a grade completa de programas da emissora:

"Era um bom negócio para o anunciante porque tínhamos uma audiência segura nos horários laterais. E era ainda melhor para nós, porque, somando aqui e ali, acabávamos ganhando até mais que os concorrentes".

Aquela equipe comercial da Globo cresceria exponencialmente e se desmembraria anos depois em seis centrais com cerca de quinhentas pessoas, todas sediadas em São Paulo, "uma ilha longe das disputas da corte", nas palavras de um ex-diretor, e dedicadas a atividades específicas como merchandising, marketing, negócios internacionais, relações com o mercado publicitário e afiliadas, além de uma estrutura de exibição com redundância no Rio e completamente separada das operações do jornalismo e da dramaturgia, tudo sob comando da futura e poderosa Superintendência Comercial, a Sucom, posteriormente renomeada DGN, Direção-Geral de Negócios.

Com essa estrutura, inexistente nas redes concorrentes, a Globo atravessaria, sem maiores traumas financeiros, pelo menos sete planos econômicos e vários períodos de inflação alta e de recessão na economia brasileira, durante e depois da ditadura. Com uma carteira anual de clientes que ultrapassaria mais de 32 mil anunciantes, a emissora alcançaria, durante alguns anos, o quarto maior faturamento do mundo entre todas as redes de televisão, atrás apenas das americanas ABC, CBS e NBC.

E a façanha maior: a partir de meados da década de 1980, a equipe comercial descolaria a lenta e gradual curva descendente de audiência da Globo dos gráficos de desempenho de vendas, faturando sempre muito mais que a concorrência, mesmo quando os números do Ibope caíam. Até 2018, quando a estrutura da emissora foi diluída no modelo organizacional *mediatech* adotado pela família Marinho, sob o comando de Carlos Schroder e Jorge Nóbrega, a Globo jamais seria ameaçada pelas outras redes, com uma fatia nunca menor que 50% e muitas vezes superior a dois terços do total das verbas publicitárias do mercado brasileiro.

Um massacre que, em público, os executivos da área comercial, por modéstia ou cautela, se acostumariam a chamar de "assimetria".

Um rato no ombro

No anúncio publicado pela Globo nos jornais cariocas em junho de 1969, agradecendo ao público pela liderança de audiência no horário nobre do Rio, o artista que ocupava a posição central, na montagem fotográfica do elenco da emissora sob o título "Obrigado", não era Tarcísio Meira, Glória Menezes, Carlos Alberto, Yoná Magalhães, Ibrahim Sued, Raul Longras, Dercy Gonçalves, Capitão Furacão, Nelson Motta, Ted Boy Marino, Hilton Gomes ou Chacrinha.

Era "Topo Gigio", um boneco em forma de rato com trinta centímetros de altura por oito de orelha e olhos arregalados, espécie de ancestral italiano do "Louro José" do programa *Mais Você* de Ana Maria Braga, que enfeitiçou telespectadores do mundo todo no final dos anos 1960.

O humorista Agildo Ribeiro*, falecido em 2018, aos 86 anos, na entrevista que deu em 2001, quase trinta anos depois do sucesso de "Topo Gigio", ainda não tinha uma explicação para o fato de ter sido escolhido por Walter Clark e Boni para ser uma espécie de "escada" de luxo do boneco dublado, inventado pela italiana Maria Perego e que fez carreira milionária pelas televisões do planeta, cantando e distribuindo lições de bom comportamento às crianças. Uma febre comparável, na velocidade e na intensidade, à do jogo Pokémon, em sua passagem meteórica pelos celulares do planeta em 2014.

A explicação era simples, de acordo com a entrevista de Boni ao autor em 2023: os direitos de "Topo Gigio" tinham sido oferecidos inicialmente à TV Record, mas o dono da emissora paulista, Paulinho Machado de Carvalho, declinara, por considerar o preço muito caro para o que ele considerava ser um programa infantil que seria exibido fora do horário nobre. Boni vislumbrou o negócio de outra maneira:

"Quando o boneco foi oferecido a nós pelo empresário Marcos Lázaro, inicialmente achei que não deveria ser um programa, mas um quadro. E que o quadro, em vez de ser de um programa infantil, seria parte de um programa do horário nobre, o *Mister Show*, apresentado por Agildo Ribeiro. Agildo, no início, ficou incomodado de ser chamado pelo boneco de 'Agildinho'. Disse: 'Pô, Boni, parece que estou namorando um rato'. Mas foi bom para ele. Melhorou a audiência do *Mister Show*".

Certeza mesmo, na época, Agildo só tinha a de não ter recebido um tostão a mais da emissora, entre 1969 e 1970, por sua participação na temporada do boneco no Brasil, primeiro como um quadro no programa *Mister Show* e depois no *Topo Gigio Especial*, entre 28 de novembro de 1970 e 6 de fevereiro de 1971:

"Todo mundo achava que eu estava milionário. Achavam que eu que tinha inventado o rato, que eu que vendia aquelas coisas do rato. Eu dizia: 'Não, não. Eu ganho salário como ator contratado da Rede Globo'. Eu era todo magrinho, nunca fiz plástica na minha vida, mas tinha uma orelha. Aí botaram o rato no meu ombro".

Em cena, Agildo não tinha de fazer o que sabia, que era contar piadas ou interpretar personagens de humor. Apenas interagia com "Topo Gigio", às vezes com a ajuda de artistas como Regina Duarte, Elizangela e a banda The Fevers, interpretando textos originais italianos traduzidos para o português, mas interpretados, em *off* propositalmente carregado no sotaque, pelo italiano Peppino Mazzullo, enquanto o boneco ganhava vida, manipulado, fora de cena, por quatro pessoas.

Agildo ficou "fascinado" com o boneco que, entre outras façanhas, atuou em duetos com músicos como Louis Armstrong e Roberto Carlos; levou a concorrente TV Tupi a criar um gato chamado "Foguinho", que não conseguiria cumprir a missão de "caçar 'Topo Gigio'"; levou alguns pais a protestarem contra seu suposto jeito "efeminado"; e também atraiu a antipatia de Chacrinha, que nunca o levaria para cantar em seu programa por considerá-lo "desafinado". Agildo também disse que gostou muito da experiência que o tornou "hiperconhecido no Brasil inteiro". Mas ficou um arrependimento:

"Até burramente, vamos dizer assim, eu não soube me aproveitar disso. Eu não tinha o espírito comercial da época".

Espírito que já não faltava à área comercial da Globo, que, ao adquirir os direitos de exploração de "Topo Gigio" no Brasil, distribuiu um comunicado em tom de advertência aos veículos de comunicação que, ao ser tornado público pelo jornal *O Pasquim*, revelou o tamanho do investimento de marketing que aquele boneco arrastava pelos mercados do mundo.

Sob o título "O camundongo milionário", *O Pasquim* mostrava que qualquer reprodução gravada ou filmada de "Topo Gigio" teria de ser autorizada pelas empresas detentoras subsidiárias do direito de usar a imagem do rato em seus respectivos produtos, a saber: Rio Gráfica Editora (revistas), Brinquedos Estrela (brinquedos), Philips do Brasil (discos), Fjord (vestuário), Vulcan (plásticos e sacolas), Velsen (camisas e malharia), Goyana (louças), John Jaffé (decoração em *duratex*) e Fábrica de Tecidos Dona Isabel. No final do comunicado, uma advertência da emissora:

"Todo deslize de qualquer firma não autorizada pela TV Globo estará sujeito às punições impostas pela violação da lei que protege a propriedade industrial e artística contida no Código de Propriedade Industrial".

Era a Globo começando a dar muito dinheiro, mesmo desligada.

Adeus jabá

Com a TV ligada, José Wilker sabia que o colega Milton Moraes, quando cruzava com Paulo Gracindo em alguma cena de novela, os dois, sempre que podiam, incluíam nos diálogos a combinação de "beber um Chivas", o que, se acontecia, automaticamente habilitava Gracindo a receber, de um distribuidor brasileiro do famoso *scotch*, um "jabá", nome informal que se dava, no início dos anos 1970, ao merchandising, prática remunerada de citar ou mostrar determinada marca, produto ou serviço dentro de conteúdos artísticos, sem que a ação tenha características explícitas de um anúncio publicitário.

Na lembrança da atriz Renata Sorrah, "rolava muito dinheiro para fazer os atores e as estrelas fumarem" tanto no cinema quanto na televisão:

"Em novela antigamente isso era superimportante. Todo mundo fumava e todo mundo tinha na mão um copo de uísque com gelo".

Calhou, então, de Wilker, como o "Atílio" de *Cavalo de Aço*, ser o único personagem que aparecia dirigindo um carro em cena e de Milton Moraes, o "Carlão" da mesma novela, ser dono do único posto de gasolina que era parte do cenário da trama. E também autor de uma proposta irrecusável, segundo Wilker* contou em sua entrevista:

– Wilker, vamos levantar uma grana. Na cena em que você parar o carro no posto, você fala "põe Bardahl" e depois a gente divide o negócio.

– Combinado.

Wilker e Milton Moraes pensavam em fazer, na Globo de 1973, algo que era comum nos anos anteriores entre estrelas do elenco da TV Tupi como Luis Gustavo, para quem o merchandising informal se tornara uma rotina de sobrevivência muito além do bico, emblemática da decadência da emissora, mesmo sendo ele o astro principal da novela *Beto Rockfeller*:

"A novela já era uma explosão de sucesso e eu não recebia já fazia três meses. Eles só pagavam a raia miúda que era pra emissora não sair do ar. Os artistas não".

Na falta do salário da Tupi, Luis Gustavo conta em sua entrevista que apelava para o jabá em pílulas, trocando camisas da Casa José Silva, óculos da marca

Ray-Ban e até um carro esportivo Puma pela menção ou exibição desses produtos nas cenas da novela, recebendo os cachês diretos dos "anunciantes" sem escalas no caixa da emissora. Era tanto merchandising que Lima Duarte, então diretor de *Beto Rockfeller*, às vezes reclamava quando Luis Gustavo chegava no set "com chapéu, guarda-chuva, que nem uma árvore de Natal de tanto merchandising":

– Tatá, sabe o que você está parecendo? Você parece um astronauta!

Uma espécie de referência do mercado informal de merchandising explorado à época pelos artistas foi o acordo feito por Luis Gustavo com o dono do Laboratório Fontoura-Wyeth, Dirceu Fontoura, que, em pleno lançamento do comprimido Engov, ofereceu um cachê que Tatá nunca tinha sonhado para cada vez que seu "Beto Rockfeller" citasse o remédio em cena. Acerto feito, de uma hora para outra, começaram a surgir diálogos que não existiam no script da novela, como uma conversa telefônica, mostrada só pelo lado do "Beto" de Luis Gustavo, tendo do outro lado da linha o personagem "Vitório", vivido pelo ator Plínio Marcos:

– Vitório, o que houve? Você não está bem... Você tem que tomar Engov... Não, não, Vitório! É Engov, E-n-g-o-v... Isso, meu amigo: Engov. Toma Engov que você não vai se arrepender.

Muitos Engovs depois, Luis Gustavo acabaria sendo chamado à direção comercial da Tupi em São Paulo e confrontado com uma carta de protesto do fabricante do remédio Alka-Seltzer, concorrente do Engov e patrocinador dos programas esportivos da emissora. A partir daquele momento, para continuar faturando pessoalmente com o jabá do Engov, "Beto Rockfeller" teria de falar em cena também do Alka-Seltzer, para não prejudicar a receita publicitária da Tupi.

Na Globo foi outra história: o merchandising começaria a fazer parte da receita da emissora, e não do elenco, a partir de 1972, quando um novo modelo de bicicleta da Caloi foi mostrado na abertura da novela *O Primeiro Amor*, o que fez esgotar o estoque da fábrica em poucas semanas, e também em *Cavalo de Aço*, como José Wilker descobriria em plena gravação, ao tentar realizar o plano do jabá do óleo Bardahl combinado com Milton Moraes para a cena no posto de gasolina.

Câmeras ligadas, ação autorizada, "Atílio" parou na bomba do posto da cidade cenográfica da novela e disse o combinado para "Carlão":

– Põe Bardahl.

A gravação, em vez de continuar, foi subitamente interrompida pelo diretor Walter Avancini que, na lembrança de Wilker, "desceu do caminhão de externas botando o diabo pela boca, querendo matar" e dizendo que a área comercial da Globo tinha vendido o merchandising do posto para o óleo Lubrax. Perda total para José Wilker:

"Não só não ganhamos a porra da grana da Bardahl como tomamos um puta esporro".

E não ia ter pra mais ninguém. O próprio Luis Gustavo, mestre do jabá na Tupi, ao comentar sua chegada ao elenco da Globo em 1976, até exagerou quando falou sobre a impossibilidade de se repetir, na emissora, uma façanha histórica como o então já famoso "jabá do Engov":

"Na Globo, você não põe nem a tua cueca, nem a meia. Eles dão tudo. Eles te vestem, tiram o teu relógio e você vai ter que botar o relógio que eles querem porque tudo é controlado".

A maioria dos contratados da Globo nos anos 1970 parecia não se importar muito com o fim do jabá sem intermediários entre empresas e elenco porque, enquanto Tupi e Excelsior definhavam, os salários pagos em dia e as condições de trabalho inegavelmente superiores às das redes concorrentes que a Globo oferecia à classe artística do eixo Rio-São Paulo faziam uma diferença considerável, o que era um trunfo. No entanto, com o tempo, começou a não parecer tão vantajoso, à medida que atores e atrizes passaram a procurar alguns direitos nas cláusulas contratuais que haviam assinado com a emissora.

Em entrevista ao jornal *O Pasquim* em 1976 sob o título "O grito", um grupo de contratados da Globo formado por Regina Duarte, Renée de Vielmond, Armando Bógus, Cláudio Marzo, Otávio Augusto, Nilson Condé e Jorge Ramos soltaria o verbo, afirmando que os contratos eram muito bons para a emissora mas nem tanto para eles. Isso porque, preocupados em se livrar do caos e das incertezas da Tupi e da Excelsior e também em combater a invasão de enlatados americanos na programação da televisão brasileira, os artistas assinaram sem se dar conta, por exemplo, de que, com a disseminação do uso do videoteipe pelas emissoras brasileiras, eles também tinham se tornado "enlatados". E de graça para a Globo.

Regina Duarte, por exemplo, tinha acabado de descobrir, na época da entrevista, que, por falta de uma cláusula de remuneração por reapresentações de novelas, ela e o resto do elenco de *Selva de Pedra* não tinham recebido nada em 1975, quando a novela foi reexibida às pressas, no lugar da primeira versão, censurada, de *Roque Santeiro*:

"Ninguém recebeu um tostão. Quando assinamos os contratos, cedemos os direitos *ad infinitum* para todo território nacional e para o exterior do nosso trabalho".

Otávio Augusto, que com o tempo se tornaria o principal líder sindical do elenco da Globo, deu detalhes, na entrevista, sobre um processo administrativo contra a emissora no qual reivindicava, entre outros direitos, o estabelecimento de remuneração para a participação de atores e atrizes em peças de promoção e a substituição de folgas por dinheiro vivo no pagamento das inevitáveis horas extras exigidas na produção de novelas.

Cláudio Marzo, nas páginas d'*O Pasquim*, estava irreconhecível para os telespectadores que haviam se acostumado com seu papel de suave par romântico de Regina Duarte nas novelas, ao mostrar uma radical incompatibilidade com o que fazia na Globo. Condenou a "deformação da cultura brasileira" pela concentração da produção de conteúdo no Rio e em São Paulo e a "descaracterização do regionalismo", e fez um balanço sombrio tanto do contrato que tinha com a emissora quando da situação do país:

"Tem coisas valorosas e maravilhosas que estão sendo mortas, sufocadas, castradas, acabadas por uma imagem, uma força de massificação cultural que parte das necessidades econômicas de grupos de São Paulo e Rio de Janeiro. Nós estamos reivindicando um direito nosso de receber algum dinheiro pelo nosso trabalho e estamos sendo roubados, mas o país está sendo castrado".

Um ano antes, o mesmo *O Pasquim* tinha entrevistado Paulo Gracindo, na esteira do sucesso espetacular de seu "Odorico Paraguaçu" da novela *O Bem-Amado*, de Dias Gomes. Millôr Fernandes, um dos entrevistadores, autor de uma coleção de frases devastadoras sobre a televisão, entre elas a de que ela seria "um veículo que não tem medo de insultar a inteligência do espectador", levantou a bola para o entrevistado falar de salário:

"A televisão é uma ilusão econômica?"

Paulo Gracindo, com a experiência de quem tivera de elogiar o uísque Chivas Regal em cena para complementar a renda, reclamou, comparando o salário da Globo com o que ganhava, na época, com o show *Brasileiro, Profissão Esperança*, em cartaz no Canecão, a famosa casa de espetáculos carioca:

"Hoje é que eu sinto o quanto sou miseravelmente pobre. Meu contrato com a televisão é ridículo. Eu ganho muito mais por semana no Canecão do que ganho por mês na Globo".

O cartunista Jaguar, outro entrevistador, antevendo os prós e contras de amor e ódio que marcariam, nas décadas seguintes, a relação da classe artística brasileira com a Globo, provocou:

"Mas não foi a televisão que trouxe esse monte de pessoas para o Canecão?"

Talvez inspirado por "Odorico", Paulo Gracindo conciliou:

"Então estamos pagos. Eles me deram essa força, trouxeram esse público, me promoveram, após me pagarem mal todo esse tempo".

CAPÍTULO 5

Vale-tudo

"O que queriam, afinal, os iracundos opositores da televisão brasileira? Uma TV antipúblico, igualzinha à Rádio MEC, solitária, despovoada, abandonada à própria sorte? Em vez de fazer severas restrições à TV, sua excelência devia endereçá-las ao povo. E, então, chegaríamos a essa contingência realmente constrangedora: substituir um povo por outro povo."

A sugestão irônica de trocar de povo era de Nelson Rodrigues, em sua coluna na edição do jornal *O Globo* de 13 de setembro de 1971, na semana em que a Globo e a Tupi tinham assinado um "protocolo de autocensura" cujo objetivo seria, nas palavras de Boni, um dos signatários, "eliminar os espetáculos de mau gosto" da televisão brasileira, para que fosse "imposta" uma "nova mentalidade" aos programas de nível popular.

A "excelência" a quem Nelson Rodrigues se dirigia, em sua coluna, era o então ministro das Telecomunicações, coronel Hygino Corsetti, uma das autoridades determinadas a acabar com os programas popularescos de TV que à época disputavam, no tapa, os índices do Ibope.

"Mendigos, indigentes, loucos, viciados, casais desajustados, ladrões. O desfile se repete há quatro anos no Rio e em São Paulo para uma plateia que o Ibope revela ser fiel."

Desde setembro de 1968, quando publicou uma matéria sob o título "Mundo cão não", a revista *Veja* era um dos veículos que vinham criticando severamente os programas de auditório das emissoras. Na mesma época, com apoio do então presidente da Associação Brasileira de Imprensa (ABI), Danton Jobim, que não hesitara em pedir ao governo que censurasse a "televisão-espetáculo", o jornal *Última Hora* fizera uma campanha na mesma linha de *Veja*, publicando uma série de artigos do crítico de TV Eli Halfoun contra "o grotesco na TV" e a busca de audiência à custa da "exploração gratuita da miséria, do analfabetismo e do subdesenvolvimento".

A polícia do estado da Guanabara tinha intimado os programas de Dercy, Raul Longras e Chacrinha a seguirem uma cartilha que incluía recomendações de não fazer rimas que sugerissem versos pornográficos, não dizer palavras chulas e não humilhar os calouros. Não dera em nada. *Dercy de Verdade*, por exemplo, mostrou crianças de um orfanato denunciando um casal por maltratá-las. Na Globo de São Paulo, outras crianças tinham sido instadas a denunciar, na frente das câmeras do programa *SOS Amor*, apresentado por Raul Longras, que o pai batia na mãe.

Eli Halfoun, como destacou o pesquisador João Freire Filho, em seu ensaio "Notas históricas sobre o conceito de qualidade na crítica televisual brasileira", publicado pela *Revista Galáxia*, da PUC-SP, em abril de 2004, não defendia em sua campanha uma "televisão cultural", mas uma "televisão sadia, desocupada de atrações que abusavam da boa-fé do público", contando ainda com "a pronta e vigorosa colaboração do Juizado de Menores e do Contel" contra os programas popularescos, entre os quais o que Freire Filho chamou de "infame entre os infames": *O Homem do Sapato Branco*.

O apresentador do programa, Jacinto Figueira Júnior, entre outras baixarias documentadas na biografia de mesmo nome lançada por Mauricio Stycer em 2023, chegou a dar um tapa no rosto de uma mulher acusada de roubo diante das câmeras, com a conivência de três policiais que a acompanhavam. Ainda segundo Stycer, Jacinto costumava embriagar entrevistados para facilitar a ocorrência de brigas durante o programa e chegou a provocar, indiretamente, a morte de uma pessoa na frente da sede paulistana da Globo, em meio a um tumulto provocado pela falta de uma quantidade suficiente de presentes de Natal que ele mesmo prometera aos telespectadores.

Geraldo Casé, testemunha da baixaria no programa de Jacinto Júnior, não imaginava que aquela fórmula de entretenimento atravessaria a barreira do século 20:

"Era um mundo cão absurdo. Era um *Programa do Ratinho*, com aquelas brigas e tudo mais. A produção armava mesmo: pegava um mendigo e dizia que ele tinha roubado um rádio do outro e depois eles saiam lá dando soco um no outro".

Até o general presidente Médici, durante uma pausa no comando do período mais violento da repressão política, em meio à euforia com o segundo ano do chamado "milagre econômico", decidira mandar publicar, em outubro de 1970, uma mensagem em forma de advertência aos responsáveis pelo conteúdo da televisão brasileira:

"Cumpre aos empresários livres encontrar um sentido mais alto para a televisão comercial, pois o governo não pode assistir omisso e silencioso à competição de audiência só de números à custa da deseducação do povo".

Para Walter Clark, a mensagem do general "era o governo, sempre pronto a encampar uma cruzada moralista e assanhado por uma boa censura". Clark registra, em sua autobiografia, que foi o coronel Hygino Corsetti, pioneiro da telefonia brasileira e censor obsessivo do programa *Telecatch Montilla*, quem surgiu, mais uma vez, no caminho da Globo:

"O Corsetti, especialmente, fez críticas duríssimas à TV e ameaçou tomar providências enérgicas contra nós. De repente, as emissoras ficaram acuadas, contra a parede, temendo mais uma intervenção estatal".

Clark se referia ao cerco que se fechou de vez em 29 de agosto de 1971, um domingo, época em que Dercy Gonçalves, Raul Longras e Jacinto Figueira Júnior já tinham sido tirados do ar na Globo havia mais de um ano, todos chamuscados pelos protestos contra a baixaria na TV, e quando restavam no ar os dois protagonistas mais poderosos e polêmicos daqueles anos de guerra suja pelos índices do Ibope: Chacrinha, na Globo, e Flávio Cavalcanti, na Tupi.

Naquela noite, uma conhecida mãe de santo, Cacilda de Assis, que dizia receber o espírito do "Seu Sete da Lira", um exu da umbanda, transformou o auditório de Flávio Cavalcanti numa sessão de macumba ao vivo, aumentando espetacularmente a audiência da Tupi. Chacrinha, ao saber, não quis esperar: mandou um produtor pegar "Seu Sete" na saída da TV Tupi e, ainda naquela noite, a mãe de santo estaria também na tela da Globo, dando oportunidade para Chacrinha encenar um ritual no qual, segundo Walter Clark, ele "fumou charuto, tomou passe e deu peitada", como se estivesse numa legítima cerimônia de umbanda.

Mais do que a exploração de doentes e aleijados, a exposição de crianças a situações traumáticas, a vista grossa para as fraudes de charlatões de toda espécie e a humilhação de gente simples em situações de desespero, entre outros absurdos que frequentaram regularmente os programas dominicais até então, foi aquele ritual de origem africana, ao vivo, no mesmo dia, na Tupi e na Globo, que provocou as reações mais intensas.

A Censura Federal qualificou a apresentação de "Seu Sete" de "baixo espiritismo, exploração da crendice popular e favorecimento da propaganda do charlatanismo"; o porta-voz da Conferência Nacional dos Bispos do Brasil (CNBB) declarou que a "inclinação à transcendência do povo brasileiro" estava sendo utilizada por "indivíduos sem escrúpulos, em atividades pseudorreligiosas". E Walter Clark ironizou:

"No dia seguinte, claro, a imprensa caiu de pau. Baixaria! Mundo cão! Era toda a *intelligentsia* brasileira reclamando que o nível da televisão tinha descido ao esgoto".

Como já se esperava, o ministro Hygino Corsetti chiou de novo, mas daquela vez ventilando, segundo *O Estado de S. Paulo*, a hipótese de "cassar a concessão das emissoras que insistissem com o sensacionalismo" e, depois, ameaçando acabar com as transmissões ao vivo na televisão, com ou sem a presença de público nos auditórios.

Foi, portanto, para se antecipar às medidas anunciadas pelo coronel Hygino que a Globo e a Tupi tinham tomado a iniciativa do protocolo de autocensura ironizado por Nelson Rodrigues. E, assim como Nelson, o jornal *O Pasquim* também questionou o documento, sugerindo que, se os "artigos" fossem rigorosamente seguidos pelas duas emissoras, simplesmente não haveria o que exibir. Entre as promessas estavam a de não apresentar, em qualquer programa e sob qualquer pretexto, "pessoas portadoras de deformações físicas mentais ou morais"; "quadros, fatos ou pessoas que sirvam para explorar a crendice ou incitar a superstição"; "falsos médicos ou curandeiros ou qualquer tipo de charlatanismo"; e "polêmicas falsas ou verdadeiras entre profissionais de diferentes emissoras de televisão". Também garantiam que não iriam explorar, discutir ou comentar, "de forma sensacionalista ou depreciativa", problemas e fatos da vida particular de qualquer pessoa.

Passado o momento de histeria, principalmente da classe média, com o ritual de umbanda naquela rede nacional involuntária, ao vivo, para os estados que à época transmitiam a Globo e a Tupi, o tempo daria razão a Nelson Rodrigues e ao *Pasquim*. Na prática, o que restaria vigente, em vez das promessas solenes contra a baixaria sacramentadas no protocolo, seria um velho preconceito que em 1972 levaria a Globo a afastar o museólogo e carnavalesco Clóvis Bornay, um notório homossexual, do júri do *Programa Silvio Santos*, pelo suposto exagero de se apresentar de peruca, salto alto, dançando e rebolando.

Na mesma época e por motivos semelhantes, o costureiro Dener perderia o emprego na TV Itacolomi, afiliada da Tupi em Belo Horizonte, e seu desafeto Clodovil seria convidado pela Globo a deixar o júri da *Discoteca do Chacrinha*. Fora do escopo da homossexualidade, Flávio Cavalcanti tanto continuaria forçando a barra, em sua guerra de audiência com Chacrinha, que, no início de 1973, tomou, junto com Wilton Franco, diretor de seu programa, uma suspensão de sessenta dias, determinada pelo ministro Hygino Corsetti, com a chancela do então ministro da Justiça, Alfredo Buzaid, e de um general que ocupava um cargo de direção na Polícia Federal.

Flávio levara ao palco do programa um homem que tinha "emprestado" sua mulher a um amigo impotente.

A polêmica moralista despertada pelo crescimento então geométrico da televisão na sociedade não era uma jaboticaba: segundo o livro *The BBC: A People's History*, de David Hendy, até a rede britânica vinha sendo responsabilizada pelo suposto "colapso moral" nacional que estaria ocorrendo na Grã-Bretanha nas décadas de 1960 e 1970. Mary Whitehouse, lendária ativista contra a "permissividade" na televisão no país, chamava as antenas que brotavam sem parar nos telhados britânicos como *devil's forks*, "garfos do diabo".

Pobres inúteis

O palavreado de Boni não causou nenhuma estranheza, lógico, a Dercy Gonçalves:

– Olha, Dercy, eu vou ser honesto: tem um processo do tamanho de um caralho na Censura contra você.

– Mas por quê, Boni?

– Eles não querem mais esse gênero de artista. Vai sair você, vai sair Chacrinha, vai sair Longras e o *Balança Mas Não Cai*.

Ao reconstituir a conversa com Boni na entrevista que deu ao *Pasquim* em 1971, ainda magoada com a demissão da Globo em julho do ano anterior e citando uma conversa que tivera com um diretor da Censura Federal, Dercy insistia que, na verdade, tinha saído do ar por ser "uma artista popular". Em sua autobiografia, *Dercy de cabo a rabo*, ela repetiria o argumento, acrescentando que o problema com o governo era um quadro de seu programa:

"O 'Consultório Sentimental' saiu do ar porque o governo ficava puto com aquela quantidade de pobres que aparecia nesse quadro e dizia que ele, governo, era suficiente pra fazer assistência social".

Walter Clark e Boni não teriam como discordar da condição de Dercy como uma genuína artista popular que incomodava o governo militar. A questão é que eles já não precisavam mais dela. Nem dela nem de boa parte do novo contingente de telespectadores das classes C e D para os quais a Globo e as outras emissoras tinham criado a programação de cunho popular que predominara a partir de 1964, quando, com a redução do preço e a ampliação do crediário, o número de televisores em uso no Brasil saltara de menos de dois milhões para quatro milhões, em 1969, e cinco milhões, em 1970.

À exceção de Chacrinha e Silvio Santos, que deixariam a Globo alguns anos depois, a emissora, ao tirar do ar os programas que estavam escandalizando tanto os militares do governo quanto as classes A e B, consumidoras exclusivas da televisão no país nos primeiros tempos, estava abrindo mão de audiências que atingiam até 50 pontos, com médias de Ibope que, para efeito de comparação, nenhum dos programas da Globo transmitidos a partir do ano 2000 jamais alcançaria. Por quê?

Estava em curso, na emissora, em vez da programação descrita por Clark como "popularesca, apelativa e voltada para a audiência de massa", uma opção preferencial por uma grade de conteúdos, segundo ele, "mais elitizada, de mais qualidade, voltada para os segmentos de audiência com maior poder de consumo":

"Já não interessava à Globo dar 90% de audiência com programas como o *Casamento na TV*. Era melhor dar 70% com uma novela adaptada de um livro de Jorge Amado, por exemplo, que dava prestígio à emissora".

Prestígio que, como lembra João Freire Filho, era devidamente "convertido em espécie" com a chegada à TV de anunciantes mais rentáveis como os cartões de crédito, as cadernetas de poupança e a indústria automobilística. E mudanças que, segundo ele, visavam a atender nem tanto o que Nelson Rodrigues chamava de "o bom gosto sem tostão dos intelectuais" ou as plataformas políticas mais ambiciosas dos artistas de esquerda, mas o "bom gosto" da classe média, "consumidora em potencial e agente importantíssima para a efetivação do projeto desenvolvimentista do governo militar".

Walter Clark, em seu livro, aponta um outro fator que pesou na opção da Globo pela concentração do investimento na programação destinada às classes A e B, dando a entender que a mudança do perfil da grade da emissora talvez não precisasse ser tão radical:

"Os comunicadores populares ainda eram muito importantes na estratégia de expansão e aglutinação da rede. Mas foi através deles que o governo decidiu pressionar as televisões para impor a TV colorida. Ajudado pela imprensa, que jamais desperdiçou uma oportunidade de esculhambar a televisão, sua maior rival na mídia, o governo abriu a campanha contra o 'baixo nível' da programação de TV. Da noite para o dia, os comunicadores populares foram satanizados pela imprensa e pelo governo".

Qualquer que fosse a causa principal da mudança na programação da Globo, naquele mesmo ano de 1971, Homero Icaza Sánchez já estava à frente do departamento de análises e pesquisas cujos relatórios se tornariam indispensáveis nas decisões estratégicas da emissora. E, ao final dos cinco primeiros anos de trabalho, depois de milhares de entrevistas, o telespectador médio brasileiro que emergiria das planilhas de Homero, descrito por ele em entrevista à *Veja*, era um indício de que Walter Clark e Boni sabiam o que estavam fazendo quando tiraram Dercy e outros "comunicadores populares" do ar:

"É mulher, casada, pouco mais de 30 anos, católica. Vai uma vez por mês ao cabeleireiro. Faz as unhas em casa e acompanha o marido nas noites de sábado ao cinema. Ela é que compra tudo para o homem. O marido só escolhe o terno e a gravata. Até mesmo as cuecas é ela que compra. Mostra-se mais compreensiva e mais moderna que o companheiro. Do filho, espera que se forme, da filha, que se torne aliada".

Nem precisava dizer que gostava de novela.

Conta outra

"O Jô Soares entrava no set já contando piada e o Agildo Ribeiro também. E não tinha ninguém na plateia. Tinha só a claque, que o telespectador não via, ficava escondidinha. Eram vinte pessoas: tudo velhinho já, tudo dormindo, tossindo. Coitados, os caras chegavam ali ao meio-dia, só saíam às duas da manhã. E dando risada."

Nos bastidores que o editor João Rodrigues conhecia como poucos, o desafio da Globo, a partir de 30 de junho de 1970, era não fazer feio com *Faça Humor, Não Faça Guerra*, humorístico que estreou nas noites de sexta-feira e que tinha, entre suas missões, a de inaugurar, com sucesso, a opção de Boni por um formato de humor genuíno de televisão, livre das adaptações de modelos herdados do rádio e do teatro de revista, abrindo mão de auditório e substituindo a plateia por uma claque com gargalhadas moduladas por um contrarregra:

"Eu não gosto muito de auditório. Eu acho que ele falsifica a audiência porque às vezes você está agradando o auditório e desagradando trinta milhões de espectadores".

As outras missões de *Faça Humor, Não Faça Guerra* eram substituir, com vantagens de audiência junto às classes A e B, o polêmico *Dercy de Verdade* e finalizar o programa a tempo da exibição, como um dos primeiros shows da emissora a ir ao ar gravado em videoteipe, em vez de ser transmitido ao vivo. A produção, a partir de textos de Jô Soares, Renato Corte Real, Max Nunes, Haroldo Barbosa, entre outros, demorava, demorava muito, exigindo que a equipe técnica, o elenco e a heroica turma da "claqueiros" às vezes passassem 24 horas no estúdio, o que logo transformaria os 55 minutos do programa nos mais caros da linha de shows da Globo na época.

Primeiro dos quatro programas da Globo para os quais Jô Soares, falecido em 2022 aos 84 anos, criaria sua impressionante galeria de mais de 250 personagens, *Faça Humor, Não Faça Guerra*, título inspirado no slogan da campanha que a juventude americana fazia à época contra a Guerra do Vietnã, marcaria a memória dos brasileiros com vários quadros curtos; como o de "Norminha", jovem cantora hippie interpretada por Jô que fazia tudo para ser famosa, e o "Lelé & Dakuca", no qual Jô e Renato Corte Real viviam dois malucos de hospício que cavalgavam cavalinhos de pau fantasiados de Napoleão, enquanto diziam um texto *nonsense* cujo humor talvez passasse batido por boa parte do auditório do extinto *Dercy de Verdade*. Em sua autobiografia, Jô celebrou o caráter "inovador" do programa:

"Pela primeira vez, nos humorísticos na TV, tudo se resolvia em *flashes*, em quadros rápidos e ágeis de apenas duas falas que eram inseridos logo na abertura: tocava a música, parava a música, entrava um diálogo com uma linha para cada personagem, voltava a música e a coreografia".

Faça Humor, Não faça Guerra seria lembrado por Boni como um dos três "momentos de evolução", entre os programas de humor que a Globo criaria ao longo de sua história, junto com *TV Pirata* (1988) e, depois, *Casseta & Planeta* (1992), formatos que, por sinal, dispensariam tanto auditório quanto a claque adotada por Boni, recursos que o *casseta* Reinaldo, por exemplo, achava desnecessário para qualquer programa de humor:

"Você confia na piada, não precisa ficar empurrando as pessoas para rir em casa".

E um sinal dos tempos: na mesma época em que *Faça Humor, Não Faça Guerra* estreava, a Globo estava tirando do ar o *Balança Mas Não Cai*, adaptação de um dos maiores sucessos da Rádio Nacional na década de 1950 e cuja fórmula parecia destinada aos arquivos da história da televisão brasileira. Tanto o programa quanto o perfil de artista que, segundo Agildo Ribeiro, ele exigia:

"Eram programas adaptados. Saíam da audição para a visão. Vinham do rádio para a televisão. E essa metamorfose, sair do programa de rádio que você ouve para um programa que você vê, não é muito fácil. Às vezes o artista que é brilhante no rádio não chega a ser brilhante na frente da câmera".

Ou vice-versa: menos de dois anos antes, em setembro de 1968, em vez de problema, o *Balança Mas Não Cai*, provando que o público, também, ainda não tinha se esquecido totalmente dos programas da era do rádio, fora a solução espetacular para um problema que estava tirando Walter Clark e Boni do sério: a audiência das segundas-feiras.

Embora a média do Ibope da Globo no Rio de Janeiro tivesse passado de 28%, em 1965, para 49%, em 1968, consolidando a liderança da emissora de terça a domingo, nas noites de segunda-feira não havia meio de a Globo alcançar a audiência que a Tupi conseguia com o programa *O Céu é o Limite*, precursor dos *quiz shows* da televisão brasileira e apresentado por J. Silvestre, que parava o país antes de soltar seu famoso bordão, "Absolutamente certo", para as respostas decisivas dos finalistas.

Depois de tentar enfrentar J. Silvestre, sem sucesso, até com um programa de música clássica adornado por integrantes do elenco da Globo de longo e *smoking*, Walter Clark chamou o ator e diretor Lúcio Mauro para uma conversa em sua mesa cativa no icônico bar Antonio's, espécie de sucursal etílico-gastronômica da direção da emissora, frequentada por artistas e intelectuais no bairro do Leblon:

– Lúcio, eu perco para a Tupi todas as segundas-feiras, não há jeito. Já fiz tudo o que foi possível fazer e não consigo ganhar do J. Silvestre. Mas eu tenho

CAPÍTULO 5 · 175

uma carta no bolso. O Boni não gosta muito porque acha que é um humor um pouco apelativo, mas é só com isso que podemos ganhar.

– O que é?

– *Balança Mas Não Cai*, Rádio Nacional.

No dia seguinte, Lúcio Mauro* já estava se reunindo com Max Nunes e Haroldo Barbosa, também responsáveis pela criação, em 1965, do primeiro humorístico da história da Globo, *Bairro Feliz*, feito de esquetes alternados de música e humor. Num primeiro momento, Max e Haroldo hesitaram, preocupados com o desafio da adaptação do *Balança Mas Não Cai*, mas a solução de Lúcio para uma apresentação dinâmica dos quadros originalmente radiofônicos do programa, um disco giratório com quatro "apartamentos" cenográficos do edifício-cortiço, funcionou e, logo na estreia, 26 de setembro de 1968, *Balança Mas Não Cai* conquistaria 57% no Ibope do Rio.

A Globo só voltaria a se preocupar seriamente com a audiência das segundas-feiras no século 21.

Conexão Praga-Sucupira

Um Woodstock de esquerda. Qualquer militante comunista brasileiro ficaria satisfeito de definir assim a experiência que um deles, Lauro César Muniz, autor de teleteatro e de novelas da Excelsior e da Tupi, então com 30 anos, tivera em Paris, Praga e Moscou; cenários emblemáticos de acontecimentos decisivos do século 20, no interminável ano de 1968, antes de entrar para a Globo em 1972 tachado pelo Partido Comunista Brasileiro (PCB) de revisionista e começar a escrever os capítulos do seriado *Shazan, Xerife & Cia.*

Quando chegou a Paris, no início de uma viagem de noventa dias pela Europa, Lauro*, um militante do PCB desde 1960, quando era estudante da Escola de Arte Dramática da Universidade de São Paulo, acompanhou as manifestações dos estudantes da Sorbonne cujos protestos fariam tremer o governo gaullista, além de inspirar protestos semelhantes em vários países. Em sua entrevista, ele conta que desembarcou em Paris "já muito consciente do que significava aquilo tudo":

"Se você não sente na pele, você não acredita. Eu vi aquele movimento. Corri muito de gás lacrimogêneo nas ruas de Paris, no lado *gauche* do rio, a margem *gauche* do rio".

Depois de Paris, o autor que estrearia na Globo com a novela *Carinhoso* em 1973 viveu a "experiência fantástica" de estar em Praga, capital da então Tchecoslováquia, à época cenário do primeiro movimento político apelidado de "primavera" de que se tem notícia: a tentativa de um governo liberalizante dentro do bloco soviético liderada pelo reformista Alexander Dubček e que seria esmagada por Moscou. Ciceroneado por Mauro Santayana, então correspondente do *Jornal do Brasil* em Praga e futuro autor do furo internacional que noticiaria, para o Ocidente, a chegada de mais de 4 mil tanques soviéticos ao país na madrugada de 21 de agosto daquele ano, Lauro mudou para sempre:

"O que estava acontecendo em Praga era uma coisa maravilhosa. O povo estava empolgado, fascinado com a possibilidade de um socialismo mais democrático, antissoviético, antistalinista. Eu, que tinha uma formação stalinista via PCB, fiquei espantado com aquilo, empolgado com aquilo. Eu via uma euforia muito grande dos intelectuais e dos artistas fazendo uma arte mais livre. Eu me lembro de ir a cervejarias em Praga. As pessoas subiam na mesa com os copos e faziam discursos que o Mauro traduzia para mim de 'abaixo a opressão soviética'. Eu falei: 'Meu Deus, como o mundo é diferente! Olha só o que eu vou levar de volta para o nosso partido lá no Brasil'".

Aí Lauro viveu outra experiência marcante naquela viagem: a ida de Praga para Moscou, com escala em Berlim Oriental, onde ficaria impressionado com a "pasmaceira", o cerceamento total de liberdade e a "coisa hedionda" do muro. Chegou a Moscou no dia 1º de maio e levou um susto quando decidiu filmar a Praça Vermelha da janela do quarto do hotel com sua câmera Super-8:

"O apartamento onde eu estava foi invadido por muitas mulheres, curiosamente mulheres, fortes, gordas, que falavam em russo alto comigo como se eu estivesse entendendo alguma coisa e me tiraram a câmera".

Na volta ao Brasil, quando a invasão soviética da Tchecoslováquia ainda não tinha acontecido, Lauro se viu "fortemente rebatido e chamado de revisionista" ao demonstrar, para os colegas da célula comunista de que participava, seu entusiasmo com o que testemunhara em Praga. Decidiu então deixar o partido e continuar trabalhando individualmente pelo que acreditava, convivendo para sempre com a contradição que a experiência de Praga e Moscou tinha escancarado para ele:

"Essa grande contradição foi, com certeza, para todos os meus trabalhos no teatro, de uma maneira mais contundente porque era possível. E, na televisão, com mais cuidado porque é um veículo de comunicação de massa e havia uma censura extremamente rigorosa".

Ao ser contratado pela Globo, Lauro seguia os passos do companheiro Dias Gomes, um comunista que continuaria ligado ao PCB e que, de acordo com um levantamento feito por Laura Mattos em seu livro *Herói mutilado: Roque Santeiro e os bastidores da censura à TV na ditadura*, teve o nome citado em nada menos que 432 páginas de 94 documentos armazenados na agência central do

CAPÍTULO 5 · 177

Serviço Nacional de Informações (SNI), órgão máximo que centralizava dossiês das divisões de segurança e informações de ministérios, autarquias e outros órgãos públicos da época.

Ao assumir a autoria de *A Ponte dos Suspiros*, folhetim de Glória Magadan que estava em fase de pré-produção quando a diretora cubana saiu da Globo, em 1969, Dias Gomes tivera de aceitar a sugestão de usar um codinome, ideia que o próprio Roberto Marinho lhe teria dado, segundo Yoná Magalhães, estrela da novela, e escolheu o nome Stela Calderón, acrescentando ao contrato com a Globo uma cláusula que Daniel Filho conhecia:

"O contrato do Dias Gomes, que já era famoso, dizia o seguinte: 'Eu escrevo esta novela assinando Stela Calderón. Quando vocês quiserem que Dias Gomes assine, custará mais caro'. E assim foi feito. Quando Dias Gomes assinou sua primeira novela, que foi *Verão Vermelho*, ele passou a ganhar mais. Era o Dias Gomes fazendo novela".

O problema é que Stela Calderón também era comunista.

Como lembra Laura Mattos, o autor, assinando como Stela e "agoniado" com o enredo "alienante" que herdara de Glória Magadan, encaixou no texto referências à ditadura militar brasileira e à deposição do presidente João Goulart em 1964, o que levou o governo a determinar que o horário de exibição de *A Ponte dos Suspiros* passasse das sete da noite para as dez horas. Justificativa oficial: "Para os menores, a novela criaria o espírito de que os governantes são maus, desumanos, indiferentes ao sofrimento do povo, etc.".

Em *Bandeira 2*, novela das dez da noite que já assinou com o nome verdadeiro, Dias teria problemas não com os militares, mas com Walter Clark, que, em sua autobiografia, descreveu o dramaturgo como uma pessoa "impermeável a qualquer recomendação de prudência" que chegou a usar um personagem interpretado por Paulo Gracindo, o bicheiro "Tucão", para defender o fim das concessões de TV e criticar um programa da própria grade da Globo com uma citação explícita:

– Televisão tem que estatizar mesmo! Televisão que tem Ibrahim Sued no ar não merece moleza do governo!

A partir daquele momento e depois de apagar o incêndio interno que se seguiu ao ataque do bicheiro de ficção ao colunista de verdade da Globo, Clark conta em seu livro que decidiu pedir a José Leite Ottati, um dos contratados pela emissora para adivinhar o que passava pela cabeça dos censores, que fizesse "a censura mais rigorosa que fosse possível" aos textos de Dias Gomes:

"Daí pra frente, passei a jogar o jogo: o Dias escrevia o que queria e eu punha no ar o que podia. Não ia oferecer o meu pescoço em holocausto para ele posar de campeão da liberdade".

Dias podia não querer ser um "campeão da liberdade", mas, a julgar por uma entrevista que deu ao *Pasquim* em junho de 1991, fazia questão de continuar no jogo contra a censura. Na mesma *Bandeira 2*, por exemplo, ele encaixaria, sem que os censores da Globo ou do governo cortassem, a invasão de um apartamento no Rio de Janeiro por uma família de sem-teto nordestinos, tema de sua peça *A Invasão*, que ele sugerira anteriormente a Borjalo para ser adaptada à TV, ideia considerada uma "maluquice" pelo diretor. Na mesma entrevista, Dias explicou como e por que tentou sempre continuar no jogo:

"Aprendi o seguinte: a gente não deve perguntar nada, a gente faz e se passar passou. Para passar qualquer ideia, qualquer denúncia, você tinha que usar de mil artifícios, metáforas. O teatro foi totalmente seccionado. Toda aquela linha de dramaturgia que nasceu nos anos 1950 e princípio dos 1960 foi proibida, porque a realidade brasileira em si foi proibida".

Dias também exercitava, na Globo, o conhecido pragmatismo dos militantes do PCB. De acordo com a *Veja*, em sua edição de 8 de março de 1972, o personagem "Severino", interpretado por Sebastião Vasconcelos na novela *Bandeira 2*, morreu na trama a pedido da direção da Globo porque o ator queria um contrato de trabalho e não os cachês que recebia por fazer o personagem. E embora fosse o que o ator José Wilker chamava de "um belo de um comunista" sem "aquele sectarismo, aquela coisa ranheta, velha", Dias também era pragmático e disciplinado em sua militância, como Laura Mattos mostrou em reportagem para a *Folha de S.Paulo* de 22 de setembro de 2019. Baseada no acesso que teve ao diário pessoal do autor, ela conta que o PCB desaprovou um personagem da peça *A Invasão* e acrescentou:

"Dias não fala em censura e sempre negou intervenção do PCB em seu trabalho, mas isso não era raro com outros artistas, até mesmo com alguns de seus amigos próximos, como o escritor Jorge Amado e o dramaturgo Oduvaldo Vianna. A direção partidária inventava personagens, matava outros e proibia obras inteiras, em consonância com a caneta pesada da ditadura soviética".

Uma frase de Dias Gomes, na mesma entrevista que deu ao *Pasquim* em 1991, revelaria, em vez do autor que lutou como poucos, dentro da Globo e nos escaninhos estúpidos da censura, pela exibição de suas histórias, um homem tomado pelo desencanto típico dos artistas de teatro que, como aconteceu com Lauro César Muniz e outros, a ditadura empurrou para a TV:

"A televisão tem um impacto extraordinário mas não é um meio propício à reflexão. A televisão é a glória de uma noite. Ela é supérflua. É um desperdício de talento pra porra nenhuma".

Àquela altura, a história na televisão brasileira já o desmentia, mostrando que obras como *O Bem-Amado* (1973), *Roque Santeiro* (1985) e *Saramandaia* (1976), entre outras, foram glórias que duraram bem mais que uma noite.

Um dia especial

"Eu chegava na emissora por volta das seis da manhã. Às sete e meia, pelo menos umas três vezes por semana, recebia um telefonema, vindo de ramal interno da TV Globo, quando o 'doutor Dias', da Censura Federal, me informava que tais assuntos não podiam ser divulgados. Eu mesmo me apresentava ao censor como 'Geraldo das Neves'. Travamos, durante mais de um ano, uma relação mentirosa. Ele como 'Dias', eu como 'Neves'. No entanto, apesar dos nomes fictícios, o que 'Dias' ordenava 'Neves' obedecia."

A rotina foi descrita pelo jornalista Carlos Amorim em seu ensaio "Travessias e travessuras de uma indústria caótica", publicado no livro *No próximo bloco... O jornalismo brasileiro na TV e na internet*. Seu trabalho na chefia de reportagem do *Jornal Nacional* em 1973, no início de uma carreira que incluiria futuros postos de comando na Central Globo de Jornalismo, era algo que não sensibilizava as redações da imprensa escrita da época. Tratava-se, afinal, da emissora que, além de ter sociedade com o grupo americano Time-Life, aceitava docilmente os desejos e vetos da ditadura e, para piorar o sentimento de alguns, ainda fazia um enorme e crescente sucesso entre as massas.

Trabalhar no jornalismo da Globo, na época, não era algo que se pudesse celebrar em qualquer lugar. Foi o que constatou, por exemplo, Theresa Walcacer, em 1971, ao trocar uma posição na prestigiada equipe do "Caderno B" do *Jornal do Brasil* por um cargo no jornalismo da Globo. Logo depois de anunciar a decisão, Theresa foi abordada por colegas escandalizados com sua decisão de trabalhar num "antro", que, para eles, parecia "o lugar mais desqualificado do mundo".

Bem antes, possivelmente pelos mesmos motivos, na cobertura da Passeata dos Cem Mil, em 26 de junho de 1968, no centro do Rio, o cinegrafista Orlando Moreira, no início dos seus cinquenta anos de trabalho na emissora, tinha corrido riscos semelhantes aos de seus futuros colegas em reportagens sobre as greves no ABC dos anos 1980, a eleição de Brizola em 1982, os protestos de junho de 2013, o *impeachment* de Dilma Rousseff em 2016 e as concentrações bolsonaristas de 2022:

"Eu poderia ser linchado. Vladimir Palmeira era o líder dos estudantes. Ele me conhecia e falava: 'Oi, garotão!'. E ele me salvou, de certa forma. Eu estava no meio dos estudantes e, de repente, eles me cercaram e alguém falou: 'É da TV Globo! Imperialista!'. Bastaria um chegar e me dar um tapa na cabeça quando, de repente, o Vladimir Palmeira falou: 'Não, deixa o garotão que ele é gente boa'".

"Doutor Dias" à parte, a sequência de fatos ocorridos na redação do jornal *O Globo*, na casa de Roberto Marinho e na redação do *Jornal Nacional*, nos dias que se seguiram aos acontecimentos de 17 de setembro de 1971, ilustra um aspecto que, se não desmente a imagem da Globo como emissora dócil ao regime, amplia a compreensão do que se passava nos bastidores do jornalismo da empresa na época. Na tarde daquele dia, uma tropa chefiada pelo comandante do DOI-Codi baiano, major Nilton Cerqueira, cercara e matara, em Buriti Cristalino, Brotas de Macaúbas, no sertão baiano, a 590 quilômetros de Salvador, o líder guerrilheiro e ex-capitão do Exército Carlos Lamarca.

– Dr. Roberto, desculpe acordá-lo a essa hora, mas o problema é que a redação está fechada, a tesouraria está fechada, eu não tenho um tostão, e nós precisamos ir para a Bahia urgentemente. Chove muito, não tem voo regular. Eu preciso alugar um avião para levar a equipe para lá. Porque é importantíssimo, é fundamental.

– Daqui a pouco eu estou aí.

Era domingo e Roberto Marinho chegou na redação d'*O Globo* em menos de meia hora carregando "a malinha com o dinheiro" para a viagem da equipe, segundo Luiz Lobo, o jornalista que chefiava o plantão e dera para ele, já tarde da noite, a notícia da morte de Lamarca. Enquanto Lobo e a equipe do jornal seguiam para a reportagem no sertão da Bahia, os militares proibiram a divulgação da notícia pelo *Jornal Nacional*. Só depois de muita negociação com o 1º Exército, em mais uma intermediação do jornalista dublê de informante Aníbal Ribeiro, à época um dos chefes de reportagem, foi possível a Globo dar a notícia.

A exemplo da equipe do jornal, Armando Nogueira e Alice-Maria, autorizados por Roberto Marinho, enviaram para Salvador o repórter Amaury Monteiro e o cinegrafista Sabá, que conseguiu registrar, com sua Bell & Howell, uma das "mudinhas" da emissora, toda a autópsia de Lamarca, material que seria confiscado pela Censura ainda na sala de montagem da Globo. De acordo com os registros do Memória Globo, o repórter e o cinegrafista ainda insistiram e reconstituíram, com a ajuda de um médico, o laudo cadavérico que indicava claramente que Lamarca tinha sido executado. Novo confisco da Censura.

O *Jornal Nacional* acabou dando as informações obtidas com o médico legista na forma de uma nota lida por Cid Moreira, o que levou os militares a enviarem a Roberto Marinho, no dia 21 de setembro, quatro dias depois da morte de Lamarca, um ofício da Central de Inteligência do Exército (CIE) advertindo que a notícia tinha sido transmitida de uma forma que contrariava os objetivos pretendidos pelos órgãos de segurança. No documento guardado pelo Memória Globo, os militares reclamam que Cid Moreira leu as informações "com ar de deboche", apresentando Lamarca como "um mártir, vítima da brutalidade de seus algozes do Exército".

No caso da Globo, ficou por isso mesmo. Mas o envolvimento pessoal de Roberto Marinho na produção das notícias sobre a morte de Lamarca para

O Globo, que incluiu uma ligação pessoal dele e um pedido de apoio para a equipe do jornal ao comandante militar da região da Bahia, teria desdobramentos mais sérios. Ao voltar da reportagem, já com a ampla cobertura de *O Globo* sobre o caso nas bancas, Luiz Lobo* conta que foi intimado a comparecer ao prédio do então Ministério da Guerra, na Avenida Presidente Vargas, centro do Rio, por um coronel que o chamou de "terrorista" e "comunista". Antes de se apresentar, Lobo entregou as fitas da reportagem ao patrão, que mandou fazer cópias para serem guardas num cofre e avisou:

– Podem se apresentar porque daqui a pouco eu chego lá.

Roberto Marinho chegou, pediu que Luiz Lobo e sua equipe fossem liberados e argumentou:

– O jornal é meu. Eu li tudo e não saiu nada que eu não quisesse. Então, quem tem que estar preso sou eu.

Não houve prisão, mas os anos seguintes demonstrariam que nem sempre Roberto Marinho atuaria daquela maneira, como um genuíno jornalista, atividade e qualificação profissional que ele sempre exigiu que precedesse a menção ao seu nome nos jornais, revistas e emissoras do grupo que construiu. No jornalismo da Globo, especificamente, como lembrou Carlos Amorim, o "Geraldo das Neves" da chefia de reportagem do *JN*, os dias continuariam difíceis. Trabalhar num lugar chamado de "antro" era o de menos:

"Na redação, dominada por um sentimento oposicionista, 'os meus comunistas', na expressão de Roberto Marinho, a impotência era total. Apesar de o tom dos noticiários da televisão estar focado nos esportes e nas notícias do mundo, os jornalistas faziam esforços adicionais para rechear os telejornais. Assim, as informações locais, acidentes de trânsito ou pequenos crimes ganhavam manchetes. Quando se podia abocanhar um crime nas classes abastadas, como o assassinato de Ângela Diniz ou de Cláudia Lessin Rodrigues ou como o sequestro de 'Carlinhos', a televisão mergulhava fundo em águas desimpedidas".

Bandeira da Shell

Enquanto a redação do *Jornal Nacional* era ostensivamente patrulhada pelos militares, nascia, em janeiro de 1971, em outras salas da emissora situadas fora da órbita de comando de Armando Nogueira, um programa que não despertava tanta paranoia nos militares, apesar de ter algumas características jornalísticas.

Não era um suposto contrabando ideológico dos "comunistas do doutor Roberto". Era uma encomenda feita a João Carlos Magaldi, diretor de comunicação da emissora, pela filial brasileira da Shell, uma das maiores multinacionais do planeta, interessada em criar um clima de boa vontade com os telespectadores, especialmente os estudantes, numa época em que boa parte deles era influenciada pelas passeatas no Brasil e pelos protestos de 1968 nas barricadas de Paris e nas universidades americanas.

No início, o programa tinha outro nome, *O Globo Especial*, e, já patrocinado pela Shell, limitava-se a exibir parte das séries *Wolpers Specials* e *Public Affairs*, produzidas pela rede CBS e cujos conteúdos eram filmados em dezesseis milímetros e finalizados nos padrões do cinema americano, tratando de um leque de temas que incluía a fome na América, a Ku Klux Klan, a poluição do ar, a arte de Gauguin no Taiti, o músico Duke Ellington e o presidente francês Charles de Gaulle.

A ideia de transformar o programa num documentário semanal sobre assuntos da atualidade produzido em película por cineastas brasileiros também foi de Magaldi. E, a partir de setembro de 1971, já com o nome de *Globo Shell Especial* e tomando cuidado para não aproximar o programa do noticiário político, a Globo passou a exibir, nos finais das noites de quinta-feira, documentários com duração média de 45 minutos que abordavam vários aspectos da realidade brasileira e cuja pauta abrangia saúde, alimentação, educação, habitação, arquitetura e urbanismo, turismo, comunicação, cinema, música popular e a construção da rodovia Transamazônica, sempre sob direção de cineastas como Paulo Gil Soares, Domingos de Oliveira, Antonio Calmon, Geraldo Sarno, Gustavo Dahl e Walter Lima Jr.

Era o início de uma trégua breve e localizada entre a área que muitos supunham ser a do jornalismo da Globo e a intelectualidade brasileira da época. Elogiado pela imprensa, o programa também apresentaria edições especiais sobre grandes acontecimentos históricos como *Ascensão e queda do terceiro Reich*, baseado na obra homônima do jornalista William L. Shirer e produzido pelo cineasta David Wolper, e *Vietnã: o preço da paz*. Em 1972, Paulo Gil Soares viajou para a África para produzir *O negro na cultura brasileira*, com cenas filmadas na Nigéria, Costa do Marfim e em Daomé, futuro Benim.

Com o tempo, os índices do Ibope começariam a mostrar que os conteúdos do *Globo Shell Especial*, feitos por diretores acostumados à tela grande e à disciplina intelectual das plateias das salas de cinema, não estavam combinando de forma satisfatória com os televisores e seus usuários de todos os níveis culturais e classes sociais. Em 1973, o programa sairia do ar para dar lugar ao herdeiro que duraria cinco décadas, o *Globo Repórter*.

Já incorporado ao jornalismo comandado por Armando Nogueira quando Roberto Feith substituiu Paulo Gil Soares no comando do programa, o *Globo Repórter* seguiria uma nova proposta de formato, temática e linguagem que, aos poucos, resultaria na substituição dos cineastas, incluindo o futuro aclamado

Eduardo Coutinho, por editores e repórteres mais afinados com um ritmo de produção e de edição mais jornalístico do que cinematográfico. Luiz Lobo, responsável pelo texto e pela pesquisa do *Globo Shell Especial* e primeiro diretor de criação do *Globo Repórter*, resumiu:

"Os cinegrafistas, os diretores de cinema queriam fazer cinema, e não televisão. O ritmo obviamente teve que mudar. Mudando o ritmo, mudou o formato, mudou de certa forma o conteúdo".

A parceira silenciosa

"Eu voltava para casa quando se ouviram estampidos, houve um corre-corre, e eis que da janela dos edifícios gente sacode lenços, panos de prato, até lençóis, enquanto outra chuva, esta de papel picado, cai sobre o asfalto. O rádio espalhara a notícia transmitida por Lacerda. Jango deu o fora. Volto à praia. Gente cantando o hino nacional, xingando Brizola em slogan improvisado. Sensação geral de alívio."

O autor deste relato sobre o que aconteceu no Rio de Janeiro no dia 31 de março de 1964, resgatado de um diário pelo livro *O observador no escritório*, de 1985, não tinha farda, mandato parlamentar, participação em empresa ou posição de poder em jornais ou emissoras de TV. Era o poeta Carlos Drummond de Andrade, respeitado integrante da classe média, estrato da sociedade brasileira cujo papel coadjuvante no golpe militar de 1964 nunca foi esmiuçado com a profundidade e a frequência que pesquisadores e acadêmicos dedicaram, naturalmente, aos grandes protagonistas; pela ordem, os militares golpistas, os líderes civis do movimento, os empresários e os donos de jornais e de emissoras de TV, principalmente, no caso, a Globo de Roberto Marinho.

Nos anos que se seguiram ao golpe, tirando a elite, que além de minúscula quase sempre tinha mais o que fazer, seria principalmente para agradar aquela mesma classe média, único estrato em condições de adquirir televisores, que a programação das emissoras, Globo inclusive, seria concebida e produzida, entre um e outro espasmo de indignação contra o mundo cão dos programas de auditório. Naquele momento, como afirmam os autores coordenadores Gabriel Priolli e Silvia Borelli, no livro *A deusa ferida: por que a Rede Globo não é mais a campeã absoluta de audiência*, lançado em 2000, "o público popular não era o mais importante para os grandes anunciantes de bens duráveis da televisão".

Quem se sentia "relegado" e "agredido" pela linha de programação das emissoras, para usar os termos de uma matéria emblemática do "Caderno B" do *Jornal do Brasil* da época intitulada "Televisão, subcultura a serviço da alienação" e citada por João Freire Filho em seu ensaio, era o que o autor da matéria chamou de "esquadrão dissidente" formado por "jovens universitários, intelectuais e em geral o setor instruído da classe média".

O jornalista Marcos Nogueira, colunista de gastronomia da *Folha de S.Paulo* empurrado da cozinha para o debate político, no auge do caos do governo Bolsonaro diante da pandemia da Covid-19, definiu como era essa classe média em sua coluna de 6 de fevereiro de 2021:

"Nos infames anos 1970 havia três tipos de classe média: a que era perseguida pelo regime, a que apoiava ativamente os milicos e a que passava pano. Na terceira categoria, a mais numerosa, estavam os meus pais e todo mundo com quem eu convivi até a adolescência. Gente que disse que 'é melhor não se meter nisso', que trabalhava para sustentar os seus e se encapsulava numa vidinha medianamente boa, blindada de todo o horror lá fora. O típico individualista brasileiro de cercas, muros, carros blindados e escolas que treinam os futuros Faria Limers".

Um indício do tipo de programação de TV que essa classe média demandava ou rechaçava foi uma análise feita em 2002 pelo historiador Carlos Fico em documentos administrativos e cartas enviadas por pessoas comuns, durante a ditadura, à Divisão de Censura de Diversões Públicas do Ministério da Justiça, e cujo conteúdo indicou que a censura da moral e bons costumes "dizia respeito a antigas e renovadas preocupações de ordem moral, muito especialmente vinculadas às classes médias urbanas".

A interpretação que os censores do governo militar davam a essas preocupações, no entanto, era outra história.

Até mesmo um dos primeiros e inofensivos especiais de fim de ano de Roberto Carlos, gravado poucos dias antes do Natal, ainda nos anos 1970, nos estúdios da Vera Cruz, em São Paulo, enfrentou, segundo Boni, a lógica imprevisível da Censura, desta vez a cargo de um coronel do Exército que chegou na emissora para assistir ao programa quando os cenários já tinham sido desmontados e o "Rei" já tinha viajado.

O problema eram as bailarinas, que o coronel achou que estavam com pernas de fora demais e biquínis de menos. Borjalo, que costumava substituir Boni nas negociações com os militares por ser mais afável e paciente, tentou argumentar:

– Não dá mais para gravar, coronel. O Roberto Carlos viajou e as meninas não estão mais aqui. Além disso, é normal, o senhor vai na praia e todo mundo está de biquíni.

– Mas aqui não é praia.

Com o impasse, o coronel propôs uma solução:

– Faz o seguinte, você pega essa música do Roberto Carlos, tira essas imagens todas que estão aí e bota uma fotografia do Roberto Carlos.

Borjalo, além de afável e paciente, também era um prestigiado humorista e deu uma resposta que acabou desarmando o censor:

– Coronel, que maravilha, o senhor acaba de inventar o rádio.

Não havia critério ou graduação entre os censores. Exemplo: um momento até sutil de Chacrinha, considerando o escracho geral que dominava seus programas, valeu longos quinze dias de suspensão pela comparação que o apresentador fez entre supostos apartamentos onde se morava, na Avenida Paulista, e onde se encontrava com uma amante, no centro da cidade de São Paulo. A frase criminosa era:

– No apartamento da Paulista, aquele chinelo, aquele pijama, aquele prato de sopa. No da cidade, aquela poltrona, aquela bebida, aquela vitrola, aquela luz.

Como todo programa de humor do mundo, *Planeta dos Homens*, humorístico exibido pela Globo entre 1976 e 1982, tinha esquetes, piadas e quadros cuja graça só aparecia no último instante, antes do riso ou da gargalhada final. Uma censora do Rio de Janeiro conhecida como Dona Marina, responsável pela liberação de uma edição do programa criado por Max Nunes e Haroldo Barbosa e estrelado por Jô Soares e Agildo Ribeiro, resolveu contestar a receita universal dos programas de humor.

O editor de VT João Rodrigues era o encarregado de fazer os cortes determinados antes do envio da fita para exibição e pediu que ela fosse menos rigorosa em relação a uma piada. Num primeiro momento, a resposta parecia positiva:

– Está bem. Só corta aquele finalzinho ali.

– Como assim, Dona Marina?

– Pode cortar o finalzinho.

– Mas é o final da piada, Dona Marina!

Em outras situações, os censores demoravam para entender a piada, como aconteceu no caso do quadro criado por Max Nunes para o programa *Viva o Gordo*, no qual Jô Soares conseguia tudo o que queria apenas citando o nome de uma pessoa misteriosa e muito poderosa chamada "Gandola". Depois de um ano e meio de muito sucesso do quadro, os censores se deram conta de que "Gandola" era o nome de uma túnica militar e proibiram o quadro.

No caso das novelas, o potencial de estrago, atraso e caos na produção representado pelo desvario dos guardiões dos valores da classe média levaria a Globo a criar, em Brasília, um Departamento de Controle de Censura chefiado por Roberto Buzzoni, futuro diretor da Central Globo de Programação, e encarregado unicamente de fazer cumprir as alterações indicadas pela Censura Federal nas cenas de novelas, no texto dos programas da linha de shows e até em alguns conteúdos produzidos pelo jornalismo. Havia até um "telefone vermelho" na sala de Buzzoni em Brasília:

"Nada mais era do que um telefone de cor vermelha que tinha um cadeado que era para receber instruções de alteração ou quando precisavam pedir transmissão da Embratel".

Buzzoni enfrentou, em 1973, situações absurdas como a de ter que suprimir todas as menções às palavras "coronel" e "capitão" nos capítulos já editados e finalizados de *O Bem-Amado*, novela de Dias Gomes cujos personagens principais eram o "coronel Odorico Paraguaçu" vivido por Paulo Gracindo e o "capitão Zeca Diabo" interpretado por Lima Duarte. Resultado: durante cerca de quatro meses, capítulo por capítulo, sem ter equipamento de edição em Brasília e usando um método manual improvisado de corte na máquina *player* que tinha, Buzzoni tirou todos os "militares" da trama.

Para complicar ainda mais o transtorno provocado pela Censura Federal no dia a dia das emissoras, os filmes publicitários produzidos pelas agências de propaganda e entregues aos departamentos comerciais das TVs também tinham, como as novelas, de ser analisados previamente pelo governo antes de receberem o Selo Nacional de Censura que autorizava sua exibição em todo o território nacional.

Mesmo com departamento de censura próprio e telefone vermelho em Brasília, Borjalo teve de ir muitas vezes às pressas à capital para garantir o fluxo de exibição de capítulos de novelas que estavam no ar, em alguns casos por causa de uma única cena como a que foi escrita por Janete Clair para um personagem que morria depois de beber vinho durante um banquete. A frase vetada que levou Borjalo a Brasília era de um médico legista da trama:

– Olha, ele morreu envenenado.

Borjalo conversou com Janete, explicou que o censor achava que a frase poderia influenciar as pessoas a misturarem veneno no vinho, e a autora, precisando da morte do personagem para provocar uma reviravolta na trama da novela, reescreveu a cena com um diálogo entre dois participantes do banquete, logo depois de o personagem tomar um gole de vinho e cair morto na frente deles:

– O que é que foi?

– Ele bebeu uma poção misteriosa.

Aí deixaram.

Nem tudo era um show folclórico, constrangedor e ininterrupto de uma legião de burocratas despreparados, paranoicos e autoritários a infernizarem a vida e obra dos profissionais da televisão brasileira. Para Laura Mattos, havia também um método na relação da ditadura com as emissoras:

"Ao modificar passagens do roteiro em vez de proibi-lo por completo, o governo fazia com que as TVs mantivessem forçosamente a contínua busca por arranjos, num estado de permanente 'débito' com os militares, situação que tornava os censores coautores compulsórios dos novelistas e impulsionava a autocensura".

Uau!

A ideia de Boni, no final de 1971, ao encomendar a produção do programa *Uau, A Companhia*, era fazer um humorístico moderno, inspirado no que ele assistira na TV americana numa viagem aos Estados Unidos; contando, quem diria, na equipe de autores integrada por Haroldo Barbosa, Max Nunes, Chico Anysio e Jô Soares, com a participação de nomes da intelectualidade da época que não eram exatamente simpáticos ao veículo televisão como Millôr Fernandes, Ziraldo, Dinah Silveira de Queiroz e Ivan Lessa. Uau!

João Freire Filho, no ensaio em que revisitou as crônicas acusações lançadas contra a televisão brasileira desde os primórdios de seu uso comercial na década de 1950, resume os sentimentos dos intelectuais da época citando um artigo da publicação *Cadernos Brasileiros*, edição de março de 1967, em que o jornalista e escritor Fausto Wolff, "expressando uma posição que se tornava mais ou menos canônica", lançou ironicamente uma "campanha" para a televisão cujo lema seria "Ajude a bestializar o Brasil" e cujo "carro-chefe" seria a novela, para ele uma "deturpação" de um gênero literário outrora praticado por nomes como Dickens, Victor Hugo e Dostoiévski.

No artigo recuperado por Freire Filho, Wolff classifica alguns enlatados e a maioria dos programas humorísticos como "armas de embotamento coletivo", lamentando que a novela *O Direito de Nascer* e outros "bestialógicos" tenham fabricado "abobalhados" com a precisão de um relógio suíço, concluindo que só mesmo necessidades financeiras prementes podiam sujeitar a classe artística a vulgarizar seu talento com textos tão "convencionais e alienantes".

Freire Filho observa ainda que "a televisão, como sucessora do cinema e como objeto de escrutínio intelectual, ainda estava distante de tal credibilidade crítica e legitimação teórica como 'disciplina' de aprendizagem e investigação formal". E acrescenta que o apelido de "oitava arte", adotado para designar a TV quando ela começou a ser implantada nas décadas de 1940 e 1950, praticamente deixara de ser usado nos anos 1960, quando passou a imperar, segundo ele, "entre a maioria dos observadores supostamente abalizados", a crença tácita ou explícita na "incompatibilidade ('de gênios') entre TV e cultura".

Também os autores de *O ópio do povo*, ao fazerem um retrospecto das novelas dos primeiros cinco anos da década de 1970, atacam a televisão em geral e a Globo em particular:

"Em menos de cinco anos, o gênero telenovela – que alguns intelectuais assalariados da TV ousam chamar de 'última trincheira da cultura nacional'! – virou a mais escandalosa vitrina aberta para um vazio. Enlouquece um país, subverte os valores de sua nacionalidade e expõe a maioria de um povo à necessidade de uma ilusão. Na grande vitrina de cada lar, o som do *cashbox* global, o embalo das novelas e o mostruário do consumo selvagem".

À época, *O Pasquim*, jornal no qual Millôr e Ziraldo eram sócios proprietários, costumava reunir articulistas como Julio Hungria, que às vezes, como escreveu em seu artigo publicado na 145ª edição do semanário, não achava necessário nem assistir o que criticava na televisão da época:

"Pessoalmente não faço e nunca fiz parte do time que, aos domingos, depois do futebol, se intoxica com a luz azul que lhe parece menos maléfica que drogas. Acredito, no entanto, que cada um tem o direito de morrer como quiser".

E o que *O Pasquim* publicava tinha um peso que ultrapassava os limites do debate cultural, segundo Susana Vieira, uma atriz atenta aos códigos de relacionamento da época:

"Eu sou da turma do Rio de Janeiro, do pessoal que escrevia *O Pasquim*. Eu fui amiga da Leila Diniz. Então, não dava para a gente gostar de uma pessoa banal, de um cara que curtia o corpo. Não tinha academia, ninguém queria ser forte, a gente queria ser inteligente e culto. A turma do *Pasquim* se reunia no Antonio's. Nosso sonho de consumo era gente jornalista, intelectual, escritor. Nunca seria um surfista ou um motocross, nunca. Peito, a gente tinha nojo: cara peitudo, braçudo. Pavor!".

E no que deu, afinal, o programa da Globo que tinha um verniz intelectual na equipe e que ocupou a grade da emissora nas noites de quinta-feira, entre 6 de janeiro de 1972 e 31 de agosto de 1972?

"Era muito ruim o programa. Foi um desperdício de talento, de elenco, de tudo. O pior programa de humor que já houve na TV Globo."

A opinião era do humorista Paulo Silvino*, que, embora tenha integrado o elenco de *Uau, a Companhia*, não encontrou adjetivos generosos para alguns elementos do formato do programa que, a cada semana, abordava um tema específico com números de dança e esquetes de humor apresentados por uma companhia teatral fictícia, com trilha sonora a cargo dos compositores Marcos e Paulo Sérgio Valle. Silvino ficava incomodado especialmente com os números musicais, "com todo mundo de branco, parecendo um centro espírita":

"Errar é humano, não é? Eu não sei de onde o Boni tirou isso. O Boni foi para os Estados Unidos e voltou dizendo: 'Porra, eles têm um negócio do cacete: um negócio de uau. Uau! Vamos fazer um negócio chamado 'Uau'".

Agildo Ribeiro, outro integrante do elenco, foi contido, definindo *Uau* como um "programa embrionário" que serviu de base para *Satiricom*, futuro

CAPÍTULO 5 · 189

humorístico da emissora que, a partir de 1974, lançaria um olhar crítico e zombeteiro sobre os meios de comunicação. Lúcio Mauro, que dirigiu o programa, descreveu *Uau* como um "filho do *Balança Mas Não Cai*", por ser menor, mas "de uma velocidade danada, tudo também curtinho, tudo frases curtas, um humor curto de pergunta e resposta":

"Não teve o sucesso que teve o *Balança*, mas foi um programa muito engraçado, com um ritmo espantoso, maravilhoso. E como nesse tempo nós tínhamos o enfeite do balé, tinha muito balé, muita dança nele".

Do programa restou uma piada interna da Globo de Paulo Silvino, atribuindo à passagem pelo comando do programa do diretor Mário Lúcio Vaz, futuro todo-poderoso do Projac, um jeito de vestir que ele adquiriu e manteve até morrer em 2019, aos 86 anos:

"Desde o *Uau*, o Mário Lúcio está de branco até hoje. Acho que ele não conseguiu se desligar do figurino do programa".

Não restou documentação conhecida que permita dimensionar a real participação ou o grau de responsabilidade artística, no conteúdo final, dos intelectuais colaboradores que constam na ficha técnica do programa. No próprio *Pasquim* de Millôr Fernandes, Ziraldo e Ivan Lessa, um semanário que batia forte em praticamente tudo que era feito pela televisão brasileira, não há artigos ou notas sobre *Uau, a Companhia*. Nem contra, nem a favor.

Em junho de 2009, Ivan Lessa, ao fazer um balanço de sua experiência na Globo em sua coluna no site da BBC Brasil, não mencionou *Uau, a Companhia*, mas deixou um testemunho de rara franqueza intelectual três anos antes de sua morte aos 77 anos:

"Seguinte: eu era redator da Rede Globo. Fui demitido, justamente, friso, núcleo após núcleo (como chamavam), sempre por incompetência. Foram quase quatro anos em que, bem pago, fracassei miseravelmente, como uma personagem do repertório de Nelson Gonçalves ou Dalva de Oliveira. Passei pelo *Satiricom*, *Moacyr Franco Show*, *Fantástico* e fui terminar meus dias globais na mais que aprazível companhia dos queridos amigos Ronaldo Bôscoli e Luiz Carlos Miele escrevendo roteiro e texto, ou tentando e não conseguindo, para o programa *Sandra & Miele*. Ronaldo era meu companheiro de 'irredação'".

Um fracasso hilariante

Não é que a Globo do início dos anos 1970 não tivesse, entre seus profissionais, gente capaz e disposta a voos mais criativos e sofisticados ao gosto dos cadernos culturais e rodas de intelectuais da época. Bráulio Pedroso, por exemplo, consagrado autor de *Beto Rockfeller*, contratado pela emissora em 1971 junto com Lima Duarte, diretor da novela, para atuar no horário das dez da noite, reservado às tramas experimentais, tinha uma ideia ao escrever *O Bofe*. Como ele confessou depois ao seu biógrafo Renato Sérgio, autor de *Bráulio Pedroso: audácia inovadora*, o objetivo era provocar o maior morticínio da história das telenovelas, com uma sequência de crimes cujas testemunhas fossem sendo eliminadas, uma a uma, até a história acabar por falta de personagens.

"Eu estava brincando mesmo. Estava botando tudo em jogo, o falso suspense, os intervalos, a própria estrutura da novela. Queria suprimir esse tipo de continuidade e todos os demais truques tão usados."

José Wilker era intérprete de "Bandeira", mistura de hippie subversivo e decorador de interiores, um dos personagens inusitados de *O Bofe*, novela que debochava dos conflitos entre a classe média do subúrbio e a alta sociedade da zona sul do Rio. Na trama, também circulavam figuras como "Dona Stanislava", uma mulher interpretada por Ziembinski, que se embriagava com xarope, sonhando com a chegada de um príncipe-trapezista; a macumbeira "Gonzaguinha", vivida por Eloísa Mafalda; "Suzana", dublê de socialite e jurada do programa de Chacrinha vivida por Ilka Soares; um falso padre interpretado por Paulo Gonçalves; e "Guiomar", jovem viúva suburbana e papel de Betty Faria. Em sua entrevista, Wilker* lembra de *O Bofe* como "uma coisa muito anárquica", a ponto de seu personagem entrar em cena e, seguindo o que estava escrito no roteiro, dizer:

– Então o Wilker entra e fala o que quiser.

Em outro momento, "Bandeira", a exemplo do que o personagem de Kevin Spacey faria em 2013 na série *House of Cards*, volta-se para a câmera e diz:

– Será que eles vão morrer ou não? Isso vocês vão saber só depois dos comerciais!

"*O Bofe* era uma experiência extremada da parte do Bráulio, que vinha de um grande sucesso, *O Cafona*, mas ele foi muito além; a novela tinha tudo para não dar certo, tudo, mas também podia dar certo. Ela era, em algum nível, uma antecessora de programas como *TV Pirata*, que na verdade não se inspirou na novela e sim no *Monty Python* e no *Fawlty Towers*."

Não deu certo como Wilker queria. Público e crítica.

Começando pelo personagem "Dorival", mecânico do subúrbio interpretado por Jardel Filho e que se fazia passar por rico para impressionar as mulheres da zona sul, a *Veja*, em sua edição de 20 de setembro de 1972, detonou:

"O galã Jardel Filho, além de cantar ópera tão desafinadamente quanto possível, pode ser definido, generosamente, como um débil mental. O estilo é a mais pura farsa, em perfeita sintonia com uma direção de TV pouco convencional nos cortes e na angulação. Tudo isso é *O Bofe*".

Pior: a audiência, apurada pela revista junto ao Ibope, despencou de 65% para 45%, 35% e chegou a 27%, gerando uma crise nos bastidores da Globo que, coincidindo com uma hepatite de Bráulio Pedroso que alguém da imprensa logo apelidou de "ibopatite", resultou em sua substituição por Lauro César Muniz e num pedido de José Wilker para sair da novela, juntando solidariedade a Bráulio, necessidade de agenda para fazer teatro e contrariedade com o novo rumo que Lauro deu ao seu personagem:

"O Lauro pegou essa personagem que eu fazia, que era um doido, quebrava cenário, queria matar uma velha e achava que esse negócio de amor era absolutamente ridículo, e ele apaixonou-se. Quem fazia a namorada desse cara era Susana Vieira. Ele ficou apaixonado, era outra pessoa, assim, de um capítulo para o outro, e eu ficava muito desconfortável com aquela mudança".

Afastamento aceito, Wilker combinou com a direção da novela que o destino mais coerente para seu personagem era a morte. E, em sua última cena, o hippie "Bandeira" ouviu, ao pé do ouvido, do amigo "Maneco", interpretado por Cláudio Cavalcanti, uma piada. E morreu de rir. Literalmente.

À mesma reportagem da *Veja* que revelou a crise em *O Bofe*, Bráulio Pedroso disse que não esperava Ibope para uma novela que era "renovadora demais" para as donas de casa, mas insistiu que a televisão deveria continuar ousando:

"Se não fosse *Beto Rockfeller*, ainda estaríamos assistindo a novelas de Glória Magadan".

Bastaria a novela "encaretar", verbo usado pela *Veja*, com as alterações de Lauro César Muniz, dando à trama uma "sequência racional" para que a audiência saltasse de 27% para 34% e, mais um tempo depois, para 47%. Mas, mesmo ganhando o que a Globo chamou de "um viés mais realista", a novela manteve seu apelo fantástico no capítulo final, reunindo todos os personagens vivos e mortos da trama e apresentando três desfechos diferentes para o telespectador escolher. Antes dos desfechos, Lima Duarte deixara claro à *Veja* que estava seguindo o novo roteiro, mas a contragosto:

"Não quero dizer que a novela deixou de ser inovadora. Afinal a mocinha continua sendo uma viúva, e o mocinho um desajeitado. Mas ela perdeu o seu atrevimento, sua vitalidade imaginativa. Agora coloco um fundo musical bonito quando entra o primeiro ator, um triste quando vai acontecer alguma coisa. Enfim, a paz voltou a reinar".

Aos autores de *O ópio do povo*, alguns anos depois, menos resignado ainda com a experiência de *O Bofe*, Lima Duarte revelou que Boni esteve perto de cometer um grande erro:

"*O Bofe* foi um fracasso total. Lá é assim. Você trabalha bem, ótimo. Caso contrário, rua. Acabada a novela, o Boni me chamou para dizer que não tinha interesse em mim. Mas que esperava os quatro meses que faltavam para o fim do meu contrato. Foi aí que me deram o 'Zeca Diabo' para interpretar. E colou, fiz sucesso. Mas novela pra dirigir eles nunca mais vão me dar".

Verdade. *O Bofe* seria a única experiência de Lima Duarte como diretor em cinquenta anos de trabalho na Globo. Em sua autobiografia, Daniel Filho, que dividiu a direção da novela com Lima Duarte, não se arrepende das ousadias:

"Nós dedicávamos o horário das dez da noite às experiências, modificações, ousadias. A novela não foi bem de público: na verdade não foi bem recebida, não tinha popularidade. Mas nós gostávamos muito dela. Para mim, *O Bofe* não foi um fracasso. Eu gostava, mas não deu certo".

Lima Duarte, Bráulio Pedroso, José Wilker, Jardel Filho e o resto do elenco que participou da ousadia de *O Bofe* continuariam trabalhando na Globo em projetos menos ambiciosos. Até porque, como observou o ator Joel Barcelos em entrevista também aos autores de *O ópio do povo*, as evidências mostravam que, no Brasil daquela época, o povo não tinha dinheiro para ir ao cinema e não sabia o que era teatro:

"Quem quiser fazer arte para o povo tem que ir pra televisão. Resistir à televisão é uma posição pequeno-burguesa. Eu fiz durante anos peças e filmes importantes, filmei até com Bertolucci na Itália, mas no Brasil ninguém me conhece. Quando fiz o *Caso Verdade*, fui visto por milhões de pessoas, até por aquele sujeito perdido na Rebimboca da parafuseta. É isso aí. A novela da *Globo* hoje é o nosso teatro grego. A nossa *commedia dell'arte*. O nosso cinema americano. Dias Gomes é o nosso Sófocles, Ésquilo, Molière, Pirandello, sei lá".

Naufrágio no ar

– Olha, só tem uma salvação, Lúcio. É eu emprestar o *Balança Mas Não Cai* para a TV Tupi.

A ideia inusitada de Boni, "emprestar" um programa para a concorrência, foi, de acordo com o depoimento de Lúcio Mauro*, desdobramento de uma série de conversas tensas que ambos tiveram a partir de 28 de dezembro de 1971, quando o humorístico *Balança Mas Não Cai*, mesmo sendo líder de audiência nas noites de segunda-feira, saiu do ar na Globo, deixando desempregada uma parte do elenco, a maioria egressa da versão radiofônica do programa.

"Eu tive brigas com o Boni e com o Walter Clark. O Boni dizia que uma hora as coisas tinham de acabar. Eles queriam mudar. A Globo tem isso: quando quer mudar, acaba. Às vezes não sabe nem por que que acabou. Eles queriam uma nova filosofia, um humor mais sofisticado, mais moderno".

O empréstimo acabaria sendo concretizado, mas a generosidade de Boni tinha uma série de limites que incluíam não ceder Lúcio Mauro para dirigir o programa na Tupi, o que foi motivo, na lembrança de Lúcio, para a mais tensa de todas as discussões:

– Olha, Lúcio, eles estão querendo que você vá, mas você não vai. Você vai ficar aqui.

– Não. Eu estou com eles, eu vou para onde eles forem.

– Você vai passar fome, Lúcio Mauro. O que que você vai fazer lá? A Tupi está se acabando.

– Não interessa. Eu vou passar fome, mas junto com os meus colegas. Eles vão, eu vou também.

Lúcio foi para a Tupi dirigir o *Balança Mas Não Cai*. Não chegou a passar fome, mas contabilizou sete meses sem receber o salário que acertara com a emissora. Além disso, experimentou o que ele classificou como "maldade", resultante da contrariedade de Boni com sua decisão de também ir para a Tupi: foram mantidos no elenco da Globo alguns artistas do *Balança* como a atriz Sônia Mamede, que fazia com o próprio Lúcio Mauro a consagrada personagem "Ofélia", mulher cujo bordão era dizer que só abria a boca quando tinha certeza, e a dupla Paulo Gracindo e Brandão Filho, protagonistas dos antológicos "Primo Pobre & Primo Rico". E mais:

"Eu fiquei de castigo um ano e tanto. Até que o Boni um dia, almoçando comigo, disse: 'Volta lá para a Globo, Lúcio. Teu lugar é na Globo. Você não tem que ficar aí sofrendo'. Eu estava doido para voltar também e aí eu voltei".

Àquela altura, de acordo com Elmo Francfort e Maurício Viel, autores da trilogia *TV Tupi: do tamanho do Brasil*, publicada em 2020, a Tupi já amargava uma audiência que, em março de 1970, chegara a ser menor que a metade dos índices da Globo. Consequência do que os autores chamaram de "germes da desorganização e da improvisação de seu criador, Assis Chateaubriand":

"A partir da doença, e depois com sua morte, operou-se total descaso com relação a obrigações fiscais e trabalhistas, e os problemas se avolumaram numa progressão gigantesca, em vez de serem eliminados pelos seus sucessores".

Para ilustrar a situação da Tupi em 1972, ano em que a emissora aceitou o "empréstimo" do programa *Balança Mas Não Cai*, Francfort e Viel citam no livro um trecho da autobiografia em que o próprio ex-presidente dos Diários Associados, João Calmon, que formara com Carlos Lacerda a dupla mais aguerrida na campanha contra o acordo da Globo com o grupo Time-Life, fez a conta do tombo de audiência:

"Em abril de 1972, por exemplo, alcançávamos, das oito às dez horas da noite, apenas 10,4 pontos de audiência, contra 50,2 da Globo em São Paulo. No Rio, ficava nos 4,8".

Em agosto daquele ano, a *Veja* registrava como a Globo estava aproveitando a crise da Tupi para reforçar sua dramaturgia. Além de Lima Duarte, que saíra da Tupi processando a emissora por atraso nos salários, o ator Gianfrancesco Guarnieri seguia o mesmo caminho, convicto de que a "organização" da Globo permitiria "um trabalho mais profundo". O diretor Walter Avancini, outro contratado, não hesitara em aceitar o convite, certo de que a Globo, por ser líder de audiência, era "a emissora ideal para se comunicar com a massa". A sangria na concorrente era tanta que Walter Clark, ao falar com a *Veja*, quase pediu desculpas:

"Não queremos prejudicar ninguém. Sabemos que a única coisa que estimula é a concorrência. Acontece que a Globo cresceu muito este ano e fomos obrigados a revigorar os nossos quadros. Mas agora chega. Até o fim do ano, não pretendemos contratar mais ninguém".

Dali em diante, até o agravamento definitivo da crise em 1977, a Tupi ainda viveria alguns espasmos de sucesso com as novelas *Mulheres de Areia*, em 1973, *Meu Rico Português* e *A Viagem*, entre 1975 e 1976, e *O Profeta*, em 1977, além dos momentos em que abrigou *Balança Mas Não Cai*, Chacrinha e Flávio Cavalcanti.

E as outras emissoras? Em 2001, o diretor Maurício Sherman, com a experiência de ter passado por todas as TVs em diversos momentos da história da televisão brasileira, fez uma análise sem filtro da concorrência da Globo em 1972:

"Havia no mercado a TV Tupi, a Excelsior já agonizando, a Record e a TV Rio separadas e a TV Bandeirantes, que não sabemos para que existe até hoje. A TV Bandeirantes continua igualzinha a quando inaugurou. Eu trabalhei lá. A família Saad é extraordinária, gentil, mas a televisão sempre foi cíclica, arrítmica, ciclotímica, espasmódica. E a TV Globo foi formando uma equipe de profissionais da melhor qualidade, uma direção firme, profissional. Era inevitável que conseguisse a liderança".

O retrato dessa liderança, no caixa das emissoras, era avassalador. De acordo com a Fundação Getulio Vargas (FGV), na distribuição da verba publicitária gasta no Brasil em 1973, quando não existiam TV a cabo e internet, a televisão detinha 53%, os jornais 20%, as revistas 15%, as rádios 8%, outdoors respondiam por 3% dos anúncios e o cinema por 1% de um total de 740 milhões de dólares, o que colocava o mercado nacional de publicidade como o sétimo ou oitavo do mundo.

Nesse mercado, também de acordo com a FGV, a Globo faturava mais do que todas as outras emissoras juntas. Era líder absoluta de audiência, com cinco estações próprias, dezesseis afiliadas e treze retransmissoras veiculando os programas produzidos no Rio de Janeiro. O império dos Diários Associados ainda era, na época, a maior organização jornalística da América Latina, com um total de 77 órgãos de comunicação e cerca de quinze mil funcionários. Mas já estava desmoronando.

No governo militar, nem todos os fardados ficariam satisfeitos com aquele cenário. Em 1974, a preocupação do capitão de mar e guerra Euclides Quandt de Oliveira – contido adversário de Roberto Marinho no Conselho Nacional de Telecomunicações (Contel) durante a CPI que investigou o acordo da Globo com o grupo Time-Life e agora ministro das Comunicações do governo Geisel – continuava sendo a Globo:

"Um monopólio ensejaria distorções violentas, e é campo aberto para o abuso do poder econômico".

Seis anos depois, em 1978, um levantamento inédito de memorandos internos da ditadura realizado por José Elias Romão em sua tese de doutorado na Universidade de Brasília (UnB), e citado por Eugênio Bucci no perfil que fez em 2021 de Roberto Marinho, mostraria que, junto com a cumplicidade e a admiração dos militares pelo que Bucci chamou de "competência, talento, agilidade e escala" que fizeram da Globo uma escolha fácil para os militares em relação às redes concorrentes, também houve divergências, e mais uma vez protagonizadas por Quandt de Oliveira.

Num dos episódios registrados nos memorandos, um despacho de 14 de março de 1978, diante de pleitos dos quais Roberto Marinho se julgava merecedor, segundo Bucci, "como contrapartida do serviço de comunicação social que realizava em prol do poder", o ministro Quandt, mesmo reconhecendo os êxitos da emissora, mas dizendo querer "evitar a consolidação de um oligopólio", resistia:

"Reconheço que o sr. Roberto Marinho tem dado permanente apoio ao Governo. No entanto, creio que não se deve permitir a ampliação de sua rede devido ao perigo de vê-la atingir mais de 80% de índice nacional de audiência, o que representa virtual controle da opinião pública".

Em outro episódio, este mais tenso, três meses depois, uma reunião de Roberto Marinho com o então ministro Golbery do Couto e Silva, chefe da Casa Civil, foi precedida de um memorando no qual o dono da Globo dera um recado em forma de ultimato, no qual dizia querer saber se o Governo afinal o considerava "amigo ou não". O próprio ministro Quandt, ao relatar o encontro, menciona em outro memorando que Roberto Marinho, na ocasião, acusou o Ministério das Comunicações de "cercear o crescimento da Rede Globo" e teria dito, também, que o comportamento da Rede Globo a faria "merecedora de atenção e favores especiais do Governo". Eugênio Bucci acrescentou sua interpretação daquela crise na relação:

"Embora a Globo fosse aliada de primeira hora do golpe de 1964, não era apenas isso que fazia dela tão 'merecedora' assim. Não fora a única a apoiar os militares. Praticamente todas as empresas de comunicação se amarraram ao cordão que sustentou a quartelada e incensaram com volúpia a derrubada do presidente João Goulart. Nesse quesito, portanto, Roberto Marinho não passava de mais um em meio a uma porção. O que o distinguia de seus pares não era o apoio ao governo, mas o modo como ele, e só ele, capitalizou o seu apoio ao golpe militar de 1964 e ganhou com isso".

A hegemonia consolidada no início dos anos 1970 só começaria a mudar de tamanho, em viés constante de baixa, cerca de vinte anos depois, não exatamente por causa de mudanças importantes que efetivamente ocorreriam na programação da Globo, mas, como defendem os autores do livro *A deusa ferida: por que a Rede Globo não é mais a campeã absoluta de audiência*, sobretudo pelas grandes transformações que se dariam "do outro lado da tela", com o crescimento exponencial do número de telespectadores.

Para se ter uma ideia, o Brasil, que chegaria a 1993 com 31 milhões de aparelhos de televisão, ganharia novos 28 milhões de televisores apenas entre 1994, início do Plano Real, e 1998. Ou seja: quase a mesma quantidade do que tinha sido vendido em cerca de quarenta anos de história da televisão no Brasil.

Muita gente ia preferir outros canais, mas o debate sobre o "monopólio" da Globo jamais sairia da pauta da imprensa, da academia, das plataformas eleitorais e das mesas de botequim.

Yankees go home

Em julho de 1971, seis anos após a inauguração da Globo, a Tupi já estava no chão, nocauteada, e Excelsior e Record não incomodavam; a liderança na audiência do horário nobre, salvo uma ou outra atração da concorrência, estava garantida; os anunciantes já não mandavam na grade comercial: as novelas continuavam sendo produzidas com sucesso, apesar da censura; e o departamento de jornalismo, mesmo sob controle descarado dos militares, parecia estar agradando a maioria dos telespectadores, segundo o Ibope.

O problema é que, seis anos depois, por maior que fosse o brilho, o sucesso e o faturamento, as contas da Globo ainda não fechavam. E foi por não ter ainda uma receita suficiente para cobrir os altos custos e dívidas da emissora que, naquele julho de 1971, Roberto Marinho correu um risco real de deixar de ser dono da empresa, ao ser informado, de uma hora para outra, que não poderia contar mais com um empréstimo que Walther Moreira Salles, dono da União de Bancos Brasileiros, futuro Unibanco, prometera a ele e com o qual contava para o pagamento final da compra da parte do grupo Time-Life na Globo, ficando sozinho no negócio.

A trinca na relação de Marinho com os americanos havia começado bem antes, sempre por causa de dinheiro, em junho de 1966, quando, segundo Joe Wallach, o grupo Time-Life interrompeu definitivamente os repasses financeiros que já vinham minguando, na ressaca da audiência frustrante dos primeiros meses da Globo no ar, o chamado "desastre lindo" que assustara Roberto Irineu em meio aos estilhaços da CPI instalada na Câmara dos Deputados para investigar a constitucionalidade dos contratos da emissora com os sócios americanos.

A trinca se transformaria em rachadura no final de 1968, quando, apesar do sucesso que a emissora já vinha conquistando com as mudanças radicais implantadas da gestão à grade de programação por Walter Clark e Boni, Roberto Marinho começou a se recusar a assinar as promissórias cada vez mais frequentes que o Time-Life apresentava e nas quais os valores originais em cruzeiros novos previstos no contrato eram corrigidos pelo dólar, para compensar uma inflação que, entre julho de 1962, data de assinatura do acordo com a Globo, e aqueles dias complicados de 1968, somara quase 350%. O "trabalho chatíssimo" de apresentar as promissórias a Roberto Marinho era de Wallach:

"A inflação no Brasil era bárbara e todo mês eu tinha que pedir ao doutor Roberto para assinar novas notas promissórias e ele não entendia por que tinha de assinar. Ele era um bom negociador, mas não era um homem dos números. Aí, às vezes, ele não queria assinar".

Com o incêndio da TV Paulista em julho de 1969, quando ainda não existia a certeza dos milhões que a Globo receberia pelo seguro das instalações, a situação da emissora, na lembrança de Wallach, ficara "dramática", principalmente quando ele tinha de explicá-la aos americanos do Time-Life, que, segundo ele, "não estavam recebendo nada, nem retorno do investimento".

Para piorar, na sede do grupo em Nova York, Weston Pullen, signatário do acordo com Roberto Marinho em 1962, fora substituído, na gestão dos contratos, pelo executivo Barry Zorthian, um ex-correspondente na Guerra do Vietnã que se tornara lobista do Time-Life e que, logo na primeira conversa com Wallach, mostrou que era "um cara muito duro":

– Joe, nós estamos no Brasil e há quase cinco anos não vemos nenhum tostão de lá. Além disso, Roberto Marinho não está assinando todas as notas promissórias. Você não está conseguindo. Eu quero que você coloque uma palavra na sua testa: "*money*".

– Infelizmente esse incêndio em São Paulo quase nos matou e nós não temos nada. Não temos dinheiro, nós estamos apenas conseguindo sobreviver e de fato não podemos pagar nada.

– Então eu vou aí, vou ao Brasil, vou falar com Roberto Marinho pessoalmente.

– OK, mas cuidado, vai com cautela, não seja muito duro.

O mesmo Copacabana Palace Hotel onde, em 1º de agosto de 1965, Wallach descobrira a "fria" em que se metera, ao chegar para trabalhar no Rio como representante do Time-Life e presenciar, já no primeiro dia, uma conversa difícil entre Weston Pullen e Roberto Marinho, também a respeito de promissórias atrasadas, foi o local do novo encontro, este ainda mais desconcertante, agora entre Marinho e Zorthian, numa tarde de sexta-feira, no final de 1968. Logo após ser apresentado, Zorthian falou sem parar, por cerca de dez minutos, reclamando dos prejuízos do grupo e da recusa do sócio brasileiro em assinar as promissórias corrigidas pela inflação.

Marinho ficou sentado sem expressão alguma, ouvindo tudo. Quando Zorthian parou de falar, Wallach, que para "não tumultuar demais a situação" já suavizara ao máximo certos momentos da tradução simultânea da fala do americano, foi chamado por Marinho para um canto da sala:

– Olha, Joe, estou saindo agora. Vou estar no meu barco este fim de semana e vou te ver na segunda-feira. Manda minhas desculpas para o pessoal.

E foi-se, sem dizer palavra, deixando Zorthian e os outros americanos que o acompanhavam em estado de choque e Wallach convencido de que "as coisas tinham ficado impossíveis". No primeiro encontro com Marinho após a conversa, Wallach fez um balanço e uma sugestão:

– Doutor Roberto, eles estão muito desapontados. O desapontamento é tão grande que talvez seja melhor o senhor encontrar uma maneira de comprar a parte deles.

– Mas eu não tenho dinheiro.

Wallach estava certo. O Time-Life queria sair do negócio e um dos primeiros sinais foram dados na viagem que Walter Clark e Luiz Eduardo Borgerth fizeram, na mesma época, à sede do Time-Life em Nova York, para uma apresentação da nova estratégia de rede da Globo e do plano de recuperação da TV Paulista após o incêndio. Clark conta em sua autobiografia que, durante o encontro com os americanos, foi surpreendido por uma proposta de negócio, feita pelo homem mais poderoso do grupo, o *chairman of the board* Andrew Heiskell. Ainda segundo Clark, depois de se queixar do fato de o Time-Life ter sido tratado no Brasil como uma associação de "criminosos" pela CPI incentivada pelo mesmo Carlos Lacerda que tinha recomendado o contrato do grupo com Roberto Marinho, Heiskell disse:

– Olha, Walter, eu tenho o maior respeito pelos profissionais da Globo, mas nós queremos sair do negócio. Por que você não compra a nossa parte?

São seis milhões e trezentos mil dólares. Eu dou a primeira opção a você. Por que você não se associa aos outros do seu grupo e não aceita essa minha proposta?

Clark diz em seu livro que ficou "atônito" com a ideia, pensou muito e acabou decidindo que não valeria a pena assumir uma dívida tão grande:

"Eu estava bem na Globo, tinha certeza de que ia ganhar muito dinheiro, mas não achava necessário ser dono da emissora. E desisti".

No Brasil, nos dois meses que se seguiram ao monólogo de Barry Zorthian no Copacabana Palace, Marinho, com a intermediação de Joe Wallach, acabaria chegando a um acordo com o Time-Life e a um valor a pagar pela parte dos americanos: três milhões e 850 mil dólares, quinhentos mil à vista e o resto em parcelas. Negócio fechado no início de 1970, o dono da Globo levantou a entrada de meio milhão de dólares junto ao então Banco do Estado da Guanabara, o BEG, e respirou.

Em entrevista à repórter Regina Echeverria, na edição de 5 de maio de 1990 do jornal *O Estado de S. Paulo*, o dono da Globo, já aos 86 anos, lembraria com detalhes os bens que deu ao BEG como garantia do empréstimo: uma casa no bairro da Gávea, um terreno de um milhão de metros quadrados, a mansão em que morava no bairro do Cosme Velho, uma fazenda, dois prédios, a Rio Gráfica Editora e mais alguns imóveis, além de outros bens de menor valor. E acrescentou:

"Toda essa operação foi registada no Banco Central do Brasil. O ministro era o senhor Delfim Netto e a TV Globo foi assim pagando suas dívidas. Eu vendia coisas para pagar".

O filho Roberto Irineu, um dos que confirmam que Marinho deu tudo o que tinha como garantia, teve de assinar a papelada como avalista, aos 22 anos de idade:

"Como papai na época tinha 65 anos e o empréstimo era violentíssimo, eu tive que assinar para garantir que eu não pudesse entrar na Justiça alegando que, pela idade, ele estava fora do seu juízo".

A determinação de Roberto Marinho de romper com os americanos, mesmo tendo você se endividar, não foi, segundo o filho avalista, apenas para ficar sozinho no negócio. Também resultou da legislação que se seguiu ao incêndio político em torno da CPI do grupo Time-Life, proibindo, de forma bem mais explícita, sem chance de novas pedaladas, a participação de capital estrangeiro em veículos de comunicação:

"Papai considerou que, a partir da proibição, nossa posição ficaria insustentável, porque, aí sim, seria uma situação desigual: nós com direito ao acordo com o Time-Life e os outros sem direito".

O novo respiro financeiro duraria apenas alguns meses. Em 1971, o agora único proprietário da Globo seria obrigado a fazer um empréstimo maior, cerca de quatro milhões de dólares, junto ao então First National City Bank, futuro Citibank, para compensar a operação comercial ainda deficitária da emissora e também pagar o que ainda era devido ao Time-Life. Às vésperas do pagamento de uma parcela ao Citibank, porém, Marinho experimentaria, numa questão de horas, o susto de quase perder a Globo, uma grande decepção e um gesto de solidariedade que jamais esqueceria.

Em julho daquele ano, para pagar a parcela do Citibank e rolar a dívida com o banco, ele obtivera, com Walther Moreira Salles, a garantia de um novo financiamento, mas, de acordo com Leonencio Nossa, biógrafo de Marinho, a poucos dias do vencimento da dívida, o banqueiro, que acompanhara a gestação do negócio quando era embaixador do governo João Goulart em Washington em 1962, informou que não tinha conseguido aprovar o crédito com a taxa de juros solicitada no conselho de seu próprio banco.

Ainda de acordo com o livro de Leonencio Nossa, nem mesmo a interferência, a pedido de Marinho, do advogado Jorge Serpa, que viria a ser considerado o maior lobista do Brasil na segunda metade do século 20, fez Moreira Salles mudar de ideia. A reação do dono do Unibanco, quando Serpa intercedeu pelo dono da Globo, segundo uma testemunha citada no livro, foi a de classificar a taxa de juros desautorizada pelo conselho da instituição como sua "mercadoria", jogar-se para trás na cadeira com as mãos sobre o peito e dizer:

– Mas eu só vivo disso.

Várias fontes ouvidas pelos autores que trataram do episódio, à exceção de João Roberto Marinho, mas incluindo o irmão Roberto Irineu, afirmam que o dono da Globo se sentiu traído por Moreira Salles, um banqueiro com quem ele tivera até então uma longa relação de negócios e convivência social. E foi o homem que salvou Roberto Marinho, horas antes do prazo fatal do pagamento da dívida, o banqueiro José Luiz de Magalhães Lins, quem forneceu a Leonencio Nossa contornos ainda mais nítidos daqueles acontecimentos.

Principal executivo do então poderoso Banco Nacional, primeiro patrocinador do *Jornal Nacional*, personagem discreto de alguns episódios importantes da política, dos negócios e da cultura brasileira, ex-aliado de João Goulart, um dos articuladores civis do golpe militar de 1964 e anjo da guarda financeiro do cinema novo, José Luiz confirmou a Leonencio que não eram infundadas as suspeitas de que Moreira Salles, após prometer o empréstimo, resolveu contar com a insolvência de Roberto Marinho para se tornar dono da Globo. Ao biógrafo, José Luiz afirmou que Moreira Salles tinha "comprado o empréstimo do Citibank".

O drama de Roberto Marinho acabou depois de uma visita noturna que ele fez a José Luiz, acompanhado de Joe Wallach e Walter Clark. O empréstimo de cerca de 1 milhão de dólares do Banco Nacional de Minas Gerais conseguido naquela noite viabilizaria o pagamento do que Marinho ainda devia ao grupo Time-Life e permitiria à Globo anunciar, oficialmente, no dia 8 de julho, o fim dos acordos com os americanos.

O episódio do empréstimo negado na última hora, segundo Leonencio Nossa, faria esfriar a relação de Marinho com Moreira Salles, mas os filhos dos dois continuariam amigos e fariam negócios, os de Salles como o anunciante Banco Itaú, os de Marinho como TV Globo. Roberto Irineu disse ao biógrafo que a decisão do pai de não romper totalmente com Moreira Salles foi coerente com seu costume de, sempre que possível, não interromper relações:

"Se ele rompesse, ficaria prejudicado. Uma televisão que dava um prejuízo monumental não podia brigar com um banqueiro".

Em entrevista à *Veja* em outubro de 1976, Wallach disse que "a verdadeira história da Globo começa em 1969, com a saída do Time-Life da sociedade, o lançamento do *Jornal Nacional* e o *boom* da telecomunicação que ligou o país". Ao Memória Globo, ele acrescentou:

"1971 foi o primeiro ano em que nós ganhamos um pouco de dinheiro".

Dinheiro só voltaria a faltar três décadas depois, em 2002, quando Roberto Irineu e os irmãos, a exemplo do pai, teriam de enfrentar o risco de perder o controle acionário da empresa, negociando, com uma penca de credores do Brasil e do exterior, uma dívida da holding do grupo Globo no valor de 1,7 bilhão de dólares.

Com o fim do acordo com o Time-Life, Joe Wallach aceitou o convite de Roberto Marinho e trocou de lado para se tornar diretor-executivo da Globo, posto com assento no Conselho Executivo da emissora e que o levaria a naturalizar-se brasileiro ainda em 1971. Surpresa nenhuma para executivos que conviveram com ele como o próprio Roberto Irineu, para quem Wallach foi "a única contribuição verdadeiramente duradoura do grupo Time-Life para a história de sucesso da Globo, por sua inteligência, esperteza e grande capacidade de achar talentos".

Antes daquele julho de 1971, Wallach já tinha sido decisivo na montagem da estrutura pioneira da emissora: convenceu Roberto Marinho a contratar Walter Clark; preparou o caminho para a chegada de Boni; administrou anos a fio a indignação e a má vontade dos sócios americanos com o fato de o Time-Life ter se tornado "sinônimo de negociata, suborno e sujeira" na semântica de parte dos integrantes da CPI que investigou o contrato com a Globo; e contornou as dificuldades financeiras e a falta de mentalidade orçamentária dos gestores da empresa, após a interrupção definitiva de repasses do Time-Life, em junho de 1966.

Um currículo surpreendente para o americano que desembarcou no Rio de Janeiro achando que tinha entrado numa "fria".

Os donos da festa

Em março de 2018, ainda faltando mais de três anos para o dia em que trocou a Globo pela Bandeirantes, Fausto Silva estava bravo no primeiro bloco da enésima edição do *Domingão do Faustão*. De acordo com uma resenha publicada pela *Folha de S.Paulo* no dia 2 daquele mês, o apresentador aproveitou a presença do DJ Marlboro no quadro "Ding Dong", que tocou "Rap da felicidade", para "soltar os cachorros sobre a situação do país". Depois, durante um comentário crítico sobre a violência do Rio, feito pela atriz Fernanda Torres, uma das convidadas do quadro, Fausto a interrompeu e, segundo a *Folha*, "sobrou até para o tema de fim de ano da Globo":

"Por isso eu encho o saco de falar, eu não canto mais essa porra de *hoje é um novo dia*. Aqui na Globo eu não canto mais, não é novo dia porra nenhuma. O dia que tiver, volto aqui. Não tenho cara de pau para cantar isso".

Quarenta e sete anos antes, em 1971, estrelas do elenco, do jornalismo e da linha de shows da Globo foram reunidas pela primeira vez para um bailado alegre diante das câmeras, ao som de uma canção que falava de "um novo dia de um novo tempo que começou" e de sonhos que se tornariam verdade. Nelson Motta*, junto com Paulo Sérgio Valle, e atendendo a uma encomenda de Boni e do diretor de comunicação João Carlos Magaldi, fez a letra para a melodia composta por Marcos Valle, mas não imaginava que aquele jingle de fim de ano se tornaria, para o bem e para o mal, um dos mais poderosos ícones da hegemonia que a emissora exerceria a partir do início dos anos 1970:

"Nós fizemos essa música sem a menor pretensão. Uma gravação de um minuto que era um comercial de fim de ano da TV Globo. Nunca tinha sido feito isso antes. E a música ficou maravilhosa, parecia coisa de Burt Bacharach, que era um compositor que estava muito em voga naquele tempo".

A rigor, naquela primeira edição, os artistas que apareceram no clipe, entre eles Francisco Cuoco, Marília Pêra, Cláudio Marzo, Regina Duarte, Chico Anysio, Chacrinha, Cid Moreira e Sérgio Chapelin, apenas decoraram a letra e, segundo Nelson Motta, ficaram apenas "mexendo a boca". Quem cantou mesmo, em *playback*, foi um coro reunido em estúdio que incluiu grupos vocais consagrados, como o MPB4, o Quarteto em Cy e o Trio Ternura. Naquele ano, o LP *A harpa e a cristandade*, símbolo infalível das festas natalinas no Brasil, ganharia um rival poderoso:

"Foi um *big hit* de Natal, a canção oficial de Natal. Não teve 'Jingle Bell', não teve 'White Christmas'. Não teve pra ninguém. E ao longo do tempo foi tendo várias versões, como música de Natal brasileira".

O problema, que passaria a ser anual, eram os sentimentos contraditórios que o jingle, assim como o Natal, passaria a despertar no público brasileiro, com o choque entre a realidade do país e aquela exibição, para alguns acintosa de sucesso, beleza e felicidade. Naquele ano de estreia do jingle, por exemplo, enquanto uma pesquisa do Gallup indicava que 48% dos paulistanos achavam que seu nível de vida estava subindo, o Centro de Inteligência do Exército (CIE) mantinha em Petrópolis, estado do Rio, a "Casa da Morte", emblema sinistro das torturas e mortes cometidas pela ditadura militar. Nelson Motta conheceu os efeitos desse conflito já na primeira gravação do jingle, ao ser interpelado pela atriz Dina Sfat:

– Você fez essa música, que coisa feia essa música a favor do governo militar, da ditadura, vai dizer um novo tempo, que tudo vai melhorar?

Nelson respondeu que se tratava apenas de uma música de Natal e que não fazia sentido esperar que a Globo fizesse uma mensagem de fim de ano "esculhambando" o Governo. Mas ficou "arrasado":

"Durante algum tempo tive até um pouco de vergonha: 'Poxa, será que eu fiz isso?'. Depois desencanei, também porque a música ficou muito popular. Hoje, vinte, trinta anos depois, ninguém lembra, a música ficou uma música de Natal como era para ser: uma música de Natal falando algumas banalidades, algumas coisas sentimentais de fim de ano".

Fausto Silva participaria, sorridente e muito rico, de dezenas de edições da mensagem de fim de ano da Globo, nos 32 anos em que trabalhou na emissora.

CAPÍTULO 6

Nada a ver

Não era para ser com Jô Soares posando ao lado do general Médici, nem para acontecer na Festa da Uva na cidade gaúcha de Caxias do Sul e não exatamente no dia 16 de fevereiro de 1972. O próprio sistema inaugurado não era o desejado pelas emissoras e o alcance do sinal transmitido no dia da festa esteve longe, muito longe, do planejado. Se dependesse das emissoras, Globo incluída, a história da chegada da cor aos lares brasileiros seria bem diferente.

Só que quem queria porque queria inaugurar logo o sistema eram os militares, liderados pelo então ministro das Comunicações do governo Médici, coronel da reserva Hygino Corsetti. E o evento que entrou para a história da TV brasileira acabou comprometido, nos bastidores, por uma falha operacional que só não ganhou maior repercussão por causa da censura da ditadura e da conivência da maioria dos veículos de imprensa, apesar da presença, em Caxias do Sul, de cerca de vinte jornalistas estrangeiros e da rede europeia de televisão Eurovision.

De acordo com Elmo Francfort e Maurício Viel, autores do livro *TV Tupi: do tamanho do Brasil*, "uma inesperada pane num dos aparelhos de micro-ondas que retransmitiriam os sinais coloridos da festa em Caxias do Sul para as vinte emissoras do país que alugaram um canal da Embratel impediu que a Rede Brasileira de Televisão levasse ao ar, na parte da manhã, o primeiro teste da televisão colorida no Brasil".

Jô Soares, um dos artistas escalados pela Globo juntamente com Tônia Carrero, Francisco Cuoco e o apresentador Heron Domingues, entre outros, para participar da festa em que o general Médici, gaúcho de Bagé, situada a quatrocentos quilômetros dali, inauguraria a TV em cores no país, conta em sua autobiografia que foi convocado na última hora por Walter Clark para falar em nome da Globo. Acabou ouvindo uma piada do presidente sobre sua personagem "Norminha":

"O Walter, que era muito tímido quando não estava com um copo na mão, teve paúra e me pediu que falasse no lugar dele. Depois da inauguração, trouxeram o presidente Médici para conversar conosco, e ele chegou pra mim e disse: 'Tu já imaginou como vai ficar linda a "Norminha" em cores?'. Inevitavelmente, uma foto minha ao lado do Médici, os dois sorrindo, foi publicada, e recebi muito patrulhamento por isso".

A foto de Jô com o general muitos viram, mas a imagem da festa, devido à pane nas micro-ondas, acabou ficando restrita a uma transmissão praticamente local para a região de Caxias do Sul e Porto Alegre, não chegando, segundo Elmo Francfort e Maurício Viel, a milhares de telespectadores em diversas cidades do país, entre eles cerca de seiscentas famílias que à época já tinham comprado receptores em cores.

Em sua autobiografia, Walter Clark lembra que outra imagem emblemática, esta do desfile que fez parte da festa, foi a presença da filha adolescente do ministro Hygino Corsetti, como destaque do carro alegórico da RBS, afiliada da Globo no Rio Grande do Sul:

"Olhei para o ministro, que ria feliz, satisfeito. Sua vaidade tinha precipitado o surgimento da televisão em cores no Brasil".

Boni*, em seu depoimento ao Memória Globo, considera o episódio com tons de republiqueta da Festa da Uva em Caxias do Sul apenas mais um capítulo de um projeto dos militares brasileiros que havia ganhado força com o golpe de 1964 e era alimentado por uma "mentalidade colonizadora", que impunha ao setor de telecomunicações o desenvolvimento, a qualquer custo, de um sistema brasileiro de TV em cores, num cenário internacional em que várias tecnologias disputavam o mercado mundial de televisores:

"A cor não chegou. Ela foi imposta, fez parte também do milagre brasileiro. O Brasil estava vivendo um momento de uma situação financeira extraordinária e o governo militar resolveu que, provavelmente através de um sistema brasileiro de cor, pudéssemos invadir a América Latina e colonizar a Argentina, o Uruguai, o Paraguai".

A exemplo do que aconteceria na virada do século, com a disputa de americanos, japoneses e europeus para vender seus respetivos sistemas de TV digital, nunca havia existido, desde os anos 1960, um padrão ou sistema único para os milhões de televisores que seriam produzidos com a tecnologia de televisão em cores. Os europeus, para não serem atropelados pelos fabricantes americanos já comprometidos com o sistema NTSC, desenvolveram dois sistemas: o SECAM francês e o PAL alemão.

O resultado dessa disputa, no Brasil, seria a sigla PAL-M, sistema desenvolvido a partir de experiências realizadas por especialistas alemães e holandeses liderados pelo professor Walter Bruch que só funcionaria no país, não fazendo muita diferença na vida dos telespectadores, a não ser aqueles brasileiros mais abastados e desavisados que compravam vídeos nas viagens ao exterior para descobrir que era impossível assisti-los na volta para casa.

Herbert Fiuza* – diretor de engenharia da Globo, que fez parte do grupo de trabalho criado pelo Contel para implantação do sistema PAL-M não como executivo da emissora, mas como professor do Instituto Militar de Engenharia (IME) – lembra, em sua entrevista, que seu colega do IME, o também professor Alcyone Fernandes de Almeida, considerado por ele o verdadeiro criador do sistema, pensava mesmo em defender a indústria brasileira:

"Os americanos estavam fazendo uma pressão violentíssima. Houve várias apresentações deles no Brasil e a gente continuou seguindo a linha do Alcyone, que era a seguinte: se a gente adotar o NTSC, no dia seguinte começa uma invasão de televisores e qualquer televisor em cores americano funciona no Brasil. Se a gente fizer o PAL, vão ter que inventar o televisor brasileiro".

A determinação dos militares em implantar logo o sistema PAL-M contrastava com a falta de entusiasmo das emissoras, todas à época operando com dificuldades, apesar de já terem sido beneficiadas por facilidades oficiais como um decreto-lei de 1969 em que o governo Costa e Silva as isentara de impostos na importação de equipamentos. Mesmo a Globo, em situação de vantagem por ter um parque eletrônico mais moderno, viabilizado anos antes pelos dólares do grupo Time-Life , tinha acabado de fechar o primeiro balanço com lucro de sua história, num ano em que Roberto Marinho correra até risco de perder o controle da empresa, em meio à negociação de empréstimos para cobrir os custos de operação da TV e o acerto financeiro do fim da sociedade com os americanos.

Mais de trinta anos depois, Fiuza, militar de formação, ao fazer um balanço das decisões do grupo de trabalho do Contel, não hesitou em classificar a opção pelo sistema PAL-M como "uma solução xenófoba":

"O PAL-M foi um erro na medida em que a gente o impôs aos sistemas de produção. As câmeras PAL-M custavam caro, as chaves de comutação PAL-M, tudo o que era PAL-M, incluindo as máquinas de VT, custavam caro. E eram únicos: só eram feitos no Brasil, custavam uma fortuna".

Como a resistência das emissoras continuava, os militares alinhados com o ministro Corsetti, não satisfeitos em estabelecer normas e restrições técnicas que incluíam, segundo Fiuza, a proibição de transmissões pelo sistema NTSC nos links da Embratel, começaram, de uma hora para outra, a ficar bem mais sensíveis às queixas de setores da opinião pública contra os programas populares de auditório da Globo e da Tupi, e deram um arrocho na censura em agosto de 1971, na semana que se seguiu ao domingo em que Flávio Cavalcanti, na Tupi, e Chacrinha, na Globo, exibiram para todo o país aquele ritual de umbanda comandado pela mãe de santo Cacilda de Assis, que dizia receber o espírito do "Seu Sete da Lira", um exu da umbanda.

Logo depois do episódio, que levou as emissoras a assinarem um protocolo de autocensura para conter a onda de protestos, Walter Clark aproveitou uma reunião da direção da Globo com suas afiliadas em Brasília para fazer uma visita de cortesia para "acalmar a fera", o ministro Corsetti.

Na reconstituição detalhada que fez em seu livro do encontro com a "fera", juntamente com empresários afiliados da Globo como Luís Viana Neto, da Bahia, Maurício Sirotsky, do Rio Grande do Sul, e Paulo Pimentel, do Paraná, Clark afirma que não demorou muito para o ministro fazer uma associação direta, de interdependência entre a melhoria do nível dos conteúdos da programação e a introdução da cor pelas emissoras.

Clark diz em seu livro que, diante da artilharia de Corsetti contra "a idiotização do telespectador", repetindo "a velha catilinária de todos os inimigos da TV, de todos os lugares, em todos os tempos", perguntou ao ministro se não seria mais sensato "melhorar primeiro e depois colorir" a televisão, acrescentando, para fazer uma graça, que as emissoras já estavam trabalhando na cor vermelha, de prejuízo:

"A piadinha não funcionou. Corsetti continuou firme na pressão, dando a entender que faria desabar a fúria dos céus sobre as nossas cabeças se não implantássemos a cor e melhorássemos urgentemente a programação".

Clark atribuiu a Maurício Sirotsky, fundador do grupo RBS, a solução, "um primor da matreirice" que acalmou o ministro: inaugurar a transmissão em cores durante a Festa da Uva, na 6ª Exposição Agroindustrial de Caxias do Sul:

"Estávamos no final do ano e o Corsetti queria a inauguração da TV em cores no início de fevereiro, no Carnaval. Era muito pouco tempo para a televisão se preparar. Mas o Maurício sabia que o Corsetti era de Caxias e que adoraria fazer um brilhareco para os conterrâneos, dando à sua terra a primazia de ter iniciado as transmissões de TV colorida no Brasil. Não deu outra: assim que ouviu a proposta, o ministro abriu um sorriso de orelha a orelha, os olhos brilharam, e ele bateu o martelo".

Delírios coloridos

Inaugurar, apesar da pane operacional, foi fácil. Assim como estrear os primeiros programas em cores, o especial *Meu Primeiro Baile*, de Janete Clair, na Globo, em 31 de março do mesmo ano de 1972, e o clássico de Hollywood *A Volta ao Mundo em 80 Dias*, com David Niven e Cantinflas, na Tupi, no dia seguinte.

Bem mais complicado seria acertar a dosimetria com que as equipes de produção de programas e novelas das emissoras mergulhariam no mundo de cores da TV. Daniel Filho até tentou fazer a transição com calma e qualidade na Globo, gravando a novela *O Bem-Amado* em cores, para treinar o pessoal do estúdio, e exibindo em preto e branco, convicto de que "mais valia um Ibope em preto e branco do que um fracasso colorido", mas não foi o que aconteceu: *O Bem-Amado* iria ao ar em cores. Todas as cores possíveis.

Os sinais do delírio cromático que estava para acontecer já tinham aparecido antes, na própria produção de *Meu Primeiro Baile*. O diretor João Lorêdo* conta que Boni ficou escandalizado ao chegar no *switcher* acompanhado de Daniel Filho e Glória Menezes, a protagonista, para conferir a primeira gravação do especial, feita numa boate cujas mesas tinham sido decoradas pelo cenógrafo conhecido como Padilha com uma toalha de cada cor:

– Padilha, não é porque a televisão é em cores que você tem que fazer a tinturaria aí. Pode apagar. Quero que grave de novo.

Boni logo teria de controlar ainda mais seu mítico perfeccionismo: *O Bem-Amado*, se não tivesse entrado para a história da televisão brasileira como uma das melhores de todos os tempos, seria um marco pouco edificante dos exageros cometidos na lua de mel da dramaturgia da Globo com as cores. Gracindo Jr., intérprete do trambiqueiro "Jairo Portela" na trama, não se esqueceu:

"Eu me lembro que me fizeram pintar meu cabelo de cenoura. Em cores, cada um tinha que ter uma cor diferente. O cenário era vermelho, a parede era verde. Você olha a novela hoje e parece que uma criança coloriu aquilo".

Emiliano Queiroz, que fez o antológico papel de "Dirceu Borboleta", chegou a comentar, espantado, com Daniel Filho, que um dos cenários de *O Bem-Amado* "parecia um viveiro de araras" onde "tudo gritava". Era como se a nova regra fosse usar todas as cores existentes na natureza em todas as cenas, mas Emiliano gostou de um detalhe:

"Descobri que podia ficar vermelho em cena. Então, tirei partido disso no *Bem-Amado*".

A novidade da cor também continha algumas armadilhas. Pernas muito brancas como as da atriz Ida Gomes, por exemplo, provocavam fagulhas, pequenos cometas que "rasgavam" a imagem, assim como joias e anéis, que tinham de ser cobertos com papel ou embaçados com spray ou sabão. Óculos escuros, nem pensar. Betty Faria e outros artistas do elenco eram aconselhados pela equipe de iluminação a não usar roupas vermelhas ou brancas.

Para o autor Walther Negrão, parte dos problemas se devia ao fato de todos, na TV brasileira, estarem naquele momento ainda começando a superar "o susto da chegada do videoteipe" e "descobrindo como fazer as coisas":

"Aí veio a cor. E era uma cor meio sem vergonha porque estourava o vermelho, as pessoas se adaptando, não podiam usar muita cor no rosto, na roupa".

A orgia de cores logo chegaria, também, ao estúdio do *Jornal Nacional*, onde Cid Moreira recebeu assistência na escolha do figurino do próprio Boni antes de ter, junto com Sérgio Chapelin, um alfaiate da emissora para cuidar da indumentária:

"O Boni chegou lá, cismou com a minha gravata: 'eu vou arrumar uma gravata'. Foi correndo para a casa dele, apanhou outra gravata. E aí começou. A coisa foi gradativamente até totalizar todas as cores. E foi uma orgia de cores. Eu tinha um alfaiate e os tecidos eram os mais extravagantes possíveis. Até quadriculado, uma coisa de doido. A gola enorme. Eu vinha com o paletó amarelo, paletó cor de abóbora, verde, tudo. A gente não sabia, estava pesquisando".

No mesmo ano de 1973, a primeira reportagem em cores exibida na história do *JN* teria duas características inesperadas: foi ao ar sem que Boni tomasse conhecimento prévio da efeméride e teve como assunto um tema e um personagem sombrios: o velório, em Brasília, do então senador Filinto Müller, ex-chefe da violenta polícia de Getúlio Vargas no Estado Novo; e uma das 123 vítimas fatais do trágico pouso de emergência de um Boeing da Varig na aproximação do Aeroporto de Orly, em Paris, no dia 11 de julho daquele ano.

A exibição da reportagem do velório em cores foi uma mistura de quebra de hierarquia sem maiores consequências com uma façanha operacional patrocinada por Toninho Drummond, então diretor de jornalismo da Globo em Brasília. Foi também uma evidência de que a tecnologia da cor levaria muito tempo para ser efetiva e completamente implantada na emissora: Toninho Drummond só conseguira filmar em cores, revelar, editar, gerar para o Rio para exibição no mesmo dia no *JN* porque um fornecedor de filmes de Brasília garantira revelar o material do velório de Filinto Müller em cinco horas, prazo impensável na época. O tempo mostraria que a pressa inaugural do ministro Hygino Corsetti não evitaria que até mesmo a Globo só deixasse de ter programas em preto e branco em 1977, cinco anos depois da Festa da Uva. E as pressões dos militares também não evitariam que a quantidade de aparelhos em cores no país demorasse exatos vinte anos para superar o número de televisores em preto e branco.

Ainda que o resultado estético da cor no *Jornal Nacional* e em *O Bem-Amado* tenha sido considerado cada vez mais sofrível, à medida que os técnicos e artistas da Globo foram dominando a nova tecnologia da cor, a produção da novela de Dias Gomes, na prática um aprendizado em TV em cores transmitido todas as noites, só foi possível porque a emissora foi a que teve melhores condições financeiras de investir nos equipamentos e nos cursos que técnicos da área de engenharia da Globo fizeram na BBC e na TV alemã.

Mesmo tendo de aderir compulsoriamente ao calendário e ao modelo de TV em cores impostos pelo Governo, a Globo colheria os frutos da liderança já consolidada no Ibope, dos recordes sucessivos de faturamento a partir de 1973 e dos recursos que o governo militar – na costumeira estratégia que Laura Mattos chamou de "morde-assopra", mordendo na censura e assoprando nos subsídios – continuou colocando à disposição das emissoras. Uma câmera em cores, por exemplo, custava 150 mil dólares, seis vezes o preço do equipamento usado para gravações em preto e branco. E junto com a câmera vinham os custos do que Walter Clark chamou de "plano de colorização", envolvendo mudanças importantes e custosas nas áreas de maquiagem, cenário, luz e figurinos.

Com o tempo, a sonhada conquista do mercado de televisores da América Latina com o sistema de cor brasileiro não passaria de um delírio da política protecionista do governo militar. O desenvolvimento do sistema PAL-M, na avaliação de Herbert Fiuza, até contribuiu para melhorar, e muito, a qualidade dos receptores brasileiros, mas, ao contrário do que previa a "mentalidade colonizadora" que Boni identificou no contato com os militares alinhados ao ministro Hygino Corsetti, a indústria eletroeletrônica do país acabaria ficando engessada pelo fato de não haver mercado externo para o PAL-M. Em 2000, Herbert Fiuza resumiu:

"Esse televisor nosso, o PAL-M, só serve pro Brasil, e você vê as belezas que conseguiram fazer. É verdade que a gente perdeu muito dinheiro com essa decisão, na parte de produção. Se a gente talvez tivesse vislumbrado, desde o início, que a gente podia ser PAL-M só na transmissão e continuar trabalhando NTSC nos estúdios, teria sido a solução ideal. Mas a gente só foi cair nisso muitos anos depois".

Não existe investigação pública ou jornalística independente conhecida sobre eventuais episódios de ganhos ilícitos, à sombra da notória opção preferencial do regime militar pelo desenvolvimento do sistema brasileiro de TV em cores.

Não existia investigação pública ou jornalística independente sobre atos da ditadura militar durante a ditadura militar.

Olho no olho

Otto Lara Resende tinha sido uma das vítimas ilustres do fenômeno de televisão conhecido nos *switchers* como "travada", "branco" ou "pane" e contra o qual não havia e não há cultura, experiência de estúdio ou talento que bastem. Depois da experiência com o programa de comentários e entrevistas *Otto Zero Hora*, no ar na TV Globo canal 4 entre setembro e novembro de 1966, ele passara a apresentar, no início de 1967, *O Pequeno Mundo de Otto Lara Resende*, três inserções semanais que eram transmitidas ao vivo, às sete da noite, durante pouco mais de um minuto e meio e nas quais ele comentava, com desenvoltura, algum acontecimento da cidade do Rio de Janeiro ou do país.

Até o dia em que, segundo o relato do jornalista Luís Edgar de Andrade*, falecido em 2020 aos 89 anos, aconteceu o que no futuro os estudiosos do cérebro e do comportamento humano chamariam de gatilho, escondido num inocente pedido do escritor Guimarães Rosa:

– Otto, por favor, me cita no seu programa. Diga qualquer coisa, diga que eu sou famoso, porque eu tenho uma neta que não acredita que eu seja famoso, mas se ela ouvir você me citando vai acreditar na minha fama.

Dois dias depois, momentos antes de Otto entrar no ar, alguém da produção lembrou a ele que a neta de Guimarães Rosa estaria assistindo ao programa em que ele seria citado. Aí, segundo Luís Edgar, aconteceu:

"A luz vermelha acendeu e deu um branco no Otto. Ele não conseguiu dizer uma palavra. Passaram-se cinco segundos, dez segundos, e nada. Isso ao vivo. Então, caiu o *slide*, como se dizia naquele tempo, entrou o comercial e o Otto saiu do estúdio arrasado, sentindo-se o último dos homens. Aliás, depois desse incidente, ele encerrou o programa, nunca mais fez comentário ao vivo na televisão. Ao vivo, nunca mais".

Pouco ajudou o fato de, ainda naquela noite, para aumentar o constrangimento, terem confundido a pane angustiante de Otto com uma suposta manifestação de protesto contra a Lei de Imprensa que a ditadura fizera entrar em vigor naqueles dias. Ao estacionar seu carro numa rua do Leblon para um jantar na casa do advogado Miguel Lins, Otto foi reconhecido pelo então ministro Nascimento e Silva, que passava pelo local e comentou:

– Otto, você hoje na televisão estava genial. Só o Chaplin faria uma crítica como você fez à Lei de Imprensa que a gente acabou de aprovar.

Para quem, em vez de comentar de improviso como Otto, precisava apresentar textos noticiosos, os desafios da época eram diferentes: antes de 1971, quando chegou ao departamento de jornalismo da Globo o primeiro *teleprompter*, sistema de espelhos que mostra o texto a ser lido na mesma linha do olhar do apresentador para a lente da câmera, fazia muita diferença o apresentador, além de ter controle emocional, ser capaz de memorizar textos e de alternar o olhar com elegância e suavidade entre a lente da câmera e o script na bancada.

Um craque nessa capacidade era Heron Domingues, locutor radiofônico do *Repórter Esso* que, antes de ser contratado pela Globo para apresentar o *Jornal Internacional*, aproveitava o fato de acumular dois empregos diários, primeiro na Rádio Nacional e em seguida na TV Rio, para decorar o texto que apresentaria na televisão. Armando Nogueira, naquela época trabalhando na TV Rio, ficava impressionado:

"Quando o Heron chegava à noite na TV Rio, ele já tinha memorizado praticamente 90% do texto e aí ele revolucionou, de certa maneira, a interação do apresentador com o público no telejornalismo, porque era como se o Heron estivesse inventando o *teleprompter*. Ele praticamente não lia o texto, só acompanhava com a caneta onde possivelmente a memória pudesse falhar".

Cid Moreira e Sérgio Chapelin, formados na mesma escola de Heron Domingues, nem sabiam da existência do *teleprompter* até um exemplar da novidade chegar aos estúdios do *Jornal Nacional*. Tanto que, antes, Cid voltava sempre preocupado da sala de Armando, toda vez que era chamado pelo diretor de jornalismo para ver como eram os telejornais das redes americanas:

"Eu ia para a sala dele, ficava vendo o jornal da NBC e imaginando, sem falar nada: 'nunca eu vou conseguir fazer isso aí'. Eu não sabia que existia o *teleprompter* e pensava: 'Pô, esse cara é um monstro, como é que ele guarda tudo na memória?'".

Chapelin, ao ser apresentado ao *teleprompter* comprado nos Estados Unidos por Armando, sentiu-se vingado:

"Todo mundo dizia: 'Locutor americano não lê texto, o cara entra e faz, improvisa aquilo tudo'. Eu dizia que não, que era impossível ou então todos os gênios estavam nos Estados Unidos. Ninguém consegue falar sobre diversos assuntos o tempo todo sem cometer erros, sem se perder dentro daquele assunto, com aquela precisão".

Nos primeiros meses de *JN* com o *teleprompter*, Cid e Sérgio ainda pagariam o preço do desconhecimento de todos da equipe técnica do telejornal, que montou o novo equipamento na base do "deixa comigo", de uma forma que, em certos momentos, as íris dos dois apresentadores praticamente desapareciam atrás da pálpebras superiores, no esforço deles de ler os textos que subiam até também desaparecerem no visor acoplado à câmera.

Resultado: em certos momentos, Cid e Sérgio ficavam com os olhos excessivamente arregalados e os respectivos globos oculares parecendo querer saltar para fora, qualquer que fosse o tipo de notícia. Cid achava o novo sistema "meio esquisito", mas, como sempre, preferiu não falar nada:

"Ficava todo mundo com o olho branco. E todo mundo reclamando do olho branco".

Mauro Rychter*, um dos editores do *JN* na época, conta em sua entrevista que, só depois de meses alguém descobriu que um jogo de espelhos que ficara intacto numa das caixas que chegaram de Nova York também fazia parte do *teleprompter*. "Uma coisa de maluco", segundo ele.

Corrigido o problema, o novo equipamento, em versões cada vez mais modernas que com o tempo evoluíram das esteiras de páginas de script movidas a manivela por assistentes de estúdio para a transmissão digital direta dos textos dos terminais da redação para os visores das câmeras, passaria a ser obrigatório em todos os telejornais da Globo.

Armando considerava o *teleprompter* indispensável, principalmente para o formato do telejornal clássico, com tempo de duração cravado, sem chance de erro, sempre ao vivo, cheio de notas e reportagens sobre assuntos diversos, equipe operacional complexa e refratária a improvisações, e trinta a quarenta minutos de informações impossíveis de serem inteira e detalhadamente memorizadas. Ou seja, à medida que a tecnologia foi viabilizando um noticiário cada vez mais veloz e instantâneo na televisão, ninguém teria mais condições de ficar cerca de duas horas memorizando textos como Heron Domingues.

Mais importante que o *teleprompter*, porém, para Armando, continuaria sendo, sempre, o olhar de quem estivesse na frente da câmera:

"O *teleprompter* foi inventado exatamente para você prender o telespectador pelo olhar, porque é no olhar que tudo começa, a menos que você namore um cego. Foi por isso que, mesmo antes do *teleprompter*, nós preparamos todos os nossos apresentadores, pedindo para eles memorizarem as informações o máximo possível".

A importância do olho no olho continuaria décadas depois; em 2008, por exemplo, quando o apresentador Tiago Leifert, ao criar um formato inovador para o programa *Globo Esporte*, dispensou a própria presença do *teleprompter* no estúdio da Globo de São Paulo:

"Eu acho que, como apresentador, eu sou uma continuação do que eu sou no resto do dia. Eu quero que as pessoas me encontrem no shopping, num restaurante e falem: 'Nossa! Você é igualzinho na televisão, um pouco mais magro, um pouco mais bonito'. É normal falarem. Mas a mesma pessoa. Eu acho que eu sou um *desapresentador*".

O que tanto Armando quanto Leifert queriam em épocas tão distintas para o jornalismo e os programas esportivos da Globo era o que, na dramaturgia, Maria Carmem Barbosa, autora de novelas da emissora falecida em 2023, aos 77 anos, chamou de "amor correspondido":

"Se você não gosta de televisão, ela não gosta de você. A televisão devassa a pessoa, entra na sua retina. Se você tiver um minuto de dúvida na fala, aparece".

Diferentemente, porém, do que acontecia na dramaturgia da Globo – em que quanto mais intensa fosse a carga emocional dos atores na relação com a câmera, melhor –, para Armando, no jornalismo e, particularmente, no *Jornal Nacional*, quanto mais fossem crescendo a audiência e a presença do telejornal no cotidiano de milhões de brasileiros, maior cuidado Cid, Chapelin e seus futuros sucessores teriam de ter:

"Um sorriso num plano fechado na televisão é uma gargalhada. Um piscar de olho é um editorial, um libelo. Dependendo das circunstâncias, aquela câmera fechada, em close, e isso só acontece nesse veículo, há silêncios que têm o peso de mil palavras".

William Bonner não diria nada diferente sobre a força das lentes do *JN* três décadas depois, em março de 2001, quando, na hora de abrir uma edição do *JN*, viveu um drama que ele chamou de "mico horroroso":

"Eu estava gripado, poupei a voz o dia inteiro, mas quando fui começar o jornal sumiu a voz. Isso chamou tanto a atenção das pessoas que o jornal deu pico de 48 pontos no Ibope e não tinha nenhum assunto que merecesse, a não ser a iminente perda total de voz do apresentador, que seria inédita na história de 32 anos do *JN*".

Outra travada do mesmo Bonner seria uma evidência poderosa de que, no improviso ou com texto para ler no *teleprompter*, ninguém estaria livre de panes nervosas ou emocionais nos estúdios do jornalismo da Globo. No encerramento do *JN* em 7 de agosto de 2003, o dia seguinte à morte de Roberto Marinho, Bonner daria uma travada inesquecível, para ele e para os telespectadores, ao ler, ao vivo, emocionado, a carta dos filhos do fundador.

O *teleprompter*, em perfeito funcionamento naquele dia, foi inútil.

Bruxarias

"Ele sempre quis ser classe A. Não é. Tem ódio quando o sujeito classe A é ostentador. E quando o sujeito da classe A ostenta muito, ele diz que ele ou é corno, ou é veado ou tem câncer e não sabe."

Homero Icaza Sánchez entrou para a história da Globo pelas análises reveladoras e preciosas que fez de milhares de pesquisas que concebeu e aplicou, investigando os hábitos e tendências do telespectador brasileiro; por sugestões que permearam boa parte das decisões do comando da emissora sobre conteúdo de programação entre 1972 e 1983; e também pelos relatórios internos recheados de observações contundentes sobre a natureza humana e cujo teor talvez provocasse questionamentos da área de *compliance* da empresa se fosse se candidatar ao mesmo emprego em 2024.

Contratado em 1971 como diretor do então recém-criado departamento de análise de pesquisa da Globo, Homero, ao descrever, por exemplo, em 2000, as características do telespectador da "classe B1", uma faixa de público que à época ele considerava "problemática" em termos de audiência, soltou o verbo:

"É um sujeito com dinheiro que se acha nobre. Se você perguntasse pra ele quem foi o pior presidente da história do Brasil, ele responderia que foi Getúlio

Vargas, porque ele pegou todos os crioulos que são filhos de escravos ou netos de escravos e os fez cidadãos e inventou uma justiça onde branco perde. O lema dele é 'Sofram, desgraçados'. É um sujeito capaz de botar num carro o letreiro 'A inveja é uma merda' porque tem um carro novo".

Ao traçar outro perfil, o do telespectador da classe C, Homero descreve, na entrevista, dois cotidianos. Num deles, o homem "só pensa em coisa boa, em felicidade", acredita nos dirigentes e no progresso do Brasil, é dono de um fusca que deixa sob cuidados de um flanelinha no estacionamento do trabalho, volta para casa querendo saber se a cerveja que pediu para botarem no congelador está "estupidamente gelada", "assiste ao que tem que assistir na TV" e dorme. E mais:

"No sábado de manhã ele vai para a praia, vai num botequim e pega uma bolsa de lona riscada de verde e branco, bota a cerveja e some. Se a mãe veio almoçar com ele no sábado ou no domingo, a mulher tem que ter feito uma carne assada e preparado uma sobremesa e um macarrão. À tarde ele vai ao futebol, volta à noite, cumpre o dever conjugal saindo com a mulher, indo ao cinema. Na volta, comem uma pizza. Domingo ele dorme até tarde ou vai à praia. E às dez da noite, quando acaba o *Fantástico*, descobre o quanto não fez do trabalho que tinha para fazer em casa. Diz um palavrão e vai voltar com o trabalho no dia seguinte".

No outro cotidiano da classe C descrito por Homero, ele fala de um homem que todo sábado vai no botequim tomar caipirinha com chope e comer "uns ovos vermelhos e um pastelzinho", para em seguida pegar o trem para casa, levando fatias de mortadela e queijo prato "para a patroa", e que no dia seguinte bota um short rasgado, sandálias e vai até a venda da esquina onde joga damas ou xadrez, "se muito culto", com os amigos, até o filho aparecer e dizer que o almoço está pronto. E Homero conclui:

"No almoço tem de tudo, comida maravilhosa, em quantidade, do tipo 'na minha casa comida não falta, pode faltar outra coisa, mas comida não falta'. É tripa, é feijoada. Ele dorme e, depois, normalmente joga futebol até tarde e arrebenta o pé".

Ao falar das mulheres, Homero, apelidado de "El Brujo", o Bruxo, pela importância que Boni e Daniel Filho, entre outros, davam às suas sentenças, cometeria alguns erros espetaculares de previsão, como sua aposta de que o seriado *Malu Mulher*, exibido entre 1979 e 1980, grande sucesso de público e crítica, seria um fiasco completo.

Ainda assim, mesmo sendo voto vencido contra o seriado estrelado por Regina Duarte, ele deixaria marcas de sua visão de mundo nas duas intervenções que fez em *Malu Mulher*. Na primeira, com três meses do seriado no ar, após fazer uma pesquisa sobre o programa a pedido de Boni*, teve um diálogo com o chefe no qual mostrou um pouco mais do que pensava sobre o que passava pela cabeça das telespectadoras brasileiras:

– Boni, você tem que fazer um programa com uma lésbica dando uma cantada na Regina.

– Por quê?

– Porque toda mulher desquitada recebe uma cantada de uma lésbica nos três primeiros meses. Uma lésbica que vira amiga e vai tomar conta da casa e da filha enquanto ela vai buscar emprego. No fim, tem a cantada clássica.

Homero achava que *Malu Mulher* não agradaria a maioria do público telespectador feminino e combinaria com Boni outra pesquisa, desta vez com donas de casa do subúrbio, convicto de que "o subúrbio é que fala", em termos de "tendências latentes" na audiência da televisão aberta. Uma das telespectadoras pesquisadas, segundo o "El Brujo", tinha um comportamento emblemático:

"A mulher disse na pesquisa: 'Olha aqui, essa moça, a "Malu", tem de tudo, tem uma filha que é linda, maravilhosa, um marido que dá tudo para ela, um apartamento. E quer estudar sociologia na PUC? Dá um tanque de roupa para ela, para ela aprender".

Na segunda entrevista ao Memória Globo, em 2001, Homero* também revelaria um especial desconforto com os humoristas da televisão, criticando sem citar nomes a personagem lésbica "Tonhão", vivida por Claudia Raia no programa *TV Pirata*:

"Eu tenho uma teoria de que o problema do humorismo da televisão brasileira é o homossexualismo. Os autores de programas humorísticos, quando não têm solução, inventam um veado. Automaticamente. Tentaram fazer isso com mulheres inclusive. Uma coisa é humorismo, outra coisa é deboche".

Panamenho, ex-bolsista de direito, casado com uma brasileira, cônsul-geral de seu país no Rio de Janeiro e dono de um pequeno instituto de pesquisas até ser contratado por Boni, Homero introduziu, entre outras técnicas, no cotidiano da dramaturgia da emissora, o temido "sistema de trilho", análise comparativa que relacionava a audiência dos trinta primeiros capítulos das novas novelas com a média histórica de pontos das tramas antecessoras no mesmo horário. Como observam os autores de *A deusa ferida: por que a Rede Globo não é mais a campeã absoluta de audiência?*, o sistema de trilho "aproximava a oferta da demanda".

Homero usava 36 tipos culturais e economicamente definidos para mapear o potencial ou os problemas de audiência dos programas da Globo:

"O AA, por exemplo, é um sujeito que ao mesmo tempo é milionário e tem uma cultura maravilhosa. Já o AD é um indivíduo também milionário, mas um bicheiro que come com as mãos, um sujeito sem cultura alguma".

A diferença das pesquisas que Homero faria ao longo dos anos para a Globo no alfabeto que ia de A a D, em relação às realizadas pelas redes americanas, seria, segundo ele, o levantamento socioeconômico, fundamental para se saber como as pessoas se comportavam culturalmente num país desigual como o Brasil. Havia ainda uma lista de perguntas que ele e sua equipe sempre faziam aos autores quando era para analisar uma sinopse de novela:

"Primeiro: tem personagens de todas as classes? Segundo: tem casais de classe A, B, C e D? Tem na trama toda alguma expectativa de melhora de classe socioeconômica? A pessoa vai se formar? Vai estudar? Tem conflito? Como é o conflito? Como se resolve o conflito? Então, em função disso, a gente dava um parecer para o Boni".

Na intervenção de estreia de Homero na dramaturgia da Globo, final de 1971, o autor Walther Negrão, que vinha da experiência traumática de escrever a parte final de *A Cabana do Pai Tomás* sem ter visto a novela ou lido o livro que a inspirou, estava controlando a preocupação com a montanha que tinha pela frente: escrever, para o horário das sete da noite, a trama que substituiria *Minha Doce Namorada*, sucesso absoluto de audiência que cristalizara o casal romântico do Brasil da época, formado por Regina Duarte e Cláudio Marzo. Diante do desafio, Homero sugeriu a Negrão que ambos fizessem uma "autópsia" da trama de Vicente Sesso para definir como seria *O Primeiro Amor*, a novela substituta, e Negrão ficou não apenas agradecido pelo sucesso que obteve com as sugestões, mas também impressionado:

"Muita gente tinha uma resistência, chamava o Homero de numerologista, mas ele me deixou fascinado porque ele não era um marqueteiro simplesmente. Era um grande poeta, tradutor de Manuel Bandeira e tinha uma sensibilidade enorme, associada ao talento de pesquisador e analista de pesquisa".

Negrão e Homero dissecaram *Minha Doce Namorada* para identificar os ícones que tinham feito da novela um fenômeno de audiência e constataram que a trama, entre outros trunfos, tinha atingido as crianças de 4 a 10 anos e as mulheres de mais de 40 por causa de um núcleo dramatúrgico que tinha um parque de diversões.

Isso levou Negrão a fazer, sem maiores pudores autorais, o que ele mesmo chamou de uma "sobreposição" de personagens e situações de uma novela para outra, criando, para *O Primeiro Amor*, uma abertura com mais de sessenta bicicletas, um núcleo dramatúrgico em torno de uma gangue de motociclistas ligados ao vilão "Rafa" vivido pelo ator Marcos Paulo, no caso para atrair o público de 15 a 25 anos; e outro núcleo que, de tanto sucesso que fez, inspiraria o primeiro *spin-off* da história da Globo: a dupla "Shazan" e "Xerife", personagens de Paulo José e Flávio Migliaccio cujas aventuras em sua "camicleta", mistura de bicicleta com caminhão, se tornariam um programa à parte que faria sucesso durante dois anos na grade da Globo.

As verdades reveladas pelo abecedário de 36 perfis socioeconômicos administrados por Homero ensinariam autores como Ricardo Linhares, por exemplo, a nunca se esquecerem, em se tratando de novelas da TV aberta, de pensar em todos os públicos, de A a D, "das pessoas que estudaram às que não estudaram", tomando cuidado com "as armadilhas do politicamente correto" que podem resultar na criação de personagens bobos ou inverossímeis. Segundo Linhares, "o público mais esclarecido gostava mais dos vilões", como seria demonstrado nas pesquisas da Globo sobre *Vale Tudo*, exibida entre 1988 e 1989 e que muitos consideram a melhor novela da história da Globo:

"O público mais esclarecido gostava de quem? Da 'Maria de Fátima', personagem da Gloria Pires, a vilã. Mas o grande sucesso popular da novela era a 'Raquel', personagem da Regina Duarte. Era com a Raquel que as pessoas mais simples se identificavam. As pessoas mais simples querem heróis justos e íntegros".

Janete Clair conviveu com "El Brujo", mas, em entrevista à *Veja* em janeiro de 1973, afirmou que havia "muito exagero em relação ao papel tirânico desempenhado pelo Ibope":

"Muita gente imagina que vivemos diariamente consultando o Ibope antes de escrever um capítulo, mas confesso que, às vezes, passo meses sem saber a quantas anda o Ibope da minha novela, porque nunca fui à televisão para consultá-lo. Mas talvez eu seja privilegiada porque minhas novelas nunca deram menos de 50%. Se acontecesse isso, talvez eu sentisse mais a sua influência".

"Talvez não, com certeza", diriam praticamente todos os autores que, com ibopes menos espetaculares, sucederiam Janete, detentora do título reconfortante de "Rainha do Ibope" até morrer, em 1983. Um deles, Gilberto Braga, falecido em 2021, aos 76 anos, e considerado um dos principais herdeiros de Janete, também não gostava quando "algumas pessoas" ficavam "achando que novela é feita com o público mandando o escritor fazer assim ou assado". Mas se veria obrigado a mexer drasticamente numa de suas tramas em 1991, quando, de repente, sem aviso prévio e nenhum sinal identificável, no mesmo instante, milhões de pessoas mudaram o canal ou desligaram a TV na estreia de *O Dono do Mundo*.

Boa parte do público, já acrescido da massa conservadora das classes C e D na época recém-chegadas ao mercado, não aceitaria a trama em que uma secretária vivida por Malu Mader, às vésperas de se casar virgem, ia para a cama com o patrão canalha interpretado por Antonio Fagundes. O maior erro de cálculo da carreira de Boni, segundo o próprio.

Gilberto Braga* não apenas não gostava de ficar refém de análises de pesquisas de audiência: afirmou, em 2001, que nem assistia muito à televisão e que guardava lembranças "assustadoras" que vinham da infância, quando ficava "um pouco irritado" com o "barulho", quando a mãe viúva e o avô ligavam o aparelho. Irritado a ponto de, no futuro, ter feito uma espécie de acordo de coexistência com o decorador Edgar Moura Brasil, com quem era casado e que tinha "uma relação normal com a televisão":

"Aquilo me irrita demais, eu nunca entrei no meu quarto e liguei a televisão. Eu não sou um consumidor de televisão. Eu entro no quarto do Edgar, por exemplo, a televisão está ligada, eu vou falar com ele, eu digo: 'Pode tirar o som?'".

Nem sempre, porém, os caminhos da dramaturgia da Globo seriam determinados pelas análises de pesquisa e pelos perfis de telespectadores modelados por Homero e incorporados à rotina da emissora. Antes, durante e depois da era de "El Brujo", que seria demitido ao se envolver com a apuração das eleições para governador de 1982, compartilhando com Leonel Brizola a convicção de que o sistema de apuração do pleito no Rio era fraudado, aconteceria de tudo nos bastidores da dramaturgia da Globo.

O diretor Roberto Talma, falecido em 2015 aos 65 anos, foi testemunha, em 1986, de um processo de aprovação de sinopse que teve a duração de um telefonema, da ideia ao título escolhido, para uma novela que seria o maior sucesso da TV no ano seguinte. Depois de almoçar com Cassiano Gabus Mendes em São Paulo, sabendo que Marília Pêra e Glória Menezes estavam disponíveis, Talma ligou do restaurante para o Rio:

– Boni, eu acertei uma história aqui com o Cassiano.

– Qual é?

– A história de uma mulher que é rica e fica pobre, e outra mulher que é pobre e fica rica. Uma é a Marília Pêra e a outra é a Glória Menezes.

– Porra! Ótimo! Brega e chique!

Em 2002, de um lado da linha, em São Paulo, estava a autora Maria Adelaide Amaral, disponível para a Globo, mas a fim de escrever uma peça de teatro. Do outro, o então diretor da Central Globo de Controle de Qualidade, Mário Lúcio Vaz, sem ideias para o diretor Jayme Monjardim, também disponível:

– Não tem nada, Maria Adelaide, o Jayme já viu, não tem nada pra fazer.

– Tem sim, tem sim!

Naquele momento, Maria Adelaide estava usando um telefone sem fio e olhando para um livro que ela não tinha lido e que tinha recebido da editora

Luciana Villas-Boas na Bienal do Livro, com a recomendação de que a obra daria uma excelente minissérie.

– Tem um livro aqui: *A casa das sete mulheres*.

– Gostei do título, sobre o que é?

Maria Adelaide não sabia, mas pegou o livro, foi direto na orelha e respondeu:

– É sobre a Guerra dos Farrapos. São as mulheres da família do Bento Gonçalves.

– Gostei. E sabe quem é que está pesquisando no Rio Grande do Sul e também quem entende à beça? É o Negrão. Então, vocês fazem uma sinopse?

– Pra já.

Maria Adelaide se despediu de Mário Lúcio e ligou em seguida para o colega Walther Negrão:

– Negrão, seguinte: você vai agora na livraria mais próxima da sua casa e compra um livro chamado *A casa das sete mulheres*.

– Que porra é essa?

– Isso vai ser a próxima minissérie e nós vamos trabalhar juntos.

A mesma Maria Adelaide entrou em 2009 no restaurante do Projac, em Jacarepaguá, determinada a propor ao então diretor da Central Globo de Produção, Manoel Martins, uma minissérie sobre a vida da cantora Isaurinha Garcia e sentou para comer ao lado do então diretor musical da emissora, Mariozinho Rocha.

– Mariozinho, o que você acha de uma microssérie sobre a Isaurinha?

– Eu acho legal, mas acho que sobre a Dalva de Oliveira seria melhor, pela história dela.

– É mesmo! Havia toda aquela disputa musical, todas aquelas coisas entre ela e o Herivelto que foram parar nos jornais.

– E mais: a Dalva era uma cantora nacional. A Isaurinha era maravilhosa, mas uma cantora de São Paulo.

Nesse momento, Manoel Martins se aproximou da mesa e Maria Adelaide emendou:

– Manoel, o que você acha de uma microssérie sobre Dalva de Oliveira para a primeira semana de janeiro?

– Eu acho ótimo, acho perfeito.

E aí quem se aproximou da mesa foi Octávio Florisbal, falecido em 2024, aos 84 anos, então diretor-geral da Globo. E foi Manoel Martins quem emendou:

– Octávio, a Maria Adelaide quer fazer uma série sobre a Dalva e o Herivelto, o que você acha?

– Maravilhoso!

Nascia *Dalva e Herivelto: Uma Canção de Amor*, com Adriana Esteves e Fábio Assunção, considerada uma das grandes minisséries daquela década.

O autor Aguinaldo Silva, em 2004, em entrevista à colunista Mônica Bergamo, da *Folha de S.Paulo*, revelaria duas lições que aprendeu na interpretação das análises das pesquisas de audiência: a de que as pessoas se afastavam da TV quando tinham dinheiro para buscar outra diversão, o que ficava evidenciado pela queda de dois pontos no Ibope em toda primeira semana do mês. E a de que a atriz Letícia Spiller era odiada pelas mulheres:

"A Letícia emite um sinal que significa 'perigo'. As mulheres mais odiadas que já vi são Betty Faria e a Letícia. Mas nem por isso deixam de fazer sucesso".

A novela da fórmula infalível jamais teria um capítulo final nos bastidores e salas poderosas da Globo. E diante da alta taxa de imprevisibilidade da audiência às vésperas das estreias, além de contar com as análises e pesquisas inauguradas por Homero Icaza Sánchez em 1972, cada um se defenderia de um jeito nos anos que viriam: Boni dificilmente aprovaria uma sinopse de novela das oito sem falar com Jorge Adib, diretor de merchandising da Globo entre 1978 e 1990; Octávio Florisbal não decidiria nada na área de dramaturgia sem a opinião de Mário Lúcio Vaz. E o próprio "El Brujo" faria questão de avisar:

"O programa é do autor. Sempre é do autor. A análise de pesquisa nunca criou nada, que isto seja bem claro. Nem pretendia criar, porque no momento em que você se mete a criador acabou a análise de pesquisa".

Quinze minutos

Há dois verbetes, no dicionário *Oxford Languages*, para a palavra "monopólio": um deles a define como "privilégio legal ou, de fato, que possui uma pessoa, uma empresa ou um governo de fabricar ou vender certas coisas, de explorar determinados serviços, de ocupar certos cargos". O segundo diz que monopólio também significa "comércio abusivo que consiste em um indivíduo ou grupo tornar-se único possuidor de determinado produto para, na falta de competidores, poder vendê-lo por preço exorbitante".

Em 4 de outubro de 1972, único dia que se conhece da história da Globo em que a emissora obteve, de fato, e por um quarto de hora, no Rio de Janeiro, 100% da audiência medida pelas entrevistas então feitas por telefone pelo Ibope, o filme *O Poderoso Chefão*, de Francis Ford Coppola, considerado um dos maiores da história do cinema, estava em semana de lançamento em sete salas da cidade.

No mesmo horário, a TV Tupi exibia, teoricamente para ninguém ver, a novela *Bel-Ami*, com Adriano Reis, Márcia de Windsor e o jovem Antonio

Fagundes, seguida do humorístico *Comédia do Costinha*; enquanto a TV Rio punha no ar o programa *Bip, o Agente Secreto*, com o humorista Walter D'Ávila.

Nos quinze minutos históricos de efetivo monopólio conquistado naquela noite, ainda em preto e branco, entre 20h30 e 20h45, logo depois do *Jornal Nacional* já apresentado em cores, a Globo exibiu o capítulo 152 de *Selva de Pedra*, a última das oito novelas consecutivas que Janete Clair escreveu ininterruptamente para a emissora desde 1967, daquela vez contando a história da ascensão do jovem do interior "Cristiano Vilhena" vivido por Francisco Cuoco, que, seduzido pelo poder, põe em risco sua felicidade ao lado da mulher "Simone", interpretada por Regina Duarte.

Durante aquele quarto de hora, em cada cem lares do Rio de Janeiro, de acordo com a amostragem do Ibope baseada em critérios demográficos, 23 televisores estavam desligados e todos os demais 77 estavam sintonizados na novela. No capítulo recordista, que mostrou "Simone" sendo desmascarada por "Cristiano" na delegacia, não tendo mais como sustentar a farsa de "Rosana Reis", sua falsa identidade, a trama ainda estava longe do final.

Ainda estavam por vir mais 91 noites de drama e sofrimento, até que "Simone" e "Cristiano" pudessem celebrar a felicidade e partir em um navio ao som do tema do casal, a balada "Rock And Roll Lullaby" cantada pelo americano B. J. Thomas. Drama e sofrimento que atingiriam o clímax quando a vilã "Fernanda" vivida por Dina Sfat manteve "Simone" presa em cativeiro, amarrada a uma cama, o que mexeu até com as emoções do ex-presidente cassado Juscelino Kubitschek, que, segundo Janete Clair revelou à *Veja*, em sua edição de 24 de janeiro de 1973, chegou a se solidarizar com Regina Duarte num encontro com a atriz:

– Minha filha, não aguento mais ver você sofrendo naquela casa. Quando isso vai terminar?

Naquele ano, segundo o IBGE, havia pelo menos um televisor em 5,7 milhões de domicílios brasileiros, equivalentes a 30% dos lares do país. E nenhuma outra novela conseguiria aqueles breves 100% de audiência, incluindo as que ficariam à frente de *Selva de Pedra* em uma enquete sobre as melhores de todos os tempos, feita em dezembro de 1996 pela *Folha de S.Paulo* com cem profissionais ligados à televisão e que incluía, pela ordem de votação, *Roque Santeiro*; *Vale Tudo*; *Beto Rockfeller*; *Gabriela*; *Dancin' Days*; *O Rei do Gado*; *Renascer*; *Que Rei Sou Eu?*; e *Irmãos Coragem*.

Em julho de 2022, cinquenta anos e cerca de trezentas novelas depois daqueles 100% de audiência de *Selva de Pedra*, a colunista Cristina Padiglione noticiaria, na *Folha de S.Paulo*, a primeira parceria entre a Globo e o *Novelei*, uma série cujo elenco juntaria *youtubers* e atores como Tony Ramos, Paulo

Vieira, Carolina Dieckmann e Isis Valverde para contar uma história emblemática do fenômeno cultural em que as novelas da emissora se transformariam.

A história acontecia num mundo paralelo em que, após um *bug*, as novelas começavam a ser apagadas da memória de todos. Para reverter a situação, "Vitinho", um fictício assistente de produção da Globo vivido pelo humorista Paulo Vieira, convoca um time de criadores da internet para refazer as novelas que marcaram época na história da televisão brasileira, com a ajuda de "Susaninha", um programa de inteligência artificial "interpretado" por Susana Vieira.

Na mesma reportagem, do alto do sucesso espetacular do *remake* de *Pantanal*, à época sendo exibido pela Globo, o diretor Amauri Soares, ao comentar o flerte do *streaming* com a dramaturgia da emissora, provocaria:

"Conteúdos de alto engajamento, de alto impacto; conteúdos seriados de capítulos grandes que estabeleçam uma conexão mais duradoura; conteúdos que possam ser plataforma de repercussão ou de abordagens da sociedade contemporânea. Eu conheço um formato que entrega tudo isso e se chama telenovela".

A chegada espetacular de *Selva de Pedra* ao histórico capítulo 152 tinha sido precedida por um caso clássico de fritura de bastidor, emblemático do jogo político que crescia no *star system* da Globo junto com o poder da emissora, cujo desfecho, no caso, teve um toque de folhetim. Foi quando Daniel Filho, depois de contratar Walter Avancini para o time de diretores da Globo, começou a preparar as estrelas do elenco para afastar, da direção de *Selva de Pedra*, Reynaldo Boury, que substituíra o próprio Daniel no comando da novela depois dos vinte primeiros capítulos.

Daniel, então ocupando o cargo todo-poderoso de produtor-geral de dramaturgia, só não contava com a possibilidade de sua própria mulher à época, a atriz Dorinha Duval, que em *Selva de Pedra* interpretava "Diva", irmã do personagem "Cristiano" de Francisco Cuoco, fosse também muito amiga de Boury*, a ponto de puxá-lo para um canto durante a gravação de uma externa e, segundo ele conta em sua entrevista, entregar o marido:

– Boury, eu preciso muito falar com você. Toma cuidado, porque eles estão se reunindo toda noite para assistir aos capítulos da novela para encontrar um erro que justifique te tirar e botar o Avancini. Pelo amor de Deus, não fala isso para ninguém. Se o Daniel Filho souber disso, ele me mata.

No mesmo dia, Boury disse ter procurado Cuoco, que confirmou que a fritura estava em curso. No dia seguinte, foi à sala de Daniel:

– Daniel, estou te entregando a novela. Não quero mais fazer a novela, porque se vocês estão procurando defeito, com certeza vão achar, defeito é o que mais tem. Se você botar os óculos do defeito, você vai ver muitos. Então, estou entregando a novela, não quero mais fazer. Eu sei que vocês estão com um problema.

Boury garante em seu depoimento ter visto uma lágrima brilhar num dos olhos de Daniel Filho antes da resposta emocionada:

– Nunca foi vista uma atitude como a sua dentro da televisão. Eu nunca vi isso na minha vida.

Avancini estava numa cidade do interior de São Paulo, e Daniel, animado com a reação serena e profissional de Boury, pediu que este fosse "tocando" a novela enquanto o novo diretor não chegasse. Nova surpresa:

– Daniel, isso não vai acontecer. Você me desculpe mas, no momento em que eu sair da porta, não sou mais diretor de *Selva de Pedra*. Vocês acham o Avancini, que eu não faço mais.

Na reunião de Daniel com os dois diretores e o elenco para oficializar a troca na direção da novela, Boury disse ter havido "protestos de alguns atores", acrescentando que Francisco Cuoco e Regina Duarte "não gostaram muito da solução":

"Mas a novela continuou, o Avancini fez, e nós continuamos amigos do mesmo jeito, sem problema nenhum. A vida dele na TV Globo começou assim. E a Dorinha Duval, coitada, ficou apavorada depois, mas eu não falei nada".

O fio da navalha

"Em vez de tentar lutar contra a correnteza, nadei para o lado, em direção às pedras, e falei: 'Vem pra cá, é tranquilo'. Mas o Domingos olhava e não falava nada. Fui até ele e o puxei, porque eu estava despreocupada, e disse: 'Tô te falando, é só vir pra cá'. E voltei para a pedra. Duas vezes tentei buscá-lo, mostrando que não tinha perigo, mas ele dizia que não conseguia. Na verdade, ele falou muito pouco. Na última vez que eu voltei à pedra, Domingos olhou muito grave, com um misto de... E ali eu entendi o perigo. Ele submergiu uma vez. Voltou. Não foi uma coisa desesperada. Fez um gesto assim de como quem diz: 'Não vai dar', e não falou mais. Submergiu. E eu não o vi mais. Alguma coisa me dizia que eu não podia mais ir ali."

O relato, feito pela atriz Camila Pitanga à edição de junho de 2019 da revista *Marie Claire*, sobre os últimos momentos de vida do colega Domingos Montagner, quando os dois nadavam num trecho de correnteza e redemoinhos do Rio São Francisco durante um intervalo das gravações da novela *Velho Chico*, era o que milhões de brasileiros queriam saber sobre a tragédia que ocorrera mais de dois anos antes.

Naquela tarde de 15 de setembro de 2016, a Globo, mais uma vez, era desafiada a se equilibrar no fio da navalha entre uma cobertura sóbria e respeitosa e a pressão dos índices de audiência por uma exploração sensacionalista de dramas envolvendo celebridades, entre elas algumas que a própria emissora produzira em escala industrial ao longo de décadas.

A repórter Sônia Bridi*, que também entrevistou Camila para o *Fantástico*, até dispensou os elogios que recebeu à época pela forma cuidadosa com que tratou o assunto e a entrevistada, afirmando que não tinha feito mais que a obrigação que qualquer jornalista tem de fazer "diante de uma pessoa que quase morreu e que viu um amigo morrendo". E mostrou, em sua entrevista, onde sempre morou o perigo nesse tipo de cobertura, no caso, contaminada pela suposta existência de um romance entre Camila e Domingos:

"Tem um lado muito ruim que não é do brasileiro, mas é de qualquer povo que, diante de uma tragédia, sempre quer emendar uma maldade, de que a situação que estava ali era uma situação maldosa. Como se fizesse qualquer diferença se eles estivessem tendo um caso".

O problema vinha de longe.

Embora a primeira morte a abalar os bastidores da Globo tenha sido a do apresentador Gláucio Gil, vítima de um infarto agudo durante o programa *Show da Noite*, em agosto de 1965, quando a emissora tinha pouco mais de três meses de existência no ar, a primeira perda a desencadear um trauma de proporções midiáticas, já quando as novelas da Globo lideravam a disputa dos índices do Ibope, foi a do ator Sérgio Cardoso, o "Professor Luciano", protagonista de *O Primeiro Amor*, em 18 de agosto de 1972, aos 47 anos.

E já naquela ocasião, diante do impacto que levou cerca de quinze mil pessoas a acompanharem o enterro do ator no Cemitério São João Batista, na zona sul do Rio, houve quem, na Globo, quisesse capitalizar a consternação dos telespectadores, segundo depoimento do autor Walther Negrão*, autor da novela:

"Conversamos e houve muitas sugestões, muitas delas esdrúxulas. Um diretor sugeriu que o enterro do Sérgio fosse gravado e que o usássemos na novela. Não tinha nada a ver. O enterro do Sérgio foi quase como o enterro do Carlos Gardel ou do Francisco Alves, e o personagem dele era um professor do interior, que não tinha esse carisma todo. Optamos pela substituição".

Mesmo depois da substituição de Sérgio Cardoso pelo ator e amigo pessoal Leonardo Villar, apresentado ao telespectador como o novo "Professor Luciano" em breve interrupção do capítulo 200, quando a última cena gravada com Sérgio foi seguida de uma homenagem do elenco liderada por Paulo José, um episódio relacionado à morte de Sérgio evidenciara a intensidade com que as novelas e os bastidores da Globo já estavam à época mexendo com a imaginação dos brasileiros de norte a sul do país.

Passados dois meses da morte do ator, um jornal de Manaus publicou uma história que se alastraria pela imprensa da época: baseado em entrevista de um ex-empregado de Sérgio Cardoso, o jornal afirmou que ele sofria de catalepsia, o que gerou um boato imediato de que o ator havia sido enterrado vivo e que, depois de uma suposta exumação, na abertura do caixão, estaria de bruços, com o nó da gravata desfeito e o rosto arranhado. Não adiantaria muito, em meio à propagação do boato, a informação de que duas equipes médicas tinham examinado o ator logo após a sua morte, constatando uma hemorragia cerebral causada por aneurisma.

Na mesma época, em outra tragédia, esta muito mais abrangente e traumática para o país, seria a vez de uma equipe do jornalismo da Globo flertar e ceder ao sensacionalismo, protagonizando um episódio que causou manifestações de indignação de telespectadores e da imprensa. Na cobertura da tragédia do Boeing da Varig que caiu nas proximidades de Paris com um incêndio a bordo, em 11 de julho de 1973, matando 123 pessoas, entre elas o senador Filinto Müller e a musa do cinema novo Regina Léclery, a equipe da Globo se encarregou de dar a notícia da morte de outra vítima famosa do acidente, o cantor Agostinho dos Santos, para a filha dele, com a câmera ligada. O resultado, desconcertante e dramático, foi motivo para uma nota escrita pelo jornalista Sérgio Augusto no semanário *O Pasquim*:

"A reportagem da TV Globo com a filha do Agostinho dos Santos. Não se fala em outra coisa. Na véspera, o cantor embarcara para Atenas e ninguém dera a mínima. Quando o pessoal da Globo soube do desastre, se mandou para a casa do cantor, na moita, deu para notar. Aquilo foi tudo calculado para que a filha do cantor soubesse do desastre na hora em que a Globo quis que ela soubesse. Ou seja: justinho no final da entrevista que era para obter impacto dramático".

Desde então as equipes de jornalismo da emissora ficariam proibidas, sob pena de demissão, de buscar aquele tipo de autenticidade com a câmera ligada. Era a Globo começando a ter que encarar as consequências nem sempre gratificantes do poder crescente que estava adquirindo, principalmente em momentos traumáticos da vida do país.

Como aconteceria naquele mesmo ano, quando o tom exagerado de um plantão local dado pela Globo de Belo Horizonte, interrompendo um episódio da série *Kung Fu* e noticiando que um hospital da cidade estava "pegando fogo", levou milhares de pessoas ao local, entre elas alguns desesperados em busca de parentes internados. O grau de pânico foi tão grande que, mesmo com o fogo já dominado pelos bombeiros, algumas pessoas chegaram a tirar do prédio e colocar na calçada dois mortos que estavam sendo velados no hospital.

Uma tragédia de verdade que certamente se tornaria um capítulo dramático da história da Globo, por muito pouco, não aconteceu com os atores Tarcísio Meira, Glória Menezes e Milton Moraes, também em 1973. A novela era *Cavalo de Aço* e, em vez de um banho de rio nas águas límpidas do São Francisco durante um intervalo de descanso, tratava-se da gravação de uma cena de ação complexa, dirigida por Walter Avancini no Rio Guandu, região metropolitana do Rio.

Na sequência, o vilão da novela, "Max", inescrupuloso latifundiário interpretado por Ziembinski, mandava seus capangas bombardearem a balsa na qual "Rodrigo", "Miranda" e "Carlão", personagens de Tarcísio, Glória e Milton, respectivamente, tentavam transportar toras de madeira para vender às serrarias. Para Tarcísio, foi a primeira vez em que ele teve medo de morrer de verdade:

"A gente não tinha dublê. Começa aí. A gente sempre fazia as coisas nós mesmos, não tinha ninguém especializado para fazer as cenas perigosas. E tinha uma correnteza muito forte neste rio. Na cena, estávamos num pequeno barco com motor de popa e a gente rebocava a balsa de madeira. E o bandidão Ziembinski mandava explodir aquela balsa. Com isso, as ondas provocadas por aquela explosão, aquela madeira toda, faziam marolas".

Para piorar a situação, Avancini mandou Tarcísio fazer círculos com o barco para "pular as marolas". E, quando o ator tentou executar a manobra, o barco, que já não sobrava muito acima da linha d'água, foi ao fundo com os três, com dois agravantes, segundo Tarcísio: a indumentária do trio e a insistência do diretor em continuar gravando:

"Éramos três pessoas num barco pequeno. E a gente estava vestindo, inconsequentemente, roupas de couro, talabarte, revólveres, coldre, espingarda e de bota. E o barco foi ao fundo e a gente começou a nadar, começou a querer sair e o Avancini gravando. E nós querendo sair".

Quando os três começaram a ser vencidos e levados pela correnteza, Tarcísio passou a gritar e só então ele, Glória e Milton foram socorridos por um contrarregra que invadiu a cena acompanhado por alguns bombeiros que, por sorte, já estavam no local, chamados por causa de outro incidente no set de gravação. Tarcísio ficou muito assustado:

"Eu e minha mulher íamos morrer ali. Não morremos porque nossos colegas nos salvaram".

Coisas de família

O diretor Guel Arraes tanto ouvia Daniel Filho e outros veteranos falarem da primeira versão de *A Grande Família* que, em meados de 2000, sem grandes expectativas e convencido, com razão, de que o forte da teledramaturgia brasileira sempre fora novela e não *sitcom*, resolveu pedir ao Cedoc, o Centro de Documentação da Globo, cópias de roteiros de alguns dos 112 episódios do seriado, exibido pela emissora entre outubro de 1972 e março de 1975, contando histórias do tempo em que "Lineu" era Jorge Dória, "Nenê" era Eloísa Mafalda, "Tuco" era Luiz Armando Queiroz e "Floriano" era Brandão Filho. Recebeu textos mimeografados difíceis de ler, alguns já apagados pelo tempo, mas ficou impressionado:

"Achei de muito boa qualidade. Fiquei impressionado como um programa semanal podia ter aquela qualidade de texto. Eram bons roteiros".

O que não significa que tenha sido fácil transformar, num marco da teledramaturgia da Globo, o programa que havia começado como uma tentativa frustrada de adaptar, para o Brasil, o seriado norte-americano *All in the Family*. Max Nunes e Roberto Freire, os primeiros roteiristas, tentaram dar um tratamento de programa de humor a um formato que, nos Estados Unidos, abordava temas então considerados polêmicos como racismo, homossexualidade, feminismo, estupro, aborto, câncer de mama, menopausa e impotência sexual. E não deu certo, na primeira temporada de seis episódios exibidos em novembro e dezembro de 1972.

Osmar Prado, que interpretava "Júnior", estudante de esquerda contestador e engajado, um filho de "Lineu" e "Nenê" que só existiu na primeira versão do seriado, estava nas gravações feitas no Teatro Fênix em 1972 e testemunhou o que para ele foi uma tentativa equivocada da Globo de repetir, a partir do seriado americano, a fórmula do programa *Família Trapo*, sucesso da TV Record dos anos 1960 com Ronald Golias, Jô Soares, Zeloni e Renata Fronzi, gravado com claques que simulavam plateia ao vivo. E deu tão errado no início que a sensação, nos bastidores, segundo Osmar, era a de que Boni, a qualquer momento, tiraria o programa do ar, só não o fazendo porque Daniel Filho e Borjalo continuavam acreditando no projeto:

"*A Grande Família* começou mal, foi um fracasso no início. No Teatro Fênix, não chegamos nem a terminar a primeira gravação. O Daniel Filho teve de reestruturar e fizemos alguns episódios que não deram muito certo".

Milton Gonçalves, primeiro diretor do programa, em mais uma das pedreiras de seu currículo, sentiu na pele, pele negra, além da dificuldade de administrar até "conflitos ideológicos e políticos no próprio elenco" que não explicitou em seu depoimento, a impossibilidade de transformar o formato de *All in the Family* num conteúdo da linha de shows da Globo na época:

"Fui pesquisar como era o seriado americano, já que era o modelo, e ver como passar isso pra cá. Então, eu briguei muito com a direção da casa para não transformar aquilo numa chanchada. Cada gravação era um horror, porque o conflito dos atores era muito grande. E queriam que a gente fizesse chanchada".

Na fritura da crise dos primeiros programas, Milton acabaria sendo substituído em abril de 1973 por Paulo Afonso Grisolli, um diretor prestigiado de teatro praticamente em início de carreira na televisão. Milton lamentou que a substituição tenha acontecido logo quando ele estava conseguindo "harmonizar o elenco":

"Não sacaram o Milton porque não gostavam do Milton. Não é isso. O outro era mais influente".

Junto com nova direção, o seriado passou a ter dois novos roteiristas, Oduvaldo Vianna Filho, o Vianinha, e Armando Costa, que seriam responsáveis pela transformação que surpreenderia os telespectadores e inverteria, para cima e por mais de dois anos, os índices do programa no Ibope.

Foi nesse momento que *A Grande Família* ganhou características brasileiras e se mudou, tematicamente, para um conjunto habitacional do subúrbio do Rio onde seus personagens, entre um e outro drible do texto na censura, passaram a viver os problemas e as ansiedades de uma classe média que tinha pouco ou nada a ver com a abastada classe média americana de *All in the Family*: aumento do custo de vida, alta dos aluguéis e falta de perspectivas para a juventude, entre outras contidas aflições do Brasil da época.

Houve apenas um imprevisto na mudança do seriado para o subúrbio: a substituição da atriz Djenane Machado, que preferiu se dissociar da imagem de "Bebel", por Maria Cristina Nunes, alteração que seria explicada para o telespectador de uma forma inusitada: no episódio que mostrou a troca de atrizes, "Agostinho", então interpretado pelo ator Paulo Araújo, chega em casa de manhã, depois de aprontar mais uma, e, na hora de beijar "Bebel" na cama, toma um susto quando quem surge por baixo do lençol é Maria Cristina e não Djenane. A nova "Bebel" então informa "Agostinho" que tinha feito "uma plástica". E a vida seguiu.

Para Vianinha, *A Grande Família* era uma ironia das dificuldades vividas pelo povo, uma crônica da família brasileira. Ele também dizia que o seriado apresentava "uma democratização do fracasso, não no sentido da derrota, mas da solidariedade com os não vitoriosos, com aquelas pessoas que, sem estar no topo e sem frequentar as colunas sociais, continuam maravilhosas porque enfrentam e vencem todas as situações apresentadas".

Para as gerações que só conheceram *A Grande Família* que foi ao ar a partir de 2001, não seria difícil saber como era a versão original: estavam em cena, nas duas, "Lineu", um veterinário que tinha que dar conta de todas as dificuldades financeiras da casa; a mulher "Nenê", supermãe preocupada em resolver os problemas domésticos; e "Floriano", o avô aposentado que dormia na sala e vivia reclamando das pessoas que chegavam da rua e se jogavam sobre o seu sofá; além de "Bebel", filha do casal, e o marido "Agostinho", o genro folgado que vivia aprontando pra cima de "Lineu". Dos personagens principais da primeira versão, apenas "Tuco", um hippie irresponsável e desligado protagonizado pelo ator Luiz Armando Queiroz, teria um perfil um pouco diferente na futura interpretação de Lúcio Mauro Filho.

Denise Bandeira, telespectadora atenta da primeira versão e roteirista colaboradora da segunda, viu algumas diferenças sutis nas caracterizações dos personagens: o "Agostinho" de Pedro Cardoso ficaria "mais cínico"; Marco Nanini daria a "Lineu" uma "doçura e uma bondade" que Jorge Dória não tinha; e a "Bebel" de Guta Stresser se tornaria "mais ativa, mais guerreira e mais presente" que a de Maria Cristina Nunes. Mas Marieta Severo e Eloísa Mafalda, segundo Denise, fariam duas inesquecíveis "Nenês", com a mesma "maternidade".

A Grande Família só pararia no episódio 112 porque, com a perda traumática de Vianinha, que morreu de câncer no pulmão em julho de 1974, aos 38 anos, todos da equipe se deram conta de que não havia ninguém que pudesse substituí-lo. Paulo Pontes ainda assumiria o cargo de redator principal, ao lado de Armando Costa, mas, meses depois, no dia 27 de março de 1975, o seriado seria exibido pela última vez.

Vinte e seis anos depois, em 29 de março de 2001, a Globo estrearia a série que seria a mais longeva de sua história. Ficaria no ar até 11 de setembro de 2014. Mais de treze anos. Tudo começando quando Guel Arraes ligou para o Cedoc com uma ideia na cabeça:

– Vou ver o que é esse negócio de *A Grande Família*.

Coisa de criança

A atriz Aracy Balabanian, a doce "Gabriela", mãezona atenciosa e paciente da família protagonista de *Vila Sésamo*, programa infantil baseado na produção norte-americana *Sesame Street* que estreou na Globo em outubro de 1972 com um elenco que incluía Armando Bógus, Paulo José, Flávio Migliaccio e a jovem estreante Sônia Braga, começou a perceber que, mesmo nas pausas para descanso do elenco e da equipe durante as gravações, as crianças oriundas de escolas públicas do Rio que participavam do programa continuavam a pedir sua atenção, como se ela continuasse sendo a personagem "Gabriela". Em uma dessas ocasiões, Aracy teve um diálogo com uma criança que parecia perdida e cujo desfecho foi assustador:

– A sua mãe não vem te buscar? Que horas que a sua mãe vem te buscar?

– Minha mãe morreu enforcada no chuveiro.

"Eram crianças carentes. E aí eu tinha que contornar isso com a maior simplicidade, achar que era a coisa mais normal do mundo ter uma mãe enforcada no chuveiro".

A situação vivida por Aracy foi emblemática de um dos desafios da adaptação, para a televisão brasileira, da produção da *Children's Television Workshop*, que em 1969 revolucionara a linguagem dos programas infantis e era resultado de pesquisas junto a crianças americanas de 3 a 5 anos de idade que mostravam que elas não prestavam atenção num mesmo conteúdo por mais de três ou quatro minutos.

Daí a ênfase de *Sesame Street* na repetição, como forma de atrair a atenção do público infantil e transmitir com eficácia mensagens educativas; uma proposta que, na Grã-Bretanha, por exemplo, dividira as opiniões de pais, educadores e também das redes de TV. A BBC, depois de muito debate público, optara por não transmitir. A ITV, depois de muita pesquisa, passou a exibir, mas de forma limitada.

Nos Estados Unidos, um fã declarado faria questão de gravar, em 2009, um pronunciamento em homenagem ao então aniversário de quarenta anos de *Sesame Street*, que chegaria a 2022 como o programa de televisão infantil com maior duração na história, com mais de 4.600 episódios produzidos em 52 temporadas: o então presidente Barack Obama, que assistia *Sesame Street* quando era pequeno ao lado da irmã mais nova, se disse um pai orgulhoso de duas meninas que também "aprenderam muitas lições de compaixão, generosidade e de respeito às diferenças":

"O mundo é um lugar melhor com o mundo criado em *Sesame Street*".

No Brasil, na hora de tornar realidade a adaptação do programa – projeto de Boni e do então diretor da TV Cultura de São Paulo, Cláudio Petraglia, com participação de Edwaldo Pacote –, uma das preocupações principais, nas histórias daquela vila operária onde meninos e meninas conviviam com adultos e bonecos, em esquetes com duração máxima de três minutos, era "diminuir as diferenças culturais entre as crianças de classes sociais distintas", segundo o coordenador do programa, Wilson Aguiar.

Em tom de brincadeira, *Vila Sésamo*, a primeira entre as versões autorizadas de *Sesame Street* que seriam produzidas em dezenas de países ao longo dos anos, estimulava o raciocínio e transmitia noções básicas do alfabeto, números e cores; mas o diretor Geraldo Casé, por exemplo, identificava no programa um problema que, segundo ele, só seria resolvido completamente alguns anos depois, em 1977, com a estreia do *Sítio do Picapau Amarelo*:

"Eu adorava o *Vila Sésamo*, mas achava que o bom era a parte que não era *Vila Sésamo*, que era a *Vila Sésamo* feita aqui com os elementos de nossa cultura. Isso porque o bombeiro que aparecia em *Vila Sésamo* não era o nosso bombeiro. O padeiro que aparecia não era o nosso padeiro. Mas era um programa que tinha um conteúdo muito bom".

Já a partir de 1973, no entanto, e ao longo dos quatro anos e meio em que seria exibido diariamente, em dois horários, de segunda a sexta, sob direção de Milton Gonçalves, este em mais um programa histórico da Globo, e David Grinberg, *Vila Sésamo* passaria a ser totalmente nacional, com versões brasileiras dos bonecos "Garibaldo", mistura de galinha e pato, alto e desengonçado interpretado pelo ator Laerte Morrone, e "Gugu", ambos criados por Naum Alves de Souza; músicas compostas por Marcos e Paulo Sérgio Valle e textos de autoria de escritores brasileiros como Dinah Silveira de Queiroz, Ivan Lessa, Marcos Rey, Ronaldo Ciambroni e Carlos Alberto Seidl.

Em sua coluna no site da BBC, em junho de 2009, Ivan Lessa brincaria com sua participação na equipe de autores de *Vila Sésamo*, dizendo-se "preocupado" com a possibilidade de "ter ajudado, se não ter sido parcialmente responsável, pelo desencaminhamento de uma boa parte da geração que recebeu um pouco de sua instrução divertindo-se com os bonecos da Globo". Referia-se à encomenda feita pessoalmente por Boni para que ele escrevesse, para a nova fase do programa, em dois dias, antes de entrar de férias, recebendo como mimo duas passagens de ida e volta para Nova York, nada menos do que sessenta quadros, com pelo menos dois novos personagens:

"Assim foi durante dois dias, duas noites, duas garrafas de uísque, dois tubinhos de, acho, Pervitin. Missão cumprida. Ainda bolei dois personagens novos, pois fazia parte do trato: o 'Edifício', vivido com animação pelo Flávio Migliaccio, e o 'Mágico', também contando com os vastos recursos histriônicos do Paulo José".

Os quadros criados por Ivan Lessa fariam parte de *Vila Sésamo* a partir de abril de 1975, quando só não seriam produzidos no Brasil os bonecos "Ênio", "Beto" e "Come-Come". Com vinte novos personagens, em quadros mais curtos que os anteriores e contando com mais recursos técnicos e gravações externas, o programa chegaria a ter uma equipe de cerca de 350 pessoas, com participação de centenas de crianças. Em junho de 2000, Paulo José* não deixou dúvidas de que sentia um grande orgulho de ter participado do elenco de *Vila Sésamo*, um conteúdo que ele queria para a própria família:

"Isso é muito bom, cria um princípio ético na sua atitude como criador, como produtor cultural de massa, de televisão. Não é aquele cara que acha a televisão uma coisa aética: 'minha casa é uma coisa, isso aqui é outra, é uma zona mesmo, isso aqui é um bordel', que é muito a mentalidade de prostituta, de proxeneta, de bordel mesmo, essa divisão escrota. Eu sinto que na televisão as pessoas são muito dignas, são muito direitas lá dentro".

Vila Sésamo já tinha saído do ar havia mais de vinte anos quando Paulo José* foi entrevistado pelo Memória Globo. Àquela altura, também já estava chegando ao fim uma outra era em que a programação infantil da Globo fora completamente dominada pelas apresentadoras Xuxa e Angélica. E Paulo José não escondia o desconforto com os conteúdos que substituíram programas como *Vila Sésamo*:

"Houve um período que foi deixado que o conceito da programação infantil ficasse por conta de animadores, mas você não pode entregar na mão dessas pessoas essa responsabilidade, é demais para elas. Ficava tudo preso ao conceito, aos valores dessas pessoas. Foi uma época muito decadente da televisão. Agora, a gente sente que existe um refluxo disso. Então, se discute muito exatamente a ética da televisão, a responsabilidade da televisão".

Para milhares de brasileiros que nasceram no final dos anos 1960 e para os jovens e adultos que à época passavam na frente da televisão na hora de *Vila Sésamo*, seria fácil lembrar a melodia e a letra de "Alegria da vida", a música composta por Paulo Sérgio Valle, Nelson Motta e Marcos Valle para a abertura do programa:

> *Todo dia é dia, toda hora é hora, de saber que este mundo é seu.*
> *Se você for amigo e companheiro, com alegria e imaginação.*
> *Vivendo e sorrindo, criando e rindo, será muito feliz e todos serão também.*

Apesar dos sustos com os ecos da realidade social brasileira no set de gravação, a melhor lembrança que Aracy Balabanian guardaria de *Vila Sésamo*, além de "mil histórias de crianças que aprenderam a falar cantando", seria saber que o simples som de sua voz faria muita gente grande voltar direto para a infância:

"Muito mais lindo foi que, vinte anos depois, eu comecei a ver moças e rapazes me chamando de minha Xuxa".

A hora da buzina

O que Chacrinha fez, na noite de 3 de dezembro de 1972, quando Boni ligou de sua sala direto para o *switcher* do controle-mestre da Globo e determinou que o programa *Buzina do Chacrinha* fosse tirado imediatamente do ar, em decisão que acabaria de vez com o programa, não foi mostrar mais uma atração grotesca do rol de barbaridades com as quais o apresentador vinha disputando a audiência de domingo com Flávio Cavalcanti na Tupi, e que incluía histórias de falsos suicidas, notórios charlatões e gente disposta, por exemplo, a tomar um litro de cachaça, no gargalo, diante das câmeras.

A Globo, àquela altura, já não fazia questão de segurar Chacrinha.

De um lado, porque estava em curso a estratégia de direcionar a programação da emissora para o que Boni chamava de "audiência qualitativa", provida basicamente pela classe média, detentora de poder aquisitivo não só para comprar os televisores disponíveis no mercado e decidir a que canal assistir, mas também para consumir os produtos e serviços mais caros que passaram a compor os intervalos comerciais, junto com o tradicional "varejão" das redes de supermercados. O programa de Chacrinha, apesar do carisma e do culto ao apresentador, não combinava com aquela estratégia. E falta de aviso, segundo Boni*, não foi:

"Ele estava no auge, virou realmente aquele folclore, era reconhecido pelos sociólogos e pelos jornalistas. Mas o Chacrinha era um competidor, ele era o Ibope ao vivo, não suportou a concorrência do Flávio Cavalcanti no domingo e começou a brigar com ele. Eu falei: 'Chacrinha, esse caminho vai te levar para o fundo do poço'".

De outro lado, os protestos de setores escandalizados da mesma classe média contra os programas de auditório estavam sendo usados pelo governo militar como mais uma arma para aumentar ainda mais o controle que já tinham sobre a programação e também sobre as decisões estratégicas das emissoras, como a implantação do sistema de TV em cores em curso naquele momento. Tanto que o próprio Roberto Marinho, "indignado" com a situação, segundo Boni*, interveio para valer:

– Boni, o Chacrinha está descumprindo tudo aquilo que nós tínhamos combinado, e vocês têm que pressionar o Chacrinha.

– Doutor Roberto, estou cuidando disso aí, mas tem um limite, o limite é até onde ele vai nos obedecer. Ele não está obedecendo.

– Então não podemos ficar com o Chacrinha.

– Eu estou insistindo, doutor Roberto.

Boni insistiu e Chacrinha, num erro de cálculo político embalado pela exasperação em que a disputa de audiência com Flávio Cavalcanti se transformara, resolveu desafiar a ordem do chefe de não deixar *Buzina do Chacrinha* passar das 22h10, depois de várias advertências inúteis do próprio Boni:

"Fui dando limite para o Chacrinha. Um dia ele passou do limite que eu já tinha dado, que eram dez minutos. Aí ele estourou dez mais um tanto. Eu avisei para o filho dele que eu ia tirar o programa do ar, ele achou que eu não tinha coragem. E tirei o programa do ar. Ele quebrou o camarim dele, saiu, pediu demissão da TV Globo. No dia seguinte, mandou os advogados. Eles queriam que eu fosse pedir desculpas ao Chacrinha".

Não houve pedido de desculpas, mas uma reconciliação que demoraria dez anos, quando, com a intermediação de Jorge Adib, Boni foi almoçar na casa de Chacrinha, a pedido da mulher dele, Florinda, preocupada com a tristeza do marido. Naquele almoço, Boni decidiu que o "Velho Guerreiro" voltaria à grade da Globo com o *Cassino do Chacrinha* em março de 1982:

"Ele voltou, nunca mais descumpriu as nossas orientações, não deu mais trabalho nenhum, e passou lá até o final da vida dele dando uma audiência descomunal às seis horas da tarde no domingo. Fazia 30% de audiência, quietinho, calminho. E nós voltamos à nossa amizade, e foi tudo muito bom".

Dez anos antes, tinha sido muito bom também, mas só para a Globo: ao tirar do ar os dois programas de Chacrinha, a *Buzina* aos domingos e a *Discoteca* às quartas, Boni já estava providenciando espaço na grade e reservando verba para dois novos projetos: o *Fantástico* e um programa para o humorista Chico Anysio.

CAPÍTULO 7

A estaçãozinha auxiliar

O então diretor-geral de jornalismo e esportes, Ali Kamel, foi preciso e sincero:

"O *Fantástico* sempre morou num quarto e sala, que era o estúdio B, pequenininho, e de repente fica num superestúdio e a gente cometeu mil erros. Eu cometi. Eu obriguei o Luizinho, tipo novo rico, a fazer um *travelling* para mostrar que o estúdio era enorme. Eu obriguei ele a usar todos os recursos, todos os cômodos. E o primeiro programa foi quase um programa que não teve programa".

O diretor Luizinho Nascimento, àquela altura completando o 21º ano no comando do *Fantástico*, mesmo acostumado à queda histórica não só da audiência do programa, da média de 35 pontos em 2004 para os 25 pontos daquele momento, mas da própria Globo e da TV aberta em geral, ficou assustado com o tamanho do tombo do novo formato, nos índices do Ibope:

"O primeiro programa foi um fiasco de audiência: caiu a um patamar de 18. A gente já vinha com 22, já não era nem mais 24, 25, era 22, e caiu para 18".

O tombo tinha acontecido na noite de 27 de abril de 2014, quando o *Fantástico* estreou um estúdio de quinhentos metros quadrados onde também funcionava a redação; um telão interativo atrás dos apresentadores; um totem sensível ao toque por onde apareceram os correspondentes nacionais e internacionais; um pequeno palco para shows intimistas de música, inaugurado por Gilberto Gil com seu clássico "Aquele abraço"; um cenário para entrevistas estreado pelo técnico Luiz Felipe Scolari, dois meses e meio antes do 7 x 1 no Mineirão; e a novidade mais polêmica, uma espécie de *making of* da reunião de pauta da própria equipe do programa, mostrando como nasciam as reportagens que seriam apresentadas.

O então chefe de redação do *Fantástico* em São Paulo, Álvaro Pereira Jr.*, foi um dos integrantes da equipe que discordaram abertamente do novo formato. E reproduziu uma conversa que teve com o chefe na ocasião:

– Luizinho, você querer que eu goste disso, isso não vai acontecer, mas nós vamos fazer. Nós somos soldados, você determinou que o programa vai ser assim, eu chefio a sucursal de São Paulo, a sucursal de São Paulo executará. Agora, não espere que eu, pessoalmente, goste desse projeto, eu não gosto.

Para a produtora Renata Rodrigues, participante do quadro da reunião de pauta, "o público não entendeu bem em casa o que era aquilo":

"E a gente também não é televisivo. A gente não é. O ator é bonito, é maquiado, é pintado, está sempre de roupa linda. A gente é normal, a reunião é às dez da manhã, a gente chega descabelada, as pessoas são normais. A gente não podia passar na maquiagem todo dia pra poder participar da reunião de pauta. Então, aquilo criou um ruído, eu acho. Não sei se o público queria ver aquilo".

O crítico Mauricio Stycer não queria. E lembrou, em sua coluna na *Folha de S.Paulo*, que qualquer jornalista sabia que a exibição do que ele chamou de "jogo de cena" não tornaria nenhuma reportagem melhor. Boni, idealizador do *Fantástico*, àquela altura já desligado da Globo, aproveitou para voltar a reclamar, também via *Folha de S.Paulo*, que não havia mais nada do *Fantástico* que ele criara naquele programa.

Kamel, Luizinho, Álvaro, Renata e os outros integrantes da equipe que fazia o *Fantástico*, no momento em que o programa chegava aos 41 anos de existência, estavam lidando com a obrigação já rotineira: garantir a liderança de audiência e, com ela, a receita dos intervalos comerciais mais caros da televisão brasileira, no horário da revista eletrônica que se tornara, com o passar dos anos, responsável ou, dependendo da ótica, culpada pela forma como milhões de telespectadores de norte a sul do país atravessavam as noites de domingo.

– Esse programa vai ser uma estaçãozinha auxiliar. Você tem plenos poderes.

O recado de Boni, ao nomear João Lorêdo diretor do *Fantástico*, no início de 1973, além de ser uma carta branca para que ele gastasse o que fosse necessário na entrega dos "milhares de sonhos, só para sonhar" e das "miragens que não se pode contar" prometidas na letra da música de abertura criada pelo próprio Boni, antecipou uma característica única que o programa teria nas décadas seguintes: em seus bastidores, conviveriam e às vezes tropeçariam criadores, criaturas e egos de todas as áreas da Globo com a missão de produzir conteúdos inéditos em dramaturgia, denúncia jornalística, humor, shows musicais, atrações infantis, reportagens de serviço e turismo, números de circo, interatividade, debate, estreias internacionais e entrevistas exclusivas, além dos gols da rodada e das notícias do domingo no Brasil e no mundo.

A "estaçãozinha auxiliar" convocada para botar de pé o primeiro *Fantástico* incluía Borjalo, então diretor da Central Globo de Produção; Armando Nogueira e Alice-Maria, pela Central Globo de Jornalismo; Daniel Filho, então diretor e produtor geral de dramaturgia naquele período; Paulo Gil Soares, diretor da Divisão de Reportagens Especiais; os jornalistas José-Itamar de Freitas, Luiz Lobo e Luís Edgar de Andrade; os então diretores de TV Manoel Carlos, Augusto César Vannucci, Nilton Travesso e Maurício Sherman; o autor de novelas Walter George Durst; o diretor musical Guto Graça Mello; e os produtores musicais Luiz Carlos Miele e Ronaldo Bôscoli. Tanta gente diferente assim a Globo só conseguia reunir regularmente nas tradicionais gravações da mensagem de fim de ano, mas para cantar e dançar, não para trabalhar sob o chicote de Boni.

O grau de investimento da Globo na criação do "Show da Vida", sobrenome do *Fantástico*, incluiu até a produção de uma espécie de programa-tampão para existir somente durante os seis meses que se passariam entre a saída do ar do *Buzina do Chacrinha*, em 3 de dezembro de 1972, e a estreia do novo programa, em agosto de 1973: *Só o Amor Constrói*, baseado no programa *This is Your Life*, da rede americana CBS, foi um risco calculado com tranquilidade por Homero Icaza Sánchez:

"A gente sabia: vamos perder ali, está bem, vamos perder, não tem importância, a gente vai recuperar. Enquanto preparávamos o *Fantástico*, perdíamos no Ibope".

Apresentado por Heron Domingues e Marisa Raja Gabaglia, *Só o Amor Constrói* se propunha a mostrar a "importância do amor na vida e na carreira de personalidades de destaque, através de depoimentos de familiares, amigos e colegas", o que efetivamente fez com celebridades como Francisco Cuoco, Moacyr Franco, Nelson Gonçalves, Odair José, Elza Soares, Angela Maria, Orlando Silva, Erasmo Carlos e Emerson Fittipaldi, entre outros. Nem todos os homenageados, no entanto, aceitaram participar, e um deles, Paulo Gracindo, criticou o programa em entrevista à *Veja* por uma característica que, milhares de domingos depois, seria a fórmula de sucesso do quadro "Arquivo Confidencial", no *Domingão do Faustão*:

"A estrutura do programa está totalmente errada. Ela desnuda as pessoas mostrando as suas fraquezas para emocionar o público".

Enquanto *Só o Amor Constrói* segurava como podia a audiência das noites de domingo, dentro da força-tarefa criada por Boni para o *Fantástico*, a exemplo do que tinha acontecido no lançamento do *Jornal Nacional*, Armando Nogueira, mais uma vez, não estava muito entusiasmado com o novo projeto, no que dizia respeito à contribuição prevista para o jornalismo da emissora. De acordo com Boni, Armando achava que todos os assuntos jornalísticos da semana já estavam sendo esgotados, na época, pelo *JN* e pelo *Globo Repórter*, que tinha acabado de estrear em abril daquele ano, a partir da reformulação do *Globo Shell Especial*.

O argumento de Boni que fez Armando mudar de ideia, levando-o a reconhecer posteriormente o mérito do programa em "ocupar a noite de domingo com uma mensagem jornalística em pílula dourada com entretenimento", foi o cotejo que a equipe do futuro programa fez das edições das revistas *Manchete* e *Veja* com o material exibido pelo jornalismo da Globo durante uma mesma semana, na fase de montagem do *Fantástico*, e cujo resultado mostrou que nenhuma das reportagens da *Manchete* e metade dos assuntos tratados pela *Veja* não tinham sido sequer mencionados pelo *JN* ou pelo *Globo Repórter*. Boni insistia com Armando:

– Eu não quero um programa de duas horas de jornalismo. Eu quero uma grande matéria no final do programa e uma atualização do noticiário do dia a dia, e quero as melhores coisas da semana.

Era a ideia da revista eletrônica ou do "primeiro magazine feito na televisão no mundo inteiro", como Boni gostava de identificar o formato do qual se considerava inventor em escala mundial, e que teria de conter, toda semana, obrigatoriamente, ao lado dos conteúdos múltiplos de TV previstos em sua receita básica, pelo menos um grande assunto jornalístico de repercussão. Exatamente o que aconteceria em mais de 2.300 noites de domingo, entre a estreia em 5 de agosto de 1973 e a comemoração dos cinquenta anos do *Fantástico*, em 2023.

A fórmula, descrita pelo veterano Luiz Lobo como "um dos poucos programas da televisão brasileira que não foram chupados da programação americana ou de lugar algum", e que se repetiria como o cair da luz do sol no anoitecer de domingo no Brasil, começaria a ser seguida à risca já no programa número um, com uma entrevista exclusiva do cirurgião plástico Ivo Pitanguy; um número de circo do programa americano *Disney on Parade* mostrando um acrobata pendurado nas asas de um avião; uma matéria feita em Nova York pela então repórter Cidinha Campos com o músico Sérgio Mendes; o furo jornalístico que mostrou o craque Tostão recebendo o laudo oftalmológico que encerraria precocemente sua carreira de jogador de futebol; um sucesso de Carmen Miranda interpretado por Marília Pêra; um musical de Marilyn Monroe replicado por Sandra Bréa; e uma reportagem final sobre o uso da criogenia para preservar a vida de pacientes terminais até que a cura para suas doenças fosse encontrada. Manoel Carlos estava na redação e era encarregado dos textos que "amarraram" aquela multiplicidade de assuntos e que foram lidos por José Wilker:

"A reportagem sobre o congelamento de cadáveres teve uma grande repercussão. E falava-se que o Walt Disney era o número um da fila. Foi uma coisa incrível! Só se falou nisso".

Era a noite de domingo no Brasil, mudando para não mais mudar, em décadas.

No início, das planilhas de audiência do Ibope do *Fantástico* emergiria um perfil de telespectador predominantemente católico de fachada, machista, consumista, sensível às questões e dilemas da classe média brasileira e também fascinado com discos voadores, excitado com vozes do além e mágicos indecifráveis, deslumbrado com truques e efeitos especiais da televisão que o tempo tornaria risíveis e atraído por personagens e paisagens exóticas de todos os cantos do planeta. Nenhuma característica dos primeiros tempos do programa, no entanto, seria mais forte e hegemônica que a hipocondria que tomaria conta do script e do público, mesmo com a ressalva de Boni de que não queria matérias "sobre o câncer", mas "sobre a cura do câncer":

"Você se lembra de quando não conseguia dormir depois da reportagem do Hélio Costa no *Fantástico*? Então você já tem mais de 40 anos".

O próprio Hélio Costa* encontraria na internet, 25 anos depois da estreia do programa, a pergunta reveladora sobre o impacto geracional de suas longas reportagens de encerramento do *Fantástico*. Uma das histórias, a de David Vetter, o "Menino da Bolha", uma criança do Texas que só conseguia sobreviver protegida com um sistema que filtrava o ar exterior, seria acompanhada por Hélio por seis anos até a morte do menino, em 1984. Outra reportagem de grande repercussão do repórter que se tornaria senador e ministro seria a apresentação da então espetacular máquina de ultrassom que permitiu a visualização dos bebês nas barrigas das grávidas.

A expectativa, o fascínio e a ansiedade em torno de tudo que viesse do exterior, na época da estreia do *Fantástico* e ainda por muitos anos que viriam decorria do fato de a Globo, como as outras emissoras brasileiras, neste período e à exceção de alguns raros eventos transmitidos ao vivo como a Copa do Mundo e a entrega do Oscar, só conseguia receber imagens de outros países com alguma rapidez, em questão de horas, se elas estivessem no pacote diário de quinze minutos de geração via satélite contratualmente fornecidos pelas agências internacionais sediadas em Londres e Nova York.

Fora dessa janela, salvo ocasiões especiais em que as emissoras decidiam comprar alguns minutos de satélite por preços à época proibitivos, os brasileiros, na hora da correria jornalística, só se relacionavam com o mundo por telefone ou pelo rádio, quanto maior fosse a pressa. Como lembrou Luizinho Nascimento, em 2001:

"Vinte anos atrás, se alguém no Texas descobrisse um remédio novo para um tipo de doença, até chegar aqui era um negócio complicado. E o *Fantástico* descobriu lá o Hélio Costa, e toda semana tinha novidade científica. Hoje em dia, um cara lá no interior do Texas descobre qualquer coisa e no minuto seguinte está na internet, nos jornais do mundo inteiro".

Hélio Costa, embora tenha sido o porta-voz, para o Brasil, de grandes avanços da ciência e da medicina no último quarto do século 20, não se orgulharia de tudo que mandou direto do primeiro mundo para o *Fantástico*. Uma das histórias que se arrependeria de mandar foi a que fez, no embalo do sucesso do filme *O exorcista*, sobre um menino do estado americano de Connecticut que supostamente tinha sido possuído pelo demônio e em cuja casa acontecia uma assustadora "chuva de taturanas", que Hélio posteriormente descobriu ser causada por casulos que o vento forte da região mantinha suspensos no ar:

"Aquilo me deixou com a imagem muito ruim dessas histórias, todas envolvendo coisas demoníacas e eu nunca mais mexi com o tema".

Com impacto semelhante ao das notícias sobre doenças e tratamentos, as apresentações musicais do *Fantástico* fariam surgir, de forma instantânea, a mais poderosa, cobiçada e também controvertida plataforma de lançamento de artistas nacionais e estrangeiros da indústria cultural brasileira, e cuja força seria percebida já em 1973, quando o programa exibiu uma música do álbum de lançamento do grupo Secos & Molhados, em clipe inspirado na capa de disco que seria eleita em 2001 pela *Folha de S.Paulo* como a melhor de todos os tempos no Brasil. De acordo com Ney Matogrosso, estrela do grupo e protagonista de performances que se tornariam um marco histórico da MPB, o estoque de 1.500 discos do Secos & Molhados, segundo ele impressos para durar um ano, acabaria em uma semana, obrigando a gravadora Continental a mandar derreter milhares de discos de outros artistas seus para ter vinil em quantidade suficiente para novas impressões. Nos meses seguintes ao lançamento consagrador, seriam impressos mais de um milhão de discos.

Foi também na área musical, no caso um erro inadmissível para Boni, que o *Fantástico* sofreria, logo nas semanas inaugurais, sua primeira baixa: o próprio João Lorêdo, diretor do programa, tomou a iniciativa de pedir demissão a Boni por ter anunciado a semana toda um número musical do programa com o cantor americano Tony Bennett e só saber, na hora em que o clipe estava sendo exibido, no domingo, que quem estava cantando não era Tony Bennett, mas o cantor inglês Anthony Newley.

Lorêdo teve que engolir seco, em plena vigência do compromisso obsessivo de Boni com o que os autores de *A deusa ferida: por que a Rede Globo não é mais a campeã absoluta de audiência* descreveram como "um produto visual revestido por uma tecnologia que possibilitava uma imagem nítida, uma resposta estética limpa, limpa de improvisos, limpa de 'mau gosto', limpa de qualquer tipo de ruído tanto estético quanto político":

"Rodou a semana inteira e ninguém disse que não era o Tony Bennett. O programa vai ao ar, não é o Tony Bennett e vieram em cima de mim. Então, não dá mais para fazer".

Em reportagem especial sobre a chegada do *Fantástico*, a *Veja* elogiou o desempenho de Cidinha Campos e o furo da aposentadoria precoce de Tostão; destacou o fato de o jornalismo da Globo ter recebido um acréscimo de 40% no orçamento por conta de sua participação no programa e deu, na matéria, um protagonismo a Luiz Carlos Miele que provocou ciumeira na constelação de estrelas da equipe do programa. No *Pasquim*, dois colunistas se dedicaram à novidade: Sergio Augusto decretou a "morte" de Flávio Cavalcanti como resultado irrecorrível da estreia do concorrente; identificou "jornalismo de revista" nas reportagens do programa e, em referência elogiosa à participação de Marília Pêra lendo textos de Fernando Pessoa, perguntou-se:

"Será esta a fórmula revolucionária de conciliar show e notícia, fantasia e realidade?".

Paulo Francis, futuro colunista da emissora, ao comentar um domingo que, por incrível que pudesse parecer, supostamente passou diante da TV, atacou:

"É impossível que o governo brasileiro não perceba que a Globo é um segundo governo. Por enquanto, dadas as circunstâncias, apenas em potencial. Me pergunto se as oito horas da debilidade, não vou escrever 'mental', de Silvio Santos, aos domingos, aquele pátio de milagres com milagreiro sacrificando os otários enquanto lhes seca a alma, é tolerável em um Estado Moderno. O *Fantástico* vem depois do Silvio Santos, o que talvez explique o sucesso. Uma tela branca já agradaria. É um show de variedades muito do mambembe, tem até mágicos em horário nobre, em cadeia nacional".

Hans Donner, o designer das "pirâmides cortadas" que seria responsável pelas aberturas que se tornariam um conteúdo à parte na história do *Fantástico*, pelo menos até sua longa duração começar a ameaçar a chamada "audiência de partida" do programa no *people meter* do Ibope, ainda procurava emprego no Rio quando se deparou, no saguão do hotel em que estava hospedado no bairro do Flamengo, com um televisor ligado na primeira abertura, dirigida por Augusto César Vannucci e que mostrava duas crianças descobrindo véus que ocultavam dançarinos vestidos com fantasias parecidas com as usadas no Carnaval de Veneza:

"Vi um monte de gente com fita e roupa de palhaço. Aí pensei: que televisão é essa? Como é que pode? Não tinha nada de design. Como é que eu podia imaginar que um dia a abertura do *Fantástico* viesse para mim?".

Em outubro de 1974, pouco mais de um ano após a estreia do *Fantástico*, Flávio Cavalcanti, em entrevista à *Veja* sobre sua saída da Tupi de São Paulo, a queda de prestígio e audiência dos apresentadores dos programas de auditório e a força do *Fantástico*, não hesitou:

"Reconheço que meu Ibope andava fraco, mas, também, competindo com o *Fantástico*, o melhor programa da televisão brasileira, é difícil vencer".

Como Flávio ainda continuava na Tupi do Rio, apresentando o programa *A Grande Chance* aos sábados, veio mais uma pergunta:

"E aos domingos, o que vai fazer?"

"Vou aproveitar para assistir ao *Fantástico*, para ver se aprendo alguma coisa".

Com o passar do tempo, a própria equipe do programa também aprenderia que o perfil predominante do telespectador do *Fantástico*, aos poucos, passaria a ser de homens e mulheres obcecados com receitas de vida saudável; fãs do exotérico aplicado ao cotidiano; ecumênicos nas questões religiosas; entusiastas da desconstrução de ET's e charlatões; consumidores exigentes com a qualidade dos produtos e serviços; admiradores de heróis comuns do Brasil; passageiros virtuais de reportagens espetaculares em alta definição; adeptos do estridente moralismo das políticas identitárias; cidadãos sem medo de olhar para a periferia antes ausente da tela e, acima de tudo, alvos cada vez mais ariscos que o programa passaria a ter que disputar com os concorrentes da TV aberta e as múltiplas plataformas interativas da internet.

Mais do que em qualquer outro programa ou horário da grade de programação da Globo, seria nas noites eletrizantes de domingo, sempre de olho nos monitores do Ibope instalados nos *switchers* do Jardim Botânico, que executivos e criadores da emissora detectariam e tentariam acompanhar, de forma quase antropológica, as transformações da mentalidade e do comportamento dos brasileiros, chegando à guerra de audiência do século 21 tendo em mente uma espécie de slogan extraoficial que ninguém admitiria pronunciar: "Cair na audiência, sim, mas perder a liderança jamais".

Homero Icaza Sánchez, lá atrás, tinha acertado mais uma:

"Quando o *Fantástico* entrou no ar, foi para toda a vida".

História do Brasil

"O que é que é ser desumano, seu Dirceu?"

"Impedir que os medicamentos e a vacina cheguem às mãos do Doutor Leão. Ele não vai ter como impedir a epidemia!"

"E daí, seu Dirceu?"

"E daí que vai ser uma calamidade. Eu não sei como o senhor pode pensar isso. Me dá até arrepio. Vai morrer gente aos montes! Daqui a pouco vai ter até que aumentar o cemitério! O senhor não conte comigo pra isso, isso vai ser um assassinato em massa! Um genocídio!"

Até o fechamento da edição deste livro, não se sabia se, durante o período em que Jair Bolsonaro ignorou, como presidente da República, a ameaça da pandemia que matou mais de 700 mil brasileiros entre 2020 e 2022, algum ministro ou assessor do Palácio do Planalto teve coragem de dizer a ele o que o secretário "Dirceu Borboleta", interpretado por Emiliano Queiroz, disse ao prefeito "Odorico Paraguaçu", personagem histórico vivido por Paulo Gracindo em *O Bem-Amado* – marco da teledramaturgia brasileira exibido pela Globo entre janeiro e outubro de 1973 e no qual o autor Dias Gomes, além de criar uma metáfora hilariante da realidade política brasileira da época, desnudou a matriz de um atraso civilizatório que persistiria, sem a menor graça, meio século depois do último capítulo da novela.

Ao longo de 1973, como lembra Laura Mattos, os generais do Planalto, portadores de uma cepa semelhante à dos militares que ocupariam a sede do governo Bolsonaro no século 21, assistiram aos primeiros 44 dos 178 capítulos de *O Bem-Amado* sem se dar conta de que Sucupira não era tão distante de Brasília como imaginavam:

"Investidos do marketing do milagre econômico, nossos modernos generais buscavam se afastar da imagem do Brasil arcaico dos coronéis, e, assim, a crítica da novela podia lhes soar inofensiva e, inclusive, conveniente".

Podia. A partir do capítulo 44, entraria em vigor uma censura pesada, cortando críticas a instituições e à autoridade, com demandas regulares que seriam obedecidas pela equipe do departamento informal de "controle de censura" instalado pela Globo em Brasília sob o comando de Roberto Buzzoni e cuja missão passara a ser a de executar todos os cortes impostos pelos censores, incluindo a sofrida operação técnica de eliminar as menções às palavras "coronel" e "capitão" nos diálogos da novela.

Ainda assim, a censura não conseguiria evitar o acontecimento cultural em que o texto de Dias Gomes se transformou na faixa da "novela das dez" da Globo, com a história do prefeito que fazia política na base do "coloquiamento apelatório catequizante" e que sabia que um falecimento era "condição *sine qua non* ao estado difuntício" necessário para realizar seu sonho de inaugurar o cemitério de Sucupira, apesar dos "cachacistas juramentados" da oposição.

Em entrevista ao *Jornal do Brasil* em outubro de 1973, Dias Gomes disse que nunca tinha visto ninguém falar como seu prefeito "Odorico" e que aquele dialeto *sucupirano* nascera da observação do cotidiano, como aconteceu em agosto de 1971, quando ele leu que o centroavante Dario, o "Dadá Maravilha", num amistoso de seu time, o Atlético Mineiro, contra o Corinthians, disse que para a "problemática" da falta de gols ele tinha o que chamou de "solucionática".

Paulo Gracindo, segundo depoimento do filho Gracindo Jr., "gostava de dizer que vivia no palco e representava na vida" e, com autorização de Dias

Gomes, de quem era amigo, "caqueou" muito, improvisou com "cacos", usando um método que José Wilker acompanhou de perto:

"O Paulo Gracindo pegou um dicionário de termos alagoanos, sergipanos e foi trocando uma e outra palavra, substituindo pelo sinônimo regional. Então, ele não estava empenhado no sotaque. Estava empenhado em falar termos regionais".

Outro personagem que entraria para a história da televisão junto com a novela, o pistoleiro "Zeca Diabo" vivido por Lima Duarte, foi muito além do que Dias Gomes imaginara no roteiro inicial da novela: contratado por "Odorico" para "botar de lado os entretanto e partir pros finalmente" na obtenção de um defunto para inaugurar o cemitério de Sucupira, "Zeca Diabo" revelou-se, para decepção do prefeito, um matador profissional arrependido de seus crimes, devoto piedoso do Padre Cícero, preocupado em proteger a mãe e determinado a realizar o sonho de se tornar um dentista.

Lima Duarte, em contagem regressiva para o final do contrato com a Globo, depois de ser corresponsabilizado, como diretor, pelo fiasco de audiência da novela *O Bofe*, dedicou-se ao personagem a ponto de criar seu próprio figurino, usando um terno adquirido em uma das tinturarias próximas à Estação da Luz, em São Paulo, onde os imigrantes nordestinos abandonavam as roupas que deixavam para lavar, sem dinheiro para apanhá-las. Boni* disse que precisou apenas ver "Zeca Diabo" no ar, na estreia da novela, para fazer dois telefonemas. Primeiro, Lima Duarte:

– Lima, vai continuar isso aí.

Depois, Dias Gomes:

– Dias, o "Zeca Diabo" tem de continuar.

– Não, o "Zeca Diabo" não tem mais. Não tem mais ele na história.

– Tem que ter. Olha aí, é um sucesso danado. Vamos assistir de novo o capítulo.

Assistiram. E Dias Gomes concordou:

– É, vamos manter o "Zeca Diabo". Se você convencer o Lima, eu mantenho.

Emiliano Queiroz* contou que, "à exceção de Paulo Gracindo, que era um gênio", ninguém chegou ao set de *O Bem-Amado* com os personagens prontos, incluindo o seu desesperado "Dirceu Borboleta", cujo perfil ele diz que teve o dedo da amiga Janete Clair e que, no início da novela, "era um cara feliz no trabalho" até começarem as pressões de "Odorico" que o deixariam "apoplético", com a voz aflita e claudicante que ficaria na memória de milhões de telespectadores e com uma linguagem corporal que, no ar, chamaria a atenção do analista do ator, que brincou:

– Emiliano, você está andando com a perna para dentro. É repressão sexual.

Ao final dos 178 capítulos da novela em outubro de 1973 com o sepultamento do primeiro defunto do cemitério de Sucupira, o próprio "Odorico", assassinado por "Zeca Diabo", a força com que a novela e seus personagens permaneceram na memória dos brasileiros seria tal que, sete anos depois, *O Bem-Amado* voltaria à grade da Globo, dessa vez num *remake* em formato de seriado com 220 episódios que ficaria no ar por três anos e oito meses, entre abril de 1980 e novembro de 1984, encerrando o projeto "Séries Brasileiras", que antes exibira as bem-sucedidas *Carga Pesada*, *Malu Mulher* e *Plantão de Polícia*.

A versão em seriado ressuscitaria literalmente o prefeito "Odorico" logo no episódio de estreia e traria de volta personagens e situações da novela, agora no contexto da abertura política lenta e gradual em curso naqueles anos, o que permitiria a Dias Gomes ser um pouco explícito em sua sátira aos poderosos e basear os episódios principalmente no noticiário menos censurado dos jornais da época. Nilson Xavier lembra, como exemplo do prestígio do seriado, a fala do general Golbery do Couto e Silva aos jornalistas em agosto de 1981, ao deixar o cargo de chefe da Casa Civil do governo do general João Figueiredo por discordar do acobertamento do atentado terrorista cometido por dois agentes do Destacamento de Operações de Informações do Centro de Operações e Defesa Interna, o DOI-Codi, durante um show de música no pavilhão do Riocentro:

"Não me perguntem nada. Acabo de deixar Sucupira".

A exemplo das novelas, o seriado *O Bem-Amado* teria episódios gravados parcialmente no exterior, o que fez de Washington, Nova York, Paris, Roma e Lisboa cenários em que "Odorico" protagonizaria histórias que entraram "para os anais e menstruais de Sucupira e do país". Em Paris, por exemplo, o prefeito e "Dirceu Borboleta", longe da "esquerda comunista, marronzista e badernenta", levariam flores ao túmulo de Napoleão Bonaparte.

Laura Mattos mostra, no entanto, em seu *O herói mutilado: Roque Santeiro e os bastidores da censura à TV na ditadura*, que, apesar da abertura, a Censura seria ainda mais intolerante e paranoica com os episódios do seriado, a ponto de Dias Gomes, em vez de escrever histórias com a duração prevista de uma hora, entregar à produção textos de uma hora e meia, já prevendo possíveis tesouradas como a que seria aplicada, por exemplo, na fala em que "Odorico" manifestava o desejo de botar todos os seus opositores num pacote e "jogar no mar". Laura também reproduz, no livro, uma carta em que o autor, exasperado com os cortes e ameaças da Censura, reclama diretamente com Boni:

"*O Bem-Amado* é um programa que se firmou na opinião pública justamente por saber ocupar o exíguo espaço concedido até agora à teledramaturgia no processo de abertura política do país. E ouso afirmar que a Globo lhe deve um conceito conquistado junto a um público mais exigente que cobra da tevê uma atitude crítica e inteligente ante a realidade brasileira. *O Bem-Amado* não pode sobreviver sem uma corajosa defesa do espaço conquistado. E o que estamos vendo é uma tendência suicida a abrir mão desse espaço".

Um relatório do Centro de Inteligência do Exército de 26 de maio de 1981, também resgatado por Laura Mattos em seu livro, não deixa dúvidas sobre o tipo de mentalidade que Dias Gomes e os outros autores da Globo enfrentavam:

"O aspecto mais pernicioso verifica-se na programação do chamado 'horário nobre', com a apresentação de novelas como *Coração Alado*, *Baila Comigo*, *O Bem-Amado*, etc., montadas sem um mínimo de sentimento ético, apresentando aos telespectadores um sistemático endeusamento do adultério, do homossexualismo, da promiscuidade e da corrupção. A recente novidade chamada *Amizade Colorida* vem sendo incentivada através do aviltamento do sexo e da instituição do casamento. Crimes e taras de toda a natureza, como estrupo [*sic*], masturbação, lesbianismo, toxicomania são apresentados com naturalidade, como se fossem fatos normais e corriqueiros de nossa sociedade, em proporções tais que a família tradicional seja considerada exceção".

Em 1983, no final da quarta temporada do seriado, a Globo até chegaria a anunciar o fim da produção, atribuindo a decisão à sobrecarga de trabalho à qual Dias Gomes estava sendo submetido, ao tentar conciliar a criação de novos episódios para *O Bem-Amado* com a substituição de sua mulher, Janete Clair, morta de câncer em novembro daquele ano, na roteirização da novela *Eu Prometo*, mas um abaixo-assinado encabeçado por Carlos Drummond de Andrade, com o apoio de Antônio Houaiss, Ferreira Gullar, Oscar Niemeyer, Edu Lobo e Manabu Mabe, entre outras personalidades da cultura, levaria Boni a prolongar o seriado por mais um ano.

Dias Gomes finalizou *Eu Prometo* com a ajuda de Gloria Perez, tirou um mês de férias e voltou a escrever os episódios da obra de teledramaturgia que, nas palavras do abaixo-assinado dos intelectuais e artistas, recebeu um inédito e raro tratamento de obra de arte:

"*O Bem-Amado* é para a televisão brasileira o que *Macunaíma* é para a literatura. Esta obra só dignifica a televisão brasileira".

O Bem-Amado poderia, também, ter marcado a história da teledramaturgia brasileira como a primeira novela da Globo a ser dirigida, do começo ao fim, por um negro, de acordo com o depoimento dado por Milton Gonçalves* em junho de 2000, e no qual ele mencionou, sem falar em racismo, a existência de uma espécie de fila de diretores cuja ordem não teria sido respeitada pelo comando da emissora na escolha de Régis Cardoso para dirigir a novela:

"Eu estava cotado para dirigir a primeira novela em cores da Globo. Era eu, era a minha vez. Acabei não dirigindo, mas tudo bem. Acabei fazendo um personagem maravilhoso e fantástico".

Milton interpretou "Zelão das Asas", um pescador obcecado com a ideia de voar e que, por isso, era um dos possíveis "candidatos" a inaugurar o cemitério de Sucupira, além de ser mais uma metáfora de Dias Gomes sobre a busca por liberdade política e de expressão naquele momento extremo da ditadura brasileira. A última cena de *O Bem-Amado*, na qual "Zelão das Asas" consegue voar com as asas construídas por ele ao longo da trama, foi também, para Milton, uma metáfora da forma como ele próprio encarava momentos frustrantes como a perda da direção da novela:

"'Zelão das Asas' perseguiu o seu sonho. Tudo sempre muito coerente com aquilo que eu imagino da vida: a perseverança, continuar, conseguir seu ideal. Voar é dar um salto qualitativo, é avançar na vida. Era essa a leitura que eu fazia do 'Zelão das Asas'. Foi maravilhoso".

Sinal dos tempos: no depoimento de Milton*, os entrevistadores do Memória Globo não manifestaram interesse em aprofundar ou esclarecer as razões pelas quais ele foi preterido na escolha do diretor para *O Bem-Amado*.

Nem ele.

Noveleiros do porão

Ao longo de 1973, enquanto *O Bem-Amado* contava, no horário das dez da noite, a história de um prefeito demagogo e corrupto que iludia o povo simplório da fictícia Sucupira, pequena cidade perdida no litoral baiano, a novela das oito, *Cavalo de Aço*, atiçava muito mais a paranoia dos censores da ditadura com a história de um maquinista líder de uma rebelião que pedia reforma agrária e lutava contra um latifundiário inescrupuloso que dominava com mão de ferro a exploração de madeira na também fictícia Vila da Prata, no interior do Paraná.

O Brasil caminhava para terminar aquele ano com um PIB de 14%, desempenho que nunca mais seria alcançado, pelo menos até 2024. Não passavam, na tela da Globo e das outras emissoras, notícias sobre as operações militares que resultariam no massacre do foco de guerrilha infiltrado pelo Partido Comunista do Brasil na região do Rio Araguaia, na divisa dos estados do Pará e do Maranhão; a recusa da embaixada brasileira em Santiago em dar auxílio aos exilados políticos brasileiros de esquerda acolhidos pelo governo socialista de Salvador Allende e subitamente ameaçados após o golpe de Estado liderado pelo general Pinochet; ou a proibição, pela Censura, da peça *Calabar*, de Chico Buarque e Ruy Guerra.

Ainda assim, Walther Negrão, autor de *Cavalo de Aço*, estava tão entusiasmado com a novela que, de acordo com o livro *Biografia da televisão brasileira*, de Flávio Ricco e José Armando Vannucci, mais do que não tremer com a responsabilidade de substituir o fenômeno de audiência e repercussão *Selva de Pedra*, de Janete Clair, resolveu impressionar Boni numa das últimas reuniões antes da estreia:

– Eu dou mais audiência que a Janete.

– Você está brincando, sabe que não consegue. Aposto com você uma caixa de uísque.

– Fechado! Mas vale a primeira semana da minha novela contra os capítulos iniciais dela. Começo com começo.

Boni perdeu a aposta.

Cavalo de Aço, dirigida por Walter Avancini, estreou com três pontos a mais que a fase inicial de *Selva de Pedra*, mas Negrão, além de não receber a caixa de uísque por conta de um argumento girafa apresentado na última hora por Boni sobre as condições da aposta, teria pouco tempo para comemorar: a história de amor que tinha como fundo uma revolta social do personagem "Rodrigo" vivido por Tarcísio Meira contra o fazendeiro "Max" interpretado por Ziembinski começou a sofrer intervenções regulares e agudas, reveladoras do que ia pela cabeça dos generais naquela época. Chamado a Brasília, Negrão sentiu que a paranoia dos militares, como a ousadia dos roteiristas, também não tinha limites:

"Foi um momento brabo da censura em cima da televisão. A gente ia muito a Brasília naquela época. Disseram que reforma agrária não podia. Aí eles mesmos sugeriram, dizendo que estavam começando uma campanha antidrogas e que se eu quisesse falar sobre drogas, que era um assunto do índex e também tabu, não se podia falar, eu até iria ajudar a campanha".

Dito, feito, mas logo desfeito: Negrão mudou a história, substituiu reforma agrária por tráfico, mas quando o primeiro papelote de cocaína apareceu no ar, no drama da personagem de Betty Faria, "Joana", uma ex-viciada que lutava contra o vício, ele foi chamado de volta a Brasília para ser informado de que a inserção da droga no horário das oito estava provocando uma briga entre os ministérios da Saúde, da Justiça e outros órgãos do governo que queriam ser os "pais" da campanha oficial.

Argumentaram que "Joana" era um "mau exemplo" e não deveria ganhar destaque na história, o que fez com que Negrão, àquela altura já preocupado com a audiência modesta de *Cavalo de Aço* para os padrões da Globo, lançasse mão da linha policial e de um recurso infalível:

"Aí matei o Ziembinski. Ele ficou bravo porque estava fazendo um sucesso danado, tipo meio 'Dom Corleone', estilo Marlon Brando naquela época.

Pedimos muitas desculpas para ele e matamos o velho 'Max'. Aí começou a pergunta: quem matou o velho 'Max'? E a novela explodiu".

A explosão da audiência e a discussão nacional em torno das especulações sobre quem tinha matado o personagem de Ziembinski provocaram uma situação inusitada e também reveladora não apenas da força das novelas da Globo, mas da sinistra imprevisibilidade do que acontecia, na época, com os detidos e presos políticos que eram secretamente retirados de circulação e levados para os porões da ditadura.

Carlos Vereza, que interpretava em *Cavalo de Aço* o papel de "Santo", amigo do herói "Rodrigo" em sua luta para vingar o assassinato dos pais, era um dos notórios militantes do PCB no elenco da Globo, pelo menos até 1969, quando participou da operação de apoio à fuga do país dos participantes do sequestro, no Rio, do embaixador americano Charles Elbrick, atuando como maquiador para disfarçar, entre outros, o então militante Fernando Gabeira. Antes de *Cavalo de Aço*, Vereza também tinha sido detido para dar pistas sobre o paradeiro de Charlie Chaplin, autor de um texto que ele tinha interpretado e que os brucutus que o interrogaram acreditavam ser um comunista escondido em algum lugar no Rio de Janeiro.

O que aconteceu, porém, quando Vereza* almoçava num restaurante da Rua Rainha Guilhermina, no Leblon, em agosto de 1973, segundo ele, foi mais sério: arrancado da mesa e empurrado para dentro de um Opala com um capuz na cabeça, ele ficaria preso por oito dias, sendo interrogado várias vezes sobre Thomaz Antônio da Silva Meirelles Neto, conhecido seu que era militante do grupo guerrilheiro Aliança Libertadora Nacional (ALN) e que mais tarde seria preso para em seguida fazer parte da lista de desaparecidos políticos do Brasil.

Vereza conta que, a partir de sua prisão, Walter Clark, Boni, Renato Pacote, Tarcísio Meira, Glória Menezes e Renata Sorrah, com quem ele era casado na época, fizeram ligações para Brasília e peregrinações em quartéis e órgãos policiais, incluindo o local para onde ele fora efetivamente levado, o 1º Batalhão da Polícia do Exército, onde funcionava o DOI-Codi, na Rua Barão de Mesquita, Tijuca, e onde disseram que ele não estava. Vereza acredita que o fato de estar no ar como o "Santo" de *Cavalo de Aço* pode ter contribuído para que ele não tivesse um "um destino pior". Isso porque seus torturadores incluíram, no rol de perguntas, com insistência, a questão que estava mexendo com a imaginação dos telespectadores brasileiros naquele momento:

"Eles queriam saber quem era esse guerrilheiro, onde ele estava, e quem tinha assassinado o velho 'Max'. Eu dizia: 'Gente, quem sabe é a Janete Clair'. E eles: 'Mentira, você sabe, você sabe quem matou o velho Max!'".

Quem matou, a novela mostraria no final, foi "Lenita", a filha bastarda de "Max" interpretada por Arlete Salles. Bem antes do desfecho da trama, Vereza tinha sido novamente encapuzado e deixado em uma rua do mesmo bairro do Leblon. Quatro décadas depois, romperia radicalmente com a esquerda, a ponto de se tornar um estridente apoiador de Jair Bolsonaro, até romper também com o ex--capitão do Exército, que defendia abertamente os brucutus que possivelmente não sumiram com Vereza por causa de sua participação no elenco de *Cavalo de Aço*.

Chama o Aníbal

De calça jeans e blusa escura, cabelos curtos, sozinha no palco cheio de amplificadores, Elis Regina tirou o microfone do pedestal e anunciou:

"Eu queria convidar vocês para uma festa monumental que vai reunir todo o povo brasileiro. E nessa festa nós vamos cantar a música de maior sucesso em todo o país. Vamos ensaiar?".

Logo em seguida, simulou um toque de clarim e, junto com a plateia, começou a cantar as primeiras estrofes do Hino Nacional Brasileiro, tendo sua voz suplantada por uma gravação do mesmo hino e a conclamação de um locutor:

"Participe do Encontro Cívico Nacional, dia 21 de abril, a partir das seis e meia. Vai ser uma bonita festa!".

No dia da festa, paralela à Olimpíada do Exército que, por sua vez, fazia parte dos eventos realizados pela ditadura ao longo do ano de 1972 para comemorar, com apoio da Globo e de suas afiliadas, no caso a TV Gaúcha Canal 12 de Porto Alegre, o sesquicentenário da Independência do Brasil, Elis Regina também participaria, regendo, como uma maestrina, um coral de artistas, a maioria deles integrantes do elenco da emissora.

O envolvimento de Elis, que incluiu o show que ela deu num dos espetáculos em série realizados ao longo do mês de maio, no ginásio do Grêmio, em Porto Alegre, e sua participação no programa *Sesquicentenário Musical*, transmitido pela Globo em 7 de setembro daquele ano, foram um choque para quem à época estava acostumado com a postura crítica da cantora em relação à ditadura. Tanto que Elis foi logo incluída no cemitério do "Cabôco Mamadô", personagem do cartunista Henfil que "sepultava", nas páginas do semanário *O Pasquim*, figuras públicas que estabeleciam relações de proximidade com os militares. E comparada com Maurice Chevalier, cantor que fez um show na Alemanha a convite de Hitler, em 1942.

Nem todos sabiam que Elis estava pagando, em prestações, o preço combinado com os militares por uma frase dita por ela, três anos antes daquelas performances que tinham chocado a esquerda:

"O Brasil de hoje é governado por um bando de gorilas".

A frase tinha sido uma resposta de Elis a um jornalista da revista holandesa *Tros-Nederland*, durante uma turnê que ela fizera pela Europa com Roberto Menescal, no início de 1969. Foi também o início de um pesadelo que incluiu um assustador interrogatório de quatro horas, em novembro de 1971, numa sala do Centro de Inteligência do Exército (CIE), no Rio, durante o qual ela se dera conta, atônita, de que sua vida artística e profissional já vinha sendo escrutinada havia tempos pelos órgãos de repressão.

Contratada da Globo na época, Elis tinha estreado, dois meses antes do interrogatório, o programa *Elis Especial*, atração mensal dirigida e produzida por Luiz Carlos Miele, Ronaldo Bôscoli e Carlos Alberto Loffler, e exibida nas noites de sexta-feira, com repertório, cenários e convidados que variavam de acordo com temas variados. Convocada para um depoimento no Exército, Elis estava assustada, e Boni, em sua entrevista ao autor em 2023, disse que, além da convocação, a cantora ouviu de um militar uma ameaça explícita:

– Seu filho pode sofrer um acidente, pode ser sequestrado e você pode precisar da gente.

Foi Armando Nogueira quem resolveu agir "pela sobrevivência profissional da mais perfeita cantora e intérprete brasileira de todos os tempos":

"Evidentemente que aqueles adidos militares da Europa mandaram um informe sobre a entrevista dela e Elis começou a ser simplesmente boicotada em todos os contratos profissionais. A carreira dela estava, naquele momento, definitivamente encerrada, porque ela não podia gravar. Eles faziam pressão nas gravadoras, ela não podia se exibir, nem em rádio, nem em televisão, nem em teatros. E ela me procurou, minha amiga que era. Eu digo: 'Vou ajudar essa moça'. Mas eu não queria ter contato com os militares".

Mais uma missão para o jornalista Aníbal Ribeiro, o ex-produtor do programa de Ibrahim Sued que, na definição de Armando, "não era um representante dos militares dentro da Rede Globo, mas um representante da Rede Globo junto aos militares":

"O Aníbal Ribeiro conseguiu levantar as objeções de toda natureza que havia contra ela. Ele era bom de bico, bom de papo, convencia bem aos militares e a Elis Regina acabou sendo liberada pra continuar sua vida, sua carreira profissional, embora tivesse pago um preço por isso".

Parte do preço foi a irrestrita disponibilidade da agenda de Elis para os eventos promovidos pelos militares para celebrar os 150 anos da Independência. Num depoimento escrito, ela negou tudo que tinha dito na turnê europeia, atribuindo a frase dos gorilas a uma provocação do jornalista holandês, e foi liberada, com duas "sugestões" dos militares: não cantar mais, nos shows, as músicas "Black is Beautiful" e "Upa, Neguinho", e ficar de bico calado sobre o interrogatório.

Ao comentar o que chamou de *dirty job*, serviço sujo, de seu então subordinado junto aos "milicos", Armando, com a ressalva de que não queria "reabilitar o Aníbal para a história", lamentou o "estigma desprezível" de "um serviço prestado à arte popular brasileira, levantando uma censura que pretendia silenciar por anos e anos e anos a mais fantástica cantora brasileira":

"Você sabe que em toda empresa, em toda a relação humana, você tem que contar com determinados elementos que podem prestar um serviço decisivo pra tua sobrevivência e que acabam sendo essas pessoas muito úteis. Como Aníbal era um rapaz com muita habilidade, ele acabava conquistando pequenas vitórias para nós. Evidentemente que se ele fosse um jornalista com todos os compromissos éticos que devem caracterizar um jornalista, ele talvez não se prestasse a esse serviço, mas talvez pela formação dele, o tipo de personalidade que ele tinha, ele fazia um trabalho de dialogar com os militares, coisa que eu pessoalmente jamais consegui".

Um exemplo típico, já nos anos 1980, do trabalho de "leva e traz", no caso mais um "traz e leva", que Aníbal desempenhava na Globo, foi compartilhado por Armando com o amigo Evandro Carlos de Andrade, futuro diretor de jornalismo da emissora e à época diretor de redação de *O Globo*.

Aníbal trouxe um pedido do então chefe da agência carioca do Serviço Nacional de Informações (SNI), general Waldir Muniz, futuro porta-voz da explicação mentirosa sobre a autoria do atentado do Riocentro, para que o *Jornal Nacional* desse destaque à prisão, em Goiânia, por porte de maconha, de um rapaz que era filho de um deputado do MDB que fazia oposição ao governo militar. Aníbal levou a resposta de Armando, que tinha sido convencido por Evandro de que vincular o pai à prisão do filho seria uma "escrotidão": "Olha, eu não vou dar o nome de pai nenhum". Aníbal trouxe então a informação do general Muniz: "Então não precisa dar nada, se não é para dar com o nome do pai".

Outro exemplo:

Aníbal trouxe para Armando a informação de que os militares tinham ficado profundamente irritados com o fato de que Sérgio Chapelin, ao ler no *Jornal Internacional*, precursor do *Jornal da Globo*, a notícia do fuzilamento de um militante montonero na Argentina, ficara de tal maneira comovido e evidentemente solidário com o guerrilheiro que perdera a voz, tais a emoção, o sofrimento e a angústia com que apresentara a notícia.

Aníbal levou a informação de que Chapelin estava gripado e que sua voz tinha apenas falhado no momento mencionado, omitindo o fato real que os militares teriam dificuldades para entender: Sérgio estava na verdade muito tenso e emocionado, em seus primeiros dias como substituto do recém-faleci-do Heron Domingues, a ponto de perder a voz e provocar uma pequena inter-rupção no jornal, antes de se recompor e ir até o fim "com brio e obstinação", segundo Armando.

Embora não conhecesse muito Aníbal e não tivesse o costume de sair da redação de *O Globo* no centro do Rio para frequentar o prédio da Globo no Jardim Botânico, Evandro, na entrevista a Geneton Moraes Neto, concordou com a opinião de Armando Nogueira de que Aníbal não era uma pessoa dos porões da ditadura, mas alguém que, tendo boas relações com os militares, aca-bou fazendo o papel de interlocutor. Não se tratava de uma pessoa como, por exemplo, Emiliano Castor, um repórter que, além de fazer a cobertura das For-ças Armadas para *O Globo*, era ligado, segundo Evandro, aos militares de ex-trema-direita que seriam responsáveis, num mesmo dia de setembro de 1976, por um atentado a bomba contra a casa de Roberto Marinho e pelo sequestro do então bispo de Nova Iguaçu, Dom Adriano Hypólito:

"Não acho que Aníbal fosse comparável ao Emiliano Castor, que era um delinquente de extrema-direita".

Além de ter sido um discreto e afável quebra-galhos da Globo no vare-jo das relações cotidianas da emissora com os militares, Aníbal, comprovando que a família Marinho não cuidava bem apenas dos comunistas da redação do jornal e da TV, inaugurou uma pequena dinastia de editores que tiveram em comum sobrenome, estilo reservado, opiniões conservadoras, veleidades inte-lectuais imperceptíveis e, no caso de Edson e Renato Ribeiro, um poder que cresceu sem estardalhaço, junto com a confiança profissional que conquista-ram ao longo dos anos na direção de jornalismo, de Armando Nogueira a Ali Kamel, passando pelas gestões de Alberico de Souza Cruz, Evandro Carlos de Andrade e Carlos Schroder.

Edson, irmão mais novo de Aníbal, entrou na Globo em 1971, já para tra-balhar como montador e editor do *Jornal Nacional* e, aos poucos, como edi-tor-executivo, para se tornar, ao longo de vinte anos, independentemente dos editores-chefes da hora, o guardião mais fiel e implacável do formato e dos li-mites editoriais do *JN* dos tempos da ditadura, a ponto de dispensar a presença regular de Armando Nogueira e Alice-Maria na redação na hora do fechamen-to, derrubando ou elegendo reportagens de forma irrecorrível, sem demonstrar qualquer hesitação, remorso, alegria ou tristeza. Uma frase de Edson Ribeiro fora do script, na hora do fechamento do *JN*, era um acontecimento. Enigma monossilábico e inexpugnável, bom de bola nas peladas da redação e parceiro divertido na hora de jogar conversa fora, Edson deixou a emissora em 1995, ano em que Evandro substituiu Alberico na direção da Central Globo de Jornalismo.

Renato Ribeiro, o caçula, entrou na Globo em 1985, aos 29 anos, também como editor do *Jornal Nacional*, para repetir uma trajetória muito semelhante à de Edson e participar das grandes coberturas jornalísticas e esportivas da emissora por 33 anos, chegando ao cargo de diretor-executivo de jornalismo em 2009 e diretor da Central Globo de Esportes em 2013.

Ao contrário de Edson e Renato, Aníbal não tinha um perfil no site do Memória Globo, pelo menos até o início de 2024. Mas Geneton Moraes Neto, falecido em 2016, aos 60 anos, e à época um dos muitos jornalistas da emissora que conviveram anos a fio com Aníbal sem saber de seu *dirty job* paralelo, nunca esqueceu de proclamar que, na noite do dia 17 de janeiro de 1991, seis anos depois do fim da ditadura, foi ele, Aníbal, então integrante da equipe de editores do *Jornal da Globo*, quem, conferindo os despachos das agências internacionais como um jornalista qualquer, garantiu, com uma frase, o furo que a emissora deu sobre o início dos ataques aéreos americanos a Bagdá:

– A guerra começou!

A preguiça do rei

"Assim como maio é o mês das noivas, dezembro é o mês dele, Roberto Carlos. Há mais de vinte anos, ele é o papai-noel e o peru de Natal de todos nós. Ninguém passa o fim de ano sem ele. É a mistura perfeita entre a Virgem Maria e o cantor de motel, a reunião do que há de carola e sensual, conservador e libidinoso na cultura brasileira. Na virada de ano, o 'rei' encarna como ninguém o sonho de reconciliação do Brasil consigo mesmo".

A constatação, em tom de discreta resignação, feita pelo jornalista Fernando de Barros e Silva em artigo da *Folha de S.Paulo* de dezembro de 1996, embora fizesse justiça à importância da instituição em que o especial de Natal de Roberto Carlos na Globo se transformara, não permitia imaginar que o show anual que teria 48 edições até 2023, longe de ter sido um projeto meticulosamente concebido pela emissora em sua estratégia de hegemonia, foi uma espécie de acidente comercial ocorrido em 1974, quando o empresário Marcos Lázaro ligou para Boni*, que reconstituiu a conversa:

– Boni, o Roberto Carlos vai cantar no Festival de San Remo e a Record não quer pagar o preço do videoteipe, que está liberado para vender. A Globo quer comprar?

– Quero, quanto é que é?

Embora Roberto fosse contratado da Record na época, Boni comprou os direitos de exibição do então prestigiado Festival de San Remo, na Itália, tornando inúteis as tentativas da concorrente de impedir a Globo de mostrar, com um grande retorno de audiência, a participação do "rei" no evento. O passo seguinte, segundo Boni, foi novamente dado por Marcos Lázaro:

– Olha, o Roberto está na Record, mas ele está insatisfeito, está sendo mal-usado lá. Ele quer trabalhar menos, quer fazer especiais.

Boni e Lázaro então acertaram, a exemplo do que a emissora fizera com Elis Regina, um programa por mês de Roberto, começando em janeiro de 1974 para alavancar a receita publicitária antes do Carnaval. Tudo correria muito bem até Boni receber, em casa, um "telefonema desesperado" do próprio Roberto Carlos:

– Bicho, estão anunciando o programa com patrocínio de uma cervejaria e está no meu contrato que eu não aceito patrocínio de bebida.

Surpreso, Boni pediu um tempo a Roberto, conferiu com a equipe comercial da Globo e constatou que realmente o contrato com o "rei" estipulava a proibição de patrocínio de bebida. Diante da previsão aflita da área comercial sobre o prejuízo líquido e certo que seria causado pelo cancelamento do patrocínio alcoólico e pela falta de tempo hábil para a Globo encontrar um novo patrocinador, Boni ligou para Roberto, mais para tranquilizá-lo, e foi surpreendido com a disposição do cantor de ajudar:

– Olha, Roberto, vamos perder o dinheiro, mas eu mandei tirar do ar a chamada e o programa vai ao ar sem o patrocínio do comercial.

– Está bom, mas eu quero te compensar, pra você poder vender.

– Então vamos fazer o seguinte: nós fazemos o programa só em dezembro, no final do ano. Fica sendo o especial de lançamento do seu disco e fazemos um especial de Natal.

– Fechado.

Era o início de uma mania brasileira que se sustentaria num carisma que, para Mário Lúcio Vaz, seria tão forte que até dispensaria maiores preocupações com cenários ou iluminação. Bastava ter, diante da câmera, segundo ele, o próprio Roberto Carlos e uma cortina:

"Roberto Carlos cantando na frente da cortina, é essa a diferença entre conteúdo e forma. O conteúdo sendo bom, fecha a cortina e bota o Roberto Carlos cantando. Ia dar de dez, ia dar de cinquenta".

Nos bastidores dos especiais de Roberto, não seria tão simples, bicho. Reconhecidamente obsessivo e supersticioso com detalhes, cores, exigências e rituais, o "rei" imporia, às equipes da Central Globo de Produção, jornadas anuais de tensão, por conta dos sintomas claros de transtorno obsessivo-compulsivo (TOC) que manifestava durante a gravação e a finalização da edição dos especiais. Como numa madrugada de dezembro em que Roberto foi ao Centro de Pós-Produção (CPP) do prédio da Globo no Jardim Botânico para aprovar a edição do programa e, na volta, entrou em pânico, cercado por uma tropa de

CAPÍTULO 7 · 257

seguranças atônitos, no labirinto de corredores da emissora, tentando refazer, na saída, o mesmo caminho que fizera na entrada.

Nem mesmo Glória Maria, uma repórter a quem Roberto dedicava um tratamento especial, sempre indicando que, na Globo, preferia ser entrevistado por ela, seria poupada do comportamento imprevisível do "rei" nos bastidores da emissora. O que incluiu, em 1991, segundo ela, a desistência do "rei", na última hora, de participar de um *Globo Repórter* comemorativo de seus próprios 50 anos de idade.

Em 2002, momentos antes do show que Roberto deu no Aterro do Flamengo para comemorar os noventa anos do bondinho do Pão de Açúcar, reunindo um público calculado em cerca de 250 mil pessoas, Glória levaria mais um baile do "rei" quando se preparava para entrar ao vivo no *Fantástico*. Roberto tinha combinado com Luizinho Nascimento, diretor do *Fantástico*, e com Roberto Talma, diretor do show, que a abertura do *Fantástico* daquele domingo seria ao vivo, direto do Aterro do Flamengo, Pedro Bial no estúdio e Glória na porta do camarim do cantor:

"Na hora que o Roberto Carlos saiu do camarim, o programa entrou no ar, e eu comecei a falar: 'Vai começar agora o show. A gente abre o *Fantástico* aqui do Aterro do Flamengo'. Quando ele passou e viu que a luz estava acesa e que a gente estava ao vivo, pediu para um dos seguranças da equipe dele parar e apagar a luz. Quando iam apagar, o pessoal do *switcher* cortou, abriu para a câmera que pegava a frente do palco e eu falei: 'E com vocês, Roberto Carlos'".

Quem estava em casa nem percebeu. As pessoas só queriam ver e ouvir a abertura de sempre, de todos os anos:

Quando eu estou aqui,
Eu vivo esse momento lindo,
Olhando pra você,
E as mesmas emoções sentindo.

Também a partir de 1973, a grade musical da Globo seria acrescida do *Globo de Ouro*, um programa que duraria dezessete anos e que, em seus vários formatos, periodicidades e duplas de apresentadores, retrataria praticamente tudo que aconteceu de relevante na música brasileira no período, de Tom Jobim aos Titãs, Caetano Veloso a João Bosco, Tim Maia a Sidney Magal, Fafá de Belém a Rita Lee, Wando a Milton Nascimento, e de Chico Buarque a Raul Seixas, entre muitos outros.

Não que nos bastidores tenha sido sempre um espetáculo de ritmo, beleza e talento: quando foi para realizar a proposta original de o *Globo de*

Ouro ser uma parada clássica de sucessos, com as músicas mais tocadas nas estações de rádio no mês de exibição, a produção se veria diante de um problema inusitado: vários artistas só aceitariam aparecer no programa se estivessem em primeiro lugar. Sem citar nomes, Maurício Sherman, um dos catorze diretores que comandaram o *Globo de Ouro* entre 1973 e 1990, confirmou o problema:

"Muitos cantores só queriam participar se tirassem o primeiro lugar. Eu dizia: 'Ué, mas primeiro lugar não sou eu quem decide, não são vocês que determinam. É a vendagem que determina'".

A solução que acabou atenuando as resistências da maioria dos artistas seria a criação de vários gêneros ou categorias da competição como "O Som das Paradas", "O Som dos Disc Jóqueis", "O Som dos Artistas", e "O Som das Discotecas", entre outras, para que o programa, segundo Sherman, "tivesse pelo menos uns três primeiros lugares". Um outro dilema, a repetição das músicas que ficavam em primeiro lugar por muito tempo, foi enfrentado com novos arranjos musicais e diferentes coreografias.

Com o passar dos anos, muito antes do desmantelamento do modelo mercadológico da então poderosa indústria fonográfica pelas plataformas e aplicativos musicais da internet, surgiriam suspeitas do que Luiz Gleiser*, outro diretor que cuidou do *Globo de Ouro*, chamou, em sua entrevista, de "manipulação das sempre alegadamente desvirtuadas pesquisas de execução em rádio e de vendagem de disco". Por isso, e para dar mais credibilidade ao *ranking* que servia como referência do programa, ele e Dennis Carvalho apresentariam, em 1987, uma proposta que sacudiu o formato do programa:

"As gravadoras eram poderosíssimas na época. Então fizemos uma reunião na Globo com os presidentes das gravadoras propondo o seguinte: nós, Globo, pagaríamos a pesquisa Ibope que garantiria maior veracidade do que a que se dispunha pelos medidores tradicionais de execução em rádio e de vendagem. Pagaríamos também a mixagem, a captação e a mixagem em 48 canais que faríamos na Som Livre, e as gravadoras pagariam os músicos que fossem necessários".

Com alguma resistência de parte das gravadoras, o projeto foi implantado e o *Globo de Ouro* passou a ter três partes: a primeira, com as músicas favoritas das regiões do país; a segunda, com um encontro musical entre artistas consagrados de gerações diferentes; e a terceira, com a prometida parada musical nacional, agora baseada na pesquisa do Ibope. Na lembrança de Gleiser, além de conseguir ótimos índices de audiência, o *Globo de Ouro* "virou um programa que era um orgulho para os músicos serem convidados a participar". Em apenas um dos encontros musicais que foram produzidos, por exemplo, foram reunidos os sambistas Alcione, Martinho da Vila, Elza Soares, Beth Carvalho, Jair Rodrigues, Benito di Paula, Clara Nunes e João Nogueira.

A versão baseada em índices de vendagem e execução certificados pelo Ibope duraria pouco mais de um ano, antes de o programa voltar ao modelo anterior e sua base de dados não exatamente confiável que, turbinada pela audiência da Globo, daria muito dinheiro para as gravadoras e seus artistas preferidos. Em 2007, Gleiser* lamentou que o formato que implantou não tenha continuado:

"Foi um rainho de sol durante um bom tempo".

É mentira, Chico?

E agora? Vão rir de quê?

Chico Anysio, falecido em 2012, aos 80 anos, não esperava elogio de ninguém. Até no epitáfio que criou para sua lápide, resgatado em 2000 por Ruy Castro em sua coluna na *Folha de S.Paulo*, o humorista se encarregou de deixar claro para o mundo, com todas as letras e, com toda razão, para alguns entendidos em televisão, que foi uma das quatro ou cinco pessoas mais importantes da história da Globo. Ou seriam três?

Boni* não entrou na discussão sobre a posição no *ranking*, mas, em sua segunda entrevista ao Memória Globo, em abril de 2014, já depois da morte do artista aos 80 anos, em 23 de março de 2012, ao fazer um balanço da trajetória de 42 anos que incluiu a autoria ou a participação de Chico Anysio e de seus mais de duzentos personagens em dezenove humorísticos e em outros dezesseis programas da emissora, incluindo cinco novelas, não deixou por menos:

"Chico Anysio foi o maior talento da televisão brasileira, e não vou nem dizer o maior talento de humor. O maior talento da televisão brasileira, e pontofinal. Um grande autor, um grande diretor, e não havia intérprete como ele, capaz de fazer todos aqueles personagens, com vozes diferentes, com cara diferente, uma coisa extraordinária, como interpretação".

O autor do elogio e o elogiado tinham sido amigos de dividir um apartamento em Copacabana em 1966 e se conheciam desde o final dos anos 1950, tempos da Rádio Mayrink Veiga. Contratado pela Globo, leia-se Boni, em 1969, Chico passara três anos conciliando seus espetáculos de humor no teatro com trabalhos para a emissora, como suas participações no *Fantástico*, antes do quadro que manteria no programa por dezessete anos a partir de 1974, e o show mensal *Chico Anysio Especial*, dirigido por Daniel Filho. Isso até o início de dezembro de 1972, quando, passando férias num hotel de frente para o mar em Recife, Chico* recebeu uma ligação de Boni, assim reconstituída pelo humorista:

– Chico, pode vir que eu já tenho dinheiro para você. O Chacrinha foi embora.

– O que houve com o Chacrinha?

– Foi embora e o dinheiro dele eu posso dar para você.

No dia 26 de dezembro, data combinada entre os dois para uma conversa mais concreta, um novo diálogo inauguraria um capítulo importante da história da Globo:

– Chico, eu quero contrato com a Globo, e que programa você vai fazer?

– Estou pensando em fazer uma cidade onde todos os personagens meus morem lá. É a minha cidade.

– E o nome do programa?

– Eu penso em botar *Chico City*.

– Tá aprovado, pode fazer. Pega o que você quiser, eu quero o programa no ar no dia 7 de janeiro.

Foi quando as noites de sexta-feira da Globo começaram a povoar o cotidiano de milhões de brasileiros com personagens e bordões que traduziriam o olhar de Chico Anysio para tudo e todos, começando pelos próprios bastidores da emissora, com dois tipos que, além de hilariantes, pareciam ser um recado do humorista para os colegas de trabalho que se consideravam muito importantes: "Alberto Roberto", ator decadente, prodígio de canastrice incapaz de decorar um texto, atropelador contumaz da língua portuguesa que levava ao desespero o diretor "Da Júlia" vivido por Lúcio Mauro e que se considerava "um ídalo" e "um símbolo sesquissual"; e "Bozó", um funcionário medíocre da Globo que usava o crachá da emissora para distribuir carteiradas e obter vantagens. Em 2001, Lúcio Mauro* confirmava:

"O 'Alberto Roberto' é uma figura que existe muito no nosso meio, o ator vaidoso, que é metido a bonito, que só fala nele, que é egocêntrico, quer as coisas para ele, nós temos muitos tipos, não chega ao exagero do 'Alberto Roberto', mas que são parecidos e que são egoístas e que são vaidosos. Eu não sei em quem o Chico de fato se baseou, nem ele diz. Fica uma deselegância dizer, mas que é um clássico, é".

A rigor, o próprio Chico Anysio reconhecia que o que estava começando naquele início de 1973 era um programa que, ao longo dos 35 anos seguintes, ganharia versões atualizadas de um formato original, o *Chico Anysio Show*, sempre baseado em sua espantosa capacidade de incorporar personagens, tornando-se uma espécie de franquia que ocuparia o horário nobre da Globo com nomes diferentes, a maioria começando com o apelido do humorista: *Chico City*, *Chico Especial*, *Chico em Quadrinhos* e *Chico Total*.

Era um humor que, segundo observou o crítico de cinema e TV Nelson Pujol Yamamoto, em artigo para a *Folha de S.Paulo* em 1988, mantinha "asséptica distância" de seus "primos debiloides", referindo-se aos então concorrentes *A Praça é Nossa*, do SBT, e *Praça Brasil*, da Band, praticantes, segundo o autor, da "comicidade primitiva, infantil e repleta de caretas". Para o crítico, *Chico Anysio Show* era "sintonizado" por uma audiência que queria "se certificar de que nada mudou":

"Tudo leva a crer que o importante, para esta audiência, é constatar que as neuroses familiares, principalmente masculinas, como o adultério e a impotência, continuam intactas".

No que poderia ser chamado de "núcleo comportamental" das criações de Chico sintonizadas com o senso de humor majoritário do Brasil ao longo dos anos, um dos destaques seria "Tavares", um carioca aproveitador que vivia às custas da esposa Elizabeth, a "Biscoito", personagem de Zezé Macedo, e que provocava risadas provavelmente impossíveis no século 21. Assim como "Haroldo", o *personal trainer* homossexual que, por medo da aids, tentava a todo custo convencer a si mesmo e aos outros que voltara a ser "hétero", procurando sepultar no passado o codinome "Luana" com uma resposta padrão, quando era desmascarado por "Leon", colega dos "velhos tempos" interpretado pelo ator Paulo César Bacellar da Silva, o "Paulette", que por sinal morreria de aids, aos 41 anos, em 1993:

– Eu sou Haroldo, o hétero machão. Mordo você todinha!

"Nazareno", um funcionário público que tratava mal a esposa "Sofia", vivida em momentos diferentes pelas atrizes Leila Miranda e Thelma Reston, pelo fato de a mulher ser feia, característica levada ao grotesco por um trabalho de maquiagem às avessas, foi outro personagem de grande sucesso popular de Chico cuja simples descrição já seria um insulto, a serem considerados os padrões de humor dos anos 2020. Não apenas por contrapor à feiura da esposa a beleza, agora enaltecida pela maquiagem e o figurino, da empregada da família, vivida em temporadas diferentes por Monique Evans, Gisele Fraga e Valéria Valenssa, mas também por incorporar o bordão "Calada!" como resposta para qualquer queixa de "Sofia", sempre encerrando o quadro com um olhar irônico para a câmera e um desafio:

– Tá com pena? Leva pra você!

O pai de santo gay "Ruy de Todos os Santos", o suave "Painho", foi outro personagem marcante, descrito pelo Memória Globo como "mentor espiritual de todas as celebridades baianas". Vivia cercado de suas cunhãs e cancelava qualquer compromisso quando um bofe, homem atraente na gíria dos homossexuais, surgia em seu terreiro. O personagem transmitia, junto com sua irresistível bichice, uma discreta implicância do cearense Chico Anysio com os tropicalistas baianos liderados por Caetano Veloso e Gilberto Gil. Implicância que se tornaria escancarada anos depois, em 1989, quando Gil tentou e não conseguiu ser prefeito de Salvador e viu seu projeto político ser satirizado por Chico com o personagem "Zelberto Zel", candidato a prefeito de uma cidade nordestina que tinha como parceiro o personagem "Caretano Zeloso".

Na época, o antropólogo e ensaísta Antonio Risério lamentou o que chamou de "caricatura reacionária e racista" na qual Gilberto Gil "foi decodificado, via paródia, como um mulato boçal, elitista, leviano e aviadado". Ao contrário de Risério, o crítico Nelson Yamamoto gostou do quadro, considerando "Zelberto Zel" uma expressão da capacidade de Chico de modular a voz e as linhas faciais e também da "vantagem do cinismo" que, segundo ele, o humorista tinha de sobra.

Cinismo que jamais faltaria no núcleo dos personagens políticos de Chico, a começar pelo mais famoso deles, o deputado "Justo Veríssimo", um parlamentar que expunha com transparência desconcertante sua total e irrestrita falta de escrúpulos, referindo-se a malfeitos regulares em Brasília com o bordão: "Eu quero que os pobres se explodam". Outro político de *Chico City*, "Walfrido Augusto Canavieira" era um empresário e deputado também corrupto, ex-prefeito da cidade e pródigo em inaugurar obras públicas inúteis e mal-acabadas para livrar-se das críticas do povo.

No Brasil de Chico Anysio, existiu também o personagem "Francisco Sufrágio", um político que odiava a ideia de ser presidenciável até o momento em que bebia um pouco e começava a discursar. E até um vampiro brasileiro, "Bento Carneiro", seria decadente, subnutrido e incompetente, tendo como alternativa para enfrentar os inimigos apenas a ameaça inútil de uma "mardição" e de uma vingança que seria "malígrina".

Outros personagens criados por Chico no final do século 20 "não envelheceriam bem", nas palavras do jornalista André Carlos Zorzi, em artigo publicado na *Folha de S.Paulo* em 2021. Caso de dois tipos em cuja performance o humorista recorria à técnica do *blackface*, pintando a pele com tinta preta: "Azambuja", um malandro capaz de passar a perna na própria mãe para se dar bem, e "Véio Zuza", um pai de santo que usava guias no pescoço, fumava cachimbo e dizia "suncê" em vez de "você". Zorzi cita ainda o quadro do japonês "Fukuda", que brincava com a dificuldade de asiáticos em acertar a pronúncia do português e o judeu "Savi Sevic", cujos textos remetiam a piadas sobre avareza e o estereótipo de "pão-duro". Mas ressalva:

"Todos os personagens foram criados em outra época e outro contexto de sociedade. Chico certamente teria capacidade para adaptar alguns de seus esquetes e até criar novos personagens para o tempo atual. Mas sempre zombando".

Um dos tipos de Chico, a propósito, em vez de envelhecer preso ao contexto do final do século 20, seria profético em relação a um fenômeno que à época parecia restrito aos Estados Unidos e que só faria crescer no Brasil: "Tim Tones", referência a Jim Jones, líder de uma seita pentecostal que levou mais de novecentas pessoas à morte por suicídio ou assassinato em 1978, na Guiana, era inspirado nos pastores evangélicos americanos e nos vários charlatões espalhados pelo Brasil, que usavam a religião para tirar dinheiro dos fiéis de sua igreja. Cego e manco, o falso pastor ruivo prometia curas milagrosas que nunca se confirmavam e, ao final dos cultos, repetia o bordão:

– Vamos passar a sacolinha!

A partir de *Chico City*, lastreado pelos índices espetaculares do Ibope e de forma cada vez mais desinibida, ousada e às vezes, para muita gente de dentro e de fora da Globo, indevida ou injusta, Chico extrapolaria os limites de seus programas, tornando-se uma voz que pontificava sobre tudo e todos na emissora, à revelia da palavra oficial da Central Globo de Comunicação, numa espécie de insurgência que a direção da empresa toleraria anos a fio até afastá-lo definitivamente em 2009, após uma série de entrevistas à imprensa cheias de amargura e agressividade.

Em sua entrevista, em 2 de agosto de 2000, mais solto ainda do que nas entrevistas à imprensa, Chico* deixou poucos superlativos para quem se dispusesse a fazer um balanço de uma genialidade da qual apenas ele parecia desconfiar. Entre outras façanhas descritas, sempre na primeira pessoa, ao longo da entrevista, garantiu, sem detalhar a data, ter provocado um salto de 14 pontos, de 18 para 32, no Ibope do *Domingão do Faustão*, apenas com sua presença no palco do programa. E pareceu especialmente incomodado com o sucesso do produto supremo dos quase sessenta anos de história da Globo, as novelas:

"Eu acho que três novelas é muito. Sabe, a novela já teve uma fase que dava 86 no capítulo final, hoje não dá 50. Isso aí já é, se fosse a mesma maravilha de antes, daria 86. Não se pode dizer que é por causa do controle remoto. A novela existe para dar à empregada a ilusão de que ela pode vir a casar com o patrão. É para isso que existe novela. A novela é feita para o pobre pensar que ele pode casar com a mulher rica e para a pobre achar que pode casar com um homem rico. Não vai poder nunca, mas ela é feita para isso. Na novela tudo é ao contrário: a porta abre para cá ao invés de abrir para lá. Ela não é uma imitação da vida, ela é uma ilusão da vida. A novela é uma grande ilusão, ela está feita aí, é o circo do povo, né? Mas chega uma hora que não há mais o que falar na novela, tudo é uma repetição do que já foi feito".

Na mesma entrevista, a exemplo do que acontecia nas entrevistas a jornais e revistas, não se preocupou em mencionar o fato de que seus programas, embora comandados efetivamente por ele, contaram com o talento e a experiência de diretores como Carlos Manga e Mário Lúcio Vaz e que um time de 32 redatores esteve, também, ao longo dos anos, por trás dos textos dos personagens que ele interpretava, entre eles, para citar alguns mais conhecidos, Arnaud Rodrigues, Nani, Stepan Nercessian, Léo Batista, Mauro Rasi, Maria Lúcia Dahl, Flávio Migliaccio, Antônio Pedro e o filho Bruno Mazzeo. Por outro lado, Chico se consideraria responsável pela preservação do emprego de dezenas de artistas e humoristas ao longo de quase quarenta anos, com os vários formatos de sua antológica *Escolinha do Professor Raimundo*.

Entre os personagens criados para o programa *Chico City*, um dos mais famosos, o fazendeiro aposentado "Pantaleão Pereira Peixoto", que contava mentiras mirabolantes para os que o visitavam na varanda de sua casa, sempre com a chancela de "Terta", a mulher humilde e submissa, guardava semelhança absoluta com o personagem-título do livro *Alexandre e outros heróis*, de Graciliano Ramos. Como no quadro de Chico, "Alexandre" é também um nordestino viciado em contar mentiras aos interlocutores e cuja mulher, "Cesária", confirma tudo, às vezes com reparos ainda mais inverossímeis. Ao falar da criação de "Pantaleão", Chico* não mencionou nem Graciliano Ramos nem seu livro.

Na última resposta, Chico* lança uma suspeita em relação ao próprio Ibope, questionando, como um político derrotado em eleição, a confiabilidade dos índices com os quais o instituto registrou, ao longo de quatro décadas, da glória da liderança absoluta ao esgotamento da fórmula *Chico Anysio Show*, a trajetória descendente da audiência de seus programas na Globo:

"O meu Ibope real é o que me comentam na rua, o que me falam, o que me reclamam, o que me pedem, o que me dizem, esse é o Ibope que está trabalhando para mim. Sempre foi, sempre foi".

Por mais notórias que tenham sido a soberba e o ego que o tempo se encarregaria de transformar em mágoa, veneno e até autoengano, dificilmente qualquer brasileiro que tenha passado na frente de um televisor entre 1969 e 2009, mesmo não gostando de todos os personagens de Chico Anysio, lhe negaria a genialidade que ele sempre se sentiu obrigado a proclamar, de forma obsessiva, em contida aflição, até morrer. Sua morte, inclusive, provocaria uma das manchetes históricas da imprensa brasileira, inspirada numa homenagem que Carlos Drummond de Andrade fizera à atriz Cacilda Becker quando ela morreu. O jornal carioca *O Dia*, em sua edição de 24 de março de 2012, estampou uma foto sorridente de Chico no centro de um mosaico com fotos menores de sessenta personagens seus e um título:

"Morreram Chico Anysio".

Queimação de filme

Formado na imprensa escrita, devoto do bom texto jornalístico e autor de crônicas brilhantes, principalmente sobre esportes, Armando Nogueira resignava-se com a exigência às vezes traumática de concisão do telejornalismo com uma brincadeira bíblica:

"Os dez mandamentos da lei de Deus a televisão teria dado mais ou menos assim: 'Acabam de ser ditados os dez mandamentos da lei de Deus, dos quais os três principais são...'. E o telejornal destacaria três. No outro dia, o jornal impresso ia dar os dez".

Até a Central Globo de Jornalismo (CGJ) substituir as câmeras cinematográficas de dezesseis milímetros pelo videoteipe, nos anos 1980, e levando-se em consideração a metragem de filmes que as equipes estavam autorizadas a consumir na rua para fazer uma reportagem, a produção jornalística diária da emissora, ao longo da década de 1970, caberia toda dentro da memória de apenas um dos milhares de celulares que filmaram, por exemplo, as manifestações de rua que sacudiram o Brasil em 2013.

Além das restrições da Censura e da linha editorial governista da Globo na época, a dupla básica de reportagem de TV que ia para a rua, repórter e cinegrafista, tinha permissão para "queimar" não mais do que quatro minutos e meio de imagens brutas e, como consequência, uma obrigação adicional de difícil compreensão para os futuros usuários dos poderosos chips de memória das câmeras digitais do século 21: a de ter que ir editando mentalmente a reportagem na rua, gravando takes obrigatoriamente certeiros, entrevistas com respostas curtas e não raro combinadas, participações sem erro do repórter, de primeira, torcendo sempre para que nada de novo ou diferente acontecesse quando o filme acabasse.

Isso nos primeiros anos da reportagem, já que, a partir de 1975, quando Leonardo Gryner foi contratado para montar um modelo de produção adequado ao orçamento da CGJ, a ordem de Alice-Maria foi a de que a metragem diminuísse ainda mais:

"A gente começou a implementar esses controles e reeducar os cinegrafistas em como usar o filme, o material bruto. Obviamente, gerou uma certa antipatia no início. Eles começaram a sair com o rolinho só de 120 pés, que dava mais ou menos três minutos e causava uma certa irritação".

Só em casos excepcionais, como o de um incêndio ou um flagrante jornalístico espetacular que acontecessem no trajeto entre a emissora e a reportagem ou vice-versa, a equipe estaria autorizada a usar uma lata fechada com quatrocentos pés de filme que era sempre levada para a rua e que permitiria mais doze minutos de filmagem bruta.

Matemático formado pela PUC-RJ e com mestrado em informática, responsável pela modernização dos processos tecnológicos no jornalismo da Globo, futuro diretor de esportes e de marketing esportivo da emissora, além de diretor-geral das Olimpíadas de 2016 no Rio, Gryner* comemorou, em sua entrevista, a racionalização e o fim do que considerava um desperdício:

"Uma coisa simples como controlar o filme acabou afetando toda a cadeia de como decidir que matéria fazer. O chefe de reportagem, por exemplo, tinha que pensar melhor o que ele iria pedir para ser coberto, de tal maneira que fosse mais próximo do que seria o jornal efetivamente naquele dia".

Na prática, para os repórteres e cinegrafistas da emissora, aquela limitação resultava num processo compulsório e às vezes traumático que, dependendo do tipo de cobertura, desvirtuava a desejável busca de concisão, foco e objetividade jornalística, deixando pouca ou nenhuma margem para enfoques complementares ou alternativos. E, aumentando ainda mais o abismo de conteúdo entre os profissionais de TV e os da imprensa escrita, que, para relatar um mesmo acontecimento, precisavam de uma caneta, um bloco de anotações, às vezes um fotógrafo com dezenas de rolos de filme na bolsa, um bom domínio da língua portuguesa e toda imaginação do mundo para escrever, sem ter que mostrar nada para o leitor.

No caso do veterano José Hamilton Ribeiro, autor de reportagens antológicas para os programas *Globo Repórter* e *Globo Rural*, o controle de filmes era "uma agonia muito grande", principalmente em reportagens especiais, como uma das que ele fez durante um mês no Pantanal mato-grossense e na qual, mesmo diante de "cenas importantes e imagens riquíssimas", viu-se obrigado a economizar filme, temendo não ter como registrar imagens igualmente importantes mais à frente:

"Nós recebemos cerca de dez latinhas de filmes, cada um com onze minutos, e o operador de câmera tinha de vestir um saco preto para colocar o filme na máquina de modo que não entrasse luz, numa cena engraçada, no meio do mato. E havia a perda de um pouco de tempo nas partes inicial e final do filme. Se a câmera tivesse defeito, como estávamos no Pantanal, isso significava que só saberíamos do defeito e, eventualmente, que nada tinha sido gravado, um mês depois, no Rio de Janeiro".

O drama da falta de filme aumentou ainda mais quando a Globo incorporou, ainda nos anos 1970, ao formato das matérias, a passagem de repórter, versão brasileira do *stand-up* usado pelos jornalistas da BBC e das redes americanas, já utilizada em profusão pelo deputado Amaral Netto em seu programa, e na qual o jornalista dizia um texto para a câmera, fazendo o que José Hamilton chamava de "improviso decorado":

CAPÍTULO 7 · 267

"Na realidade o repórter, ao gravar a passagem, já tinha trabalhado a fala durante tempo bastante para decorá-la. Às vezes, entretanto, a passagem é sofisticada. No caso do *Globo Rural*, por exemplo, podia acontecer de, ao mesmo tempo que estamos falando para a câmera, uma vaca passar por perto, ou um cavalo relinchar, e esses acontecimentos têm de coincidir. Fazíamos uma e, se errássemos, só poderíamos tentar uma segunda vez".

Chico Pinheiro, que entrou na Globo em 1977 e viveu os dramas da escassez de filme, costumava combinar não o conteúdo, mas o tamanho das respostas com os políticos que entrevistava, incluindo Tancredo Neves. Em sua entrevista em 2002, Chico* lembrou que o preço que o jornalismo pagava à época era a perda da autenticidade:

"Às vezes a gente tinha cinquenta pés de filme. Não dava dois minutos. Então, eu dizia: 'Vou perguntar isso, o que o senhor vai responder?'. Aí ele começava a responder, eu olhava no relógio e falava assim: 'Não, o senhor tem que abreviar porque eu estou com pouco filme'. Quer dizer, você não pegava ninguém na surpresa. Hoje você chega com a câmera, liga e o sujeito acaba falando muitas vezes o que precisa ser dito e que ele não queria falar".

Outro veterano do jornalismo da Globo, o ex-correspondente Ricardo Pereira* e o cinegrafista Benevides Neto, o Neto, sofreriam com as restrições das câmeras cinematográficas no início dos anos 1980, em plena Guerra Irã-Iraque, não exatamente com a falta de filme, mas com um problema idêntico ao que José Hamilton Ribeiro enfrentara no meio do mato, no Pantanal, com a diferença de terem, à sua frente, esperando, o próprio Saddam Hussein Abd al-Majid al-Tikriti:

"Depois de dois rolos de filme, o cinegrafista tinha que trocar o rolo de filme na frente de Saddam Hussein, cercado de seguranças e metralhadoras. O cinegrafista suava e já fazia um calor danado. Você tinha que enfiar a mão dentro de um saco preto e trocar o filme. Ele, nervoso, não conseguia colocar o filme, foi uma eternidade. E eu e o malfadado Saddam Hussein ficamos olhando um para a cara do outro sem ter nada pra dizer".

Outra restrição imposta pelo equipamento daquela época e que, além de dificultar o trabalho dos cinegrafistas, alimentava preconceitos e até reações hostis entre pessoas que desconheciam as características técnicas de câmeras às vezes barulhentas ou dotadas de conjuntos óticos ainda limitados, era uma certa incompatibilidade do trabalho de uma equipe de telejornalismo com situações ou ambientes que exigissem discrição. Sérgio Gilz, um dos mais experientes cinegrafistas da Globo e recordista em coberturas internacionais a partir do escritório da emissora em Londres, viveu esse drama no início da carreira, quando ainda trabalhava no Rio:

"Era impossível fazer o registro que um fotógrafo fazia, por exemplo, de pessoas chorando num velório. Precisávamos de tanta iluminação que não conseguíamos flagrar a emoção de um click fotográfico. A parafernália necessária para uma reportagem de TV era em tudo contra o registro de um acontecimento para o telejornalismo, enquanto o fotógrafo, com um click, tinha a primeira página. Isso sempre me deixava mal".

No caso do cinegrafista Marco Antônio Gonçalves, o "Marcão", outro veterano que atravessou todas as tecnologias do jornalismo da Globo, ao constrangimento de Gilz se juntou o medo, no dia 27 de outubro de 1975, no Cemitério Israelita do Butantã, em São Paulo, durante o sepultamento do jornalista Vladimir Herzog, morto sob tortura no DOI-Codi do 2º Exército. Marco Antônio operava uma câmera Bell & Howell, uma das "mudinhas" da emissora, escandalosamente barulhenta, num ambiente tão opressivo que, como registrou Elio Gaspari, "a sociedade religiosa encarregada do funeral, aterrorizada, apressou a cerimônia de tal forma que a mãe de Herzog perdeu o momento em que o caixão de seu filho começou a ser coberto pela terra". Marco Antônio jamais esqueceria:

"A gente gravou um pouco do enterro, mas a opressão era muito grande. A gente sentia que tinha gente de segurança de todos os lados. Não era só um ou outro, não, era bastante, a gente via que estava todo o pessoal do Exército lá. Uma coisa meio difícil porque naquela época, se você fosse marcado por eles, era um pouco complicado".

Mesmo com os cortes da censura dos militares, os vetos editoriais da emissora e as restrições orçamentárias para a compra de filme e equipamento, as câmeras de dezesseis milímetros da Globo, ao longo dos anos, captariam algumas imagens que seriam fortes demais para serem exibidas. O mesmo "Marcão" estava na cobertura do dia seguinte ao incêndio do Edifício Andraus, no centro de São Paulo, em 24 de fevereiro de 1972, quando dezesseis pessoas morreram e mais de 300 ficaram feridas. E nem tudo que ele filmou seria mostrado:

"Ainda tinha fumaça dentro do prédio. Entrei com um grupo de bombeiros, e eles abriram o elevador. Só naquele elevador tinha seis pessoas mortas".

Reynaldo Cabrera, colega de "Marcão" na Globo de São Paulo, teria muito mais a não mostrar ao voltar para a redação da emissora menos de dois anos depois, no dia 1º de fevereiro de 1974, quando uma nova tragédia, agora no Edifício Joelma, um prédio sem escadas de incêndio ou heliponto no centro de São Paulo, provocou a morte de 187 pessoas e deixou mais de 300 feridos. Naquele dia, o *Jornal Nacional* mostrou as imagens do incêndio, o trabalho dos bombeiros e a cena mais dramática, documentada por Cabrera: a queda de uma das pessoas que, desesperadas, ou caíram ou se jogaram do terraço sem heliponto localizado no 26º andar:

"Era um homem. Ele não se atirou, caiu. Calor, intoxicação, nervosismo, as pessoas simplesmente caíam. Ele caiu rente ao prédio e chegou a bater de raspão em uma escada Magirus dos bombeiros. Quando o corpo estava para atingir o chão, eu cortei. Eu achava que a queda tinha uma mensagem jornalística, mas o corpo, depois de uma queda de 26 andares, bate e explode".

O que mostrar na hora de noticiar o que é chocante, repulsivo ou hediondo? Naquela cobertura da tragédia do Edifício Joelma, Armando Nogueira viveria uma experiência que balizaria algumas decisões que tomaria como diretor da Central Globo de Jornalismo nos anos que viriam:

"Foi uma emoção terrível que eu vivi, ter recebido a visita de uma mãe que foi me fazer uma entrevista a propósito de uma imagem que nós exibimos no *Jornal Nacional* e no *Jornal Hoje* de um cidadão se atirando de cima do Edifício Joelma em São Paulo, um lance de extrema brutalidade e que eu lutei tanto para botar no ar, premiei o cinegrafista e recebi a visita de uma moça que queria saber por que é que eu tinha feito aquilo. O filho dela de 9 anos de idade tinha tido uma síncope diante da televisão no momento em que eu me vangloriava de dar uma notícia daquela. Isso foi uma das coisas que muito me emocionaram ao longo da minha carreira, porque eu senti o meu perfil ético profundamente apunhalado pela insensibilidade que às vezes acomete um jornalista".

Doze anos depois, no dia 17 de fevereiro de 1986, já operando câmeras de videoteipe e sem ter que enfrentar a paranoia da falta de filme para "queimar", o jornalismo da Globo cobriria mais um incêndio trágico, dessa vez no centro do Rio de Janeiro, quando um curto-circuito em um aparelho de ar-condicionado no 9º andar do Edifício Andorinhas, no centro da cidade, provocou uma tragédia que deixou 21 pessoas mortas e 50 feridas. O desafio, agora, seria administrar um preocupante subproduto do aumento exponencial da capacidade operacional que o jornalismo da Globo havia adquirido: a imprevisibilidade da cobertura ao vivo.

Aquele dia seria marcado pela reação de Tamara Leftel, repórter de economia da Globo que, estando nas proximidades, foi enviada para o local com o cinegrafista Flávio Capitoni, com quem presenciou, estando ao vivo, o momento mais dramático daquela tarde, quando duas pessoas se jogaram pela janela do 12º andar por não aguentarem mais o calor e a fumaça. Na hora, Tamara gritou, desesperada, ao descobrir, junto com os telespectadores, a força terrível daquelas imagens:

"Meu Deus, meu Deus, ela vai se jogar!".

Na hora do *Jornal Nacional*, cumprindo determinação de Armando Nogueira, Cid Moreira leu um texto de alerta aos telespectadores, antes de exibir a reportagem sobre o incêndio, sem o impacto dos corpos no solo:

"A tragédia do Edifício Andorinhas, no centro do Rio. As imagens que nós vamos mostrar agora são muito fortes, recomendamos tirar da sala as crianças e as pessoas que se impressionam".

O mesmo cuidado Armando teria cerca de um ano depois, em 1987, quando correu o mundo uma das imagens mais chocantes da história da televisão mundial, pelo menos antes da selva da internet: o suicídio ao vivo, diante de jornalistas reunidos para uma entrevista coletiva, de Budd Dwyer, secretário de finanças do estado americano da Pensilvânia, acusado de receber uma propina de trezentos mil dólares. Num ritual que se revelaria sinistro, após recusar uma oferta de delação premiada, Dwyer usou quatro envelopes que continham um bilhete para a mulher, um documento de doação de órgãos, uma carta para o governador da Pensilvânia dizendo-se inocente e, finalmente, um revólver calibre .38 cujo cano longo enfiou na boca e disparou antes que alguém pudesse reagir. No *JN* daquela noite, nas palavras de Eugênio Bucci, "o instante derradeiro foi poupado do olhar canibal do público". Armando não precisou assistir para decidir:

"Eu não tive coragem de ver essa imagem e os dois editores que a receberam via satélite tiveram náuseas. Eu tive que dar essa imagem frisada, congelada. É autocensura? É, mas é pela consciência que nós tínhamos da responsabilidade social do veículo. Isso é que é ética".

Antes de deixar a Globo em 1990, Armando ainda enfrentaria mais uma consequência indesejável do aumento do alcance, da agilidade e do impacto do telejornalismo da emissora: a tentação que uma câmera ligada da Globo representaria para todo tipo de exibicionismo. Como no caso das imagens que uma afiliada do Mato Grosso gerou para a sede do Jardim Botânico, no início dos anos 1990, mostrando fazendeiros que tinham conseguido prender três assaltantes que tentavam roubar uma das propriedades da região e avisaram a emissora.

O repórter, o cinegrafista e o técnico da afiliada acabaram chegando à fazenda antes da polícia e começaram a trabalhar, registrando a imagem dos assaltantes amarrados, no chão, cercados por fazendeiros e peões. Logo depois do início da filmagem, um dos fazendeiros apareceu com um balde plástico cheio de álcool e, em notória performance para a câmera, despejou o líquido sobre os três assaltantes. Em seguida, sob o olhar cúmplice dos que estavam na roda e se comportavam como se estivessem num auditório, sacou uma caixa de fósforos e tocou fogo neles.

Cada segundo da morte dos três rapazes, gritando de dor e desespero enquanto eram queimados vivos, foi registrado pelo cinegrafista. Até o momento em que restaram apenas o silêncio, a fumaça e os corpos carbonizados. No Rio, Armando Nogueira determinou que o texto do locutor, na hora do *Jornal*

Nacional, contivesse uma clara advertência sobre a gravidade da história e das imagens. E que a edição do material terminasse uma fração de segundo após a imagem do fogo tomar conta dos três assaltantes. Assim foi feito.

Ao impacto das imagens seguiu-se uma polêmica, nas redações, sobre se o cinegrafista devia ou não ter filmado aquela selvageria. Havia quem argumentasse que, por ser a causa provável daquele surto de exibicionismo homicida dos fazendeiros, a equipe de TV deveria simplesmente desligar a câmera e se retirar da fazenda. Outros defendiam que o repórter deveria intervir na situação, protestar contra a execução sumária e, com isso, deixar claro que o crime não ficaria impune. E havia aqueles que defendiam o comportamento dos jornalistas, argumentando que o simples fato de desligar a câmera naquelas circunstâncias, com a polícia ainda ausente, deixaria a equipe em situação quase tão vulnerável quanto a dos assaltantes, diante dos fazendeiros.

As decisões continuariam complexas e desafiadoras para os sucessores de Armando Nogueira na Central Globo de Jornalismo. Uma delas, por exemplo, teria de ser tomada ao vivo, em cima de um drama que pararia o país na tarde de 12 de junho de 2000, a cinco quarteirões de distância da sede da emissora.

O ponto do ônibus 174.

Leila Diniz, Henriette Morineau e Henrique Martins escaparam da lista de mais de 140 atores e atrizes cujos papéis foram exterminados por um terremoto em *Anastácia, a Mulher Sem Destino* (1967), a última novela "mexicana" da Globo antes de Janete Clair começar a fazer história na dramaturgia.

■ Roberto Marinho e os quatro arquitetos do sonho da Globo: José Ulisses Arce conquistou o mercado publicitário, Boni revolucionou a produção, Walter Clark inovou a programação e Joe Wallach organizou a empresa.

Em 1965, quatro anos antes de o *Jornal Nacional* estrear e três décadas antes de a *GloboNews* entrar no ar, o *Tele Globo*, primeiro noticiário da emissora, era feito por uma multinacional americana: a agência de publicidade McCann Erickson.

Foto Arquivo O Globo

▪ A amizade e o alinhamento político e ideológico de Carlos Lacerda e Roberto Marinho se transformaram em fúria política e jornalística quando, em 1964, o principal líder civil carioca do golpe militar não teve apoio do dono da Globo para seu projeto de ser presidente.

"A Dercy rezando uma ave-maria você acha que é sacanagem", dizia um executivo da Globo nos tempos em que a imprevisível Dercy Gonçalves defendia as cores da emissora no vale-tudo dos programas de auditório.

■ Cláudio Marzo e Regina Duarte em *Véu de Noiva* (1969), a novela em que personagens, cenários, roupas e diálogos passaram a ser iguais aos dos brasileiros que estavam assistindo. E sem ninguém desmaiar no altar na hora do casamento.

■ Cid Moreira tinha uma capacidade sobrenatural de transformar textos jornalísticos em narrações memoráveis e emocionantes, muitas vezes sem nem precisar saber do que estava falando.

■ À frente da câmera, Hilton Gomes (esquerda) e Cid Moreira (direita), a dupla da primeira bancada do *Jornal Nacional*. Mais atrás, Walter Clark (esquerda) e o diretor de jornalismo Armando Nogueira. Não aparecem na foto os militares da ditadura, que tinham mais pressa para colocar o telejornal no ar.

■ Chacrinha foi uma arma da Globo contra Flávio Cavalcanti, da Tupi, em uma guerra pesada por audiência que deixou de ter sentido quando Walter Clark e Boni descobriram que a classe média e os grandes anunciantes sustentariam uma programação de maior qualidade.

■ Heron Domingues foi uma voz famosa do rádio que se tornou carismática nos telejornais da Globo, até o jornalista sofrer um infarto fulminante horas depois de dar um furo internacional.

■ Chico Anysio: um gênio e um ego intermináveis, personificados na tela por seu irresistível "Alberto Roberto" e, nos bastidores, por uma série de conflitos com outros artistas da emissora.

Tarcísio Meira, protagonista de *Irmãos Coragem* (1970), um faroeste à brasileira que fez milhões de marmanjos sentarem no sofá junto com as mulheres para assistir à novela.

Dias Gomes, mistura genial de televisão e teatro, literatura e militância política, só soube muito tempo depois que sua *Roque Santeiro* foi totalmente censurada em 1975 pela ditadura, por causa de um "grampo" de uma conversa sua com um amigo comunista.

Régis Cardoso, Dias Gomes, Paulo Gracindo e Jorge Amado: um concentrado de talentos para encher a tela da Globo de histórias do Nordeste brasileiro.

Foto Manoel Soares

Na morte de Juscelino Kubitschek, em 1976, a Central Globo de Jornalismo recebeu da censura do governo militar uma "recomendação" impossível de ser cumprida totalmente: a de que a cobertura fosse feita "com menos emoção" e sem referências ao governo de JK.

Betty Faria, que foi "Viúva Porcina" sem nunca ter sido, no set de gravação da primeira versão de *Roque Santeiro*, cuja proibição causou um estremecimento do dono da Globo com setores do governo militar.

Como a perturbadora "Nice", uma doméstica interpretada por Susana Vieira e transformada em protagonista na novela *Anjo Mau*, de 1976, a Globo mexeu no vespeiro da relação das "patroas" brasileiras com as empregadas.

■ Reginaldo Leme e Emerson Fittipaldi, dois pioneiros do automobilismo na televisão brasileira, o primeiro na cobertura e o segundo no *cockpit* que inauguraria uma dinastia de grandes pilotos brasileiros.

CAPÍTULO 8

Ousadias da noite

A cena acontece numa sala de aula. Uma jovem aluna escreve algo no quadro-negro. O professor, mais velho do que ela, é tomado por um intenso desejo de cortar uma mecha do cabelo da aluna e se aproxima, disfarçando a tensão. Logo depois, decide encerrar a aula abruptamente. Nem a aluna nem os colegas percebem que o professor cortou a mecha do cabelo da jovem. No momento seguinte, ele já está no carro, aflito, a caminho de casa.

Ao chegar, nem responde à voz distante de alguém avisando que o jantar está pronto: sobe a escada e vai direto para o quarto. Em instantes, tira a roupa e se estende na cama. Em seguida, a câmera mostra, do umbigo para cima, o auge da excitação: um movimento de vaivém no próprio corpo com a mecha. Após um corte de tempo, ele deposita cuidadosamente a mecha numa lâmina de laboratório, identifica a dona do cabelo e guarda o *souvenir* secreto numa gaveta.

Personagens como "Baltazar", o professor que se masturbava com mechas de cabelos femininos interpretado por Ary Fontoura na novela *O Espigão*, exibida pela Globo entre abril e novembro de 1974, só podiam existir no horário das dez da noite, um espaço na grade de programação da emissora definido pelo próprio Ary como "magnífico" para experimentações e no qual a dramaturgia da emissora, segundo ele, "se aprofundava mais naquilo que era permitido e também no que não era":

"Dez horas da noite! Os militares deixavam correr um pouco mais".

Não que o horário fosse um lago sereno cercado de censura por todos os lados. No caso da mesma *O Espigão*, por exemplo, os problemas começaram quando a sinopse da novela chegou ao conhecimento do empresário Sérgio Dourado, responsável por uma floresta de lançamentos imobiliários que desfiguraram a paisagem da zona sul do Rio nos anos 1970 e anunciante de peso do jornal *O Globo*. Vestido com a carapuça do vilão protagonista criado por Dias Gomes, um empresário inescrupuloso da construção civil interpretado por Milton Moraes, Dourado fez uma ligação telefônica para Roberto Marinho cujo resultado, segundo Laura Mattos, foi a ordem do dono da Globo para que a novela fosse cancelada.

A saída negociada, percebida quando a novela entrou no ar, foi a mudança no perfil do protagonista, de empresário do setor imobiliário para dono de uma cadeia hoteleira, que, com os sinais vitais de maldade do personagem original preservados, tentaria derrubar o casarão da família do personagem "Baltazar" para erguer no local um grande hotel. Ao lembrar a trama, Ary dispensou o disfarce imposto a Dias Gomes:

"Nós constituíamos a família que se negava a se render ao Sérgio Dourado, que na época estava querendo construir um Rio de Janeiro todo na base do cimento, edifícios em todos os lugares, e queria comprar a tal da casa. Então tudo era usado para que essa casa fosse abandonada, incluindo uma enxurrada de ratos".

No final de 1974, período em que a experimentação do horário das dez da noite se aprofundou, Bráulio Pedroso, um autor sob medida para aquela proposta de dramaturgia, escreveu *O Rebu*, história de uma noite que durou 112 capítulos, exibidos entre novembro daquele ano e abril de 1975, e que começaram com a descoberta de um corpo boiando, de bruços, na piscina de uma mansão do Rio de Janeiro, depois de uma festa. De acordo com o pesquisador Nilson Xavier, a primeira vez que a homossexualidade foi abordada em uma telenovela brasileira, não apenas pela relação do personagem do ator Buza Ferraz, "Cauê", filho adotivo de fachada do banqueiro "Conrad Mahler", interpretado por Ziembinski, mas também pela personagem "Sílvia", papel que transformou a atriz Bete Mendes em ícone gay na época:

"Os gays enlouqueceram com a 'Sílvia', meu personagem. Fizeram muitas homenagens no Carnaval de 1975 e só dava 'Sílvia' nos blocos, bailes e festas. A novela abordava temas muito delicados de uma maneira finérrima. O Buza era caso do Zimba e era meu caso, eu tinha tido casos com mulheres e era caso dele, tudo muito delicado".

De acordo com o livro *Bráulio Pedroso: audácia inovadora*, de Renato Sérgio, o autor de *O Rebu* dizia querer "mostrar, através de um veículo que leva meses para dizer alguma coisa, uma história que se passava num dia só". Na descrição de Daniel Filho, supervisor da novela, à época onipresente em todos os projetos da dramaturgia da emissora, a ideia da trama de *O Rebu*, palavra sinônimo de confusão e também diminutivo do palavrão "rebuceteio", era simples:

"Primeiro a gente sabe que alguém morre, mas não sabe quem morreu. Depois, a gente sabe quem morreu, mas não sabe quem matou. Depois, a gente sabe quem matou, mas não sabe por que matou".

Diferentemente da temática e do formato mais convencional de roteiro, câmera e interpretação imposto às novelas do horário das oito da noite, a faixa das dez era festejada pelo elenco da Globo, ainda que a audiência fosse menor. Não por coincidência, o ator escolhido para o papel de "Conrad Mahler", dono da mansão que se torna cena de crime em *O Rebu*, foi Ziembinski, ator e diretor cuja receita de interpretação Lima Duarte, outro integrante do elenco de *O Rebu*, reverenciava:

"Ziembinski era um gênio. Qualquer ator se ajoelha diante de Ziembinski, o velho Zimba. Era o rei do naturalismo, a grande escola eslava de interpretação. Ele dizia assim: 'Leio o capítulo, desbasto tudo. Tiro tudo que não presta. E sigo uma lição do Brecht: você tem que ler o capítulo, ou a peça, o roteiro, fechado num quarto escuro. Se possível, só você e aquele trecho, aquelas palavras sobre as quais você tem que construir a sua hipérbole'".

Ironicamente, para a maioria dos atores e atrizes que interpretaram os 24 convidados da festa, todos suspeitos do crime, assim como o próprio anfitrião, *O Rebu*, em vez de ser uma janela para os voos brechtianos profundos e ousados permitidos pelo horário, foi muito mais uma hiperbólica prova de paciência e resistência física, já que, para garantir a continuidade da narrativa, o elenco tinha que estar em quadro, ainda que ao fundo, à direita ou à esquerda, na maioria das cenas, quase todas gravadas nos cômodos da mansão, antes, durante e depois da festa.

Mauro Mendonça, José Lewgoy, Carlos Vereza e Arlete Salles foram alguns dos artistas que Walter Avancini, um diretor temido e exigente, submeteu ao que ficaria conhecido na emissora como "figuração de luxo". Arlete, intérprete da personagem "Lídia", não guardou boas recordações de *O Rebu*:

"Que novelinha difícil! A gente fazia figuração durante semanas inteiras. Você ficava durante dias sem se mexer, enquanto a cena acontecia ao seu lado. Era exasperante".

Nas primeiras semanas da novela, os números do Ibope revelaram um estranhamento dos telespectadores que levou a direção da Globo a considerar até se deveria ou não manter a novela na grade. O próprio texto usado na chamada dos próximos capítulos da novela contribuía para aumentar ainda mais o enigma da história:

"Festa, rebu, rebuliço, crime. *O Rebu*, a vida de cada um, a culpa de todos!".

Com o passar dos capítulos, no entanto, *O Rebu* engrenou e foi até o final previsto, mas sem nunca se tornar um sucesso de audiência para os padrões do horário das dez da noite.

Quarenta anos depois, confirmando uma antiga lição da TV de que nem todas as linguagens combinam com o formato de telenovela, o estranhamento, traduzido em números magros de audiência, se repetiria no *remake* de *O Rebu* exibido pela Globo entre julho e setembro de 2014, mesmo a nova versão

CAPÍTULO 8 · 275

contando com os talentos do diretor José Luiz Villamarim e do cineasta Walter Carvalho, confessadamente inspirados em trabalhos de Luchino Visconti, Alfred Hitchcock, Martin Scorsese e Sofia Coppola para realizar o roteiro escrito por George Moura e Sérgio Goldenberg. George ainda investiria em *flashbacks* para explicitar tensões prévias existentes entre os personagens, mas não adiantou muito:

"Curiosamente, mesmo em 2014, houve também um estranhamento. Os telespectadores não entendiam o fato de três ou quatro capítulos tratarem de um único momento da história, no tempo dramatúrgico".

Em busca de sintonia com os tempos identitários, a direção da novela trocaria o sexo do protagonista, substituindo o banqueiro "Conrad Mahler" de Ziembinski em 1974 pela empresária "Angela Mahler", interpretada por Patricia Pillar em 2014.

Também não ajudou muito na audiência.

Tesão no ar

– Meu Deus do céu, a situação aqui não dá novela, não tem história. *Gabriela* não tem nenhuma história, *Gabriela* não existe. Não sei o que a gente vai fazer.

A aflição de Daniel Filho, no início de 1975, depois de ler o romance *Gabriela, Cravo e Canela*, de Jorge Amado, devia-se ao fato de àquela altura os diretores Edwaldo Pacote e Ziembinski já terem viajado para a Bahia para se reunir com o escritor baiano e comprar os direitos de adaptação da obra em que se basearia a novela sucessora de *O Rebu* no horário das dez da noite, comemorando os dez anos da Globo.

Diante da indigência da personagem "Gabriela", Daniel, o diretor Walter Avancini e o autor Walter George Durst estavam convencidos de que a adaptação possível do livro de Jorge Amado seria uma "novela episódica" que contasse histórias contidas no romance e outras que teriam de ser criadas por Avancini e Durst:

"Eu me lembrava da Gabriela que eu tinha lido quando garoto e que era uma coisa tesuda, mas a gente não tinha lido o livro *Gabriela*".

Se não fosse a insistência de Edwaldo Pacote, amigo de Jorge Amado, Boni* diz em seu depoimento que a emissora não teria produzido a novela que se tornaria um marco da teledramaturgia brasileira, ao adaptar a história que se passa em 1925, quando uma seca devastadora obriga populações famintas do Nordeste a emigrarem para Ilhéus, no sul da Bahia, em busca da sobrevivência. E não seria uma adaptação inédita: *Gabriela, Cravo e Canela* já tinha sido adaptada em produção da TV Tupi em 1961 dirigida por Maurício Sherman, que aliás detectou, no romance, o mesmo problema que Daniel e Avancini encontraram catorze anos depois:

"A Gabriela não tem a menor importância na trama de *Gabriela, Cravo e Canela*. É apenas sexo no romance, não abria a boca, três ou quatro diálogos. Era boa de cama e boa de cozinha, apenas a ameixa do pudim, a cereja do Martini. Não é preciso uma grande atriz para fazer a Gabriela. Tinha que ser é uma mulher deslumbrante e nós pegamos uma grande mulher na época, uma das principais vedetes do Carlos Machado (Jeanette Vollu), uma moça linda, linda, um corpo que era um assombro, morena".

O próprio Jorge Amado, na hora de decidir sobre a sugestão de que a personagem "Gabriela" fosse interpretada pela atriz Sônia Braga na adaptação da Globo, como Boni e Pacote propuseram a ele em outra reunião depois da venda dos direitos, parecia especialmente preocupado com a personagem. Boni lembra de ter se sentido obrigado a pôr o diretor Walter Avancini no telefone para ouvir a única exigência de Jorge Amado, antes de aprovar a escolha de Sônia Braga:

– Pelo amor de Deus, a Gabriela, ela não é uma sedutora. Não faça ela uma sedutora, faça dela uma sedução.

Jorge Amado não teria do que reclamar. Ao interpretar, durante 135 capítulos, sempre ao som da trilha antológica cantada por Gal Costa, a personagem apaixonante que desperta o desejo e a fantasia dos homens da cidade e se torna cozinheira na casa do "turco" "Nacib" interpretado por Armando Bógus, vivendo com ele um tórrido romance, Sônia se transformaria num ícone de sensualidade, estrela absoluta de novelas e filmes que abririam para ela as portas de uma carreira internacional.

Outra personagem do romance, "Malvina", filha ousada e rebelde de um típico coronel nordestino, ocupava "meia página" do livro de Jorge Amado, segundo sua intérprete, a atriz Elizabeth Savala:

"Não havia muitos subsídios no livro, mas a personagem cresceu muito dentro da novela. Na imprensa, pra vender jornal, diziam que a novela se chamava 'Malvina' e não 'Gabriela'. Podia ter criado um problema muito sério entre Soninha e eu".

Ainda que boa parte do sucesso de *Gabriela* tenha sido decorrente de histórias e personagens criados ou desenvolvidos a partir da trama original de Jorge Amado e não necessariamente idênticos aos do livro, a novela marcaria o início de uma relação cheia de altos e baixos entre dois entes que, para Homero Icaza Sánchez, não se conheciam direito: a dramaturgia da Globo e os escritores brasileiros:

"O intelectual brasileiro descobriu a televisão quando Jorge Amado vendeu *Gabriela* e declarou que as três únicas pessoas que sabiam no mundo quanto

CAPÍTULO 8 · 277

dinheiro ele tinha ganhado eram a Globo, ele próprio e o imposto de renda. Até então, os intelectuais achavam que, como não eram convidados para a televisão, devia custar dinheiro. Conheci uma pessoa que me disse: 'Eu não vou, minha novela não vai para a televisão porque não pago, porque eu sei que muita gente foi pagando'. E ninguém pagou".

Um indício de que *Gabriela* repercutiu além da audiência tradicional da TV foi a reação do semanário *O Pasquim*, reduto tradicional de intelectuais e jornalistas geralmente hostis à televisão em geral e à Globo em particular. Aos poucos eles passaram a acompanhar a trama que, Sônia Braga à parte, também abordava a transformação nos costumes da sociedade patriarcal da Bahia representada pelo "coronel Ramiro Bastos" vivido por Paulo Gracindo, em contraposição à modernidade do jovem exportador de cacau "Mundinho Falcão", papel de José Wilker. Na coluna "Pasquim Tivê", Iza Freaza pontificaria, com um sotaque semelhante ao dos famosos memorandos de Boni:

"Direção de fotografia e diálogos de *Gabriela*, por enquanto, pintando como os melhores de todas as novelas até hoje. A música também, é claro. Só estou com medo de o roteirista (repito que os diálogos estão maravilhosos) perder o fôlego daqui a pouco. Esperar pra ver. Sônia Braga está andando na Caatinga como se estivesse desfilando para a Socila ou o Pier de Ipanema. Põe um andar matuto aí, Sônia, senão a sua Gabriela vai empacar. Fúlvio Stefanini, como Tonico Bastos, tá no ponto. Dançando um tango no Bataclan com uma das meninas, logo no primeiro capítulo, estava perfeito. Sotaque também. Vá em frente".

O enigma da ostra

Do diretor ao elenco, praticamente todos concordaram que não poderia mesmo dar certo: de uma semana para outra, no final de outubro de 1975, o horário da novela das dez na Globo, até aquele momento ocupado por sequências sedutoras com o fenômeno Sônia Braga na ensolarada Ilhéus no início do século 20, histórias hilariantes dos frequentadores do Bar Vesúvio e verdades sem hipocrisia do salão e dos quartos do Bataclan, o bordel mais divertido do mundo abaixo da Linha do Equador, passou a mostrar um conglomerado de neuroses, dramas pessoais e personagens sombrios convivendo, e mal, indiferentes aos problemas uns dos outros, num edifício decadente do centro de São Paulo, ao som torturante dos gritos de um menino portador de deficiência mental.

"Era uma novela absolutamente hermética, muito fechada, ausente de grandes voos de respiro, sem externas. Ela se passava dentro de um edifício. O processo dela era absolutamente existencialista. Por mais que fosse para o horário das dez da noite, era uma novela muito difícil".

Roberto Talma*, então com 26 anos e codiretor, com Walter Avancini e Gonzaga Blota, dos 125 capítulos de *O Grito*, novela escrita por Jorge Andrade e definida pelo especialista Mauro Alencar como "uma contundente apropriação do realismo na teledramaturgia", confessa em sua entrevista que às vezes ficava "perdido" e precisava "estudar muito pra sair daquela ostra". Da experiência com a novela, Talma guardou uma lição para ele fundamental sobre a diferença entre a televisão e o teatro ou o cinema:

"Pra entrar na casa alheia, eu tenho que ter um pouco mais de respeito do que normalmente. A pessoa não está saindo de casa para ver aquilo, ela não escolheu aquilo. Você é que está proporcionando aquilo pra ela. A pessoa está em casa e liga a TV: o que você mandar ela vai aceitar ou não".

Talma se referia às reações e à controvérsia à época provocadas por *O Grito* no Rio e em São Paulo, decorrentes do fato de a novela ter chegado, segundo ele, "muito próxima da realidade", a ponto de moradores de um edifício em Ipanema, no Rio, aparentemente influenciados pela trama, terem tentado expulsar uma criança portadora de deficiência do condomínio, para espanto e revolta do autor Jorge Andrade. Na ficção da novela, acontecia um conflito entre os moradores do "Edifício Paraíso", divididos sobre uma proposta de expulsão de uma nova moradora, a ex-freira "Marta", interpretada por Glória Menezes, e "Paulinho", seu filho com problemas mentais.

No caso de São Paulo, foram telespectadores, e até um deputado federal, Aurélio Campos, em discurso no Congresso, que reagiram, indignados, considerando uma crítica negativa à cidade de São Paulo a história dos moradores do prédio construído por uma família aristocrática na cidade de São Paulo e que sofre desvalorização por ter o Elevado Presidente Costa e Silva, o Minhocão, passando na altura do segundo andar.

Para a atriz Ruth de Souza, intérprete da doméstica "Albertina", aquela nova incursão da dramaturgia da Globo na realidade urbana brasileira não deu certo porque a novela era "muito deprimente, muito triste". Elizabeth Savala, que viveu "Pilar", uma ambiciosa estudante de medicina que tenta seduzir o proprietário do prédio interpretado por Leonardo Villar, achou que a novela não deu certo, mas adorou ter feito:

"Talvez ela tenha sido um pouco prematura na televisão. A televisão ainda não estava preparada para essas novelas de fundo psicológico".

No livro *Biografia da televisão brasileira*, Jorge Andrade deixou claro o tamanho do voo dramatúrgico que pretendia dar com *O Grito*:

"O paraíso de se viver em São Paulo. O retrato dessa realidade. A vida nas suas 24 horas de correria, poluição, gente se esbarrando e nem sentindo, solidão, superpopulação, potencialidades, marginalidades e neurose".

Para Nilson Xavier, mesmo com "um argumento promissor" ancorado em um elenco de peso e o sucesso da estreia como novelista com *Os Ossos do Barão* (1973-1974), Jorge Andrade "não obteve êxito e conquistou fama de incompreendido no meio televisivo".

Para Ney Latorraca, então com 30 anos, participar de uma novela dirigida por Walter Avancini no festejado horário das dez da noite na Globo, em vez de ser a realização de um sonho de ator da época, na sequência de suas atuações em montagens teatrais de sucesso como como *Hair*, *Jesus Cristo Superstar* e *Bodas de Sangue*, foi um castigo.

Em *O Grito*, Latorraca, intérprete de "Sérgio", um delegado de polícia que investiga a possível presença de criminosos no "Edifício Paraíso", passou a maior parte dos 125 capítulos junto à janela de um minúsculo apartamento, sozinho, usando sempre a mesma roupa, ao lado de uma câmera fotográfica montada num tripé e de uma garrafa de leite para atenuar a úlcera, atormentado pela morte da irmã por envolvimento com drogas, abandonado pela noiva e repetindo a mesma frase centenas de vezes ao longo da novela, aplicando, no caso, segundo Roberto Talma, um método de atuação que tinha nome:

"Tinha uma metodologia de repetição de texto, que era uma coisa bonita do Jorge Andrade. Mas leva-se um tempo para perceber isso".

Latorraca* diz, em sua entrevista, que achou *O Grito* "uma ideia genial", mas reconhece:

"Eu, na verdade, ficava de fora porque a história se passava num prédio. Eu ficava vendo tudo. E tomando leite".

O sanduíche do Cid

Cid Moreira já era um ícone da Globo no dia em que, passeando num shopping do Rio de Janeiro, foi alcançado por uma senhora com uma pergunta que ele já conhecia:

– Me desculpe, mas o senhor é aquele que apresenta o *Jornal Nacional*, não é?

Cid respondeu que sim, saboreando a enésima carícia no ego.

– O Chapelin, não é?

Sorriso interrompido, ele corrigiu com uma ponta de contrariedade:

– Não, eu sou o Cid, Cid Moreira.

– Ah! Me perdoe, mas será que eu poderia fazer um pedido ao senhor?

– Claro, minha senhora!

– Então... Será que o senhor poderia ler as notícias um pouco mais depressa?

Cid se espantou com o que parecia ser uma crítica ao seu estilo já consagrado de apresentação:

– Mas por quê, minha senhora?

Falando mais baixo, como se quisesse cochichar uma peraltice, ela explicou:

– É pra chegar mais rápido a hora da novela.

O episódio, lembrado por Cid em 2004, num DVD comemorativo dos 35 anos do *JN*, além de aparar o ego do apresentador, ilustrava à perfeição a premissa fundamental da mais longeva e importante estratégia de programação e comercialização da história da Globo: o "sanduíche" no qual, durante mais de cinco décadas, o *JN* jamais deixou de ser o "recheio" entre duas novelas da emissora, no horário nobre da televisão brasileira.

Conteúdo à parte, já em 1976, segundo dados da FGV, 85% do faturamento da Globo provinha dos cerca de sessenta minutos de anúncios veiculados no horário ocupado pelas novelas e pelo telejornal. E exatamente para evitar a fuga de telespectadores como a noveleira impaciente que interceptou Cid Moreira no shopping do Rio, os limites de tempo para inserção de comerciais durante o *JN* eram inegociáveis. A razão da rigidez, segundo o ex-superintendente comercial da emissora, Antonio Athayde, era o tamanho do recheio do sanduíche. A ponto de Boni chegar a cogitar não permitir anúncios durante o *JN*:

"O *Jornal Nacional* operou durante anos e anos com intervalos comerciais só de sessenta segundos. Era uma combinação entre a área comercial e o Boni, porque o jornalismo perdia audiência entre duas novelas naquela época, todo mundo dizia isso. Então, o Boni queria operar sem intervalos, o que seria ideal para a área da programação. Então a gente operava com intervalos de sessenta segundos, dois comerciais de trinta segundos ou um comercial de um minuto. Era essa a regra do jogo, e era inflexível".

Lula Vieira foi um dos muitos diretores de criação que sentiram, nas agências de publicidade, o nível de exigência da área comercial da Globo:

"A Globo exigia trinta segundos cravados, nem mais, nem menos. Antigamente, era 'por volta de trinta segundos'. Cansei de fazer filme com 35, 33 segundos. Os *breaks* passaram a ter horários absolutamente rígidos. Os filmes voltavam para serem cortados no tempo determinado pela emissora".

A novela "fazia o sanduíche ficar mais gostoso", nas palavras de José Luiz Franchini, outro ex-diretor da área comercial da emissora, mas, na Central Globo de Jornalismo, aquela estratégia impunha um desafio: produzir, para os então 26 minutos diários do *JN*, mesmo sob a truculência da Censura, um conteúdo que Boni exigia que fosse atraente, dinâmico e que tivesse um mínimo de qualidade jornalística.

Para descrever a dificuldade de cumprir a determinação de Boni com os censores respirando no seu cangote, Armando Nogueira costumava citar, como exemplo, o caso de um líder metalúrgico à época em notória ascensão no ABC Paulista:

– Lula, no *Jornal Nacional*, nem com arroz.

Pressionados por Boni para não comprometer a audiência das novelas do horário nobre, Armando Nogueira e Alice-Maria seguiriam, principalmente a partir do início da década de 1970, uma linha editorial que contrariava um princípio universal das redações, em qualquer época ou lugar: o de que o noticiário internacional deve ser a primeira vítima de cortes ou reduções, quando um telejornal tem muitas informações relevantes sobre a cidade ou o país que o assiste. E, durante mais de dez anos, o *JN* teria de contrariar aquela regra forjada na constatação diária da imprensa de que o fato mais próximo sempre impacta muito mais que o fato distante.

"Tínhamos que encher o *Jornal Nacional* de notícia. Não tinha notícia nacional para dar. Precisávamos de reportagens e estávamos absolutamente amordaçados pelo regime, que não permitia a cobertura de rigorosamente nada que não fosse aprovado por eles".

Para abastecer o *JN*, Hélio Costa, correspondente internacional do *Fantástico*, já vivendo nos Estados Unidos desde 1967 e contratado por Armando Nogueira em 1972, fez de um pequeno escritório da Globo localizado na Terceira Avenida, em Nova York, a base para a produção de reportagens que muitas vezes nasciam de uma prática comum das redações, uma espécie de *copy/paste* pré-histórico: a "Gillette Press", apelido que pedia emprestado o nome da lâmina de barbear usada pelos jornalistas para recortar notícias e usá-las de três maneiras: civilizada, citando ou mostrando a fonte; malandra, escondendo os autores originais; e criminosa, reivindicando a autoria do furo. Para Hélio Costa, desde o primeiro dia na Globo, bastava descer ao térreo e dar alguns passos:

"Eu arranjei um lugarzinho para sentar lá no escritório e comprei todas as revistas, todos os jornais e todos os tabloides, tudo o que eu podia encontrar na banca de jornais. Subi e comecei a ler tudo aquilo rapidinho. Fui passando aqueles jornais e separei cinco assuntos que eu achei que poderiam ser de interesse para o telespectador brasileiro".

Era um tempo em que uma banca de jornais de Nova York oferecia publicações e pautas que só chegavam ao Brasil de avião. E a tática de Hélio daria certo: uma pesquisa encomendada ao Ibope pela Globo, na época, mostrou, segundo Armando Nogueira, que o segmento mais interessante do *JN*, para a maioria dos telespectadores, era o do noticiário internacional. Armando também viu, naqueles dados do Ibope, "um tremendo *feeling* do público que sabia que estava tendo uma informação que não era censurada":

"Censurada era a informação nacional. Havia um desequilíbrio muito grande na qualidade das informações, e nós, por isso, fomos nos antecipando a todas as outras redes e começamos a criar escritórios em Nova York, Londres e Paris".

A receita do sanduíche do horário nobre estava começando a mudar.

O último furo

Até convenções dos partidos Democrata e Republicano passariam a ser cobertas, ao vivo, pela Globo, tarde da noite no Brasil, no que Hélio Costa chamou de "aprendizado de democracia". E seria também tarde da noite, no dia 9 de agosto de 1974, que Hélio propiciaria à Globo um furo internacional que a emissora mal teve tempo de comemorar, no auge da crise que resultou na renúncia do então presidente americano Richard Nixon.

Avisado por um colega de Washington de que a renúncia era uma questão de horas, Hélio conseguiu apoio logístico da rede ABC para receber, ao vivo, num estúdio de Nova York, com retransmissão simultânea para área técnica de recepção de satélite da Globo no Jardim Botânico, o pronunciamento de Nixon, direto do Salão Oval da Casa Branca.

Por volta de oito da noite, hora de Washington, perto do horário do *Jornal Internacional* da Globo no Brasil, o monitor do estúdio nova-iorquino alugado por Hélio começou a mostrar imagens que Nixon certamente não sabia que estavam sendo transmitidas para fora do Salão Oval: a instantes do fim inglório de sua carreira política, o presidente derrubado pelo escândalo Watergate fazia graça, brincava de reclamar com a maquiadora, mostrava os dentes como se estivesse diante de um espelho e simulava poses para um ensaio fotográfico, com o rosto sobre a mão espalmada e o cotovelo apoiado no púlpito presidencial. Hélio resolveu não fazer nada:

"Discurso de presidente começava sempre com a imagem do selo presidencial e a voz de um locutor que dizia: 'Senhoras e senhores, o presidente dos Estados Unidos'. Aí, saía daquele selo e passava para a imagem do Nixon. Eu achei que naquele dia era diferente".

Achou e também não perguntou. Se o fizesse, muito provavelmente seria informado de que as imagens da galhofa presidencial serviam para ajustes prévios da transmissão ao vivo cuja privacidade as redes americanas respeitavam, mesmo recebendo o sinal em suas antenas. Armando Nogueira, ao ver a performance de Nixon num monitor da Globo, também não achou que aquele fosse um momento ideal para se inteirar dos protocolos entre a Casa Branca e as redes de TV americanas:

"As imagens tornaram absolutamente dramático o *Jornal Internacional* daquele dia, que foi ao ar às onze da noite, todo dedicado à renúncia do Nixon".

O então editor internacional Jorge Pontual, autor do texto do "boa noite" daquela edição que seria lido pelo âncora Heron Domingues sobre as imagens enviadas por Hélio Costa, fez uma edição tão emocionante que Armando Nogueira foi ao estúdio dar um abraço no apresentador e convidá-lo para jantar.

E o que seria o fecho prazeroso de uma noite histórica do jornalismo da Globo acabou se tornando um momento de grande tristeza:

"Foi uma noite realmente gloriosa da carreira do Heron. Conversamos, tomamos um bom uísque, jantamos, fizemos uma grande evocação da nossa carreira, porque nós trabalhamos juntos muitos anos, e Heron me deixou em casa por volta de duas horas da manhã. Às cinco, ele morreu. E eu não tive a menor dúvida de que morreu de emoção com aquele jornal especial que ele fez. Ele devia ter um problema de hipertensão e não deve ter dado bola".

O enterro de Heron Domingues, com a presença do general Médici e do almirante Adalberto, além de Armando Nogueira e dos colegas Cid Moreira e Sérgio Chapelin, levou cerca de três mil pessoas ao Cemitério de São João Batista, exigindo a intervenção da polícia para que o sepultamento fosse concluído.

Embora o infarto de Heron aos 50 anos não tenha sido uma surpresa para os que conviviam com ele e sua entrega descuidada ao cigarro, à bebida e à vida noturna, outros colegas que trabalharam naquela noite, como Jorge Pontual, não tinham dúvida de que pesou, também, um fator emocional:

"O Heron era fã do Nixon, adorava ele, achava o Nixon um grande líder que ia sair daquilo, superar o escândalo e foi um choque para o Heron. Obviamente ele já devia ter algum problema cardíaco anterior, não ia morrer só por isso, mas deve ter sido um desgosto muito grande para ele".

Chile podia

Até o Chile do general Augusto Pinochet, mesmo fazendo parte da sombria *joint venture* de aparelhos de repressão política das ditaduras do Cone Sul, Brasil incluído, foi um assunto que a Globo tratou sem grandes restrições internas ou da Censura, na época em que o noticiário internacional, para compensar a indigência de assuntos nacionais, ocupava dois dos cinco blocos do *Jornal Nacional*. Jorge Pontual* conta que editou várias matérias sobre a situação chilena. Antes e depois do golpe:

"Eu não lembro, marcantemente, um fato que tenha sido proibido pela Censura de noticiário internacional. A gente tinha muita possibilidade de cobrir e de escrever o que a gente queria. Era época da Guerra do Vietnã. E, quando o Allende foi eleito, a gente fez, em 1973, um *Globo Repórter*. Depois, quando caiu o Allende, o noticiário internacional não era tão vigiado, até porque a gente tinha de cobrir a falta de noticiário nacional".

Não foi, na lembrança de Pontual, uma cobertura investigativa ou em tom de denúncia da nascente ditadura chilena. Ainda assim, mesmo sem contar com correspondentes no país, as matérias veiculadas pelos telejornais da emissora falaram dos desaparecimentos e das denúncias do massacre cometido pelos militares nas dependências do Estádio Nacional de Santiago, nos dias que se seguiram ao golpe. Ajudava no tamanho e no destaque do noticiário sobre o Chile o fato de haver, na época, na redação da Globo, segundo a repórter Sandra Passarinho, um sutil contrabando de assuntos com os quais os jornalistas procuravam, de alguma maneira, contornar as imposições da Censura, rigorosamente seguidas pela direção da emissora:

"O que a gente não podia falar no Brasil, porque estava censurado, a gente procurava falar dentro dos assuntos internacionais que eram mais importantes e que se prestavam até como uma forma de as pessoas, ao verem aquilo, sacarem alguma coisa do que estava acontecendo aqui, como era o Chile".

Alguns anos depois, diante do próprio Pinochet, em entrevista gravada na sede do governo chileno, durante a cobertura de um plebiscito armado em 1978 para manter o ditador no poder, o repórter Sérgio Motta Mello faria uma pergunta que jamais ousaria fazer ao então presidente brasileiro Ernesto Geisel:

– General, o senhor é visto pelos seus partidários, pelos seus amigos como um salvador do Chile, um homem que tirou o Chile das mãos do comunismo, quase que um deus. Agora, os seus inimigos acham que o senhor é um ditador sanguinário, quase que um diabo. Qual é, afinal, o verdadeiro Augusto Pinochet Ugarte?

Em sua entrevista, Motta Mello* lembra que Pinochet, "meio embaraçado e saindo pela tangente", disse que não era nem uma coisa nem outra, apenas "um homem simples, um militar", enquanto seus assessores, furiosos, tentavam censurar a entrevista. Não conseguiram: a reportagem foi exibida normalmente, com a pergunta de Motta Mello e a resposta de Pinochet, no *Painel*, programa que a Globo exibiu entre 1977 e 1978 e que ia ao ar no final da noite.

Jornal Nacional aí já seria demais.

Preto no branco

Começava com o espancamento de um português por cinco homens negros que usavam a braçadeira da Frelimo, Frente de Libertação Nacional de Moçambique. Depois de algum tempo, o cinegrafista francês que filmava a cena pergunta em português:

– Vocês lutaram durante tantos anos pela independência para se livrar da violência colonialista e agora estão usando o mesmo sistema, o mesmo método?

Um dos moçambicanos responde:

– Nós apanhamos por quatrocentos anos. É justo que agora, por quatro horas, a gente possa dar um pouquinho de porrada.

Era a abertura do *Globo Repórter* exibido na semana de 8 de setembro de 1974. O editor do programa, Luiz Lobo*, conta que, insatisfeito com a reportagem feita à época sobre a independência de Moçambique por Luís Edgar de Andrade, repórter da emissora, um material considerado por ele "muito branco, muito português e sem a visão do negro", decidiu comprar outra reportagem, a do cinegrafista francês, "exatamente o oposto, com uma visão anticolonialista, negra e violenta", e fazer um programa "em ponto e contraponto":

"Editamos o programa mostrando aquilo que os portugueses diziam que eram as qualidades portuguesas na África e mostrando o que os africanos diziam que eram os pecados portugueses na África. Aí ficou uma coisa muito dramática, uma coisa muito forte".

Como, por coincidência, Paulo Gil Soares, então diretor do *Globo Repórter*, e Armando Nogueira estavam de férias, Lobo achou por bem mostrar o programa para Boni antes da entrega para exibição. De acordo com seu relato, Boni "gostou muito" e ainda fez um pedido:

– Eu quero uma chamada branca para o programa.

– Como assim?

– Eu quero uma chamada que dê a impressão de que a gente só vai falar do lado positivo.

– Por quê?

– Porque eu quero que todos esses portugueses fascistas que estão no Brasil vejam o programa.

Boni se referia aos empresários portugueses que tinham escolhido o Brasil como refúgio de suas famílias e de seus negócios a partir de 25 de abril daquele ano, quando a Revolução dos Cravos, movimento militar liderado por capitães do exército português, pusera fim a 48 anos de ditadura salazarista. Aquele seria, portanto, mais um momento em que o noticiário internacional da Central Globo de Jornalismo compensaria a mordaça imposta pela Censura às notícias sobre a realidade brasileira.

Até foi, mas ao custo da demissão de Luiz Lobo por Roberto Marinho, que assistira a "chamada branca" do *Globo Repórter* e, embalado pela promessa de um conteúdo favorável aos portugueses, convidara para jantar e assistir o programa junto com ele, na mansão do Cosme Velho, logo quem? O último presidente do Conselho de Ministros do governo salazarista, Marcello Caetano, à época já exilado no Brasil, depois de ter sido destituído e expulso de Portugal pelos revolucionários.

A demissão, segundo Lobo, foi mais pela carta que ele enviou diretamente ao patrão para se defender de outra carta, também enviada a Roberto Marinho pelo próprio Marcello Caetano e publicada no jornal *O Globo* logo depois da exibição do *Globo Repórter*, com críticas severas ao programa sobre Moçambique e à equipe do programa:

"Dr. Roberto ia embarcar naquela noite para Portugal. Ficou muito emocionado com a carta e, obviamente, muito bravo. E mandou me demitir. Mas me mandou vários sinais de carinho".

Sinais que se confirmariam quando, a pedido do dono da Globo, Lobo, mesmo fora da emissora, foi receber, no final daquele ano, o prêmio dado pela Associação Paulista de Críticos de Arte (APCA) ao seu *Globo Repórter* sobre Moçambique. No início dos anos 1980, Luiz Lobo voltaria a trabalhar na empresa, primeiro na Fundação Roberto Marinho e depois como diretor de projetos especiais da Central Globo de Comunicação. Nada de jornalismo.

Obviamente, como diriam os portugueses.

Recheio importado

Desde que não ocorressem surpresas como as que o *Globo Repórter* sobre a independência de Moçambique jogara sobre a mesa de jantar da mansão do Cosme Velho, a Central Globo de Jornalismo teria, a partir do início dos anos 1970, carta branca e orçamento para montar, a partir dos escritórios de Nova York e de Londres, uma estrutura de cobertura internacional que, mesmo não podendo ser comparada à das redes dos Estados Unidos, Grã-Bretanha e Japão, não teria concorrentes em logística, alcance e regularidade, se a comparação fosse com as das outras emissoras do terceiro mundo e as da maioria das estações do continente europeu, noves fora Itália e França, sem contar as emissoras estatais eternamente sob censura do bloco soviético.

Sandra Passarinho, que acompanhou o fim dos 36 anos da ditadura franquista em plantões diários na porta do hospital de Madri onde morreu o caudilho Francisco Franco, em 1976, costumava deixar os colegas europeus surpresos:

"As pessoas nos olhavam com muita curiosidade. Diziam: 'Do Brasil? Televisão brasileira?'. Muita gente realmente não sabia que tinha televisão no Brasil".

Com uma intensidade quase comparável à dos assuntos domésticos brasileiros, principalmente naquele período em que o noticiário nacional era desidratado pela censura, Roberto Feith e o cinegrafista José Wilson da Matta acompanharam, em 1978, os 55 dias traumáticos decorridos entre o sequestro e a descoberta do corpo do primeiro-ministro italiano Aldo Moro. Uma cobertura de várias viagens pela Itália, uma delas a bordo de um helicóptero militar enviado ao topo de uma geleira, seguindo uma pista que se revelou falsa sobre o paradeiro do político assassinado pelo grupo terrorista Brigadas Vermelhas:

"Foi o primeiro grande sequestro. Hoje o sequestro banalizou, todo mundo ouve falar em sequestro no Brasil, fora do Brasil, a coisa mais comum do mundo, infelizmente. Mas naquela época aquilo foi um grande acontecimento".

No ano seguinte, ao cobrir, no Irã, a anarquia e o caos iniciais da revolução xiita que mudaria os rumos da história do século 20, Feith* contou que ele e da Matta ficaram no país tempo suficiente para viver, entre noites de tiroteios aterrorizantes e dias de paz suspeita mantida por milhares de jovens xiitas armados, a desconcertante experiência de se tornarem instrumentos impotentes, na batalha de informação que acontece em todas as guerras:

"Todos estavam ali pra defender a revolução contra os demônios ocidentais, contra a influência ocidental na vida iraniana. Mas tudo era feito para a imprensa registrar. E só acontecia manifestação quando a gente chegava. Você ia pra rua, ficava com a câmera no tripé, não acontecia nada. Botava a câmera no ombro, imediatamente tinha trinta pessoas berrando à sua frente, era só ligar a câmera. Desligava a câmera, eles dispersavam, não tinha manifestação. Aquilo era um pouco surreal".

Também a partir de 1979, a longa e trágica guerra civil entre o governo pró-americano de El Salvador e a Frente Farabundo Martí de Libertação Nacional (FMLN), com seus ingredientes geopolíticos que sugeriam uma possível repetição dos processos revolucionários de Cuba e da Nicarágua, levaria a Globo a cobrir o conflito com uma assiduidade que à época nem todos os estados brasileiros mereciam, no noticiário de rede nacional da emissora. A exemplo de Sandra Passarinho, Lucas Mendes também aproveitaria aquela cobertura para fazer contrabando de pautas de resistência democrática para o Brasil:

"Fui doze ou treze vezes para El Salvador e a gente trabalhava com muita liberdade de tempo e de ação. O fato de ser brasileiro, no caso, abria muitas portas em El Salvador e, com isso, a gente fazia matérias mais críticas aos militares, à repressão, mostrando abusos e excessos que eram iguais às situações do Brasil sobre as quais não podíamos falar".

Dois anos depois, em outubro de 1981, quando membros da Jihad Islâmica Egípcia assassinaram o presidente egípcio Anwar Sadat durante uma parada militar no Cairo, abrindo mais uma crise no insolúvel Oriente Médio, a Globo decidiu fazer algo que, na época, não fazia com frequência nem no Brasil: transmitir um enterro ao vivo. Ricardo Pereira*, falecido em 2023 aos 72 anos, brincou em sua entrevista, ao contar, 24 anos depois, como foi narrar e comentar a cerimônia:

"Eu não consigo lembrar o que eu disse durante mais de uma hora sobre o enterro do Sadat".

Nem tudo, porém, seria política internacional. Desde o início da operação dos escritórios no exterior, os repórteres da Globo recebiam uma recomendação expressa da direção de jornalismo: a de que ficassem sempre com um olho nos fatos importantes do cenário internacional e outro nas histórias e personagens que, por algum motivo, despertassem interesse ou curiosidade no Brasil.

No caso de Lucas Mendes, por exemplo, sua primeira reportagem foi sobre a prisão da cantora brasileira Flora Purim em 1971 por tráfico de cocaína, ao mesmo tempo que era premiada pela prestigiada revista de jazz *DownBeat*. Outra reportagem dos primeiros tempos do futuro diretor e apresentador do programa *Manhattan Connection*, emblemática das toneladas de "abobrinhas" que os correspondentes da Globo também colheram mundo afora durante décadas, enquanto também tinham o privilégio de ver a história do século 20 acontecer diante de seus olhos e câmeras, foi sobre cocô de cachorro:

"O dia em que o prefeito de Nova York mandou recolher o cocô de cachorro das ruas, no Brasil acharam aquilo sensacional. Então compraram um horário de satélite que custava cinco mil dólares. Mas eram raros os satélites, a gente fazia matéria mais para o *Fantástico*, que tinha verba".

Ali mesmo, em Nova York, o futuro correspondente da Globo Paulo Francis, ainda escrevendo para *O Pasquim*, costumava cobrar qualidade dos futuros colegas e até comparou a "fantástica melhorada" do jornal *O Globo* sob a direção de Evandro Carlos de Andrade, outro futuro funcionário da emissora, com o que chamou em 1975 de "pasmaceira da TV Globo". E especulou:

"Não será porque o editor do jornal escrito se sente sob uma pressão constante dos colegas no ambiente comparativamente alfabetizado da palavra impressa? Crítica é um bom corretivo e preventivo e se aceita civilizadamente, um estimulante. Alguém criticou a TV Globo aí? Não falo de notas e sim de cobertura constante. Duvido".

Nem tudo seria um passeio tranquilo dos correspondentes da Globo pelas esquinas importantes do mundo. Na hora de produzir reportagens e entrevistas, todos eles, sem exceção, teriam de conviver com o fato de, como disse Sandra Passarinho*, "não ser prioridade" trabalhar para um país periférico cuja desimportância falava mais alto do que o profissionalismo de seus jornalistas, em lugares onde o crachá e o logotipo da emissora, ao contrário do que acontecia no Brasil, faziam pouca ou nenhuma diferença:

"Nós não éramos prioridade nunca. Ninguém queria, prioritariamente, me dar uma entrevista porque todo mundo ia falar antes para a televisão inglesa e as televisões americanas. Ainda que nós fôssemos um escritório muitíssimo bem estruturado, o fato de virmos do Brasil, um país que na geopolítica do mundo não tinha peso, subdesenvolvido, a reboque das grandes transformações mundiais, infelizmente, fazia com que permanecêssemos a reboque também".

Foi o que aconteceu, por exemplo, em novembro de 1978, quando Lucas Mendes "tinha o avião, tinha o piloto, tinha o dinheiro" e não teve autorização do governo americano para pousar na Guiana e cobrir os desdobramentos dos suicídios e assassinatos em massa de mais de novecentos seguidores da seita do pastor Jim Jones. Lucas tomaria outro baile inesquecível alguns anos depois, em 1984, quando perdeu viagem pelo menos duas vezes para Los Angeles, confiando numa promessa de entrevista com Michael Jackson para um *Globo Repórter* que estava sendo produzido no Brasil sobre o astro:

"Tínhamos um produtor só fazendo isso. Fui à casa do Michael Jackson, entrevistei a mãe, as irmãs, mas ele deu bolo. Marcava no domingo de manhã e não aparecia".

Não confundir, porém, a indiferença das personalidades e fontes que muitas vezes ignoravam os pedidos de entrevistas dos produtores da Globo com o respeito que os escritórios da emissora em Londres e Nova York conquistariam junto às outras televisões ao longo dos anos, quando o *bureau* londrino, além de instalações que permitiam entradas ao vivo para o Brasil e do dinheiro que fosse necessário à época para viagens e longas coberturas, tinha uma equipe de mais de vinte profissionais, entre produtores, editores, os repórteres Roberto Feith, Renato Machado, Silio Boccanera e Luís Fernando Silva Pinto e os cinegrafistas Paulo Pimentel, Mario Ferreira, Newton Quilichini e Sergio Gilz, 35 anos de cobertura internacional iniciados em 1982 e uma certeza:

"A Globo, na minha época, sempre se fez presente nas grandes coberturas e fazia parte do primeiro time. Amigos, amigos, furos à parte, éramos tratados como grandes".

No prédio que a Globo e outras emissoras ocupavam no centro de Londres em 1982, a vizinha de porta dos brasileiros era uma televisão que, segundo Roberto Feith, chefe do escritório na época, vivia precisando de ajuda:

"Era uma televisão absolutamente desconhecida da qual nunca ninguém tinha ouvido falar e que tinha uma salinha, uma secretária e um repórter totalmente inexperiente. Era a Cable News Network, a CNN. Estava começando e a gente tinha muito mais experiência que eles".

Na mesma época, segundo Hélio Costa, a estrutura da emissora em Nova York chegaria a contar com cerca de trinta profissionais, entre eles quatro repórteres, dez produtores e três editores. Um contingente que diminuiria progressivamente nas décadas seguintes, mas que, na hora de se mobilizar para uma cobertura importante, segundo ele, "ficava em posição de igualdade com as redes americanas, a BBC e a televisão francesa". O próprio Roberto Marinho, de passagem pelo escritório da Globo em Nova York em agosto de 1983, ficaria impressionado, segundo Hélio, ao presenciar a saída da equipe da emissora para as Filipinas para cobrir o assassinato do líder político Benigno Aquino:

– Para onde vai esse pessoal todo, Hélio?

– Está indo para as Filipinas, doutor Roberto.

– Tanta gente assim?

– Olha, eu posso mandar dois só, mas se a gente não conseguir cobrir o que nós temos que cobrir a culpa é sua.

– Não. Manda os sete. Está certo.

Terrenos minados

Em algumas situações, dependendo do grau de tensão e de polarização política ou ideológica no local da cobertura, e por serem de um país não automaticamente identificado com as potências capitalistas ocidentais ou com o bloco soviético, os correspondentes da Globo ganhariam a simpatia dos personagens locais e até levariam alguma vantagem na hora de produzir as matérias em regiões de conflito. Sergio Gilz, a propósito, nunca deixaria de usar um adesivo com a bandeira brasileira em sua câmera, sempre pronto, também, para confirmar que era, sim, do mesmo país de Pelé.

Nenhum dos repórteres da Globo que atuaram no exterior ao longo de mais de cinquenta anos chegaria a ter uma vida de correspondente de guerra clássico, ou seja, aquela espécie de lobo solitário do jornalismo, sem chefes, dotado de estômago e nervos de concreto, dedicado exclusivamente a obter imagens e informações de zonas de combate, estando sempre nas zonas de combate geralmente por conta e risco próprios, misturado aos combatentes e às vezes morrendo junto com eles.

Alguns dos jornalistas que passaram pelos escritórios de Londres e Nova York, no entanto, viveriam momentos circunstancialmente arriscados e um dos primeiros a ter esse tipo de experiência foi Sérgio Motta Mello, durante a revolução sandinista na Nicarágua, em junho de 1979, quando Bill Stewart, repórter de 26 anos da rede ABC, foi obrigado por um soldado nicaraguense a se ajoelhar no asfalto e teve sua execução filmada por um colega cinegrafista. Motta Mello, que passou por situações de risco como a do dia em que seu carro foi metralhado por um avião da Força Aérea Nicaraguense quando passava pela cidade de León, então ocupada pelos sandinistas, usava a estrutura da ABC no país e estava hospedado no mesmo hotel de Bill Stewart:

"Foi uma cena que chocou o mundo. Quando o corpo do Bill Stewart chegou no hotel, eu estava lá. E eu cobri isso naquele dia, mandei essa matéria para a Globo e foi uma matéria muito dura de se fazer".

Um outro tipo de dificuldade surgia para os repórteres da Globo, à medida que os temas e personagens das matérias feitas no exterior ecoavam nos poderes e interesses estabelecidos à época no Brasil. Mounir Safatli, correspondente da emissora em Buenos Aires e Beirute antes de se tornar um freelancer no Oriente Médio, quis aproveitar o encontro dos ditadores João Figueiredo e Jorge Videla na capital argentina, em maio de 1980, para se aproximar e fazer uma entrevista com várias perguntas, perto de uma piscina, e teve como resposta do presidente brasileiro uma ameaça cínica à moda Bolsonaro:

– Olha, se você perguntar mais alguma coisa, eu te jogo na piscina.

– É, mas se o senhor fizer isso, eu vou continuar segurando o senhor, e aí o senhor cai comigo.

Mounir se arrependeu da réplica ousada quando ainda terminava de falar, mas não adiantou: foi agarrado por seguranças que o arrastaram para uma distância de duzentos metros, enquanto Figueiredo comentava:

– Esses meninos da Globo...

Os assuntos proibidos, mesmo nos escritórios do exterior, às vezes eram explicitados nos quadros de aviso das redações. Caso do veto afixado em Nova York e que, para surpresa de Hélio Costa, proibia "imagem do senador Edward 'Ted' Kennedy, democrata do Massachusetts, Estados Unidos":

"Para surpresa nossa, o Ted Kennedy era *persona non grata* no Ministério da Justiça. Como senador dedicado sempre às causas das minorias, dos direitos civis, das liberdades individuais, ele fazia críticas constantes no plenário do Senado americano, contra a tortura e contra a censura da imprensa. Atacava direta e frontalmente o governo militar brasileiro".

Mesmo não contendo nenhum ataque à ditadura brasileira, uma entrevista de Lucas Mendes com o então líder palestino Yasser Arafat, exibida no *Jornal Nacional* do dia 25 de junho de 1979, teve, com certeza, segundo Lucas, o dedo da embaixada de Israel no Brasil e foi desfigurada. Sandra Passarinho*, embora não tenha assistido, por estar fora do Brasil, diz ter certeza de que, nas reportagens que enviou de Portugal em 1974 sobre os desdobramentos da Revolução dos Cravos, nem tudo foi ao ar. Ela sabia da influência que a comunidade salazarista exilada no Brasil após o "25 de abril" passara a ter junto à elite conservadora brasileira, Roberto Marinho incluído:

"Eu procurava ouvir todos os lados, mas tenho certeza de que todos os lados não foram ao ar em todas as reportagens".

Ao viajar para a cidade portuária de Gdansk em 1980 para entrevistar Lech Wałęsa, líder do Solidariedade, movimento sindical contrário ao governo autoritário de esquerda da Polônia, Ricardo Pereira já sabia que não poderia fazer, em seu texto, um paralelo quase obrigatório com o líder sindical contrário ao governo autoritário de direita no Brasil:

"Eu fiquei lá uma semana mandando matérias, fiz um monte de coisas, e no Brasil não se podia falar no Lula".

Lembrança bem mais gratificante, no entanto, o mesmo Ricardo Pereira teria do mês de setembro de 1979, quando, direto de Cuba, isso mesmo, Cuba, para o *Jornal Nacional*, deu um furo histórico e emblemático das mudanças políticas que começavam a acontecer no Brasil.

Depois de uma delicada negociação encabeçada pelo então diretor de jornalismo da Globo em Brasília, Toninho Drummond, e que passou pelos gabinetes do ministro Golbery do Couto e Silva e de Roberto Marinho, Ricardo entrevistou, em Havana, vários exilados brasileiros que tinham acabado de ser contemplados pela Lei da Anistia sancionada dias antes, em 28 de agosto, pelo presidente Figueiredo.

A façanha de telecomunicações que permitiu a primeira transmissão de satélite de Cuba para o Brasil, por um sistema soviético chamado Intersputnik, poderia até ser uma metáfora da complexidade da geopolítica mundial naquele momento: o sinal com o som e a imagem de Ricardo saiu de Havana, rebateu no satélite Intersputnik, desceu em parabólicas de Budapeste, na Hungria, seguiu numa linha de micro-ondas terrestre para Viena, no lado ocidental, de onde subiu de novo, agora para o satélite Intelsat, para finalmente ser recebido pelas antenas da Globo no Jardim Botânico:

"Eu me lembro do Cid Moreira dizendo: 'Pela primeira vez, uma transmissão via satélite, via Embratel de Cuba'. Nós estávamos lá, na comemoração dos quinze anos do *JN*, com os brasileiros que tinham acabado de ser anistiados e que estavam pensando em voltar. Eu lembro que a gente usou a música 'Tô Voltando', da Simone".

Pode ir armando o coreto,
E preparando aquele feijão preto,
Eu tô voltando...

Era a turma dos escritórios, garantindo, mais uma vez, o recheio do sanduíche do Boni.

O grampo fatal

– Gente, como é que eu pude casar com esse cara?!

A pergunta quem se fazia era Betty Faria, enfurecida com os gritos do marido, o diretor Daniel Filho, no set de filmagem da Globo na cidade cenográfica de Guaratiba, no primeiro semestre de 1975, já exausta com a perspectiva de, ao voltar para casa depois do "inferno" das gravações, ainda ter que cuidar de João, filho do casal com apenas 3 meses de idade, e de Carla, filha de Daniel com a atriz Dorinha Duval, então com 10 anos e de cama por conta de uma coqueluche adquirida na escola.

Daniel*, que nunca foi considerado exatamente uma moça no trato com as pessoas nos bastidores da emissora, estava especialmente excitado, naqueles dias, com a novela que substituiria *Escalada*, de Lauro César Muniz, a partir de agosto. Incomodado com o que em sua autobiografia chamou de "criatividade sufocada, calada" com disposição para "lembrar a todo mundo que também sabia dirigir", tinha até deixado o cargo de diretor de teledramaturgia da Globo para se dedicar integralmente àquela que seria a primeira trama escrita por Dias Gomes para o horário das oito da noite. Em sua entrevista, diz que à época estava convencido de que "as novelas de Janete Clair já estavam ficando melosas demais":

"A gente achou que tinha que melhorar a novela das oito, que a novela das dez devia passar para as oito e a novela das oito devia passar para as sete. A gente queria novela mais forte, mais entendida. Achava que o público já estava pedindo uma coisa mais inteligente, mais agressiva, às oito horas".

O ponto de partida de Dias Gomes para escrever a novela que substituiria as tramas "melosas demais" criadas por sua mulher era *O Berço do Herói*, peça teatral de sua autoria cuja montagem fora proibida em 1965 pela ditadura então recém-instalada no país. Contava a história de um cabo da Força Expedicionária Brasileira (FEB), dado como morto na Segunda Guerra Mundial e transformado em santo em sua terra natal, mas que na verdade desertara e passara a viver de bordel em bordel, na Europa, até voltar ao Brasil 17 anos depois e se tornar um homem marcado para morrer, ao colocar em risco os negócios e reputações construídas a partir de sua lenda.

Ninguém, com os neurônios no lugar, dentro ou fora da Globo, à parte o fato de o dono da empresa ser Roberto Marinho, imaginava que um enredo como aquele pudesse ocupar o horário nobre da emissora, numa época em que o general presidente da vez, Ernesto Geisel, que tinha escolhido cada um dos governadores de estado empossados naquele ano, era cobrado por denúncias regulares de tortura nos porões do regime e ainda enfrentava, internamente, a oposição dos generais que queriam arrochar ainda mais a repressão política.

Na adaptação da peça feita por Dias, o soldado covarde se transformou em "Roque Santeiro", um coroinha que teria morrido defendendo a fictícia cidade de Asa Branca de cangaceiros, passando a ser venerado como um santo capaz de milagres, até reaparecer e também colocar em risco os poderosos que haviam enriquecido com sua história mentirosa. Dias Gomes, Daniel Filho, Boni e outras pessoas envolvidas com o projeto estavam convencidos de que a trama de *O Berço do Herói* estava devidamente camuflada contra futuras investidas da Censura.

Menos os militares que tiveram acesso a um grampo feito, na época, pelo Serviço Nacional de Informações (SNI), de uma conversa telefônica na qual Dias Gomes compartilhava, com o amigo e militante comunista Nelson Werneck Sodré, a satisfação de estar enganando os censores. Em seu livro *Janete Clair: a usineira de sonhos*, Artur Xexéo resgatou o diálogo que começou com uma pergunta de Sodré:

– O que é que você está fazendo?

– Uma pequena sacanagem. Estou adaptando *O Berço do Herói* para a TV.

– Mas a Censura vai deixar passar?

– Não tem mais o cabo. Assim passa. Esses militares são muito burros.

A existência do grampo, explicação mais plausível para os vetos inflexíveis dos censores militares aos capítulos enviados pela Globo para aprovação nas semanas que antecederam o dia da estreia da novela, só viria a público doze anos depois, em 1987, quando o jornalista Ayrton Baffa, do *Estado de S. Paulo*, revelou o conteúdo de diversos documentos até então secretos do SNI.

Na Globo, sem saber do grampo, Daniel Filho até desconfiava que a proibição poderia ter relação com a peça de Dias Gomes, mas achava que a novela se parecia tanto com a peça "como *Romeu e Julieta* se parece com *West Side Story*". Chegou também a suspeitar que a razão do veto dos militares fosse a estátua de "Roque Santeiro" atingido por um tiro, plantada na praça central de Asa Branca, na cidade cenográfica, e criada pelo cenógrafo Mário Monteiro com a recomendação de Daniel de que fosse semelhante à que homenageia os oficiais rebeldes do Exército mortos no episódio histórico da Revolta dos 18 do Forte, em Copacabana.

Boni, na época também sem saber do grampo no telefone de Dias Gomes, achava que havia algo no comportamento dos censores além da rotina de *nonsense* e paranoia dos militares:

"Começamos a suspeitar de que não havia solução, porque a cada problema que eles nos apontavam, nós dávamos uma solução, e eles arranjavam outro. E nós não encontrávamos dentro da sinopse nada que pudesse justificar aquela posição. O próprio Walter Clark foi pessoalmente na Censura, depois de várias idas minhas. Foi lá para jogar o peso da empresa em cima desse assunto, e voltou sem solução".

O peso da Globo, que poderia ser decisivo para evitar a inédita e iminente proibição de uma novela da emissora no dia da estreia, pelo menos naquele momento, não estava sendo sentido em Brasília: Armando Falcão, um dos políticos que vestiram com entusiasmo a farda do regime, tido na imprensa como amigo de Roberto Marinho e conhecido como "ministro do nada a declarar" enquanto ocupou a pasta da Justiça no governo Geisel, não atendia às ligações do dono da Globo e já ganhara outro apelido na direção da emissora, segundo Roberto Irineu:

"O apelido era Armando *Falsão*. Ele dizia 'Roberto, os militares estão querendo te apertar, calma, deixa que eu estou cuidando'. Mentira absoluta. Ele só envenenava e só estimulava a censura em cima da Globo. Era um período muito conflituoso com o governo, o contrário do que todo mundo achava".

Antes da crise da estreia da novela, a emissora tinha cumprido o ritual de enviar para Brasília a sinopse e o texto dos vinte primeiros capítulos da novela, obtendo, no dia 4 de julho, a aprovação formal para exibição no horário das oito da noite do então chefe do Departamento de Censura Federal, Rogério Nunes. Quando, porém, os capítulos já editados começaram a ser enviados para a aprovação final dos censores, em outra rotina daqueles tempos que maltratava os nervos das equipes de produção da Globo, os problemas começaram.

Com Francisco Cuoco no papel de "Roque Santeiro", Betty Faria no de "Porcina", a falsa viúva de "Roque", e Lima Duarte interpretando "Sinhozinho Malta", amante de "Porcina" e principal beneficiário financeiro da farsa criada em torno do coroinha transformado em santo milagreiro, a novela, nas contas de Artur Xexéo, tinha 51 capítulos escritos, trinta gravados e dez editados na véspera da estreia, 26 de agosto, uma terça-feira, quando a Censura Federal, sob o argumento de que a obra continha "ofensa à moral, à ordem pública e aos bons costumes, bem como achincalhe à Igreja", comunicou que ela só poderia ser exibida no horário da dez da noite, ainda assim com cortes que, na avaliação dos diretores da Globo, destruiriam a novela e impediriam a sua compreensão. O comando da emissora ainda propôs à Censura levar *Roque Santeiro* para o horário das dez, exibindo a novela *Gabriela*, que vinha ocupando aquela faixa desde abril daquele ano, às oito da noite. Negativo.

Boni* contou que Roberto Marinho, que não tinha visto cena alguma e nem conhecia a sinopse da novela, ficou muito irritado:

"Ele me chamou, estava nervoso com a história e disse que eu tinha colocado a empresa em risco, que abusei demais, que alguma coisa eu tinha feito. Mas eu não tinha feito nada. Eu, o Daniel, o Dias Gomes sabíamos, não tinha nada".

No dia da estreia, 27 de agosto, mesmo sem assistir nada, mas confiando na garantia de Boni de que *Roque Santeiro* não tinha nada de censurável sob qualquer ponto de vista, fosse político, comportamental, moral ou sexual, o dono da Globo aceitou a sugestão de seu principal executivo de produção de levar ao ar um editorial que explicasse aquela situação inédita na história da emissora: a proibição de uma novela inteira e sua substituição emergencial por uma reapresentação, no caso uma versão com "capítulos concentrados" de *Selva de Pedra*, fenômeno de audiência de 1972.

Lido com sobriedade durante cerca de dois minutos por Cid Moreira, logo depois da edição do *Jornal Nacional* daquela noite e imediatamente após a exibição, que acabaria sendo a única, da abertura feita pelo departamento de arte para *Roque Santeiro*, o editorial, escrito por Armando Nogueira com a colaboração de Alice-Maria, começava informando que aquela seria "a primeira novela colorida do horário das oito da noite", mas não atacava a Censura Federal nem reclamava do governo, limitando-se a um retrospecto em tom jornalístico das decisões dos censores e do comportamento da emissora desde o envio da sinopse a Brasília, e terminando com o compromisso de, "nos próximos dias", apresentar, no horário das oito da noite, "uma novela de nível artístico ainda melhor que *Roque Santeiro*".

O editorial, assinado pelo próprio Roberto Marinho como presidente das Organizações Globo, não precisava de adjetivos fortes nem de inflexões indignadas do apresentador mais importante da emissora: nunca uma telenovela com estreia anunciada havia sido proibida daquela maneira. Nas palavras de Laura Mattos:

"Era o primeiro desentendimento público entre a ditadura e aquela que havia se tornado, justamente naqueles anos, a maior rede de TV do país. Escancarar aquela censura inédita no Brasil tinha, obviamente, um viés político".

O cartunista Ziraldo, do semanário *O Pasquim*, ironizou o revés da Globo, usando uma campanha institucional que a emissora veiculava na época da proibição de *Roque Santeiro* e cujo slogan era "É hora de confiar":

"A Globo confiou e perdeu 34 capítulos".

Roberto Marinho, mesmo tendo sido ignorado pelo ex-amigo Armando Falcão no episódio, deixou claro, após o editorial, que não queria mais briga: demitiu, só voltando atrás a pedido de Boni, o diretor João Carlos Magaldi, por ele ter distribuído o boletim de imprensa da Central Globo de Comunicação daquela semana com uma capa em branco em que se lia apenas a palavra "Silêncio". Já o grupo de 23 profissionais da emissora que embarcou para Brasília, no dia seguinte à estreia proibida, disposto a entregar um manifesto ao presidente Geisel no Palácio do Planalto, queria mais. Mas se frustrou.

Formado por Daniel Filho, Regina Duarte, Francisco Cuoco, Tarcísio Meira, Lima Duarte e Lauro César Muniz, entre outros, o grupo chegou ao Palácio na hora em que Geisel, coincidência ou não, deixava a sede do governo para um "compromisso". Acabou recebido pelo então subchefe da Casa Civil, Alberto de

Eduardo Costa, um funcionário de segundo escalão que confessou estar diante de uma "situação desagradável".

Os artistas tiveram de se contentar com a leitura, em voz alta, por Paulo Gracindo, diante de repórteres, fotógrafos e câmeras de televisão, de uma carta escrita pelo dramaturgo Paulo Pontes e, depois de um chá de cadeira no saguão do palácio, com a ida de apenas um representante, Daniel Filho, à sala do então ministro-chefe da Casa Civil, general Golbery do Couto e Silva, para um encontro que, avisaram antes, não poderia durar mais do que três minutos. A história da reunião com o general coube num parágrafo da biografia do diretor:

"Fui recebido em pé. Entreguei o documento dizendo apenas que era um manifesto dos artistas contra o ato da Censura e que gostaríamos que ele a fizesse chegar ao presidente. O Golbery pegou a carta, colocou-a em cima da mesa, disse que estava entregue. Ficamos num clima tenso, eu disse boa tarde, dei meia-volta e fui embora. Voltamos todos meio murchos para o Rio de Janeiro".

Internamente, uma semana após o editorial lido por Cid Moreira, a agência carioca do SNI reagiu, encaminhando ao comando do órgão em Brasília, a pedido, um documento confidencial de quinze páginas cujo teor, resgatado por Laura Mattos em seu livro, dizia respeito ao chamado "Complexo Globo", e no qual eram listados prontuários de funcionários das várias empresas de Roberto Marinho considerados politicamente suspeitos. Lá estavam o "filocomunista" Gianfrancesco Guarnieri, Dias Gomes, Janete Clair, Armando Nogueira, "que viajou para país da Cortina de Ferro" e Evandro Carlos de Andrade, de O Globo, entre outros. Três meses depois, em outro documento sobre a "infiltração comunista na TV Globo", o SNI listaria pessoas como os atores Mário Lago, "comunista", e Grande Otelo, "ex-militante do PC"; o editor Jorge Pontual, "subversivo"; e Ivan Lessa, "elemento da esquerda pornográfica".

Para Betty Faria*, não deixou de ser um alívio a proibição da novela que ela, reiteradamente, em sua entrevista, afirma ter "odiado":

"Eu fiquei com ódio do Daniel. Ele gritava comigo naquela praça da cidade cenográfica. Sofri demais com aquela 'Viúva Porcina'. Eu detestava fazer aquela novela".

Até a revelação, em 1987, do grampo da conversa de Dias Gomes com Nelson Werneck Sodré, Daniel Filho passaria anos se perguntando, entre a culpa e a perplexidade, quem afinal tinha sido responsável, na Globo, pela proibição de *Roque Santeiro*. Já para sentir o ódio da mulher ao papel da falsa viúva de Asa Branca, Daniel* conta que nem precisava sair da cama: quando chegavam os capítulos, ele e Betty levavam os textos para o quarto para ler e ela sempre dizia:

– Daniel, esse papel não é para mim. O papel está escrito para a Regina Duarte.

Dito e feito, dez anos depois.

O pecado de Janete

Na noite dramática de 27 de agosto de 1975, quando a proibição de *Roque Santeiro* se consumou, provocando choro e indignação no elenco e nas salas importantes da dramaturgia da Globo, além da internação voluntária do próprio Boni na Clínica São Vicente, no bairro da Gávea, por uma suspeita dele mesmo de que uma forte dor de cabeça que sentia poderia ser prenúncio de um AVC, uma pessoa em especial, Janete Clair, à época "rebaixada" para o horário das sete da noite, tinha pelo menos dois motivos para um discreto sorriso de vitória que ela só não abriu em solidariedade ao marido Dias Gomes, autor da novela proibida.

Em primeiro lugar, porque, ao substituir a estreia que não houve da novela do marido, o tombo no Ibope do primeiro capítulo concentrado da reprise de *Selva de Pedra*, sucesso de Janete, em relação à audiência média da novela *Escalada*, antecessora de *Roque Santeiro* no horário das oito, foi muito menor do que o desastre que se temia: de 56% para 41%, antecipando, inclusive, o viés de alta de uma semana em que o índice da novela reprisada chegaria a 47%, número de sonho, por sinal, para os folhetins da emissora no século 21.

Em segundo, porque, ao chegar na Globo naquela noite e encontrar o marido chorando de um lado, desesperado com a proibição, e Daniel Filho do outro, igualmente às lágrimas, em busca de uma explicação para o veto militar imposto a *Roque Santeiro*, Janete ouviu um pedido humilde do diretor que antes queria "uma coisa mais inteligente e mais agressiva para o horário das oito":

– Janete, precisamos fazer uma novela.

Em sua autobiografia, Daniel Filho reconheceu:

– Boni e eu sabíamos que, com *Roque Santeiro*, estávamos dando um passo pra frente na novela brasileira. A proibição da Censura tinha sido uma bomba com a qual nos empurraram para trás. Janete Clair, uma vez mais, abriu suas imensas asas sobre nós: em menos de vinte dias começaria a entregar os capítulos de uma nova novela.

Orgulho restaurado à parte, Janete também sentiu o tranco: em depoimento ao Museu da Imagem e do Som, disse que a expectativa em torno de *Roque Santeiro* foi tão grande que sentiu necessidade de mudar seu próprio estilo de dramaturgia:

"Mudei meu gênero. Não fiz *Pecado Capital* para imitar o Dias, mas, pelo menos, para me igualar um pouco ao estilo dele. Levei meu romantismo para o lado realista. Parece que de *Pecado Capital* em diante eu dei uma melhorada".

Mais que a nova novela pedida por Daniel, *Pecado Capital* se tornaria, para a maioria dos críticos especializados, a melhor da carreira de Janete. Seus 167 capítulos, que começaram a entrar no ar em novembro daquele ano com o elenco de

Roque Santeiro, pouco mais de dois meses após o trauma da proibição da novela do marido, se tornariam mais um fenômeno de audiência do horário das oito da noite na Globo, ao contar a história de "Carlão", o motorista de táxi interpretado por Francisco Cuoco que vive um drama de consciência depois que assaltantes de banco em fuga esquecem em seu carro uma mala cheia de dinheiro roubado. E de "Lucinha", a personagem de Betty Faria cujo coração balançaria entre ele e o patrão dela, o industrial "Salviano Lisboa" vivido por Lima Duarte.

O "lado realista" de Janete mostrou "o suburbano sem filtro", expressão do ator Marcos Caruso, o "Leleco" da novela *Avenida Brasil*, fenômeno de audiência exibido pela Globo 37 anos depois de *Pecado Capital*. Para ele, as duas novelas, mesmo separadas por tanto tempo, tiveram muitas características em comum. Betty Faria, livre do "inferno" das gravações de *Roque Santeiro*, achou "uma delícia" fazer o papel de uma suburbana:

"Eu estava muito mergulhada no universo popular da mulher brasileira carioca. Eu entrava naqueles trens, entrava na fábrica, eu estava totalmente à vontade com o povo".

Os cenários de subúrbio fizeram tanta diferença que Boni chegou a mandar Daniel regravar os dez primeiros capítulos por considerar "muito miserável, muito deprimente", segundo Daniel, a concepção realista da cenografia da novela. Daniel, no entanto, reagiu e conseguiu manter os capítulos cujas cenas incluíam indícios visíveis de pobreza e da miséria urbana do Rio de Janeiro.

Nunca, em dez anos de dramaturgia da Globo, um herói de novela tinha morrido no final, e Janete não queria matar o personagem de Francisco Cuoco. Mas Daniel*, que já tinha mexido no perfil de "Carlão", tornando-o um "sacana", e no de "Lucinha", fazendo com que ela fosse "meio moleca, meio louquinha", queria fazer o que não tinha conseguido em *Roque Santeiro*, "uma nova virada nas novelas da Globo". Disse ter imposto uma escolha à autora:

"Eu achava que 'Carlão' devia morrer e prevaleceu a minha vontade porque eu disse: 'Janete', se o 'Carlão' não morrer, 'Lucinha' não pode se casar com o 'Salviano'. Alguma coisa você tem que fazer: ou 'Lucinha' não casa com 'Salviano' ou 'Carlão' morre. Você escolhe uma das duas coisas. Tudo feliz não pode terminar'".

Lima Duarte queria saber como ia terminar a novela e ficou impressionado com a "sensibilidade de doméstica" que Janete incorporava, a ponto de falar de si mesma como uma outra pessoa, autônoma, no dia em que visitou o estúdio de *Pecado Capital* e foi abordada pelo ator:

– Escuta, Janete, o que que vai acontecer com "Salviano"?

– Ele fica com a "Lucinha", meu Deus do céu! Deus há de ajudar, ele fica com a "Lucinha".

Ficou. Janete decidiu matar "Carlão" e o resultado, uma reação popular que ela também previra na conversa em que discutira com Daniel o final da novela, foi traumatizante para um público que incluiu a jovem Malu Mader, então com 8 anos de idade:

"Se eu tivesse que escolher uma cena de novela para deixar assim como a minha querida, eu escolheria a do 'Carlão' morrendo no último capítulo de *Pecado Capital*, caindo com a mala no buraco do metrô. Chorei uma semana porque ele tinha morrido, eu amava aquele personagem. Mas se fossem respeitar a opinião das pessoas na época, ele certamente não teria morrido. Nem o Humphrey Bogart teria ficado abandonado lá no final de *Casablanca*".

Duas décadas e meia depois do capítulo final, em 2000, Daniel* não sabia dizer se a versão que não foi ao ar de *Roque Santeiro* teria feito, na época da proibição, tanto sucesso como *Pecado Capital*:

"Às vezes o destino nos carrega para o tempo certo, sem dúvida nenhuma, porque *Pecado Capital* não teria existido se *Roque Santeiro* não tivesse sido proibida. E, dez anos depois, *Roque Santeiro* pôde ir ao ar com toda a sua crítica, com todo o seu esplendor".

Boni quase cometeu, em *Pecado Capital*, um de seus poucos erros de avaliação, tão famosos internamente na emissora quanto seus múltiplos acertos: chegou a vetar a proposta do diretor musical Guto Graça Mello de a Globo usar, na abertura da novela, uma das primeiras do designer gráfico Hans Donner para a emissora, mostrando notas de cem cruzeiros levadas pelo vento, a música "Pecado Capital", cantada por Paulinho da Viola e composta em pouco mais de 24 horas para se tornar um clássico da música popular brasileira. Daniel comprou a briga:

"Fomos juntos, eu e o Guto, e convencemos o Boni de que, pela primeira vez, poderia haver na TV Globo uma abertura tocada por um regional: apenas cavaquinho, flauta, violão e pandeiro. E foi feita a abertura, com uma das letras mais bem encaixadas dentro de uma novela".

Dinheiro na mão é vendaval
É vendaval
Na vida de um sonhador
De um sonhador
Quanta gente aí se engana
E cai da cama
Com toda a ilusão que sonhou
E a grandeza se desfaz
Quando a solidão é mais
Alguém já falou

O sucesso foi tão grande que desencadeou uma polêmica pública inusitada entre alguns integrantes da equipe d'*O Pasquim*, a partir de uma nota publicada na página 21 da edição n. 337 do jornal:

"Estou gostando de *Pecado Capital*. Fico na maior vergonha. Alguém aí poderia me chamar às falas?".

O autor da nota era ninguém menos que o cartunista Henfil, o mais implacável justiceiro da intelectualidade do eixo Rio-São Paulo, cinco anos antes de estrear como contratado da Globo para o programa *TV Mulher*, num tempo em que a televisão ainda era usualmente acusada, na imprensa, de ser ao mesmo tempo politicamente alienada e esteticamente primitiva. Na mesma edição da coluna "Pasquim Tivê", a colunista Iza Freaza também elogiava *Pecado Capital*:

"Eu, que não gosto de novela de Janete Clair, estou gostando e recomendo. E digo que Francisco Cuoco está se redimindo de seus pecados anteriores como ator".

Na edição seguinte, o cartunista Jaguar e o colunista Flávio Pinto Vieira inauguraram a polêmica, o primeiro desconfiando do elogio "em bloco" de Henfil, Iza e também de Ivan Lessa à novela:

"Qual é a jogada? Não se esqueçam que sou diretor desta joça. Vocês não podem me deixar de fora! Quero o meu!".

Flávio tentou ensinar:

"Ivan, Henfil e Iza, vocês estão sendo envolvidos pela brilhante embalagem. Os intérpretes em geral são bons e a trilha sonora é ótima, mas, no fundo, o esqueminha está lá. Os pobres são puros, os ricos são doentes ou vazios. Além do mais, vocês não acham que o chamado realismo da novela está um pouco carregado? Por que essa história de proletário falar com a boca cheia e de operária ficar com as pernas abertas e toda desarrumada?"

Ivan Lessa reagiu na edição seguinte:

"Ei, Flávio Pinto, não tem ninguém aqui sendo envolvido pela brilhante embalagem não. A televisão é brilhante embalagem. Nós todos somos, com raríssimas exceções, brilhantes embalagens, ou queremos ser. Acho que você quis se referir ao trabalho do Daniel Filho que, junto com elenco e departamento técnico e artístico, ou gramática televisiva (Ih, rapaz, até pareço o Artur da Távola) onde a imagem conduz a ação e diálogo, limita-se ao funcional. Quanto à forma de se apresentar ricos e pobres, segundo você, os primeiros são vazios; os segundos, puros. Convenhamos: em matéria de luta de classes, no momento é o que se pode fazer. A novela é um tremendo salto à frente. Dá até para compensar o galopante retrocesso de *O Grito*".

A discussão nas páginas do jornal continuou, agora com a participação do colunista Sérgio Augusto, depois de assistir a um capítulo em que o personagem de Lima Duarte conversava com um de seus filhos na trama:

"Fui verificar se os elogios eram fundados. Vi o adolescente ensinando ao pai o que é o conflito de gerações. Vocês estão brincando?".

Àquela altura, Ivan Lessa mandava outro torpedo na direção de Flávio Pinto Vieira, que, em coluna publicada no jornal *Última Hora*, tinha questionado sua opinião de que *Pecado Capital* era "um salto à frente":

"Já ouviu falar em *Roque Santeiro*? Conhece uma instituição chamada Censura? Sabia que o capital tem dois sentidos? Pare de escrever três colunas na *Última Hora* a respeito de três linhas minhas. Quanto ao tremendo salto à frente, tente a Ponte Rio-Niterói!".

Plim-plim.

Estupidez carimbada

Passado o trauma da proibição total de *Roque Santeiro*, os censores civis e militares aquartelados nos departamentos, nas divisões e nas delegacias do Ministério da Justiça continuariam tomando ou propondo decisões que, não bastassem o prejuízo e o transtorno nos estúdios, o estresse dos artistas e das equipes de produção e o empobrecimento dos conteúdos dos programas e novelas resultante dos vetos e cortes, engrossariam o conglomerado de ignorância inaugurado após o golpe militar de 1964 e que só seria reeditado, em âmbito governamental, entre 2019 e 2022, quando Jair Bolsonaro encarregou um punhado de seguidores lunáticos de desmantelar o que à época existia de política cultural no país.

Num despacho ao ministro Armando Falcão, em 1974, por exemplo, o então subchefe de gabinete Paulo Emílio Queiroz Barcelos pedia mudança na "apresentação anárquica" do *Fantástico*, feita, segundo suas palavras, por "travestis mascarados que aterrorizam e chocam". Dois anos depois, em 1976, outro absurdo levaria Gilberto Braga, autor de *Escrava Isaura*, a fazer uma promessa surpreendente aos censores:

"Eu fui muito a Brasília porque em *Escrava Isaura* eles achavam que tinham errado ao aprovar a sinopse. Cheguei a fazer um trato com os censores, porque eles ameaçaram tirar a novela do ar. Prometi que não usaria mais a palavra 'escravo'. A partir de um determinado momento, em *Escrava Isaura*, não se dizia mais 'escravo'. Foi o trato que fiz".

Sílvio Júlio Nassar, roteirista de um *Caso Verdade*, viu ser cortada uma cena de seu texto apenas pelo fato de um personagem casado vivido por Paulo José, cuja mulher tinha viajado, convidar uma vizinha para jantar. Corte semelhante ao que foi aplicado na novela *Saramandaia* (1976) e no qual a Censura determinava novos rumos para os personagens "Dalva", papel de Ana Maria Magalhães, e "Carlito", personagem de Milton Moraes:

"Cessar ou amenizar consideravelmente o relacionamento amoroso entre 'Dalva' e 'Carlito', tendo em vista não serem casados e Dalva recusar-se a casar".

Stepan Nercessian, em entrevista ao *Pasquim* em 1976, falou de sua perplexidade com a justificativa da Censura para o corte de uma cena da novela *Duas Vidas* em que "Sônia", uma mulher madura e solteira vivida pela atriz Isabel Ribeiro e com quem seu personagem, o jovem "Maurício", envolve-se, o espera no sofá da sala de um apartamento fazendo crochê, ao som de uma trilha sonora:

"A Censura cortou dizendo que existia muita excitação na cena. Viram uma baita de uma safadagem numa mulher esperando e fazendo crochê".

Na mesma época, a Censura providenciou um estrago que prejudicaria a trama central da novela *O Casarão*, simplesmente proibindo que a personagem "Carolina", vivida por Renata Sorrah e casada na novela com "Estevão", papel de Armando Bógus, tivesse um romance com o personagem "Jarbas", interpretado por Paulo José. Para que a história pudesse prosseguir, os censores recomendaram que "Carolina" pedisse o divórcio, acrescentando, segundo Renata Sorrah, que a personagem não poderia "fazer uso de anticoncepcionais".

O próprio diretor da Divisão de Censura de Diversões Públicas, José Vieira Madeira, assinaria, já em 1981, um "pedido" relacionado com o personagem "Padre Leonardo" vivido por Stênio Garcia, amigo e confidente de "Cíntia", interpretada por Simone Carvalho, na novela *O Amor é Nosso*:

"Reforçamos o nosso pedido para que as colocações sobre o relacionamento fraternal entre o 'Padre Leonardo' e 'Cíntia' se disponham ao nível do perfeito entendimento infantil, de forma a não lhe propiciar ideias errôneas sobre a idoneidade do sacerdote".

Em 1983, já às vésperas da reconquista da democracia, os censores da novela *Guerra dos Sexos* continuariam atuando no padrão dos anos 1960, ao condenarem a personagem da atriz Ângela Figueiredo:

"Chamamos a atenção para que não se dê ênfase ao comportamento da personagem 'Analu' pelas suas características, jovem, bonita, desinibida, dissimulada, mentirosa e contando com a proteção paterna".

Em se tratando de política, o nível da paranoia se manteria praticamente nos mesmos patamares dos anos 1960, época em que o ator e diretor Milton Gonçalves, em mais uma atitude que extrapolou a abreviada qualificação de "ator negro" com que a mídia se acostumaria e impressionado com os disparates da Censura, passou a guardar cópias dos ofícios do Ministério da Justiça, desde os tempos de um processo sobre a novela *Estúpido Cupido*, de 1967. Na advertência à Globo, o censor dizia:

"Consta no processo em epígrafe que essa concessionária permitiu a transmissão de episódio de telenovela onde o personagem, ao ser inquirido pela forma como via as perspectivas brasileiras, declarou vê-las de maneira cinzenta".

Até mesmo a novela *Gata de Vison*, exibida em 1968 e ambientada pela notória anticomunista Glória Magadan na Chicago dos anos 1920, mereceu uma advertência da então Divisão de Segurança e Informação do ministério, também guardada por Milton Gonçalves:

"Que sejam retiradas cenas que possam conceituar erroneamente os problemas sociais. Os interessados deverão ser prevenidos que, de acordo com as leis, poderão responder por quaisquer abusos cometidos".

Pouco antes da proibição traumática de *Roque Santeiro*, na novela *Escalada*, de 1975, o nome do então ex-presidente Juscelino Kubitschek não podia ser sequer mencionado pelos personagens, apesar de a construção de Brasília fazer parte da história do protagonista "Antonio Dias" interpretado por Tarcísio Meira.

– Minha ordem é a seguinte: na dúvida, corta.

O autor da frase, general Antônio Bandeira, um dos comandantes da primeira campanha contra a Guerrilha do Araguaia, chegou, segundo Elio Gaspari, a assistir à tortura de um combatente. Já como diretor da Polícia Federal de maio de 1973 a março de 1974, assinou 110 proibições da Censura, uma a cada 72 horas. Em conversa com Walter Clark, o general comentou:

– O que eu digo, seu Walter Clark, é que esse Roberto Marinho ainda não me convenceu.

Um relatório do Centro de Informações de Segurança da Aeronáutica (Cisa) do início dos anos 1970 com o título "A infiltração comunista na TV" e que foi resgatado por Laura Mattos em seu livro, expõe as "temáticas preocupantes" dos autores da Globo que visavam, segundo o documento, a "atingir os objetivos comunistas a longo prazo": *O Cafona* (1971), de Bráulio Pedroso, procurava "mostrar a rebelião da juventude através do *happening*"; *Irmãos Coragem* (1970), de Janete Clair, exibia "imagem favorável ao adultério e à venalidade da lei"; e *O Homem que Deve Morrer* (1971), também escrita por Janete, continha "luta de classe numa região carbonífera"; "existência de preconceito racial no Sul do Brasil"; "desagregação da família, mostrada por várias cenas de adultério"; "apelo contrário à democratização de massa" e "antirreligiosidade de massa, no sentido de pôr em dúvida os princípios religiosos do cristianismo".

Uma solução literalmente extraterrestre acabaria com um impasse surgido às vésperas da estreia da mesma *O Homem que Deve Morrer*, quando os censores vetaram a ideia inicial dos dez primeiros capítulos nos quais Janete Clair criava, para o protagonista vivido por Tarcísio Meira, o médico "Ciro Valdez", uma trajetória semelhante à de Jesus Cristo, apresentando-o inicialmente como santo, pelo fato de sua mãe ser virgem. A ideia de Janete, de acordo com Laura Mattos, era discutir a questão do hímen complacente, que não se rompe na primeira relação sexual, mas, com o veto, para explicar a mãe virgem, ela resolveu se basear no então best-seller *Eram os deuses astronautas?*, de Erich von Däniken, relacionando os poderes mediúnicos de "Ciro Valdez" aos extraterrestres.

Em reportagem de dezembro de 1976, a *Veja* fez um inventário das investidas da Censura na programação da televisão, destacando, entre os temas proibidos ou cortados, a menção a distúrbios ocorridos à época no estado do Pará; um pedido de "moderação" na cobertura da morte do Padre João Bosco Penido Burnier, assassinado com um tiro na nuca por um policial em outubro daquele ano, quando defendia duas mulheres que eram torturadas em uma delegacia de Ribeirão Cascalheira, no Mato Grosso (MT); e reclamações populares de problemas urbanos, durante as eleições municipais daquele ano.

No caso do programa *Planeta dos Homens*, que seria lançado em 1976, a *Veja* listou determinações que incluíram a proibição do uso de roupa verde pelo macaco símbolo do humorístico e de piadas com o ditador ugandense Idi Amin; o então presidente americano Jimmy Carter; o preço do café; as baixas na Bolsa de Valores; e, como lembrou Max Nunes, um dos criadores do programa, até o trecho do poema "O navio negreiro", de Castro Alves. Da estrofe "Auriverde pendão da minha terra,/ Que a brisa do Brasil beija e balança", cortaram o "beija e balança". E Max tinha, na época, parte da explicação para aquele comportamento:

"Os censores têm medo de uma transferência, de serem multados, suspensos. Alguns já me afirmaram: 'eu não vejo nada de mais nesse quadro, mas vou ser obrigado a cortar'".

Mesmo depois do fim da ditadura, já durante o governo Sarney, a partir de 1985, os censores continuariam determinando cortes e vetos em defesa da suposta moral e dos supostos bons costumes da sociedade brasileira, usando não mais a truculência dos tempos da ditadura, mas a ameaça de elevar a classificação etária das novelas e programas que não seguissem suas determinações, o que era sinônimo de pesadelo para os responsáveis pela montagem da grade de programação das emissoras. Milton Gonçalves, portanto, continuaria colecionando despachos como os enviados em 1987 à produção do seriado *Armação Ilimitada*, determinando a exclusão de uma cena. Motivo:

"Duas atrizes põem a mão rapidamente sobre a região sexual".

Na mesma época, um censor cortaria várias páginas do seriado *Grande Sertão Veredas*, acrescentando ao despacho um grave alerta sobre o personagem "Diadorim":

"Atenção! Trata-se de uma mulher. O público mais esclarecido saberá, o menos não. Cuidado, pois não se trata de um amor homossexual como pode parecer".

Por justiça, é necessário registrar que nem sempre a iniciativa de cortes e vetos era dos censores. Muitas vezes eles eram provocados por contribuintes que entravam em contato diretamente com o Ministério da Justiça, como mostra uma correspondência interna enviada de Recife à Divisão de Censura de Diversões Públicas no dia 29 de dezembro de 1986:

"Paulo Fernando Vieira de Melo protesta veementemente contra o prolongado beijo trocado pelos artistas Gilberto Gil e Caetano Veloso, no programa *Chico & Caetano*, levado ao ar dia 26/12/86".

"Pede providências no sentido de evitar cenas degradantes."

CAPÍTULO 9

Calouros do espaço

Havia uma imprecisão tão sutil quanto fundamental na reportagem que o *Jornal Nacional* de 15 de outubro de 1975 exibiu, ao noticiar o recorde histórico no salto triplo conquistado pelo atleta João Carlos de Oliveira, o "João do Pulo", no Estádio Azteca, Cidade do México, no terceiro dia de competições dos VII Jogos Pan-Americanos.

No conteúdo disponível no site do Memória Globo, a corrida pela pista, o salto, a vibração do atleta e do público, o placar eletrônico mostrando os 17 metros e 89 centímetros do recorde mundial que duraria quase uma década, a emoção de "João do Pulo" desabando atrás de um tablado e a cerimônia de entrega da medalha de ouro são narradas pelo estilo sóbrio do comentarista e locutor Ciro José, nada que pudesse ser comparado às futuras performances cataclísmicas de Galvão Bueno e Luiz Roberto em situações como aquela:

"O momento mais importante dos Jogos Pan-Americanos até agora... o salto de João Carlos de Oliveira e a quebra do recorde mundial do salto triplo... a reação dele... do público... 17 metros e 89 centímetros... quebrando o recorde mundial do soviético Viktor Saneyev, que era de 17 e 44. João Carlos aí acreditava que tinha um bom salto... e a confirmação, 18 e 89. Foi na segunda tentativa que ele conseguiu o salto... e chorou depois".

A imagem do salto de "João do Pulo" não era a do recorde mundial e não chegou a ser transmitida para o Brasil naquele dia. O que os telespectadores do *JN* viram foi um salto anterior, dado minutos antes pelo atleta. Vinte e seis anos depois daquela tarde, o próprio Ciro José*, que, além de narrar as competições, era o supervisor da equipe da Globo no México, faria questão de esclarecer:

"Vou dizer uma coisa aqui: na verdade não era o salto, não foi o salto vencedor, porque a gente não conseguiu. Foi salto anterior, com o qual ele também já tinha conseguido um recorde. Mas de qualquer forma a gente falou: 'Este é o salto do novo campeão'".

308

O normal seria usar o pronome demonstrativo "este" para identificar o salto do novo recorde e não o salto do "novo campeão" e, em seguida, como sempre, enfatizar, no *replay*, o caráter histórico da imagem, na linha do bordão "veja de novo no *replay* o momento do recorde". Ciro se viu obrigado a ficar com um pé na mentira por uma razão muito simples, como lembraria o então produtor Leonardo Gryner*, outro integrante da equipe da emissora naquela cobertura:

"O salto dos 17 metros e 89 centímetros não foi gravado. Esse não existe. Mas em televisão você não pode contar uma história sem mostrar uma imagem. E a gente deu a notícia. Em nenhum momento, dissemos que aquele era o salto, mas obviamente que todo mundo entendeu que aquele era o salto".

O drama da equipe da Globo naquele dia, emblemático de uma fase que poderia ser considerada pré-histórica das transmissões de eventos esportivos internacionais, impossível de ser imaginado na indústria bilionária de copas e olimpíadas que ainda estava para surgir nas décadas seguintes, ainda teria um capítulo com um toque de chanchada, envolvendo os brasileiros, desesperados para mandar a reportagem do recorde de "João do Pulo" para o Rio de Janeiro, e os técnicos da TV mexicana, responsáveis pela geração, para fora de seu país, das imagens daquele Pan-Americano.

Já traumatizada pela perda da imagem do recorde, a equipe da Globo encontrou resistência dos mexicanos da central técnica de transmissão dos jogos, quando pediu a inclusão da reportagem sobre "João do Pulo" no resumo diário das competições que seria transmitido, via satélite, para o Brasil e dezenas de outros países:

– *No, el programa ya está listo, así que el récord de triple salto es para mañana.*

"*Mañana*"? Um dia inteiro depois dos jornais? Garantia de "um inferno" na vida de Ciro José ao voltar para o Brasil? Nem pensar. E como os mexicanos insistiam em não interromper a transmissão do boletim daquele dia, um dos integrantes da equipe da Globo, o editor Armando Augusto Nogueira, o "Manduca", filho de Armando Nogueira, sugeriu a Ciro José uma "invasão" do *switcher* da TV mexicana:

– Vamos fazer?

– Vamos...

– A gente encara se der problema?

– Encara.

– Então vamos em frente.

"Manduca" injetou a fita com a edição do salto de "João do Pulo" numa das máquinas *player* da central técnica, o VT3, e, segundo Ciro, aguardou os momentos finais da geração do resumo do dia:

"Quando estava chegando o finalzinho, o Manduca tomou de assalto a mesa do *switcher* e botou o VT3 no ar".

Os técnicos mexicanos só puderam reclamar e os jogos seguiram em frente. Nos bastidores da Globo, o episódio só voltaria a ser assunto às vésperas da Olimpíada de Moscou, em 1980, como justificativa para uma determinação de Alice-Maria impossível de ser seguida: diante da chance de "João do Pulo" agora ganhar a medalha de ouro olímpica, para evitar um novo susto na transmissão, e comprovando sua conhecida obsessão com o controle de qualidade do que ia ao ar, Alice queria saber a hora exata do salto triplo para abrir uma brecha na programação da Globo.

O locutor Luciano do Valle*, que ia ser um dos narradores daquela olimpíada, determinado a "quebrar uma cultura dentro da Globo que não tinha ideia do que acontecia numa olimpíada", disse que tentou ponderar:

– Alice, não tem jeito. O atleta vai, olha, pula, não pula, desiste. Vem outro e faz o mesmo. Não tem como saber o momento exato.

– Mas tem que avisar que a Globo quer que ele pule em tal hora.

– Está bom, Alice. Então você manda para o Comitê Olímpico Internacional um telex dizendo que ele tem que pular tal hora.

Telex, por sinal, era apenas um dos tormentos inerentes às transmissões via satélite dos anos 1970, algo incompreensível para quem, nos anos 2020, poderia conversar com qualquer pessoa, ao vivo, em qualquer parte do mundo, por quanto tempo quisesse, através de um celular. Eventos ao vivo, naquela época, eram empreitadas que não combinavam com a mentalidade perfeccionista de Alice-Maria e, claro, de Boni. Mais ainda pelo fato de serem projetos então incapazes de gerar grandes receitas publicitárias que compensassem seu alto risco operacional. Luciano*, em 2007, descreveu a "cultura" que o levaria a deixar a Globo alguns anos depois:

"Se hoje é rígida a grade da Globo, naquela época não mudava nem se caísse chuva de canivete. O Boni não abria espaço realmente para nada, absolutamente nada. E eu gostava dos outros esportes, não era só boleiro".

A falta de intimidade do comando da Globo com o negócio das transmissões esportivas internacionais já havia levado a emissora a confiar no ditado "deixa do jeito que está para ver como é que fica" e acabar sendo cobrada por prática de pirataria nas Olimpíadas de Munique, em 1972.

Na negociação dos direitos de transmissão, considerando os valores pedidos pelos organizadores, muito altos e incompatíveis com o potencial do mercado brasileiro da época, o representante da Globo, não identificado por Leonardo Gryner ao lembrar os acontecimentos, fez um pedido enxuto, explicando que o

Brasil só se interessava por "esporte que tem bola, e, mesmo assim nem todos". O alemão, do outro lado da mesa, segundo o relato de Gryner, quis confirmar:

– Então está bom, o resto não interessa para vocês?

– Não, não interessa nada, pode cortar. Não vamos transmitir nada, natação, tênis. Nada disso interessa ao Brasil.

Às vésperas da olimpíada, Luciano do Valle, Geraldo José de Almeida, Ciro José e Luiz Carlos Sá foram para Munique com a missão de cobrir os jogos do futebol olímpico brasileiro e um outro esporte com bola ainda a ser definido. De cara, no entanto, a seleção olímpica, como mostrou o "resumão" do jogo transmitido de Munique, já perdeu para a Dinamarca por 3 x 2. Boni, do Rio, convicto de que o time perderia o jogo seguinte para a Hungria, como acabou perdendo, cancelou a transmissão do futebol e acabou fazendo história mais uma vez na televisão brasileira, ao mandar Luciano do Valle, falecido em 2014 aos 66 anos, narrar os jogos do time brasileiro de basquete.

"A primeira transmissão de um jogo de olimpíada foi feita nesse dia: eu e Ciro José, Brasil e Cuba, basquete masculino. O Brasil ganhou o primeiro tempo com 23 pontos de diferença e conseguiu perder o jogo. Foi a primeira transmissão de uma olimpíada. E não estou falando de resumo. Falo do jogo inteiro."

O basquete também acabou indo mal e terminando em sétimo lugar, bem abaixo do esperado, numa olimpíada em que, nas palavras Luciano, "até cachorro assobiava os hinos dos Estados Unidos e da União Soviética, de tanta medalha", e na qual o Brasil, com apenas duas de bronze, uma no atletismo e outra no judô, terminou na quadragésima primeira posição, empatado com a Etiópia, entre 48 países que subiram ao pódio. Nem mesmo uma história emocionante sobre o trágico atentado terrorista à delegação israelense que marcou aquela olimpíada Luciano teria para contar:

"Eu estava a setecentos metros do atentado, com o Edvar Simões, que era um jogador do Brasil e tinha quebrado a mão e estava fora da delegação. A gente tinha ido a uma boatezinha chamada Yellow Submarine, que tinha tubarões em volta, um negócio lindo. Eram três e dez da madrugada quando aconteceu e nós estávamos a setecentos metros do local. Mas não ouvimos absolutamente nada. A gente podia até cascatear, falar, mas não vimos nada".

Acontece que, no Rio, alguém da Globo que Leonardo Gryner também não quis identificar, sabendo que a central técnica do consórcio europeu de televisões responsável pela geração do boletim diário dos jogos de Munique ficava em Madri, em conversa com outra pessoa com poder decisório na emissora igualmente não identificada por Gryner, achou que tinha encontrado uma maneira de os brasileiros poderem assistir às façanhas de Mark Spitz, fenômeno de sete medalhas de ouro na natação, e de Olga Korbut, estrela da ginástica olímpica, entre outros destaques daquela olimpíada nos esportes olímpicos que não usavam bola:

– Bom, espera aí, a gente pode pegar todas essas imagens que estão lá em Madri. Os alemães não estão vendo isso, a gente pega esse material todo e vamos colocar no ar. Como é que o alemão vai saber que a gente transmitiu uma natação ou outra, uma ginástica ou outra?

– É verdade.

Logo com os alemães.

O acerto da conta salgada das horas de transmissão que a Globo não podia transmitir ainda seria motivo de uma sofrida negociação entre a emissora e os alemães três anos depois, em 1975, quando Leonardo Gryner foi contratado para modernizar o sistema de produção da Central Globo de Jornalismo.

Armando Nogueira, a propósito, não gostava nem de considerar a Olimpíada de Munique uma cobertura de verdade da Globo:

"Nós conseguimos direitos, realmente; nossa primeira olimpíada pra valer mesmo, foi a Olimpíada de 1976, em Montreal, quando fizemos um acordo para exibir o material da ABC no Brasil e tínhamos gente nossa lá para selecionar o que nos interessava".

Tudo pago, bonitinho.

O mistério de Zandvoort

No dia 22 de junho de 1975, ainda faltavam seis anos para Galvão Bueno, ícone de quarenta anos de hegemonia absoluta da Globo na transmissão de eventos e programas esportivos, amado por muitos e odiado por outros tantos, começar a trabalhar na emissora, quando seu antecessor na cobertura da Fórmula 1, Luciano do Valle, e o comentarista Ciro José, depararam-se, segundo Luciano*, com um problema recorrente, daquela vez na cabine de transmissão do autódromo de Zandvoort, durante o Grande Prêmio da Holanda.

O vento, mais uma vez, tinha levado as anotações de Ciro sobre as posições dos pilotos na corrida, entre eles o então bicampeão Emerson Fittipaldi, da McLaren, o irmão Wilson Fittipaldi Jr., correndo pela equipe Copersucar, e José Carlos Pace, da Brabham. E com um agravante: o nevoeiro da praia, situada a pouco mais de duzentos metros de distância, tinha tomado conta do autódromo e os dois não tinham a menor noção do que estava acontecendo na pista.

Era um tempo em que soaria como ficção científica, para qualquer telespectador, poder um dia acompanhar, ao vivo, como aconteceria a partir dos anos 2010, imagens em alta definição de tudo o que acontecesse com todos os pilotos e carros, do primeiro ao último colocado, da bandeirada à linha de chegada, em todos os pontos e ângulos da pista, com tudo, ou quase tudo, que os pilotos dissessem e ouvissem durante a corrida.

Na Fórmula 1 dos anos 1970, as imagens ainda analógicas da transmissão, dependendo do autódromo, eram captadas por meia dúzia de câmeras que mal conseguiam mostrar o que acontecia na disputa das primeiras posições. Na tela da TV, os carros muitas vezes eram distantes manchas embaçadas quase sem cor que só os fanáticos por automobilismo conseguiam identificar. As vozes de Luciano e Ciro chegavam à central técnica da Globo no Rio por uma ligação telefônica na qual o som ambiente era semelhante ao de um enxame de abelhas enraivecidas. Naquele dia, com o agravante do nevoeiro de Zandvoort, o mais preciso seria classificar a atividade de Luciano como uma transmissão de rádio:

"Depois de vinte minutos de transmissão, eu olhei para o Ciro, o Ciro olhou para mim, como quem quer dizer: 'Quem está na frente? Quem está andando? Quem está na pista?'. Aí ele fez um sinal de que ia descer até o boxe da McLaren e perguntar".

Ambos tinham, por força da presença de Emerson na equipe, uma boa relação com o então chefe da McLaren, o americano Teddy Mayer:

– Teddy, como está a corrida? Quem está na frente?

– Se você souber me avisa porque eu também não estou sabendo de coisa nenhuma. Eu sei que nós estamos andando bem, devemos estar na frente.

Ciro voltou para a cabine e Luciano passou aquela informação para o Brasil com uma frase impensável nas futuras transmissões das corridas de Nelson Piquet e Ayrton Senna:

– Há uma perspectiva de que o Emerson esteja na frente.

E o pior é que não estava. Emerson, que largara em sexto lugar, nunca chegara a ser o líder e abandonaria antes do final aquela corrida, vencida pelo inglês James Hunt, seguido de Niki Lauda e Clay Regazzoni.

Um ano depois daquela transmissão às cegas no nevoeiro de Zandvoort, Ciro José viveria uma situação oposta no Circuito de Zolder, momentos antes da largada do GP da Bélgica, em 16 de maio de 1976. Tinha nas mãos uma imagem histórica, captada num barracão do *paddock* pelo cinegrafista Orlando Moreira, e que não teve coragem de mandar para o Brasil: Emerson, à época já correndo pela equipe da família Fittipaldi, após deixar a competitiva McLaren, tivera "uma tremenda crise de choro" após não conseguir um tempo de classificação que colocasse seu Copersucar FD04 entre os 26 carros que largariam. Era a primeira de uma série de amarguras do bicampeão na equipe brasileira de Fórmula 1. Tudo gravado de perto por Orlando.

"Foi a primeira corrida em que ele não conseguia se classificar. O Orlando filmou, claro, mas eu conhecia o Emerson desde moleque, comecei a fazer cobertura de automobilismo com o pai dele, Wilson Fittipaldi. Aí ele me pediu pra não mostrar e a gente inutilizou aquilo, não mostrou."

As armadilhas da cobertura da Fórmula 1 na base do "olhômetro", antes da chegada da telemetria e da tecnologia digital ao esporte, ainda continuariam por alguns anos, incluindo o de 1982, quando Galvão Bueno estreou como narrador da Globo cometendo um erro constrangedor, no final do Grande Prêmio da África do Sul. Prejudicado pela falta de visão decorrente de um ponto cego entre a cabine de transmissão e a saída dos boxes do circuito de Kyalami, Galvão, que naquele dia também estreava a parceria de décadas que faria com o comentarista Reginaldo Leme, voltou para o Brasil achando que seria demitido por Boni: tinha narrado a vitória do argentino Carlos Reutemann, da Williams, segundo colocado, e não do francês Alain Prost, da Renault, verdadeiro vencedor da prova, que, para Galvão, estava uma volta atrás.

Infância pobre

O nome do programa, no ar pela primeira vez em 8 de dezembro de 1973, era *Esporte Espetacular*, mas, nos primeiros tempos, não era difícil concluir que, quase sempre, o que aparecia na tela não era esporte nem espetacular. Recheado de excentricidades importadas prontas dos Estados Unidos e legalmente "chupadas" do programa *Wide World of Sports* da rede ABC – como torneios de cama elástica, disputas de queda de braço entre caipiras americanos, rodeios, festivais de demolição de carros e competições pouco estimulantes no Brasil tropical como patinação no gelo, esqui e polo –, o *Esporte Espetacular* de meados da década de 1970 era um retrato da falta de prestígio interno da equipe embrionária do departamento que se tornaria uma central poderosa e milionária nos futuros organogramas da Globo.

Dia e horário de exibição? Aí dependia. Segundo Ciro José, o *EE* era um "primo pobre" ao qual era imposto o pecado maior que se podia cometer no ramo de televisão, antes da invenção dos conteúdos *on demand* do século 21: a mudança constante de posição na grade de programação, ao sabor das necessidades da direção de programação e não do departamento de esportes:

"Qualquer coisa, mudava de horário. Era no sábado, passava para domingo, voltava para sábado, ia para sábado à noite. Aí, a gente ia gravar o programa e encontrava dificuldade de estúdio, dificuldade de todo lado, naquela época. Sobravam pra nós brechas de estúdio e gravação às quatro e meia da manhã no Teatro Fênix".

Fora os gols importantes, reportagens sobre futebol, conteúdo que seria obrigatório em se tratando de Brasil, eram uma raridade do *EE* e também nos telejornais da Globo. Primeiro porque não existia uma cobertura regular como a que seria fartamente alimentada, no futuro, pelas virtuais emissoras que a Globo montaria e desmontaria semanalmente, em questão de horas, nos estádios do país, para transmitir os jogos. Em segundo, em razão do que Ciro chamou de "produção nacional zero", reflexo da falta crônica de câmeras e microfones para que os repórteres e cinegrafistas do departamento de esportes pudessem sair em campo e produzir algo semelhante ao que os jornais impressos faziam diariamente em suas editorias ou cadernos esportivos. Na lembrança de Leonardo Gryner*, as aparências da redação de esportes da Globo nos anos 1970 enganavam:

"Tínhamos uma redação, uma chefia de reportagem, com repórteres e tudo mais. Mas aí alguém pedia uma câmera para cobrir um treino. Deu, deu. Se não deu, o repórter ficava na redação e a gente ficava lá esperando. Não tinha o que fazer".

Restava ao *EE* providenciar uma narração em português para os conteúdos comprados da ABC que já chegavam à redação editados e que levavam até Luciano do Valle, um admirador do automobilismo, a se exasperar com a quantidade de corridas em circuitos ovais dos Estados Unidos, como a famosa Daytona 500, na qual a ausência de personagens brasileiros, no *cockpit* dos carros ou nos boxes, era total:

"A gente não aguentava mais ver aquele piloto, Dale Earnhardt. Aquilo não tinha nada na época a ver com o Brasil. Os ídolos do Brasil eram outros".

Um assunto recorrente do programa irritava Boni de forma especial, de acordo com Ciro José:

"Tinha um torneio que os americanos adoravam: serrar toras de madeira. Ficou marcado. Na reunião de segunda-feira com o Boni, ele arrebentava a gente. Ficava incomodado com aquele negócio e dizia: 'Tira essas coisas. Vamos começar a fazer coisas nossas aqui'".

A ideia era essa mesmo. Mas ia demorar alguns anos até que o *Esporte Espetacular* passasse a ocupar um lugar sagrado na grade de programação das manhãs de domingo da Globo, com praticamente 100% de produção própria, só cedendo espaço para eventos ao vivo também sob responsabilidade do departamento de esportes, como o Mundial de Fórmula 1 e outras competições que se tornariam uma fonte de receita publicitária, com certeza espetacular, só superada, em faturamento e rentabilidade, pelas novelas da emissora.

Fuzis e marmelada

O almoço com Roberto Marinho e Boni, no restaurante do décimo andar da sede do Jardim Botânico, em meados de 1976, tinha sido um pedido de João Havelange, então ainda tomando pé como presidente recém-eleito da Fifa.

Havia uma apreensão crescente com o risco de a Argentina não ter condições técnicas de transmitir os jogos da Copa do Mundo de 1978 em cores para o resto do planeta. Antes daquele encontro, Havelange tivera outro, com o general Jorge Rafael Videla, chefe da junta militar que tomara o poder na Argentina em março daquele ano.

Em sua primeira Copa como presidente da Fifa, ainda ameaçado pela oposição dos dirigentes europeus que tinha derrotado de forma surpreendente no congresso da entidade em 1974, Havelange estava determinado a fazer com que o caderno de encargos relacionado às transmissões da Copa de 1978 fosse rigorosamente cumprido pelos argentinos. Ao mesmo tempo, resistia gelidamente à intensa campanha internacional de boicote ao mundial, em protesto contra a ditadura, mesmo sabendo que o risco de o sinal dos jogos não sair do solo argentino era real e iminente.

Havelange queria uma ajuda cuja contrapartida, implícita, à parte a relação próxima que já tinha com Roberto Marinho, contribuiria para que a ligação entre a Fifa e a Globo jamais sofresse abalos durante os trinta anos de domínio absoluto que ele teria, não sem controvérsias, sobre o negócio bilionário em que o futebol mundial se transformaria.

Na outra ponta da mesa, depois daquele almoço, Roberto Marinho e Boni também sabiam que a televisão estatal argentina, apesar do grande investimento feito a toque de caixa para a Copa, não estava conseguindo resultados satisfatórios no *upload* para o satélite Intelsat, a partir do complexo de transmissão da emissora ATColores, à época protegido pelos militares como se fosse um *bunker* e situado num dos bairros mais luxuosos de Buenos Aires. A exemplo de Havelange, Marinho e Boni também não estavam especialmente sensibilizados com a ditadura que estava começando do outro lado da fronteira. A falta de entusiasmo com o assunto, segundo Boni*, tinha outro motivo:

"Nós tínhamos era uma certa má vontade, dentro da velha rivalidade com a Argentina".

A parceria que acabaria se concretizando no apoio técnico que a Globo daria ao processo de integração das antenas da estação repetidora da Embratel de Foz de Iguaçu ao sistema de transmissão dos jogos daquela Copa não permitia, no entanto, a conclusão de que a Globo, embora à época muito à frente das emissoras argentinas, estivesse totalmente livre dos imprevistos e armadilhas das transmissões via satélite. Ainda naquele ano, por exemplo, na disputa entre Polônia e Rússia pela medalha de outro do vôlei masculino da Olimpíada de Montreal, os telespectadores brasileiros ficariam sem as imagens da final emocionante de um jogo de triste memória para Leonardo Gryner:

316 · A GLOBO | VOLUME 1

"Não tinha tanto satélite disponível e muitas vezes você perdia uma transmissão por não ter disponibilidade de satélite. Aquele jogo, um 3 x 2 disputadíssimo, durou cerca de quatro horas e quarenta minutos, numa época em que não havia *tie-break*. Quando chegou no quinto set decisivo, jogo empatado, 2 x 2, acabou o satélite, não tinha satélite. A gente só teve como mostrar no dia seguinte".

Também não estavam tão distantes os tempos incertos em que, segundo Gryner, um bom estoque de caixas de bombom fazia parte do arsenal de argumentos dos técnicos e engenheiros da Globo para garantir, com as telefonistas internacionais da Embratel, uma linha telefônica confiável durante as transmissões via satélite para o Brasil. Fosse para a narração e os comentários ao vivo dos enviados da emissora ao exterior, durante os jogos, ou para a gravação de *audiotapes*, boletins noticiosos para o *Jornal Nacional* só com a voz de correspondentes, como os que Sandra Passarinho mandara de Portugal durante a Revolução dos Cravos, em 1974.

Diferentemente do que tinha acontecido na cobertura da Copa anterior, a de 1974 – quando a pequena equipe da Globo enviada à Alemanha ainda contou com improvisações como o namoro fulminante do cinegrafista Orlando Moreira com uma jovem editora da TV alemã que garantiu, segundo ele, a custo zero, um pacote quase diário de imagens em câmera lenta das partidas do mundial –, a estrutura montada pela emissora na Argentina em 1978 marcou, depois de seis meses de planejamento, o início das grandes coberturas esportivas da Globo, tanto nos aspectos técnicos e operacionais quanto no conceito jornalístico.

Uma equipe de 63 profissionais da emissora foi enviada para a Argentina para uma cobertura que, além de Ciro José e outros pioneiros, contava com o experiente radialista Pedro Luiz Paoliello, sucessor do diretor de esportes Júlio Delamare, morto na queda do Boeing da Varig perto de Orly em 1973, e com o jornalista Hedyl Valle Jr., que, embora não conhecesse televisão, usaria sua experiência nas redações do *Jornal do Brasil* e da Editora Abril para inaugurar uma geração de repórteres, produtores e editores que profissionalizaria o departamento, até então não muito exigente, segundo Gryner, no que dizia respeito à qualificação de seus contratados.

O problema, naquela Copa, era o que contar e o que filmar num país que, enquanto lotava arenas do futebol na superfície, assassinava e torturava presos políticos nos porões do regime e em endereços sinistros como o da Escola de Mecânica da Armada, situada a menos de um quilômetro do estádio do River Plate, em Buenos Aires. Para trabalhar naquele ambiente estranho que misturava a paixão dos argentinos pelo futebol com o peso da opressão política, a Globo convocou, pela primeira vez, os chamados "repórteres de rede", eleitos por Alice-Maria e que normalmente não cobriam esportes.

A novidade, um tiro certeiro em termos de audiência que se repetiria nas coberturas da emissora em todas as copas e olimpíadas das décadas seguintes, apesar do que Gryner chamou de "ciumeira danada" da equipe de esportes, garantiria espaços cada vez mais generosos nos telejornais para reportagens que não olhavam apenas para o que acontecia durante os jogos, mas para o público, o país, o entorno humano da competição, despertando o interesse de um grande contingente de telespectadores que só acompanhavam futebol durante as copas.

No caso de Chico José, um dos repórteres de rede enviados para a Copa de 1978, o que fez diferença, na hora de cobrir os acontecimentos do grupo da seleção argentina, às vésperas do jogo de abertura contra a Polônia, foi seu estilo destemido de trabalhar. Para que o cinegrafista Newton Quilichini conseguisse imagens do último treino dos poloneses, num campo de futebol abandonado de Buenos Aires então guarnecido pela polícia, Chico* disse que subornou um vigia para que pudesse montar, a uma distância boa para a filmagem do treino, uma espécie de cabine de madeira na qual ele e Newton pudessem se esconder. Depois de pronta, Chico disse ter besuntado a cabine com cola de sapateiro, para despistar os cães do exército argentino, no caso, os cães farejadores do exército argentino. Deu certo: Chico e Newton foram os únicos jornalistas a conseguirem imagens do treino.

Outra valentia de Chico foi a abordagem que ele fez ao próprio ditador Jorge Videla, na tribuna de honra do Estádio Gigante de Arroyito, em Rosário, no dia 21 de junho, logo depois da histórica e controversa goleada em que a Argentina, por conta de um suspeitíssimo atraso de duas horas e meia no horário da partida contra o Peru, entrou em campo sabendo que precisava dos quatro gols que efetivamente marcou para seguir em frente na competição, desclassificando o Brasil, que horas antes vencera a Polônia por 3 x 1. Sem pedir permissão e acompanhado por um cinegrafista, Chico conta que entrou na área reservada da tribuna e, ao ser detido pelos seguranças, gritou para Videla:

– General, nós somos da televisão do Brasil, queremos falar com o senhor.

Videla então fez um sinal para os seguranças para que eles permitissem a aproximação de Chico, que teve tempo até para os ajustes de câmera antes de perguntar, gravando, se aquela goleada que acabava de acontecer não fora "um resultado falso". A resposta irônica o próprio Chico reconheceu que o general só deu porque a Argentina tinha vencido a partida:

– Não, vocês já ganharam muitas vezes.

Juarez Soares*, falecido em 2019 aos 78 anos, era um dos repórteres da equipe de esportes da Globo naquela Copa. Fugindo do padrão predominante da categoria, a exemplo de Chico José, também não tinha medo de autoridades e fazia perguntas sobre temas que extrapolavam as quatro linhas do futebol;

lembrou, em sua entrevista, cada palavra do então técnico brasileiro Cláudio Coutinho, na entrevista que ele deu logo após o jogo que jamais se descolaria da qualificação de "marmelada":

– Eu quero fazer uma declaração a respeito do jogo Argentina e Peru. Este jogo foi uma vergonha. Foi um jogo imoral. Eu quero ver a reação dos jogadores argentinos quando tocar o hino e eles estiverem cantando na final, se eles tiveram méritos para chegar à final da Copa do Mundo.

Era o início de um longo período em que o jornalismo esportivo da Globo cresceria em profissionalismo, estrutura, qualidade de produção e competência da equipe, especialmente nas copas e olimpíadas, sob o guarda-chuva editorial da Central Globo de Jornalismo. Até seus conteúdos, aos poucos, começarem a gerar conflitos de interesse reais ou potenciais com os contratos cada vez mais poderosos da área comercial da emissora, e que em outubro de 2016 levariam a empresa a criar uma nova estrutura para a área de esportes sob a liderança de Roberto Marinho Neto e completamente separada do jornalismo.

João Havelange morreu treze anos depois de Roberto Marinho, em 16 de agosto de 2016, aos 100 anos, durante a Olimpíada do Rio. O velório e o enterro mereceram uma reportagem discreta de cerca de dois minutos no *Jornal Nacional*, sem maiores detalhes sobre as acusações de corrupção que se avolumaram contra ele após sua saída do comando da Fifa, em 1998.

Grita comigo que eu gosto

Adriana Esteves ainda não tinha garantido seu lugar de honra na galeria das grandes interpretações da dramaturgia da Globo como a "Carminha", de *Avenida Brasil*, ou a inesquecível protagonista de *Dalva e Herivelto: Uma Canção de Amor*, quando, confundindo horários por causa de um bebê pequeno para cuidar em casa, chegou atrasada ao Projac, sem texto decorado e mascando um chiclete. Era para gravar cenas da geniosa "Catarina", personagem da novela *O Cravo e a Rosa* que, ao longo do ano 2000, a resgataria de um período difícil da carreira que incluíra até uma depressão com afastamento do trabalho.

– Tira esse chiclete da boca!

O grito era de Walter Avancini, falecido em 2001 aos 66 anos, um dos mais temidos de uma geração de diretores cujos métodos autoritários e às vezes truculentos dirigidos principalmente às mulheres, talento de ambos os lados à parte, inspiraram mitos e produziram episódios de drama e medo, além de uma espécie de masoquismo profissional que foi moda nos estúdios da Globo ao longo dos anos, pelo menos até o *compliance* e as políticas contra assédios de toda espécie serem implantadas pela emissora a partir dos anos 2010.

– Você não vê o que está fazendo? Você deixa todo mundo tenso! Ninguém mais quer trabalhar com você! Tá todo mundo nervoso!

A reação também aos gritos de Adriana*, antes de cair no que ela descreveu como "uma choradeira danada", surpreendeu a todos e também a Avancini, que deu um olhar de 360 graus para a equipe do estúdio e perguntou:

– O que ela está falando é verdade? Ninguém mais quer trabalhar comigo? Está todo mundo tenso?

Para a surpresa de Adriana, à exceção de um discreto gesto de apoio com a cabeça de Ney Latorraca, intérprete do personagem "Cornélio Valente", todos deram as costas para ela:

"Todo mundo ficou com medo dele. Aí fiquei arrasada. Eu sei que depois disso ele vinha, passava pela maquiagem pra ver onde é que eu estava, pra ver se eu tinha ficado mais pianinho. Mas foi maravilhoso".

Àquela altura, Avancini era um homem temperado pelos 65 anos de idade e provavelmente já enfrentava o câncer de próstata que tiraria sua vida cerca de um ano depois. Um quarto de século antes, em 1975, aos 40 anos, no comando da novela *Gabriela*, era um diretor tão temido que a atriz Nívea Maria, intérprete da personagem "Jerusa", sentiu-se obrigada a proteger a jovem estreante Elizabeth Savala, 19 anos, a "Malvina" que fez com Nívea, na novela, uma dupla de amigas que encantaria os brasileiros:

"Eu vi a Savala sofrer como eu já tinha sofrido na mão do Avancini. Então, eu dei colo, dei muito colo para a Savala. Já me sentia uma veterana para dar colo para a Savala e dizer: 'Fica quietinha, é assim mesmo, o carrasco é assim mesmo, mas você vai ver o resultado do seu trabalho'".

Previsão certeira: o desempenho, o corte de cabelo, o figurino e a história da personagem "Malvina", uma jovem ousada que desafiava o conservadorismo da sociedade de Ilhéus, transformaram Savala numa estrela instantânea e levaram Avancini a convocá-la para viver a personagem "Pilar" na novela *O Grito*. E, mesmo ainda com muito medo do diretor, Savala* conta que preferiu abrir mão do convite que diz ter recebido para fazer a protagonista da novela *Anjo Mau*, que consagraria Susana Vieira, só para continuar sendo dirigida por ele.

Havia, no entanto, um problema: recém-casada com o ator Marcelo Picchi, Savala estava grávida e a "Pilar" da novela era virgem. Até ter coragem para conversar com Avancini sobre a gravidez, a atriz tentou esconder o quanto podia de todos, no estúdio, os enjoos e vômitos da gravidez, com a ajuda cúmplice de uma camareira. E, quando já não era mais possível fingir, tomou coragem, foi até o *switcher* da novela acompanhada do marido e arriscou:

– Avancini, tenho uma coisa pra te contar.

– Fala...

– Estou grávida.

Na lembrança de Savala, o fone de comunicação com o estúdio despencou das orelhas de Avancini e ele ficou olhando para o nada como se estivesse "contando até quinze", antes de voltar ao que estava fazendo e responder:

– Vê se não vai engordar!

Regina Duarte, que foi levada pelo próprio Avancini a estrear na teledramaturgia com a novela *A Deusa Vencida*, na TV Record, em 1965, conta, no livro *O último artesão: Walter Avancini*, de Ângela Britto, que foi também com ele que viveu um dos maiores traumas de sua carreira:

"Passei por uma experiência traumática, terrível, com ele. Era um grande monólogo, de vinte e tantas páginas. Até então, nunca tinha tido mais do que oito, dez falinhas de uma linha. Recebi o texto numa quarta para gravar na segunda. Entrei em pânico, não conseguia decorar, me deu um bloqueio".

A atriz diz no livro que a cena começou a ser gravada às seis da tarde e, às dez da noite, ela ainda ela não tinha conseguido. Avancini, por sua vez, não queria parar e a tensão chegou a um ponto tal que Regina, "com o elenco todo olhando", já não conseguiu concluir a cena nem gravando o monólogo em partes. E, em mais uma tentativa, ao chegar na parte do texto em que tinha de chorar, Regina chorou, mas não parou de chorar, compulsivamente, por cerca de duas horas, fazendo Avancini enfim aceitar a remarcação da cena para o dia seguinte. O diretor José Luiz Villamarim, em entrevista a este autor, contou que foi outra testemunha do efeito de Avancini no comportamento do elenco:

"Eu lembro de encontrar com atores correndo, aflitos, com medo de chegar atrasados porque era Avancini quem dirigia. Se fosse outro diretor, eles chegariam atrasados".

Ney Latorraca* diz em sua entrevista que Avancini "enlouquecia todo mundo", dirigia "até o pessoal da limpeza", fazia reuniões que duravam "horas" com os operadores de câmeras do estúdio, não abria mão da exigência de que elenco decorasse os diálogos, proibindo as "colas" que os atores tentavam esconder dentro dos sapatos, e não autorizava, de jeito nenhum, que eles usassem cristal japonês, produto à base de cânfora que estimula o surgimento de lágrimas nos olhos em cenas de choro ou emoção. Para descrever o jeito que Avancini tinha de se relacionar com o elenco, Latorraca reconstituiu como o diretor começou uma conversa que os dois tiveram durante a novela *O Cravo e a Rosa*:

– Engraçado, você não é ator.

– Por que então você está comigo? Eu sou o ator que mais trabalhou com você.

– É porque quando eu falo assim você se irrita. Aí você faz como eu quero, aí você fica bem chateado, aí você rende.

– É claro. E a minha vontade é pegar você pela garganta.

Os atores da Globo, e não apenas as atrizes, também precificavam o temperamento e as explosões autoritárias de diretores como Avancini, no balanço sempre derramado que acabavam fazendo da relação com eles nos bastidores. Um deles, Cláudio Cavalcanti*, falecido em 2013 aos 73 anos, lembrou que Avancini não deixava os atores nem se sentarem no estúdio, exigindo a presença do elenco no set com grande antecedência. Mas concluía:

"Era um homem muito, muito rígido, mas um artesão extraordinário".

Avancini não reinava sozinho. A chamada "escola do grito" incluía Daniel Filho, claro, Paulo Afonso Grisolli, Paulo Ubiratan e vários futuros diretores, entre eles, por exemplo, Ricardo Waddington, cujas grosserias por pouco não inviabilizaram a carreira de José Luiz Villamarim, primeiro como diretor de novelas e minisséries, e depois, a partir do final de 2020, como diretor de dramaturgia dos Estúdios Globo.

Em julho de 1993, escandalizado com a "lei do grito" que imperava nos bastidores de *Sex Appeal*, novela em que estreava como assistente de direção, Villamarim contou, em entrevista a este autor em 2024, que desistiu de televisão e voltou para a vida em torno do cinema *cult* que deixara para trás em Belo Horizonte:

"Foi uma péssima experiência com o modo como ele se impunha, gerando insegurança e medo na equipe. E a equipe inteira recebia esse tratamento naturalmente. Depois, para a minha surpresa, já de volta a Belo Horizonte, fui surpreendido por um convite do próprio Ricardo Waddington para trabalhar na novela *Olho no Olho* como assistente de direção".

Paulo Ubiratan era um diretor que "brigava com a própria sombra", segundo o ator Elias Gleizer; e Herval Rossano, de acordo com José de Abreu, costumava até reescrever os textos que os autores mandavam para a produção, num estilo que o amigo e admirador confesso Cláudio Cavalcanti comparava ao do personagem "Rodrigo Cambará", do romance *O tempo e o vento*, de Erico Verissimo, e cujo bordão era: "Sou forte, brigo bem e Deus me ajuda".

Elias Gleizer*, alertado sobre o temperamento de Herval às vésperas do primeiro trabalho com ele, disse em sua entrevista que foi para o estúdio contando com o fato de lutar judô e de ter um físico moldado pela prática de remo e de arremesso de peso. Mas não precisou:

"No primeiro dia de gravação, ele gritava, eu fazia, ele gritava, eu fazia. Aí, a gente ficou amigo. Quer dizer, não aconteceu nada com o Herval. Na verdade, quando ele gritava, geralmente ele tinha razão, porque estava faltando alguma coisa mesmo. Então, você tem de reconhecer isso".

Quem não tinha músculos ou cacife para brigar com Herval no estúdio enfrentava situações difíceis como as que o figurinista Lessa de Lacerda viveu em 1981 no set de *Terras do Sem Fim*, adaptação problemática do romance homônimo de Jorge Amado que Lessa considerou "muito confusa, muito louca" e que Boni tirou do ar antes que completasse noventa capítulos, oficialmente por causa de restrições da Censura à sensualidade dos personagens, considerada imprópria para o horário das seis da tarde:

"Era uma novela completamente tensa. Tinha berros, gritaria. Eu lembro que, quando gritavam com o figurino, eu saía correndo, me trancava dentro do armário. Pensava assim: 'Eu não vou responder nada. O que eu estou fazendo aqui?'. Eu estava fazendo uma faculdade de comunicação visual e, de repente, fui parar no meio daquela gritaria. Um dia, virei para uma figurinista e falei: 'Eu vou ali fora. Vou comer um quibe e já volto'. Peguei minha bolsa e fui embora. Só voltei no ano seguinte para fazer outra novela".

O chamado "Cafofo da Margô", seção de almoxarifado que servia aos estúdios A, B e C do Jardim Botânico, antes da transferência de toda a dramaturgia da Globo para o Projac, em 1995, era também, como contou em entrevista ao autor a cenógrafa Juliana Carneiro, uma espécie de refúgio onde mulheres integrantes das equipes de produção e sem o poder das estrelas do elenco da emissora tentavam se proteger ou se recuperar da fúria dos diretores de novela.

– Este cenário está uma merda!

Em 1982, quando o diretor Roberto Talma reagiu, aos gritos, ao cenário de tribunal montado por Juliana em cima da hora no Estúdio A, chegando a puxar para o chão algumas cortinas que, exatamente como ele pedira, esconderiam as câmeras que captariam as cenas de um julgamento na novela *Sétimo Sentido*, a cenógrafa, então com 27 anos, mesmo acostumada com a gritaria da época, não aguentou e, aos prantos, foi se abrigar no "Cafofo da Margô", onde passou algumas horas tentando entender o que tinha feito de errado.

No final daquele dia, ao ser chamada pelo diretor ao *switcher*, depois da gravação no cenário que tinha ficado "uma merda" e ainda com o rosto marcado pelas horas de choro, Juliana encontrou um Roberto Talma completamente diferente, uma flor de pessoa:

– Ficou muito bom. Que cara é essa?

Foi quando Juliana, em suas palavras, "ligou o lé com o cré" e se deu conta de que, na equação dos acontecimentos daquele dia, tinha entrado um vetor então importante na relação dos homens poderosos da emissora com as mulheres: ela percebera, envergonhada com a própria ingenuidade, que o mau humor de Talma tinha relação com uma resposta que ela dera, dias antes, quando, ao aceitar um convite do diretor para os dois irem juntos para a festa de um amigo em comum em São Paulo, perguntou:

– Posso levar meu marido, o Ethmar?

Dependendo das fontes, a vida nos núcleos de dramaturgia da Globo nos anos 1970, pelo menos em 1976, não era só um consenso de artistas tolerantes entre si e dedicados à arte de dirigir ou interpretar. Ao documentarem um evento de lançamento da novela *Estúpido Cupido*, em São Paulo, os autores de *O ópio do povo* prestaram atenção ao comportamento e às palavras do diretor Régis Cardoso, que, segundo eles, "procurava se gabar, numa roda de jornalistas, gesticulando, falando alto e chamando atenção de uma morena enfiada num longo preto". E dizendo:

"Eu não sou como esses diretores por aí, tudo metido a vedete. Eu não invento coisa só pra aparecer, acabar gastando um dinheirão na produção e complicando tudo. Eu não atrapalho o autor. Meu negócio é fazer o que está escrito ali e mandar o pau na produção. Não tem essa de inventar. Você acha que eu estou ligando pra opinião de ator, de imprensa, sobre a qualidade da novela? Vai ver o Ibope dela no final".

O livro, depois de registrar o apelido de "Boi" dado a Régis nos estúdios da emissora, por sua "eficiência" e pelo fato de ele não cultivar "hábitos de estrelismo como Daniel Filho, nem de intelectualismo como Walter Avancini, do núcleo das 22 horas", acrescenta:

"Régis nem ganha tão bem como eles, que estão na faixa dos cem mil cruzeiros mensais. Regis alcançou este ano sessenta mil. E com sua eficiência, é o único dos quatro diretores do Núcleo de Novelas da Central Globo de Produções que dispensa codiretores. Faz tudo sozinho. Régis não badala, produz".

Daniel Filho, concentrado único de talento, poder e controvérsia nos bastidores da Globo durante décadas, também era personagem central de episódios marcantes que variaram do tóxico, à luz dos padrões da Globo do século 21, ao hilariante. Em 1997, ele não perdoaria a atriz Malu Mader*, protagonista da série *A Justiceira*, por ficar grávida e, de acordo com ela, descontou a raiva na hora das gravações em que ela precisou até usar cinta para disfarçar a barriga que lhe daria Antonio, segundo filho de seu casamento com o músico Tony Bellotto:

"Minha relação com Daniel nos episódios que se seguiram ficou muito comprometida. Foi um trabalho que eu não desejo ao meu pior inimigo. Fiquei à mercê de ser dirigida por uma pessoa que estava chateada comigo, e grávida, enjoando, e com sono. E tendo que pular, e rolar no chão, e subir escada correndo, e dar tiro, tudo muito violento, muito intenso, tudo em cima de mim".

Qual não seria a surpresa de Malu e de todos na Globo ao saberem, tempos depois, pela leitura da autobiografia de Daniel, *O circo eletrônico: fazendo*

TV no Brasil, que a gravidez da atriz tinha sido também uma espécie de salvação para o diretor, diante dos altos custos da produção da série:

"Foi uma bendita gravidez, porque estávamos numa enrascada e seria muito difícil contar as histórias programadas para *A Justiceira*".

Um ano antes, em 1996, Malu tinha vivido outra experiência extrema com Daniel no estúdio, agora como "Cilene", protagonista de "A Esbofeteada", personagem de um episódio do quadro "A vida como ela é", baseado no original de Nelson Rodrigues e então exibido no final do *Fantástico*. Em sua entrevista, em 2002, Malu* tinha na ponta da língua a história perturbadora de sua "Cilene" e do personagem de Cássio Gabus Mendes, "Sinval", namorado que ela rouba de uma amiga:

"É a história de uma moça que ouve a amiga falando que o namorado é muito agressivo, que bate nela e que começa a ficar meio seduzida por aquela imagem daquele homem que bate, que é agressivo, ciumento. Ela consegue roubar o namorado da amiga, só que, com ela, o namorado não é ciumento, não bate. Ela fica enlouquecida com aquilo e começa a provocar o ciúme no namorado, até que, no final, ele dá uma bofetada nela. Aí, ela cai no chão, bem Nelson Rodrigues, levanta e fala: 'Agora sim, meu amor, agora sim'. Acaba com eles transando e ela sendo esbofeteada na cama, feliz da vida".

O que Malu não sabia é que Daniel Filho tinha um plano para a cena da bofetada, relatado em detalhes em 2008 pelo próprio Cássio Gabus Mendes* em sua entrevista, bem depois, portanto, da entrevista de Malu. Antes de gravar, Daniel fez a marcação de cena de Cássio e em seguida conversou separadamente com Malu. Na volta, pouco antes de começar a gravar, falou de novo, mas só com Cássio:

– Eu marquei com ela três movimentos de cabeça. Eu disse a ela que você daria o tapa no terceiro movimento. Só que você vai esperar um pouco mais. Isso vai desarmá-la, ela vai ficar assustada com a demora, então você bate.

– Como assim?

– Não quero saber, dá a bofetada.

A gravação começou e Malu fez o que Daniel mandou que "Cilene" fizesse. Cássio também, com a pausa não combinada e o tapa que, segundo ele, deixou a marca de seus cinco dedos na nuca de Malu. Na continuação da cena, "Cilene" caiu no chão e, como mandava o roteiro, abraçou "Sinval" e comemorou:

– Agora eu sei que você me ama. Você me bateu! Agora sei que você está com ciúme, que você me ama.

Foi de primeira, como Daniel queria.

Malu deixou o estúdio chorando, segundo Cássio, "pelo susto que levou e pelo personagem". Ele a seguiu e a abraçou, de joelhos:

– Pelo amor de Deus, me desculpa! Meu Deus do céu, não foi culpa minha!

Os dois ficaram ali por um tempo, com Malu soluçando, segundo Cássio, "pela cena e pelo susto". Depois, como quase sempre acontecia na "era do grito", o balanço, pelo menos para Cássio, seria generoso:

"Ficou maravilhoso. Aquele foi um momento de apreensão em 'A vida como ela é', mas o resultado foi genial".

Dez anos antes da bofetada, durante as gravações da minissérie *O Primo Basílio*, considerada um dos seus melhores trabalhos e não por acaso uma produção na qual ele mergulhou de forma obsessiva e com grau exasperante de perfeccionismo, Daniel ficara tão intratável que chegou a ser advertido por José de Abreu, então dublê de personagem da minissérie e diretor-assistente, que poderia acontecer uma espécie de greve da equipe, caso ele não se controlasse:

– Daniel, nós estamos fazendo o melhor que nós temos. A Globo está dando o melhor. Fica calmo. Não chuta o pau da barraca que a gente não vai aguentar. A gente fez uma equipe de gente a favor. Não grita porque nós vamos embora. Ou você muda ou nós estamos pedindo demissão coletiva agora.

O ultimato, reconstituído por José de Abreu*, teve como resposta uma surpresa: Daniel começou a chorar, abraçou a todos na equipe e, a exemplo de outros diretores da "escola do grito", conseguiu mais um perdão consagrador, desta vez do mesmo José de Abreu, em 2015:

"O Daniel é gênio. O Daniel viu todos os filmes do mundo, é uma coisa louca. Ele é uma pessoa fora dos parâmetros normais. Ele não é normal. A dor e a delícia de trabalhar com o Daniel Filho, quem trabalhou sabe o que é. Agora ele mudou, está velho. Quando a gente fica velho, a gente fica mais amolecido".

Milton Gonçalves, que nem sempre foi lembrado por seu trabalho com o diretor ao longo da carreira na Globo, diferentemente dos integrantes da "escola do grito", tinha orgulho da calma e da tranquilidade que fazia questão de manter no estúdio:

"Não se dava um grito no estúdio. Eu sou contra diretor histérico, que fica aos berros. Se está aos berros é porque não preparou antes. Não acredito em diretor gênio que chega no estúdio, abre o script e dirige. Não! Tem que estudar. Tem que saber onde sai, por onde sai, o que está acontecendo e o que vai acontecer".

A turma do grito teria, no diretor Luiz Fernando Carvalho, em pleno século 21, um herdeiro tão anacrônico quanto radical. E foi mais uma vez a agora veterana Juliana Carneiro, então completando 25 anos como cenógrafa de novelas e minisséries da Globo, e designada para trabalhar em *Dois Irmãos*, minissérie da emissora dirigida por ele em 2017, quem se viu diante do que chamou de "exigências absurdas". A começar pela obsessão de Carvalho com o jardim da casa dos gêmeos Omar e Yaqub do romance de Milton Hatoum no qual a minissérie se baseou:

"Estávamos num verão tórrido no Projac e ele queria que eu transformasse o jardim da casa principal numa floresta amazônica. Contratei a equipe que tinha fornecedores de vegetação e até uma paisagista. Especifiquei as plantas nativas da floresta, comprei árvores de seis metros de altura e plantamos num solo seco e duro e, por mais que regássemos, era muito difícil as plantas sobreviverem. O próprio fornecedor abandonou o set dizendo que não ia mais participar daquilo".

A qualquer argumento ou ponderação, o diretor, que alguns tratavam como "Luiz Fernando Cavalo" nos bastidores, reagia com palavrões e agressões verbais que não resistiriam às normas básicas de conduta que passariam a valer nos Estúdios Globo dos anos 2022. Mas havia uma diferença, segundo Juliana:

"O que vivi com o Luiz Fernando Carvalho não foi muito diferente do que aconteceu com o Talma e os outros. Por já ter tido as experiências anteriores, eu já pressentia as situações. Mas, com ele, eu era como alguém que escapava de um atirador de facas, só que ele atirava para acertar. Eu me sentia numa sessão de tortura".

Carvalho seria demitido em 2020, após três décadas de vínculo com a Globo. Em entrevista ao autor em 2022, Silvio de Abreu, diretor de dramaturgia dos Estúdios Globo à época da demissão, resumiu numa frase a explicação para a permanência do último remanescente da era do grito nos sets e *switchers* da emissora:

"O Luiz Fernando é muito bom, mas não respeita a produção, gasta um absurdo e não escuta ninguém".

O tempo tinha virado e a regra era outra:

Não grita comigo que eu não gosto.

Escravos do sucesso

A produtora e pesquisadora Ana Maria de Magalhães botou a mão na cabeça e não acreditou quando o diretor Herval Rossano, falecido em 2007 aos 72 anos, compartilhou com ela as fotos da atriz escolhida para ser a protagonista da novela das seis que iria ao ar, na Globo, a partir de outubro de 1976:

– Mas ela é muito baixinha!

– Bota um salto nela de quinze centímetros.

– Mas ela não tem peitinho.

– Bota um peito nela. Levanta isso aí que dá no mesmo.

– Mas ela tem uma verrugazinha na ponta do nariz...

– Não tem importância.

– Tem um dentinho aberto...

– Isso tudo eu corrijo, eu dou um jeito.

O diálogo, reconstituído por Herval Rossano* em sua entrevista, precedeu à eclosão de um dos maiores fenômenos de audiência, em mais de meio século de dramaturgia da emissora: *Escrava Isaura*, adaptação escrita por Gilberto Braga do romance em que Bernardo Guimarães conta a história sofrida de "Isaura", filha de uma escrava doméstica de uma fazenda de Campos dos Goytacazes, interior do futuro estado do Rio de Janeiro, no século 19, poucos anos antes da abolição da escravatura.

Ao escolher para o papel a jovem Lucélia Santos, então com 19 anos, Herval*, àquela altura um ex-galã, descrito pelo ator José de Abreu como "um careta, mas um gênio que não precisava de edição e só gravava o que ia para o ar", também chamado carinhosamente de "capataz das seis da tarde" pela amiga e atriz Neuza Amaral, confessou estar fazendo, também, uma espécie de acerto de contas com os padrões estéticos vigentes à época:

"Todo mundo só encontrou defeito nela e eu me lembrei que me tornei um grande galã do cinema numa época em que todo mundo dizia que eu tinha nariz grande, dente pequeno, olho fundo, todos os defeitos do mundo. Eram os defeitos que eu encontrava na Lucélia e ela também foi um sucesso".

Gilberto Braga*, ao contrário, antecipando em 2001 a inserção que a própria Globo faria da questão identitária nos critérios de escalação de elenco a partir dos anos 2020, disse que, "apesar de todo o sucesso", achou "estranhíssima" a escalação de Lucélia:

"Ela é muito branca! Precisava ser, no mínimo, uma mulatinha, eu falava para o Herval na época. Mulatinha é exagero, mas uma moça morena. Eu falava: 'Herval, a gente tinha que encontrar assim uma Yoná Magalhães mais jovem'".

Ao livro *A seguir, cenas do próximo capítulo*, de André Bernardo e Cintia Lopes, Gilberto deixou ainda mais evidente sua contrariedade com a escolha da atriz, que se tornaria a mais conhecida da Globo, internacionalmente:

"Lucélia Santos nunca foi meu sonho como 'Isaura'. Por mim, teríamos escolhido a Louise Cardoso. Mas, enfim, eu tinha aluguel para pagar e acabava sempre aceitando as ideias do Herval".

Embora tenha sido o primeiro a sugerir a Herval a adaptação do romance, já ao final da décima página de leitura de uma versão de bolso do livro, seguindo conselho de uma ex-professora dos tempos de aluno do Colégio Pedro II, no Rio, Gilberto* também deixou claro, nas entrevistas dadas em 2001 e 2008, que seu desagrado não foi apenas com a escalação do elenco. Confessando já estar então "cansado" de novelas de época e preferindo ser chamado de "escritor" em vez de prosseguir com a fama de "melhor adaptador da TV Globo", ele descascou:

"Acho a novela horrível. Até hoje não entendo por que fez tanto sucesso. Era uma produção horrorosa. Eu não gosto, especialmente, do elenco, nem do meu texto. O que era bom ali era a temática do Bernardo Guimarães, que é muito forte. Quanto a isso, não há dúvida. Claro, existia uma certa técnica, não vou dizer que eu e a direção éramos totalmente ineptos. Mas, francamente, não gosto. Fui rever para escrever *Força de um Desejo*, em 1999, e levei um susto. Achei muito fraca".

Acrescente-se, ao balanço negativo de Gilberto Braga, o trato que ele disse ter sido obrigado a fazer com a Censura de não usar mais a palavra "escravo" no texto. Na época do trato, em 1976, um dos argumentos contrários à exibição da história no horário das seis da tarde, externado pela censora com quem ele se reuniu em Brasília, era, segundo ele, o de que a escravatura tinha sido "uma mancha negra na história do Brasil que não deveria ser lembrada" e que o ideal seria "arrancar essa página dos livros didáticos". Um censor que participava da reunião foi além, segundo Gilberto:

"Ele disse que a novela podia despertar sentimentos racistas na netinha dele, porque ela via os brancos batendo nos escravos na televisão e podia querer bater nas coleguinhas pretas dela. Aí eu disse ao censor que ele devia ver um psicólogo para a menina, já que ela se identificava assim com os bandidos".

Herval Rossano também não elegeu a novela que se tornaria a campeã de reprises da Globo em todos os tempos como um de seus melhores trabalhos como diretor, mas por outros motivos. Diferentemente de Milton Gonçalves, que o substituiu a partir do 24º capítulo e tinha orgulho da "absoluta identidade com os atores" e da "iluminação inspirada na pintura flamenca de Velázquez" que adotou nas gravações, Herval lamentou:

"Nós ainda claudicávamos muito, para usar um termo assim bem *escravisauriano*, com respeito à técnica. Nossas câmeras ainda não eram bem alinhadas e tínhamos uma diferença de uma cena para outra de cor, por exemplo. Nós não sabíamos utilizar muito bem a cor. Só passei a aprender isso mais tarde".

No caso de Lucélia Santos*, o aprendizado, segundo o que ela disse em 2002, incluiu a decisão de recorrer a um trauma de infância para se sentir apta a interpretar o sofrimento e os castigos cruéis impostos à sua "Isaura" por "Leôncio", o herdeiro da fazenda vivido por Rubens de Falco:

"Aquilo doía. Eu tinha pesadelos, muitos pesadelos naquela época. Eu usava o método da ação inconsciente, da memória afetiva, para trazer, às vezes, a emoção e chorar, porque eu não tinha técnica. Então eu matei várias vezes um cachorrinho que na infância eu amava e fiquei traumatizada quando ele foi dado. Só de pensar no cachorro, até hoje eu choro".

Quando resolveu dividir com Gilberto Braga o drama pessoal e profissional pelo qual estava passando para interpretar "a rejeição, o abandono, a dor e a mágoa" vividas por "Isaura", Lucélia disse ter recebido do autor alguns bilhetes com o mesmo recado:

– Desculpe, Lucélia, mas heroína é assim.

O sofrimento imposto a Lucélia se completava no estúdio, onde Herval Rossano seguia uma fórmula de narrativa dramatúrgica que dizia ser uma regra de ouro seguida pelos grandes autores e diretores das telenovelas mexicanas:

"Se você é do mal, faça uma maldade por capítulo; se você é do bem, sofra uma maldade por capítulo. Essa coisa existia em *Escrava Isaura*: 'Leôncio' fazia uma maldade em cada capítulo e 'Isaura' sofria uma maldade em cada capítulo. É a técnica de televisão".

Um telespectador brasileiro em especial, o jornalista e dramaturgo Nelson Rodrigues, seria conquistado de forma fulminante por "Isaura" e Lucélia, ou vice-versa. A ponto de, segundo a atriz, "ficar ligando para o Gilberto Braga, inquieto, desesperado, querendo saber, em primeira mão, o que ia acontecer com a 'escrava Isaura'". Considerada por Nelson "uma força da natureza", Lucélia teria a carreira transformada a partir da novela, tornando-se protagonista quase obrigatória de várias versões cinematográficas das obras do autor:

"Ele amava a 'escrava Isaura' e me amava. Escrevia crônicas no jornal sobre mim na novela. E, no cinema, eu me expus radicalmente: *Bonitinha, mas Ordinária*; *Engraçadinha*; *Luz del Fuego*; e *Álbum de Família* tinham personagens densos, sofridos, rodriguianos, personagens radicais mesmo, no limite da tragédia".

Nas duas décadas que se seguiriam à estreia da novela no Brasil, *Escrava Isaura*, Lucélia e Rubens de Falco provocariam fenômenos espetaculares de popularidade em alguns dos cerca de oitenta países onde a novela seria exibida, em versões adaptadas ao comportamento dos telespectadores locais. Em 1986, por exemplo, o então jovem ator Marcos Palmeira, durante uma viagem a Cuba como integrante do elenco do filme *Fulaninha*, de David Neves, testemunhou a reação de um estádio inteiro quando Rubens de Falco surgiu no palco, em uma ida do intérprete de "Leôncio" ao país:

"Tive oportunidade de ver o Rubens de Falco ser aplaudido durante quinze minutos por causa de *Escrava Isaura*. Quinze minutos num estádio em Cuba, todo mundo de pé. E eu pensando: 'O que é isso? Não vai acabar?'. Um negócio impressionante".

Fenômeno semelhante, na mesma época, só que em proporções chinesas, Lucélia viveria em Pequim, ao ganhar, em 1985, o prêmio Águia de Ouro, que considerou o mais importante de sua vida, e que foi resultado, segundo ela, de "uma votação feita por trezentos milhões de chineses, diretamente, voto a voto, através de uma revista de televisão", num momento em que o país, saindo do isolamento da Revolução Cultural de Mao Tsé-Tung, tinha poucos aparelhos de TV, o que levou as emissoras regionais estatais a instalarem receptores nas ruas e praças das cidades para que a população pudesse assistir as exibições semanais da versão chinesa da novela. Em nome dos telespectadores de outro país à época completamente fechado para o mundo, a Albânia, a emissora estatal enviou uma correspondência ao escritório da Globo em Londres pedindo novos capítulos e argumentando que a novela simplesmente "não poderia acabar".

Escrava Isaura marcou o início ainda que modesto das atividades de uma área com a qual a Globo colheria, sempre, mais dividendos de autoestima e de marketing do que dólares. Os resultados da exportação de dramaturgia da emissora para um mercado que até meados dos anos 1970 era dominado por produções das redes de televisão da América Latina e da Espanha nunca passariam de uma fração do faturamento da Globo no mercado brasileiro. Além disso, as novelas, minisséries e programas comercializados pela divisão internacional da emissora, por mais que com o tempo fossem se distanciando das congêneres latinas, tanto pela temática inovadora e variada quanto pela qualidade do acabamento, jamais seriam concorrentes, de fato, das redes de língua inglesa, com seus *sitcoms* e séries dramáticas produzidas em película, principalmente nos Estados Unidos.

Rubens de Falco confirma, em seu depoimento a Nydia Licia no livro *Rubens de Falco: um internacional ator brasileiro*, que os rendimentos do sucesso espetacular de *Escrava Isaura* no exterior foram só para a conta da vaidade:

"Nós não recebemos nada dessas vendas porque eles (na Globo) alegam que a matriz da novela é anterior à lei de direitos. Bom, a gente não ganhou dinheiro, mas eu e Lucélia ganhamos muito, porque a gente viajou praticamente o mundo inteiro. Eu só não fui à China porque na época estava trabalhando. Agora, no resto do mundo, eu acompanhei a novela. Então, para mim foi muito bom. Teve um ano em que eu fui onze vezes à Europa".

No Brasil, à parte a notória falta de entusiasmo de Gilberto Braga e Herval Rossano com *Escrava Isaura*, ficaria na memória dos telespectadores a música "Retirantes", tema de abertura da novela composto por Jorge Amado e Dorival Caymmi e cujo estribilho, interpretado pela orquestra e coro da Som Livre, o "lerê-lerê" de lamento dos escravos, se tornaria uma irônica referência ao excesso e à exploração de trabalho.

Lucélia Santos, com o tempo, se distanciaria do eterno ícone em que se transformou no exterior e que a levou até a integrar comitivas de presidentes brasileiros, incluindo a da viagem de Fernando Henrique Cardoso à China em 1995, quando foi efusivamente recepcionada pelo líder Deng Xiaoping e virou tema de um documentário local intitulado *Isaura em Pequim*. No Brasil, ela construiria uma trajetória múltipla no cinema, na TV e na política, como militante do Partido dos Trabalhadores (PT), a uma certa distância da personagem que a consagrou em 1976. A partir de 2001, aos 44 anos, Lucélia seria reconhecida pelos mais jovens como a "Doutora Jaqueline" do seriado *Malhação*, uma médica, segundo ela, "agitada, urbana, cheia de trabalho e de problemas familiares".

Nada a ver mais, portanto, com a sofrida "Isaura" de Gilberto Braga, muito menos com a musa que inspirara delírios de luxúria e pecado em Nelson Rodrigues.

Por trás daquele beijo

Não foi o primeiro beijo gay, como muitos poderiam pensar no século 21. Para milhões de brasileiros, de todas as letras do arco identitário, o beijo mais esperado da história da dramaturgia da Globo nem precisou acontecer na cena antológica da novela *O Casarão* gravada na Confeitaria Colombo, centro do Rio, no final de 1976, quando os personagens "João Maciel", vivido por Paulo Gracindo, e "Carolina", interpretada por Yara Cortes, retomaram, ao som da versão de "Fascinação" cantada por Elis Regina, um encontro marcado quatro décadas antes e ao qual "Carolina" não comparecera, sem coragem de romper com a família, que era contra o namoro.

Igualmente inesquecíveis, para várias gerações de telespectadores, foram a pergunta de "Carolina", que se atrasara para o encontro, e a resposta de "João Maciel":

– Te fiz esperar muito?

– Só 40 anos...

Inesquecível, sim, mas daí a concluir que *O Casarão* tenha sido inteiramente compreendida pelos que se emocionaram com aquele beijo final, é outra história cujos ingredientes serviram para alimentar mais uma rodada de um debate de décadas: o que tem de um lado os que veem as telenovelas como um gênero aberto a narrativas mais sofisticadas e complexas e, de outro, os que as consideram um formato condenado aos limites cognitivos do linear e do superficial.

Para o diretor Daniel Filho e o autor Lauro César Muniz, este encarregado da desafiadora missão de escrever uma trama que segurasse a audiência do horário das oito da noite em substituição à histórica *Pecado Capital*, de Janete

Clair, os problemas de *O Casarão* começaram logo no primeiro dos 168 capítulos que foram ao ar antes do beijo histórico na Confeitaria Colombo. Lauro reconheceu:

"Houve um momento em que nós tivemos muito medo. A audiência não correspondia muito à média da audiência do horário".

Daniel Filho, embora orgulhoso de ter dirigido o que chamou de uma novela "fantástica", reconheceu, em vários depoimentos, que *O Casarão* foi "difícilima de fazer" e que a maioria do público "não entendeu mesmo". De certo modo, tanto ele quanto Lauro sabiam que se tratava de um projeto arriscado, em termos de audiência. E a primeira conversa que os dois tiveram sobre *O Casarão*, e que Lauro* reconstituiu em sua entrevista, já tinha todos os ingredientes da encrenca que estava para acontecer:

– Daniel, o que eu gostaria mesmo de fazer é uma história que não é linear, uma história em que eu vou jogar com o tempo. Vou contar a história contrapondo três tempos ao mesmo tempo.

– Conta isso direito.

– É o seguinte: vou contar uma história que se passa de 1900 a 1910, que se passa também de 1926 a 1936, que cobre o período bonito da história do Brasil. E vou contar uma história também que passa em 1976.

– Mas você já fez *Escalada*.

– De certa forma. Só que eu vou contar ao mesmo tempo essa história, essa primeira década, essa segunda década e a atualidade vão conviver.

– Mas como conviver?

– É, uma coisa meio ambiciosa, mas se você me ajudar vai dar certo.

– Agora o Boni me mata.

– Vamos morrer juntos, tentar vender isso para o Boni.

Ao ser apresentado ao projeto de *O Casarão*, Boni, segundo Lauro, quis saber se ele e Daniel estavam convictos e, numa demonstração do que Lauro chamou de "enorme sensibilidade", disse que tinha entendido a beleza daquele "jogo de tempo". Era o sinal verde para a produção da novela, cuja sinopse oferecida pelo site do Memória Globo em 2022, ao sintetizar a trama, ainda podia provocar, não por culpa do redator, uma leve vertigem:

A história gira em torno do romance entre Carolina (Sandra Barsotti) e João Maciel (Gracindo Jr.). Com idas e vindas no tempo, a novela se desenvolve em três épocas distintas. No período entre 1900 e 1910, Maria do Carmo (Analu Prestes), mãe de Carolina, é obrigada pela família a se casar com o engenheiro Eugênio (Edson França), mesmo sendo apaixonada pelo português Jacinto (Tony Correa). Na década que vai de 1926 a 1936, a jovem Carolina, pressionada, repete a história da mãe e desiste de fugir com João Maciel, casando-se com Atílio

(Dennis Carvalho), comerciante com carreira política ascendente. No ano de 1976, Carolina (agora representada por Yara Cortes) mantém ainda grande vitalidade. De longe, ela acompanha o sucesso de João Maciel (interpretado agora por Paulo Gracindo). Por outro lado, Atílio (vivido agora por Mário Lago) está acometido por doenças da velhice e morre. Com a morte de Atílio, Carolina e João Maciel ficam juntos.

Os problemas de O Casarão começaram logo na noite de estreia da novela, 7 de junho de 1976, quando a complexidade do primeiro capítulo, ecoada por uma série de ligações de telespectadores confusos que pipocaram na central telefônica da Globo no Jardim Botânico, levou a direção da emissora a tomar uma decisão inédita na história de sua dramaturgia: repetir o primeiro capítulo, para que ele fosse compreendido, às onze da noite do mesmo 7 de junho de 1976. Era mais que uma história com *flashbacks*, como explicaria o próprio Lauro:

"Não era um personagem de 1975 lembrando o que tinha acontecido em 1920, não era isso. Era o autor que interrompia a ação nessa década e pulava para a década seguinte, ou pulava para a atualidade. Esse pulo temporal passou a ser um jogo muito interessante".

Não para todos. A média de audiência da novela, 51,82%, conseguida após o tombo assustador nos índices do Ibope das primeiras semanas, ficaria abaixo da média de 55,57% da antecessora *Pecado Capital* e mais abaixo ainda dos 57,44% obtidos por *Duas Vidas*, a trama de Janete Clair que substituiu *O Casarão*. Daniel Filho, em sua autobiografia, apesar de sempre elogiar "o trabalho de roteiro, de narrativa e de comportamento de época", reconheceu que a novela "confundiu demais o público":

"Depois que a novela acabou, volta e meia alguém dizia: 'O que eu queria mesmo saber é se o Mário Lago é tio ou pai do Dennis Carvalho'. Foi uma novela de prestígio, mas não uma novela popular. Era realmente complicada".

As complicações de *O Casarão* acabariam propiciando histórias como a que a crítica de televisão Maria Helena Dutra registrou no *Jornal do Brasil* em 19 de junho de 1976, duas semanas após a estreia da novela. Começava com a pergunta de "um veterano ator da Rede Globo", segundo Maria Helena, à dona do bar em frente à emissora, querendo saber se ela estava gostando de *O Casarão*:

– Não, porque não estou entendendo nada.

– Mas tem que prestar atenção para entender.

– Se é para prestar atenção, eu leio um livro.

Em 2011, Lauro* deu outra explicação para os problemas da novela:

"O Boni tem uma frase que é magnífica: a televisão tem que estar sempre um passo à frente do público. No caso de *O Casarão*, essa é uma interpretação minha, eram vários passos à frente e era uma novela das oito. Se fosse uma minissérie, hoje, tudo bem, se fosse a novela das dez, tudo bem, mas às oito horas da noite era uma estrutura que rompia com a estrutura tradicional linear, era um grande risco".

Pelo sim, pelo não, sem deixar muito claro se achava que *O Casarão* foi uma extravagância incompatível com o gênero telenovela ou um projeto que não teve competência para elevar o patamar artístico do horário das oito da noite, Daniel Filho, segundo o próprio Lauro César Muniz*, não quis saber de um *remake* quando a ideia surgiu durante uma reunião na Globo:

– Não! *O Casarão* é um *cult* e, em *cult*, a gente não mexe!

Tão *cult* que Paulo Gracindo, então com 65 anos, boa parte deles construindo uma carreira de êxitos que poucos atores à época poderiam ostentar, mostrou-se incomodado, em conversa com a colega de elenco Aracy Balabanian, depois de um artigo que o crítico Artur da Távola escreveu, em *O Globo*, arrebatado com uma lágrima derramada pela "Carolina" de Yara Cortes numa das cenas da novela:

– Eu tive um texto enorme para estudar, decorei, a mulher derramou uma lágrima e mereceu um artigo. Ninguém falou nada de mim.

O cercadinho do general

O presidente Ernesto Geisel não fazia insinuações abjetas sobre mulheres jornalistas que escreviam reportagens comprometedoras sobre seus aliados, não xingava publicamente jornais e emissoras que produziam matérias negativas a respeito de seu governo e com certeza rechaçaria a ideia de ter uma claque de puxa-sacos levantando sua bola todas as manhãs, num cercadinho na entrada do Palácio da Alvorada. Essa característica, porém, não autoriza a conclusão de que o general gostasse da imprensa.

Em pelo menos uma ocasião, a rara coletiva que ele deu aos jornalistas que cobriram sua viagem ao Japão, em setembro de 1976, Geisel esmurrou a mesa a ponto de levantar os talheres quando um dos repórteres, tentando brincar, sugeriu que ele usasse o poder que tinha como ditador para estender a entrevista para além do tempo previamente determinado pelos assessores da Presidência da República.

Na véspera, o general tinha se permitido algo que, embora fosse impensável na ditadura brasileira, era quase uma banalidade em qualquer governo democrático: aceitou que o repórter Geraldo Costa Manso, da Globo, sentasse ao seu lado com um microfone em punho, num vagão do trem-bala entre Tóquio e Kioto, concordou em ouvir algumas perguntas e, para surpresa de alguns, respondeu a todas, inclusive a que se referia a restrições às liberdades democráticas no país.

Ainda que contendo algumas platitudes e uma insustentável comparação do regime brasileiro com as democracias da França, da Inglaterra e do Japão, aquele furo, exibido com destaque no *Fantástico*, foi muito comemorado pela equipe de dez profissionais enviados pela Globo ao Japão sob comando de Toninho Drummond, então diretor de jornalismo da emissora em Brasília. Meses antes daquela viagem, Armando Nogueira estava convencido de que, apesar de "uma intolerância muito grande da esquerda e mesmo dos liberais contra qualquer militar que assumisse o poder", a chegada de Geisel ao Planalto e a abertura "lenta e gradual" que ele anunciara justificavam um investimento maior da Central Globo de Jornalismo na cobertura política:

"Era evidente que se iniciava ali um processo de arejamento. Se você não estivesse apaixonado, se não estivesse movido por sentimentos exacerbados absolutamente compreensíveis no momento de repressão em que a gente vivia, se fizesse um pouco de reflexão, você ia chegar à conclusão de que se retomava com o Geisel um processo de evolução política que ocorreria, que se pretendia que ocorresse no governo Castelo".

Os limites daquele arejamento foram testados, pela primeira vez, no final de abril daquele ano, meses antes da viagem de Geisel ao Japão, quando ele fez um giro pela Europa acompanhado por uma equipe da Globo que incluiu, além dos repórteres Sandra Passarinho e Costa Manso, a coordenação, mais uma vez, de Toninho Drummond e a participação do jovem freelancer Roberto D'Ávila, então com 27 anos, a quem coube uma reportagem especialmente sensível daquela visita presidencial: a manifestação de exilados brasileiros e de franceses contra a ditadura brasileira no Hôtel de Ville, sede da Prefeitura de Paris.

Roberto e sua equipe filmaram o que tinha de ser filmado e o primeiro a ver o material foi Toninho, que sugeriu:

– Olha, Roberto, fala com o Armando.

D'Ávila ligou então para o Rio para falar com Armando Nogueira, que respondeu:

– Olha, Roberto, isso aí só o doutor Roberto pode autorizar.

Tomado pelo que classificou de "coragem inconsciente da juventude", D'Ávila* conseguiu, com a ajuda do diplomata Cesário Melantonio, entrar sem credencial no jantar do Ministério das Relações Exteriores francês em homenagem a Geisel e no qual Roberto Marinho era um dos convidados. Localizou o dono da Globo na grande mesa e se apresentou:

– Doutor Roberto, preciso falar com o senhor.

Apesar do estranhamento, Marinho saiu da mesa "gentilmente" para uma conversa na qual D'Ávila descreveu a reportagem sobre os protestos, usando o que chamou de "malandragem": citar Merval Pereira, então repórter de *O Globo* encarregado da cobertura da viagem de Geisel e que também estava enviando uma matéria sobre os exilados políticos para o Brasil:

– Eu estive com o Merval e ele vai dar a matéria no jornal. Então, eu queria sua autorização para que pudéssemos veicular essa matéria no *Jornal Nacional* esta noite.

A resposta de Marinho deu a exata medida dos limites do "arejamento" não exatamente do governo Geisel:

– Meu filho, você é muito jovem. Você cumpriu sua função de repórter e fez muito bem em vir falar comigo. Mas não: nem tudo que é bom para jornal é bom para a televisão. Aprenda isso.

Toninho Drummond* conta em sua entrevista que o governo Geisel "se caracterizava por um movimento de dois passos à frente e um passo atrás". Em janeiro daquele ano, o presidente tinha demitido o general Ednardo D'Ávila Mello do comando do 2º Exército, em São Paulo, e também estava decidido a demitir o próprio ministro do Exército, general Sylvio Frota. Ao mesmo tempo, cassara os mandatos dos deputados Nelson Fabiano e Marcelo Gato:

"Geisel ganhava uma parada forte ao demitir um general linha dura e, ao mesmo tempo, tinha que ceder às pressões para cassação. Evidentemente que você tinha alguns excessos, e eu acho que nem poderia ser diferente, considerando a própria personalidade de um homem como o Geisel, uma figura alemã, um general, que viveu a vida inteira em quartel. Você não podia querer, também, por mais que ele estivesse influenciado ou desejoso de um processo político, que ele tivesse jogo de cintura para fazer política como faz um civil".

Na passagem de Geisel pela Inglaterra, Toninho viveria um episódio emblemático da dificuldade que os jornalistas encontravam à época para fazer uma simples pergunta ao general. Disposto a aproveitar uma proximidade física que quase nunca existia no dia a dia da cobertura das atividades do presidente no Brasil, Toninho dispensou um coquetel oferecido pelo governo britânico aos repórteres, driblou a segurança usando um carro credenciado destinado ao empresário Jayme Sirotsky e conseguiu ficar frente a frente com Geisel, num jardim, após um almoço campestre da comitiva brasileira em Oxford:

– Presidente, o senhor deu explicações sobre o reatamento da China e sobre o voto sionista. Posso fazer uma pergunta ao senhor? Não estou gravando, mas eu gostaria de fazer, como cidadão brasileiro. O senhor tem uma política externa tão aberta, tão corajosa. E a política interna? É isso que eu gostaria de entender.

Geisel, de acordo com o relato de Toninho, olhou firme para ele e respondeu:

– Aguarde o fim do meu governo.

A frase, um claro indício da determinação do presidente de levar adiante a abertura lenta e gradual, era, para os padrões da imprensa censurada daquele tempo, uma preciosidade, manchete obrigatória. Mas, como não estava gravada, Toninho esperou o momento do retorno da comitiva para Londres e arriscou uma nova abordagem ao general:

– Presidente, posso dar mais uma palavrinha com o senhor?

– Já conversamos muito hoje, né?

– Mas é que...

– Pois não...

– O senhor gravaria para mim por favor aquela nossa conversinha do jardim?

– Esquece.

E lá se foram Geisel, a comitiva e a manchete de Toninho Drummond para o *Jornal Nacional*.

O peixe ainda estava vivo

Bem mais trabalhoso para a ditadura do que mandar Toninho Drummond esquecer, leia-se não exibir no *Jornal Nacional*, uma reportagem em que o próprio presidente Geisel reafirmava seu objetivo de promover a abertura democrática, seria controlar o noticiário que tomou conta do país no dia 22 de agosto de 1976, um domingo, quando Juscelino Kubitschek, o primeiro presidente eleito democraticamente a ocupar o gabinete do general no Palácio do Planalto, teve morte instantânea após seu Opala ser abalroado por um ônibus da Viação Cometa no antigo quilômetro 165 da Via Dutra, sentido São Paulo-Rio, e atravessar, descontrolado, o canteiro divisório da pista, batendo de frente numa carreta Scania que vinha em sentido contrário, carregada de gesso.

Para a Central Globo de Jornalismo, as restrições à cobertura começaram logo após o plantão de cerca de três minutos que a emissora levou ao ar em rede nacional sobre o acidente na noite do dia 22, quando, de acordo com o Memória Globo, chegou à redação da emissora uma "recomendação" da Censura para que o noticiário sobre JK fosse feito "com menos emoção" e sem qualquer referência ao seu período na Presidência da República, entre 1956 e 1961, ou ao fato de que ele estava com os direitos políticos cassados. Assim seria feito.

Os repórteres Mounir Safatli e Marilena Chiarelli fizeram parte da equipe da Globo encarregada de cobrir, no dia seguinte, 23 de agosto, os acontecimentos que, de acordo com cálculos díspares da época, mobilizaram entre vinte mil e trezentas mil pessoas, somando-se o que aconteceu na chegada do corpo de JK à capital federal, no longo e dramático velório na Catedral de Brasília e no sepultamento, já perto de meia-noite, no Cemitério Campo Esperança. Marilena*, em sua entrevista, não menciona eventuais ordens da chefia para cobrir a morte de JK "com menos emoção", o que, para ela, seria uma iniciativa "inútil":

"Se houvesse essa recomendação, seria impossível cumprir. Mesmo que nós, repórteres, não disséssemos uma palavra, as imagens mostrariam tudo, porque as pessoas estavam completamente emocionadas. Era impossível não mostrar a emoção. A emoção transpirava em todas as imagens da cobertura".

Na lembrança de Marilena, "Brasília inteira queria acompanhar o velório, a missa e o enterro de JK". Destacada para a cobertura do velório na catedral, ela testemunhou o que chamou de "uma coisa absurda":

"As pessoas começaram a entrar, entrar, entrar, entrar e aí todo mundo começou a passar mal, as pessoas desmaiavam. Eu quase desmaiei, estava fazendo uns 45 graus dentro daquela catedral, sem ventilação, sem nada".

Mounir*, que acompanhou as manifestações que aconteceram fora da catedral, ao som da música "Peixe Vivo", um emblema do governo JK, disse ter sido vigiado por pessoas que impediram sua equipe de trabalhar com liberdade:

"A gente estava filmando na rua e, por várias vezes, o microfone era desplugado por alguém que ficava do nosso lado o tempo todo e, de repente, desplugava o microfone ou então passava na frente da câmera. Mesmo assim, a gente fez a cobertura do Juscelino. Jornalisticamente, era evidente que poderia ter ficado muito melhor, se tivéssemos tido condições de filmar tudo o que nós queríamos".

Por serem da Globo, Mounir e o cinegrafista que o acompanhou também testemunharam momentos de covardia política explícita durante o adeus de JK, envolvendo parlamentares da Arena, partido de sustentação da ditadura, e do MDB, condomínio partidário da oposição consentida pelos generais:

"Alguns parlamentares da Arena e do MDB, principalmente da Arena, tinham medo de serem vistos no velório do JK. Ficavam atrás. Um deles me pediu: 'Por favor, quando você voltar à televisão, se tiver a minha imagem, você tira, porque não é uma boa coisa eu aparecer'".

Nem os políticos covardes nem os militares teriam com o que se preocupar: o trabalho de Mounir, Marilena, dos cinegrafistas e de outros integrantes das equipes da Globo, e que incluía o registro da multidão cantando, além da música "Peixe Vivo", os hinos Nacional, da Independência e à Bandeira, acabaria não sendo exibido pelo *Jornal Nacional* do dia 23. A explicação oficial, disponível no site institucional do Memória Globo, é a de que "as imagens não chegaram à emissora a tempo de entrar no *JN* por conta do tumulto".

Com ou sem tumulto no envio das imagens de Brasília para a sede da emissora no Jardim Botânico, o editor Ronan Soares* afirma, categoricamente, em sua entrevista, que o material produzido sobre a morte de JK no Rio desapareceu:

"É uma coisa que eu nunca me esqueço: existiam imagens incríveis da manifestação popular no Rio pela morte dele. Era em película. Esse filme foi roubado da TV Globo e nunca apareceu em lugar nenhum".

Não faltaria quem duvidasse da explicação do "tumulto" e usasse a edição obediente do *JN* daquela noite como munição contra a Globo no futuro. Em abril de 1992, dezesseis anos depois, em meio a uma virulenta troca de editoriais com *O Globo*, durante o segundo governo Brizola no estado do Rio, o *Jornal do Brasil* atacaria a cobertura feita pela Globo do funeral do ex-presidente afirmando que "o desejo de agradar" o governo militar, por parte da emissora, não tinha limites.

Ao proibir a Globo de mencionar fatos e atos do governo JK durante a cobertura, os militares acabaram, por tabela, impedindo a emissora de informar, se quisesse, que foi Juscelino Kubitschek, como presidente da República, em 1957, e não eles, os militares que deram o golpe de 1964, como muitos acreditariam, quem devolveu a Roberto Marinho a concessão de TV que Getúlio Vargas tinha lhe confiscado quatro anos antes, em resposta à férrea oposição que *O Globo* fazia ao seu governo.

A célula do Jardim Botânico

A subordinação do jornalismo da Globo às imposições do governo militar em coberturas como a da morte de JK não impediria que, em meados de 1976, chegasse à redação do *JN*, no Rio, um documento relacionado à certeza de alguns generais de que que a Central Globo de Jornalismo, mesmo sendo obediente, abrigava, na época, uma célula do Partido Comunista Brasileiro (PCB).

O documento era um ofício da Secretaria de Segurança Pública do Rio de Janeiro e, com base no artigo 1º da Lei de Segurança Nacional, convocava e dava um prazo para que a diretora Alice-Maria e o então subchefe de redação Luís Edgar de Andrade comparecessem à sede do órgão, no centro do Rio, "a fim de se submeterem às exigências processuais", num inquérito em que se apurava "o envolvimento de empregados dessa empresa na formação em seu seio de uma organização de base, célula menor da estrutura do Partido Comunista Brasileiro".

Havia comunistas trabalhando na Globo nos anos 1970. Mas muitos profissionais da emissora fichados pelos militares como militantes do PCB não atuavam na esquerda e alguns nem sabiam o que significava exatamente a existência de uma "organização de base" do partido no "seio" da emissora. O próprio coronel Paiva Chaves*, dublê de executivo da diretoria e leva e traz de alto nível na relação da emissora com os militares do governo, confirma a falta de pontaria das fichas dos órgãos de repressão. A ponto, por exemplo, de identificarem o diretor Mauro Borja Lopes como "Borjalo, vulgo Henfil", confundindo o fichado com o cartunista Henrique de Souza Filho.

"Nessas coisas é que a gente podia intermediar. Porque não era feito de má fé, era mesmo desinformação. Então, na realidade, você estava prestando um serviço aos dois lados."

À parte a inexistência de uma explicação mais precisa de Paiva Chaves sobre o tipo de serviço que ele prestava principalmente para o "lado" dos militares, em meio àquela caça aos comunistas da emissora, o que era verdade, e, no caso, uma verdade incompreensível para muitos do campo da esquerda, era a relação profissional, pragmática e em alguns casos até fraterna que Roberto Marinho tinha com seus empregados de esquerda, como afirmou Roberto Irineu Marinho a Leonencio Nossa, biógrafo do pai:

"Eu me lembro do papai dizendo o seguinte: 'Eu nunca fui traído, ao longo da história do *Globo*, por um redator comunista. Eles nunca tentaram passar nenhuma informação falsa no jornal. Já de outras pessoas eu não posso falar nada, porque já fui traído muitas vezes'".

A relação vinha já de muitos anos e tivera um episódio marcante logo depois da promulgação do Ato Institucional n.º 2 pela ditadura, em 27 de outubro de 1965, quando Marinho não fez segredo do convívio que tinha com os comunistas de seu jornal para o então ministro da Justiça Juracy Magalhães, durante uma reunião em que o ministro ameaçava donos e diretores de jornais por estarem com as redações supostamente "cheias de comunistas". Ao citar Franklin de Oliveira, que trabalhava no *Globo*, o ministro ouviu de Marinho a frase que ficaria famosa:

– No *Globo*, dos meus comunistas cuido eu.

Não seria diferente na Globo, onze anos depois, em 1976, quando Alice-Maria e Luís Edgar foram convocados para depor e Marinho fez questão de cuidar do assunto pessoalmente. Depois de uma reunião com os militares, ligou para Armando Nogueira e, de acordo com Luís Edgar*, informou:

– Estive há pouco no comando do 1º Exército. Disse ao general Reinaldo de Almeida que me responsabilizo pela Alice e pelo Edgar. Disse também que irei com eles à polícia para ter certeza de que nada acontecerá com os dois.

E foi.

Nem Alice nem Luís Edgar foram molestados ou indiciados. Nenhum dos dois, a propósito, faz parte de uma lista de profissionais de televisão simpatizantes ou militantes do PCB que o historiador Ivan Alves Filho homenageou, num texto comemorativo do centenário do partido publicado em 2022, no site da Fundação Astrojildo Pereira. Entre os citados por Ivan que trabalharam na Globo estão Dias Gomes, Dina Sfat, Gianfrancesco Guarnieri, José Wilker, Juca de Oliveira, Mário Lago, Oduvaldo Vianna Filho, Paulo Gracindo, Paulo José, Raul Cortez, Stênio Garcia e Stepan Nercessian. Nenhum deles jornalista.

Para Walter Clark, os "duros" do regime odiavam a "altivez imperial" de Roberto Marinho e, sempre que podiam, "criavam situações para embaraçá-lo". Numa delas, em meados dos anos 1970, um coronel do Serviço Nacional de Informações (SNI) pediu uma reunião com o dono da Globo para mostrar um vídeo em que um preso político, o jornalista Maurício Azêdo, era submetido a um interrogatório durante o qual apontava o então chefe de redação do *Globo*, Henrique Caban, como "chefe da célula do partido comunista no *Globo*".

A gravação, qualificada como "espetáculo degradante" por Clark, um dos participantes da reunião, junto com Armando Nogueira e o então diretor de redação no *Globo*, Evandro Carlos de Andrade, não teve qualquer repercussão para Caban, que continuaria ocupando postos de comando na empresa até 1997. Ao contrário de Alice-Maria e Luís Edgar de Andrade, Caban é um dos comunistas homenageados no texto em que Ivan Alves Filho celebrou o centenário de fundação do PCB.

A hostilidade da chamada "tigrada" do regime ao dono da Globo atingiria outro patamar na noite de 22 de setembro do mesmo ano de 1976, quando uma bomba explodiu no pátio interno de sua mansão no bairro do Cosme Velho, debaixo do quarto de dormir onde ele lia. De acordo com Elio Gaspari, Marinho foi protegido pelo pesado cortinado da janela, mas ainda assim foi jogado ao chão. O filho caçula José Roberto, então com 20 anos, estava em casa e, na entrevista que deu ao autor em setembro de 2023, disse que passou pelo ponto exato da explosão cinco minutos antes, quando saía para um compromisso. O repórter Carlos Amorim, falecido em 2023, aos 71 anos, que investigou o atentado, acrescentou: "Se José Roberto tivesse sido assassinado desta maneira vil, canalha, o Brasil poderia ter vivido o confronto que a ala militar radical tanto desejava".

A bomba no Cosme Velho, como relata Elio Gaspari, fora o terceiro atentado daquela noite. Antes, tinham sequestrado Dom Adriano Hypólito, bispo de Nova Iguaçu, deixando-o nu e pintado de vermelho na beira de uma estrada. Em seguida, os terroristas tinham ido ao bairro da Glória, onde detonaram um Volkswagen em frente à sede da Conferência Nacional dos Bispos do Brasil (CNBB). Gaspari acrescenta:

"Aquilo era pedra cantada. O general Ednardo D'Avila Mello havia sido demitido do comando do 2º Exército depois do assassinato do operário Manoel Fiel Filho, e o ministro da Justiça, Armando Falcão, avisara ao presidente Geisel que existia a 'possibilidade de agressão a elemento dos meios de comunicação social, a pretexto de desagravar o Exército'. Dias antes, explodira uma bomba na Associação Brasileira de Imprensa (ABI) e outra na sede do Cebrap, o centro de pesquisas paulista fundado por Fernando Henrique Cardoso".

Já o SNI, ecoando a obsessão dos militares com a suposta "organização de base" do PCB na Globo, preferiu explicar o atentado à casa de Roberto Marinho culpando a vítima, ao admitir, segundo documentação à qual Gaspari teve acesso, que "a causa principal" pode ter sido "a presença de comunistas em diversos setores das empresas que dirige". O que levou Gaspari a concluir:

"Fingia-se que havia uma ameaça terrorista de esquerda e se fazia de conta que o terrorismo de direita era um mistério".

Apesar de as limitações impostas pela Censura ao noticiário sobre o caso não permitirem maiores aprofundamentos sobre as evidentes pegadas de extrema-direita dos atentados, *O Globo*, em sua edição do dia 24 de setembro, abriu espaço na primeira página para o título "Repúdio em todo o país aos atentados do Rio" e um texto em que destacava, além das reações de autoridades, políticos, religiosos e entidades de classe, um telefone de solidariedade do presidente Geisel a Roberto Marinho.

Na Globo, as imagens captadas pelas equipes da emissora na cobertura dos atentados, produzidas em volume suficiente para uma grande reportagem, segundo o editor Ronan Soares, desapareceriam misteriosamente e para sempre do arquivo da emissora, a exemplo das imagens das manifestações ocorridas no Rio após a morte do ex-presidente Juscelino Kubitschek:

"Era um material enorme, mas quando eu fui fazer a edição da retrospectiva do ano de 1976 e pedi o material, não tinha. Não tem".

Não era necessário ofício da Secretaria de Segurança ou interrogatório no Departamento de Ordem Política e Social (DOPS) para descobrir quem poderia ter dado sumiço ao material. A suspeita automática de todos na redação, incluindo Ronan Soares, levava a uma organização de base, uma célula menor do aparato de repressão política da ditadura que há muito tempo, esta, sim, com certeza, vinha atuando nos corredores da Globo.

Os famosos Quem

"Poderiam ter sido outros, mas fomos NÓS."

Assim mesmo, com o pronome pessoal em letras maiores, Luiz Eduardo Borgerth abriu o livro *Quem e como fizemos a TV Globo*, lançado em 2003 e em cujas 272 páginas ele retrata a si e aos outros protagonistas do sucesso da emissora, aparentemente sem medo de ser confundido com uma espécie de versão VIP do figurino arrogante e autorreferente dos funcionários da emissora que, anos a fio, deram vida real ao personagem de Chico Anysio chamado "Bozó".

CAPÍTULO 9 · 343

Na época do lançamento do livro, o Grupo Globo enfrentava um penoso processo de reestruturação da dívida bilionária que quase levara a empresa à falência, e Borgerth já não trabalhava mais para os irmãos Marinho havia três anos. Ficavam, então, cada vez mais embaçados ou esquecidos os tempos em que, sempre como alto executivo da Globo, ele participara de momentos decisivos, como a batalha jurídica para Roberto Marinho garantir o controle da TV Paulista; o enfrentamento das redes concorrentes no âmbito da Associação Brasileira de Empresas de Rádio e Televisão (Abert); a administração das interferências dos militares do governo na gestão da Globo; a implantação das vendas internacionais dos conteúdos da emissora e até a ideia de a Globo investir na realização de um grande prêmio de Fórmula 1 no Brasil.

Borgerth não queria ser esquecido. Na apresentação do livro, usou o recurso da ficha técnica de filmes e novelas para hierarquizar a importância de cada um dos personagens que, segundo ele, fizeram a história da Globo. Como protagonistas, classificou Roberto Marinho, Walter Clark, Boni e Joe Wallach. Outros treze executivos, entre eles Armando Nogueira, Borjalo, Daniel Filho e, sim, Borgerth, formam o que ele chamou de "elenco". Segue-se, na ficha técnica, o registro nominal de 63 "participações" de atores, atrizes, humoristas, apresentadores, jornalistas, animadores de auditório, autores, roteiristas, engenheiros e diretores. Depois, mais dezenas de nomes historicamente ligados ao sucesso da Globo distribuídos, pela ordem, nas categorias "participações especiais", "com" e "extras".

A última categoria, os "figurantes", em vez de nomes, tem profissões e tipos humanos como "ressentidos em geral", "garçons familiares", "generais paranoicos", "chatos em geral" e "secretárias", esta última com um adendo: "Ah! As secretárias". A categoria "figurantes" começa com "mulheres em geral e em particular, futuras primeiras e segundas esposas, ex-primeiras e ex-segundas esposas". Encerram as participações especiais "mais mulheres, passando de um lado para o outro".

Na sequência da "ficha técnica", Borgerth revela o que chamou de "locações". No Rio, restaurantes como o mitológico Antonio's, reduto badalado da elite carioca, e a churrascaria Carreta; "apartamentos com vista para o mar ou para a Lagoa"; a boate Hippopotamus; a "primeira classe da Varig"; e "casas de praia". Em São Paulo, apartamento à Rua Maranhão, em Higienópolis; e, entre vários restaurantes, os tradicionais Le Casserole, Baiúca e Jardim de Napoli, além do La Licorne, casa de luxo dedicada a exploraçao do lenocínio. Nos Estados Unidos, hotéis como o The Regency; restaurantes como o Le Grenouille; lojas como a Bloomingdale's; musicais como *A Chorus Line*, todos em Nova York, e "entrega do Oscar". Em Paris, Hotel Ritz; Gucci, Regine's, Hermès e Cartier, entre outras marcas e lugares frequentados pela elite mundial.

Na categoria "objetos de cena", Borgerth empilhou caixas de Black & White, Black Label, Buchanan; e alinhou Porsches, Jaguares, Alfetas, Mercedes e Ferraris; Drambuies, Chianti, Bordeaux e Bourgognes "impecáveis"; champanhes *milesimées*; *Irish coffees*; latas azuis de um quilo de caviar; Rolexes; quadros de Di Cavalcanti, Pancetti, "nenhum" Guignard; joias do Natan e roupas ao estilo Carnaby Street.

O período da história da emissora ao qual Borgerth se dedica no livro vai de 1967 a 1976. Um veterano diretor da emissora, ao contemplar em 2021 a "ficha técnica", sentiu falta de uma referência do autor sobre a origem do dinheiro que sustentava aqueles hábitos milionários do alto escalão da Globo, na época: se era o bolso dos executivos ou de uma conta conhecida, desde sempre, na diretoria, como "RP", sigla que não era abreviatura de "Recursos Próprios", "Representação Profissional" ou "Relações Públicas". Era de "Roberto Paga". O mesmo ex-diretor acrescentou:

"Se existisse uma espécie de 'bozômetro' para medir a soberba e a arrogância dos que fizeram a Globo, o Borgerth teria estourado o aparelho".

Ainda que à época fosse cultivado discretamente, o mundo descrito por Borgerth não escapava ao crivo de uma parte considerável da mídia impressa que não tinha a menor simpatia pela Globo, como fica claro no trecho de um artigo de Luiz Carlos Lisboa publicado pelo *Jornal da Tarde* em novembro de 1976, sob o título "TV em terra de cego" e no qual o autor afirma que "os responsáveis pelo disfarce cultural da nossa televisão agem como pitorescos *nouveaux-riches* que fazem questão da baixela de prata, mas não sabem usar o talher", acrescentando:

"Antes havia uma televisão primária, desrespeitosa em relação ao público, improvisada e ridícula. Hoje ela assume um jeito pretensioso, imitando grandezas de gosto estrangeiro, aparentando preocupações com a cultura".

Borgerth – descrito por Evandro Guimarães, ex-vice-presidente de Relações Institucionais das Organizações Globo, como um executivo "inteligentíssimo e muito culto" que foi aposentado "com enorme dignidade" pelos irmãos Marinho em 2000 – não foi o primeiro a tornar pública a rotina dos poderosos da emissora cada vez mais poderosa do país. Antes dele, em 1991, ao lançar a autobiografia *O campeão de audiência*, o próprio Walter Clark, catorze anos depois de ser demitido por Roberto Marinho, já tinha jogado luz sobre o tipo de vida que o "elenco" descrito por Borgerth levava.

Ao descrever, em seu livro, o que fez logo depois da cobertura da Copa de 1974 na Alemanha, Clark diz que o fracasso da seleção brasileira na competição "enviou" um grupo formado por ele e alguns amigos, Borgerth incluído, à Ilha de Capri, na Itália, para "vinte dias de descanso", navegando "no mar limpíssimo do Mediterrâneo", em passeios inesquecíveis e "almoços ao sabor de Pomodoro, mortadela, muçarela de búfala e vinho Blanc des Blancs":

"Nesse idílio peninsular, eu completei 38 anos, devidamente brindados com um galão de um Poire Williams, maravilhoso, presente do Borgerth. Foram dias deliciosos, inesquecíveis, que eu esticaria infinitamente, se pudesse. Mas o meu trabalho na Globo não me permitia esse luxo e, após três semanas, eu já estava de volta para administrar os milhares de problemas que gerávamos com o sucesso. Problemas como o da censura, um flagelo que assolava cada vez mais as nossas produções".

Também no livro, Clark não se furta de revelar, saboreando, o tratamento privilegiado que ele e outros executivos das emissoras de TV recebiam nos anos 1970, na alfândega brasileira, quando voltavam de viagens ao exterior e deixavam as bagagens por conta de despachantes que driblavam as "tão ciosas barreiras alfandegárias" do país com malas que chegavam a totalizar "cerca de meia tonelada de excesso de bagagem":

"Não havia empresa de comunicação que não tivesse o seu quebra-galhos, e o nosso era muito especial. Trazia tudo o que a Globo precisava e mesmo o que era totalmente supérfluo. Nisso, andou abusando um pouco. Afinal, até churrascos do nosso pessoal eram feitos com carne americana".

Antes do livro, em entrevista dada ao *Pasquim* em 1981, quatro anos depois de ser demitido da Globo, Clark tinha comparado a vida do "elenco" de altos executivos da primeira década da emissora aos personagens do filme *I Vitelloni*, o clássico *Os Boas Vidas*, em que Federico Fellini conta a história de um grupo de amigos incapazes de deixar para trás os prazeres da juventude e encarar a idade madura, as responsabilidades e o trabalho. Um dos entrevistadores provocou:

"Você saiu, o Boni ficou e, com o tempo, dispersou-se toda a gangue da 'Vênus Platinada'".

Para responder, Clark voltou a 1969, oito anos antes de sair da Globo, quando reuniu a "turma" para falar do que achava que ia acontecer com todos eles no futuro:

– Vamos acabar que nem os Beatles por causa das nossas mulheres. As mulheres não começam a trabalhar com 16 anos, não conquistam o seu primeiro relógio Rolex comprado em dez prestações de uma vendedora na TV Rio, acabam uma com ciúme do automóvel da outra, da tapeçaria. Nascem os filhos. Passamos a só ir aos aniversários, formalmente. Não se pode continuar eternamente *vitelloni* na vida.

Boni, na entrevista que deu ao autor em 2023, não negou a existência dos "bozós do andar de cima", mas disse que a maioria dos integrantes da diretoria não concordava com a "badalação", segundo ele, concentrada no grupo de diretores que Walter Clark trouxera da TV Rio para a Globo, e entre os quais destacou José Arce e José Octavio de Castro Neves. Acrescentou que Armando Nogueira, por exemplo, era um dos executivos que ficavam revoltados com os *vitelloni* da emissora. Boni, embora nunca tenha sido um peregrino da simplicidade, como a imprensa brasileira documentou ao longo de décadas, criticava era a disposição do "elenco" do livro de Borgerth de sair comemorando antes mesmo da virada dos anos 1970:

"Eu dizia: espera aí! Nada foi feito ainda. Vocês estão comemorando o quê?".

CAPÍTULO 10

Lugares de fala

"Em Pernambuco, eles acentuam muito os 'ós' abertos, os 'és' e os 'is', e falam sempre em marcha a ré. É manhoso o pernambucano. Quando você vai para São Paulo, ninguém segura São Paulo, é um país dentro de outro país, mas os encontros consonantais são prepotentes. Aí você vai para Santa Catarina e sente que eles falam em uma interrogação, porque é uma agitação, e rápido demais, e lá há muitos alemães e portugueses."

E a Bahia?

"A Bahia tem um falar nasalado e uma omissão dos erres. Para mim, isto não é didático, essa é uma questão da escravatura, que era muito triste. Eles ficavam dissimulados, quer dizer, aquela dissimulação dava fala nasalada e uma repugnância ao branco que estava exigindo aquele trabalho."

Foi assim que a fonoaudióloga carioca Glorinha Beuttenmüller*, contratada em 1974 pela Globo para "aprimorar" a dicção e a linguagem corporal dos apresentadores e repórteres da emissora, descreveu os conceitos nos quais se baseava para "amenizar as pronúncias regionais", tendo como referência de "pronúncia padrão" o falar carioca, com algumas restrições, entre as quais os vetos aos "esses chiantes" e aos "erres guturais".

Glorinha foi uma das pessoas convocadas à época por Armando Nogueira e Alice-Maria para desenvolver e manter, com as bênçãos de Boni, um rigoroso e também controvertido modelo de dicção, postura e vestuário que, além de influenciar profundamente pelo menos duas gerações de repórteres e apresentadores da Globo, seria alvo de críticas e controvérsias: de um lado, pela preocupação considerada por muitos excessiva com a forma, em detrimento do conteúdo, do jeito, aliás, que a ditadura queria. De outro, pelo fato de o padrão imposto aos profissionais da emissora muitas vezes ter deixado de atender aos princípios universais do bom telejornalismo para se tornar um instrumento de discriminação, consciente ou não, contra sotaques regionais, feições étnicas, conceitos alternativos de beleza e estilos de cabelo e roupa.

Era um tempo em que "boa aparência", por exemplo, era um conceito delineado e estabelecido monocraticamente por Alice e Armando. Tão monocraticamente que, em sua entrevista, em 2001, Armando* se permitiu uma franqueza que no futuro provavelmente seria evitada pela própria Globo como tóxica, ao explicar os critérios em que se baseou para selecionar os profissionais de vídeo do jornalismo da emissora:

"As pessoas criticavam muito por que a gente tinha sempre apresentadores bonitos e eu citava sempre um provérbio do turfe inglês: 'Entre um cavalo grande e bom e um cavalo pequeno e bom, você deve preferir sempre um cavalo grande e bom'. Entre um apresentador bonito e bom, e um apresentador feio e bom, você deve preferir um apresentador bonito, ou uma apresentadora bonita, porque a beleza, às vezes, pode não ser fundamental, mas ela não incomoda, não é?".

O então repórter e futuro apresentador Carlos Nascimento* mal conseguia se lembrar do conteúdo exato da primeira reportagem que "emplacou" no *JN*, mas nunca esqueceu a ordem que recebeu, na época, de Luiz Fernando Mercadante, então editor-chefe da Globo em São Paulo:

– Vai pra casa, troca de roupa porque esse terno aí não está bom, põe um terno melhor porque hoje você vai fazer matéria para o *Jornal Nacional*.

Como integrante do grupo de "repórteres de rede", elite escolhida a dedo por Alice-Maria e, nos primeiros anos, circunscrita, sem hesitações, a profissionais da região Sudeste, Nascimento cumpriu a ordem: foi em casa e se embalou com um terno de lã cinza claro, uma camisa branca e uma gravata cinza escura vermelha e branca que o fizeram se sentir "um manequim" ao chegar de volta na redação de São Paulo.

Não era problema, na época, pedir que uma repórter trocasse de roupa para evitar a exposição de "barriguinhas persistentes", como fariam as executivas do jornalismo da Globo de São Paulo Cristina Piasentini e Ana Escalada com a repórter Veruska Donato entre 2008 e 2020, sendo por isso incluídas num litígio milionário aberto pela jornalista em 2023 contra a emissora, por assédio moral e várias infrações trabalhistas, ao ser demitida após uma síndrome de burnout. Trinta anos antes, Glorinha Beuttenmüller pedia a seus treinandos para "tomar cuidado" com o fato de a câmera de televisão, segundo ela, aumentar o peso aparente das pessoas em cerca de quatro quilos. E se incomodava com repórteres que trabalhavam bem-vestidos apenas "da cintura para cima":

"Nós falamos com o corpo inteiro. Pode até usar uma calça mais velha, mas bem passadinha. E com barba feita, cabelo direito, porque televisão é transparência".

O repórter Juarez Soares, apelidado de "China" na redação da Globo de São Paulo por causa dos olhos puxados, não conhecia nem Glorinha nem Alice-Maria pessoalmente quando a equipe de jornalismo do Rio foi transferida por alguns dias para São Paulo em junho de 1976, após o incêndio que destruiu parcialmente as instalações do prédio da sede carioca. China descobriu que os repórteres "tinham de fazer o máximo para não ser gordos" num dia de redação cheia, quando teve uma reportagem sua sobre o Corinthians exibida numa sala escura e elogiada pelos colegas, merecendo também um comentário de uma mulher com quem ele teve um diálogo sem saber que ela era Alice:

– É, realmente está bom. Precisa só emagrecer um pouco.

– Mas a senhora quer o quê? A cara do Sérgio Chapelin? Aí é muito mais caro, hein? É muito mais do que eu ganho.

Em graus diferentes de resistência, ninguém escaparia do padrão. Marília Gabriela, repórter da Globo na época, disse ter levado "muita bronca" de Alice por causa de seus "cabelos eriçados"; Leilane Neubarth teve de se submeter a uma "tortura de horas fazendo escova para alisar o cabelão", antes de apresentar o *Jornal da Globo*; Leticia Muhana, discípula e admiradora "da doçura e do rigor" de Alice e que se tornaria uma executiva importante da emissora, recebeu, através do chefe, um ultimato quando, ainda repórter da afiliada TV Aratu, na Bahia, punha à mostra os cabelos cacheados que a diretora considerava "muito hippies":

– Tira. Com esse cabelo enrolado, ou corta o cabelo ou não aparece mais.

Leda Nagle, ex-editora-chefe e ex-apresentadora do *Jornal Hoje*, foi advertida por Alice, sua amiga, aliás, para "nunca mais" usar, no telejornal, um casaco que, segundo Leda, "era um escândalo, lindo, estampadão". Leda* também conta que foi testemunha, por volta de 1980, do dia em que uma jovem negra cujo nome esqueceu deixou de ser uma espécie de precursora de Maju Coutinho, como apresentadora negra da previsão do tempo, por causa de um brinco, escolhido para ela pela então colunista e consultora de moda Cristina Franco, outra integrante da equipe que cuidava da imagem dos repórteres e âncoras da emissora:

"Ela cortou o cabelo da moça tipo Grace Jones e ela ficou linda. Só que aí a Cristina era muito rígida e tacou um brinco verde-pistache de plástico, um negócio gigante, e Alice não deixou ir para o ar".

Menos polêmica e mais profissional, outra obsessão de Armando e Alice, a busca da sobriedade intrínseca ao bom jornalismo profissional, levou ambos a proibirem as repórteres e apresentadoras de usar blusas estampadas, decotes generosos, roupas sem mangas e cabelos extravagantes. Até por ser um consenso internacional, a norma jamais seria abandonada pelo *Jornal Nacional* ao longo dos anos, chegando ao figurino quase monástico adotado por Renata Vasconcellos dos anos 2010. Lillian Witte Fibe, uma das antecessoras de Renata na bancada do *JN*, aprovava:

"Em dez anos de televisão, aprendi que qualquer exagero visual pode acabar com a notícia".

Mesmo reconhecendo que estava "mexendo com a vaidade das pessoas", Armando, ao justificar a proibição, dizia achar importante vetar brincos e outros adereços para "despojar" as jornalistas do que chamou de "imagens parasitas". E não se cansava de fazer sua "pregação" em que dizia que, em sua equipe, "ninguém era Regina Duarte ou Tarcísio Meira, eram todos operários da notícia". E acrescentava:

– Vocês são o substantivo e eles, os artistas, são os adjetivos. Eles podem brilhar, vocês não podem brilhar. Quem brilha é a notícia.

Censura militar à parte, não foram poucos os repórteres da Globo da época que viveram situações em que as matérias que fizeram para o *JN* foram "derrubadas" ou drasticamente reeditadas não pelo conteúdo, qualquer que fosse, mas por causa de cabelos desalinhados, gravatas tortas, vestidos "feios", testas franzidas pelo Sol, golas incontroláveis ao vento e outros ruídos visuais vetados de forma implacável pelo olhar perfeccionista de Alice-Maria. Eram esses episódios, aliás, que à época chegavam à imprensa escrita, alimentando críticas ao conteúdo chapa-branca da emissora. Mas a era dos "repórteres de rede" também foi um momento de aprendizado inédito na televisão brasileira, durante o qual a equipe chefiada por Armando começou a praticar, de forma mais intensa, um jornalismo cujos fundamentos eram muito diferentes dos adotados pela mídia impressa:

"A televisão não é como o jornal, onde você lê a frase com a informação, não entende direito, lê de novo e deixa em cima da mesa, vai atender o telefone e, quando volta, você lê de novo. Na televisão, já era: as palavras voam na televisão".

Junto com o formato asséptico imposto às matérias por Alice, tanto os repórteres escolhidos por ela para entrar no noticiário de rede quanto os que eram vetados aprendiam que a condição para uma matéria entrar no *JN* era um texto sempre em ordem direta, com frases, palavras e orações bem enxutas e, nas palavras de Armando, "adequando-se à imagem sem ser pleonástico ou excessivamente redundante, esclarecendo o que a imagem está mostrando".

Faltava, no entanto, combinar com as equipes de jornalismo das afiliadas da Globo no interior, onde, além da polêmica sobre a "amenização das pronúncias regionais", havia uma "limitação de qualidade", nas palavras de Ronan Soares, um dos editores do *JN*:

"A gente tinha um cuidado muito grande. Com o Padrão Globo de Qualidade, muitos repórteres do interior não entravam nos telejornais. Ou porque a pessoa era feia, ou porque tinha o sotaque, ou porque eles não sabiam produzir matérias com o Padrão Globo. Ou seja: havia uma censura política, sim, mas também havia uma limitação de qualidade que inibia a produção nacional e levava a direção a investir mais na cobertura internacional".

Um dos poucos repórteres de fora do eixo Rio-São Paulo a romper o padrão imposto pela sede do Rio, não sendo nem demitido nem encostado por causa da ousadia, foi o cearense Chico José. Aconteceu durante a cobertura da Copa de 1978, a partir do momento em que ele recebeu um recado de Armando Nogueira, dado por Ciro José, um dos chefes da equipe da emissora enviada à Argentina:

– Olha, Chico, o Armando está mandando você falar direito. Diz que você está falando *Rusáriou* e não é *Rusáriou*: é Rosário.

– Mas Rosário quem fala é carioca, não sou eu. Eu sou nordestino.

Aconteceu uma vez, aconteceu duas, até que um dia, depois de mais uma ordem de Armando para que controlasse o sotaque, agora acompanhada de uma ameaça velada de demissão, Chico*, como conta em sua entrevista, reagiu:

– Se vocês quiserem é assim. Minha maneira de falar é essa. Se não quiserem, eu vou embora. Tem um voo às onze horas para o Brasil.

Chico, que só seria demitido em 2021, após 46 anos de trabalho na Globo, acredita ter "comprado a liberdade de todos os repórteres nordestinos" com o gesto daquele dia, além de abrir caminho para uma mudança de postura do jornalismo da emissora também em relação a outros sotaques e regiões:

"Tinha um repórter extraordinário no Rio Grande do Sul, Geraldo Canali, que não entrava no *Jornal Nacional* por causa do sotaque carregado gaúcho. Havia essa implicância, até que o Armando, a Glorinha Beuttenmüller e a Alice-Maria chegaram à conclusão de que o *JN* tinha que ter todos os sotaques".

A partir da virada dos anos 1980, vencidos pela inexorabilidade dos falares regionais, Armando e Alice passariam a inverter o movimento, mandando repórteres de rede como Pedro Bial, Hermano Henning e outros passarem temporadas em algumas afiliadas para disseminar as técnicas e fundamentos do telejornalismo praticado no Rio e em São Paulo. Glorinha Beuttenmüller continuaria com seu trabalho de diminuir a distância entre os "esses chiantes" e "erres guturais" de sua xará Glória Maria, para citar um forte sotaque carioca, e, por exemplo, Juarez Soares, um autoproclamado "caipira de São José dos Campos" que puxava o "erre" para dizer: "Menino, fecha a *porrrta* e vai buscar a *carrrne* no açougue". E explicava:

"Havia muita diferença e era motivo de chacota. Eu sempre sinto que nós precisamos ter respeito pelo ser humano. Então, eu procurava amenizar as pronúncias".

Para os críticos que viam no trabalho de Glorinha o que os autores do livro *A deusa ferida: por que a Rede Globo não é mais a campeã absoluta de audiência*, por exemplo, chamam de "uma proposta efetiva de uniformização da fala nacional", não por acaso sintonizada com a estratégia de integração nacional do governo militar, ela costumava explicar que, preferências à parte, apenas adotava recomendações do principal congresso de filologistas da língua portuguesa falada no Brasil, realizado em Salvador, em 1956, nove anos antes do início das transmissões da Globo.

Em seu ensaio intitulado "A suposta supremacia da fala carioca: uma questão de norma", a professora doutora em língua portuguesa Angela Marina Bravin dos Santos explica que os filólogos congressistas de 1956, por considerarem necessária uma pronúncia unificada ou padronizada no teatro, escolheram a fala carioca como a língua-padrão do teatro, da declamação e do canto erudito do Brasil, ainda que reconhecendo, como características das línguas, "a pluralidade de maneiras de falar" e "as variações fonéticas".

O ensaio cita vários estudos para mostrar que a opção pela fala carioca teve raízes bem anteriores à chegada ao Brasil do rádio e da televisão, como o fato de o Rio de Janeiro ser uma cidade irradiadora de cultura desde o Império, além de ter sido berço da imprensa brasileira, moradia preferencial de grandes escritores e sede das primeiras universidades do país. Para Angela, a escolha do português carioca como modelo se deu "mais por questões sócio-históricas que linguísticas":

"Quando o poder entra em jogo, vence o modelo linguístico do dominador. Provavelmente, se outra cidade do Brasil tivesse passado pelas circunstâncias que o Rio passou, não seria o português carioca o escolhido, mas a fala dessa hipotética região".

A Bruxinha

Glorinha Beuttenmüller tinha entrado na Globo pela porta do jornalismo, quando Sérgio Chapelin, um de seus alunos no curso de dicção e equilíbrio emocional para locutores das rádios MEC e Jornal do Brasil, pediu socorro e foi salvo, em agosto de 1974, depois do trauma de perder a voz por alguns momentos, ao apresentar o *Jornal Internacional*, logo no primeiro dia em que substituiu Heron Domingues, morto de infarto na madrugada que se seguiu à edição em que ele noticiou a renúncia do presidente americano Richard Nixon.

Com o tempo, no entanto, ao longo dos dezenove anos em que trabalhou na Globo, Glorinha conquistaria uma legião de alunos dedicados e fiéis seguidores entre os atores e as atrizes da dramaturgia da emissora e aos quais ela deu muito mais do que aulas de dicção ou de amenização de pronúncias. Seria um trabalho que ela chamou de "direção vocal-interpretativa" e que incluiria lições de Gestalt da palavra e "abraço da palavra", com formulações mais abstratas sobre, por exemplo, o que ela chamou de "lados da voz":

"Se eu tenho amor ao que eu faço e estou de coração aberto, estou puxando quase toda a minha voz do lado esquerdo, que é afeto para quem está me ouvindo, e nunca do lado direito, que são os inimigos figadais, do fígado".

Em suas aulas, Glorinha dizia que a voz e a fala "são uma doação, um presente que as pessoas dão umas às outras". E aconselhava:

"Sintam o cóccix e o umbigo e façam o abraço sonoro. Sim, o umbigo é a primeira cicatriz de dor que nós temos na vida, e é importante para dar energia à voz. O atores tem que aprender a projetar e saber tirar as palavras do corpo, das regiões emocionais que se espalham por esse corpo. Não é só o diafragma".

Os artistas adoravam. E deixaram registrada essa admiração nos depoimentos ao Memória Globo. Betty Faria* diz que Glorinha foi muito importante para ela quando, às vésperas das gravações, vez por outra "perdia" o personagem; Marcos Paulo*, também agradecido pelas aulas de Gestalt da palavra, deu a ela o apelido carinhoso de "Bruxinha"; Marília Pêra* destacou a importância da prosódia feita com ela para sua personagem na minissérie *O Primo Basílio* (1988); Irene Ravache* tomou como lema profissional a frase de Glorinha: "Falar é tocar e dar um abraço sonoro nas pessoas"; e Claudia Raia* atribuiu a ela até a descoberta do jeito de andar da fogosa "Safira", sua personagem na novela *Belíssima* (2005):

"Foi a Glorinha que me deu a maneira de ela andar. Eu contei sobre a saia--lápis, e ela disse: 'Pois é, essa mulher, ela não anda, ela se esfrega'".

Até Roberto Marinho teve aulas com Glorinha, entregando-se aos exercícios com a musculatura da língua que ela prescrevia para "clareamento da voz", entre eles a repetição em sequência, durante alguns minutos, das palavras *blick*, *black*, *block*, *bluck* e *bleck*, só se recusando a repetir o vocábulo *block*, segundo Glorinha, pela semelhança sonora com o nome Adolpho Bloch, um concorrente que se tornou inimigo.

No tratamento específico dos sotaques na área de dramaturgia, o trabalho de Glorinha era mais o de ajudar, quando fosse o caso, o elenco da Globo a interpretar de forma natural e convincente o jeito de falar de determinados personagens das novelas e minisséries, cabendo aos diretores da Central Globo de Produção a palavra final sobre o uso ou não do recurso.

Demanda não faltava: a paulista Elizabeth Savala, por exemplo, descobriu, no primeiro dia de gravação, como a personagem "Pilar" da novela *O Grito* (1975) tinha ficado a meio caminho entre seu sotaque original e o de "Malvina", a baiana que interpretara meses a fio em *Gabriela* (1975), tendo inclusive, como "assessora de sotaque", Dona Lúcia Rocha, mãe do cineasta Glauber Rocha:

"Eu não sabia mais falar *paulistês* porque eu estava falando *baianês*".

A controvérsia em torno do sotaque das novelas da Globo atravessaria os anos e teria no cearense José Wilker* um crítico que, "com todo o respeito por quem é hábil e capaz de fazer sotaque", disse que a emissora acabou inaugurando "um sotaque chamado *globês*, uma língua que não se fala em lugar nenhum do Brasil":

"Tem gente que é hábil para fazer sotaque, tem gente que não é. Aí fica todo mundo *ocê*, *oxente*. A distinção entre Paraíba, Pernambuco, Rio Grande do Norte, Ceará, Maranhão, Pará, Amazonas, Alagoas, Sergipe é empastelada e todo mundo fala *ocê*, *ichi*, tudo baiano. Eu acho tolo".

Na novela *Roque Santeiro*, em 1985, Wilker lembra que o diretor Paulo Ubiratan, ao constatar "a habilidade de um e inabilidade de outros" na hora de interpretar sotaques, decidiu que a novela "se passava no Brasil", o que permitiu que dezenas de falares diferentes, segundo ele, fossem utilizados, "cada ator fazendo o seu sotaque, aquele com o qual se sentia mais confortável". Para Regina Duarte, a "Viúva Porcina" da novela, Ubiratan quis testar a personagem com e sem sotaque. E a atriz hesitou, antes de mergulhar num jeito de falar que seria antológico:

"O Paulo Ubiratan queria poder decidir com calma por qual que ele optaria. A personagem era uma retirante pernambucana, mas ele tinha um pouco de receio de que o meu sotaque ficasse artificial. Afinal, como uma paulista do interior, caipirinha, vai fazer uma nordestina? Bom, foi aprovado com sotaque. Mas quem assistir aos primeiros capítulos vai perceber que existe uma certa indefinição na forma como eu fui adquirindo o sotaque".

O mesmo cuidado com os sotaques Ubiratan demonstraria quando a atriz Lilia Cabral, intérprete de "Alva", uma das três moças do bordel da fictícia cidade de Resplendor da novela *Pedra Sobre Pedra*, em 1992, teve de usar sotaque gaúcho e mergulhou no estudo de prosódia "para falar com aquele sotaque forte em que tudo tinha *bá* e *tchê*". Ao mesmo tempo que Armando Bógus, no papel do vilão "Cândido Alegria", também treinava o sotaque de Minas Gerais, "com todos os *uais* possíveis". Isso até uma cena entre os dois que levou Ubiratan a intervir, logo no início da novela:

– Desse jeito vocês não chegam ao capítulo 20. Vão lá pra fora tirar tudo que é *bá*, que é *tchê*, que é *uai*. Tira tudo e volta falando de um jeito normal.

Depois de deixar o estúdio em silêncio junto com Bógus, ambos certos de que tinham exagerado nas respectivas interpretações de pronúncias, Lilia pediu ajuda à professora de sotaques Iris Gomes da Costa, dizendo que tinha de "tirar tudo", tarefa que o tempo mostraria que seria cumprida apenas parcialmente:

"Estudei tanto, tanto que até hoje todo mundo pensa que eu sou gaúcha".

Conseguir um ator para interpretar um personagem gaúcho com sotaque se tornaria um desafio inusitado para o diretor Paulo José, gaúcho de Lavras do Sul, durante as gravações da minissérie *O Tempo e o Vento*, em 1985. Às vésperas de gravar a cena em que o "Capitão Rodrigo Cambará", protagonista interpretado por Tarcísio Meira, seria morto, o ator nordestino escalado para interpretar o assassino "Aderbal Mena" travou e não conseguia se livrar do sotaque abaianado. Meio no desespero, Paulo José ligou para o ator José Mayer, mineiro de Jaguaraçu que à época contracenava com Dina Sfat na peça *A Irresistível Aventura* (1984):

– Mayer, eu preciso de você. Preciso de você porque eu vou gravar depois de amanhã e o ator que vai matar o personagem do Tarcísio Meira não consegue deixar de falar baiano.

Ao lembrar o episódio em sua entrevista, José Mayer* disse que se prontificou a ajudar, concordando que "na história de Erico Verissimo, no Sul do Brasil, o personagem não podia mesmo ter um sotaque muito abaianado":

"E lá fui eu de última hora. Compareci no set de *O Tempo e o Vento* só para matar Tarcísio Meira".

Muito fio, pouca tomada

Onde havia fumaça, só havia fumaça.

Isso foi no primeiro incêndio, em 29 de outubro de 1971, quando, por volta de oito da noite, uma provável ponta de cigarro deixada embaixo de uma cadeira por um transgressor não identificado, em contato com materiais plásticos, deu início ao fogo que encheu de fumaça o estúdio A do prédio da Globo no Jardim Botânico, onde cerca de trinta pessoas participavam do programa *Moacyr Franco Show*, o que levou o então estagiário Fernando Bittencourt, futuro diretor da Central Globo de Engenharia, a correr para uma cabine de áudio e interromper a programação para avisar aos telespectadores e aos bombeiros do Rio que a emissora estava começando a pegar fogo.

Em casa, apenas com a informação do "plantão" improvisado de Bittencourt, Milton Gonçalves, diretor, junto com Daniel Filho, da novela *O Homem que Deve Morrer* (1971), em exibição à época no horário das oito da noite, entrou em pânico, saiu correndo com o pijama por baixo da calça, pegou o carro e foi direto para o armário do segundo andar da Globo, onde, na falta de um departamento de efeitos especiais, deixara algumas "bananas" de um explosivo que ia usar na gravação de uma cena da novela. À exceção do pânico de Milton com as "bananas" que não explodiram e do susto das pessoas que estavam na

356 · A GLOBO | VOLUME 1

emissora na hora, a imensa quantidade de fumaça, no balanço feito pelo ex-diretor Herbert Fiuza*, foi uma espécie de bênção:

"A fumaça não deixou a gente tentar tirar o equipamento. E foi a nossa sorte: a gente teria desmontado a televisão e jogado a televisão na Rua Von Martius pra salvá-la do incêndio. Como a gente não conseguiu, a fumaça foi de uma tal forma violenta que expulsou todo mundo. Quando o incêndio foi controlado, vimos que toda a área técnica tinha sobrevivido, não tinha acontecido nada. Apenas o estúdio A foi totalmente destruído e teve que ser refeito. E a gente não teve que fazer aquela loucura que era de tentar tirar o material".

Já o segundo incêndio na sede da Globo no Rio foi iniciado quase cinco anos depois no *switcher* do controle-mestre da rede, por volta de uma da tarde do dia 4 de junho de 1976, quando o apresentador Berto Filho acabava de dar uma notícia sobre a Guerra do Líbano no *Jornal Hoje*, enquanto num estúdio próximo Pepita Rodrigues e Renée de Vielmond gravavam uma cena da novela *Anjo Mau* (1976). Não foi apenas devastador, foi também uma evidência preocupante de que a única área da Globo que não estava crescendo na mesma proporção do sucesso, da audiência e do faturamento da emissora era a de espaços para infraestrutura e instalações. Palavra de Boni*, em sua segunda entrevista, gravada em 2014, quando já não trabalhava mais na emissora:

"Foi um incêndio por excesso de uso de canaletas do controle-mestre. A Globo foi crescendo e adicionando. Era como se fosse em casa: você vai comprando aparelhos e mais aparelhos e ligando na mesma tomada. Mas aquilo não foi um desleixo da engenharia. Não havia outro jeito: nós fomos crescendo demais num lugar impróprio".

Quando a fumaça se dissipou, independentemente do fato de a Globo ter recorrido à apólice de um seguro milionário que fizera das instalações e equipamentos, o balanço de Herbert Fiuza foi bem diferente:

"O incêndio de 1976, esse foi mortal. Esse pegou a empresa toda, queimou tudo, todo o segundo andar nosso foi embora".

Se as ilhas de edição, o sistema de telecinagem e outros equipamentos e instalações do segundo andar puderam ser substituídos com o dinheiro do seguro, não houve o que fazer com a perda dos conteúdos de jornalismo, dramaturgia e entretenimento contidos em centenas de fitas do arquivo da emissora que viraram cinza. Além de reportagens históricas dos primeiros onze anos da Central Globo de Jornalismo, incluindo as primeiras quarenta edições do *Fantástico*, e de programas da área de shows, novelas importantes, como *Véu de Noiva* (1969), *O Sheik de Agadir* (1966), *Irmãos Coragem* (1970), e outros folhetins antológicos da emissora ou foram totalmente perdidos ou sobreviveram em poucas sequências ou capítulos salvos, no desespero, por funcionários, técnicos e editores, como Alfredo Marsillac.

Em sua entrevista, Marsillac* lembrou um risco que todos correram por causa de uma norma estabelecida por um diretor cujo nome não mencionou e que, segundo ele, teria sido imposto pelos militares que costumavam interferir no cotidiano da emissora:

"Eu, Armando e Alice estávamos numa salinha pequena de montagem assistindo às matérias quando veio o anúncio de incêndio. A gente teve que procurar as saídas e um diretor que tinha vindo talvez por imposição do regime militar tinha mandado fechar as portas todas, determinando que funcionário só podia sair por uma determinada porta. Aquilo criou a maior dificuldade na hora do incêndio. A gente teve que quebrar vidros para poder tirar os caras pela janela".

As imagens feitas na hora pelos cinegrafistas da Globo, mostrando o mutirão sem hierarquia de editores, diretores e técnicos no entra e sai da fumaça, retirando as pesadas fitas quadruplex usadas na época, ficariam na história da emissora como um símbolo da forte relação que todos tinham com o que faziam. Para alguns deles, que sabiam que a Globo continuaria no ar de um jeito ou de outro, somou-se àquela disposição de enfrentar o fogo um certo pragmatismo, como se existisse no ar um ditado do tipo "fumaça muita, minha fita primeiro". O editor João Rodrigues, por exemplo, estava, como muitos, preocupado com o dia seguinte:

"Todo mundo correndo com fita pela rua para levar para o terraço do prédio. Quando cheguei, estavam todos catando suas fitas, todo mundo procurando suas fitas: 'Cadê minhas fitas?'. O editor de novela, o editor de shows. Eu separei minhas fitas todas".

João e outros colegas tinham razão: naquela mesma noite de 4 de junho, depois de uma transferência-relâmpago de parte da equipe de jornalismo para São Paulo, o *Jornal Nacional* foi apresentado normalmente por Cid Moreira e Sérgio Chapelin. E, no dia seguinte, como se nada tivesse acontecido nos bastidores da emissora na véspera, a Globo exibiria o último capítulo da novela *Pecado Capital* (1975), um dos maiores ibopes de sua história.

A vida e a grade de programação continuaram nas semanas e meses seguintes, sem que os telespectadores imaginassem que, para manter o cronograma de produção, a Globo, além de contar com a estrutura de São Paulo, usaria equipes e estruturas das afiliadas TV Aratu e TV Gaúcha, da Rádio Globo e dos estúdios Herbert Richers e Cinédia.

O Projac, o complexo posteriormente batizado de Estúdios Globo e que acomodaria, com conforto e mais segurança, toda a produção de entretenimento e dramaturgia da emissora, só seria inaugurado em 1995, quase vinte anos depois do 4 de junho de 1976. Até lá, à parte o risco de novos incêndios e mesmo com a progressiva distribuição de novos e menores departamentos da emissora por casas e edifícios alugados, comprados ou construídos pela Globo no bairro do Jardim Botânico ao longo dos anos, a sede formada por dois prédios geminados do quarteirão delimitado pelas ruas Lopes Quintas e Von Martius se tornaria cenário do que muitos funcionários da época consideravam um milagre diário de aproveitamento de espaço: a produção simultânea de praticamente todas as novelas e programas jornalísticos da emissora.

O milagre não era necessário, claro, nos espaços generosos dos andares superiores, que abrigavam as salas dos Marinho, de Boni e Walter Clark e dos diretores das centrais de Produção, Engenharia, Jornalismo e Programação, entre outras, e que não eram muito diferentes de qualquer sede de grande empresa, em termos de conforto, instalações, design arquitetônico, decoração de arte e privacidade.

À medida, no entanto, que um eventual visitante ia descendo pelas escadas ou elevadores até o térreo da emissora mais poderosa do Brasil, um labirinto cada vez mais apertado ia se desenhando diante dele, com dezenas de salas, salinhas, saletas, estúdios, camarins, *switchers*, ilhas de edição, módulos com geradores elétricos, contêineres, centrais de geração e recepção de sinais, cabines e cubículos de todo tipo, tudo junto, misturado e interligado por dezenas de quilômetros de canaletas ou conduítes, cheios de fios e cabos de toda espécie e finalidade e encobertos pelo piso acarpetado dos corredores.

Mesmo quem trabalhava na Globo tinha dificuldade de decorar todos os caminhos naquela babel concentrada que destoava dos logotipos perfeitos e "limpos" do designer Hans Donner, e onde cada metro quadrado era proibido de ser desperdiçado. A cada esquina de corredor, nos andares de baixo, aumentava a densidade demográfica e mudavam equipes e departamentos que geralmente não se conheciam pelos nomes, apesar da proximidade física. Espaço maior, de dar inveja aos que trabalhavam em salas geralmente modestas e despojadas, eram os ambientes geralmente em penumbra cercados de grossos blindex e nos quais a Central Globo de Engenharia instalava, e expunha, orgulhosa, seus reluzentes equipamentos de última geração e de todos os tamanhos. Uma espécie de showroom do Padrão Globo de Tecnologia.

No outro extremo da babel concentrada no Jardim Botânico, eram tão apertados os espaços que, na redação única de telejornais da Central Globo de Jornalismo – um salão retangular sem janelas para a rua, ocupado por bancadas com cerca de vinte máquinas de escrever dotadas de teclados nem sempre confiáveis, um "mesão" de telefones e quatro receptores de TV presos às paredes –, Cid Moreira e Sérgio Chapelin nunca tinham nem teriam, em mais de duas décadas, um lugar reservado para se sentar, até a hora de ir para o estúdio apresentar o telejornal mais importante do país.

CAPÍTULO 10 · 359

Assim a Globo funcionaria até a virada do século, quando a inauguração do Projac e as profundas reformas feitas posteriormente nos espaços desocupados pela dramaturgia na sede do Jardim Botânico possibilitaram a construção de instalações confortáveis e seguras também para as equipes de jornalismo e esporte, além da construção das redações cenográficas do *Fantástico* e do *Jornal Nacional*, com direito a sala privada para William Bonner e Renata Vasconcellos.

O risco de um novo incêndio nos andares de baixo da sede no Jardim Botânico, até onde todos que lá trabalharam perceberam ou foram informados, jamais se repetiria, ainda que, ao longo dos mais de quarenta anos que se passaram desde 1976, a Globo, em aparente contraste com seu rigoroso manual de conduta em relação à segurança dos funcionários, nunca tenha promovido exercícios de evacuação do prédio ou mesmo campanhas enfáticas de prevenção, preferindo dotar o prédio de uma impressionante quantidade de extintores e sensores de calor, a poucos metros uns dos outros, monitorados 24 horas por dia por uma ostensiva e numerosa brigada de incêndio.

Se houve fumaça, fogo não houve.

Dependência de empregada

Faltavam mais de vinte anos para Paulo Guedes, ministro da Economia no governo Jair Bolsonaro, festejar a alta do dólar como uma forma de impedir as domésticas brasileiras de continuarem na "festa danada" de passear na Disney quando, em meados de 1976, a atriz Susana Vieira, então com 34 anos, intérprete da empregada "Nice" e protagonista da novela *Anjo Mau*, um dos maiores sucessos do horário das sete da noite na Globo em todos os tempos, envolveu-se numa briga corporal com uma vizinha de porta, na entrada do elevador do prédio onde ambas moravam, na Rua Pacheco Leão, bairro do Jardim Botânico:

"Era uma mulher enorme, grandona, parecia uma alemã. Eu era miúda, podia ser boazuda, bonitinha, gostosa, mas era miúda. Só sei que a minha garrafa térmica voou para um lado e meus capítulos para o outro".

Susana* não dá nomes nem explica, em seu depoimento, o que uma disse para outra antes do barraco, limitando-se a informar que descobriu, depois, que a vizinha suspeitava que o marido, um médico do Hospital Miguel Couto, estivesse aproveitando o álibi de longos plantões para ir para a cama com ela, à época morando sozinha com um filho adolescente. A atriz enfatiza, no entanto, que aquele foi apenas um dos incidentes que viveu pelo fato de a Globo levar ao ar, pela primeira vez, uma novela que mostrava, como protagonista, "uma empregada vestida de uniforme e namorando o patrão".

"Foi forte, muito forte. As mulheres me odiavam porque elas achavam que eu ia seduzir os maridos delas. Eu chegava nas festas e as mulheres falavam: 'Estou com raiva de você'. Amigas minhas que não eram atrizes, gente de classe média, dizia: 'Você, hein, é um perigo numa casa com aquele avental'. E os homens falavam horrores para mim: 'Ah, como queria uma babá como você'. Ou então: 'Eu sempre sonhei, lá em casa tem um estrupício'".

"Nice", descrita pelo pesquisador em teledramaturgia Nilson Xavier como "uma moça pobre com cara de anjo, mas de atitudes nada corretas, inconformada com o destino previsível de casar-se com um namorado suburbano e ter muitos filhos", morre, ao final dos 173 capítulos da novela, após dar à luz o filho gerado no romance com o patrão "Rodrigo", interpretado por José Wilker. Mas boa parte da audiência que gerou os espetaculares 82,7 pontos de Ibope do capítulo final não gostou, como concluíram os autores do livro *Biografia da televisão brasileira*:

"O último capítulo de *Anjo Mau* levou o telespectador à loucura. O público torcia por 'Nice', mas setores conservadores da sociedade eram contra uma empregada doméstica se dar bem com um dos galãs do momento, principalmente porque ela não se arrependia de tudo o que tinha feito por amor".

Anjo Mau, marcada também pela discordância pública de Wilker e da atriz Renée de Vielmond com o desfecho dado pelo autor Cassiano Gabus Mendes e pelo diretor Régis Cardoso à trama, não foi a única novela daquela época que provocou tremores tectônicos no conservadorismo moralista que viria à superfície quatro décadas depois, na sociedade brasileira, sob o lema "Brasil acima de tudo, Deus acima de todos". *Sem Lenço, Sem Documento*, novela de Mário Prata exibida em 1977 e que abordava a relação entre empregadas domésticas e patroas, também incomodou, a ponto de ser um assunto da *Veja*.

A revista registra, numa das edições de outubro daquele ano, reclamações de donas de casa, por causa do "destaque" dado às empregadas domésticas, e de moradores de Olinda, pelo fato de terem partido daquela cidade pernambucana os personagens mais pobres da história. Ouvido pela revista, Mário disse que não estava inventando nada e que as queixas eram "um protesto cego e orgulhoso contra uma tentativa de mostrar, através de uma novela de televisão, o que se passa em volta de milhões de pessoas".

Não se tratava de uma novela das oito, das dez, de uma minissérie ou de um especial de dramaturgia da emissora para públicos mais sofisticados. Era, como *Anjo Mau*, uma novela das sete e, ainda assim, incomodava uma classe média que não conseguia esconder o desconforto com o protagonismo, na tela da TV, de uma instituição colonial que era mantida em cubículos denominados "dependências", faltando ainda 38 anos para ser instituída a regulamentação da lei dos empregados domésticos no Brasil. Como Mário Prata quis demonstrar numa das respostas à *Veja*:

"A patroa que reclama da novela é a mesma que vai ao açougue, leva contrafilé para a família e pede meio quilo de 'carne da empregada'. Sabia que existe isso? É só ela pedir, o homem joga na balança um tipo de carne inferior. Quem segue a história pode perceber que eu não estou colocando as empregadas como revolucionárias, não estou pregando nenhuma luta de classes. Simplesmente coloco as trabalhadoras como seres humanos com aspirações, desejos, frustrações, origens, como qualquer pessoa".

Temáticas de cunho social como as de Mário Prata nem eram comuns, como nunca seriam, no horário inofensivo e descontraído das sete da noite. Em *Locomotivas* (1977), grande sucesso de público e crítica que antecedeu *Sem Lenço, Sem Documento*, por exemplo, o problema mais próximo da questão social enfrentado por Cassiano Gabus Mendes – o mesmo autor que punira com a morte a doméstica que desafiara a tradicional família brasileira em *Anjo Mau* – tinha sido fazer com que Ilka Soares, atriz, modelo e então já ex-mulher de Walter Clark, fosse convincente no papel da personagem "Celeste", uma funcionária de classe média baixa de um prédio comercial.

– Olha, Ilka, não dá para te colocar como pobre.

– Mas o que é isso? Eu sou uma boa atriz.

– Você é ótima atriz! Mas, Ilka, o seu cabelo brilha! Cabelo de pobre não brilha. E o seu cabelo mexe, o seu cabelo tem mobilidade. Então, não pode.

O diálogo, reproduzido por Ilka* em sua entrevista, deu início à busca de uma solução para a personagem que, obedecendo ao roteiro da novela, tinha de se vestir, segundo a atriz, "bem simplesinha, sainha de jeans e camisetas com frases escritas e desenhos, umas coisas bem vagabundinhas". Ilka à época estava impressionada com o sucesso de sua personagem:

"As pessoas me paravam e perguntavam de onde eram aquelas camisetas. Era uma coisa muito engraçada. Eu devia estar vendendo essa imagem para faturar. Você tinha que ver minha bolsinha, minhas sandalinhas, compradas na feira, aquelas bem rastaquerinhas, era tudo muito chinfrim. Mas não adiantou. Cassiano não me aceitava tão miserável".

– Se você quiser, eu posso passar um óleo no cabelo.

– Não, imagina! Você está linda! E essas roupinhas também ficam chiquésimas em você!

A solução de Cassiano não poderia ser mais coerente com o horário das sete da noite na Globo:

– Eu vou fazer o seguinte: vai pintar aí um irmão que está desaparecido há muitos anos e que você desistiu de procurar. Ele é um fazendeiro riquíssimo.

E assim foi feito. O ator Hélio Souto foi chamado para interpretar "Zé Tião", um fazendeiro milionário que aparece de repente na história de *Locomotivas* de chapéu de texano. Ilka gostou da solução:

"Ele encontra a irmãzinha dele. A irmãzinha fica rica, ótima, e começa a usar umas roupas maravilhosas. O cabelo continua brilhando e sacudindo".

Ser ou não ser?

Acontecia toda noite no Teatro Ipanema, um dos celeiros de autores, diretores e novas companhias que estavam inovando a arte cênica no Brasil: durante a temporada da peça *Ensaio Selvagem*, o teatro lotava e, a partir do momento em que o ator José Wilker, interpretando uma mulher, entrava em cena e fazia um *striptease*, parte do público abandonava o recinto.

Não era o personagem de José Wilker que aquelas pessoas queriam ver. Quem elas queriam ver, se possível de pertinho, era "Fábio", o jovem idealista e cheio de ambições saudáveis interpretado por Wilker em *Corrida do Ouro*, novela escrita por Lauro César Muniz com a colaboração de Gilberto Braga e exibida pela Globo no horário das sete da noite entre 1974 e 1975.

"Eu fiquei incomodado com *Corrida do Ouro* porque as pessoas reagiam muito ao meu trabalho na peça. O público em geral ficava muito mais identificado com a figura do galã, de bom mocinho da novela".

Wilker era um dos artistas que a audiência hegemônica das novelas da Globo tinha transformado em celebridades, relutantes ou não, uma década depois da inauguração da emissora. Na mesma época, a 1.300 quilômetros de Ipanema, durante uma viagem promocional à cidade de Ilhéus, na Bahia, Elizabeth Savala, colega de Wilker no elenco de *Gabriela*, vivera uma experiência assustadora quando uma multidão de fãs e curiosos chegou a cortar o arame farpado e invadir a pista do pequeno aeroporto da cidade que fora retratada na novela, dificultando o pouso do avião em que estavam ela e os colegas de elenco Armando Bógus, Paulo Gracindo, Jorge Cherques e Marcos Paulo:

"Fui tirada do avião. Não saí. Depois, fui passando de mão em mão, carregada. Quando eu vi, era o Marquinhos e o Bógus que estavam me enfiando pela janela, porque eu não conseguia andar".

Outro personagem da novela, o tímido professor interpretado por Marco Nanini, foi a inspiração, na época, segundo Washington Olivetto, para a criação do mais famoso e festejado garoto-propaganda da história da publicidade brasileira, vivido pelo ator Carlos Moreno em dezenas de filmetes da marca Bombril entre 1978 e 2019.

O efeito do sucesso das novelas da Globo na carreira e no ego do elenco que formava o *star system* da emissora no final dos anos 1970 variava de artista

CAPÍTULO 10 · 363

para artista. O veterano Walmor Chagas, ao contrário de Wilker, não demonstrava nenhum incômodo em admitir, em entrevista à *Veja*, que o sucesso da montagem da peça *A Ópera dos Três Vinténs*, de Bertolt Brecht, que ele estrelou na época com Lucélia Santos e Aracy Balabanian se deveu muito mais ao fato de o trio ser mais conhecido, na época, pela ordem, como "Fábio", "Fernanda" e "Milena", personagens da novela *Locomotivas*.

"Nunca conheci um sucesso popular tão grande em minha carreira teatral. Esse público é consequência do sucesso de *Locomotivas*".

Lima Duarte, outro veterano, até por ter participado da própria fundação da televisão no Brasil, ainda nos tempos da Tupi, seria outro artista que se acostumaria a sobreviver, não sem momentos pontuais de desprezo explícito pela TV, na fronteira entre as novelas e o mundo do teatro, nos estúdios, palcos e também no sítio em que morava no interior de São Paulo, onde gostava de andar pelas trilhas do mato, ensaiando textos que ia encenar. E até lá, no meio do mato, num dia em que ele decorava o *Sermão do Bom Ladrão* de Padre Antônio Vieira, "andando e falando", os dois mundos se encontraram quando um caboclo, ao cruzar com Lima, assustou-se:

– Ih! O Zeca Diabo ficou louco!

Stepan Nercessian, em entrevista ao *Pasquim* em 1978, ironizou os colegas que, segundo ele, ficavam tentando "bancar a virgem" depois de fazer o que chamou de "combinação" com a Globo para "ganhar dinheiro no teatro":

"Não adiantava estar fazendo um trabalho excelente no teatro porque, se não estivesse na Globo, para a mãe de gente, artista é quem trabalha na Globo. Filme não adianta, peça de teatro não adianta, ficar desesperado não adianta".

Alguns artistas nem precisaram recorrer ao teatro para faturar com a exposição que ganhavam na programação da Globo. Caso de Stênio Garcia e Clarice Piovesan, que, depois do sucesso do quadro "Kika & Xuxu", exibido no humorístico *Planeta dos Homens*, ganharam uma série própria em 1978 e, nas palavras de Stênio, "muito dinheiro", com campanhas de inauguração de motéis, "colchões sedutores", roupas de cama e outros produtos inspirados nas histórias sensuais vividas pelo casal no programa.

Houve também, na época, fenômenos de popularidade literalmente acidentais, como a febre provocada em 1974 pelo figurino e pelo corte de cabelo da atriz Bete Mendes, a personagem "Sílvia" da novela *O Rebu* (1974), cujo visual foi copiado por milhares de mulheres em todo o país. As fãs não sabiam que tanto o vestido leve da personagem quanto seu cabelo curtíssimo realçado por um gel tinham sido a solução encontrada pelo maquiador Eric Rzepecki para disfarçar as consequências de um acidente automobilístico no qual Bete* sofrera um grave traumatismo craniano que a deixara muito debilitada. A atriz, cuja "Sílvia" se tornou também um dos primeiros ícones gays da dramaturgia da Globo, disse que foi movida pela necessidade de trabalhar:

"Com a cirurgia, eu tive que raspar a cabeça. Eu estava muito, muito magra e muito bonitinha, mas não era só pela estética e esforço, não, era porque eu estava muito fraca. Eu estava me recuperando, querendo trabalhar, precisando trabalhar".

Atores e atrizes também piraram, para usar o verbo de um deles, Ney Latorraca. Embora antes de começar na Globo já tivesse "entrado de sola no esquemão", fazendo fotonovela, radionovela e "poster sexy" na revista *Sétimo Céu*, "especulando mil amores", como disse aos autores de *O ópio do povo*, Latorraca ficou "simplesmente enlouquecido" em 1975, quando estreou na novela *Escalada* e "Felipe", seu personagem, começou a fazer sucesso:

"Tinha uma coisa, um padrão imposto que tinha que ter uma virilidade explícita. Eu nunca apresentei isso, pelo contrário, era uma pessoa toda desenganada. Seis semanas depois, eu já estava concorrendo com o Tarcísio Meira e com o Roberto Carlos ao título de 'rei da televisão'. Enlouqueci de vez. Aí a Globo me chamou para fazer um contrato de dois anos e tive o meu primeiro ataque".

O "ataque" de Latorraca*, de acordo com o relato que fez em sua entrevista, foi pedir para sair da novela, depois de começar a passar mal fisicamente por causa, segundo ele, do sucesso do personagem:

"Eu sou uma pessoa muito doente. Eu sempre falo: eu sou uma úlcera que tem um 'Neyzinho' dentro, com um chicotinho, se batendo com o sucesso".

Ser astro das novelas da Globo também custaria caro para alguns artistas. No caso do ator Mário Gomes, foram dois preços mais ou menos simultâneos e supostamente interligados, um mais circunscrito aos bastidores da Globo e outro exposto em praças públicas, principalmente as que tinham bancas de jornais.

Jovem galã de 25 anos em 1977, à época destinatário recordista de mais de treze mil cartas de fãs enviadas à Globo por seu papel como o cantor "Dino César" da novela *Duas Vidas*, de Janete Clair, Mário acabou se envolvendo, de verdade, com Betty Faria, então com 36 anos e que, além de interpretar a protagonista "Leda Maria", com quem vivia um romance na trama, era casada, também de verdade, com o diretor Daniel Filho, que acabou deixando a novela e, para surpresa de ninguém, jamais facilitaria a vida de Mário Gomes na dramaturgia da Globo.

O outro preço Mário contratara ao aceitar, três anos antes, um convite para atuar, junto com Sidney Magal e Arlete Salles, entre outros, em *O Sexo das Bonecas* (1974), uma adaptação em forma de pornochanchada da peça teatral *Greta Garbo, quem diria, acabou no Irajá* que o controvertido produtor e apresentador Carlos Imperial disfarçara de filme infantil para conseguir financiamento da estatal Embrafilme. Na história, Mário fazia o papel de "Renato", um jovem ingênuo que chega ao Rio de Janeiro e vai parar numa boate onde é confundido com um garoto de programa obcecado por Greta Garbo.

Para promover o filme, Imperial espalhara cartazes pela cidade com Mário Gomes travestido de mulher, mas o ator, contrariado, entrara na Justiça, conseguindo o recolhimento do material de divulgação. De acordo com um documentário e uma biografia de Carlos Imperial lançados em 2015, ele ficou furioso e admitiu ter feito chegar ao jornal sensacionalista *Luta Democrática* uma suposta notícia cujo texto dizia:

"O másculo galã deu entrada na Maternidade Fernando de Magalhães para medicar-se de uma insólita ocorrência. Ele estava entalado com uma cenoura em local absolutamente sensível".

Décadas antes da epidemia de *fake news* que enlamearia as redes sociais, a manchete mentirosa prosperaria e jamais seria descolada da figura do ex-futuro galã da Globo, turbinada pelo que a jornalista Iza Freaza descreveu à época, no *Pasquim*, como "os preconceitos da classe média, da inveja dos machões e seus desejos obscuros", num país onde, como lembraria o colunista Tony Goes, falecido em 2024, aos 63 anos, cigarros mentolados foram lançados e logo retirados do mercado por supostamente serem "coisa de bicha" e onde carros com teto solar também fracassaram nas vendas por causa da piada de que eles seriam destinados "a motoristas com galhos na cabeça".

Dez anos depois da baixaria com Mário Gomes, ao interpretar o que chamou de "corno-mor da Maria de Fátima", referindo-se ao papel de "Afonso Roitman", um rapaz sistematicamente traído pela antológica personagem interpretada por Gloria Pires na novela *Vale Tudo* (1988), Cássio Gabus Mendes viveria, num posto da Via Dutra, um tipo de situação que se incorporou ao cotidiano dos artistas da Globo: a confusão dos telespectadores entre ator ou atriz e personagem, entre ficção e realidade:

"Eu estava no banco do passageiro e com sono. Parou um carro ao lado, um cara de quarenta e poucos anos, que me olhou assim, surpreso. Ele me reconheceu, eu estava bem próximo, janela com janela, e ele balançou a cabeça com pesar. Eu achei graça. O cara estava com pena de mim! Eu nunca vou esquecer isso".

Era o resultado, segundo Cássio, de meses de novela em que "Afonso" fora vítima de uma longa enganação de "Maria de Fátima" e na qual seu personagem "só tomava toco". Cássio* conta, em sua entrevista, que nas ruas as pessoas tentavam consolá-lo:

– Estou com você, fica tranquilo, isso aí vai se resolver...

O veterano Mário Lago*, na entrevista que deu em 2000, aos 89 anos, dava uma pista insuspeita para se entender a razão pela qual os atores e atrizes da

Globo, já nos anos 1970, deixavam-se afetar pela exposição pública cada vez maior que tinham nas novelas da emissora:

"Todos nós somos terrivelmente vaidosos, não é?".

Um caso exemplar aconteceu quando Daniel Filho teve de administrar a presença de Tarcísio Meira e Francisco Cuoco numa mesma novela, *O Semideus*, exibida entre agosto de 1973 e maio de 1974. Em sua autobiografia, Daniel lembrou o dilema que teve de resolver, para evitar uma colisão entre os dois astros:

"Na apresentação, qual dos dois nomes viria na frente? Como fazer com que aparecessem juntos? A solução veio rápida. Faríamos um letreiro rotativo. Os dois se encontrariam no centro do vídeo. Um nome viria de cima para baixo e outro de baixo para cima, antes de ficarem superexpostos no centro. Foi impossível qualquer tipo de reclamação".

Por desencargo, Daniel ainda fez uma reunião privada com Tarcísio e Cuoco, ou Cuoco e Tarcísio, pedindo que ambos ficassem atentos "à possibilidade de serem jogados um contra o outro nos bate-papos de corredor" e que tomassem cuidado "quando alguém elogiasse muito, dizendo que um dos dois estava ótimo". E deu certo:

"Um pacto foi feito entre os dois, e a grande amizade que os une não deixou que Cuoco ficasse aborrecido por fazer um papel menor na novela".

Desafios muito maiores e perenes que Daniel, teria Márcia Clark, a prima de Walter que foi responsável por mais de vinte anos pela edição das vaidades da Globo no *Aldeão*, um *house organ* criado em 1975 inicialmente para comemorar o décimo aniversário de fundação da emissora, mas que continuou existindo nas décadas seguintes. Das quatro páginas iniciais, passou para oito, dez, doze e vinte, com uma tiragem mensal que chegaria dez mil exemplares mensais para distribuição interna, na sede e nas afiliadas. Na entrevista que deu em 2006, Márcia* diz que não aceitaria repetir a experiência "por dinheiro nenhum":

"O *Aldeão* sempre foi uma coisa muito complicada por causa das vaidades envolvidas".

A vaidade não se restringia a quem aparecia diante das câmeras nas novelas e programas. O próprio Daniel Filho, em outro trecho de sua autobiografia, confessou um sentimento que, considerando o poder que tinha, muitos encaixariam na futura definição de "mimimi":

"Depois de ter ficado cinco anos como diretor do departamento geral de novelas, comecei a sentir que tinha esticado a cama para muita gente deitar e rolar. Todo mundo levava fama, todo mundo ficava contente, mas meu trabalho passava em brancas nuvens".

Até entre os humoristas, artistas presumivelmente mais críticos e menos chegados ao chilique, havia uma espécie de delimitação do território do riso, na hora de gravar e editar os programas. Em *Planeta dos Homens*, se Jô Soares abria o programa com uma piada, Agildo encerrava. E um vice-versa que nem sempre dava certo, dada a complexa contabilidade da distribuição, pelos blocos do programa, dos esquetes protagonizados por um e outro, como lembrou o editor João Rodrigues*:

"Tem ator que acha: 'Eu só apareci uma vez na novela! Essa semana, eu só apareci duas vezes naquele capítulo'. Tem essa briga. Nos programas de humor, também. Todo mundo reclamava. E era um problema pegar 60 minutos de produção e botar num programa de 45. Alguém tinha de sobrar".

Egos humorísticos à parte, uma prova de rara humildade em meio a tantos egos foi a de Stênio Garcia e sua mulher Clarice Piovesan, que não hesitaram ao serem convidados pelo diretor Mário Lúcio Vaz para "interpretarem", escondidos completamente dentro de máscaras, os macacos que participavam dos esquetes de *Planeta dos Homens*. Alertados por Chico Anysio para o desperdício de "esconder" o talento de Stênio, os diretores do programa acabaram abrindo oportunidade para que ele e Clarice fizessem o quadro que seria tão bem-sucedido que se tornou *Kika & Xuxu*, o programa à parte que daria "muito dinheiro" ao casal.

A atriz Dorinha Duval* revelou que não apenas aceitou, mas agradeceu a oportunidade de interpretar, igualmente escondida dentro de uma máscara, a jacaré "Cuca" do *Sítio do Picapau Amarelo* (1977) e "não ter que mostrar o rosto". Mais algum tempo e, em 1982, a veterana Eva Todor, mesmo já tendo 63 anos, daria outra demonstração de despojamento ao ser convidada por Janete Clair para um papel de madrinha do personagem de Francisco Cuoco, então com 49 anos, na novela *Sétimo Sentido*. Eva já tinha aceitado quando Janete, premida por uma necessidade do roteiro, ainda na fase de desenvolvimento da trama, dobrou a aposta na humildade da atriz:

– Olha, Eva, você se importa se, de repente, aparecer o Cuoco como seu filho? Nós vamos fazer você tendo sido mãe aos 15 ou 16 anos.

– Olha, Janete, se o papel for bom, eu faço até a mãe do Paulo Gracindo. Que na época tinha 71 anos.

Melhor não

– Lauro, como é que você vai acabar essa novela?

– Olha, Boni, o que eu acho que o público quer...

– O que o público quer é que essa novela termine logo!

O diálogo, reconstituído por Lauro César Muniz para o livro *A seguir, cenas do próximo capítulo*, de André Bernardo e Cintia Lopes, antecedeu a decisão de Boni de aplicar ao autor o que ele mesmo chamou de "um castigo de cerca de dois anos" por *Espelho Mágico* (1977), a novela que, ao tentar contar a história dos bastidores de um fictício departamento de dramaturgia, conseguiu uma proeza inédita na história da Globo, mas ao contrário: deu um tombo de cerca de 20 pontos na audiência da emissora no horário das oito da noite; confundiu ainda mais a cabeça dos telespectadores sobre o que acontece por trás das câmeras; e provocou na emissora um mal-estar em cadeia que incluiu uma parte do elenco, a autora Janete Clair, que se sentiu indiretamente criticada pelo colega, e até Roberto Marinho.

Lauro reconheceu que sua nova tentativa de sofisticar o conteúdo das oito da noite, com o slogan invertido "*Espelho Mágico*, onde a vida imita a arte", não deu certo:

"Era um passo à frente de *O Casarão* (1976), quando eu tinha desafiado um pouco a lei da gravidade no horário das oito com uma história que desrespeitava a estrutura de tempo. Com *Espelho Mágico* aí já era loucura: eu quis contrapor a realidade com a ficção".

O mal-estar de Roberto Marinho, intenso o suficiente para levá-lo a mandar uma carta à direção da novela, aconteceu quando ele assistiu ao capítulo de *Espelho Mágico* em que o personagem "Carijó", um comediante considerado ultrapassado interpretado por Lima Duarte, sofre humilhações durante uma gravação, antes de ser expulso do estúdio fictício da trama. Era uma referência explícita do autor à "escola do grito" que à época tinha notórios seguidores na própria Globo. E Lima não esqueceu o diálogo a partir da reação do diretor fictício "Tarcísio", pelo sistema de som do estúdio, quando seu personagem, na hora de gravar, disse "mensagem do contingente" em vez de "mensagem do continente":

– Imbecil! Tira esse imbecil daí, burro, estúpido, tira esse idiota daí. Quem foi que inventou esse palhaço? Está atrapalhando, eu tenho quarenta cenas para gravar, vou ficar perdendo tempo com esse idiota? Tira daí!

– Não estava bom, seu Tarcísio, a mensagem?

– Não... Não estava bom, é que você falou *contingente*.

– Ah, oh, desculpa! Pode fazer outra vez?

– Não, não pode nada! Vai embora! Vai embora!

Não era um acontecimento surpreendente para quem conhecia o cotidiano dos estúdios da Globo, e também da Tupi, de Hollywood ou da Cinecittà daqueles tempos, mas Roberto Marinho, que obviamente não acompanhava os bastidores de sua emissora, mesmo sabendo que se tratava de uma ficção, pediu, na carta à direção da novela, que não fossem feitas mais "cenas tão dolorosas" como a da expulsão de "Carijó" do estúdio. As truculências de verdade que aconteciam nos estúdios da emissora, na época, nem ele era capaz de impedir.

A sinopse do Memória Globo para os 150 capítulos de *Espelho Mágico*, exibidos entre junho e dezembro de 1977, já seria suficiente para causar uma certa estranheza, ao descrever a história dos bastidores da fictícia *Coquetel de Amor*, novela estrelada por "Diogo Maia", interpretado por Tarcísio Meira, e por "Leila Lombardi", papel de Glória Menezes:

Famoso pelos trabalhos em televisão, o casal é escalado para protagonizar a trama escrita por "Jordão Amaral" (Juca de Oliveira), que é apaixonado por "Leila", sua ex-mulher, e declara seu amor pela atriz através do texto que escreve para sua personagem. Em Coquetel do Amor, *o casal está em crise, assim como seus intérpretes "Diogo" e "Leila", que veem seu casamento desmoronar por conta de "Cynthia", interpretada por Sônia Braga.*

Dava para sentir que vinha confusão pela frente. Primeiro, a da maioria dos telespectadores, com a vista embaralhada pela exibição alternada, às vezes num mesmo capítulo, de duas novelas que tinham, além de elencos próprios, diferentes cenários, figurinos, locações externas, trilhas sonoras e aberturas. A maioria dos telespectadores, segundo Nilson Xavier, "preferiu a fantasia à realidade". A trama folhetinesca de *Coquetel de Amor*, segundo ele, despertou mais interesse do que a vida "real" dos artistas de *Espelho Mágico*. No *Pasquim*, Sérgio Augusto deu uma ideia da receptividade da novela, sugerindo que Daniel Filho "deglutiu mal" autores que experimentaram a metalinguagem, como Vincente Minnelli, Jean-Luc Godard e George Cukor, acrescentando:

"Sônia Braga deglutiu mal Betty Faria. Juca de Oliveira, por sua vez, deglutiu mal Lauro César Muniz. Pior aconteceu com Daniel Filho, que deglutiu mal a si mesmo. Magnésia Bisurada talvez dê jeito".

Substituído na direção por Gonzaga Blota e Marco Aurélio Bagno na altura do capítulo 21, Daniel* disse que a novela foi uma solução de última hora para o veto da direção ao projeto de um folhetim sobre a vida da cantora Carmen Miranda:

"Em *Espelho Mágico* nós quebramos a cara. A gente não poderia fazer Carmen Miranda direito, teria que ocultar vários fatos da vida da Carmen Miranda, então a gente não fez. Aí, surgiu essa ideia de fazer uma novela passada dentro da televisão. Eu não sei se a época foi muito adiantada para a gente fazer ou se realmente a novela não colou".

Nos bastidores da novela, a divisão de opiniões e sentimentos sobre experiência de metalinguagem de *Espelho Mágico* começavam pelo casal protagonista. Para Tarcísio Meira, uma experiência "muito válida", mas com uma ressalva:

"Não sei se o autor Lauro César talvez achasse que nós, atores, nos deixávamos influenciar muito pelos personagens e os personagens se assenhoravam da gente de uma forma ou de outra, sei lá. É evidentemente que não. Os personagens são eles lá e nós cá. Ele achava que os personagens seriam muito importantes, tomariam conta dos atores".

Para Glória Menezes, o trabalho no papel de "Leila Lombardi" foi uma mistura de desconforto com uma certa confusão, "no momento em que Lauro César Muniz criou um personagem era praticamente Glória Menezes":

"Era exatamente um casal de atores que trabalhava, que tinha seus problemas. No fim, éramos nós, praticamente. Então, para mim deu uma certa confusão. Foi difícil, porque houve uma aproximação muito grande de mim mesma para o personagem".

A ideia de uma "grande ficção" sobre a televisão teria no diretor Guel Arraes, anos depois, um entusiasmado defensor, apesar dos tropeços e controvérsias de *Espelho Mágico*. Em sua entrevista, dada em 2001, Guel* propôs:

"Deve ser genial esse negócio. Tem que fazer, tem que ver como é isso. Dá uma vontade enorme de fazer".

Daniel Filho*, na mesma época, continuava marcado pelo mergulho problemático de *Espelho Mágico* na vida real dos astros e estrelas do *star system* da Globo:

"Você começa a mexer muito, querer mexer muito e acaba mexendo demais. Então, a meta da novela não funcionou. Falar de atores não foi legal".

Melhor assim

– Daniel, diga uma coisa, quem matou o "Salomão Hayala"?

O próprio presidente Ernesto Geisel, ao cumprimentar Daniel Filho*, durante a cerimônia de regulamentação da profissão de ator em Brasília, em outubro de 1978, não resistiu e fez a pergunta que ficou meses na ponta da língua de milhões de brasileiros que acompanharam *O Astro* (1977), o clássico de Janete Clair que substituiu a problemática *Espelho Mágico* no horário das oito.

A resposta que Daniel diz ter vindo à mente foi a mesma que Dias Gomes dera em 1971 a um militar da Marinha, que, no meio de um interrogatório, quis saber quem era o assassino da personagem "Nívea", vivida por Renata Sorrah na novela *Assim na Terra como no Céu*:

– Isso eu não conto nem que vocês me torturem.

Para o general Geisel, Daniel achou melhor uma resposta mais cuidadosa, ainda que na mesma linha:

– Isso é segredo de Estado e disso sei que vocês entendem.

Também em Brasília, até o ex-secretário de Estado norte-americano Henry Kissinger sentiu o poder de *O Astro*, e de uma maneira surpreendente: o salão onde ele era recepcionado pelo então ministro das Relações Exteriores Azeredo da Silveira ficou subitamente deserto na hora da novela, quando os convidados se reuniram na frente de uma televisão próxima.

Em setembro, se Vênus me ajudar, virá alguém.
Eu sou de virgem e, só de imaginar, me dá vertigem...
Minha pedra é ametista; minha cor, o amarelo...

Ao som de "Bijuterias", música de abertura composta por João Bosco e Aldir Blanc, o público foi capturado de tal maneira que os índices da novela no Ibope, na casa dos 80%, não foram alcançados nem durante os jogos da seleção brasileira na Copa da Argentina, que coincidiu com a reta final de *O Astro*.

A história da ascensão econômica e social do personagem "Herculano Quintanilha", vivido por Francisco Cuoco, e na qual o colunista Artur Xexéo identificava referências a *Hamlet*, de Shakespeare, ao então poderoso político argentino José López Rega, conhecido como "El Brujo", e a "Tartufo", o mau-caráter da peça de Molière, tinha até titubeado no início, chegando a perder de 36,7% a 33,3% para a novela *O Profeta* (1977), de Ivani Ribeiro, então exibida pela TV Tupi.

O tombo inicial levara intelectuais como Flávio Pinto Vieira, do *Pasquim*, a sugerirem, num dos primeiros dos inúmeros obituários que o formato novela receberia na imprensa escrita ao longo dos anos, que o fenômeno era sinal de cansaço do público com a fórmula, aliado a um suposto desgaste da imagem dos atores da Globo e à possibilidade de a abertura política em curso naquele momento estar criando novos assuntos e "preocupações menos alienantes" para os brasileiros.

Não daquela vez. A partir do capítulo 42, exibido em 23 de janeiro de 1978, mostrando o início do mistério sobre quem tinha matado o "Salomão Hayala", personagem interpretado por Dionísio Azevedo, o país viveu o que Nilson Xavier chamou de "comoção coletiva" que durou cinco meses até se saber, em 8 de julho, que quem tinha matado Salomão havia sido a mulher dele, "Clô", interpretada por Tereza Rachel.

Num apartamento do Posto 6, em Copacabana, Rio de Janeiro, depois de acompanhar a revelação da identidade da assassina, o poeta Carlos Drummond de Andrade deixou para a posteridade, em sua coluna no *Jornal do Brasil*, uma síntese poderosa do grau de impregnação das novelas da Globo no cotidiano da sociedade brasileira naquele momento:

"Agora que *O Astro* acabou vamos cuidar da vida, que o Brasil está lá fora esperando".

O meio do túnel sem fim

Mauro Salles estava até animado com a oportunidade surgida no segundo semestre de 1977. Depois de participar da estruturação da Globo como primeiro diretor de jornalismo e de programação, antes ainda de a emissora entrar no ar em 1965, e de deixar a empresa no ano seguinte para criar uma agência de publicidade que faria história na propaganda brasileira, ele havia resolvido aceitar o convite para "tentar salvar a Rede Tupi de Televisão" na condição de vice-presidente do condomínio dos Diários Associados, tendo o diretor artístico Rubens Furtado como seu assessor principal.

A animação era porque estava dando muito certo sua primeira decisão, a de concentrar todo o dinheiro que a Tupi tinha em *O Profeta*, a novela de Ivani Ribeiro cujo protagonista, interpretado pelo ator Carlos Augusto Strazzer, era um paranormal obviamente inspirado no israelense Uri Geller, um "entortador" de garfos que o *Fantástico* à época transformara em celebridade brasileira. *O Profeta* estava na frente de *O Astro* no horário das oito da noite e Mauro chegou a dizer que a trama de Janete Clair era "uma novela infeliz em que alguém teve a má ideia de botar um turbante em Francisco Cuoco".

Nem seria preciso esperar a Globo virar, como virou, para não mais perder, a disputa das novelas no Ibope das oito, para que o entusiasmo de Mauro murchasse: com semanas no cargo, ele foi surpreendido com a entrada de Rubens Furtado em sua sala às gargalhadas para falar de um visitante inesperado à sede da Tupi:

– Chegou aqui um americano do Kansas. Vem cuidar do *old debit*.

– Que diabo é isso?

– É, o *old debit*, a velha dívida!

– De quem?

– Da RCA.

– Que negócio é esse, Rubens?

Mais de vinte anos antes, Rubens explicou, a Tupi tinha comprado câmeras da RCA cujo pagamento, cerca de um milhão de dólares, estava em aberto na contabilidade da gigante americana de eletrônicos. O papagaio ressurgira quando a emissora de Assis Chateaubriand pediu para pagar parcelado um novo lote de câmeras. Em sua entrevista, Mauro* contou que, ao ser informado de que não havia dinheiro no caixa da Tupi para zerar a dívida, Rubens sugeriu uma saída financeira que, vista de uma perspectiva histórica, se tornaria um dos marcos originais da epidemia de venda de horários em grades de programação para grupos evangélicos, um negócio que floresceria, com um pé na ilegalidade, nas entrelinhas do sistema oficial de concessões de TV no Brasil:

– Mauro, eu estou indo para os Estados Unidos amanhã pra negociar com um pastor, que quer o horário de manhã nosso pra entrar. É o pastor Pat Robertson.

– Faço qualquer negócio com esse pastor.

Mauro pediria demissão com quatro meses de Tupi, alegando falta de condições de trabalho, mas a emissora passaria a sublocar horários de sua grade não apenas ao pastor Pat Robertson, mas também ao conterrâneo Rex Humbard, que, com a chegada do também americano Jimmy Swaggart e de seu programa à Rede Bandeirantes, formaria o trio pioneiro de pastores "eletrônicos" americanos na grade de aluguel da televisão brasileira. Na mesma época, dia 9 de julho de 1977, num galpão anteriormente ocupado por uma funerária do bairro carioca da Abolição, Edir Macedo, Romildo Ribeiro Soares e Roberto Augusto Lopes fundavam a Igreja Universal do Reino de Deus, que se tornaria, além de maior sucesso empresarial-religioso do terceiro mundo, controladora da rede de televisão que se tornaria a maior concorrente da Globo no século 21.

No caso dos espaços nobres da grade em que a Tupi veiculava seu próprio conteúdo, terminado o breve idílio na liderança do Ibope no horário das oito com a novela *O Profeta*, um anúncio da emissora, veiculado nos jornais no dia 14 de agosto daquele ano, não fazia segredo sobre a dificuldade de se competir com o sucesso de *Locomotivas* no horário das sete da Globo:

"A Rede Tupi mudou a novela *Éramos Seis* para as sete e meia da noite. Assim você não perde as *Locomotivas*".

Ninguém que conhecesse o mercado de televisão do eixo Rio-São Paulo naquela época nutria a visão grosseira de que todo o talento e competência do setor estivessem concentrados na Globo, restando na concorrência uma legião de incapazes. O próprio Homero Icaza Sánchez, em entrevista à *Playboy* em 1983, dizia acreditar que Roberto Marinho era o "dono oculto" da Tupi no tempo em que a rede fundada por Chateaubriand era a maior concorrente da Globo. E explicava a ironia:

"A Tupi criava um programa novo com bom conteúdo, original. Eu via e dizia: 'Vai pegar'. Só que ele entrava no lugar de outro que estava dando, digamos, 8% de audiência. Esses 8% eram resíduo final e o pessoal que via o programa anterior ficava 'contra' esse novo. Dava então 6% na primeira semana, depois dava 5% na segunda, depois 4% e podia chegar a 3%. Mas começaria a subir, as pessoas começariam a falar do programa novo. Aí, quando chegava na quinta semana, a Tupi cortava o programa".

Outro fator que pesava contra a Tupi na época, segundo Homero, era a inércia do telespectador, numa época em que o controle remoto ainda não era disseminado e na qual ele calculava em três anos o tempo então necessário para um eventual concorrente conseguir "empatar com a Globo e começar a arranhar sua estrutura de novelas". A emissora, para ele, era como um transatlântico que continua em movimento, mesmo depois de ser freado:

"Se você tirar o Boni da Globo e botar numa concorrente, a Globo continua líder de audiência no horário nobre com as novelas por mais três anos. Para ser caracterizado como queda, um programa precisaria cair por quatro semanas consecutivas e isso não existe na Globo. Não conheci essa situação nos últimos doze anos".

Boni, em sua entrevista ao autor em 2023, concordou em parte com Homero. Observou que "programa de televisão não é só uma ideia" e apontou Silvio Santos como o único grande concorrente da Globo ao longo da existência da emissora, que reuniu outras condições necessárias para enfrentá-la:

"Tem que ter produção adequada, promoção e um alto-falante. Se você não tem onde falar, não adianta. Se a emissora tiver 3%, o programa espetacular vai dar 3%, que é a audiência da emissora no horário. Um bom programa pode perder audiência para um programa ruim se ele for mal colocado na grade. Silvio Santos foi o grande concorrente porque ele tinha todas essas premissas: era uma boa ideia, tinha uma boa produção, ele era carismático, tinha onde promover o programa e tinha audiência".

– Ô *psit*! Ô da poltrona!

Apesar da lenta e gradual decadência que culminaria em sua extinção em julho de 1980, a Tupi exibia, aos sábados, com sucesso crescente, *Os Trapalhões*, humorístico do quarteto formado por Renato Aragão, o palhaço "Didi Mocó", autor do bordão que se tornaria antológico; o ex-acrobata, ex-bilheteiro de circo e ex-piloto de "globo da morte" Manfried Sant'Anna, o "Dedé Santana"; o ator de pornochanchada Mauro Gonçalves, o "Zacarias"; e o ritmista do grupo Os Originais do Samba Antônio Carlos Bernardes Gomes, o "Mussum".

O programa ia bem no Ibope, mas Renato ficara contrariado no início de 1976, quando o comando da Tupi resolveu tirar *Os Trapalhões* do sábado e botá-lo de frente para o *Fantástico*, no início da noite de domingo, ideia que em sua entrevista Renato* qualificou à época de "suicídio":

"Aí eu me aborreci. Mas como tinha já três programas gravados, tirei férias, fui para o Ceará, certo de que, quando voltasse, o programa nem existiria mais, porque o *Fantástico* arrasava tudo".

A surpresa ele teve quando o diretor do programa o encontrou por telefone no meio das férias no Ceará:

– Renato, você está em pé ou sentado?

– Eu estou em pé.

– Então senta porque nós ganhamos do *Fantástico*. Nós ganhamos uma meia hora do *Fantástico*, pela primeira vez nós ganhamos da Globo!

Renato interrompeu as férias, arrumou as malas e voltou para São Paulo "para saber o que tinha acontecido". De acordo com uma reportagem da *Veja* de março de 1976, após três apresentações no novo horário, a audiência da Tupi crescera 40% no Rio de Janeiro e 20% em São Paulo. O destino de Renato estava prestes a mudar por causa de uma característica de seu humor que ele costumava explicar com uma frase:

"Eu sento para escrever uma história para as crianças usando calça curta".

Os leões românticos do Leme

A conta e a conclusão, a partir dos números oficiais sobre o tamanho da televisão brasileira em 1976, eram do colunista Flávio Pinto Vieira, no *Pasquim*:

"Dez milhões e quinhentos mil aparelhos de TV no Brasil. Com cinco pessoas em média para cada aparelho, mais da metade da população assiste TV. Duas novelas (das sete e das oito), *JN* e *Fantástico* são os programas mais vistos. Espero que os cinquenta milhões sem TV tenham um pouco mais de sorte".

Não era um passeio tão tranquilo assim para a Globo. Qualquer que fosse a opinião sobre o que os brasileiros assistiam, um dos primeiros revezes de audiência da emissora, na contramão de sua trajetória avassaladora ao longo dos anos 1970, tinha caído no colo de Maurício Sherman, o diretor encarregado de tentar recuperar a liderança que o *Fantástico* acabou perdendo, naquele ano, no início das noites de domingo, em sua primeira meia hora no ar, entre oito e oito e meia da noite, para o então surpreendente *Os Trapalhões*, que a Tupi passara a exibir entre oito e dez da noite.

Transformado pelas circunstâncias num especialista em atrações internacionais de circo e outros conteúdos que agradassem ao público infantil, incluindo desenhos da Disney, Sherman* conta que não sabia mais o que levar ao ar para a Globo se contrapor à bem-humorada avacalhação protagonizada, na concorrência, pelo quarteto formado por "Didi", "Dedé", "Mussum" e "Zacarias":

"A primeira meia hora a gente tinha que fazer alguma coisa infantil, e nada: o Renato Aragão ganhando e o Boni desesperado".

Na Tupi, durante aquela meia hora estratégica da noite de domingo, brilhava um humorista que o ator e diretor Lúcio Mauro definia como "um palhaço na televisão, brincadeira de criança, palhaçada, queda, bolo na cara, um tipo pastelão que agrada de fato à criança mais do que ao adulto". Já no desespero, Sherman teve a ideia de levar os leões do então famoso Circo Orlando Orfei, parceiro e anunciante da Globo, para serem domados em plena Praia do Leme, na zona sul do Rio.

A complexa operação logística de gravação começou de madrugada e exigiu o fechamento de um trecho da Praia do Leme pela equipe de produção da Globo, com o apoio da polícia e da prefeitura, para que as carretas do circo pudessem ser estacionadas na faixa de areia. De acordo com Sherman, por volta de dez da manhã, segurança reforçada, "polícia pra todo lado", câmeras do *Fantástico* posicionadas, Orlando Orfei pronto para entrar em ação com seu chicote e sua vistosa roupa de domador, à ordem de "ação", o túnel gradeado foi aberto para que os leões descessem a rampa até a areia. O que se seguiu, segundo Sherman, foi completamente inesperado:

"Aí o Orlando Orfei entra com o chicote e, *establaf, establaf*! E os leões, nada, todos olhando o mar, fascinados com o mar. Não arredaram o pé nem o olhar do mar. O Orfei dava porrada na cara do leão. Eu nunca vi isso, um maluco, ele ficou louco, podia ter morrido. Porque ele segurava o leão e gritava: 'Porra, pula, pula!'. E nada. Aí um auxiliar dele empurrou um dos leões e ele deu umas chicotadas".

O resultado da produção no Leme, classificado como "mais ou menos" por Sherman*, foi um dos motivos que o animaram a abrir uma conversa decisiva com Boni, que ele também reconstituiu:

– O Renato, Boni. Só tem uma saída.

– O que que é?

– Tem que contratar o Renato.

– Você está maluco. Renato Aragão não é da nossa linha.

– Bom, então a gente vai continuar. Porque o *Fantástico* é um programa de adultos para adultos, com uma concepção adulta, uma concepção mais evoluída de televisão e tudo o mais. Nós não vamos conseguir nunca rivalizar com um programa infantil.

Passados quatro domingos ao longo dos quais *Os Trapalhões* tinham alcançado e ultrapassado o *Fantástico* no Ibope, já no final de 1976, um outro diálogo, este por telefone e reconstituído por Renato Aragão*, revelou que Boni, mesmo em tom de brincadeira, tinha balançado:

– Poxa, Renato, você está arrasando o *Fantástico*. Você precisa vir pra cá senão você acaba comigo.

– Não, eu não quero ir, eu estou tão bem aqui, não quero entrar nessa briga muito grande. E estou fazendo aquilo que eu gosto aqui, lá eu não vou fazer, você não vai me deixar.

A ligação precedeu uma outra conversa mais concreta e para a qual Renato se preparou com a certeza de que Boni, na verdade, "queria contratar os *Trapalhões* para arquivar logo depois". Por isso, apresentou um documento de "três páginas" nas quais fez exigências de estrutura, horário na programação, pessoal e equipamento que, tinha certeza, seriam rechaçadas por Boni. Enganou-se:

"Ele nem leu e assinou. Eu pensei: 'Ai, meu Deus, estou na Globo, o que eu faço? Como é que eu vou segurar o Padrão de Qualidade?'. Naquela época, na Tupi era uma esculhambação, eu fazia o que queria, era descontraído, entrava no outro cenário por trás da tapadeira, brincava, fazia aquela coisa irreverente. Na Globo tinha que ser disciplinado".

Em 7 de janeiro de 1977, dia de exibição do primeiro dos dois especiais que a Globo levou ao ar para apresentar *Os Trapalhões*, a Tupi resolveu transmitir, no mesmo horário, um especial com os melhores momentos do quarteto na emissora. Foi massacrada por um placar de 71 a 2,3% nos índices do Ibope. A partir de março daquele ano, ao ser exibido aos domingos, às sete da noite, o quarteto, além de liderar a audiência do horário, garantiu a volta de uma decolagem segura do *Fantástico* nos índices do Ibope a partir das oito.

Os Trapalhões, de acordo com Renato, chegaram a tentar se enquadrar no padrão asséptico e perfeccionista da Globo, depois de receberem alguns memorandos assinados por Boni, recomendando cuidado para que a TV não fosse "desmistificada". Em sua entrevista ao autor em 2023, Boni disse que "nem tudo foi esculhambação":

"Com o intuito de melhorar o programa, eu convenci o Renato a aceitar que o quadro da 'SWAT' dos *Trapalhões* fosse uma produção mais bem-acabada, mais dentro dos padrões da emissora. Além disso, contratei Carlos Alberto de Nóbrega, que melhorou a qualidade do texto deles. Eu disse: 'Vamos manter o circo, mas vamos fazer com que tenha princípio, meio e fim, que tenha lógica'. E ele não mexeu no aspecto popular dos *Trapalhões*, mas fez esquetes que melhoraram a qualidade do programa".

As "recaídas" do quarteto ao modelo original de esculhambação do programa, no entanto, continuariam, com momentos antológicos em que eles desvendariam, cúmplices do telespectador, os truques da cenografia, a falsidade de objetos de cena e os segredos da equipe do estúdio para iludir os telespectadores.

Quem demoraria, de verdade, para se acostumar com *Os Trapalhões* na tela da Globo seria um tipo de telespectador que, nas palavras de Renato Aragão, "tinha vergonha de assistir o programa", antes de personalidades como Caetano Veloso e Carlos Drummond de Andrade, por exemplo, elogiarem o quarteto, o primeiro com a música "Jeito de Corpo" e o poeta com a qualificação das trapalhadas do grupo como "terapêuticas". Em mais de uma ocasião, logo após a estreia e o grande sucesso na Globo, Renato viveu uma situação exemplar que ele descreveu em sua entrevista:

"Eu saía na rua para os restaurantes e as pessoas começavam: 'Renato, sabe que eu assisti, eu passei no quarto da empregada, eu assisti o seu programa, adorei'. Outro encontro e a mesma coisa: 'Olha, eu estava no quarto da empregada e vi o seu programa'. Aí eu dizia: 'Por que vocês não saem do quarto da empregada? Vão assistir na sala que é melhor'".

Luxos da liderança

Seria um delírio completo imaginar, nos anos 2020, William Bonner e Renata Vasconcellos, ao final de uma edição do *Jornal Nacional*, anunciarem que, logo depois da novela das nove, a Globo apresentaria, sem intervalos comerciais, a íntegra dos 69 minutos da *Sinfonia n.º 9* de Ludwig van Beethoven, executada pela Orquestra Filarmônica de Berlim, sob regência do maestro austríaco Herbert von Karajan e com apresentação do também maestro Isaac Karabtchevsky, diretor da Orquestra Sinfônica Brasileira.

Mais delirante ainda seria a suposição de que não haveria uma grave crise interna, com demissões e mudanças drásticas na grade de programação da Globo, logo depois de a exibição do concerto da Filarmônica de Berlim provocar uma queda de 47 para 37 pontos no Ibope da emissora em São Paulo, e de 27 para 15 pontos no Rio de Janeiro.

Foi o que aconteceu na noite de 18 de março de 1977, uma sexta-feira, estreia do programa *Concertos Internacionais*. E assim seria por mais três anos, sempre com perda de audiência nos finais de noite, toda terceira sexta-feira do mês, até 7 de setembro de 1980. Dias antes daquele programa-concerto que lembrou os 150 anos da morte de Beethoven, a Globo estreara *Os Trapalhões* para estancar a sangria de audiência que começava a ameaçar a liderança absoluta do *Fantástico* nas noites de domingo.

Esse conteúdo de dupla personalidade da Globo era possível numa década em que, além de não existirem a internet, a TV por assinatura e as plataformas de *streaming* que desidratariam a hegemonia da TV aberta no início do século 21, a classe média brasileira, com seus nichos ilustrados, ainda reinava praticamente sozinha nas planilhas das equipes de programação e de comercialização das emissoras.

Não havia uma concorrência sólida o suficiente para tirar o sono do comando da Globo, à exceção de acidentes como o do breve êxito de *Os Trapalhões* na Tupi, antes de o quarteto ser prontamente contratado pela emissora. O diretor Geraldo Casé sabia que *Concertos Internacionais* "não se sustentava em função da concorrência e do processo de rentabilidade", mas aproveitou enquanto pôde:

"A concorrência não tinha competência para poder brigar com o campeão de audiência. Não estávamos nos importando muito com isso porque sabíamos que a audiência estava voltada para a TV Globo. Houve momentos em que a emissora praticamente varria as concorrentes, o *share* da Globo era muito grande".

Antes de deixar de vez a grade da Globo em dezembro de 1995, *Concertos Internacionais* ainda teria mais quatro temporadas a partir de setembro de 1991, época em que o perfil médio do telespectador brasileiro de TV aberta, de acordo

CAPÍTULO 10 · 379

com os índices do Ibope, já começava a adquirir um viés descendente em direção às classes D e E, e a disputa de audiência já se dava num cenário bem diferente do que garantia uma liderança absoluta à Globo no final dos anos 1970.

Até mesmo operações especiais da emissora envolvendo música erudita aconteceram: em outubro de 1990, treze anos depois da estreia dos *Concertos Internacionais*, a morte do regente Leonard Bernstein inspiraria um novo encontro marcante da música clássica com a TV aberta no horário nobre da Globo. Convocado por Boni para fazer um especial em homenagem ao autor de *West Side Story*, o diretor Luiz Gleiser* lembra, em sua entrevista, que foi autorizado pelo diretor de programação Roberto Buzzoni a usar como quisesse os concertos de Bernstein com direitos vencidos que a Globo tinha no arquivo:

– Prepara, inventa o programa, que os direitos a gente se vira e adquire.

Assim foi feito. Do jeito que Boni queria, Gleiser convocou a então recém-contratada Dóris Giesse, modelo e jornalista, e gravou com ela "cabeças" de apresentação no cenário grandioso do Theatro Municipal do Rio de Janeiro. Ao lembrar o programa, Gleiser nem fez menção à audiência. Outros tempos:

"Acabou que o especial deu o maior pé. A Dóris ficou linda, o Municipal ficou lindo".

Um dos diretores fixos dos *Concertos Internacionais*, Gleiser lembra que, mesmo não havendo "dinheiro nenhum", gravou "cabeças" inesquecíveis de apresentação de concertos com a atriz e modelo Silvia Pfeifer, "aquela deusa maravilhosa", e com Tarcísio Meira, vergando um *smoking*, à frente do ciclorama do palco do Teatro Fênix, no Jardim Botânico:

"E tome música clássica. Era um outro Brasil".

Além de Beethoven, Karajan e, depois, Bernstein, o escritor Monteiro Lobato, mesmo após ter o seu *Sítio do Picapau Amarelo* adaptado três vezes – Tupi em 1952, TV Cultura de São Paulo em 1964 e Bandeirantes em 1967 –, também ganhou espaço na grade da Globo a partir daquele emblemático março de 1977, junto com *Os Trapalhões* e *Concertos Internacionais*, para mais uma adaptação de sua obra. Só que, com dois meses de exibição nos finais de tarde e em reprises matinais, o *Sítio do Picapau Amarelo* da Globo, então produzido através de um convênio entre a emissora, a TV Educativa e o Ministério da Educação e Cultura, esteve perto de ser tirado do ar:

"Boni estava pensando seriamente em tirar do ar porque envolvia um grande investimento e a audiência não era boa. Tirar do ar, porém, seria um fracasso. A emissora queria que o programa desse certo e precisava de alguém que conhecesse bem o universo do autor".

Boni estava falando com ele mesmo, Benedito Ruy Barbosa, que à época tinha acabado de escrever a novela *Cabocla* e foi convidado pelo chefe para um almoço em que também esteve o então diretor-geral do *Sítio do Picapau Amarelo*, Geraldo Casé. Paulo Afonso Grisolli, que chefiara a equipe de redatores do programa naqueles dois meses, não era convidado, e Benedito, ao aceitar o convite para substituí-lo, tinha acabado de ser ultrapassado por Gilberto Braga na fila de autores da emissora candidatos ao horário das oito da noite. Um privilégio que, o tempo mostraria, ele só teve dezesseis anos depois, com *Renascer* (1993), após dar uma surra histórica de audiência na Globo com sua *Pantanal*, pela Rede Manchete, em 1990. Em sua entrevista, Benedito* diz que não se arrependeu da decisão de escrever para o *Sítio*:

"Adoro Monteiro Lobato, um dos primeiros autores que li. Mas achava que o *Sítio* estava descaracterizado. Achava que não tinham que fazer a recriação das histórias, e sim adaptá-las. Boni, então, me pediu para salvar o programa. Eu argumentei que estava de férias, mas ele me pediu que assumisse o projeto. Em troca, eu poderia fazer minha próxima novela às oito da noite. Peguei a coleção do Monteiro Lobato para reler. Ninguém entendeu nada lá em casa. Escrevi doze histórias, 240 capítulos".

Em outro luxo que a Globo se permitia à época, Geraldo Casé pôde contar, ao dirigir o *Sítio do Picapau Amarelo*, com o apoio de uma equipe especializada em linguística, ciência, educação, psicologia, pesquisa e sociologia, além da participação de um grupo de apoio pedagógico, na hora de selecionar o conteúdo de cada capítulo. Aquele grupo de profissionais, por sinal, seria de grande utilidade quando Casé enfrentasse um dilema que só incendiaria o debate cultural brasileiro quatro décadas depois: o racismo espalhado pela obra de Monteiro Lobato.

"A 'Nastácia' era uma negra beiçuda e tinha que ser uma negra beiçuda mesmo. Mas nós fizemos a 'Nastácia' muito mais próxima de 'Dona Benta'. Elas eram muito mais amigas, muito mais afetivas. No respeito às verdades havia, ao mesmo tempo, um grau de afeição, para que não existisse um desnível, essa questão de preconceito".

Em sua entrevista, em 2001, Geraldo, pai da Regina Casé, a atriz que anos depois se notabilizaria por ancorar vários programas da Globo que mergulharam de forma inédita no universo das classes pobres brasileiras, não acreditava que Monteiro Lobato cultivasse um preconceito racial. Para ele, o escritor apenas "não se preocupava" com a questão:

"'Emília' chama 'Nastácia' de negra beiçuda e outras coisas o tempo todo. Está no livro. Ele tinha essa dicotomia".

Mais urgente que o racismo, na época das primeiras temporadas do *Sítio*, a julgar pelo relato de Casé, era a preocupação de todos da equipe com a questão ecológica, a ponto de as histórias do personagem "Pedrinho", depois de pressões feitas por defensores dos animais em 1981, sofrerem mudanças substanciais na adaptação feita para a Globo:

"Nós tivemos problemas até com associações quando fomos fazer *Caçadas de Pedrinho*. Ficaram revoltadas, dizendo que nós íamos matar onças e outras coisas. Nós dissemos: 'O Monteiro Lobato matou a onça, o *Sítio* da televisão não mata a onça'".

No livro, o personagem "Visconde de Sabugosa" passa com a onça pelo arraial pendurada. No *Sítio* da Globo, a história é outra: a de uma onça que fugiu do circo e tem um caçador que quer matá-la, mas quem mora no *Sítio* não quer deixar isso acontecer. Ao lembrar as alterações que fez, Casé não tinha dúvidas:

"Eu não coloquei uma bazuca na mão de ninguém. Nós mudamos a história, fizemos a adaptação. Tem tudo do Monteiro Lobato, todos os medos. Evitamos que essa coisa fosse feita. É uma atualização, não uma modernização".

O *Sítio* se consolidaria na grade da Globo em dois períodos que totalizariam cerca de quinze anos. Fosse adaptação, atualização ou modernização, mais de vinte anos depois da estreia da primeira temporada do *Sítio* na Globo, de acordo com um diálogo reconstituído por Benedito*, a permanência da obra de Monteiro Lobato seria questionada de forma categórica por seu próprio neto de 12 anos, principalmente no que se referia ao "pirlimpimpim", o pó mágico que levava os personagens da história de Monteiro Lobato a viverem aventuras fantásticas. O neto devolveu o livro que tinha levado para ler em casa:

– Vô, não vou ler isso aqui, não.

– O que é, rapaz? Teu avô aprendeu a ler com isso aqui.

– Mas eu já sou de outra época, vô. Vou te dizer uma coisa: esse pó de pirlimpimpim é uma besteira sem tamanho. Ninguém viaja na cauda de um cometa. Será que esses caras não sabem que cauda de cometa é puro gás e só quando chega perto do sol é que você vê a cauda? Não dá para acreditar em pílula falante, porco que fala, isso é besteira. Naquele tempo não tinha televisão, não tinha rádio. Tudo bem que o senhor tenha gostado, mas eu não gosto. Eu vi o homem descer na Lua.

Depois do discurso, de acordo com o relato de Benedito, o neto resolveu "fuçar" a biblioteca do avô e levou para casa o livro *Eu, Robô*, de Isaac Asimov, bioquímico norte-americano nascido na Rússia e autor de obras de ficção científica. Três dias depois, nova resenha:

– Vô, o cara é fogo. Essa lei da robótica vale mais do que Os Dez Mandamentos.

Era Bruno Luperi, que em 2021, aos 32 anos, seria responsável por escrever para a Globo o *remake* de *Pantanal*, a novela do avô que, ao ser adaptada, atualizada ou modernizada, ou todas as alternativas anteriores, se tornaria um dos maiores sucessos da teledramaturgia brasileira no século 21.

A noite dos generais

Era uma recaída momentânea na já famosa determinação de não morrer ou se afastar do comando tão cedo. Em maio de 1977, aos 72 anos, Roberto Marinho tinha anunciado, reservadamente, segundo Roberto Irineu, que se aposentado-ria "em breve". Por isso, resolvera organizar, na casa de Afrânio Nabuco, diretor da Globo em Brasília, um jantar durante o qual apresentaria os executivos que o sucederiam na direção da emissora a um grupo de generais acompanhados das esposas e escolhidos a dedo pelo coronel Edgardo Erickson, dublê de comentaris-ta político pró-ditadura da Globo Brasília e "embaixador" do regime na emisso-ra, ou vice-versa, dependendo do problema. Um dos executivos era Joe Wallach:

"O doutor Roberto queria mostrar ao governo militar que a diretoria da TV Globo era forte, porque eles queriam saber. E o filho Roberto Irineu tinha começado na empresa cerca de um ano antes".

Outro executivo da Globo em destaque no jantar era Walter Clark, mas por estar bêbado, de acordo com as descrições dos acontecimentos feitas por Wallach, Roberto Irineu e Toninho Drummond, então diretor de jornalismo da emissora em Brasília. A embriaguez começara horas antes, no almoço, e de-pois de beber "alguns hectolitros de vodca com suco de lima", como o próprio Clark informou em sua autobiografia, os colegas decidiram levá-lo até o Hotel Nacional para que ele dormisse um pouco e se recuperasse até a hora do jan-tar. Toninho Drummond sabia que não ia adiantar:

"Quando o sujeito toma um porre como tomou o Walter, ele não se re-cupera em uma hora. Às vezes, você vai, toma um banho frio e acha que está novo. Depois, basta tomar meia dose que vem tudo".

À noite, depois de recusar o conselho de Wallach para ficar no hotel, Clark seguiu para a casa de Afrânio Nabuco e continuou bebendo, muito, a ponto de reter uma garrafa de uísque com a qual um garçom servira a ele e ao então pre-sidente da Caixa Econômica Federal, Humberto Barreto. Para constrangimen-to de Roberto Marinho e da segunda mulher, Dona Ruth, além de começar a falar "algumas bobagens muito grandes" para os militares, Clark, segundo Ro-berto Irineu, pediu a Edgardo Erickson que parasse de "dizer xaropadas às gor-das matronas esposas dos generais".

Quando Clark começou a trocar pernas a caminho do *buffet*, tonto, na hora do jantar, e Afrânio Nabuco decidiu puxá-lo para um canto e o mandar de carro para o hotel, Wallach, ao observar a reação do dono da Globo, sentiu

CAPÍTULO 10 · 383

que aquela cena tinha sido "a gota d'água". O executivo que Boni, por exemplo, descreveu como o *"enfant gâté* insinuante e agradável" que encantara Marinho onze anos antes, ao ser contratado para implantar o projeto que em uma década transformaria a Globo na emissora mais poderosa do país, não seria mais diretor-geral. Chamado à sala de Marinho no jornal *O Globo* no dia seguinte à volta de Brasília, Wallach, na época o principal interlocutor do dono da Globo na emissora, recebeu uma missão que não quis cumprir:

– Joe, não tem mais condições o Walter.

– Olha, o Walter é vital porque ele é um homem em quem todo mundo realmente presta atenção.

– Não. Tem que ir, Joe. É bom você falar com ele.

– Eu, não! Foi você quem o contratou, ele é teu homem.

Da porta da Globo para dentro, na época, o porre em Brasília não foi surpresa. Já fazia alguns anos que, mesmo depois de vários pedidos de Marinho para que Clark parasse de beber, o período da tarde na sala do diretor-geral se tornara imprestável para quem quisesse despachar com ele sobre algum assunto da emissora. Alguns de fora, como o publicitário Lula Vieira, entrevistado por este autor em janeiro de 2022, também sabiam da limitação da agenda de Clark e até compartilhavam do mesmo fornecedor de bebida, um simpático muambeiro de luxo conhecido como "My Friend", que não precisava de crachá para percorrer todas as áreas da Globo e vender uísque e aparelhos eletrônicos importados:

"As tardes não eram mesmo um horário bom para ir à TV Globo conversar com o Walter Clark. Os porres dele eram históricos. Ele bebia muito, como se bebia muito também nas agências".

Forçado a se adaptar à situação, Wallach via, por trás daquelas tardes de uísque, uma dificuldade pessoal de Clark que, segundo ele, havia se agravado com o passar do tempo:

"Foi muito melancólico. Ele era um homem superinteligente, personalidade maravilhosa, o homem mais honesto que eu já vi. Mas também era um homem frágil, muito frágil de caráter. Se havia um problema qualquer, ele queria que um outro resolvesse, não era capaz de enfrentar. Ou pedia pra mim ou pedia ao Boni".

Boni, outra testemunha da crescente decepção de Roberto Marinho com a incapacidade de Clark de dar continuidade ao que ambos conversavam ou decidiam, via, no comportamento do então diretor-geral, falta de autoridade:

"Walter era uma pessoa muito sensível. Se tivesse que brigar comigo, ele preferia sumir. Se fosse uma briga com o doutor Roberto, ele ficava desesperado, tomava um pileque e ia para casa. E ele foi contrariado várias vezes em situações nas quais era importante, para sua honra, que ele não fosse contrariado".

Em entrevista ao *Pasquim* em 1981, então recém-contratado como diretor-geral da Bandeirantes, cargo que ocuparia por não mais que um ano, e em meio a promessas de oferecer uma programação "de conteúdo" independente dos índices do Ibope, em contraposição ao já icônico Padrão Globo de Qualidade, cuja paternidade passara a renegar, Clark tomou a iniciativa de tocar no episódio de Brasília do jeito que queria:

"Uma pergunta que você faria: por que sair da Globo? Pela minha boemia, por ter sido inconveniente a uma personalidade da República, histórias fantásticas, nada disso aconteceu. Sempre fui boêmio e dane-se. Na hora de trabalhar, eu era profissional".

Ao minimizar o papel do uísque em sua trajetória profissional, Clark amparou-se, durante a entrevista, em exemplos históricos como o de Winston Churchill, que para ele "ganhou a guerra bebendo". Disse também que beber era "uma questão de medida" e que "cinquenta copos d'água fazem muito mal". Sobre a demissão na Globo, a resposta ao *Pasquim* foi radical na sobriedade:

"Um belo dia, Roberto Marinho achou que não precisava mais de mim e disse tchau".

Anos depois, em sua autobiografia, Clark atribuiria sua demissão ao fato de ter resistido aos militares do governo quando, em 1976, eles pressionaram e conseguiram que a Globo rompesse o contrato com a TV Iguaçu, afiliada do Paraná pertencente ao ex-governador Paulo Pimentel, que por sua vez rompera com seu antigo protetor, o poderoso Ney Braga, líder político e ex-governador paranaense, à época ministro da Educação do governo Geisel.

Era pouco. Não foi de um dia para o outro que o dono da Globo descobriu que não queria mais contar com o executivo que Nelson Motta, por exemplo, descreveu como o "genial vendedor, elegantíssimo, super bem-vestido e charmoso" que tinha sido responsável, "mesmo não entendendo muito de televisão", não só pela revolucionária estratégia de programação e comercialização dos primeiros anos da emissora, mas também pela implantação do conceito de rede na TV brasileira:

"O Walter vendia o que o Boni fazia. Foi a dupla que construiu a TV Globo".

Homero Icaza Sánchez*, testemunha inspirada dos bastidores da direção da Globo, ao falar da dupla em 2000, explicou como os dois agiam nos primórdios da Globo:

"O Walter era o líder; e o Boni, o chefe. O Walter conseguia juntar todo mundo e dizia 'Vamos!'. O Boni tinha um chicote na mão para que fossem".

Os tempos da dupla que ficara conhecida pelo apelido de "Boni and Clark", trocadilho óbvio com um clássico do cinema americano, tinham ficado para trás. Cerca de um ano antes da noite dos generais em Brasília, o repórter Hamilton Almeida Filho já escrevia, para *O ópio do povo*, uma crônica sobre o homem que o recebeu "parecendo ancorado para sempre no sofá, largado", com "olhos vermelhos, injetados mesmo", e "olheiras mal suportando o próprio peso":

"Visto aqui de perto, fora das capas das revistas de propaganda e negócios, Walter Clark está mal. Não porque tenha a língua pesada, ao cumprir sua eterna missão de ser a voz, o rosto e a imagem da esfinge que diz que construiu. Depois de onze anos de sucessos, a sua esfinge começa a devorá-lo: apesar do terno verde-claro, *ton sur ton* sobre o colete verde-escuro, do cabelo 1976 – nem curto nem grande –, apesar da estampa, sua beleza está cansada, cansadíssima".

A explicação de Boni*, em sua autobiografia e nas entrevistas ao Memória Globo, para o lento declínio de Clark em direção ao ostracismo que passou a experimentar, junto com doses crescentes de álcool e cocaína, era a de que ele tinha virado "uma outra pessoa" e que passara a "comemorar muito cedo um trabalho que estava apenas começando", com "jantares, champanhe e passeios", enquanto ele, Boni, na produção e programação; Armando Nogueira, no jornalismo; Daniel Filho, na dramaturgia; Joe Wallach, na administração; José Ulisses Arce, na área comercial; entre outros "carregavam as pedras".

Também era pouco para explicar, segundo João Paiva Chaves, assessor direto de Clark entre 1970 e 1972. O fato de o então chefe se tornar "meio rainha da Inglaterra", segundo Chaves, também guardava relação com a intenção de Walter de "se liberar para subir nas organizações do doutor Roberto Marinho":

"Naquela época, os filhos eram muito jovens, mas o doutor Roberto tinha o plano dele, o que, na minha opinião, frustrou um pouco o Walter. O homem de contato com o doutor Roberto era Joe Wallach, e ele começou a se sentir excluído. Passou a cuidar mais de coisas pessoais. E a vida dele se desorganizou".

Antes, em 1968, a possibilidade de se tornar sócio, e não empregado da Globo, surgira, como afirmou o próprio Clark em sua autobiografia, quando os acionistas do Time-Life, dispostos a sair da sociedade com Marinho, chegaram a oferecer a Walter a parte do grupo americano na emissora. Algum tempo depois, em iniciativa que Roberto Irineu classificou como "uma das tentativas bobocas do Walter de fazer as coisas", Clark chegara a fazer o desenho organizacional de uma fundação constituída pelos então diretores da Globo para comandar a empresa, ideia que o patrão prontamente descartou, ficando apenas com a sugestão da fundação, Fundação Roberto Marinho, criada em 1977, por coincidência o ano da demissão de Clark.

Mesmo às vésperas de sua saída da Globo, Walter continuava não se conformando com a ideia de não ser sócio ou dono da emissora, a julgar pelo diálogo que teve com Evandro Carlos de Andrade quando o então diretor de redação do *Globo*, a pedido de Roberto Marinho, o procurou na emissora para falar da contrariedade do patrão com dois episódios: uma reportagem de capa da revista *Vogue* sobre a "marca Walter Clark", cheia, segundo Evandro, de "eu faço e aconteço", e um convite inusitado que pousara na mesa de Marinho:

"O Walter chegou a um ponto em que, quando houve a inauguração da sede nova da Globo em São Paulo, ele fez um convite dizendo 'Walter Clark convida para...' e ainda teve a coragem de mandar para o doutor Roberto: 'Walter Clark convida Roberto Marinho para a inauguração...'. Imagina!".

A história do convite está na entrevista que Evandro deu ao repórter Geneton Moraes Neto pouco antes de morrer, em 2001, a mesma em que ele reconstituiu o diálogo que teve com Clark ao cumprir a missão dada por Marinho, que começou com uma reação surpreendente de Walter à informação de que o dono da Globo estava "muito aborrecido":

– Olha, Evandro, vou te dizer uma coisa com toda franqueza: por que o doutor Roberto? Nós é que fizemos isso aqui. O "Gordo" já vive dizendo que ele é que tinha que estar no meu lugar. Eu tenho que enfrentar esse tipo de coisa e você ainda vem pra cá com essa conversa do doutor Roberto?

O "Gordo" era Boni. E Evandro, num aceno ao alcoolismo e ao que chamou na entrevista de "exibições públicas vexatórias" de Clark, que já não eram segredo para ninguém na elite brasileira, deu uma resposta que deixou Walter "todo desconcertado":

– Walter, pensa só um pouquinho: nós estamos sob o regime militar. Concessão, eles podem até cancelar. E você acha que é para você que eles vão dar concessão? O que você acha?

Outra ponta do desgaste com Clark que Marinho adicionava às queixas que fazia aos interlocutores mais próximos, mesmo insistindo que não costumava misturar questões pessoais com as profissionais, foi a maneira – que ele classificou de "deselegante" – como Walter se portara no início dos anos 1970 quando entrou na sala da presidência da Globo e deu de cara com uma jovem que Boni, em 2023, definiu como "uma paixão platônica do doutor Roberto" e com a qual Clark manteria um relacionamento. Era Regina Rosemburgo, também conhecida como Regina Léclery, uma ex-recepcionista de banco que despontara para o cinema com o filme *Garota de Ipanema* (1967) e que se tornara uma rica e celebrada socialite até morrer em 1973, aos 34 anos, no acidente com o Boeing 707 da Varig, que caiu em chamas nas cercanias de Paris.

Clark não abdicou de sua lendária pose e da tentação do charme nem ao descrever, na página 276 de sua autobiografia, como foi o momento em que ficou sabendo que estava demitido, ao ser despertado num hotel de Nova

York por um telefonema de Joe Wallach, na manhã de 26 de maio de 1977. Primeiro, explicou que o hotel era o Regency, na Park Avenue, "onde os executivos da Globo eram clientes assíduos e tinham sempre as melhores suítes no penúltimo andar, bem próximas da cobertura, ocupadas normalmente por personalidades como Maria Callas e Richard Burton". Depois, contou que sentiu que "havia caído em desgraça na Globo" quando, ao contrário do que acontecia, deram-lhe "uma suíte bem menor". Finalmente, reconstituiu o diálogo com Joe Wallach:

– Amigo, tem um assunto muito delicado para falar com você...

– Qual é Joe?

– O doutor Roberto está muito triste com você e não quer mais que você trabalhe na empresa.

Clark explica no livro que, naquele momento, respirou fundo "como um pistoleiro antes de seu último duelo", pulou da cama e procurou demonstrar mais calma do que na verdade experimentava. E perguntou:

– Mas por que isso, Joe? O que aconteceu em Brasília foi uma bobagem.

– Não é isso, Walter. A coisa vem se acumulando já há algum tempo e o Roberto não quer mais você aqui.

A demissão de Clark, lastreada por uma recompensa financeira que em sua autobiografia ele disse ter sido de dois milhões de dólares, foi formalizada dois dias depois, em 28 de maio, por duas cartas, uma de Marinho e uma dele, ambas com elogios recíprocos escritos por Otto Lara Resende, a quem Clark chamava carinhosamente de "Walter Ego". Na carta de Walter, há um "pedido irrevogável de demissão". Na de Marinho, o reconhecimento do trabalho de Walter e de "divergências resolvidas pela fraternidade que formavam".

De uma reunião com o patrão na mansão do Cosme Velho para tentar evitar a saída de Clark, Boni e Joe Wallach voltaram com um "não" irredutível e a orientação, segundo o relato de Boni em seu livro, de "neutralizar qualquer foco de resistência à saída de Walter". Não houve necessidade: ao contrário do que Clark esperava, e para aumentar sua mágoa, ninguém deixou a Globo em solidariedade a ele.

Na cobertura da demissão, a imprensa se dividiu entre o resgate do papel incontestável de Clark na história de sucesso da Globo até aquele momento e um inventário, às vezes com toques de despeito, dos sinais exteriores da fortuna que à época ele não hesitava em exibir e que incluíam um Mercedes-Benz e uma Ferrari; uma cobertura duplex de 1.200 metros quadrados na Lagoa Rodrigo de Freitas; uma lancha de 37 pés; uma casa em Angra dos Reis, com praia particular; e outra casa em Itaipava, na região serrana do Rio; além dezenas de obras de arte e a dita indenização de dois milhões de dólares.

"De boy ao maior salário do mundo." Com este título, o *Jornal do Brasil* de 29 de maio incluiu, na cobertura, um perfil do ex-contínuo da Rádio Tamoio que chegou a chefe de tráfego da Interamericana de Publicidade aos 17 anos, passou por outras agências, trabalhou em duas emissoras de TV, teve três filhas em quatro casamentos e na mídia ganhou o apelido de "o homem do salário de um milhão". Parecia obituário e era, de certa forma, do ponto de vista profissional, duas décadas antes de sua morte aos 60 anos, de parada cardíaca, enquanto dormia, no dia 24 de março de 1997.

Para o que seria o último encontro com Boni, então com 42 anos, algum tempo depois da demissão, ainda em 1977, Clark, aos 41, alugou um quarto do Copacabana Palace e chamou o ex-parceiro para "botar as cartas na mesa":

– Você me traiu!

– Walter, eu fui a única pessoa que não ficou sabendo. Quando eu soube, você já estava demitido.

De acordo com o relato feito por Boni ao autor em 2023, Clark estava "completamente embriagado" ao recebê-lo no quarto. A partir do diálogo inicial, segundo ele, começou um contraponto mútuo do que cada um fez de bom para o outro. Mas a conta de Clark, segundo Boni, era emocional demais e não fechava. Depois de cerca de trinta minutos, a conversa foi unilateralmente encerrada por Boni com um argumento:

– Walter, eu vou sair porque senão isso vai terminar em porrada.

Bateu a porta, foi embora e os dois nunca mais se encontrariam pessoalmente até a morte de Clark, vinte anos depois, aos 60 anos. Mesmo sem encontrá-lo pessoalmente, Boni disse que ao longo dos anos teve algumas "conversas amenas" com Clark e que o ajudou financeiramente em algumas ocasiões, não chegando, no entanto, a comprar quadros que o ex-parceiro lhe ofereceu. E houve uma ligação, em especial, na qual Clark fez um elogio:

– *Roque Santeiro* é uma novela espetacular, acertos sensacionais, com grande apelo popular. Parabéns!

Ironicamente, a saída do executivo que fizera toda a diferença ao entrar na emissora em 1965 provocou apenas pequenos ajustes e novos nomes nos cargos de um organograma que, em 1977, já não precisava ou não contava com ele havia muito tempo: José Ulisses Arce continuou dirigindo a área de comercialização; Joe Wallach, mais do que nunca um ex-preposto do grupo Time-Life, continuou a exercer o grande poder que já tinha, agora com o nome de superintendente de administração; Boni seguiu no comando dos diretores de programação, jornalismo, produção e engenharia; e Roberto Marinho, quem sabe ainda traumatizado com os acontecimentos do jantar que organizou para tranquilizar generais preocupados com sua iminente aposentadoria, decidiu almoçar diariamente e trabalhar à tarde na emissora. Além de adiar, por tempo que se revelaria pra lá de indeterminado, a ideia de se aposentar, passou a acumular a presidência com a direção-geral, cargo do qual só abriria mão ao entregá-lo a Marluce Dias da Silva, 21 anos depois, aos 93 de idade.

Se nos bastidores a demissão de Walter Clark foi uma espécie de novela sem surpresas no final; na grade de programação da Globo, já então completamente subordinada ao comando de Boni, nenhum programa saiu ou entrou no ar em decorrência direta de sua partida. Era o fim de um período de pouco mais de uma década em que a emissora que Clark idealizou e implantou havia conquistado, quase à sua revelia, a liderança absoluta de audiência em todo o país.

Ainda ia demorar muitos anos para que as pessoas, dentro da Globo, começassem a perder o sono com o Ibope. Era ainda, também, um tempo em que a maioria dos telespectadores que iam para a cama de madrugada costumava assistir, até o final, o encerramento da programação da emissora: um arranjo musical que misturava percussão brasileira com sons de sintetizadores, sob um clipe com imagens de cristais, esferas e polígonos transparentes e tridimensionais, vazados por fachos de luz ofuscantes, e uma locução poética de Dirceu Rabelo, já a caminho de se tornar "a voz da Globo":

"Logo, o brilho das luzes será substituído pelos primeiros raios de sol. Fique agora na tranquilidade do seu lar. Nós estamos aqui, atentos aos acontecimentos da aldeia global, preparando as emoções que são a vida do povo, a alma da cidade. Até amanhã, na certeza de um novo tempo. Tempo de comunicação, fazendo o homem livre, no universo sem fronteira".

CAPÍTULO 11

A notícia mais difícil

Num início de tarde da redação do *Jornal Nacional* no final de março de 2022, no Rio, William Bonner convocou, contrariado, para uma reunião fechada imediata, o repórter Paulo Renato Soares, a editora de texto Mariana Fontanelle, a produtora Carolina Lauriano, a coordenadora de produção dos jornais de rede Rosângela Moura, o chefe de redação de rede Marcio Sternick e o diretor regional de jornalismo da Globo no Rio Vinicius Menezes.

Os profissionais convocados tinham em comum alguma responsabilidade por uma série encomendada para o *JN* cujo primeiro capítulo Bonner tinha acabado de assistir, acompanhado da editora-chefe adjunta do telejornal, Cristiana Sousa Cruz, em sua sala, de porta fechada.

A série de três episódios, sugerida em dezembro de 2021 por Carolina Lauriano, Paulo Renato Soares e Dagoberto Souto Maior, e baseada num estudo inédito patrocinado por uma ONG ligada à família Diniz, acionista dos grupos BRF, Carrefour e Pão de Açúcar, era um retrato surpreendente e assustador da rapidez com que o Brasil deixara de ser uma referência mundial em programas contra a fome, depois de sofrer um tombo inédito no mundo, em matéria de segurança alimentar.

Bonner, preocupado com a quantidade igualmente histórica de notícias ruins que vinham dominando o script do *JN* desde 2019, a começar pela criminosa gestão da pandemia da Covid-19 por parte de Jair Bolsonaro, entre outros desmandos e desastres de seu governo, não era um entusiasta da série. Temia uma overdose de tristeza e más notícias, mas acabara dando o sinal verde para a produção, depois de cuidar pessoalmente de todas as perguntas que a série deveria fazer e tentar responder.

Todos da equipe estavam convencidos de que o capítulo que Bonner acabara de assistir havia cumprido rigorosamente as recomendações para que a série ficasse sempre afastada da política, a ponto de não existir, na edição, uma menção sequer, de texto ou imagem, a Lula ou ao Partido dos Trabalhadores,

391

em cujos governos o Brasil havia conquistado um destaque mundial por seus programas sociais.

Mas havia um problema que os próprios autores reconheciam: o capítulo era grande, quase quinze minutos. Não seria problema, porém, fazer uma versão de dez minutos, enquadrando a série no padrão de tempo que o *JN* se acostumara a dar, rotineiramente, por exemplo, à cobertura diária da Operação Lava Jato ou às votações importantes dos onze ministros do Supremo Tribunal Federal. Não foi o que Bonner achou. Nervoso a ponto de ser o único que não conseguiu se sentar durante a reunião, disse o que o que acabara de assistir era "impublicável". Depois, irônico, sugeriu:

– Essa matéria está pronta para ser embrulhada para presente e ser mandada para a campanha do PT.

Paulo Renato Soares foi o único na sala que reagiu, dizendo que a maneira pela qual Bonner estava se referindo ao trabalho daquela equipe era "ofensiva". Não adiantou: Bonner continuou contrariado com o fato de a equipe ignorar o ano eleitoral que estava em curso e abriu mão da série. Alguns dias depois, de forma surpreendente, comunicou à equipe que o *JN* e os outros telejornais iriam, sim, por decisão da direção de jornalismo, exibir matérias sobre o agravamento da fome no Brasil.

O estresse e a hesitação diante da possibilidade de favorecer acidentalmente o então pré-candidato Luiz Inácio Lula da Silva acontecera na mesma semana em que, na outra extremidade do espectro político-eleitoral, o então presidente Jair Bolsonaro, ao ser interrompido num discurso por seguidores aos gritos "globolixo, globolixo", encenou uma suposta admoestação que levou a plateia ao delírio:

– Eu discordo! Discordo! Lixo é reciclável.

Mesmo sob ataques hostis de um presidente abertamente disposto a dificultar até a renovação da concessão da emissora, o jornalismo da Globo, em 2022, mais uma vez, tinha dificuldade de conviver com uma notícia chamada "Lula". Mais ou menos como tinha acontecido exatos 43 anos antes, no dia 13 de março de 1979, quando, em plena ditadura, depois de dez anos sem greves no país, o então líder metalúrgico comandou uma paralisação de 180 mil operários do ABC Paulista.

"Havia um flagrante desequilíbrio no tempo que era dado à cobertura da greve em si, que era algo histórico, em relação ao tempo que era oferecido a quem falava contra a greve, que eram as autoridades do governo do estado e o 2º Exército, que participou ativamente da repressão à greve."

Carlos Tramontina*, futuro âncora e um dos repórteres destacados para cobrir a greve, recorda que "os representantes da indústria automobilística

tinham um enorme espaço na TV Globo, especialmente no *Jornal Nacional*".
A cobertura, para ele, só era gratificante enquanto as equipes estavam na rua:

"Isso é que era dolorido. Nós recebíamos da nossa chefia uma determinação de cobrir jornalisticamente. Nós íamos, fazíamos a reportagem, mostrávamos tudo, entrevistávamos os metalúrgicos, entrevistávamos os líderes sindicais. E, à noite, nos nossos telejornais de rede, que eram os mais importantes, especialmente o *Jornal Nacional*, ia ao ar uma notinha coberta de vinte segundos".

Na edição do material produzido em campo, segundo Tramontina, os líderes sindicais não apareciam nas imagens e os metalúrgicos não falavam, "a despeito das gigantescas manifestações que eles realizavam todos os dias":

"Ao mesmo tempo, víamos as autoridades tendo tempo para fazer ameaças e as autoridades militares igualmente tendo tempo para fazer suas manifestações. Os empresários, então, tinham mais tempo que as autoridades e os militares juntos".

Não era por falta de repórter que a Globo não fazia uma cobertura equilibrada das greves. Carlos Nascimento*, além de ter sido autor da primeira reportagem da emissora sobre Lula, quando ele foi eleito presidente do Sindicato dos Metalúrgicos de São Bernardo do Campo e Diadema em 1978, trabalhou em praticamente todas as greves, a começar pela paralisação na fábrica da Scania naquele ano; passando pela grande greve de 1979 no estádio da Vila Euclides; as de 1980 e 1981; além da invasão, pela polícia, da igreja em Santo André, na qual o então bispo Dom Cláudio Hummes abrigou os grevistas; e das manifestações a favor dos metalúrgicos na Praça da Sé, no centro de São Paulo.

Carlos Monforte* também se lembra de sair sempre para a rua com a recomendação de "cobrir tudo" sobre as graves e deixar a edição do material por conta dos editores dos telejornais. O problema, como lembra Ernesto Paglia*, era o que acontecia quando as equipes voltavam para a redação:

"A gente cobria com muita dificuldade, havia censura, havia pressões de toda sorte, até o ponto de, por exemplo, a gente passar o dia fazendo matéria no ABC, dos confrontos e lutas, brigas, feridos e presos em invasões de sindicatos e tudo o mais, e no final do dia falarem assim: 'Olha, trinta segundos é o seu tempo pra falar do dia no ABC'. Não havia censura de conteúdo, mas em trinta segundos o que você pode dizer?".

O preço daquelas edições flagrantemente desproporcionais do *JN* quem pagava eram os repórteres, ao voltarem para cenários de cobertura onde, nas palavras de Monforte, "a Globo não era muito bem-vista", a ponto de ter um de seus carros de reportagem virado por grevistas indignados:

"Não chegaram a tocar fogo, mas viraram o carro e teve gente machucada. Uma vez nós ficamos numa rua de choque: de um lado vinham os metalúrgicos, do outro os policiais. E nós no meio".

CAPÍTULO 11 · 393

A tensão entre os grevistas e as equipes da Globo era tanta que houve um dia de greve em que o próprio Lula, segundo Tramontina, não se sensibilizou com uma situação de risco que ele e o cinegrafista Amauri Torrense viveram a partir do momento em que alguém identificou a presença da equipe da emissora no estádio da Vila Euclides, lotado com mais de quarenta mil metalúrgicos, e propôs um revide ao noticiário contrário ao movimento:

"Nós fomos cercados e muitos gritavam: 'Pega, bate neles!'. De repente, alguns sindicalistas deram as mãos para nos proteger, entre eles o Jair Meneguelli, que posteriormente se tornou presidente do sindicato. O presidente do sindicato na época era Lula e pediram que intercedesse a favor da gente, por estarmos sendo ameaçados, encostados no palanque e cercados por meia dúzia de sindicalistas de braços dados de costas para nós. E ele deu de ombros. Jamais vou me esquecer disso".

Diferentemente de Tramontina, Monforte, Paglia e outros colegas que abordaram o período de greves do ABC em suas entrevistas, o repórter Heraldo Pereira*, em seu depoimento dado em 2004, diz que, embora não tenha participado da cobertura das paralisações, acha que os metalúrgicos "queriam que a TV Globo fizesse uma militância política" e "não souberam entender o papel dos repórteres da emissora, especialmente no ABC", chegando a formar "grupos organizados" para "agredir profissionais da TV Globo":

"Acho que havia um ativismo específico do PT em relação às equipes da Globo. Não era uma coisa da população, isso é preciso desfazer. Queriam que você, como principal amplificador da opinião pública, tivesse partido, claro que queriam. Acho que era ilegítimo, porque acho que a gente tem compromisso com a opinião pública, a gente não tem compromisso com segmentos do país".

Não era o que achava o chefe de Heraldo, Armando Nogueira*. Para o então diretor da Central Globo de Jornalismo, o que provocou "um grande descontentamento dos metalúrgicos" com a equipe de jornalismo da Globo São Paulo foram as "restrições" impostas à emissora, segundo ele, pelos militares, no sentido de que a cobertura das greves do ABC fosse "leve, sem som ambiente e sem dar voz às lideranças sindicais". E era praticamente impossível encontrar, entre os jornalistas que viveram aquele período, alguém que considerasse, como pauta restrita de interesse exclusivo de um "segmento", quase dois anos de greves e manifestações que, entre 1978 e 1980, pela primeira vez desde o golpe de 1964, envolveram centenas de milhares de trabalhadores de mais de seiscentas empresas paulistas.

O que nem sempre foi unânime, entre autores e pesquisadores que estudaram a cobertura dos acontecimentos do ABC, foi a distribuição das responsabilidades superiores pelo comportamento parcial e muitas vezes omisso do jornalismo da Globo naquele momento histórico. Armando Nogueira* reconhecia que a postura da emissora "era insuportável para a oposição que vivia lutando contra o regime de opressão", mas argumentava que "a abertura democrática era ainda um fato muito recente no quadro político nacional, e a Central Globo de Jornalismo se encontrava numa posição difícil":

"A gente nunca podia perder de vista o fato de que a televisão era uma concessão de serviço público a título precário. A qualquer momento, podiam nos tirar. E isso era um elemento de pressão que eles usavam muito em determinadas situações. Roberto Marinho contornava umas, mas outras eram muito difíceis de contornar".

Menos. É o que diriam repórteres, produtores e editores da CGJ que à época estavam acostumados com o alinhamento absoluto do dono da Globo com os empresários e anunciantes atingidos pelas greves e com os militares. Não os gorilas dos porões da ditadura, aliás suspeitos de plantarem uma bomba em sua casa, mas o *establishment* que, em 1979, no meio daquela onda de greves, passara das mãos do presidente Geisel para seu sucessor, o general João Figueiredo. Na redação do *JN*, era difícil alguém acreditar que o dono da Globo sequer pensasse em colocar a concessão da emissora em risco por causa de uma suposta insistência em levar ao ar, por exemplo, uma declaração de Lula sobre as reivindicações dos metalúrgicos em greve.

Começavam mal, na cobertura daquelas greves, quatro décadas de um convívio que seria difícil e, não raro, traumático, entre a rede de televisão mais poderosa do país e o mais importante líder político surgido no Brasil depois do golpe militar de 1964. Naquele início de relação, houve até um momento da cobertura que, por ter sido uma exceção, surpreendeu: em entrevista ao *Pasquim*, o jornalista Fernando Morais, que viria a ser biógrafo de Lula, revelou que, na madrugada de 19 de abril de 1980, falando pelo telefone, o futuro presidente da República parecia não acreditar no que tinha visto na tela da Globo:

"Lula comentou, espantado, a isenção do noticiário das onze do *Jornal da Globo*, que mostrava operários com olhos vazados pela polícia, donas de casa denunciando invasão de suas casas pelas tropas e gente ferida pelas bombas da PM. Pela primeira vez, a TV não punha no ar apenas empresários engomados garantindo que a greve estava no fim".

Poucas horas depois da conversa, por volta das seis e meia da manhã, oito homens armados com metralhadoras cercaram a casa de Lula, no bairro de Ferrazópolis, em São Bernardo, e o levaram para o Departamento de Ordem Política e Social (DOPS), onde ele ficaria preso por 31 dias sob a acusação de violar a Lei de Segurança Nacional. A Globo cobriu e, no caso, também exibiu.

No *JN*, salvo momentos jornalísticos impossíveis de ignorar como a prisão de Lula por agentes do DOPS, a história era outra: a editora Renée Castelo Branco* lembra que, apesar de Lula ter sido a principal figura e estar "falando muito, *mega hypado*, muito forte" durante as greves, a ordem na redação era não usar a voz dele, mesmo quando as equipes vinham da rua com entrevistas gravadas. Os editores tinham de fazer uma "lapada", matéria com imagens do entrevistado falando sem ser ouvido e na qual o conteúdo da entrevista era resumido, em texto de um editor, na voz de um apresentador:

"A gente não podia botar a voz do Lula no ar. O Lula não falava".

Fora do *JN* também não era fácil transformar Lula em notícia. O jornalista Fernando Pacheco Jordão, então integrante da equipe paulista do *Globo Repórter*, chegou a editar um programa sobre o novo sindicalismo, assunto à época frequente nas páginas da imprensa escrita, inclusive em artigos que tratavam da suspeita de setores da esquerda brasileira de que Lula fosse um aliado secreto do sindicalismo norte-americano, em mais uma suposta invenção maquiavélica do general Golbery do Couto e Silva para controlar o processo político brasileiro. Em entrevista para o filme *Muito Além do Cidadão Kane*, de 1993, Jordão, que posteriormente escreveu o livro *Dossiê Herzog: prisão, tortura e morte no Brasil*, disse que o programa foi vetado:

"Foi um ótimo documentário. Muito forte, muito claro. Mas ele nunca foi apresentado nem mesmo para a diretoria da Rede Globo. Na chefia do jornalismo é que foi censurado".

Em 7 de abril de 2018, 36 anos depois daquela cobertura parcial no ABC Paulista e quatro anos antes do drama de William Bonner com a série do *JN* sobre a fome no Brasil em ano eleitoral, Lula se entregaria à Polícia Federal no Sindicato dos Metalúrgicos do ABC, em São Bernardo, para uma prisão que duraria um ano, sete meses e um dia. O então diretor de jornalismo da Globo, Ali Kamel, temendo pela integridade física dos repórteres da emissora ao ficarem próximos dos metalúrgicos, determinou que a cobertura fosse feita à distância, por helicóptero, e com imagens de internet geradas pela própria TV do sindicato.

Não era preciso nem explicar.

O último vagão

Não havia memorandos com designação do cargo ou patente militar do autor, comunicados com exigência da rubrica "ciente" do editor destinatário, anúncios verbais com exposição de motivos na hora do fechamento ou mesmo menções frequentes à palavra "censura". As notícias importantes de política que chegavam à redação do *Jornal Nacional* da virada dos anos 1980 e que potencialmente poderiam contrariar o dono da emissora e o governo militar, ou vice-versa, na maioria das vezes, simplesmente desapareciam da pauta ou do script do telejornal sem maiores explicações.

Vigorava, nos sussurros da redação, uma espécie de jurisprudência de assuntos e pessoas proibidas, como o então senador Saturnino Braga, ex-presidente da CPI do Grupo Time-Life nos anos 1960; Leonel Brizola, velho inimigo de Roberto Marinho, à época recém-chegado do exílio; matérias com críticas à ditadura, palavra proibida no script, ou ao ritmo da abertura democrática prometida pelo governo militar; manifestações de cunho ideológico contra o capitalismo; e determinações pontuais, como a ordem recebida por Armando Nogueira para o *JN* de não dar espaço para declarações de Lula na cobertura das greves do ABC, limitando-se às entrevistas dos representantes patronais. Sem contar os muitas vetos de origem desconhecida, como lembrou Renée Castelo Branco:

"Muitos repórteres da época dizem que trabalhavam normalmente, sem restrições além da recomendação do bom jornalismo. O problema estava na decisão sobre quem deveria ser entrevistado. Tinha uma lista de gente que não podia entrevistar. Uns porque o governo militar não queria; outros porque não sei quem não queria; outros porque diziam que quem não queria era o dono – e metade disso, depois é que você vem a ver, é que os donos eram quem menos tinham a ver com aquilo. Às vezes, não sempre. Então, tinha muito impedimento".

Bastava uma palavra do editor-chefe, às vezes precedida do atenuante de que o jornal estava "estourado", para que a matéria não fosse sequer produzida ou editada:

– Caiu!

Um outro tipo de conduta, que já não podia ser exatamente classificada como censura, acontecia quando uma notícia ou matéria de política que a redação consensualmente considerava merecedora de destaque era transformada, para sobreviver no *JN*, em "nota pelada", um texto lido pelo âncora, sem imagens, com duração não superior a trinta segundos, em média, e que costumava ser paginado, meio escondido, em posição discreta no script, quase nunca abrindo ou fechando os blocos do jornal.

Uma terceira conduta, que livrava a emissora, mas não o *JN*, da acusação de censura, acontecia quando, depois de "cair" do *JN*, a matéria ou notícia era "liberada" para ser dada no *Jornal da Globo*, que ia ao ar bem mais tarde e cujo impacto era incomparavelmente menor, em termos de audiência. Algo como o *Jornal do Brasil*, a *Folha de S.Paulo* ou *O Estado de S. Paulo* tirarem, como tiravam, na época, uma notícia considerada delicada das manchetes da capa, mantendo apenas a matéria na página interna da seção de política cujo índice de leitura era menor.

– Dá no local!

Também era comum os editores do *JN* mandarem uma reportagem ou declaração considerada delicada de volta para a sucursal da Globo ou para a afiliada da rede que originalmente oferecera o material. Nesses casos, apenas os telejornais locais exibiam a matéria, junto com reportagens comunitárias de interesse restrito à cidade ou ao estado em questão.

No ar, o resultado desse malabarismo editorial posto em prática quase diariamente na redação do *JN* era uma cobertura política pobre e acanhada, quando não totalmente omissa, tanto na opinião de jornalistas da Globo que viveram a experiência da censura quanto na de autores que estudaram o período, além dos telespectadores que, como diria o futuro slogan, não eram bobos. Isso enquanto a Bandeirantes, principalmente, com audiência bem menor que a Globo e um controle consideravelmente mais frouxo por parte dos militares, investia numa cobertura política mais volumosa e menos tímida, para se diferenciar da emissora de Roberto Marinho.

A exceção, pelo tempo e o destaque, foi uma entrevista de dezessete minutos com referências explícitas às torturas do governo Médici, que foi exibida na edição do *JN* de 25 de maio de 1979 por ordem do dono da Globo, menos por uma improvável decisão de sair atirando contra o então presidente João Figueiredo, e muito mais pelos laços de amizade, e trabalhistas, que ele mantinha com o jornalista e dramaturgo Nelson Rodrigues:

"No momento em que o governo brasileiro prepara o projeto de anistia para enviar ao Congresso, o escritor Nelson Rodrigues fala pela primeira vez sobre seu filho, que também se chama Nelson. Ele está preso há sete anos no Rio por crimes contra a segurança nacional".

Foi assim, como destacou Ruy Castro na biografia *O anjo pornográfico: a vida de Nelson Rodrigues*, que Cid Moreira apresentou a entrevista com Nelson, um notório anticomunista e apoiador de primeira hora do golpe militar de 1964, à época decidido a participar da campanha pela anistia, depois do sofrimento de saber que o filho militante de esquerda, embora poupado da morte nos porões por determinação dos próprios militares, tinha sido torturado.

Na entrevista, conduzida pela repórter Teresa Cristina Rodrigues, sua prima em segundo grau, Nelson defendeu a liberdade do filho e dos outros presos políticos, mas tentou isentar o general Médici da responsabilidade direta pelas torturas e reafirmou suas convicções políticas de uma forma que ajudava a explicar o tempo autorizado por Marinho para aquele súbito mergulho do *JN* nos crimes cometidos pelos militares depois do golpe de 1964:

"Sou anticomunista. É preciso que o telespectador ouça isso. Sou democrata. Mas o sujeito não pode dizer 'sou democrata' sem o ridículo inevitável, porque falar em democracia hoje, em qualquer lugar do mundo, fica engraçado. Porque você pega o comunista, ele se diz democrata tranquilamente, desafiando o teto que devia cair em cima dele".

À parte as questões de interesse pessoal do patrão, ninguém precisava lembrar, na época, aos editores do *JN*, o que ficava faltando no noticiário de política do principal telejornal da Globo. Era uma equipe formada por uma mistura de jovens repórteres e produtores que já tinham de ter uma boa experiência em televisão com editores originários de carreiras sólidas construídas na imprensa escrita. Caso de Ronan Soares, mineiro de Araxá que antes de começar como editor do *JN* em 1975, aos 36 anos, cobrira o governo Juscelino Kubitschek e a crise que resultou na renúncia de Jânio Quadros; fora assessor de imprensa do então primeiro-ministro Tancredo Neves no governo parlamentarista instalado em 1961; repórter político do *Estado de S. Paulo* nos governos Castelo Branco, Costa e Silva e Médici; e repórter do *Globo* nas coberturas de economia e do Itamaraty:

– No trem da abertura política, a Globo vai ser o último vagão. E o *Jornal Nacional* vai ser o último banco do vagão.

Era baseado nessa síntese em forma de receita que Ronan, primeiro em Brasília e depois no Rio, encarava a responsabilidade de interpretar, sem causar tremores na relação da Globo com os militares, os avanços e recuos da abertura que, além de "lenta e gradual", como determinara o presidente Geisel, também era, para Ronan, "angustiante":

"Quanto mais poder tinha e mais popular era a Globo, maior era a pressão. E eles, os militares, argumentavam: se houvesse uma atribulação, uma turbulência, isso prejudicaria a abertura. Então, a Globo, no caso eu mesmo, muitas vezes, pensava: 'Até que ponto você pode criar um problema sério e isso fazer tudo voltar atrás?'".

Em Brasília, um dos repórteres que personificavam, no vídeo, a cobertura política da Globo, sendo criticado por quase naufragar num mar de entrelinhas e construções gramaticais cuidadosas para falar das entranhas de um governo que ainda não abdicava de ser uma ditadura militar, era Álvaro Pereira*, ex-repórter do *Jornal de Brasília* e da revista *Veja* contratado pela emissora em 1978, aos 26 anos, para fazer uma cobertura que era "dificílima", principalmente em momentos críticos, como foi a prisão de Lula durante a greve dos metalúrgicos do ABC:

"Os deputados de oposição iam para a tribuna da Câmara e criticavam duramente o governo Geisel. Todos temiam pela cassação dele porque naquela época ainda existia a perspectiva de cassação de mandato. Eu era uma espécie de termômetro, acompanhando o dia a dia da política e da evolução do processo democrático no país".

Quem fazia a leitura e a interpretação da temperatura medida nos três poderes da República por Álvaro Pereira e outros repórteres da Globo Brasília da época, como Marilena Chiarelli*, Carlos Henrique e Antônio Britto*, era o diretor Toninho Drummond, responsável, segundo Marilena, pela delicada e sofrida implantação de uma redação jornalística de verdade na sucursal da Globo cujo símbolo, até meados de 1975, era o coronel Edgardo Erickson, com seu costume de vigiar textos alheios por cima do ombro, seu revólver exibido e seus editoriais governistas:

"Toninho, quando chegou na Globo, achou aquilo um absurdo. A gente já achava, mas não podia falar nada. E ele começou a mexer suas pedrinhas mineiramente para aquilo acabar. Muito poucas pessoas têm noção do que realmente Toninho representou para a Globo na abertura democrática da própria emissora e também do país".

Descrito a este autor por Evandro Guimarães, representante de Roberto Marinho junto aos poderes em Brasília nos anos 1990, como "um mágico, hábil como um gato, que entrava nos ambientes sem chamar atenção", Toninho tinha fontes decisivas entre os militares e políticos, além de conversar muito com o dono da Globo. Não por acaso, era com ele que Ronan Soares conversava quando tinha dúvidas sobre o impacto das reportagens de política que editava para o *Jornal Nacional*. O mesmo acontecia com Álvaro Pereira, que nunca se esqueceria do mantra do chefe, na hora em que saía para o Congresso Nacional:

– Se vai cair, se vai para o ar, isso não é um problema seu. É um problema dos editores, é um problema da direção da empresa e que implica conveniências outras. Cabe a você, como repórter, reportar, dizer o que está acontecendo no Congresso, pensar diariamente o principal assunto e trazer pra gente aqui na redação.

O dever de apurar à exaustão, com qualidade equivalente ou até superior à dos jornais, revistas e emissoras concorrentes, assuntos e acontecimentos indigestos para a emissora e, como tais, com grande chance de não entrar no *Jornal Nacional*, se tornaria rotina para as equipes da Globo. A ponto de muitos repórteres saírem da emissora para trabalhar, no Rio, em São Paulo e Brasília, já convictos de que certas reportagens ou se tornariam "notas peladas" ou seriam "liberadas" para o *Jornal da Globo*.

A explicação para o aparente paradoxo era simples: noticiar ou não algo efetivamente relevante, quase obrigatório do ponto de vista jornalístico, mas indigesto para a emissora, era um problema do comando do *JN* e, em última instância, do dono da Globo. Já levar ao ar uma reportagem que parecia indigesta e jornalisticamente obrigatória, mas sustentada por uma produção capenga ou negligente, às vezes dava demissão. E costumava acontecer, quase sempre, em pautas de denúncia de fatos negativos envolvendo autoridades de todos os níveis e anunciantes poderosos.

Armando Nogueira*, regularmente contrariado com os críticos da mídia e da academia que tratavam a linha editorial da Globo da época como resultado de um conluio cínico e premeditado de jornalistas venais com Roberto Marinho e os militares para perpetuar a ditadura, lamentava:

"Pena que aquelas pessoas não conheciam a situação de quem vivia dentro da emissora, para ver como era difícil o nosso dia a dia".

Pior ainda para os jornalistas que trabalhavam nas equipes de produção das redações da Globo. Como se não bastasse estarem sempre na parte de baixo dos salários, serem geralmente esquecidos na hora dos louros pelos furos e grandes reportagens e tratados como primeiros suspeitos quando matérias equivocadas iam ao ar no *Jornal Nacional*, eles nada podiam fazer quando liam ou ouviam que o telejornalismo da Globo pecava pela "superficialidade" e por "não ir a fundo" na apuração dos fatos. Muitas vezes, ninguém ficava sabendo que a produção tinha ido, sim, muito a fundo, a não ser o editor do *JN* que dava o aviso fatal:

– A matéria caiu.

Os novos "comunas"

Apesar da censura do governo e da própria empresa principalmente ao noticiário político, seria também ao longo da segunda metade dos anos 1970 que a Globo montaria, na redação de São Paulo, para atuar na frente e por trás das câmeras, uma das mais importantes equipes de jornalismo da história da emissora. O ponto de partida foi em 1976, quando Armando Nogueira nomeou, como editor-chefe da redação paulista, Luiz Fernando Mercadante, então ex-repórter das revistas *Manchete*, *Veja* e *Realidade* e ganhador do Prêmio Esso de Reportagem pela matéria "Brasileiros, go home!", sobre a presença de tropas brasileiras na República Dominicana.

Ao assumir, Mercadante acabou se beneficiando do triste fim da revista *Realidade*, publicação histórica da imprensa brasileira que circulou entre 1966 e 1976 e cuja marca era a inspiração no chamado "jornalismo literário" em voga na imprensa americana, além de uma temática ousada e sempre sustentada em muita investigação e pesquisa de campo. De uma hora para outra, a Globo São Paulo, que até então comemorava como um acontecimento as raras ocasiões em que o *JN* feito pelos cariocas abria espaço para suas reportagens, passou a contar, na retaguarda da redação, com vários profissionais que a Editora Abril dispensara ao acabar com *Realidade*, entre eles Woile Guimarães, Paulo Patarra, Eurico Andrade, Dante Matiussi, Narciso Kalili, Raul Bastos, José Hamilton Ribeiro, Chico Santa Rita e Humberto Pereira.

Carlos Nascimento*, futuro âncora do *Jornal Nacional*, à época um repórter de 23 anos encarregado do noticiário de trânsito para o telejornal *Bom Dia São Paulo*, sentiu a diferença:

"O pessoal da *Realidade* era de altíssima qualidade e todos estavam desapontados com o fim da revista. Mas foram pessoas que transmitiram para nós, jovens jornalistas, o que era fazer um jornalismo investigativo, jornalismo de denúncia. Eles nos deram uma formação política muito boa. Foram uma grande escola de telejornalismo".

Diante das câmeras da Globo, junto com Nascimento e por conta das contratações feitas por Mercadante, começariam a surgir jovens repórteres, em sua maioria originários da imprensa escrita paulista, a cujos rostos os brasileiros passariam a se acostumar, ao longo das coberturas marcantes da emissora nas décadas seguintes: Sérgio Motta Mello, Luís Fernando Silva Pinto, Ernesto Paglia, Carlos Tramontina, Helena de Grammont, entre outros.

Um deles, Tonico Ferreira*, que tinha sido diagramador de jornais universitários dirigidos pelo então líder estudantil José Dirceu e ex-editor-assistente dos semanários de esquerda *Movimento* e *Opinião* antes de entrar para a Globo em 1981, até estranharia a longevidade profissional daquela geração, na entrevista que deu em 2004, 28 anos depois de sua estreia na emissora:

"Nós somos hoje os repórteres mais velhos na rua. É muito gozado porque todos nós começamos na Globo com barba preta, cabelo preto, magrinhos. Hoje somos todos cabelos brancos e o resto da imprensa vai pegando gente nova e nós não. Somos um pouco conservadores nesse aspecto".

Carlos Monforte, outro contratado da época que seria um futuro âncora da emissora, tinha uma característica comum a boa parte dos contratados por Mercadante: o envolvimento com a causa da resistência democrática à ditadura. Além da experiência de repórter especial do jornal *O Estado de S. Paulo* e de cursos de aperfeiçoamento na Universidade de Navarra, na Espanha, e na Fundação Beauve Marie, na França, Monforte levou consigo para a Globo uma espécie de atividade paralela à qual ele e outros repórteres de jornais e revistas de São Paulo se dedicavam: usar o poder das empresas nas quais trabalhavam para proteger perseguidos políticos "que iam prestar depoimentos nos quartéis e delegacias e corriam risco de não voltar":

"Muitas vezes nós usamos o nome da TV Globo para proteger os perseguidos. A gente ia lá só para a polícia saber que a Globo estava lá fora. No dia em que o Plínio Marcos foi depor na Polícia Federal, por exemplo, nós o entrevistamos antes de ele entrar e ficamos lá. Enquanto ele não saiu nós não fomos embora. Entrevistas com parentes de desaparecidos políticos eu fiz um monte. E também não iam ao ar porque não podia entrar. Mas a Globo fez".

Isabela Assumpção, repórter da sucursal paulista do jornal *O Globo* contratada pela emissora em meados de 1980, aos 32 anos, e outro rosto que atravessaria quatro décadas de matérias para os telejornais e programas da CGJ, também levou para a Globo a experiência de cobrir as greves de trabalhadores e movimentos populares que ressurgiam no país com o apoio de lideranças católicas como Dom Paulo Evaristo Arns e outros religiosos.

Luís Edgar de Andrade, também egresso da revista *Realidade* e com passagens pelo jornal *O Estado de S. Paulo*, pela revista *Exame* e pelo semanário *O Pasquim* antes de assumir o cargo de editor-chefe do *Jornal Nacional* em 1979, aos 48 anos, tinha sido preso e torturado pelo regime militar no início dos anos 1970, acusado injustamente de participar de um assalto praticado por um grupo guerrilheiro.

A condição e o cargo de Luís Edgar eram mais um indício de que o jornalismo da Globo daqueles tempos, a exemplo das outras redações da grande imprensa brasileira da época e ao contrário do perfil ideológico mais conservador que prevaleceria nas mesmas equipes ao longo da segunda década do século 21, era majoritariamente simpático à esquerda, especialmente ao então nascente Partido dos Trabalhadores. Das chefias ao chamado "reportariado", todos, segundo Ronan Soares, tinham muita informação política:

"Não éramos um grupo que fazia o que mandavam fazer. O Armando Nogueira tinha noção política. Nós conversávamos muito com o Otto Lara Resende, que era diretor da Globo e trocava ideias com a gente sobre o que era governo e o que era militarismo. E a gente tentava, aos poucos. Mas cada dia sentíamos que era mais lento o processo, que a abertura ia custar muito mais".

Aos olhos dos militares, mais uma vez, como sempre, problemas existiam porque, para eles, só tinha comunista nas redações. Na Globo, assim como no jornal *O Globo*, o perfil ideológico dos profissionais, mais uma vez, como sempre, não era uma questão decisiva. Importante era que todos fizessem tudo que a direção da empresa mandasse fazer. Era pegar ou largar.

Para Carlos Nascimento, por causa da Censura, nem tudo que aquela geração de repórteres forjada na redação de São Paulo aprendeu pôde ser passado para os telespectadores imediatamente. Uma das lições, a de não facilitar a vida da Censura, ele aprendeu em maio de 1979, quando cobriu para o *JN* a morte de Sérgio Paranhos Fleury, delegado do DOPS, paulista protegido da ditadura e acusado de torturas e mortes de presos políticos:

"Ele era uma figura, digamos assim, de faces antagônicas, por um lado herói da polícia, herói da ditadura, e, por outro lado, um torturador, chefe do esquadrão da morte. E eu fiz uma besteira, como repórter, de construir dois textos: um texto falando do lado ruim dele e o outro do lado heroico.

E aí, evidentemente, o que aconteceu? Entrou só o lado bom, não entrou o lado ruim".

Sem contar o traumático curto-circuito que, em 1984, a campanha das Diretas Já provocaria na Globo, da redação do *JN* às salas da presidência. Ainda faltavam alguns anos até o dia 15 de março de 1985, quando o país amanheceu com o presidente eleito Tancredo Neves internado no Hospital de Base de Brasília para nunca mais voltar, José Sarney tomando posse como presidente no Congresso Nacional e o general João Figueiredo embarcando para o Rio de Janeiro sem passar a faixa presidencial ao sucessor.

Esses moços

Boni* estava convencido de que ia dar certo ao convidar Daniel Filho* para uma conversa de fim de semana em sua casa de Angra dos Reis, no final de 1978, e fazer a encomenda que inauguraria um novo capítulo na história da dramaturgia da Globo. Entre abril e outubro daquele ano, em meio à exibição, de segunda a sábado, de cerca de quinhentos capítulos das novelas diárias da emissora, apenas sete episódios de um seriado de produção modesta, temática mais pesada, sem grandes estrelas e exibido às dez da noite de quarta-feira tinham feito a diferença:

– Daniel, acho que está havendo uma repetição: novela, novela, novela. Vamos tentar fazer a série brasileira. O caminho de *Ciranda Cirandinha* está nos apontando que nós devemos fazer séries.

Era o primeiro passo para o projeto que levaria ao ar, a partir de maio do ano seguinte, os seriados *Malu Mulher*, *Plantão de Polícia* e *Carga Pesada*. O que vários participantes chamariam depois de "balão de ensaio" do projeto nascera cerca de um ano antes da conversa em Angra, quando Boni pediu ao mesmo Daniel que desenvolvesse um seriado a partir do *Caso Especial*, escrito por Paulo Mendes Campos e exibido na noite de 7 de outubro de 1977, com direção de Paulo José e o então jovem elenco formado por Lucélia Santos, heroína da então recente *Escrava Isaura*, ainda com 20 anos; Fábio Jr., jovem ator de 24 anos que desistiria da carreira para ser cantor; Denise Bandeira, futura roteirista, com 25; Jorge Fernando, futuro diretor, com 22; entre outros.

A cena final em que o personagem de Fábio Jr. aparecia tocando, ao piano, a canção "Let it Be", dos Beatles, fizera Boni levar à frente a ideia de um seriado que "falasse sobre a juventude da época para a juventude da época". Até então, o programa *Caso Especial* era o único formato de dramaturgia produzido com alguma regularidade pela emissora, além das novelas, e caracterizado por episódios únicos que duravam cerca de uma hora. Em sua autobiografia, Daniel conta que, da ideia inicial de Boni, ficou só o título do seriado, *Ciranda Cirandinha*:

"Era difícil transformar a história original, pois a trama terminava no episódio exibido no *Caso Especial*. Então chamei o Domingos Oliveira e fizemos o *briefing* a partir de uma frase de John Lennon que tinha um senso de oportunidade para o momento: 'O sonho acabou'".

O *briefing* de Daniel e Domingos era uma espécie de olhar em volta para o mundo como ele se apresentava em 1977, principalmente para os jovens. A Guerra do Vietnã, símbolo da rebeldia dos anos 1960, tinha acabado havia dois anos, deixando como legado uma sociedade ferida e profundamente dividida nos Estados Unidos; os hippies libertários e psicodélicos da virada dos anos 1970 ou tinham se dispersado, às vezes levados pela overdose, ou resolvido tentar a vida nas garagens do Vale do Silício: a banda Sex Pistols sacudia a Inglaterra com o grito "*no future*"; e a utopia comunista seguia firme em sua autodestruição na União Soviética e no rescaldo da sangrenta Revolução Cultural imposta na China por Mao Tsé-Tung.

No Brasil, o processo de abertura democrática havia sofrido um retrocesso com o fechamento temporário do Congresso pelo general Geisel e a Censura continuava oprimindo a cultura com a estupidez habitual. E, apesar da distância dos Estados Unidos e da Europa, havia no Brasil, na visão de Daniel, "uma geração saindo de um desbunde forte dos ácidos, dos cogumelos, do 'paz e amor', tendo que entrar na vida do 'temos que trabalhar' e se perguntando: 'como é que cresce?'".

Para o diretor, aquela geração queria crescer, mas "sem perder alguns valores corretos que tinham sido adquiridos". Queria também saber, como escreveu a colunista Bia Abramo em 2009, num texto para a *Folha de S.Paulo* sobre *Ciranda Cirandinha*, "como entrar na vida adulta sem renegar a transgressão hippie", ou ainda "como não encaretar e tomar os pais conservadores como modelo". Daí o slogan alongado de Daniel que inspiraria as histórias do seriado: "O sonho acabou, mas papai não tem razão".

Em *Ciranda Cirandinha*, diferentemente da condição de coadjuvantes em papéis geralmente açucarados, em núcleos dramatúrgicos secundários das novelas da emissora, os quatro personagens jovens, mantidos no seriado, eram os protagonistas; e os coadjuvantes, daquela vez, eram atores experientes e celebrados, como Raul Cortez, Milton Moraes, Vanda Lacerda, Joana Fomm, Mauro Mendonça, Marcos Paulo e Rosamaria Murtinho.

Nas histórias, os personagens de Lucélia, Fábio, Denise e Jorge Fernando se viam diante de situações como um grave surto psicótico decorrente do uso de bebida; os riscos da decisão de abandonar a casa dos pais em busca de liberdade; uma acusação de roubo que leva o grupo de amigos a enfrentar a truculência da polícia; o impacto de um bebê acidental em uma relação amorosa que já tinha terminado; entre outros dilemas daquela geração.

Como não poderia deixar de ser, a Censura implicou com a temática realista das histórias, escritas com a colaboração de Antonio Carlos da Fontoura, Luiz Carlos Maciel e Euclydes Marinho, e acabou impedindo que três dos dez roteiros apresentados fossem levados ao ar. E, logo no primeiro episódio, obrigou Daniel Filho a mudar o tipo de droga usado pelo personagem vivido pelo ator Eduardo Tornaghi:

"O primeiro programa falaria de um jovem que estaria pirado pelas drogas. O cara tomava ácido e não voltava, fazia uma viagem sem volta. Como não podia fazer com droga, a gente usou a bebida, a droga permitida".

Mas não foi apenas a censura: nos bastidores da Central Globo de Produção, responsável pelos quinhentos capítulos de novela do período, também não houve tapete vermelho, apesar do desejo de Boni de experimentar o novo formato. Mesmo sendo mensal, o programa, além de entrar no ar "meio que brigando com a grade", nas palavras de Denise Bandeira*, ocupava apenas um cenário fixo, cenografado para o apartamento dos protagonistas, num canto do estúdio onde Daniel Filho também dirigia a novela *Dancin' Days* (1978).

As demais cenas foram gravadas na praia e em bares de Ipanema frequentados pela juventude carioca. A preparação do elenco, em diversas ocasiões, aconteceu em reuniões na casa de Daniel Filho nas quais todos cantavam, conversavam e se aprofundavam no que Lucélia* chamou de "interpretação completamente naturalista, como se não estivesse havendo câmera e sem impostação". Para a "Tatiana" do seriado, tudo valeu a pena, incluindo estragar o cabelo:

"Era muito gostoso fazer o *Ciranda Cirandinha*, mas era, assim, o 'antitudo': meu cabelo não podia estar bonito nem brilhando, o Daniel mandava lavar com Omo para ficar bem seco e feio e quebrado. Eu tinha que estragar o meu cabelo, mas era uma coisa, um charme. Os temas eram sangrentos, sofridos, temas sérios da juventude na época".

Na coluna de 2009 em que analisa *Ciranda Cirandinha*, comparando-a com a futura *Malhação*, Bia Abramo destaca as "diferenças gigantescas" de conteúdo entre o seriado de 1978 e o que chamou de "novelinha" com que a Globo passaria a focar o público jovem nos finais de tarde a partir de 1995:

"O inconformismo saiu de moda, o modelo dos pais é mais adotado e aperfeiçoado do que contestado, e o mundo do consumo tem um tamanho e uma importância inimagináveis em relação a trinta anos atrás, só para citar alguns pontos".

A colunista interpreta a retirada precoce do ar de *Ciranda Cirandinha*, após sete episódios, como resultado de uma audiência fraca, e junta, no texto, três motivos que, segundo ela, podem ter levado os jovens de 1978 a supostamente deixarem de assistir ao seriado:

"Talvez fosse um tanto amargo para os jovens aos quais se dirigia, talvez fosse careta demais para os ainda hippies, e avançado demais para os que eram caretas".

Entre os que participaram do seriado, não há menções a problemas de audiência, até porque à época os índices do Ibope no horário mais "experimental" das dez da noite, embora importantes, ainda não eram uma sentença de vida ou morte para os programas. Para eles, a principal culpada pela vida curta de *Ciranda Cirandinha*, mais uma vez, havia sido a Censura e o tormento logístico e emocional imposto por ela aos autores e realizadores de um seriado que teve todos os sete episódios que foram ao ar mutilados por cortes e que originalmente teria quinze capítulos, culminando com uma viagem dos personagens pelo interior da Bahia. Daniel Filho achou que valeu a pena:

"Foram apenas sete capítulos, mas eles ficaram na memória. Foi pequeno, foi pouco, mas foi forte porque mexeu com as pessoas".

Asas, feras e gandaias

Nelson Motta* não teve nada a ver com o roteiro da novela *Dancin' Days*, escrito por Gilberto Braga em sua estreia como autor do horário das oito da noite na Globo. Também não participou da direção com Daniel Filho ou do elenco liderado por Sônia Braga, Antonio Fagundes, Joana Fomm e Gloria Pires. Mas o fenômeno de audiência, média de 59 pontos no Ibope, e o impacto comportamental que hipnotizou os brasileiros entre julho de 1978 e janeiro de 1979, teve muito a ver com uma espécie de personagem da novela que Nelson inventou após o fiasco de Som, Sol & Surfe, um festival que ele promoveu em Saquarema em 1976 com um sócio que lhe deu um trambique e sumiu com o dinheiro:

"Era um festival de rock e surfe, três dias, mas que acabou só tendo dois. Teve Raul Seixas, Rita Lee e foi praticamente a estreia da Angela Ro Ro cantando blues e rock. Foi bacana, mas o cara que ia fazer o filme sumiu com o dinheiro. Foi um desastre e eu fiquei praticamente falido".

Nelson viu a vida sorrir tantas vezes para ele que, em 2020, reuniu toda a sorte que teve no mundo num livro compreensivelmente intitulado *De cu pra lua* e no qual conta, sem a menor culpa, como se deu bem por quase oitenta anos como jornalista, compositor, escritor, roteirista, produtor musical, teatrólogo, letrista, marido, amante, pai, filho, avô e bisavô, além de testemunha presencial ou protagonista de importantes idas e vindas da indústria cultural do Brasil em mais de seis décadas.

Foi ao tentar se livrar da roubada financeira do festival que, em mais uma bênção da sorte, Nelson criou a boate-personagem que sacudiria a vida noturna da elite do Rio de Janeiro no final dos anos 1970 e inspiraria o cenário principal dos dramas, paixões e desbundes do folhetim que botou o Brasil para dançar e entrou para nunca mais sair de qualquer lista das dez melhores novelas da televisão brasileira em todos os tempos.

Nas palavras de Nelson, tudo começou quando "caiu do céu" uma oportunidade: os donos da Sisal Imobiliária Santo Afonso, com dificuldades para vender as lojas do então recém-inaugurado Shopping da Gávea, futuro ponto chique dos abastados da zona sul do Rio, propuseram, pagando tudo, claro, que ele criasse algum evento ou festa que chamasse a atenção dos cariocas para o shopping durante algumas semanas. Ele então propôs, e a imobiliária aprovou na hora, o lançamento, no espaço do prédio onde funcionaria, no futuro, o Teatro dos 4, um novo conceito de boate ainda inédito no Brasil e que estava começando a fazer sucesso em Nova York: uma discoteca, no caso da invenção de Nelson, a Frenetic Dancing Days Discotheque, depois apenas Dancin' Days.

"Eu mesmo desenhei, fiz o design da casa, como ia ser, as arquibancadas forradas de jeans, a pista em preto e branco e um palco. Havia boates no Brasil, mas não essas coisas grandes. Na Dancin' Days cabiam de oitocentas a mil pessoas. Construíram tudo para mim rapidamente e nós estreamos. Você comprava entrada na porta e entrava. Era como cinema. Isso não existia no Brasil".

– Agora vocês vão pular feito pipoca!

Ao som do lendário DJ Dom Pepe e de As Frenéticas, sexteto formado por garçonetes da discoteca que também se tornariam um fenômeno musical, a Dancin' Days virou uma febre, sinônimo de modernidade, uma "praia" frequentada por pessoas como a turma do então recém-criado grupo Asdrúbal Trouxe o Trombone, gente do cinema novo como Arnaldo Jabor, Glauber Rocha e Cacá Diegues, surfistas, grã-finos, jornalistas e as estrelas do elenco de novelas da Globo. Mereceu até uma citação em "Tigresa", a música em que Caetano Veloso fala de uma mulher que "conta, sem certeza, tudo o que viveu, que gostava de política em 1966 e hoje dança no Frenetic Dancing Days".

O fato de ser uma discoteca que, por contrato, duraria não mais que quatro meses, só fez aumentar o que Nelson chamou de "histeria":

"Foram quatro meses fulminantes, entupido dia e noite, e as pessoas dizendo: 'Faltam oito dias, faltam sete dias, nunca mais vai ter!'. No dia seguinte ao fechamento, já era uma lenda. Cansei de ver gente dizendo: 'Ah, eu estive lá'. E nunca esteve lá, é mentira. Diziam: 'Ah, todo mundo esteve na Dancin' Days'. Nada. Foi muito rápido aquilo".

Boni, Daniel Filho e Gilberto Braga, com certeza, estiveram. E os dois primeiros já tinham estado também em Nova York e sentido o tamanho da onda de discotecas que à época estavam surgindo ao som da trilha do filme *Saturday Night*

Fever, ou *Os embalos de sábado à noite*, com John Travolta. Não demoraram muito para concluir que a novela das oito que Gilberto estava escrevendo para suceder *O Astro* no horário das oito da noite tinha de ter uma boate como aquela. E, de uma hora para outra, Gilberto foi instado pelos dois chefes a transformar em discoteca um restaurante grã-fino previsto originalmente no roteiro. O nome da novela, àquela altura óbvio, Boni e Daniel tiveram de negociar com Nelson Motta:

"Eles chamaram a mim e ao Gilberto Braga e disseram que o nome da novela tinha de ser *Dancin' Days*. Eu falei: 'Está ótimo'. Aí o Boni me fez uma proposta e eu vendi o título".

No dia 10 de julho de 1978, quando entrou no ar pela primeira vez a abertura de *Dancin' Days*, com As Frenéticas convidando todos a abrirem suas asas, soltarem suas feras, caírem na gandaia e entrarem naquela festa, a discoteca do Shopping da Gávea já não existia mais. Seu criador e personagem do livro *De cu pra lua*, com as finanças plenamente restauradas, já tinha transferido a festa e o agito para o alto do Morro da Urca, também na zona sul do Rio. Ali, Nelson criara o evento musical-etílico-cultural e outras *cositas más* chamado Noites Cariocas e levava cerca de quatro mil jovens a pegarem o bondinho do Pão de Açúcar toda sexta e sábado para se divertirem a 360 metros de altitude. Era o começo de outra moda que entraria pelos anos 1980 e que seu criador chamou de "ilha de liberdade e alegria":

"A repressão política tinha chegado ao ponto máximo em 1975, com as mortes do Vladimir Herzog e do Manoel Fiel Filho. Ali que começou uma lenta reversão, exatamente em 1976, quando foi fundada a Dancin' Days. Havia uma tendência também muito grande: as pessoas sofreram muito com a política, com a paranoia, gente que foi torturada, e com os primeiros sinais de uma pequena distensão, eu falei: 'Eu não quero mais saber. Eu quero dançar, eu quero me divertir'. Foi uma época de liberação sexual pessoal sem limites no Rio de Janeiro".

Para os milhões de mortais telespectadores do Brasil que não viveram a catarse política e sexual descrita e experimentada por Nelson em sua discoteca e só conheceram a Dancin' Days pela televisão, também pesou, e muito, além das sequências gravadas na réplica de 120 metros quadrados da boate construída pela Globo no estúdio Herbert Richers, a história de "Júlia Matos": a ex-presidiária vivida por Sônia Braga que, após onze anos de detenção, tenta reconquistar a filha "Marisa", interpretada por Gloria Pires, e vive um romance atribulado com o diplomata "Cacá", papel de Antonio Fagundes. Igualmente marcantes seriam os personagens "Alberico Santos", um homem sofisticado e falido interpretado por Mário Lago, e "Áurea", a dona de casa vivida por Yara Amaral que enlouquece após a morte do marido, sendo internada e submetida a choques elétricos em uma clínica psiquiátrica.

O próprio Gilberto Braga*, egresso das novelas mais leves do horário das seis da tarde, como *Senhora* (1975), *Escrava Isaura* (1976) e *Dona Xepa* (1977), e surpreso com as metáforas políticas e sociológicas que brotaram à sua revelia a partir do momento em que foi ao ar a novela cuja trilha falava de gente que "às vezes sente, sofre, dança sem querer dançar", reconheceria que, ao escrever *Dancin' Days* – a partir de "As prisioneiras", um episódio do *Globo Repórter* roteirizado por Washington Novaes e dirigido por Jotair Assad, a que ele assistiu por sugestão de Janete Clair –, não tinha nenhuma pretensão de "modernidade". Em entrevista a André Bernardo e Cintia Lopes, autores do livro *A seguir, cenas do próximo capítulo*, Gilberto foi mais longe:

"Eu escrevi totalmente em estado de catatonia. Não tinha a menor ideia do que estava fazendo. Na verdade, não entendo como consegui escrever *Dancin' Days* sozinho, com 33 anos. Acho até que demorei muito a entender que tinha feito tanto sucesso. Quando finalmente entendi fiquei muito angustiado, porque a expectativa das pessoas cresce, e a minha também. No fundo, eu achava a novela ruim e pensava que seria impossível as pessoas gostarem dela. Eu tive mesmo uma grande sorte".

Entre as muitas ousadias de novidades de *Dancin' Days*, como lembram Artur Xexéo e Mauricio Stycer na biografia *Gilberto Braga: o Balzac da Globo*, a mais corajosa foi a "virada" da "Júlia Matos" de Sônia Braga, no meio da novela, da mulher humilhada e derrotada durante setenta capítulos para a personagem esperta e interesseira da segunda metade da trama. Tanto que o diretor Gonzaga Blota, substituto de Daniel Filho depois dos trinta capítulos iniciais, contrariado com a mudança, procurou o mesmo Daniel e fez uma proposta que levaria à sua própria substituição pelo trio formado por José Carlos Pieri, Marcos Paulo e Dennis Carvalho:

– Daniel, acho melhor substituir o Gilberto. Ele pirou. A heroína virou puta.

– Mas a história que nós estamos fazendo é essa.

Além de lançar do Rio para o Brasil a moda dos voos de asa-delta praticados por "Beto", personagem de Lauro Corona; levar milhares de mulheres de todas as idades a usarem meias soquetes de lurex listrada, com cores fortes e fosforescentes; garantir à gravadora Som Livre a ultrapassagem histórica da marca de mais de um milhão de discos vendidos com a trilha sonora internacional da novela; e premiar a atriz Joana Fomm com o desprazer de insultos diários de pessoas na rua por conta das maldades de sua "Yolanda", a vilã irmã de "Júlia", *Dancin' Days*, como não poderia deixar de ser, incomodou a Censura.

Por considerar que a trama abordava temas considerados impróprios como "a desagregação familiar gerada pela separação de casais" e "a situação do amor livre" decorrente do fato de a protagonista "Júlia" ser mãe solteira, a Divisão de Censura de Diversões Públicas (DCDP) da Polícia Federal chegou a exigir que a novela fosse exibida depois das dez da noite e, mesmo reconsiderando a exigência, acabou determinando cortes em pelo menos 25 dos 174 capítulos da novela. No outro extremo da plateia, intelectuais de esquerda que provavelmente não badalaram na Dancin' Days do Shopping da Gávea, como o colunista Sérgio Augusto, do *Pasquim*, também ficaram incomodados:

"Na longa temporada em que permanece no ar, a telenovela torna-se uma espécie de segunda vida da maioria dos que a acompanham. Com isso muita gente deixa de questionar e discutir os próprios problemas e os de sua comunidade para questionar e discutir os de personagens que, embora calcados na realidade, não existem, e o que é mais grave: padecem de uma intoxicação de glamour. Nas telenovelas os conflitos de classe foram abolidos. À noite, a babá eletrônica faz biscate como regulador de tensões psicossociais".

Bem diferente, claro, da avaliação que Artur Xexéo e Mauricio Stycer, dois especialistas respeitados em teledramaturgia, fazem, na biografia de Gilberto, do significado de *Dancin' Days*. Para eles, com Gilberto Braga, além de falar com "todas as idades, todos os gêneros, todas as classes sociais", a Globo identificou a possibilidade de chegar ao "topo da pirâmide", e de uma forma diferente de outros autores como Dias Gomes e Lauro César Muniz, que também conheciam e conviviam com esse universo, mas que tinham uma visão política que "os levava a retratar a elite de uma forma que a Globo enxergava como maniqueísta". Palavra de Boni:

"Eles tinham um certo desprezo pelas classes mais elevadas. O Gilberto, não. O Gilberto estava à vontade, correndo solto".

Nos bastidores da Globo, ao dirigir aquela que chamaria de sua "última novela" e na qual utilizaria técnicas do Actors Studio e da escola de interpretação Stella Adler para, segundo Gloria Pires*, trazer a realidade das pessoas para dentro do folhetim e "descristalizar" as novelas, até então ainda marcadas por uma referência "muito mexicana, arrumadinha", Daniel Filho disse em sua autobiografia ter vivido alguns dos momentos mais emocionantes de sua carreira.

Num deles, teve até dificuldade de gravar closes dos atores, todos muito emocionados. Em outro, o acerto de contas das irmãs rivais "Júlia" e "Yolanda", no último capítulo, em cena confessadamente inspirada no desfecho do filme *Momento de Decisão*, em cartaz na época, com Shirley MacLaine e Anne Bancroft, a emoção tomou conta do estúdio:

"Era a cena em que as duas irmãs brigavam, uma cena de ódio e de amor. Depois elas se aproximavam, se abraçavam e pediam perdão uma à outra. Uma cena maravilhosa para televisão. Mas o choro que tomou as duas não foi o choro das personagens 'Júlia' e 'Yolanda'. Foi o choro de Sônia Braga e de Joana Fomm, o choro da despedida de um enorme sucesso, uma enorme satisfação".

Para Gilberto Braga, autor daquela sequência final, restaria apenas a resignação com o fato de uma outra cena de *Dancin' Days* ter ficado para a história, como símbolo da novela: a do momento em que Sônia Braga deixa todos boquiabertos, com calça vermelha, bustiê de seda minúsculo, meias de lurex e sandália de salto, dançando na pista da discoteca inspirada na boate inventada por Nelson Motta no lançamento de um shopping na zona sul do Rio:

"Hoje, quando as pessoas lembram, elas lembram mais da discoteca do que desse lado melodramático das duas mulheres disputando a filha, que é uma coisa que tem em qualquer novela. O molho acaba marcando mais do que o conteúdo".

Detalhe da receita do molho: foi de Boni, temeroso de que o público rejeitasse um nome estrangeiro, a ideia de trocar o título *Dancing Days* por *Dancin' Days*, sem deixar de pagar Nelson Motta pelos direitos ao nome. E deu certo: ninguém se lembraria da novela dizendo *dancingui*.

Gilberto Braga, com certeza, acharia um horror.

A melhor fatia do bolo

O escolhido de Bolsonaro, logo nos primeiros dias de seu governo, em janeiro de 2019, foi Alexandre Frota, o então ex-ator da Globo com carreira posterior no cinema pornô e que havia sido eleito deputado federal pelo PSL, partido do presidente à época da eleição. A missão de Frota era levar adiante uma promessa de campanha de Bolsonaro e enviar ao Congresso um projeto de lei pondo fim à "BV", bonificação de volume, prática que, segundo o presidente eleito, vinha sendo usada para "forjar a liderança da Globo", ao concentrar, na emissora, a maior fatia das verbas de publicidade do país. Na posse dos presidentes dos bancos estatais, no dia 7 daquele mês, Bolsonaro prometia:

"Nós vamos democratizar as verbas publicitárias. Vamos buscar junto ao parlamento brasileiro a questão da BV. Isso tem de deixar de existir. Aprendi há pouco o que é isso. Fiquei surpreso e até mesmo assustado. Vamos eliminar essas questões para que a imprensa possa fazer um bom trabalho no Brasil".

A surpreendente solidariedade de Bolsonaro ao "bom trabalho" da imprensa no Brasil ecoava uma articulação noticiada pela *Folha de S.Paulo* em outubro de 2018, na qual executivos das emissoras concorrentes da Globo pediam ao então presidente recém-eleito a proibição da BV. A julgar pela reação de Bolsonaro, provavelmente não disseram a ele que a BV, na época, era uma prática também adotada por veículos como a própria *Folha de S.Paulo*, a Rede Record e o Google.

Também não devem ter explicado a Bolsonaro, ou ele não entendeu, o que não seria exatamente uma surpresa, que bonificação de volume era uma espécie de nome chique para uma prática universal de venda, semelhante, por exemplo, à de um atacadista de cebola que oferece um bom desconto a uma rede de supermercados em troca de uma compra volumosa paga no prazo combinado. Cebola comprada pelo supermercado, espaço publicitário comprado pela agência na emissora de TV.

A ideia do projeto de lei da lavra de Alexandre Frota não prosperou, assim como um inquérito aberto posteriormente, em dezembro de 2020, pelo Conselho Administrativo de Defesa Econômica (Cade), órgão encarregado de preservar a livre concorrência no país, àquela altura dominado por uma maioria de conselheiros indicados por Bolsonaro e que mirava apenas a Globo, ignorando as demais empresas de mídia do mercado que praticavam a BV.

Bolsonaro era, àquela altura, o inimigo mais recente da BV. Antes dele, a esquerda já incluía as bonificações de volume em suas críticas ou ataques à Globo. Em 2011, por exemplo, o portal Carta Maior, dirigido pelo jornalista Mino Carta, afirmava que, por trás dos mais de dezesseis milhões de comerciais que a emissora então veiculava anualmente e dos 20,8 bilhões de reais arrecadados naquele ano pelas então chamadas Organizações Globo em seu relacionamento com cerca de seis mil agências de publicidade do país, "escondia-se" a BV, uma prática que os "grandes grupos de mídia preferiam ocultar".

À parte os críticos e inimigos da Globo à esquerda ou à direita, Gilberto Leifert, ex-diretor da Central Globo de Relações com o Mercado, em entrevista ao autor em 2023, garantia: qualquer agência de publicidade brasileira, pelo menos até 2018, teria grande dificuldade de dispensar a oportunidade de fazer parte do programa de incentivo e dos consequentes descontos da emissora, mesmo tendo de se submeter, em contrapartida, a um rigoroso caderno de encargos que incluía o monitoramento, por executivos da Globo, dos sinais vitais das agências.

Gestor dos percentuais de desconto da BV da Globo durante trinta anos, Leifert acompanhava, com a ajuda de sua equipe sediada em São Paulo, a pontualidade nos pagamentos das inserções de anúncios; a observância da proibição de as agências repassarem os frutos da BV aos respectivos clientes anunciantes; a conquista ou perda de contas e premiações pelas agências; as participações em concorrências e contratações de pessoal; a expansão geográfica e, principalmente, o investimento das agências em pesquisa de audiência de TV. Leifert não escondia o orgulho pelos resultados e pela forma como eles foram obtidos:

"Nenhum concorrente fazia nada parecido. Nosso trabalho era reconhecido e também disputado, porque muitas agências gostariam de entrar no programa. Era um trabalho correto, no sentido de não cometer abusos ou oprimir, e equilibrado, na medida em que proporcionava bons negócios de parte a parte. Diante da suspeição tantas vezes levantada pelas bocas de Matildes, a gente apresentava os dados magníficos de audiência".

Nem sempre fora assim. As bonificações de volume de anúncios, ao contrário do que diziam os que atribuíam a própria invenção da prática à Globo, já eram usadas por jornais brasileiros desde os anos 1940, quando, na lembrança de veteranos do mercado, nem sempre os anunciantes pagavam o que deviam aos veículos, e quando, também, acontecia de os anunciantes pagarem e o dinheiro parar e não sair mais do caixa das agências de publicidade.

A BV foi, inclusive, um dos temas discutidos em 1957, no 1º Congresso Brasileiro de Propaganda, evento fundador da moderna publicidade brasileira, realizado no Rio de Janeiro e no qual anunciantes, agências e veículos pactuaram uma receita que o Congresso Nacional da época transformou em lei quase oito anos depois, em junho de 1965. A lei foi aprovada com as bênçãos da ditadura, cliente assídua da propaganda, estabelecendo o desconto-padrão de 20%: modelo de remuneração de agência inspirado na publicidade americana e pelo qual emissoras, jornais e revistas repassavam às agências, de forma compulsória, 20% do valor pago pelos anunciantes pela veiculação dos anúncios criados, produzidos e programados por elas.

Com o desconto-padrão valendo para todas as agências e as bonificações de volume premiando as maiores e melhores, já em 1965, ano em que a Globo entrou no ar, dezesseis das vinte maiores agências do país eram brasileiras, e o mercado publicitário, surfando no chamado "milagre econômico", começava a viver quase duas décadas de ascensão e esplendor.

No início daquela era de ouro, porém, a parte que cabia às emissoras de TV no chamado bolo da receita de publicidade do Brasil, Globo incluída, segundo dados da Escola Superior de Propaganda e Marketing (ESPM), ainda estava longe de ser hegemônica: 32,8%. Os outros veículos, cuja receita seria gradualmente engolida, nos anos seguintes, pelo meio televisão, somavam, na época, 67,2% da verba, distribuídos entre revistas (25,6%), rádios (19,5%), jornais (18,4%), outdoor (3,4%) e cinema (0,3%).

A inversão radical daqueles números e das cifras correspondentes em favor principalmente da Globo, em menos de dez anos, dependeria de algo que praticamente não existia no Brasil e que a área comercial da emissora, sob comando de José Ulisses Arce e, depois, de Dionísio Poli, estabeleceu como principal contrapartida para a concessão de sua BV às agências. Além disso, havia um expressivo volume de inserções na base do "anuncie mais e pague menos": filmes publicitários que tornassem os intervalos comerciais agradáveis de assistir e que não afugentassem o telespectador; profissionais de criação e roteiristas especializados no meio televisão; um som que não destoasse da qualidade do áudio da programação da emissora; diretores experientes na linguagem de trinta segundos; câmeras e equipamentos de iluminação de alta qualidade; e acabamento de cinema.

– Nelson, temos que melhorar isso aí. Não é possível! Faço uma novela como *Gabriela* e entra um comercial de cebola que é uma vergonha!

A bronca dada em 1975 por Boni em Nelson Gomes*, então um dos executivos da área de comunicação e publicidade da Globo, no auge da irritação com a falta de qualidade dos anúncios que a emissora tinha de exibir nos intervalos do horário nobre, era muito comum na época, quando os chamados "ceboleiros", redes de supermercados como as Casas da Banha, do Rio de Janeiro, dominavam a grade comercial, enquanto uma parte expressiva da verba de publicidade de bens de consumo da classe média, como automóveis, eletrodomésticos, bancos, bebidas, peças de vestuário e produtos de beleza, continuava sendo investida nas páginas das revistas e jornais.

Com o tempo, não deu outra. Em 1978, refletindo também o crescimento da audiência e do número de aparelhos de TV vendidos no país, já eram as televisões e, principalmente, a Globo, que, segundo a ESPM, detinham nada menos do que 57% do bolo publicitário brasileiro, enquanto os outros veículos agora formavam a fatia menor de 43% composta pela soma das verbas dos jornais (20,2%), revistas (12,4%), rádios (8,0%), outdoor (1,5%) e cinema (0,5%). E, já naquela época, entre as mais de três mil agências em atividade no país, o grupo que recebia a cobiçada BV da Globo era de cerca de duzentas delas, que por sua vez respondiam por 80% do faturamento do mercado publicitário brasileiro.

Era a consolidação de uma era em que os telespectadores passaram a prestar mais atenção nos intervalos, obrigatoriamente curtos e editados pela Globo com um rigor técnico e estético inédito no país, para assistir e (a ideia sempre seria esta) não esquecer de comerciais de produtos e marcas como o supersônico Concorde, da Air France; o tigre da Esso; o frango da Sadia; o menino francês que dizia *geladerra* nos filmes do iogurte Danone; a marcha dos palitos dos fósforos Fiat Lux; as superproduções então livres e soltas de anúncios de cigarro da Souza Cruz e da Philip Morris; e a participação de personalidades nos filmes publicitários, como aconteceu na campanha em que o craque Rivellino foi a estrela do lançamento do sedã Opala, da General Motors, e no filme em que Jô Soares promoveu o Steinhaeger Becosa.

Era uma festa para o setor, pelo menos até o início do lento e gradual fim do "milagre", na virada dos anos 1980, quando a competição entre as agências foi ficando cada vez mais tóxica, num processo que mereceu, de um publicitário do Rio de Janeiro ouvido por este autor, a qualificação de "putaria": anunciantes começaram a exigir uma parte ou todo o valor do desconto-padrão de 20% das agências, como condição para não trocá-las por concorrentes que, às vezes, já estavam se oferecendo, do outro lado da porta, abrindo mão totalmente do desconto e dos escrúpulos.

– Comissão de 20% mais a BV? Nem cocaína dá tanto dinheiro.

A ironia, feita nos anos 1990 por Roberto Bógus, diretor comercial da Fiat Automóveis, durante um almoço com executivos da Globo, era um sinal da postura rotineira que, com o tempo, muitos anunciantes poderosos passaram a ter na hora de discutir a remuneração das grandes agências. Ignoravam a antiga regra da comissão de 20% e ainda usavam a BV da Globo como argumento para pagar menos. Não por coincidência, na mesma época, a mesma Fiat tentou diminuir a remuneração de 20% que pagava à sua agência, a W/Brasil, de Washington Olivetto. Em entrevista ao autor, Olivetto disse que foi procurado pelo então presidente da Fiat no Brasil, Pacifico Paoli:

"A Leo Burnett, multinacional detentora de contas da Fiat em outros países, decidiu oferecer um desconto na comissão para tirar a conta da W/Brasil, ficando feliz com 12%. Como nunca permiti aos meus clientes que discutissem as taxas, que eram as mesmas para todos, não aceitei e abri mão da conta da Fiat, uma das quatro maiores da W/Brasil".

O preço daquela exceção que confirmava a regra do mercado na época, segundo Olivetto, foi algo na casa dos vinte milhões anuais. De dólares.

A disputa surda de clientes entre as agências levaria muitas delas a oferecerem a eles a devolução de parte dos valores originários dos descontos da própria BV da Globo, que aos poucos foi se transformando numa espécie de moeda, a tal ponto que, nas palavras do publicitário Lula Vieira, em entrevista a este autor, "valia mais a pena pagar os juros de banco do que perder a BV da Globo". E, à medida que a economia foi murchando, algumas agências começaram a enxugar a própria estrutura e subcontratar concorrentes menores para gastar menos, o que configurava uma distorção completa de uma das premissas da BV da Globo: o aprimoramento técnico e o investimento da agência em talentos do mercado para que os intervalos comerciais fossem uma espécie de continuação do padrão de qualidade dos programas da emissora.

Ao assumir a gestão da BV da Globo em 1981, o diretor Evandro Guimarães identificou o que chamou de "muitos subterfúgios de informação" entre algumas agências e a Globo. Depois do que chamou de "conversas difíceis" com as agências, ele desenhou uma espécie de mapa que permitiu à área comercial da Globo saber, com mais precisão, quanto dinheiro dos anunciantes existia, de fato, no outro lado da mesa, na hora de negociar projetos comerciais com as agências. E não apenas dinheiro:

"Na época, os anunciantes dividiam a verba entre jornal, revista, rádio e outras mídias. Aos poucos, fui vendo quais agências eram mais gráficas e quais eram mais televisivas. E aí eu ia na agência e dizia: 'Amigo, vou reduzir a bonificação, vai cobrar a BV na Editora Abril'".

Em contrapartida, além do alcance e do impacto únicos resultantes da veiculação dos anúncios que exibia, a Globo bancava o Prêmio Profissionais do Ano (PPA), prestigiava e defendia as agências em todos os fóruns e não pagava BV às *house agencies*, os departamentos de publicidade que alguns anunciantes montavam para não ter que contratar agências. Evandro, no entanto, achava pouco:

"Isso era levado a sério pela maioria das agências, mas não se revelava, monetariamente, no volume de compra de espaço de algumas delas".

Era capitalismo na veia, pragmático, implacável, do jeito que Roberto Marinho queria, como ficaria demonstrado na trajetória poderosa e nos cargos que Evandro ainda ocuparia na Globo, no futuro. E, para que não houvesse nenhuma dúvida no mercado, ele deixava claro, sem meias-palavras, que os novos critérios de seleção das agências para a BV deveriam atender, acima de tudo, aos interesses comerciais da Globo: basicamente, agências com potencial de crescimento e que priorizassem o meio televisão.

Não houve agência importante ou poderosa do mercado que não tenha se enquadrado.

Certidão de identidade

O peso da intuição, na hora de decidir sobre séries e seriados de televisão, era tão grande na Globo do final dos anos 1970 que a estreia e o posterior sucesso de uma atração da grade da emissora, em especial, foi resultado da combinação acidental de uma crise conjugal de Chico Anysio com a compra pra lá de intuitiva de um seriado, nos Estados Unidos, por um diretor da emissora cujo inglês, em sua própria definição, resumia-se a "*yes* e *no*, com sotaque". Palavra de Roberto Buzzoni*, dono do sotaque, ao reconstituir a conversa que teve com Boni em 1979 e na qual foi promovido a chefe do então chamado departamento de cinema da Globo:

– Buzzoni, você fala inglês?

– Dá para o gasto...

– Você vai na semana que vem para os Estados Unidos. Você vai comprar filmes para a gente. A feira começa agora, semana que vem. Então você vai ter que ir para lá.

– O quê?

Boni desligou sem explicar mais nada e, no instante seguinte, Buzzoni, já arrependido de ter dito que seu inglês dava "para o gasto", ligou para a mulher:

– Perdi o emprego. O que vou fazer nos Estados Unidos? Eu nunca fui aos Estados Unidos.

– Dá a desculpa do passaporte.

– Mas eles vão arranjar um passaporte para mim.

Dias depois, Buzzoni estava nos Estados Unidos e, após percorrer o circuito de turista iniciante pelos lugares famosos de Nova York, seguiu para uma feira de televisão em Los Angeles, onde, mesmo sem entender muito as histórias, mas impressionado com o que assistiu, na base da intuição, resolveu comprar, na hora, a série *Hart to Hart*, com as aventuras de "Jonathan Hart", um bem-sucedido homem de negócios interpretado por Robert Wagner, e sua mulher, a jornalista e escritora "Jennifer Hart", papel de Stefanie Powers, em viagens pelo mundo solucionando casos de espionagem e assassinatos.

Logo depois de voltar dos Estados Unidos, Buzzoni teve outra reunião inesquecível que começou com uma ligação de Boni, agora às voltas com o incêndio provocado no comando da emissora pela decisão de Chico Anysio, deprimido por uma crise em seu casamento com a atriz e modelo Alcione Mazzeo, de não apresentar o programa *Chico City*:

– Buzzoni, você tem alguma coisa para colocar no ar terça-feira?

– Tenho. *Hart to Hart*...

– Então sobe.

Buzzoni subiu à sala de Boni e foi recebido com uma pergunta:

– Buzzoni, o que é *Hart to Hart*?

– É um casal maravilhoso...

– Como assim, um casal?

– É um casal nota dez...

Logo depois, Boni mandou a secretária chamar à sala Hans Donner, explicou para ele rapidamente do que se tratava e deu a receita da vinheta de abertura do seriado, já com o título da versão brasileira que ganharia lugar na grade de programação da Globo até 1982:

– Hans, faz o seguinte: ela é nota 10 e ele também é nota 10. Aí você coloca 10 mais 10 igual a 20, *Casal 20*, é assim que vai se chamar.

Um outro casal, formado por "Malu" e "Pedro Henrique", apresentado pela Globo na mesma época, às quartas-feiras, no horário após as dez da noite, ocuparia um lugar muito mais duradouro que *Casal 20* na memória dos telespectadores e na própria história da televisão brasileira, e não com tramas de ação emolduradas por beijos e amassos atrevidos como os do casal Hart, mas com uma aposta intuitiva de Boni numa separação cheia de amargura e marcada, logo no primeiro episódio, por uma frase inédita no universo das novelas da emissora:

– Não bota a mão em mim que eu te boto na cadeia!

Até Regina Duarte começar a sacudir o horário nobre com a história dos dramas enfrentados pela socióloga que se separa do marido interpretado por Dennis Carvalho, o seriado *Malu Mulher*, que inaugurou o projeto Séries Brasileiras junto com *Carga Pesada* e *Plantão de Polícia* em maio de 1979, passou por alguns desafios internos, a começar pelo próprio perfil da personagem de Regina, que inicialmente seria uma mulher recém-separada, namorada do dono de um posto de gasolina e que se preparava para disputar o prêmio de "A datilógrafa mais veloz" no *Programa Silvio Santos*. Ao assistir ao primeiro episódio, intitulado "Dedos Ligeiros", Boni diz, em sua autobiografia, que gelou e surtou, antes de partir pra cima do diretor Daniel Filho, que no fundo também não estava muito satisfeito:

– Daniel, não é nada disso. Quem vai assistir a uma bobagem dessas?

– Merda! Temos oito textos assim.

– Lixo! Vamos jogar no lixo.

– Graças a Deus! Eu não estava acreditando nisso. Agora senti. Você quer chumbo grosso, isso?

– É, Daniel. Porrada! Discussão pra valer sobre a nova mulher. Drama. Como você mesmo disse: chumbo grosso!

Na lembrança de Regina Duarte*, além de "Dedos Ligeiros", outros três episódios com a datilógrafa "Malu" foram gravados e jogados no lixo antes que ela fosse informada de que a personagem, em nome de um alcance maior de público e de uma temática mais rica e estimulante, passaria a ser uma socióloga:

"Onde ela estava, namorando o dono de um posto de gasolina, ia ficar meio limitado. O universo dela seria muito restrito. E sendo universitária, com outra visão de mundo, com outro nível de relações, ela poderia transitar pelos temas mais importantes do momento".

O próprio Daniel Filho*, no entanto, ao lembrar, vinte anos depois, a angústia que precedeu a estreia de *Malu Mulher*, tinha dúvidas sobre o sucesso, já que muitas pessoas, segundo ele, ao saberem do projeto, duvidavam que ele pudesse vingar, a começar por Homero Icaza Sánchez*, inimigo de primeira hora do seriado e para quem o público não ia gostar do que chegou a chamar de "palhaçada". Sem contar o fato de, na época, a palavra "seriado" estar ligada a enlatados americanos muito bem-sucedidos de audiência, como o próprio *Casal 20* e *Kojak*, que a Globo também exibia:

"Logicamente existiam, desde o princípio do século, as Gertrudes Stein e as Virginias Woolf, para provar que as mulheres estavam conscientes. Mas, na grande classe média, das donas de casa, essa coisa não existia e, ao colocar aquilo no ar, a gente não tinha ideia de que o *Malu Mulher* teria aquela força".

Regina Duarte*, cuja entrevista ao Memória Globo foi gravada em 2010, não ignorava, mas lamentava o perfil conservador da audiência, ao reconhecer que o seriado "foi visto por uma minoria, que podia ficar acordada, já que o trabalhador que acordava às cinco da manhã para fazer marmita, para pegar ônibus ou trem não tinha condições de esperar o programa":

"Era triste saber que você estava fazendo o seriado para uma minoria. O programa ganhou uma grande repercussão em função dessa minoria, que irradiava depois. Mas eu lembro que a audiência não era extraordinária. Quem acordava cedo não aguentava esperar".

Quem ficou acordado pôde conhecer a história que, ao longo de 76 episódios exibidos entre maio de 1979 e dezembro de 1980, no horário oficial das dez da noite, mas quase nunca antes de onze da noite por ordem da Censura, mostrou a tentativa de "Malu" de construir uma nova vida após a traumática separação de "Pedro Henrique"; as dificuldades para sustentar a casa e a filha "Elisa", papel de Narjara Turetta; e as tentativas frustradas de se firmar como pesquisadora, tradutora, vendedora de livros, escritora de contos e até como cantora de boate. E sempre cercada ou envolvida pelos temas, desafios e dilemas morais e comportamentais das brasileiras da classe média urbana do final dos anos 1970.

A equipe do seriado tinha um desenho que provavelmente seria inaceitável no século 21, considerando o tema: apenas duas autoras, Lenita Plonczynski e Renata Pallottini, no meio de um time de marmanjos integrado pelos autores Armando Costa, Manoel Carlos e Euclydes Marinho, além dos diretores Paulo Afonso Grisolli e Dennis Carvalho, e do diretor-geral Daniel Filho. Em seu livro, no entanto, Daniel fez uma conta diferente da representação feminina:

"Reuni uma equipe, na maioria mulheres: Regina Duarte, que eu queria engajada no projeto para assumir a maternidade da série. Eu era o pai. E Cristina Médicis, produtora de arte e pesquisadora; Marília Carneiro, figurinista; Graça Motta, produtora de elenco; Maria Carmem Barbosa, ainda como produtora; e sua então assistente Denise Saraceni".

Nas contas íntimas de Regina Duarte, recém-separada aos 32 anos, depois de um casamento de seis anos e dois filhos com o engenheiro Marcos Flávio Franco Cunha, a experiência do seriado, intensificada pela participação e os fortes testemunhos das mulheres que integraram a equipe do programa, além do romance que viveu com Daniel Filho durante o ano e meio em que *Malu Mulher* esteve no ar, representou um amadurecimento de dez anos como pessoa:

"Foi um período muito rico para mim porque na minha vida real eu estava vivendo uma situação igual à do meu personagem. Eu tinha esse sentimento de estar começando minha vida de novo. E, ao mesmo tempo, queria que essa personagem representasse também um renascimento da atriz que eu era".

Susana Vieira* diz ter sentido na pele a mudança da atriz que era a doce princesa das novelas da Globo, ao contracenar com Regina no episódio "O Doce Inferno da Burguesia", e no qual interpretou a irmã de "Malu", transtornada a ponto de querer se jogar da janela:

"Sabe o que eu me lembro? Da Regina me batendo tanto, tanto, tanto que eu cheguei em casa toda roxa. Aí, quando eu contava para os outros ninguém acreditava que aquilo era de Regina Duarte. Eu dizia: 'Gente, Regina é forte'. Ela começava a me puxar e me segurava e a gente tinha, durante doze minutos, uma cena de violência, violência verbal, a minha parte era verbal, verborrágica, e a dela era física".

Até a estreia de *Malu Mulher*, devido ao inevitável choque entre a ousadia de seus autores e a intolerância da Censura, a Globo, de acordo com uma pesquisa feita pelo jornalista Valmir Moratelli Cassaro, em sua dissertação *O que as novelas exibem enquanto o mundo se transforma*, só havia conseguido abordar o desquite, por exemplo, em 1969, na novela *Verão Vermelho*; sexo antes do casamento, só no ano seguinte, em *Irmãos Coragem*; e liberação sexual na então recente *Dancin' Days*, em 1978.

De repente, *Malu Mulher* começa a tratar de uma série de temas inéditos no horário nobre: o tabu em torno do câncer de mama; um episódio no qual uma personagem vivida por Lucélia Santos fazia um aborto em uma clínica clandestina, sob o título "Ainda Não é a Hora"; outro sobre um "caso" de "Malu" em que ela tem um orgasmo, ainda que apenas sugerido pela mão fechada se abrindo como num espasmo; a história de uma lésbica que se torna amiga da protagonista, sugestão de Homero Icaza Sánchez a Boni; e dramas nada adocicados como o episódio "Solidão, Feminino Plural", escrito por Manoel Carlos* e no qual ele apresenta uma mulher que vivia uma "solidão brutal" ao lado do marido.

Foi nos aviões e salas de embarque dos aeroportos Santos Dumont e Congonhas, e não exatamente na rua ou nos trens da Fepasa ou da Central do Brasil, como apostara Homero Icaza Sánchez, que Regina*, morando em São Paulo e gravando no Rio, sentiu a força do conservadorismo brasileiro se contrapondo e se equiparando ao entusiasmo das mulheres liberadas com o seriado. Muitos homens que a abordaram consideravam *Malu Mulher* "subversivo":

– Eu não deixo minha mulher ver esse programa que você está fazendo agora. Gosto muito de você, mas isso que você está fazendo está errado. Você está dando um péssimo exemplo para as mulheres.

No caso de algumas mulheres, o elogio era quase uma confidência:

– Estou adorando. O meu marido não pode saber, mas eu estou amando.

No *Pasquim*, sentinela sempre crítica em relação à programação da Globo, o cartunista Ziraldo, ao comentar uma chamada do seriado que terminava com o locutor dizendo que "Malu, como toda mulher, tem seus problemas com empregada", propôs:

"Por que não poderia ser: a empregada de Malu, como toda mulher, tem problemas com a patroa?".

O seriado, como o casamento de "Malu", não terminou bem. Daniel Filho* começou a discutir a relação com o programa, incomodado com o assédio de pessoas da direção da Globo que ficavam, segundo ele, "a dizer o que a 'Malu' podia ou não podia dizer" e já exasperado com a pressão cada vez maior da Censura contra os temas abordados. O caldo entornou com Boni no episódio "Até Sangrar", escrito por Manoel Carlos e que tratava de uma prima de "Malu" que ia se casar aos 31 anos e estava com muito medo da experiência de perder a virgindade.

O motivo da discussão, segundo Daniel, era um momento da história em que alguém perguntava se perder a virgindade doía e a resposta era: "Só até sangrar". Boni foi contra colocar a questão daquela maneira no episódio, o que deu início a uma discussão inusitada entre os dois executivos:

– Não dói, Daniel.

– Você já deflorou alguém, Boni?

– Não.

– Eu já. E eu sei que dói.

Daniel chegou a envolver a própria secretária de Boni, que entrou na sala na hora da discussão:

– Por favor, diga: dói ou não dói?

A reação da secretária foi cobrir o rosto com o próprio paletó, constrangida. A de Daniel, a de pedir para sair da direção do seriado:

"Aí eu senti que estavam mexendo na minha 'Malu'. A cabeça de 'Malu' era a minha cabeça, a cabeça inicial. Minha e de Regina, uma comunhão da minha cabeça e da cabeça da Regina. E eu não gostei quando isso aconteceu. Aí, pedi para sair dos seriados".

Quem também se afastou de *Malu Mulher*, no caso por não ter encontrado quem lesse e avaliasse um episódio que escrevera para o seriado, foi a então jovem autora Gloria Perez*, cuja disponibilidade, no entanto, acabou permitindo que Janete Clair, já doente e depois de ler e gostar do roteiro dispensado, a chamasse para ser sua colaboradora. Gloria seria posteriormente apresentada por Janete a Boni* como sua "sucessora oficial", em reunião ocorrida pouco antes da autora se internar para se tratar do câncer que causaria sua morte.

Daniel já estava fora quando Walther Negrão* foi incorporado à equipe de autores do seriado e sentiu que "todo mundo estava meio perdido". Na época, fez uma análise para o diretor Paulo Afonso Grisolli, apontando o que acreditava ser a razão do desgaste de *Malu Mulher*:

"Vimos que o público não estava rejeitando, mas estava meio enfastiado porque todos os problemas discutidos nos episódios despencavam na casa da 'Malu', no prédio da 'Malu'. O aborto da filha do zelador, o sequestro da filha do vizinho. Então, de repente, o público começou a achar aquela 'Malu' um tremendo pé-frio, pois tudo acontecia naquele prédio".

Até que chegou um momento em que Regina* foi chamada por Boni para uma conversa em meados de 1980, no meio da segunda temporada, quando, de acordo com uma reportagem da *Veja*, ela já estava isolada nos bastidores do seriado depois de atritos com atores, diretores e roteiristas. Boni foi direto ao ponto, segundo ela:

– Eu acho que a gente está se repetindo ou correndo o risco de falar abobrinha. E esse programa precisava terminar lá em cima. Eu acho que está na hora de a gente pensar em acabar com ele.

O fim de *Malu Mulher* foi um baque para Regina:

"Quando acabou, sofri muito. Fiquei mal, entrei em depressão. Passei uns três meses muito deprimida, vazia, sem propósito, abandonada. Não fossem meus filhos, que sempre são um estímulo de vida, eu não sei. Deprimi feio. Foi talvez a pior despedida, a mais dolorosa que eu tive, de todos os personagens que eu fiz".

O fim melancólico do seriado e a depressão da protagonista não tiveram o menor impacto no sucesso que *Malu Mulher* faria nos mais de cinquenta canais de dezenas de países nos quais foi transmitido, tornando-se, depois de *Escrava Isaura*, a produção da Globo mais exibida no exterior em cinco décadas, segundo José Roberto Filippelli, executivo de vendas da emissora no exterior durante 23 anos. Uma carreira internacional que foi precedida por uma nova angústia que Daniel confessa em sua autobiografia, desta vez a de que o público e a crítica estrangeira percebessem que *Malu Mulher* era um plágio do filme *An Unmarried Woman*, escrito e dirigido por Paul Mazursky, lançado nos Estados Unidos em março de 1978:

"Quando *Uma Mulher Descasada* estreou no Brasil, tive medo de que descobrissem o plágio. Ninguém disse nada. Quando o programa começou a ser vendido para o exterior, o medo aumentou. Continuaram sem dizer nada. Mas, até hoje, se ouço o nome de Paul Mazursky, fico com medo de que ele apareça na minha frente dizendo: 'Ah, foi você que me roubou?'".

Daniel foi até procurado no Rio por uma equipe da televisão sueca, mas o que o entrevistador queria era que o diretor de *Malu Mulher* falasse "sobre a alma feminina". A resposta, segundo Daniel:

– Puxa, mas vocês, da terra do Ingmar Bergman, vêm perguntar para mim sobre a alma feminina? E eu sou um macho latino-americano. Esqueço esse tipo de coisa.

Os europeus reagiram de maneiras diferentes a *Malu Mulher*, de acordo com Filippelli. Dinamarqueses formaram uma multidão para receber Regina no Aeroporto de Copenhagen; holandeses se surpreenderam com "a existência de uma sociedade tão moderna" no Brasil; executivos da TV francesa não se interessaram; autoridades católicas e jornais conservadores da Espanha viram o seriado como "um péssimo exemplo para a juventude"; e, na Itália, um programador da RAI explicou para Filippelli que o motivo pelo qual *Malu Mulher* não poderia ser exibida no país estava na distância da Santa Sé:

– *Scusi, ma siamo troppo vicini al Vaticano* [Desculpe, mas estamos muito próximos do Vaticano].

Em Cuba, país onde *Malu Mulher* fez de Regina um mito, aconteceu, nas palavras de Daniel, "uma explosão" quando ela e ele, já separados, foram a um show e acabaram recitando poemas para cerca de cinco mil pessoas no Teatro Karl Marx, em Havana, com transmissão ao vivo pela televisão, sendo depois recebidos para uma conversa de duas horas com Fidel Castro, fã do seriado.

Os anos passariam e, em 2000, Homero Icaza Sánchez*, logo ele, acabaria reconhecendo que *Malu Mulher* "foi o grande programa feminino da televisão brasileira":

"Não era uma propaganda do feminismo. Porque apresentava o problema como ele é. *Malu Mulher* foi um grande programa, indiscutivelmente".

Mais dezoito anos e, em meio à polarização das eleições presidenciais e depois de Regina declarar voto para o então candidato Jair Bolsonaro, considerando-o, em entrevista ao *Estado de S. Paulo* "um cara doce, um homem dos anos 1950, um jeito masculino, machão", Daniel Filho, entrevistado pela *Folha de S.Paulo* e instado a responder à pergunta feita pelo crítico Nilson Xavier sobre se "Malu Mulher votaria em Bolsonaro", respondeu:

"É claro que não. Malu Mulher não votaria em Bolsonaro. Simplesmente não entendo. Compreendo que não tem o porquê de as pessoas serem firmes para sempre, mas não entendo essa mudança dela para a direita, assim dessa forma. Ela era de esquerda mesmo, eu continuo".

Uma pista para entender Regina Duarte e sua decisão não apenas de votar, mas também de depois participar, de forma histérica e controversa, do próprio governo Bolsonaro, ela tinha dado também em 2000, na entrevista ao Memória Globo, quando, ao tomar o sentido contrário de Homero Icaza Sánchez, mudou radicalmente a opinião sobre *Malu Mulher* e o impacto da personagem em sua vida:

"Para mim, 'Malu' era um exemplo do que eu gostaria de ser, sabendo que eu não ia conseguir, porque aquilo era uma ficção. Na vida real, não cabe esse tipo de coisa, esse bloco de certezas, de vontade, de ímpeto vital. A gente é mais quebrado. Tem dia que você está vital e com ímpeto, e tem dia que você está se achando um horror, um lixo. Viver é péssimo, viver dói. A vida é ingrata, má. E tem que seguir. Parece que as heroínas não passam por momentos difíceis".

Walter Avancini no *switcher* da Central Globo de Produção: tão temido quanto admirado por atores, autores e técnicos, ele era o símbolo maior de uma geração de diretores "tóxicos" que não teria mais lugar na emissora no século 21.

Os Trapalhões, que a Globo se viu obrigada a tirar da Tupi para garantir a audiência folgada do *Fantástico* no início das noites de domingo, foi o primeiro sinal de que a TV padrão classe média que a emissora estava construindo teria que se entender com um povo que não se enriqueceria como ela.

João Saldanha e Nelson Rodrigues atuaram juntos, na tela da Globo, apresentando a *Grande Resenha Facit* (1973), mesmo sendo o primeiro um notório comunista, e o segundo um conservador espetacular.

A enchente que chegou a invadir o prédio da Globo em 1966 e foi coberta ao vivo pela emissora inspirou uma mobilização que inaugurou a relação intensa, em todos os sentidos, da emissora com os cariocas.

Paulo Gracindo e seu "Odorico Paraguaçu": na tela, ele ridicularizou os coronéis da política. Já os coronéis fardados da ditadura, ele fustigou com os dribles que a novela *O Bem-Amado* (1973) deu na censura federal.

▪ Nos anos 1980, o videoteipe substituiu a película para ganhar mais imagens e agilidade. O preço foi uma perda na qualidade das imagens e o risco de sair tudo errado quando o cinegrafista corresse para um lado e o técnico que carregava o gravador fosse para o outro.

▪ Uma parte significativa do que a Globo produziu, e que é lembrada neste livro, desapareceu nas chamas do incêndio na sede do Jardim Botânico em junho de 1976.

Foto publicada no Almanaque da TV Globo - pg 213

Com o *Viva o Gordo*, Jô Soares não teve mais de dividir espaço com Agildo Ribeiro e ganhou um programa só para ele, para o qual criou uma galeria de personagens antológicos, como o "Zé da Galera".

Antes da ocupação do horário das manhãs pelos programas infantis, Marília Gabriela e Ney Gonçalves Dias comandaram o *TV Mulher*, programa que oferecia às telespectadoras uma pauta muito além da pilotagem de forno e fogão.

Geraldo Modesto

A morte de Jardel Filho, uma das primeiras perdas do elenco da Globo que comoveram o público, acabou provocando a antecipação do final da novela das oito, *Sol de Verão* (1982).

TV GLOBO / Nelson Di Rago

Marília Pêra e Cláudio Marzo em *Quem Ama Não Mata* (1982), a minissérie que levou a violência doméstica para o horário nobre e cuja vinheta era um espelho espatifado por um tiro de revólver.

Depois de abolir os folhetins de capa e espada no horário das oito, a Globo mergulha no Brasil profundo com as minisséries do projeto Quarta Nobre, como *Lampião e Maria Bonita* (1982), surpresa na tela e na realidade que a equipe da emissora encontrou no interior do país.

Foto Iugo Koyama / Agência O Globo

Lula, a maior dor de cabeça política da Globo desde os anos 1980, mal aparecia no *Jornal Nacional*. E, quando aparecia, sua voz era substituída por um texto feito pelos editores do telejornal e lido pelos apresentadores.

Regina Duarte no set de gravação do seriado *Malu Mulher* (1979): a atriz, que se revelaria camaleônica na vida e na arte, desmascarou a farsa dos casamentos infelizes com uma frase antológica: "Não bota a mão em mim que eu te boto na cadeia!".

José Hamilton Ribeiro, um veterano da imprensa escrita, descobriu com brilho os recursos da linguagem do telejornalismo para mergulhar no interior do Brasil em reportagens memoráveis do *Globo Rural*.

Atentado do Riocentro, 1981: muitos não acreditaram, os militares aproveitaram e a Globo não quis muito explicar que cometeu um erro de interpretação da imagem que ilustrou o furo jornalístico verdadeiro da emissora sobre a existência de outras bombas no Puma.

O país se dividiu entre os que não acreditavam que o Brasil seria capaz ou merecedor de um show de Frank Sinatra e os que apostaram que a Globo faria uma transmissão histórica para 100 mil pessoas. E a dúvida persistiu até minutos antes de Sinatra surgir no palco.

▪ Na volta do exílio, Leonel Brizola retomou as diferenças políticas e ideológicas que sempre teve com Roberto Marinho e acrescentou ao seu discurso a promessa de acabar com o "monopólio" da Globo assim que chegasse ao Palácio do Planalto.

Luciano do Valle: precursor talentoso e igualmente apaixonado do estilo torcedor de Galvão Bueno em competições de brasileiros contra o resto do mundo, ele saiu da Globo, quem diria, porque a emissora não abria espaço para o esporte.

▪ A demora na entrada da Globo na cobertura da campanha das Diretas Já, em 1984, provocou uma discreta e cuidadosa divisão na diretoria da emissora em uma época que Roberto Marinho, aos 80 anos, ainda mandava, e muito. Só o filho Roberto Irineu poderia mudar a situação.

CAPÍTULO 12

Descobrimento do Brasil

"Eles queriam fazer um programa agrícola. Precisavam de um caipira para apresentar o programa e me pegaram no corredor."

No final de 1979, ao receber o convite de Luiz Fernando Mercadante, diretor da Central Globo de Jornalismo em São Paulo, Carlos Nascimento* foi informado de que ele era o único, entre os repórteres de rede, que tinha o "traço interiorano muito pronunciado" que se desejava para o âncora do *Globo Rural*, o novo programa da emissora cujo apelido interno imediato, na redação então mal-instalada num prédio decadente encostado no Viaduto Minhocão, na Praça Marechal Deodoro, centro da capital, passou a ser Mandioca News e que, com o passar dos anos, se tornaria um *cult* entre pessoas do campo e da cidade que declaravam detestar a televisão, e a Globo mais ainda.

Traço e sotaque caipira à parte, Nascimento vinha de uma família de Piracicaba; documentara, para o *Jornal Nacional*, a "morte" do rio que deu nome à cidade e cuja degradação ele testemunhara na infância; e tinha sido autor, em 1978, de uma das primeiras reportagens do telejornal que mostrou, em vez das aventuras à moda *Rambo* que Amaral Netto costumava encenar em seu programa, a ocupação predatória em curso à época na Amazônia:

"Aí a gente começou a falar de boi, cavalo, mandioca, uva, café, grão e galinha. No começo, aquilo foi recebido como uma excentricidade, mas logo foi crescendo bastante e fez muito sucesso".

As manhãs de domingo na Globo, na época, longe ainda das audiências fenomenais de Ayrton Senna, eram ocupadas pela missa celebrada nos estúdios do Jardim Botânico, ao vivo para todo o país, pelo programa *Concertos para a Juventude* e pelas transmissões dos grandes prêmios de Fórmula 1 disputados em circuitos europeus por outros pilotos, como Emerson Fittipaldi e Nelson Piquet. Mas bastariam algumas edições do *Globo Rural*, o primeiro conteúdo jornalístico para a rede produzido fora do Rio de Janeiro, para que o jornalista Humberto Pereira*, mesmo no início de sua trajetória de mais de 35 anos no comando do programa, já identificasse o perfil do telespectador que estava começando a conquistar:

"A situação dele, domingo de manhã, é de uma pessoa que está num dia de folga, e não num dia de trabalho. Quem vê o *Globo Rural* domingo de manhã está num estado de espírito, chinelo, pijama, não escovou os dentes, numa situação à vontade. E fica assim a manhã inteira. Ele não tem paciência, para não dizer não tem saco, para ficar vendo só matéria técnica, de como é que planta feijão e como é que cura berne de vaca".

Do mesmo modo, desde o início, a equipe de "caipiras" do "Mandioca News" – igualmente longeva e integrada, entre outros, pelo repórter Ivaci Matias e pelos editores Lucas Battaglin* e Gabriel Romeiro, este um profissional culto, politicamente bem-informado, conhecedor de ópera, música e literatura e que Nascimento considera ter sido "vital para o *Globo Rural* achar e manter o tom" – se daria conta de que o programa não era assistido e admirado apenas pelos "homens do campo".

Nas palavras de José Hamilton Ribeiro*, ícone maior do *Globo Rural* em mais de três décadas, ex-integrante da equipe antológica da revista *Realidade* e mestre de gerações de repórteres brasileiros, havia "uma nostalgia" na paixão dos telespectadores urbanos pelo programa:

"Não sei se é algo atávico no ser humano, no sentido de que ele gostaria de estar em contato com a natureza. Eu considero que, no fundo, cada ser humano gostaria de ser um macaco, animal que ele foi um dia, quando morava na floresta, na selva, comendo goiabinha, pescando, caçando. Às vezes, ele não quer passar pelo desconforto da vida no campo, representado pelo mosquito, picão, cobra, aranha ou escorpião, embora hoje em dia também haja tudo isso na cidade, além de bandido".

Aquela nostalgia não brotara do nada. Nas palavras de Humberto, o "caldo de cultura" que levou ao surgimento do *Globo Rural* foi o protagonismo político e midiático de Antônio Delfim Netto, ex-ministro da Fazenda dos governos Costa e Silva e Médici, ao assumir o Ministério da Agricultura do governo do general João Figueiredo a partir de março de 1979 e fazer, da pasta, um trampolim para voltar ao comando da economia:

"O Delfim, se você criasse um ministério para cuidar de cachorro, ele viraria o principal ministro do governo. Aonde ele fosse, naquele tempo, o noticiário ia junto com ele. Era um homem invasivo, do ponto de vista de mídia. E lançou um enorme holofote em cima da agricultura, um incentivo muito grande por parte do Estado. Tinha até um refrão: 'Plante que o João garante'".

Na Globo, Jô Soares, percebendo que a escolha de Delfim havia se tornado uma piada nacional, criou, para o programa *Planeta dos Homens*, o personagem "Doutor Sardinha", um ministro da Agricultura que não tinha nenhuma familiaridade com o campo e que, como o humorista lembra em sua autobiografia, "só enrolava na hora de falar sobre produtos agrícolas", defendendo ideias como a de que "o *pitangal* tem que *pitangar*" e a de que "o *cogumelal* tem que *cogumelar*", sempre se desculpando com o argumento de que seu negócio, na verdade, eram os "números" do Ministério da Fazenda.

Além de Jô, houve, na Globo, quem visse, na conjuntura política e econômica da gestão midiática de Delfim Netto, uma oportunidade de faturar. E a exemplo do *Jornal Nacional*, telejornal nascido de uma sugestão da área comercial da emissora em 1969, o *Globo Rural*, de acordo com Humberto, foi também uma encomenda da área de vendas, desta vez apresentada pelo então diretor de operações comerciais Yves Alves.

O sinal da Globo chegava cada vez mais ao interior do país e, embora algumas afiliadas transmitissem programas locais dedicados à agricultura, a emissora precisava de uma atração em rede nacional em cujos intervalos pudesse vender anúncios de tratores, máquinas agrícolas, adubo, medicamentos veterinários, equipamentos para laticínios, botas de borracha, entre outros produtos.

O dia e o horário da grade escolhidos para a nova atração praticamente não existiam, do ponto de vista de faturamento, e eram ocupados à época por conteúdos que tinham entrado na programação por ordem do próprio Roberto Marinho: a missa dominical era um compromisso dele com a Igreja Católica e seus cardeais, incluindo, principalmente, Dom Eugênio Sales, arcebispo do Rio de Janeiro; e *Concertos para a Juventude* era um programa cultural que o dono da Globo fazia questão de ter em sua emissora.

A partir do *Globo Rural*, além de saborear seus programas de estimação, Marinho veria o faturamento de sua emissora aumentar ainda mais, principalmente porque, àquela altura, Ricardo Scalamandré*, então diretor-geral da área comercial na região de São Paulo, começava a adotar um sistema que, segundo ele, "rompia com todos os conceitos tradicionais de venda de publicidade":

"O atendimento aos clientes, aos anunciantes, seria dividido não mais de forma geográfica, mas por setores da economia".

Era o agro entrando na Globo para nunca mais sair.

Definidos o dia, o horário, o público-alvo e o setor de anunciantes potenciais a ser trabalhado pela área de vendas da emissora, a equipe de jornalistas do *Globo Rural* descobriu, a começar pelo formato, que também teria de redefinir conceitos para conquistar o telespectador da TV aberta em plena manhã de domingo, horário em que o número de televisores desligados superava, e muito, o dos aparelhos ligados.

O sono, logo na manhã de domingo, era o grande inimigo. Por isso, ao contrário da regra, por exemplo, do *Globo Repórter* – que sempre começava com os blocos mais fortes em potencial de audiência, terminando com os mais fracos, conforme a noite e o número de televisores desligados avançavam –, no *Globo Rural*, o filé mignon do dia teria de estar sempre no último bloco, para alcançar a audiência que crescia ao longo da manhã, à medida que as pessoas iam acordando. E a estratégia dava tão certo que o *Esporte Espetacular*, programa que se seguia ao *Globo Rural*, nunca conseguia, em domingos normais da grade de programação, manter a audiência que herdava. Perdia sempre dois ou três pontos, relativos aos espectadores que simplesmente desligavam a televisão.

O ritmo da prosa também contava. Nas palavras de Humberto, "o homem do campo, seja o maior fazendeiro do país ou o mais humilde trabalhador rural, desconfia de tudo que é muito rápido". Lição que José Hamilton também aprendeu no curto período em que ocupou a chefia do *Fantástico* em São Paulo, antes de voltar correndo para o *Globo Rural*, onde a edição das reportagens tinha de ser mais cadenciada e "menos nervosa que a do jornalismo de horário nobre da Globo":

"O *Globo Rural* segue o ritmo da natureza, ou seja, existe um tempo para plantar, outro para colher, exige o preparo da terra, a espera da chuva. Isso me permitia fazer um tipo de trabalho que eu já tinha feito na revista *Realidade*, com um pouco de profundidade, de criação e exaltação do personagem, que são marcas da reportagem do *Globo Rural*".

Os "caipiras" da Globo também se deram conta, segundo Humberto, de que o tipo de informação meteorológica oferecido diariamente pelos telejornais da emissora não tinha a menor utilidade para o público predominante do *Globo Rural*:

"No caso do *Globo Rural*, a chuva, á não ser a chuva muito excessiva, é sempre boa. Na meteorologia de praia, um fim de semana perdido, para o milho, não é perdido. No caso da chuva do dia anterior, trata-se de saber quantos milímetros choveu, se o solo está úmido. Isso é informação que nós damos e que vai até para a bolsa de Chicago".

Houve ainda uma "briga" comprada pela equipe, segundo Humberto, para tirar o paletó e a gravata do cenário do programa:

"Primeiro tiramos a gravata. O Nascimento já entrou sem gravata, mas ainda de paletó. Para tirar o paletó, ainda demoramos um pouco".

Vestuário à parte, alguns profissionais importantes da televisão brasileira passariam pelo *Globo Rural*, entre eles Silvia Poppovic, que começou a carreira de apresentadora no programa, e os comentaristas de economia Lillian Witte Fibe, Celso Ming e o Joelmir Beting. Um apresentador em especial, no entanto, chegaria a aceitar correr o risco de ser escanteado na Globo, em 1987, ao se recusar a continuar apresentando o *Globo Rural* em dobradinha com a ancoragem do telejornal local *SPTV*. Era William Bonner*:

"Eu fazia o *SPTV* e gravava o *Globo Rural* às sextas-feiras à noite, mas tinha um problema: embora eu achasse o *Globo Rural* um programa interessantíssimo, gostoso, bem-feito, tinha um clima legal, eu não tinha a menor empatia com o tema. Eu era um sujeito, e sou até hoje, absolutamente urbano, aliás eu acho que hoje eu sou menos do que era na época. Hoje eu tenho uma casa no campo, eu já piso em grama sem sentir desconforto e não tenho mais medo de lagartixa".

Fosse quem fosse o apresentador, bastavam dois dedos de conversa para concluir que o comando do *Globo Rural*, a exemplo de outras redações da imprensa brasileira da época, era formado por profissionais que, em diferentes matizes ideológicos, faziam oposição à ditadura. Por outro lado, de acordo com Humberto, não havia como ignorar que o governo militar, exatamente na área da agricultura, "teve virtudes muito grandes":

"Já tinha sido criada a Embrapa, ela estava também conquistando o Cerrado, um pedaço do Brasil que era absolutamente desconsiderado até então, porque as terras eram ruins. A eletricidade começou a chegar no campo. Junto com a eletricidade, começou também a chegar o sinal da televisão, um fenômeno restritamente urbano".

Lucas Battaglin também não desconhecia que houve um "salto muito grande" da agricultura na década de 1970, com a abertura de crédito para expansão da fronteira agrícola, a eletrificação rural, a compra de máquinas e implementos agrícolas, além do avanço na tecnologia de sementes selecionadas, o que coincidia com um forte crescimento em lavouras como a soja e a própria cana-de-açúcar, no caso, turbinada pelo Programa Nacional do Álcool, o Pró-Álcool, que seria criado pelo Governo Federal em 1975.

Apesar da carona inicial na política agrícola de um governo que ainda era uma ditadura, a transmissão do programa nas manhãs dominicais de oração, música e velocidade, longe do horário nobre e, por consequência, também distante da vigilância paranoica da Censura, enquanto ela existiu, e do rigoroso controle editorial da direção da CGJ no Rio, acabaria permitindo à equipe do *Globo Rural* um clima de liberdade que os colegas dos telejornais e programas noturnos de jornalismo da emissora nunca teriam. A ponto de Lucas Battaglin, que não negava ter se sentido "incomodado" com a cobertura do jornalismo da Globo na década de 1980, afirmar:

"Acho que se conta nos dedos os momentos em que alguma coisa me incomodou no *Globo Rural*".

Somando-se essa liberdade à sólida formação intelectual de Humberto, Romeiro, Battaglin e outros da equipe de "caipiras" do programa, o resultado foi uma produção de conteúdo que, em alguns momentos, incluiu temas que surgiram para não mais sair da cena brasileira, como o desmatamento e seus impactos negativos na biodiversidade, os conflitos fundiários, os efeitos da utilização intensiva de agrotóxicos, a grilagem de terras e a exploração ilegal de madeira.

Caso, segundo Battaglin, das reportagens sobre as condições de trabalho e de vida que levaram habitantes do Vale do Jequitinhonha, no sertão de Minas Gerais, a se tornarem boias-frias; do processo de ocupação de terra para monocultura dos projetos de reflorestamento de eucalipto, de interesse para a siderurgia e que acabaram expulsando os pequenos proprietários das terras; e do "olhar de equilíbrio" que, segundo ele, o *Globo Rural* teve para um nó político e social que atravessaria quatro décadas da história do país sem ser desatado:

"A gente documentou muito bem o começo dos acampamentos dos sem-terra no Brasil. Porque isso tem uma data: vem do começo da década de 1980, quando começou a existir o que a gente conhece como Movimento sem Terra e outras entidades que organizam os agricultores que ou saíram de suas terras expulsos ou que nunca tiveram terra".

Num tempo em que o assunto só virava "notícia" na grande imprensa quando havia alguma invasão ou "algum ato mais hostil", Battaglin diz que o *Globo Rural* foi além:

"Se você fosse olhar, entrar num acampamento fora desses atos, digamos assim, extremos, as pessoas se reconhecem, porque é gente que tem seus filhos ali, tem suas esposas, é gente como qualquer outra".

Os indígenas também foram tratados pelo programa com um olhar que procurava evitar paternalismos. De um lado, Battaglin lembra que o programa contou, por exemplo, a história da tragédia do povo Krahô, de Tocantins, que foi levado a trocar a tecnologia do modelo de economia que dominavam, então considerada simples ou primitiva, por um sistema de ponta para produzir arroz. A mudança, no entanto, gerou uma crise no mercado do produto que os deixou indefesos e pobres. De outro, o programa mostrou até uma briga política entre indígenas ligados ao PT, ao PSDB e ao PMDB, que resultou num "sequestro entre aspas", por algumas horas, da equipe do programa:

"Combinamos com o cacique, pedimos autorização da Funai, combinamos a data, marcamos tudo direitinho e fomos lá para a aldeia. Quando o carro da Rede Globo chegou, tudo parou. O cacique que tinha autorizado estava em briga com uma outra facção. Quando o Zé Hamilton quis fazer a reportagem, o cacique falou assim: 'Não, vocês vão ficar aí que nós estamos decidindo o que vocês vão fazer'".

"Eu lia, como leio até hoje, reincidentemente, o Guimarães Rosa. Então, eu tinha aquele *Grande Sertão* todo na minha cabeça."

A frase da entrevista dada em 2007 por Humberto* era uma lembrança orgulhosa de outro compromisso que ele disse jamais ter abandonado ao dirigir o *Globo Rural*: o de revelar ou resgatar a ética e os sentimentos genuínos do homem do campo brasileiro. Ao comentar o cultivo desse olhar pela equipe do programa, Battaglin citou uma matéria feita pelo repórter Nélson Araújo sobre um significado desconhecido, no mundo urbano, da palavra "traição". A reportagem foi uma espécie de contraponto ao decantado orgulho individualista do agricultor e que remetia ao livro *Os parceiros do Rio Bonito*, clássico do sociólogo e crítico Antonio Candido sobre o caipira paulista:

"Traição é o seguinte: sou um agricultor pobre, a minha casa, o meu curral está precisando de uma reforma, está tudo caindo aos pedaços, não tenho dinheiro. Então, o que acontece: os meus amigos me traem. Quer dizer, eles chegam no meu sítio, sem avisar, para fazer um mutirão e consertar o meu estábulo. Na verdade, é a traição do bem, digamos assim. O Nélson Araújo achou um lugar e aí ele conseguiu mostrar o traído sendo surpreendido. Não foi uma reconstituição".

Em outros momentos, como a antológica reportagem de José Hamilton Ribeiro sobre a caçada da onça-pintada no Pantanal do Mato Grosso do Sul, em maio de 1987, o desafio da equipe do *Globo Rural* foi conseguir que os caçadores, um grupo de homens da região, não matassem o animal ao final da perseguição. Como na mesma edição o programa mostraria imagens feitas por um cinegrafista amador que documentavam uma caçada verdadeira até o tiro final, sem chances de defesa para a onça, José Hamilton estava decidido a dar um outro desfecho à caçada que acompanhava:

"Uma caçada de onça é uma coisa dramática, uma covardia. Os cachorros farejam o rastro da onça e, quando os caçadores se aproximam, a tendência do animal é correr. É um animal pesado, não aguenta correr muito. O cachorro é muito mais resistente. Então, a onça se cansa e sobe em uma árvore, procurando segurança, e vira um alvo fácil para o caçador. Com uma espingarda ou com uma carabina, eles atiram na onça como se estivessem atirando num mamão".

Resgatar e revelar a alma do homem do campo não incluía, como lembrou Battaglin, aceitar passivamente, no caso, as "pseudorracionalizações" dos caçadores que alegavam que a onça-pintada da reportagem estaria "matando o rebanho" e, por isso, deveria ser abatida. Assim, quando o cerco se fechou e a onça subiu numa árvore onde ficou estática como um mamão e os caçadores fizeram menção de atirar, a solução encontrada por José Hamilton foi ameaçar os atiradores com a filmagem da execução do animal: pediu que um cinegrafista permanecesse com a câmera ligada a cinco metros da onça, protegido por um pantaneiro, armado com uma azagaia, uma lança indígena, até o bicho descer da árvore e desaparecer no mato.

"A prática, tradicional naquela região, ameaçava levar à extinção um dos espécimes animais de mais força no imaginário do brasileiro e o único animal do continente americano comparado às grandes feras da África."

Mesmo em reportagens sobre ecologia, porém, Humberto não se cansava de afirmar que o *Globo Rural*, que a partir de 1985 ganharia mais influência ainda com uma versão impressa em revista semanal que chegaria a uma tiragem de quatrocentos mil exemplares, não era uma ONG, mas um programa jornalístico "com a maior isenção possível, com a maior elegância possível, com a maior beleza possível". Nas palavras de Battaglin, "desde quando se achou, no segundo ano, 1981", o programa sempre se preocupou com ecologia, e por uma razão simples:

"O defensor da natureza que ainda existe é o agricultor. Quer dizer, é lá que está a nascente de rio, é lá que estão as árvores, os remanescentes de Mata Atlântica. E é tudo propriedade rural".

Em 2000, vinte anos depois da estreia do *Globo Rural*, mais uma vez a área comercial da emissora, agora pressionada por uma grande demanda de anunciantes do mercado que passou a se identificar como *agribusiness* e não tendo onde encaixar tanto anúncio, levaria a Globo a encomendar à equipe de Humberto uma versão diária do *Globo Rural* com formato de telejornal.

O programa diário, mais noticioso, mobilizaria redações de 127 emissoras ligadas à Globo, entre geradoras e afiliadas, e ficaria no ar até 2014, quando, prejudicado por herdar uma audiência baixa do já obsoleto *Telecurso* da Globo às cinco da manhã, foi atropelado pela concorrência feroz do jornalismo urbano das manhãs paulistanas. Nas palavras de Mariano Boni*, então diretor-executivo da Central Globo de Jornalismo e responsável pela substituição do *Globo Rural* diário pelo telejornal *Hora 1*, o mundo tinha mudado:

"O SBT ganhava da gente todo dia, de quatro a dois. Porque o *Telecurso* perdia, já não era competitivo. As pessoas acordam cada vez mais cedo, queriam ver o que estava acontecendo na cidade, no Brasil e no mundo naquele horário. E o *Globo Rural* diário começava ali, num espaço de disputa de quatro, cinco pontos. Pegava todo dia perdendo. Até tentava melhorar, mas o *Bom Dia São Paulo*, às seis da manhã, começava pegando uma audiência muito baixa".

Correria não era mesmo o meio de vida do programa.

Restaria começar o dia devagarinho, sem estresse, como sempre liderando a audiência nas manhãs de domingo a partir das oito e meia, logo depois da *Santa Missa*, mas já sem dividir o horário matinal com Ayrton Senna, Ludwig van Beethoven e as canções do *Som Brasil*; o *Globo Rural* semanal, uma rara unanimidade da emissora, aos 43 anos, agora dirigido por Lucas Battaglin, substituto natural de Humberto Pereira, e em cujos sessenta minutos os jornalistas Helen Martins e Nélson Araújo manteriam o "traço interiorano pronunciado" do pioneiro Carlos Nascimento ao apresentar as principais notícias sobre o agronegócio e os índices do setor agrícola.

Além do mundo de coisas que acontece no campo e que o povo da cidade não tem nem ideia, sô.

Dupla caipira

"Exige um certo sacrifício do carioca assistir ao melhor programa musical da TV do momento. Além de acordar cedo, dez horas em pleno domingo, o carioca só poderá pôr-se a caminho da praia uma hora depois. Mas vale a pena ver o substancioso *Som Brasil*, da TV Globo, comandado pelo espontâneo ator e músico Rolando Boldrin."

Em 16 de setembro de 1981, o crítico de música do *Jornal do Brasil* Tárik de Souza, ao elogiar o programa que passou a formar, com o *Globo Rural*, uma espécie de dupla caipira *cult* que durou alguns anos na grade matinal dos domingos da Globo a partir de agosto, com viagens inéditas e preciosas da televisão pelas raízes da música brasileira, estava também oferecendo, sem querer, uma explicação para o fato de os dois programas nunca terem sido exibidos durante o horário nobre da emissora, por maior que fosse o desejo dos admiradores.

Os telespectadores que efetivamente assistiam aos dois programas, um público em que predominavam pessoas do campo e das pequenas cidades, não constituíam audiência grande o suficiente para que as duas atrações fossem para a grade noturna da Globo. Ao mesmo tempo, os telespectadores urbanos que, teoricamente, segundo a maioria dos críticos, poderiam gostar dos programas a ponto de torná-los campões de audiência, não davam conta de acordar domingo de manhã para assistir.

A incompatibilidade entre os fusos horários do campo e das metrópoles, no caso a metrópole praiana do Rio de Janeiro, onde muita gente acordava na hora em que o homem do campo estava se sentando para o almoço, era o único senão entre os elogios de Tárik, para quem o *Som Brasil* conseguia ser "um programa em mangas de camisa, numa emissora geralmente oprimida pelo nó da gravata de cor berrante". Em outra coluna, em 30 de maio de 1982, Tárik diz que o programa era "responsável pela ressurreição de nomes respeitáveis da cultura popular brasileira, em um momento em que a televisão já vinha contribuindo justamente para o massacre dessa cultura".

Não sem também reclamar do dia e horário de exibição, Artur da Távola, pseudônimo de Paulo Alberto Moretzsohn Monteiro de Barros, escritor, político, morador da metrópole praiana do Rio, um dos pioneiros da crítica de televisão no Brasil e, como tal, menos hostil ao veículo em sua coluna no jornal *O Globo*, também era só elogios ao programa em que Rolando Boldrin, além de contar *causos*, declamar poesias, dançar e exibir esquetes teatrais e pequenos documentários, apresentava um cardápio de cantores e compositores, como Dominguinhos, Luiz Gonzaga e Chico Buarque de Hollanda, que tinham, como fonte obrigatória de inspiração, a cultura popular brasileira:

"Rolando Boldrin pela ternura, leveza e simplicidade com que conduz o programa, atribuindo-lhe uma aura de generosidade, simpatia, cheiro de manhã no campo, canto de galo e panela no fogão é fator direto de seu sucesso. A gente sai melhor, mais leve e amigo quando acaba de ver *Som Brasil*, programa dos melhores de seu gênero e cujo único defeito é o horário ruim que lhe dão".

Haveria então um momento, por volta de maio de 1984, em que o próprio Boldrin, embalado pelo ganho de mais uma hora de programa e por um sucesso que podia ser medido, por exemplo, pela média de trezentas fitas que ele recebia por semana com músicas de todas as partes do país, achou que o horário, não o de acordar, mas o de exibir o *Som Brasil*, merecia uma posição mais nobre na grade de programação, mais exatamente no horário nobre da Globo. Em reportagem do dia 5 de junho, o *Jornal do Brasil* revelou o desfecho da incompatibilidade de horários e expectativas:

"A música brasileira, que acordava mais cedo nas manhãs de domingo da Rede Globo, no programa *Som Brasil*, merecia estar à noite nos vídeos, segundo seu criador, o cantor, compositor e ator Rolando Boldrin. A direção da emissora achou, porém, que ela deveria continuar madrugando, e a falta de afirmação deixou Boldrin fora da Rede Globo".

Ao resolver sair da Globo, dando início a uma trajetória de quatro décadas em que continuaria no ar com receitas "raiz" semelhantes à do *Som Brasil* em outras emissoras e horários, como o *Empório Brasileiro* na TV Bandeirantes, o *Empório Brasil* no SBT e o *Sr. Brasil* na TV Cultura de São Paulo, Rolando Boldrin levou Boni a ter um diálogo radical com o ator Lima Duarte, que foi resgatado em reportagem do *Globo* em 1º de julho de 1984:

– Lima, ou você aceita o convite ou o *Som Brasil* sai do ar.

– Eu me preparei a vida inteira para fazer algo assim. Não ia ser agora que ia perder a oportunidade.

"Ainda bem que não mudou." Foi com esta frase que o mesmo Artur da Távola comemorou, com alívio, na época, a decisão de Boni de substituir Boldrin por Lima Duarte, cuja personalidade profundamente identificada com o brasileiro do interior marcaria mais cinco anos de *Som Brasil*, alternando o palco do Teatro Célia Helena, em São Paulo, com gravações externas em campos e roças até 1989, quando o programa saiu definitivamente do ar, pondo fim à chamada dupla caipira com o *Globo Rural*. Lima Duarte*, ao lembrar a experiência, fez questão de uma ressalva:

"Foi um programa muito dedicado à cultura brasileira, não à música caipira. Foi um grande programa e uma experiência muito gostosa".

Nas décadas seguintes, a marca *Som Brasil*, cuja propriedade foi mantida pela Globo, seria usada para dar nome a programas e temporadas com diferentes formatos musicais que, em vez de se concentrarem na produção cultural e popular à margem do circuito da indústria fonográfica, como nos tempos de Rolando Boldrin e Lima Duarte, contemplariam, muito pelo contrário, praticamente todo tipo de música feito no país.

Com um time de apresentadores cujo ecletismo iria de Chico Anysio a Alexandre Garcia, passando por Carlos Nascimento, Zeca Camargo, Patricia Pillar, Letícia Sabatella, Camila Pitanga e Pedro Bial, as novas "fases" do *Som Brasil* iriam ao ar primeiro no horário da "Terça Nobre", depois nas madrugadas de sexta-feira, na sequência do *Programa do Jô*, e, finalmente, em edições especiais apresentadas por Pedro Bial, depois da novela das nove. Em comum, todos esses formatos, qualidade e autenticidade musicais à parte, seguiriam o caminho apontado pelo próprio Rolando Boldrin até morrer, em novembro de 2022, aos 86 anos, época em que seu programa ia ao ar nos finais de noite da TV Cultura de São Paulo.

Domingo de manhã, nem pensar.

Concorrência zero

"Foram reunidas todas as câmeras e todos os recursos técnicos disponíveis para a vigília, que se prolongou até o momento da lacração dos transmissores. Vários políticos, advogados e personalidades, como o cantor Agnaldo Timóteo, os atores Rosamaria Murtinho e Milton Gonçalves, ele mesmo, e o humorista Costinha, entraram no ar e deram seu apoio aos funcionários e à manutenção da emissora. O *cameraman* Luís Roberto Moreira, de 27 anos, abraçou-se à câmera, aos gritos. A cena comoveu a todos. Mais de dez colegas tentaram retirá-lo, mas Luís não largava o aparelho. A muito custo, conseguiram levá-lo para os bastidores. A última imagem, um logo da Tupi com a inscrição 'Até breve, telespectadores amigos' desapareceu às 12h36."

Foi assim, na detalhada reconstituição dos acontecimentos da manhã de 18 de julho de 1980, feita por Elmo Francfort e Maurício Viel no livro *TV Tupi: do tamanho do Brasil*, que a história da televisão brasileira viveu o fim de um capítulo há muito esperado, sim, mas ainda assim comparável, em importância, se visto em perspectiva, a um suposto desaparecimento do sinal da Globo em todos os televisores do território nacional.

Dois dias antes, em Brasília, faltando sessenta dias para a TV Tupi completar trinta anos no ar, o então presidente João Figueiredo assinara a extinção das concessões pertencentes ao Condomínio Acionário das Emissoras e Diários Associados no Rio de Janeiro, São Paulo, Belo Horizonte, Porto Alegre, Fortaleza, Belém e Recife, após atrasos sistemáticos no pagamento dos salários dos funcionários, uma fortuna em tributos federais e contribuições sociais não pagos e em débitos das empresas componentes da rede.

"A Tupi formava e a Globo comprava."

A frase, lembrada com tristeza por Bete Mendes*, ao comentar a decadência da Tupi, era muito comum, na época, entre os artistas do eixo Rio-São Paulo, quando eles falavam da facilidade com que a Globo montou o elenco que dominaria a teledramaturgia brasileira nas décadas seguintes. Marcos Caruso*, outro ator que foi para a Globo, tinha vivido, aos 38 anos, uma situação típica da bagunça que havia tomado conta da gestão da então maior concorrente da Globo ao atuar num programa inspirado na personagem "Supermãe", de Ziraldo, que a Tupi produziu e colocou no ar em 1979 sem pedir autorização ao cartunista do *Pasquim*. A bagunça, segundo Caruso, seria ainda maior depois de a Tupi ter sido obrigada por Ziraldo a tirar o programa do ar:

"O programa saiu do ar e a Tupi continuou me pagando. Eles me pagaram onze meses. Eu ia na boca do caixa e recebia. Depois de onze meses, me ligaram e me disseram assim: 'Nós queremos dizer que o seu contrato terminou porque não temos mais interesse'. Fui uma das pessoas que saiu de lá recebendo tudo, até mais do que deveria. E tanta gente que até hoje está pleiteando receber pendências que nunca foram pagas".

Restava, na época, para tentar enfrentar a liderança isolada da Globo, a Bandeirantes, que em 1979 abrira um núcleo de produção de teledramaturgia sob direção de produção e programação de Carlos Augusto Oliveira, o Guga, irmão de Boni, que usou o elenco que a Tupi vinha dispensando a rodo em sua derrocada final para lançar, com estardalhaço, *Cara a Cara*, novela que levou Fernanda Montenegro de volta à TV no papel de "Ingrid Von Herbert", uma milionária que chegava ao Brasil em busca do filho "Fran", vivido por Luis Gustavo, que lhe havia sido tomado na Itália pelo pai durante a Segunda Guerra Mundial.

Embora elogiada por críticos como Maria Helena Dutra, do *Jornal do Brasil*, como "uma realização extremamente profissional que não entrou em nenhum atalho amadorístico", a novela de Vicente Sesso pegou pela frente, na Globo, no horário das oito da noite, o auge do sucesso de *Pai Herói* (1979), a trama de Janete Clair que reuniu Tony Ramos, Lima Duarte, Paulo Autran, Elizabeth

Savala e Glória Menezes, entre outras e outros. Um mês depois da estreia, para que *Cara a Cara* não fosse massacrada pela audiência, Guga viu-se obrigado a transferir a novela para o horário das sete da noite.

Era um tempo em que a Globo pôde se dar ao luxo de cometer equívocos antológicos, ou "flopadas", de *flops*, fracassos, em português, como passariam a dizer os executivos da TV brasileira dos anos 2020, sem que houvesse uma hecatombe nos índices do Ibope. Foi o próprio Lauro César Muniz*, autor da novela *Os Gigantes*, trama exibida pela Globo em penosos 147 capítulos, no horário das oito da noite, entre agosto de 1979 e fevereiro de 1980, quem admitiu sua parcela de responsabilidade numa produção que demonstrou, com estilo, a capacidade que a emissora então hegemônica no Brasil também tinha de fazer novelas muito ruins:

"O primeiro capítulo já era uma coisa terrível. Era a personagem da Dina Sfat matando o irmão, que estava morrendo de câncer e pedia. Ele deixava uma gravação para ela, pedindo que abreviasse o sofrimento dele. E ela vem de fora, vem da Europa e mata o irmão".

E para quem achasse um exagero o balanço do autor sobre a novela que sucedeu a *Pai Herói* mesclando críticas ao poder das multinacionais com a questão da eutanásia, Lauro acrescentou:

"Acho que foi a pior novela que eu fiz na minha vida, uma novela em que eu errei tudo. Era pesada, mórbida, sobre a eutanásia. Tinha um elenco muito bom, grandes nomes, mas uma escalação que não estava muito adequada para aqueles personagens".

Para complicar a situação, Dina Sfat, que fazia a protagonista "Paloma Gurgel" – a jornalista que se envolve numa batalha judicial com a cunhada "Veridiana", vivida por Susana Vieira, após desligar os aparelhos que mantinham o irmão dela vivo – não gostava nem da novela nem do papel e, segundo Lauro, ainda passava por "problemas pessoais". Em entrevista ao livro *A seguir, cenas do próximo capítulo*, o autor contou:

"Dina Sfat rompeu comigo. Ela chegava no estúdio, pegava o script, jogava no chão e sapateava em cima: 'Não vou fazer essa droga de jeito nenhum', ela gritava".

O resultado foi uma audiência também muito ruim, na casa dos 50 pontos, numa época em que a novela das oito da Globo costumava bater os 70, o que levou Artur Xexéo a dizer, em matéria da *Veja*, que o péssimo desempenho de *Os Gigantes* no Ibope confirmava a "lenda" de que Lauro era um autor "inadequado para o horário". Com o que concordaria a direção da Globo, que não apenas o afastou, mas o demitiu antes do final da novela, pedindo, segundo Lauro contaria depois, que Walter George Durst reescrevesse o capítulo final em que "Paloma Gurgel" comete suicídio, sobrevoando sua fazenda em um avião até a gasolina acabar:

"Foi um epílogo desastroso, um final desastroso. Eu acabei fazendo uma declaração aos jornais como desabafo, onde eu envolvi um monte de coisas que não devia. Eu pertencia à emissora e fui desligado da Globo. Fui curtir um castigo na Rede Bandeirantes".

Nilson Xavier observa, em sua análise da trama, que a direção da emissora, leia-se Boni e Daniel Filho, também teve uma parcela de responsabilidade no fiasco de *Os Gigantes* ao não cortar, na fase de análise da sinopse, uma menção óbvia do roteiro à multinacional Nestlé, uma poderosa anunciante da Globo. Na história, uma companhia chamada "Eltsen", Nestlé ao contrário, tenta se instalar em Pilar, cidade fictícia da novela, à custa da destruição da empresa local de laticínios de "Fernando Lucas", personagem de Tarcísio Meira:

"Daquela vez, a pressão não veio da ditadura, mas dos próprios patrocinadores, que não gostaram de ser criticados na televisão. A questão acabou esquecida na trama".

No livro *Lauro César Muniz solta o verbo*, Lauro admite que fez "uma guerrilha moleque" e foi "muito atrevido" ao criar um nome de empresa que remetia à Nestlé:

"A 'Eltsen' foi banida da novela e não se falava mais no assunto. A Nestlé era uma grande anunciante da Globo e hoje eu admito que foi muito pueril da minha parte mexer com chocolate de tão boa qualidade".

O escritor Marcelo Rubens Paiva, como lembrou Nilson Xavier, foi uma testemunha do fiasco de *Os Gigantes* e até citou a novela em seu best-seller *Feliz Ano Velho*, explicando que foi um telespectador compulsório da trama no período em que ficou hospitalizado:

"Era uma novela boba do Lauro César Muniz que, para o meu azar, era das piores já passadas no horário das oito. Tinha uma tal de 'Paloma' (Dina Sfat), que dividia seu amor por dois canastrões (Chico Cuoco e Tarcísio Meira). Única coisa de excitante na novela é que trabalhava a Lídia Brondi, minha Lídia".

Cerca de um ano antes da queda de *Os Gigantes*, outra novela, *Sinal de Alerta* (1978), última produção do chamado "núcleo das 22 horas", espaço então venerado pelos artistas da Globo pela acolhida que dava às temáticas e formatos mais arrojados e menos comportados, não tinha conseguido nem audiência, que já não se cobrava tanto no horário, nem repercussão, que era o mínimo que se esperava das tramas de fim da noite da emissora. E, com o agravante de ter sido empurrada, durante três meses, para as onze da noite, por conta da entrada no ar do horário eleitoral gratuito que precedeu as eleições meia-boca, parte indiretas, parte diretas, concedidas pela ditadura em 1978.

Daniel Filho*, à época já envolvido com o projeto que resultaria na ocupação da faixa das dez da noite pelos seriados *Malu Mulher*, *Plantão de Polícia* e *Carga Pesada*, não guardou boas lembranças da novela escrita por Dias Gomes e Walter George Durst e dirigida por Walter Avancini e Jardel Mello:

"Eu me lembro que *Sinal de Alerta* não foi bem. Ela teve um problema ao procurar a verdade da novela. Ao procurar ser bastante crítica, a novela ficou sufocante para o espectador. Era uma novela em que todo mundo, praticamente, tossia, todo mundo estava coberto de poluição".

Era tosse mesmo. E, vez por outra, ao longo dos 112 capítulos exibidos entre julho de 1978 e janeiro de 1979, a tosse e a poluição surgiam em surtos coletivos, às vezes com o elenco usando máscaras de oxigênio nas cenas da história em que "Tião Borges", empresário interpretado por Paulo Gracindo, é alvo de uma campanha contra sua fábrica de fertilizantes e inseticidas, a "Fertilit", liderada pela ex-mulher vivida por Yoná Magalhães, com o apoio dos operários da empresa.

Dias Gomes não teve dificuldades para incluir, na história, um depoimento contra a poluição do arquiteto Oscar Niemeyer, seu companheiro de militância comunista, mas a causa ambiental, à época, não era poderosa o suficiente para evitar ou diminuir a rejeição da maioria dos telespectadores à atmosfera sombria da novela. Com dificuldades de encaminhar a trama, Dias chegou a contar com a ajuda informal do amigo e poeta Ferreira Gullar, e precisou também da colaboração de Walter George Durst nos trinta capítulos finais da trama, que teve um desafio a mais: a força inesquecível "Odorico Paraguaçu" conspirando contra o "Tião Borges" de Paulo Gracindo.

Nem mesmo as temidas explosões autoritárias de Walter Avancini no set de gravação foram suficientes para fazer *Sinal de Alerta* decolar. Vera Fischer*, então com 27 anos e grávida de Rafaela, sua filha com o ator Perry Salles, fazia o papel de "Sulamita Montenegro", mulher obviamente muito bonita, criada dentro de uma rígida formação moral, noiva de "Tião Borges" e que tinha de chorar em algumas cenas:

"Eu fazia uma mocinha recatada, virgem, e que tinha horror de que pegassem nela, e o meu noivo era o Paulo Gracindo, imagina, Paulo Gracindo, pai!".

– Chora!

De acordo com o relato de Vera*, em uma das cenas que demandavam lágrimas da então cultuada musa da beleza do cinema brasileiro, quando a voz e o tom ameaçadores de Avancini reverberaram no sistema de som do estúdio como se viessem do céu, a resposta da atriz pegou muitos de surpresa no estúdio:

CAPÍTULO 12 · 439

– Não sei chorar. Eu nunca chorei na minha casa. Não precisava, porque a gente aprende. Na família alemã, você aprende a não demonstrar as suas dores, suas coisas, em praça pública. Você vai para o seu quarto. Se você sentir dor, sentir vontade de chorar, não pode, isso é proibido pelos alemães. E aí, como fazer? Então, vem cá, seu diretor, me ensina. Como é que faz pra chorar? Explica pra mim.

Na lembrança de Vera, Avancini não deixou o *switcher* para ir ao encontro dela:

"Ele gritou, gritou, gritou e era uma moda mesmo diretor gritar naquela época".

No final da discussão no estúdio, a resposta de Vera ao diretor acabaria valendo para ela, Boni, Avancini, Dias Gomes, Paulo Gracindo e todos os que, de alguma maneira, participaram de *Sinal de Alerta*, incluindo os telespectadores:

– Esquece.

Luz, câmera e paixões

Flagrantes de assédio moral impensáveis no século 21, protagonizados por diretores cujas explosões de fúria que tinham como resposta, quase sempre, o silêncio e o medo de todos ao redor, não eram tudo que acontecia nos bastidores das novelas da Globo. Desde o início, nos anos 1960, como em qualquer departamento de dramaturgia do planeta, os estúdios da emissora foram cenário de fortes emoções, envolvendo atrizes e atores com os nervos e o coração à flor da pele, mesmo quando as câmeras estavam desligadas.

Em 1979, por exemplo, Gloria Pires*, um dos ícones da hegemonia das novelas da Globo em cinco décadas, não deu conta de gravar os últimos capítulos de *Cabocla*, a novela em que estreou como protagonista. Aos 16 anos, no papel de "Zuca", moça simples do interior que rompe com o noivo para enfrentar tudo e todos em nome do amor por "Luís Jerônimo", personagem de Fábio Jr., dez anos mais velho e com quem ela iniciara um romance de verdade, Gloria não aguentou a pressão:

"Eu tive um estresse, uma crise de estresse violenta, com vários sintomas, e fui hospitalizada. Então, faltava toda a sequência final, do casamento em si, da lua de mel, tudo, que fechasse aquela história de amor".

Herval Rossano, diretor de *Cabocla* e um dos mais temidos integrantes da turma do grito nos estúdios da emissora, em vez de ser citado como possível responsável pela crise de Gloria, é lembrado com carinho e gratidão por ela pela façanha de substituí-la, nos últimos capítulos, de uma forma que nenhum telespectador percebeu: usou, nos takes previstos para a atriz, uma jovem chamada Christiane Grossi, que tinha alguma semelhança física com Gloria, era uma grande amiga dela e apareceu apenas de perfil nas cenas:

"O Herval, maestro que era, com toda a cancha e conhecimento que ele tinha, fez um trabalho que ficou imperceptível, perfeito. As cenas finais foram feitas, tudo lindo, poético, emocionante, mas não era eu".

O romance de Gloria e Fábio Jr. viraria casamento em 1982, daria a eles a filha Cleo, mas terminaria mal no ano seguinte, a ponto de os dois nunca mais se cruzarem em novelas.

Àquela altura da história da Globo, uma série de casos já tinham sacudido o elenco da emissora, o mais famoso até então em 1966, quando a paixão às escondidas de Yoná Magalhães com seu par romântico Carlos Alberto na novela *Eu Compro Esta Mulher* levou ao fim o casamento da atriz com o produtor Luís Augusto Mendes.

No caso de Yoná, a fofoca que causou a separação não tinha sido plantada em notas cheias de veneno nas colunas de futricas dos jornais e revistas: o fofoqueiro confesso foi o então comentarista esportivo da Globo Teixeira Heizer*, que tomou as dores do amigo Luís Augusto e deu uma espécie de ultimato a ele e a Yoná:

"A gente via todo dia a Yoná com o Carlos Alberto nos cantos. E era o prato do dia saber que os dois estavam namorando ali. E eu fiz um negócio que até hoje eu me envergonho. Fiquei torturado com aquela situação porque eles eram meus amigos. Então, eu fui a ela primeiro e depois a ele. E falei: 'Ou vocês se separam ou desse jeito não vai ficar'. Eles se separaram, foi uma coisa meio dramática".

Muitos anos depois, em 1989, no set de gravação de *O Salvador da Pátria*, uma paixão não totalmente assumida de Lima Duarte*, então com 59 anos e intérprete do simplório e puro "Sassá Mutema", por Maitê Proença*, 31, a professora "Clotilde Ribeiro", despertaria a imaginação de milhões de telespectadores de norte a sul do país. Em seu depoimento, dado em 2001, o ator mostra que, da parte dele, havia mesmo algo no ar além do sinal da Globo:

"Novela é um ano, aconteceu um pouco isso com a Maitê mesmo. Precisa ser muito imbecil, muito bronco, para não se deixar tocar por aquela tão sofisticada beleza. Então eu ficava olhando e aconteceu um pouco de 'Sassá Mutema' comigo. Era eu que amei a Maitê? Não! Era o 'Sassá Mutema'. Mas o 'Sassá Mutema' sou eu, especialmente nos seus melhores momentos. Então foi essa a confusão que houve. E a confusão que serviu muito à novela, foi muito legal".

Contribuiu para incendiar a imaginação dos telespectadores, segundo Lima, "aquele negócio de beija, não beija" das cenas em que "Sassá", fascinado, aproximava-se do rosto de Maitê "como se fosse 'King Kong', querendo tocar o nariz e pegar naquele nariz, naqueles olhos". E com tal intensidade que o porteiro do prédio onde o ator morava saía do sério quando o encontrava:

– Pô, tu não vai beijar aquela boquinha? Pô cara, vai, beija!

– Tá legal, vou, sim, cara, espera, espera...

E bastava entrar no táxi para o motorista também não resistir:

– Pô, seu Lima, vai beijar? Hoje beija? Como é que é?

E, quando chegava na Globo para gravar, quem também pedia uma atitude, segundo Lima, era a própria Maitê:

– Me beija, pelo amor de Deus, que eu não aguento mais esses caras falando.

Não existe entrevista de Maitê em que ela confirme que havia reciprocidade daqueles sentimentos, mas há várias, incluindo a que ela deu ao Memória Globo em 2017, em que ela demonstra carinho e gratidão a Lima Duarte por ele ter sido a única pessoa, entre todos da novela, com quem ela dividiu o drama do câncer terminal do pai, que acabaria se matando naquele ano:

"Eu gravava durante a semana e no final de semana eu ia, pegava uma ponte aérea e ia para Campinas, para a fazenda onde morava meu pai, para dar uma fiscalizada ali, para ver qual era, e voltava correndo. Não contava para ninguém que eu estava nessa correria, tensa. E só quem sabia disso era o Lima, porque precisava contar para alguém. E aí meu pai acabou morrendo durante a novela mesmo. Foi bem complicado, do ponto de vista pessoal".

No caso do encontro do veterano Raul Cortez*, então com 67 anos, com a estreante Maria Fernanda Cândido, 25, nas gravações da novela *Terra Nostra*, exibida entre setembro de 1999 e junho de 2000, o clima no estúdio foi tão forte que o autor Benedito Ruy Barbosa resolveu mudar o destino dos personagens: "Francesco" e "Paola", os dois personagens, tornaram-se um casal de apaixonados a partir da cena em que ela entrou na agência bancária dele para abrir uma conta. Raul, falecido em 2006 aos 73 anos, tinha acabado de conhecer Maria Fernanda, "uma mulher fantástica", nos bastidores, e estava certo de que todos no estúdio ficariam impactados ao vê-la pela primeira vez:

"Ela tinha que subir uma escada e entrar pelo corredor para vir falar comigo. E, quando ela apareceu, literalmente a técnica toda parou, ficou parada, você ouvia até mosca, se estivesse voando você ouviria. E aquela mulher ali caminhando".

Raul usou do mesmo vocabulário de Lima Duarte para falar de seu encantamento pela atriz, que no roteiro original viveria um relacionamento com "Marco Antonio", o filho de "Francesco" interpretado pelo ator Marcello Antony:

"Eu não sei o que aconteceu entre nós dois, porque foi uma coisa absolutamente tão forte, né? Pra mim era muito prazeroso, foi ótimo, não sei se foi pra ela, afinal de contas a diferença de idade pra ela é enorme, acho que ela preferiria o Marcello Antony do que sentir essa química comigo, mas aconteceu, foi muito engraçado".

Em entrevista ao programa *Conversa com Bial* em abril de 2022, dezesseis anos depois da morte de Raul, Maria Fernanda se emocionaria ao falar de como os dois ficaram amigos "de sair para jantar, de se falar ao telefone", numa relação em que o ator foi, segundo ela, ao mesmo tempo pai e irmão, além de ser "um amigo ciumento" com os namorados que ela teria:

"A gente ficou encantado um com o outro. Uma coisa que era muito além de qualquer nomenclatura".

Em sua entrevista, em 2002, Raul* lembrou um momento especialmente desafiador das gravações: a cena em que, no auge do sucesso de *Terra Nostra*, ele teve de dividir uma banheira, em pleno estúdio, com Maria Fernanda, cuja beleza levara o *Fantástico* a realizar uma pesquisa em que os brasileiros a elegeram "a mulher mais bonita do século":

"Eu disse: 'Benedito, você não pode fazer isso comigo. Eu vou tirar toda a minha roupa e parecer que eu estou totalmente pelado numa banheira com a Maria Fernanda, uma mulher deslumbrante que o Brasil inteiro está querendo! Ah, meu Deus, que vergonha, o que é que que eu faço, Benedito?'. Aí eu pensei que quando a gente tem situações como essas, constrangedoras, é melhor você enfrentar logo, depois tudo melhora. Botei a minha sunga, entrei no estúdio de sunga, me meti na banheira e, pra surpresa minha, a cena foi muito bonita".

Além de mexer com a imaginação dos telespectadores e popularizar o tratamento de "*amore mio*" utilizado por "Francesco" e "Paola", Raul achava que o romance do homem velho e rico com a jovem carente e deslumbrante também mexeu com o preconceito:

"É muito fácil você admitir que uma mulher jovem goste de um homem mais velho por interesse, mas é difícil você admitir que ela goste dele por amor. Então tinha uma resistência forte do público e, ao mesmo tempo, uma compreensão e uma humanização dessa relação".

Fábio Assunção* chegaria a defender, em 2006, a existência de uma espécie de regra: apresentou como exemplo a relação de dois anos que teve com a colega Cláudia Abreu, a partir do par romântico que fizeram na novela *Pátria Minha*, em 1994; disse que aquela foi a única vez em sua carreira em que ele misturou as emoções da profissão com a vida pessoal, e garantiu:

"Quando falam que é fácil misturar, eu falo: impossível. É só uma vez que dá para acontecer".

Foi assim com Nívea Maria*, que descreveu as gravações da novela *A Moreninha*, em 1975, quando foi dirigida e ficou "muito apaixonada" por Herval

Rossano, como "a época mais lúdica" de sua vida e início de um casamento com o diretor que duraria 28 anos:

"Para o personagem, nada melhor do que o amor, uma história linda de uma menina que recebe metade de uma argola, um coraçãozinho, e fica procurando quem é que tem a outra metade".

O próprio Herval, no entanto, mostraria que não existiam regras para a eclosão de paixões no dia a dia dos estúdios: em 2003, aos 68 anos, quatro anos antes de morrer, deixou Nívea para se unir à atriz Mayara Magri, que também tinha sido dirigida e tivera um caso com ele em 1985, durante a produção da novela *A Gata Comeu*. Em entrevista dada ao autor em 2023, já fora da Globo e naturalmente preferindo não se identificar, uma veterana da Central Globo de Produção tinha uma definição para aqueles tempos:

"Era gente de verdade contando histórias de gente de mentira. E todo mundo comia todo mundo e ficava tudo bem, o poder criativo rolava sem censura, livre, sem essa chatice do *compliance*".

Seriam muitas, também, as ocasiões em que atores e atrizes da emissora se comportariam de forma estritamente profissional e nas quais a mistura de realidade com ficção ficaria por conta exclusiva do apetite sensacionalista das colunas de fofocas, dependentes crônicas, durante décadas, de boatos, intrigas e venenos emanados do entorno dos estúdios da emissora. Antonio Fagundes* e Sônia Braga, por exemplo, tinham encantado o país entre 1978 e 1979 com o romance dos protagonistas "Cacá" e "Júlia", em *Dancin' Days*, mas não tinham tido caso nenhum. Segundo Fagundes, não adiantou:

"*Dancin' Days* mexeu muito comigo nesse sentido. Fizeram muita fofoca comigo e com a Sônia, mas a Sônia era casada, eu era casado, então isso atrapalhou muito a nossa vida e não tinha nenhum fundamento. Mesmo que tivesse, era uma coisa que seria desagradável, mas não tendo nenhum fundamento ficou pior ainda".

As equipes dos estúdios da Globo testemunhariam, também, episódios fulminantes como, por exemplo, uma mordida sofrida pela atriz Claudia Raia* em 1985, durante a gravação de uma cena da novela *Roque Santeiro*. Ela, aos 19 anos, no papel de "Ninon", e formando com Ísis de Oliveira, a "Rosaly", a dupla estonteante de "meninas" da boate "Sexus" da novela. Ele, o então veterano Maurício do Valle, aos 58, no papel do "Delegado Feijó", na fictícia cidade de "Tangará". A cena aconteceu quando "Delegado Feijó", obcecado por "Ninon", aproximou-se dela na quermesse em que as duas "meninas" vendiam beijos numa barraca e, em vez de dar um beijo, como previsto no roteiro, mordeu com sofreguidão os lábios de Claudia e não largou:

"Não sei se o Maurício ficou emocionado. Eu, querendo me desvencilhar, estava praticamente sangrando, e o Maurício me abocanhando. Eu empurrando

444 · A GLOBO | VOLUME 1

ele e a minha boca presa. Parecia cachorro louco, sabe? Uma coisa louca! Quando ele soltou, minha boca parecia um mamão papaia, inchadíssima, sangrando. Hilário! Hoje é muito gozado de contar, eu fiquei três dias sem gravar, com a boca desse tamanho, uma loucura!".

Em seu depoimento, Claudia não menciona ter exigido desculpas ou explicações de Maurício. Sua preocupação, naquela que foi sua primeira experiência em novelas, depois de participar do elenco de atrizes bonitas que emolduravam com roupas mínimas o humorístico *Planeta dos Homens*, era dissuadir o diretor Paulo Ubiratan de só querer filmar takes generosos de sua bunda, e garantir que não cortassem, numa cena que gravaria com a protagonista Regina Duarte, sua primeira fala em novela:

– Eu também acho, "Dona Porcina".

Edson Celulari, por acaso marido de Claudia Raia entre 1993 e 2010, despertaria impulsos igualmente fulminantes mas sem qualquer violência, muito pelo contrário, na atriz Dira Paes* em 1998, durante as gravações de uma cena da minissérie *Dona Flor e seus Dois Maridos* em que ela, no papel de "Celeste", e o protagonista "Vadinho" interpretado por Celulari viviam uma "cena de amor". Aconteceu quando alguém da produção, segundo ela, fez o pedido fatal:

– Dira, pode tirar a roupa.

– Hein?

– Você pode tirar a blusa.

– Ai, meu Deus, meu pai do céu!

A explicação bem-humorada para o nervosismo, nas palavras de Dira, era a de que todas as mulheres do elenco da minissérie "queriam ser 'Dona Flor' e ter dois maridos". Daí, também, o impulso confesso e incontrolável de Dira:

"Eu quis beijar de verdade o Edson, que dava beijo técnico. E lá fui eu para a cena. Eu esquecia, ficava tentando beijar Edson: 'te amo, amor'. Era inexperiência, tá? Não era para me aproveitar da pessoa dele. É que a pessoa desconcentrada, como eu estava, tenta beijar de verdade, e ele, concentrado, não beija de verdade, dá o beijo técnico, que existe, sim, e é real. E eu aprendi com Edson Celulari. Obrigada, amor. Aprendi, agora eu não fico beijando de verdade, não".

Marcos Paulo, ator e diretor morto em 2012, aos 61 anos, e intérprete do personagem "Basílio" na minissérie baseada no romance de Eça de Queiroz, embora tenha sido uma das pessoas com quem Daniel Filho discutiu e brigou várias vezes, dentro e fora do estúdio, protagonizou, em 1988, um episódio que entraria para a história dos bastidores da dramaturgia da Globo, e que envolveu uma "cena de cama" em que Marcos e Giulia Gam, a intérprete de "Luísa", estavam completamente nus.

Daniel havia mandado instalar uma câmera no teto do cenário para enquadrar "Basílio" e "Luísa", cobertos parcialmente por um lençol. Em sua entrevista, Marcos Paulo* resolveu abrir o coração e contar uma experiência que costuma tomar conta da imaginação de muita gente que assiste a cenas daquele tipo na televisão ou no cinema:

"Leva um tempo pra você ficar à vontade numa cena dessas. Aí a gente conversando, e tal, não sei o quê, passando o texto, não sei o quê, a coisa rolou e ficou um clima gostoso".

No *switcher* ligado ao estúdio, atento aos acontecimentos e aos monitores com as imagens captadas mas ainda não gravadas do set, Daniel começou a berrar, pelo sistema de comunicação, nos fones dos operadores das câmeras:

– Grava, grava porque é agora, grava!

O operador de uma das câmeras tomou coragem e entrou no circuito:

– Não dá, Daniel, não dá.

– Como não dá?

– Não dá, Daniel.

O diretor exasperou-se:

– Como não dá, porra?! Grava isso, porra!

– Daniel, não dá! O "Basilinho" está aparecendo...

Foi-se o clima de "Basílio", "Luísa" e do estúdio, às gargalhadas.

Houve climas e beijos e, também, tapas e socos, alguns de verdade, ecoando nos sets de gravação relações problemáticas de integrantes do elenco da Globo que costumavam transbordar para a mídia, como lembrou Reynaldo Boury*, um dos diretores da minissérie *Riacho Doce*, gravada em Fernando de Noronha em 1990, época que coincidiu com o que ele chamou de "problemas domésticos muito graves" na relação de Vera Fischer, então com 39 anos, com o ator Felipe Camargo, 30. Num dos dias de gravação, quando, depois de uma longa ausência, Vera desembarcou de um avião alugado pela Globo no arquipélago para novas cenas de "Eduarda", sua personagem, Boury se viu obrigado a providenciar um truque para contornar o drama pessoal da atriz:

"Quando ela finalmente chegou em Fernando de Noronha, a gente viu que ela estava com o nariz meio machucado. Ela explicou que tinha caído no banheiro. Mentira. Precisamos fazer todas as primeiras cenas dela só de um lado".

Durante *Os Gigantes*, o raro combinado de texto ruim, tema infeliz, audiência baixa e clima de discórdia nos bastidores que marcou o horário das oito da noite na virada dos anos 1980, a equipe de estúdio viveu uma situação inusitada na gravação de uma cena em que a personagem de Susana Vieira*, "Veridiana Gurgel", tinha de dar um tapa na protagonista "Paloma Gurgel", vivida por Dina Sfat. Insatisfeito com a primeira tentativa, o diretor Régis Cardoso, que já não vinha se entendendo com Dina, pediu que as duas repetissem o tabefe, à época simulado com a passagem da mão rente ao rosto da pessoa agredida, ao som de um tapa de mão com mão ou com toalha molhada dado por alguém fora de quadro, seguido de um corte imediato de câmera. Dina não gostou e se virou para Susana:

– Susana, você nunca levou?

– Eu não sei como é dar um tapa na cara.

– É assim...

E deu um tapa na atônita Susana, ensinando:

– É assim que você tem que fazer comigo. Quando o Régis falar "gravando", você faz assim comigo.

Houve também tapas a pedido, como o que Kadu Moliterno* deu em Gloria Pires durante uma "cena intensa" da novela *O Dono do Mundo*, gravada no Theatro Municipal do Rio, em 1991. A atriz, no papel de "Stella", mulher infeliz no casamento que se envolve numa relação passional com o jornalista "Rodolfo" vivido por Kadu, pediu:

– Kadu, eu quero que você bata mesmo. Por favor, bate.

– Mas puxa, Glorinha...

– Bate.

E Kadu bateu. Com vontade. A ponto de a cena provocar o que ele chamou de "uma repercussão excepcional" junto ao público quando foi ao ar, e apesar de a marca de seus quatro dedos ficar visível até o dia seguinte no pescoço de Gloria, que, segundo ele, "ficou quieta".

Não seria assim com Lilia Cabral*, que em 2006, no papel de uma das vilãs mais odiadas da história da Globo, a terrível "Marta Toledo Flores" da novela *Páginas da Vida*, machucou-se de verdade numa cena de briga e disse nunca mais. O clímax do barraco doméstico seria o momento em que Marcos Caruso, no papel de "Alex Flores", o humilde marido de "Marta", num surto de indignação, tentava enfiar um cheque amassado de um milhão de reais na boca de Lilia, depois de uma luta corporal que incluía um empurrão. Só que, depois de empurrada, Lilia bateu muito forte com o lado direito do rosto e com o braço direito no tampo de mármore de uma mesa:

"Foi assustador porque foi de verdade. Quando acabei de bater, fiquei preta na hora, porque inchou, e em uma fração de segundos pensei: 'Se eu parar, não volto mais'. Inchada, não ia ter como voltar a cena, que iria ao ar poucos dias depois. Tudo isso me passou pela cabeça. De cabeça baixa, senti uns três bombeiros na minha frente, e disse: 'Sai, sai, sai... Continua, continua'. E todo mundo: 'Ela vai continuar, ela vai continuar. Continua, continua'. E fui até o fim".

Garantida a cena, Lilia foi levada para a Clínica São Vicente, na zona sul do Rio, onde se deu conta de que podia ter até morrido ou prejudicado seriamente sua vida profissional:

"Essa cena foi uma marca na minha vida. Eu brinco com o Caruso até hoje. Ele não teve culpa de nada: no movimento, no ímpeto, às vezes você vai mais longe. E o que eu aprendi? Nunca mais fiz cena de tapa. Em *A Favorita*, eu apanhava bastante, mas o Jackson Antunes nunca me encostou a mão. Foi tudo trucado. Esse negócio de 'pode bater', comigo não. Faz o truque. Dá certinho".

Em 1980, até deu certo a gravação de uma grande briga, durante uma festa na casa da personagem "Stella Simpson", vivida por Tônia Carrero na novela *Água Viva*. Menos para o cantor jamaicano Peter Tosh, pioneiro do reggae, conhecido por sua militância pela liberação da maconha e, estando no Brasil, convidado para uma participação na novela de Gilberto Braga e Manoel Carlos, dirigida por Roberto Talma.

Na lembrança de Kadu Moliterno*, que fazia o personagem "Bruno", o filho de "Stella" que parte pra briga com "Marcos", personagem de Fábio Jr., quando ele chega à festa, o problema aconteceu porque Tosh, ao chegar no estúdio, "acendeu um monte de incenso" e não quis saber da cena, só de tocar o violão dele:

"Era uma discussão minha com o Fábio Jr. e a gente saía, se pegava em cena, briga feia, discussão e briga. Só que era uma festa e o Peter Tosh estava tocando, achando que estava tudo bem, não estava nem aí, fazendo o show dele. De repente, eu entro e vejo minha mãe com o Fábio Jr. Aí grita daqui, grita de lá, ele começou a estranhar. O pau comeu, o Peter Tosh ficou pálido, não esperava aquilo, e Talma felicíssimo: 'Ótimo, ótima cena'".

Houve espaço e tempo, também, nos bastidores da dramaturgia da Globo, para pelo menos um momento de puro e verdadeiro amor de mãe em 1994, durante as gravações de *Memorial de Maria Moura* na cidade histórica mineira de Tiradentes, quando a veterana Rosamaria Murtinho*, voltando a trabalhar na Globo, foi escalada para o papel da personagem "Eufrásia" pelo filho Mauro Mendonça, diretor da minissérie. No primeiro dia de gravação, Rosamaria, que definia sua personagem como "uma víbora", tinha de subir um pequeno morro dando palmadas num menino. E o filho mandou repetir a cena três vezes:

"Ensaiamos durante a tarde toda e quando acabou eu olhei para ele e caí num choro. Foi muito emocionante ser dirigida por ele. Você espera, dá à luz, troca fralda, dá de mamar, tudo isso, e lá está ele dirigindo você".

E foi, mais uma vez, o mesmo Herval Rossano, diretor da mesma *Cabocla*, novela em que a jovem estreante Gloria Pires sofreu uma pane emocional que a tirou dos capítulos finais, uma espécie de avalista de um episódio que bem que merecia luz, câmera e ação na longa história não gravada dos estúdios da dramaturgia da Globo.

Aconteceu quando Neuza Amaral*, aos 49 anos, e Cláudio Corrêa e Castro, aos 51, se encontraram na vida e em cena, ela como "Emerenciana", mulher simples, cativante e de pulso forte, e ele como "Coronel Boanerges", marido dela, um chefe político conciliador e contrário à violência:

"Criamos uma intimidade. Eu não conhecia o Cláudio, que tinha vindo de São Paulo, e eu disse: 'Meu Deus do céu, como é que eu vou ser mulher desse homem? Não conheço ele nem pessoalmente'. Ah, não tive dúvida: na primeira cena de cama, eu bolinei ele de tudo que é jeito, peguei aqui, peguei acolá. E ele: 'Herval, ela está me pegando aqui'. Ficamos amigos".

No último dia de gravação, havia cenas previstas para os dois em quatro cenários da "casa", o último deles no quarto do casal. Era o momento em que "Emerenciana" dizia que estava grávida de novo de "Boanerges", "outra rapinha de tacho", nas palavras de Neuza:

"E gravamos, os dois velhos se abraçando, se beijando. Quando acabou a gravação, desligaram a iluminação e a câmera fechou. E nós dois continuamos nos abraçando, nos beijando, nos acarinhando. Estávamos nos despedindo".

A rotina, quando acabava uma gravação, era a invasão imediata do estúdio por contrarregras e assistentes, já esvaziando o cenário para abrir espaço para outra novela. Mas não aconteceu nada. Na penumbra, Neuza e Cláudio continuaram se despedindo na cama, segundo ela, "realmente desesperados, amorosos, não querendo que acabasse". Quando finalmente os dois deixaram o estúdio escuro e silencioso, a equipe inteira os esperava no corredor, batendo palmas. E cumprindo mais uma ordem expressa que Herval Rossano transmitira pelos fones:

– Quando terminar, eu não quero ninguém no estúdio. Eles têm que se despedir.

O preço da marreta

Era uma espécie de estágio neolítico do sistema de reconhecimento facial que provocaria admiração e temores a partir dos anos 2020.

Os telespectadores do *Jornal Nacional*, no início dos anos 1970, conheciam ou reconheciam o rosto dos entrevistados e personagens das reportagens da emissora ao vivo, junto com os editores responsáveis por elas, já com o telejornal no ar. Isso porque, até o momento da exibição, de acordo com Mauro Rychter* – um dos editores pioneiros que viveram a fase anterior à chegada do videoteipe à Central Globo de Jornalismo – no final daquela década, as imagens, por serem captadas originalmente em película preto e branco e em negativo, eram editadas também em negativo:

"Todo mundo via o filme em negativo porque não tinha filme positivo e você só via a cara do cidadão no ar quando a câmera fazia essa inversão eletronicamente. Às vezes você não sabia quem era. E de vez em quando aconteciam algumas surpresas".

Outra técnica pré-histórica, segundo Rychter, era o arriscado procedimento operacional adotado durante algum tempo pelo *JN* para que as falas de entrevistados fossem parcialmente ilustradas com alguma imagem pertinente ao assunto das reportagens. Exemplo: para enriquecer com imagens de gôndolas de supermercado o comentário de um entrevistado sobre o preço das mercadorias, os operadores de telecine do *JN* tinham de acionar, manualmente, ao vivo, duas máquinas de telecine: uma para a fala do entrevistado, outra para as imagens dos produtos.

Nada era mais incompatível, porém, com a agilidade exigida pelo jornalismo do que o processo de revelação dos filmes. Na redação da Globo em São Paulo, por exemplo, todos dependiam, segundo Humberto Pereira*, de "Seu" Wainer Crisante, chefe do laboratório cinematográfico por cujas câmaras escuras e banhos químicos passavam todos os filmes, e onde apenas começava um processo que, além de perder feio para a rapidez do radiojornalismo na época, estava a anos-luz da instantaneidade dos links de reportagem e dos celulares do século 21:

"Seu Wainer pegava a lata de filme e você tinha de buscar o filme revelado quarenta minutos depois, uma hora depois. Só então você ia assistir, na moviola, o que você filmou, pra ver se tinha ou não tinha matéria".

Já em 1976, Boni* tinha batido o martelo para que o jornalismo da Globo trocasse definitivamente os filmes pelas fitas, mas a transição seria marcada por uma longa e surda resistência dentro das equipes até meados dos anos 1980, quando, segundo veteranos da CGJ como o editor Luís Edgar de Andrade* e o cinegrafista Marco Antônio Gonçalves*, Boni usou uma outra ferramenta, mais poderosa, para completar o processo: ao perceber que alguns cinegrafistas, editores e montadores da emissora em São Paulo insistiam no uso de câmeras cinematográficas Auricon em vez das câmeras de vídeo, mandou que comprassem uma capa de plástico, um par de botas de borracha e a famosa marreta com a qual destruiu, pessoalmente, o laboratório comandado por "Seu" Wainer, avisando:

– A partir de agora, acabou. Não tem onde revelar, não tem filme.

A busca obsessiva da vanguarda tecnológica da época na base da marreta entrou para o rol de atitudes espetaculosas de Boni, mas a desativação dos laboratórios cinematográficos e a troca para o sistema eletrônico do videoteipe, da maneira como foram feitas, embora tenham permitido um ganho exponencial de agilidade na produção de telejornalismo da emissora nos anos seguintes, principalmente na cobertura diária dos telejornais, cobrariam um preço alto, do ponto de vista da preservação da memória cultural e histórica do país: a virtual impossibilidade de acesso a um conteúdo que ficaria adormecido em cerca de cinquenta mil latas de filmes operados pelos cinegrafistas da Globo entre 1965 e a virada dos anos 1980.

Num primeiro momento, logo depois do fim dos laboratórios cinematográficos, se houve preocupação, não houve tempo, verba ou ambos para tornar realidade a copiagem dos conteúdos dos filmes para fitas de vídeo magnéticas do Cedoc da Globo. Em 2016, três décadas depois da substituição definitiva da película pelo vídeo, as cinquenta mil latas continuavam em bom estado no Rio e em São Paulo, mas guardadas. Rita Marques*, então pesquisadora-chefe do Cedoc, tinha de se contentar com pequenas expedições ao acervo de filmes, usando uma moviola de dois pratos Steinbeck da década de 1970, uma das únicas no Rio de Janeiro, e que era tratada por todos como "um bebê".

Rita se limitava, na época, a atender demandas específicas das áreas de jornalismo, esporte, entretenimento e licenciamento da Globo, localizando e digitalizando preciosidades que sabia estarem naquelas latas, como a participação de Milton Nascimento no Festival Internacional da Canção de 1967, cantando "Travessia"; a de Geraldo Vandré, com o "hino" "Pra Não Dizer Que Não Falei das Flores", na edição do ano seguinte; partidas antológicas de futebol e fragmentos históricos da década de 1960, como a cobertura do sequestro do embaixador americano Charles Elbrick, no Rio, em 1969:

"Os filmes continuam em película. Rio e São Paulo, somados, são cinquenta mil latas de filme. É muita coisa. E esse conteúdo é ouro em pó para a empresa, porque é, de fato, exclusivo. Hoje todas as equipes de reportagem estão nos mesmos lugares. Nas décadas de 1970 e 1980, não era muito assim. Nós temos muita coisa exclusiva, muita coisa inédita, muitos filmes preservados".

William Bonner*, em seu depoimento de 2001, já acumulando a ancoragem com o cargo de editor-chefe do *Jornal Nacional*, atribuiu a "decisões absolutamente enlouquecidas e equivocadas" da Globo o que chamou de "destruição" de arquivos e "preciosidades" do jornalismo da emissora:

"Não tenho como mostrar um *Jornal Nacional* de 1972. Não tenho o primeiro *Jornal Nacional*. Não tenho nenhuma imagem de 1969. Isso é um crime".

Fernando Bittencourt*, no depoimento que daria doze anos depois, em 2013, provavelmente sem saber da crítica feita por Bonner, aceitava apenas parcialmente a responsabilidade de sua gestão à frente da Central Globo de

Engenharia (CGE) pelo virtual apagão de quinze anos na memória cinematográfica da emissora, e indicava que a própria Central Globo de Jornalismo (CGJ) também era responsável, só que por falta de demanda:

"Se tem alguma coisa em que nós estamos atrasados na Globo é a digitalização do arquivo. Acho que a explicação é que, de uma maneira geral, a gente abandonou. O passado, para nós, não é tão importante, a não ser quando morre alguém, alguma figura, um ator, uma personalidade. É quando o arquivo vira importante".

Bittencourt se referia ao uso quase residual de imagens de arquivo na programação normal da Globo e que Rita Marques quantificaria num levantamento que fez em 2016: em dias normais, apenas 7% do que a emissora exibia eram imagens de arquivo. Os 93% restantes de conteúdo representavam, à época, um acréscimo mensal, ao acervo de duzentas mil mídias então já armazenadas no Cedoc, de cerca de 4.500 horas de novas imagens, 3.000 delas em discos óticos e 1.500 pelo sistema *tapeless* de armazenamento no servidor central da emissora. A possibilidade de revelar todos os tesouros contidos naquelas cinquenta mil latas de filme, segundo Rita, era mais que remota:

"Eu acho que é impossível você pensar em digitalizar isso. É impossível economicamente, financeiramente. Mas a gente tem como fazer uma escolha de relevância".

Àquela altura, além dos filmes, estavam congestionando a fila de digitalização para uma plataforma única de acervo, criada pela Globo em 2014, as pesadas fitas quadruplex e de uma polegada usadas nas novelas e programas da década de 1960, e os milhares de horas de conteúdo produzido em videoteipe pela emissora com outras tecnologias também já abandonadas, como os sistemas U-Matic analógico e Betacam analógico e digital, ambos trocados pelo moderno sistema *tapeless*, ou "sem fita", que passou a abastecer o servidor da emissora nos anos 2010.

Cicinio Cardoso Maia, ex-supervisor da equipe de engenharia e já fora da empresa em 2023, ao se referir ao "gigantesco desafio" de preservar digitalmente o acervo da Globo e ao caos em que, segundo ele, estavam mergulhados os milhares de fitas magnéticas e os equipamentos analógicos da emissora, resumiu:

"Falar em fita, na Globo, dá coceira nos executivos responsáveis pela digitalização dos arquivos".

Coceiras e perdas de memória à parte, a incomparável velocidade do processo eletrônico de edição e exibição dos conteúdos jornalísticos captados em vídeo cobraria um preço adicional que não só a Globo, mas todas as grandes redes de televisão dos Estados Unidos, Europa e Ásia pagaram quando foram praticamente obrigadas a abandonar a película: a qualidade sofrível dos primeiros modelos de câmeras portáteis de vídeo, cujos sistemas óticos eram incapazes de obter a definição, a textura e a profundidade das imagens captadas pelas câmeras cinematográficas.

Para a contida satisfação de alguns cineastas e críticos que à época negavam à televisão qualquer pretensão estética, cultural ou jornalística, a diferença ficava evidente, principalmente em situações externas, de cobertura de rua, onde o horário, a luz, o clima, o enquadramento, a própria ação e os personagens da notícia quase nunca estavam sob controle de quem gravava, ao contrário do que acontecia no ambiente inteiramente controlado dos estúdios da Globo, onde novelas e programas de entretenimento da emissora já vinham sendo produzidos em videoteipe desde os anos 1960.

No caso brasileiro, bastava comparar, por exemplo, a qualidade dos registros sobre os governos de Getúlio Vargas e Juscelino Kubitschek, em filme, com os da trajetória política de Ulysses Guimarães e Tancredo Neves, em vídeo. À parte os documentários da época que continuaram sendo produzidos em película e sem a pressa compulsória da cobertura *hard news*, os arquivos de telejornalismo das décadas de 1970 e 1980, tanto no Brasil quanto no resto do mundo, são imagens geralmente esmaecidas e de cores lavadas. Só com a chegada à televisão das câmeras digitais, a partir da década de 1990, o material gravado começaria a ter uma qualidade comparável à dos filmes que contaram, na TV e nos cinejornais, em preto e branco e em cores, a história dos anos 1950 e 1960.

Houve ainda um contratempo para a Globo e as outras emissoras que passaram a usar câmeras de vídeo, este sanado com o tempo, depois de comprometer muitas coberturas: o modo como as equipes passaram a ter que trabalhar na hora de correr, de verdade, atrás das notícias. O cinegrafista, geralmente com um olho encaixado no visor da câmera e o outro fechado, tinha de ter uma parceria absolutamente harmoniosa com o operador da área de engenharia cuja missão era carregar um pesado gravador de VT conectado à câmera por um cabo e apertar a tecla *play* na hora de gravar. Às vezes não dava certo, como na cobertura de uma implosão em Niterói, feita por uma equipe liderada pela então repórter Leilane Neubarth*:

"A Defesa Civil deixou que o cinegrafista e o técnico ficassem posicionados além da linha de segurança. Na imagem, quando começa a cair o prédio, você só vê uns *frames* da implosão e, logo depois, uma chicoteada na imagem da câmera e mais nada. Era o técnico que tinha saído correndo, levando com ele o VT e o cabo. O cinegrafista, eles sempre são meio doidos, ficou, mas o técnico saiu correndo".

Em São Paulo, antes da chegada da câmera de vídeo que incorporou o gravador e o botão do *play*, tornando desnecessários os técnicos então apelidados de *caboman*, o cinegrafista Marco Antônio Gonçalves* viveu várias situações em que ele correu para um lado e o técnico para o outro, incluindo uma perseguição policial de foragidos da Penitenciária do Carandiru que terminou num cerco policial com tiroteio pesado:

"Na hora que a gente foi descer do carro, eu desci por uma porta e o técnico desceu pela porta de trás, e é claro que o cabo ficou no meio dos dois. Era a polícia atirando nos caras, eu e ele presos no carro, bala que voava, nosso motorista com medo e tentando sair, e a gente preso pelo cabo. Uma tragédia".

Ironicamente, durante a transição do sistema, o tempo ganho nas etapas de edição e exibição seria anulado na rua, onde as equipes da Globo perderiam flagrantes de imagem pelo fato de a autoridade sobre a câmera de vídeo, nas coberturas, ser do técnico da Central Globo de Engenharia, um profissional sem formação jornalística, e não do repórter ou do cinegrafista, como acontecia no tempo da película.

A câmera de vídeo, inclusive, como lembrou o cinegrafista Sergio Gilz em entrevista a este autor, viajava numa caixa, na mala da picape de reportagem, inútil para ser ligada a tempo de registrar um eventual flagrante de rua, e não no colo do cinegrafista. E, na hora de gravar, era o técnico quem abria a mala, pegava a câmera e fazia uma série de ajustes antes de passá-la às mãos do cinegrafista:

"Muitas vezes, na hora que a gente pegava a câmera, a notícia já tinha ido embora há muito tempo. Nós sofremos um pouco no começo. Não era o filémignon que parecia. De certa forma, com as câmeras de vídeo, nós tivemos de, primeiro, dar uma ré pra depois voltar a andar para a frente de novo".

Engenheiros

Visto de fora, o gesto talvez fosse considerado apenas mais um ato primitivo e pouco civilizado de um chefe poderoso, mas as marretadas de Boni para destruir o laboratório cinematográfico da redação em São Paulo tinham outro significado nos corredores da emissora: eram um lembrete radical do obsessivo perfeccionismo técnico e operacional que, do início dos anos 1980 aos quinze anos de existência da Globo, ele e os executivos de confiança que havia distribuído pelos postos-chave da emissora já tinham imposto, sob pena de demissão, a todas as áreas da empresa.

Ninguém perceberia em casa, mas a Globo não saía do ar por falta de energia elétrica, ainda que as cidades do Rio e de São Paulo, as chamadas "cabeças de rede" da emissora, sofressem, juntas ou separadas, um blecaute completo. Um sistema próprio de geração de energia elétrica não deixava. E se o *switcher* do controle-mestre do prédio da Rua Jardim Botânico, responsável pela transmissão da programação de rede para todo o país a partir do Rio, sofresse alguma pane, um outro *switcher*, "rodando" em paralelo no controle-mestre de São Paulo, entrava no ar imediatamente, com a mesma programação, num sistema de redundância que também não seria percebido por quem estivesse assistindo.

A rigor, o que os engenheiros e técnicos da emissora queriam que o telespectador percebesse não era exatamente a riqueza ou a importância dos conteúdos. A missão de uma parte deles, por exemplo, era fazer tudo o que fosse necessário para que o som da programação da Globo, além de nunca sofrer cortes ou interferências desconfortáveis aos ouvidos do telespectador, fosse sempre claro e limpo o suficiente para enfrentar a concorrência com os barulhos da rua ou da casa.

As imagens, os engenheiros da emissora zelavam para que fossem apreendidas sem maior esforço ou desconforto visual, não nos televisores maiores da classe média, mas nos pequenos aparelhos de 14 polegadas que, mesmo depois dos anos 2000, com suas dimensões pouco maiores que as da tela de um laptop, continuariam sendo o tamanho predominante da "telinha" na maioria das residências brasileiras. Daí, aliás, a virtual inexistência, por décadas, nas novelas e minisséries da Globo, dos momentos de "luz e sombra" e dos enquadramentos mais ousados de que tanto se queixavam, na época, os críticos da dramaturgia da emissora. Pesavam mais a certeza e o temor de que milhões não enxergassem direito e mudassem de canal.

Alguns operadores da Central Globo de Engenharia, na prática, pelo menos no horário de trabalho, nem precisavam ter diante dos olhos uma tela normal de TV com a programação da Globo, fosse a imagem um close de Vera Fischer ou os destroços de um Boeing que tivesse caído no outro lado do mundo. Bastava, para zelar pela qualidade da imagem, um equipamento sagrado na CGE, o *vectorscope*, um tipo de osciloscópio que, em vez das imagens, mostrava apenas as formas de onda que elas geravam, semelhantes às de um eletrocardiógrafo e que tinham as extremidades inferior e superior vigiadas de forma obsessiva pela equipe da CGE.

Para quem achasse que tal prática era uma evidência da frieza dos profissionais, seria importante explicar que, na parte inferior do visor, se o chamado pedestal da forma de onda estivesse muito baixo, era sinal de que a imagem da Globo estava indo muito escura para as residências. Se a forma de onda, ao contrário, estivesse na extremidade superior, ou muito "clipada", o sinal era de que havia um excesso de branco que deixava a imagem transmitida excessivamente clara ou "estourada".

Para quem não trabalhava diretamente com *vectorscopes*, como no caso das equipes de operadores e diretores de TV dos *switchers* da emissora, a missão, segundo Cicinio Maia, era monitorar cada centímetro quadrado da imagem que ia para o ar, de olho nos enquadramentos e ajustes de iluminação:

"Uma sombra dupla no nariz de Cid Moreira, durante o *Jornal Nacional*, era suficiente para uma bronca no ar, pelos fones, e, certamente, depois, um inquérito conduzido pelas chefias da Central Globo de Engenharia".

Não seriam poucos, por outro lado, ao longo de toda a história da Globo, os episódios de conflito, alguns sérios, entre os comandos das centrais de jornalismo e engenharia, quando editores do *Jornal Nacional*, *Fantástico* e *Globo Repórter* tinham de convencer os colegas da área técnica de que certos flagrantes de imagem, embora "condenados" pelo *vectorscope*, eram jornalisticamente valiosos, quando não evidências inestimáveis de fatos jornalísticos ou históricos muito importantes.

"A Globo sai do ar. Como é que eu boto ela de volta no ar?"

A pergunta fatal dos testes mensais aos quais as equipes da CGE eram submetidas tinha inspiração nos alertas de ataque a navios ou submarinos. De forma deliberada, desconectando um cabo ou desligando um aparelho, a chefia, segundo Cicinio Maia, sabotava, por exemplo, o equipamento pelo qual os sinais de áudio e vídeo trafegavam no Centro de Exibição e Distribuição (CED), no Rio, criando panes durante as quais eram avaliadas as respostas emergenciais dadas pelos técnicos.

Tudo para que ninguém, na emissora, visse nas telas a imagem mais temida por qualquer funcionário da Globo, por décadas a fio: o "*slide* do ar", mostrando o logotipo do programa interrompido, imóvel, mortalmente silencioso e cujos segundos intermináveis de duração significavam, certamente, sempre, um rigoroso inquérito interno, memorandos de chefes indignados com a falha e, às vezes, um comunicado da demissão do responsável. Durante muitos anos, por sinal, Boni chegou a proibir que falhas técnicas ou operacionais fossem assumidas ou reveladas no ar pela emissora, como se não houvesse possibilidade de erro na Globo. A falta de humildade duraria tanto que, ao ser revogada, se tornaria um meme famoso de Cid Moreira:

– Desculpe a nossa falha.

A cultura da eficiência obsessiva era perceptível até em níveis inferiores da hierarquia da CGE, como aconteceu, por exemplo, no início de 1989, durante a gravação de uma cena com a participação de Lima Duarte*, o "Sinhozinho Malta" da novela *Roque Santeiro*. Na hora da fala, quando Lima gesticulou fortemente com as mãos, provocando um ruído metálico na enorme pulseira que adornava seu pulso, um dos operadores de áudio da equipe do estúdio ousou interromper a gravação:

– Está entrando o som da pulseira. Lima, pô, não sacode muito isso aí.

O que seria um convite para uma cena de *prima donna* do ator, no entanto, acabou se tornando uma contribuição involuntária da CGE para a construção de um dos personagens mais carismáticos da história das novelas da Globo: Lima Duarte resolveu incorporar o chacoalhar da pulseira ao personagem, e o ruído, sempre acompanhado do soar de uma vinheta de sonoplastia, passou a marcar todas as vezes em que "Sinhozinho" soltava seus bordões:

– Tô certo ou tô errado?

No último andar da hierarquia da CGE, Herbert Fiuza*, um dos diretores, também não se conteve num domingo dos anos 1970 em que estava de plantão quando, durante a gravação da *Discoteca do Chacrinha*, o animador tentou usar, para uma apresentação em *playback* de Roberto Carlos, um disco arranhado do cantor. Chocado com o som amplificado da agulha passando pelo arranhado do vinil, Fiuza vetou o disco, depois de "uma discussão terrível" com Chacrinha:

"A tecnologia prevalecia sobre qualquer outra coisa. A gente queria fazer uma televisão que tivesse qualidade em tudo, de comportamento, métodos e padrões. E a gente não admitia mesmo".

No final, o próprio Roberto Carlos desistiu de cantar em *playback* e Chacrinha passou a ironizar o perfeccionismo de Fiuza com um trocadilho, nos programas seguintes:

– Ó seu Fiuza, isso não se usa!

Seguidor implacável da doutrina da qualidade técnica a qualquer preço, Fiuza também se envolveu numa polêmica em que temeu ser preso por um brigadeiro do Ministério da Aeronáutica em 1983, quando cresceu muito, nos terminais da central telefônica da Globo em São Paulo, um tipo de reclamação que equivalia a um alerta nuclear nos corredores da CGE:

"O sinal da Globo aqui é ruim".

"A Globo não pega aqui".

Alarmada com o problema em bairros como Cambuci e Aclimação, entre outros "buracos negros" espalhados pela Grande São Paulo, a mais estratégica das audiências, à época não alcançados pela transmissão da torre da Globo no Pico do Jaraguá, situado fora da cidade, a emissora partiu para a construção de uma torre no alto do prédio da TV Gazeta, na Avenida Paulista. Fiuza fez o projeto da torre, que excedia em dezoito metros a altura de segurança no local, situado na rota de pouso dos aviões no Aeroporto de Congonhas. Um fato comunicado à Aeronáutica e que, segundo ele, não respondeu nem que sim nem que não ao longo de três meses.

Mais três meses e, com a torre pronta, Fiuza foi surpreendido por uma negativa seguida de uma bronca do brigadeiro Pavan, comandante da Zona Aérea de São Paulo, quando solicitou a autorização formal para o funcionamento da antena instalada na nova torre:

– Quem foi o irresponsável que quis entrar na zona de aproximação de Congonhas? Um dia um Electra vai entrar na torre e você vai ser o responsável!

O bate-boca que se seguiu e que quase acabou na prisão de Fiuza foi inútil: a Globo teve que cometer uma heresia para qualquer engenheiro: serrar pelo pé e deixar com cara de "pata-choca", nas palavras do então diretor artístico de São Paulo Luiz Guimarães*, a torre originalmente inspirada no formato elegante da Torre Eiffel de Paris. Restou, na lembrança de Guimarães, o consolo do esforço recompensado:

"No mesmo dia em que a torre foi inaugurada, nós saímos para a rua com trezentas pessoas para fazer a pesquisa em todos os bairros onde nós não entrávamos. E aí foi tudo 100%, cobertura total, imagem perfeita, som perfeito".

Outra obsessão da Globo, a vanguarda tecnológica, explica o fato de a emissora, através de encomendas de software feitas pelo diretor técnico José Dias e pelo designer Hans Donner*, ter sido o cliente inaugural cujos dólares viabilizaram os primeiros dias de existência do Pacific Data Images, o PDI, primeiro estúdio de computação gráfica de Hollywood e futuro fornecedor de animação computadorizada para dezenas de filmes da DreamWorks, a gigante da animação fundada por Steven Spielberg e outros dois sócios.

Do software desenvolvido para a Globo pelo computador da PDI no Vale do Silício, na Califórnia, e do estúdio próprio de computação que a emissora montaria a partir de 1984, sairiam as aberturas de novelas e vinhetas feitas de cones metálicos, faixas transparentes e arco-íris, entre outras variações da identidade visual esférica, tridimensional, asséptica e metálica criada por Hans e que, para o bem e para o mal, se tornaria o símbolo supremo da presença da Globo na vida brasileira.

Em 2000, ao lembrar a parceria com o PDI, Hans disse que "eram meninos de 26 anos saindo das universidades de Massachusetts e Stanford":

"Eles não tinham dinheiro. Tinham um computadorzinho, pequenininho, mas o Dias, ao participar de uma feira nos Estados Unidos, percebeu que eles eram gênios. A Globo então liberou dinheiro para botar um supercomputador nas mãos dos caras. E nós começamos a fazer as aberturas".

Outra parceria com altas taxas de obsessão com eficiência e qualidade foi a que fez da Globo o maior cliente mundial de produtos e sistemas profissionais da gigante eletrônica Sony, representada no Brasil, por três décadas, pelo engenheiro Tatsuhiko Takeuchi. Uma aliança tão sólida, com o passar dos anos, que se de um lado a Globo só não comprava dos japoneses o que eles não fabricavam, em matéria de equipamentos para *broadcast*, por outro, seria ouvida a ponto de indicar um defeito de fabricação num sistema de edição, como lembrou, em 2023, Cicinio Maia:

"A equipe de engenharia foi responsável por uma espécie de recall internacional que a Sony fez a partir de uma análise do sistema de edição BVH-1100. Isso foi após um relatório em que a equipe da Globo identificava um defeito nas cabeças de gravação que danificava as fitas magnéticas. E a Sony acabou fazendo uma modificação na linha de montagem do equipamento no Japão".

Contrariando o script das piadas sobre o perfeccionismo dos japoneses, os técnicos e engenheiros da Globo também encomendaram projetos que, segundo Fernando Bittencourt*, a Sony acabou incorporando à sua própria linha de produção. Como os gravadores, ou VTs, que acompanhavam as câmeras de vídeo que substituíram as de cinema usadas pelas equipes de jornalismo da Globo:

"O VT portátil de uma polegada que a Sony desenvolveu para uso em jornalismo não tinha qualidade, era muito fraco, muito ruim. E não era só qualidade, era muito grande. Aí nós entramos em contato com eles, forçamos eles a desenvolverem um VT mais focado em alta qualidade, em produção, e eles desenvolveram um VT portátil para a Globo. Depois colocaram no mercado, mas foi a Globo que negociou com eles, especificou, discutiu o modelo e como seria aquele VT portátil de uma polegada".

Padrão Globo de Qualidade não foi uma expressão criada dentro da emissora. Boni, assim como Roberto Marinho e os filhos, nunca a usou oficialmente para batizar a missão ou a estratégia da empresa. Mas uma, entre as centenas de interpretações do slogan encontradas no acervo de entrevistas do Memória Globo, pelo teor e pelo autor, tornou-se, em 2000, um motivo especial de orgulho para os engenheiros e técnicos de todas as eras da emissora:

"Se você ligar a Globo hoje e começar a comparar com as outras redes de televisão, mesmo que em silêncio, não olhe novela, não olhe telejornal, não olhe nada. Olhe a imagem, pura e simples".

Era Armando Nogueira, um jornalista.

CAPÍTULO 13

Duas bombas e duas medidas

Chico Pinheiro*, prestes a completar 28 anos e trabalhando como repórter da TV Globo em Belo Horizonte, foi um dos muitos jornalistas brasileiros que passaram o feriado de 1º de maio de 1981, uma sexta-feira, com a missão de levar para as respectivas redações alguma notícia relevante sobre o atentado ocorrido na noite anterior, no estacionamento do Riocentro, zona oeste do Rio de janeiro.

O verbo, em momentos como aquele, no jornalismo, é repercutir. E, já no final da tarde, Chico partiu com um cinegrafista em busca de alguma repercussão no Aeroporto da Pampulha, onde políticos e autoridades ficavam mais expostos à imprensa. E logo ficou sabendo que o passageiro importante que ia embarcar com destino a Brasília, num jato HS da FAB estacionado na pista da base aérea situada ao lado do terminal de passageiros, era o então ministro da Justiça, Ibrahim Abi-Ackel.

– Deixa ligado. A hora que ele aparecer naquela porta para ir para o avião nós vamos entrar com a câmera ligada nele.

Nem foi preciso tanta preparação do cinegrafista. Abi-Ackel conhecia Chico de outras entrevistas e aceitou bem a primeira pergunta:

– A quem o senhor atribui o atentado de ontem no Riocentro?

– Atentado, aquilo? Foi?

Quando Chico insistiu, o ministro se irritou, não exatamente com a pergunta, mas com a situação. E surpreendeu, repetindo expressões que o já ex-presidente Ernesto Geisel costumava usar para se referir aos porões da ditadura:

– Os responsáveis por esse atentado são uns bolsões sinceros, mas radicais. Os responsáveis por esse atentado são os pescadores de águas turvas.

– O senhor está se referindo então ao pessoal do Exército?

– Isso mesmo. É coisa de gente de dentro, é coisa de gente do Exército, não é? Agora só resta dizer quem foi, por que foi, mas eu não tenho nenhuma dúvida disso.

Chico tinha uma bomba na mão. O ministro da Justiça acabara de dizer que um setor do Exército Brasileiro, do governo militar a que ele servia, tinha cometido um atentado. Abi-Ackel, no entanto, despediu-se com uma profecia:

– Bela entrevista. É uma pena que não vai ao ar.

Como assim não vai ao ar? Está brincando? Como o cara declara uma coisa grave dessa e diz que não vai ao ar? Chico se perguntava, ansioso, já a caminho da redação da Globo situada na Rua Rio de Janeiro, no Centro de Belo Horizonte. A resposta ele teve na porta da redação, onde já o aguardava o então editor regional de jornalismo da Globo em Minas, Alberico de Souza Cruz:

– O que você fez com o Ibrahim?

– Uma entrevista. O que mais que um repórter pode fazer com alguém? Uma entrevista.

– Cadê a fita?

– Está aqui. Alguém disse que não vai ao ar...

– É complicado, é complicado.

Restou a Chico pedir que pelo menos guardassem a fita, pela importância e a gravidade do conteúdo. Alberico não respondeu e Chico nunca mais ouviu falar daquele material na emissora.

Horas antes, no final da noite daquela quinta-feira, uma equipe da Globo formada pela repórter Mônica Yanakiev e pelo cinegrafista Maurício Oliveira, que estava fazendo uma reportagem no bairro carioca de Campo Grande, havia sido deslocada com urgência para o estacionamento do Riocentro com a orientação de registrar tudo o que estava acontecendo em torno de um esportivo Puma semidestruído em cujo banco do carona um corpo dilacerado ainda era periciado pela Polícia Civil.

Em 2008, já fora da Globo, a apresentadora Leila Cordeiro, ao lembrar a cobertura do atentado em seu blog, descreveu aquela noite como sua "primeira grande experiência como jornalista", então com 25 anos. Convocada em casa, quando já estava indo dormir, seguiu para o Riocentro numa Kombi da emissora para substituir Mônica Yanakiev, chegando a tempo de perceber que havia muita fumaça saindo do Puma destruído:

"Era sangue por todo lado. O cinegrafista e eu não entendemos nada. Não sabíamos sequer por que estávamos ali. Aliás, naquele momento ninguém sabia. Nem a chefia de reportagem da Globo. Mas isso logo se resolveu. Em poucos minutos carros oficiais da polícia, do Exército e dos bombeiros chegaram cercando toda a área. Nos empurraram para fora e começaram a perguntar o que tínhamos visto. Logo em seguida chegaram repórteres de vários jornais e cada um correu para o seu lado para apurar os acontecimentos".

A chegada da fita com as imagens gravadas por Maurício Oliveira ao complexo de ilhas de edição da Central Globo de Jornalismo marcaria o início de um episódio que resultaria na presença constante de oficiais do Exército nas salas da direção da emissora, nos dias que viriam. Antonio Lago, entrevistado pelo autor em 2023, era o chefe de reportagem da Globo na noite do atentado e estava na redação quando Maurício entregou a fita à chefia, avisando:

– Tem uma bomba na traseira do Puma. Eu fiz o take, onde tem um pacote com uns fios.

O take completo feito por Maurício, de acordo com a descrição de Antonio Lago, depois de assistir atentamente ao conteúdo da fita, havia sido gravado quando policiais já tentavam afastar Maurício aos gritos de "sai daí, sai daí" e durava pouco mais de trinta segundos. Captado pelo lado de fora do Puma, em cujo banco do carona ainda estava o sargento Guilherme Pereira do Rosário, morto, o take começava na parte traseira do carro, perto do assoalho, e mostrava o que Lago descreveu como "uma borda arredondada do que parecia ser um embrulho de papel pardo, junto a quatro ou cinco fios". Depois, o take abria o zoom e fazia um movimento lateral que terminava em novo enquadramento mais fechado, agora focalizando dois cilindros metálicos atados à cintura de um soldado da PM que estava próximo do Puma destruído.

Luis Carlos Cabral, editor regional de jornalismo da Globo Rio, chamado à redação por Lago, ao ver as imagens e ser informado de que um perito da Polícia Civil tinha dito aos repórteres presentes no estacionamento do Riocentro que havia uma segunda bomba no Puma, decidiu botar no ar, no meio da madrugada, um *flash* narrado por um locutor de cabine que, segundo Lago, mencionava uma segunda bomba, ilustrando a informação com a imagem inicial do embrulho e dos fios.

No início da manhã do feriado de sexta-feira, o então operador de VT Luiz Henrique Rabello*, futuro gerente de operações da CGJ e à época aprendiz de editor de imagem, suava até a ponta dos dedos, trêmulo, em uma das ilhas, ao editar um novo *flash* com as imagens feitas por Maurício Oliveira. Não pela gravidade do assunto, que ele apenas presumiu naquele momento, ou por ser ainda um jovem técnico sem responsabilidade jornalística, mas por ter atrás de si, em pé, na hora de aprovar ou não a edição, a diretora Alice-Maria, e, acompanhando tudo em silêncio, Roberto Irineu Marinho:

"Eu era operador, estava aprendendo a editar. Aí pensei: 'Gente, agora estou despedido. Eu não sei editar direito'".

A informação que iria ao ar naquele *flash* da manhã e nos telejornais *Hoje* e *Jornal Nacional* daquele dia desmontava, de forma categórica, a farsa que o Exército àquela altura já preparava para encobrir o fato de terem sido dois militares do DOI-Codi do Rio de Janeiro, o sargento Guilherme Pereira do Rosário, morto na explosão, e o capitão Wilson Luís Chaves Machado, gravemente ferido, os autores do atentado ocorrido durante um show comemorativo do Dia do Trabalho que reunira vinte mil pessoas, entre elas muitos militantes de esquerda, no pavilhão do Riocentro.

O problema é que, nas reportagens que foram ao ar naquela sexta-feira, a do *Hoje* com duração de 1m48s e narrada pelo apresentador Berto Filho, e a do *Jornal Nacional*, com 1m44s e narrada por Leila Cordeiro, no trecho em que o texto dizia que "peritos do Departamento Geral de Investigações desativaram mais duas bombas que estavam dentro do carro", a imagem que aparecia era a dos dois objetos metálicos esféricos atados à cintura de um PM, posteriormente identificados como bombas de gás lacrimogêneo, e que estavam nos segundos finais do take filmado por Maurício Oliveira no estacionamento do Riocentro.

A edição, portanto, estava errada, ainda que a informação sobre a existência de duas bombas intactas na cena do atentado tenha sido fornecida por um policial civil não identificado que, em conversa com os jornalistas que estiveram no Riocentro, dissera ter desativado uma delas no local. O dia passara sem que ninguém desse maior importância à imagem inicial do take bruto descrita por Antonio Lago como uma "borda arredondada do que parecia ser um embrulho de papel pardo, junto a quatro ou cinco fios".

Naquela noite, na hora do *Jornal Nacional*, depois de dormir o dia inteiro para se recuperar da madrugada na emissora, Lago já estava de volta à sua sala, na Globo Rio, fisicamente distante da redação do *JN*. Ao ver no ar a matéria sobre o atentado, correu para a sala do diretor Luiz Fernando Mercadante:

– Está errado. A imagem da bomba está antes do que mostraram.

– Puta merda!

Ambos correram para a redação do *JN* e, depois de uma tensa discussão ainda com o jornal no ar, a decisão de Mercadante, segundo Lago, foi a de que nada seria feito. Um desmentido, naquele momento, segundo ele, só faria piorar a situação. Até porque não era possível, ao corrigir a edição e mostrar a imagem daquele embrulho com os fios, afirmar, categoricamente, que se tratava de outra bomba. Quatro décadas depois, ao lembrar o "desmentido devastador" que a Globo se veria obrigada a fazer no dia seguinte, Lago lamentou:

"Apesar de ter dormido até o meio da tarde, eu cheguei na emissora por volta das seis e acho que eu deveria estar presente na hora da edição da matéria. A primeira coisa que eu diria seria que estava errado, que deveríamos usar o take inteiro feito pelo Maurício".

A partir da constatação do erro na edição do *Jornal Nacional*, dois fatos relacionados entre si aconteceram: a fita original gravada por Maurício Oliveira

CAPÍTULO 13 · 463

no Riocentro simplesmente desapareceu, ao mesmo tempo que o então coronel Job Lorena de Santana, oficial da área de comunicação social do Exército no Rio, passou a intervir direta e pessoalmente no noticiário da emissora.

Ronan Soares* estava na redação do *JN* e acompanhara a edição sobre o atentado:

"O que os militares disseram? Que a gente simulou, usando aquela imagem para mentir que tinha bomba atrás do carro. Mas a gente tinha informação segura de fontes que estavam lá. Que era de um policial de cabelo branco que apareceu depois na primeira página do *Globo*. Só que esse cara sumiu depois, não apareceu para dar a informação. Então, você não tinha como ir atrás dele".

Já no sábado, 2 de maio, quando as manchetes de jornais como a *Folha de S.Paulo* sobre a existência de duas bombas não detonadas no Puma se baseavam não só no trabalho de suas próprias equipes mas também nas imagens erradas transmitidas no dia anterior pelos telejornais da Globo, o *Jornal Nacional* não apenas corrigiu o erro jornalístico que havia passado batido por todos os escalões da emissora, incluindo os diretores e editores da Central Globo de Jornalismo, Boni e Roberto Irineu, ao identificar os cilindros de gás lacrimogêneo como bombas. Também foi obrigado, pelos militares, a desmentir a existência de outras bombas no carro, informação que a maioria das redações, mesmo sem ter provas naquele momento, sabia ser correta.

O *JN* ainda teve de cumprir outra obrigação jornalística, a de dar a versão absurda do então secretário de Segurança do Rio, general de Exército Waldyr Muniz, de que o atentado ao Riocentro fora obra dos comunistas, dizendo:

"Vamos ver quais são esses terroristas, quem são esses terroristas, quem são esses maus brasileiros, quais são esses materialistas. Será que esses materialistas não têm mãe, não têm pai, não têm irmãos? Não creem nessa pátria acolhedora que há de ser grande, custe a violência que custar?".

Armando Nogueira* definiu aqueles dias como "uma das coisas mais contundentes" que foi obrigado a aceitar como diretor de jornalismo da Globo:

"Essa cobertura foi uma das maiores frustrações que nós tivemos, porque ela representou para os militares um grande telhado de vidro. Eles praticamente ocuparam a redação, e não deixavam que a gente exibisse coisa nenhuma e nos censuraram o tempo todo. Foi uma coisa muito deliberada em cima da Rede Globo, pela repercussão maior que tinha a Globo em relação às outras redes que, naquela época, já respiravam um pouco mais de liberdade".

A súbita mudança na cobertura do *JN*, combinada com o vaivém misterioso de Armando, Alice-Maria, Boni e Roberto Irineu pelos corredores e ilhas de edição da CGJ na sexta-feira, e com o desaparecimento da fita com as imagens do interior do Puma, alimentaria suspeitas e boatos duradouros de que a emissora teria sumido com elas de forma deliberada ou cumprindo ordens dos militares. Theresa Walcacer*, à época editora de texto da CGJ, embora não participante da cobertura do caso do Riocentro, sentiu o clima:

"A grande discussão foi que a fita teria sumido e tem a versão de que não havia essa fita, então não havia fita pra sumir. Isso caiu assim num buraco negro".

Aquele "buraco negro" era providencial. Poucas pessoas além de Lago, Cabral e da direção da CGJ sabiam, segundo Lago, que a fita gravada por Maurício estava bem escondida, sob a guarda de Armando Nogueira. E o clima na redação, com a presença de militares dispostos a bloquear qualquer notícia que incriminasse o Exército, recomendava cuidado nas conversas, segundo Lago:

"Era um tempo em que os porões estavam reagindo fortemente contra o governo, apesar de ser o governo do general Figueiredo. Não dava pra ficar discutindo muito na redação".

Coincidência ou não, ao falarem ao Memória Globo sobre os fatos ocorridos na emissora a partir da explosão da bomba no estacionamento do Riocentro e sobre a existência ou não de imagens de outras bombas que teriam sido apagadas ou escondidas pela direção, ou ainda confiscadas pelos militares, cerca de vinte entrevistados que trabalhavam na CGJ confirmaram apenas a existência de boatos. Nenhum deles, porém, afirmou, categoricamente, que as imagens existiram ou, em tendo existido, que conhecesse quem tivesse assistido seu suposto conteúdo. Antonio Lago, que saiu da emissora em 2009 quando ocupava o cargo de editor-chefe do *Jornal das Dez* da GloboNews, não foi entrevistado pelo Memória Globo.

Em junho de 2023, mais de 42 anos depois do episódio do Riocentro, uma fonte vinculada à Central Globo de Comunicação (CGCom) nos anos 1990 informou ao autor que um pacote contendo entre 20 e 24 fitas brutas usadas na cobertura feita pela emissora em 1981 foi entregue ao Cedoc, departamento subordinado à CGCom e considerado "área de confiança patrimonial" da empresa, dias depois do início das investigações, com a recomendação expressa da direção da Globo de que as fitas fossem guardadas e protegidas de qualquer intempérie, além de não serem exibidas ou terem seu conteúdo divulgado, "até segunda ordem". Também em 2023, Roberto Irineu tinha uma explicação para aquela operação de guarda das fitas no Cedoc:

"O nosso medo era que, com o acesso que os militares tinham dentro da Globo naquela época, alguém do Exército entrasse no Cedoc e roubasse as fitas. Era ditadura. E na época nunca deixou de ter um militar que se metia lá dentro".

Motivo não faltava para o interesse dos militares pelo material e também para o mistério da Globo em torno da fita com a imagem da bomba. De um lado, se a existência dela fosse confirmada, o que incriminaria automaticamente os dois ocupantes do Puma, os militares certamente providenciariam o confisco e o imediato sumiço do material. De outro, se a Globo negasse categoricamente a existência da imagem, os militares usariam o fato para reforçar a fraude da absurda autoria comunista do atentado e reiterar, quantas vezes quisessem, que a emissora fizera uma reportagem mentirosa sobre o envolvimento do Exército no atentado.

A recomendação expressa recebida pela equipe do Cedoc em relação à guarda da caixa das fitas do Riocentro, segundo a fonte, era a de mentir mesmo, aos eventuais interessados pelo material, e dizer que não havia mais nada guardado do caso, além do material que tinha ido ao ar nos telejornais da emissora na época. Se os interessados não acreditassem e insistissem, não era necessário nem mentir: era para explicar que não havia mais nenhum material guardado devido à operação rotineira da Central Globo de Jornalismo de apagar as fitas brutas para reuso em novas reportagens, após a edição e exibição do material gravado.

Restaria aos jornalistas d'*O Globo*, quatro dias depois do atentado, 5 de maio, vingar os colegas da TV com um furo sobre as bombas de verdade do Riocentro que, por pouco, não foi também censurado quando, por volta de dez da noite, dois oficiais do Exército se apresentaram na portaria do jornal, na Rua Irineu Marinho, centro do Rio. Queriam falar com a chefia e evitar que o jornal publicasse supostas fotos que repórteres do jornal teriam conseguido do capitão Wilson Machado internado na UTI do Hospital Miguel Couto.

Dois andares acima, Milton Coelho da Graça, então editor-chefe do jornal, ainda fechava a primeira página com uma nova manchete da qual os dois militares não tinham conhecimento e que confirmava, citando um laudo, a existência de duas bombas intactas encontradas no Puma dos militares.

Avisado, Milton pediu que o chefe de reportagem Ely Moreira recebesse os visitantes e se apresentasse como responsável pela edição e os enrolasse enquanto ele, Milton, acabava de fechar a primeira página com o diagramador, no "aquário" da redação, a poucos metros de distância e ao alcance do olhar dos dois oficiais. Seguiram-se momentos tensos até que os militares, cansados de muito falar e nada ouvir de concreto de Ely Moreira sobre as supostas fotos do capitão no hospital, descobriram que não estavam conversando com o verdadeiro editor-chefe.

Milton então os recebeu, mas àquela altura a primeira página já estava sendo impressa nas oficinas. E, quando os oficiais exigiram falar com Roberto Marinho, Milton já tinha obtido, do dono do jornal, sem entrar em muitos detalhes sobre a manchete, o compromisso de ele só estar disponível para atender ligações telefônicas dos militares quando a primeira rodada de exemplares, o primeiro clichê, já estivesse nos caminhões d'*O Globo*, a caminho das bancas e dos assinantes.

A manchete, que levaria Roberto Marinho a ser convidado para uma conversa de quarenta minutos com o general Gentil Marcondes Filho no dia seguinte, no comando do 1º Exército, era curta e direta: "Laudo confirma que havia duas bombas no Puma". No alto da primeira página e na ilustração interna da reportagem, um bônus para os leitores do jornal e uma batalha perdida pelos dois oficiais do Exército que tinham ido à redação: quatro fotos do capitão Wilson Machado na UTI do Hospital Miguel Couto.

Em 30 de junho de 1981, dois meses depois do atentado, o mesmo coronel Job Lorena de Santana, agora como responsável pelo Inquérito Policial Militar (IPM) que supostamente apurou o caso, em entrevista coletiva na qual não foram permitidas perguntas, comunicou a conclusão que ninguém levou a sério: a de que os dois militares tinham sido vítimas do atentado.

Mais quatro meses e, em 2 de outubro, o Superior Tribunal Militar (STM), em outra decisão desmoralizante, optou pelo arquivamento do inquérito, sem apontar os autores da ação. Foi quando o então chefe do Gabinete Civil, general Golbery do Couto e Silva pediu demissão, inconformado com a inércia do presidente João Figueiredo no episódio e vencido internamente pelos militares que sabotavam a abertura.

No final de 1995, quinze anos depois de Ibrahim Abi-Ackel demonstrar ao repórter Chico Pinheiro o poder que o governo do general Figueiredo tinha de calar o jornalismo da Globo, vetando uma entrevista reveladora que ele mesmo dera sobre a real autoria do atentado do Riocentro, Evandro Carlos de Andrade, ainda se acostumando com a chegada ao cargo de diretor de jornalismo da Globo, faria uma confissão em forma de encomenda à então diretora do *Globo Repórter*, Silvia Sayão*:

– Uma das minhas obsessões é não ter chegado ao final dessa história do Riocentro.

Em março de 1996, um *Globo Repórter*, dirigido por Claufe Rodrigues a partir de mais de cinquenta entrevistas feitas por Caco Barcellos e Fritz Utzeri, contaria com depoimentos inéditos de alguns militares para confirmar, de forma definitiva, a farsa da ditadura. Entre eles, o almirante Júlio de Sá Bierrenbach, que votou contra o arquivamento do IPM de 1981 no julgamento do caso pelo Supremo Tribunal Militar (STM); o coronel Ile Marlen Lobo, ex-comandante do batalhão da PM responsável pela área do Riocentro; e o coronel Luiz Antonio Prado Ribeiro, primeiro responsável pelo IPM e que à época decidiu se afastar do caso.

Armando Nogueira, por tudo que sempre disse e disseram dele, nunca foi um comunista. Milton Coelho da Graça, ninguém tinha dúvidas, era. De carteirinha. Seria, no entanto, injusto ou no mínimo inadequado botar apenas na conta das diferenças pessoais e ideológicas de ambos, assim como nas do chefe de Milton, Evandro Carlos de Andrade, à época diretor de redação do *Globo*, o comportamento aparentemente contraditório que Roberto Marinho teve no episódio do Riocentro, como dono do jornal *O Globo* e da Rede Globo de Televisão.

De um lado, Marinho aceitou, sem que Armando pudesse fazer aparentemente nada a respeito, o pé na porta do coronel Job Lorena e seus auxiliares na redação da TV Globo; de outro, autorizou que Milton Coelho, um editor tão atrevido quanto talentoso, publicasse no *Globo* uma reportagem que ele, Marinho, sabia que incomodaria muito um governo àquela altura sacudido por uma crise de desfecho imprevisível, entre generais divididos em relação à abertura democrática. Armando*, em sua entrevista, tinha uma explicação para a diferença:

"A liberdade, no caso do Riocentro, era proporcional à audiência, à repercussão da rede. A televisão é um veículo naturalmente solidário com o poder dominante. Porque é um serviço público, uma concessão. Qualquer um de nós pode amanhã tirar um alvará e criar um jornal, que é uma entidade de direito privado. Mas nem todo cidadão pode ter uma estação de televisão, até porque o espectro, o espaço aéreo, é limitado. Alguém tinha que administrar esse espaço, distribuir os canais. Coube ao governo. Ora, o poder que concede é o poder que censura".

Na entrevista que deu ao repórter Geneton Moraes Neto em 2000, pouco antes de sua morte, Evandro Carlos de Andrade, à época ainda comandando o jornalismo da Globo, concordaria:

"Não havia nenhuma convivência amável com a ditadura. Pelo contrário, toda essa gente aqui da Globo era detestada e vice-versa, ninguém tinha nenhuma simpatia por eles. Agora, prosperar todos prosperaram, a *Folha*, o *Estadão*. O *Jornal do Brasil* não prosperou por problemas internos deles".

Falando do *Estadão*, Armando reconstituiu um diálogo ocorrido em uma palestra que fez sobre o telejornalismo da Globo, na época da censura, na sede da Associação Brasileira de Imprensa (ABI), no Rio, e durante a qual, depois de ser vaiado pela plateia de jornalistas, foi interpelado por um repórter:

– É verdade que todo dia chega à redação do *Jornal Nacional* uma série de telex assinados pelo inspetor Sena, da Polícia Federal, proibindo notícias?

– Você é de que jornal?

– *O Estado de São Paulo*.

– Sim, é verdade. É exatamente igual à que vai para o seu jornal.

A melhor de todas

Jorge & Caetano
João & Rita
Jimmy e Gilberto

Não foi assim, com prenomes, como os das duplas sertanejas, que entupiriam o cenário musical do país no século 21, Globo incluída, que Daniel Filho batizou alguns dos encontros musicais que promoveu, a partir do primeiro semestre de 1980, na *Série Grandes Nomes*, programa que Nelson Motta*, protagonista e testemunha de mais de meio século de MPB, considerou um conteúdo sem paralelo de importância e qualidade na história dos shows musicais da televisão brasileira.

Os programas, ao contrário, tinham os nomes dos artistas por extenso: "Caetano Emanuel Viana Teles Veloso e Jorge Lima Duílio de Menezes", para o show que reuniu Caetano e Jorge Ben Jor; "João Gilberto Prado Pereira de Oliveira" e "Rita Lee Jones", para os shows de João Gilberto e Rita Lee, respectivamente; e "Gilberto Passos Gil Moreira e James Chambers", para o dueto entre Gilberto Gil e Jimmy Cliff. Era todo mês, sempre às nove da noite das sextas-feiras, com roteiro de Luiz Carlos Maciel e direção de Guto Graça Mello, entre março de 1980 e dezembro de 1981 e, depois, entre maio de 1983 e junho de 1984.

"Nunca mais foi feito nada próximo dessa série do Daniel. Era um programa gravado ao vivo no teatro, uma série histórica. Tinha orquestra, arranjos maravilhosos, tudo era feito para o programa, a qualidade de imagem, a qualidade de som. Era um som de disco, tanto que vários programas da série saíram em disco depois."

O entusiasmo de Nelson Motta*, na entrevista que deu em 2002, não se restringia aos encontros musicais da série. Incluía os solos, como o "extraordinário" "Elis Regina Carvalho Costa", exibido em 3 de outubro de 1980, quando ainda ecoava o grande sucesso da temporada carioca do show *Saudades do Brasil*, e que repetiu, além dos números de balé num cenário de circo, as interpretações de Elis para "Alô, Alô, Marciano", de Rita Lee e Roberto de Carvalho; "O Bêbado e a Equilibrista", de João Bosco e Aldir Blanc; e "O Que Foi Feito Devera (De Vera)", de Milton Nascimento e Fernando Brant.

Também ficou na memória de Nelson e dos telespectadores o enquadramento intimista de câmera que registrou as lágrimas que Elis não conseguiu conter, ao cantar "Atrás da Porta", de Chico Buarque e Francis Hime, em momento que muitos atribuíram ao então iminente fim de seu casamento com o músico César Camargo Mariano. Elis morreria dois anos depois.

A série estreou com o programa "Simone Bittencourt de Oliveira", na esteira de outro sucesso, "Começar de Novo", música de Ivan Lins e Vitor Martins cantada por Simone e que tinha sido tema do seriado *Malu Mulher* em 1979, e de outras interpretações como "Desesperar Jamais" e "Tô Voltando".

Em "Paulo César Batista de Faria", Paulinho da Viola homenageou o mundo do samba, cantando e tocando junto com o conjunto Rosa de Ouro, formado por Elton Medeiros, Nelson Sargento, Anescarzinho do Salgueiro e Jair do Cavaquinho. O programa "Maria da Graça Costa Penna Burgos", estrelado por Gal Costa, teve, segundo crítica de Paulo Maia no *Jornal do Brasil* em março de 1981, "momentos de magia e encantamento que a televisão não costuma dar ao seu público telespectador com frequência".

Dos bastidores da produção da série, a autora e roteirista Maria Carmem Barbosa* guardou na memória a dificuldade que a equipe teve para ensaiar o programa "Abelim Maria da Cunha", devido ao fato de a titular, a cantora Angela Maria, estar à época casada com um marido ciumento que apelava para uma espécie de chantagem:

– Se você cantar, eu não vou te ver.

Angela chegou a se trancar, aos prantos, no camarim, dizendo que não ia cantar, até ser enfim convencida a ensaiar e gravar o programa, exibido em 2 de maio de 1980 e no qual, além de celebrar o lançamento de seu centésimo disco, interpretou clássicos seus como "Babalu", "Lábios de Mel" e "Vida de Bailarina".

Outro programa que, entre conversa, roteiro, ensaio e gravação, durou cerca de três meses e também teve situações inusitadas foi, como não poderia deixar de ser, o de João Gilberto. A ideia de convidar João, segundo Daniel Filho conta em sua autobiografia, tinha sido de Naïla Skorpio, mulher do diretor Guto Graça Mello. Conhecedor das imprevisibilidades do músico, Daniel já estava resignado com uma eventual desistência de João quando, a dois dias da gravação, foi surpreendido por um pedido aflito de ajuda do intérprete antológico de "Chega de Saudade", "O Pato" e "Desafinado":

– Preciso, mas preciso muito mesmo, de um barbeador Philishave.

Até a escolha do terno que João usaria no programa, segundo Maria Carmem, foi uma ocasião especial:

– Carminha, qual você gosta mais, desse terno azul-marinho ou desse cinza?

Maria Carmem sugeriu o cinza e, ao concordar, João começou a transferir, dos bolsos do terno azul que estava usando para os do terno escolhido, muitas guias e objetos de candomblé, explicando:

– Não repara, não. É bolso de baiano.

Surpresa maior teria Daniel Filho* quando, às vésperas de gravar, João fez outro pedido, agora relacionado ao próprio script do programa:

– Sabe quem eu quero? Rita Lee.

– Rita Lee?

– É. Eu acho ela tão bonitinha, tão legal e eu já sei o que quero cantar com ela.

– E o que você quer cantar com ela?

– "Jou Jou Balangandans."

Assim que revelou o nome, João cantarolou a música de Lamartine Babo e perguntou primeiro se ficava "bonitinho" cantá-la com Rita e, depois, se Daniel achava que a cantora "toparia". Daniel disse que não tinha dúvida de que sim. E tome surpresa de João Gilberto:

– Mas tem um problema: ela não pode saber. Ela não pode saber que ela é a convidada. Ela tem que vir e, quando ela chegar, eu começo a cantar e ela vem e canta.

E exatamente assim aconteceria mais um dos momentos antológicos da *Série Grandes Nomes*, daquela vez um suave e até então inimaginável dueto com violão e orquestra da rainha do rock brasileiro com o maior ícone da bossa nova. Consagrado pela crítica, o programa com João Gilberto deixou um saldo menos saboroso para a Globo depois que correu nos bastidores o valor do cachê de um milhão e meio de cruzeiros que ele teria recebido. Resultado: outros artistas resolveram pedir mais alto para a segunda temporada do programa, entre eles Maria Bethânia, que, segundo reportagem de Diana Aragão no *Jornal do Brasil*, teria recusado uma primeira oferta de setecentos mil cruzeiros.

A primeira temporada foi encerrada com um programa só para ela, "Rita Lee Jones". As seguintes completaram, com edições que não tiveram a mesma repercussão que a primeira, o grande inventário que a *Série Grandes Nomes* fez da MPB naquele início da década 1980, e que incluiu programas com Gonzaguinha, Ney Matogrosso, Raimundo Fagner, Djavan, entre outros. Paralelamente ao formato de série, um peso-pesado da música brasileira que havia ficado de fora na primeira temporada, Milton Nascimento, foi homenageado com dois programas especiais, em 1982.

Da experiência de dirigir a *Série Grandes Nomes*, Daniel Filho guardaria outro fato inusitado, este ocorrido nos bastidores do quinto programa da série, o que reuniu Gilberto Gil e o cantor jamaicano Jimmy Cliff, no embalo da bem-sucedida turnê dos dois pelo Brasil à época e que terminou com ambos cantando o clássico do reggae "No Woman, No Cry", de Bob Marley:

"Eu não conseguia colocar o Jimmy Cliff no palco. A fumaça que tinha antes de chegar ao camarim era imensa. Eles eram jamaicanos e aquilo pertencia à religião deles. Eu sei que compraram maconha para eles e ela veio enrolada num grande pedaço de jornal. No que eu pensei que eles dali iam tirar a maconha e fazer o cigarro, eles pegaram foi o jornal e o enrolaram. Fumaram o jornal com a maconha prensada dentro do jornal".

Acabou dando tudo certo com Jimmy Cliff.

Façanha mesmo, em projetos musicais, segundo Daniel, acontecera menos de um ano antes, quando, já depois de deixar o comando do seriado *Malu Mulher*, dizendo-se incomodado com interferências externas, ele conseguiu reunir, no especial *Mulher 80*, exibido na noite de 19 de outubro de 1979, os talentos e os egos de Elis Regina, Fafá de Belém, Gal Costa, Joanna, Maria Bethânia, Marina, Rita Lee, Simone, Zezé Motta e das integrantes do Quarteto em Cy. Era uma homenagem à presença feminina na música brasileira, alternando falas das cantoras com interpretações delas de canções que tinham feito parte da trilha sonora de *Malu Mulher*:

"Foi um programa meio embalado, assim meio no susto. Elas foram pegas de surpresa, jamais fariam aquele programa. Todas cantaram, juntas, a música 'Cantoras do Rádio'. Nunca tinham estado num programa só".

Daniel, depois do *Mulher 80*, só não continuou casado com a apresentadora daquele programa, a atriz Regina Duarte:

"Foi quando a gente se separou, porque a Regina achou que eu estava matando o *Malu Mulher*. Eu não estava matando o *Malu Mulher*, estava ampliando e mostrando quantas "Malus" existiam, principalmente na nossa canção brasileira".

Nas duas entrevistas que deu ao Memória Globo, Regina nada disse e nem foi perguntada sobre o especial *Mulher 80*.

A noite impossível

Boni falou bonito:

– Você não está entendendo. O show não será o Frank Sinatra, mas as mais de cem mil pessoas que vão vir aqui para assistir.

Não seria bem do jeito que ele prometeu. A frase foi dita no gramado do Maracanã e ouvida pelo então diretor Ricardo Scalamandré*, no meio de uma discussão de seu chefe com integrantes da equipe de Frank Sinatra que reclamavam da falta de luz para o cantor, no projeto de iluminação da Globo para o show histórico que ele daria no Rio em 26 de janeiro de 1980. Seria um dos poucos momentos daquele fim de semana em que Boni agiria e falaria como se estivesse num *switcher* da emissora, com tudo sob controle e em perfeitas condições. Na verdade, como disse em sua autobiografia, Boni achava que a empreitada "tinha tudo para dar errado".

Sinatra no Brasil, na época, principalmente nas páginas do jornal *O Pasquim*, era sinônimo de impossibilidades como, por exemplo, a volta da atriz Greta

Garbo ao cinema; qualquer custo impagável para os brasileiros; qualquer milagre impensável da medicina ou da política; e o cumprimento da promessa que o empresário Augusto Marzagão, criador do Festival Internacional da Canção (FIC), sempre jurou nunca ter feito de organizar um show do cantor no país.

No *fla-flu* da autoestima nacional da época, a realização de um espetáculo com Sinatra no Brasil fora transformada numa espécie de indicador da condição, ou não, do país, como nação periférica e sem qualquer importância. Céticos que abraçavam a tese do "complexo de vira-latas" de Nelson Rodrigues achavam que o show era um delírio, numa época em que o nível de desenvolvimento da indústria de entretenimento no país proibia se imaginar que, alguns anos depois, eventos gigantescos como o Rock in Rio seriam possíveis e bem-sucedidos. Em 2020, a crítica de cinema Susana Schild, lembrando a experiência de cobrir a passagem de Sinatra pelo país como repórter do *Jornal do Brasil*, resumiu:

"Era um evento de um porte que nunca tinha acontecido no Rio. Metade das pessoas achava que ia ser a melhor coisa do mundo e a outra metade achava que não ia dar certo".

À parte a irritação de Sinatra com o assédio de cerca de duzentos jornalistas que acompanharam sua estadia no Rio, havia uma incontida desconfiança dos técnicos da equipe do cantor em relação à capacidade da Globo de dar conta do show. Outro desafio, tão ou até mais complexo e imprevisível que o da equipe de cerca de 150 pessoas da Globo – entre diretores, cenógrafos, sonoplastas, eletricistas, jornalistas e técnicos mobilizados para a transmissão do espetáculo, ao vivo, para o Brasil e para o resto da América do Sul, exceto Colômbia –, era o do publicitário Roberto Medina.

Futuro criador do Rock in Rio e responsável pela façanha de convencer Sinatra e o contratar para quatro apresentações fechadas no então recém-inaugurado Rio Palace Hotel, em Copacabana, e um show no Maracanã, Medina lembrou, em entrevista ao repórter Silvio Essinger, do *Globo*, em 2020, que a ideia do show surgira em 1977, quando sua agência, a Artplan, com a ajuda do músico Sérgio Mendes e contrariando um conselho de Tom Jobim para desistir, conseguiu contratar Sinatra para uma campanha publicitária do uísque Passport na mídia brasileira.

A morte da mãe do cantor num acidente aéreo, exatamente no dia da gravação do comercial em Las Vegas, quase estragara o acordo, somada à oferta de última hora de um cachê de vinte milhões de dólares, feita a Sinatra por um milionário que Medina não identificou, para uma única apresentação, também no Brasil. O valor era vinte vezes maior que o acertado com a Artplan, depois de oito meses de negociação com Sinatra.

Para a equipe da Globo, Boni conta em sua autobiografia que as horas que antecederam o show no Maracanã foram puro estresse, a começar pela chuva que, por ininterrupta, atrasara a montagem do cenário e impossibilitara a passagem de som com a orquestra, pelo risco de os violinos serem molhados e ficarem desafinados, e de os microfones serem inutilizados. Boni, em seu livro, e Medina, na entrevista ao *Globo*, contam que mentiram de forma deliberada, o primeiro mandando noticiar pela própria Globo, e o segundo em entrevistas à imprensa, quando informaram que o show do Maracanã estava confirmado, mesmo com a chuvarada que inundava o Rio naqueles dias. Não estava. O importante, segundo Boni, era lotar o estádio:

"Corria o boato de que o show seria adiado. O Sinatra, profissional, foi para o estádio, mas deixou claro que, com chuva, não entraria no palco".

Perto das oito da noite do dia 26, quando cerca de 174 mil pessoas já ocupavam o Maracanã mesmo debaixo de chuva, Medina foi ao encontro de Sinatra no camarim e o levou em seguida à boca do túnel dos vestiários. Seguiu-se uma conversa do cantor com os responsáveis pela iluminação e pelo som do espetáculo. O primeiro garantiu a luz até o final. O do som, dez minutos. Sinatra então perguntou para Medina:

– Está bom dez minutos para você?

– Está ótimo.

Dezenas de reportagens sobre aquele show tem a palavra "milagre" no título para descrever o momento em que a chuva parou de cair no Maracanã, por volta das nove da noite: Sinatra, depois de exclamar um "*my god*" ao ver os holofotes serem ligados e iluminarem o estádio lotado, ainda quis ouvir de Boni a garantia de suspender imediatamente o show se começasse a chover novamente.

Garantia dada, o cantor entrou no palco hexagonal montado pela Globo no gramado e, para delírio do público, começou a cantar "The Coffee Song", e depois "I've Got the World on a String", "The Lady is a Tramp", "I've Got You Under My Skin", "Someone to Watch Over Me" e "Strangers in the Night", sucesso daquele momento cuja letra ele esqueceu, sendo imediatamente auxiliado pelo público. "New York, New York", canção que Sinatra tinha acabado de gravar, encerrou o show que, segundo Medina, ao final de dias turbulentos e incertos, levou o cantor às lágrimas ao embarcar de volta para Los Angeles.

Medina levaria, daquela noite para a vida, além do aprendizado e da disposição de produzir, sempre em parceria com a Globo, novos eventos que se tornariam grifes milionárias de música, marketing e merchandising, uma marca física que poucos atribuiriam ao sufoco que viveu naquela empreitada, aos 32 anos de idade. Em dezembro de 2015, em entrevista ao repórter Jotabê Medeiros, do UOL, ele explicou:

"Assim que o show terminou no Maracanã, eu fui ao banheiro, me olhei no espelho e parte do meu cabelo tinha ficado branco".

Para a maioria dos críticos e jornalistas que escreveram sobre o show, as dez câmeras que a Globo espalhara pelo estádio, conectadas ao *switcher* dirigido por Aloysio Legey com Boni no cangote, não foram suficientes para que os telespectadores sentissem, em casa, as dimensões e emoções daquele espetáculo. O próprio Memória Globo registra que foi exatamente a promessa de véspera de Boni aos técnicos de som americanos de fazer do público do Maracanã o principal personagem do show que não foi cumprida, ao reconhecer que "a transmissão da emissora foi criticada pela ausência de imagens do público nas arquibancadas e no gramado". Dirceu Soares, da *Folha de S.Paulo*, estava no Maracanã e foi além:

"Me disseram que a Globo não soube mostrar o tamanho do espetáculo, preocupada em focalizar apenas o cantor no palco. Fez, portanto, uma grande injustiça com o público presente, esquecendo a sua participação tão importante, e também com as pessoas que estavam em casa, privando-as de ver o show como um todo. Isolar Frank Sinatra de seu público no Maracanã é o mesmo que televisionar qualquer outro show dele em um ginásio pequeno".

Boni não teria como discordar. Até porque o que ele guardou daquele dia ficou mais para o livro que escreveu do que na transmissão de TV comandada por ele:

"O Sinatra estava radiante. Creio que se tivesse chovido no meio do espetáculo ele continuaria no palco até sem orquestra".

A voz das estradas

Em março de 2002, quando foi entrevistado pela equipe do Memória Globo, o ator, diretor, produtor, roteirista e dublador Antonio Fagundes* já tinha construído, aos 53 anos, uma carreira de quatro décadas nas quais atuara em mais de cinquenta filmes, cerca de cinquenta peças de teatro e perto de quarenta novelas, entre elas *Dancin' Days*, *Vale Tudo*, *Rainha da Sucata*, *O Dono do Mundo*, *O Rei do Gado*, *Por Amor*, *Terra Nostra* e *Porto dos Milagres*. Mas o mais comum de acontecer, quando reconhecido ao entrar num táxi, não era ele ser tratado por Antonio, por Fagundes ou por qualquer nome de personagem que tivesse interpretado. Era pelo nome de um programa que, àquela altura, já não estava no ar havia mais de 23 anos:

– Oi, *Carga Pesada*!

Na mesma época, aos 70 anos, o capixaba Stênio Garcia*, veterano com mais de setenta trabalhos em televisão e outras quarenta atuações no cinema e no teatro, além de nunca ficar sem socorro imediato de caminhoneiros quando tinha problemas com o carro na estrada, já conhecia a pergunta que costumava ter que responder nas viagens, em qualquer parte do país, toda vez que parava em postos de abastecimento frequentados por motoristas de caminhão:

– E aí, cadê o "bruto"?

O "bruto" era o inseparável caminhão Scania LK141 de 375 cavalos que levou os personagens "Pedro", interpretado por Fagundes, e "Bino", vivido por Stênio, na viagem de 54 episódios da primeira versão do seriado *Carga Pesada* por estradas, aventuras e dramas do interior do Brasil. Um programa que ocupou o horário nobre da Globo entre maio de 1979 e janeiro de 1980, falando da vida dos caminhoneiros, quatro décadas antes de a categoria promover os bloqueios de estrada que paralisaram o governo Michel Temer e, depois, inflamar, com pneus em chamas, o golpismo de Jair Bolsonaro. No depoimento que deu em 2002, Stênio conta como passou perto do fenômeno quando ele ainda adormecia:

"Eram dois homens rurais brasileiros que falavam dessa classe que era absolutamente desconhecida da sociedade brasileira que é o caminhoneiro. Talvez, das classes mais importantes. Como eu e o Fagundes dizíamos, o caminhoneiro transportava o estômago e a pele do brasileiro".

Os dois personagens do seriado mais longevo e de maior audiência, entre os três do projeto *Séries Brasileiras* lançado pela Globo na virada dos anos 1980, também "ouviam a voz da estrada, à moda dos velhos *beatniks*", nas palavras do Armando Antenore, em artigo publicado pela *Folha de S.Paulo* em maio de 2003 e no qual argumentou:

"Tinha muita aventura, mas também um tom humanista, quixotesco, de indignaçao com as mazelas sociais do país. E tudo sob roupagem francamente brasileira, que tentava responder a invasao dos enlatados norte-americanos. [...] Pedro e Bino incorporavam, de um jeito bastante particular, o espírito [do filme] *Easy Rider* que tanto marcou a geraçao da contracultura e que ainda ressoava no começo dos anos 80".

Inspirado no *Caso Especial*: "Jorge, um Brasileiro", adaptação da Globo ao romance homônimo de Oswaldo França Júnior, também estrelado por Fagundes em 1978, *Carga Pesada* foi supervisionado por Dias Gomes, com textos de Gianfrancesco Guarnieri, Walter George Durst, Ferreira Gullar e Carlos Queiroz Telles, e um time de diretores que incluiu Gonzaga Blota, Milton Gonçalves, Ary Coslov, Paulo José, entre outros. O seriado "pegou todas as faixas de audiência", segundo Fagundes, porque fez um eficiente contraponto entre seu personagem, "um Dom Quixote meio estabanado, briguento, irascível e, ao mesmo tempo, muito engraçado" e o "Bino" de Stênio, "um homem casado e ligado à família":

"*Carga Pesada* tocava os homens porque eram aventuras, tocava as crianças por causa do caminhão e da estrada, e as mulheres também, porque tinha um apelo romântico. E assim nós ficamos na estrada durante dois anos, comendo toucinho, tomando pinga e comendo churrasco, porque só tinha churrasco pra comer na estrada".

Stênio também achava que o contraponto com seu "Bino", "um Sancho Pança sempre de pé no chão e que chamava 'Pedro' para a realidade", criava uma "dialética" entre os dois personagens que resultava sempre em "boa dramaturgia." Texto e interpretação à parte, Stênio revelou que, para serem convincentes como caminhoneiros de verdade, ele e Fagundes fizeram exercícios para desenvolver o bíceps:

"A gente fazia muita ginástica, tanto eu como o Fagundes, e eu dizia: 'Nós fomos escolhidos pelo muque, pelo braço'".

Já nos primeiros episódios, mesmo ainda sujeita à censura da ditadura em processo de retirada do general Figueiredo, a temática do seriado pegou pra valer a estrada da realidade brasileira: em "Adeus, Dequinha", o primeiro deles, "Pedro" atropela "Dequinha", uma jovem prostituta de beira de estrada interpretada por Kátia D'Angelo que surge do nada na frente do caminhão. Levada por "Pedro" e "Bino" a um hospital, a jovem conhece a "Jussara", uma freira vivida por Norma Blum que tenta ajudá-la a se recuperar da depressão e mudar o rumo de sua vida.

"Pogrom", palavra russa para designar atos de violência em massa contra minorias étnicas, foi o título do episódio seguinte, escrito por Gianfrancesco Guarnieri e inspirado na notícia de uma surra aplicada por um grupo de moralistas de uma pequena cidade do interior no cantor Wanderley Cardoso. Na ficção, um grupo autodenominado CM, de Comando Moral, formado por filhos das famílias mais poderosas da cidade fictícia de Aureliópolis, investe contra prostitutas, homossexuais, artistas e qualquer um que não obedecesse aos seus rigorosos princípios morais.

E assim foi por diante o *Easy Rider* caminhoneiro do Brasil: meninos de rua sequestrados em São Paulo e abandonados na cidade de Camanducaia; uma greve de caminhoneiros por melhores condições de trabalho que "Pedro" e "Bino" furam para se arrepender logo depois; uma queda de barragem durante uma grande enchente; e a violência do tráfico de armas nas estradas, entre muitos outros mergulhos na realidade que ficaram na memória de Fagundes, aliás um protagonista que, a exemplo de Stênio, também foi autor de alguns episódios:

"A gente falava da escravidão no campo, da prostituição infantil, das doenças na estrada, de coisas que não eram só pela nossa necessidade de fazer uma denúncia social, mas também porque era a realidade deles".

Ao longo do seriado, houve, nas palavras de Fagundes, um "probleminha" relacionado à desconfiança de parte das telespectadoras cujos maridos viviam, de verdade, pelas estradas do Brasil:

"As esposas dos caminhoneiros não gostavam muito do meu personagem porque o 'Pedro' era solteiro e, a cada episódio, ele tinha duas ou três namoradas. Aí as esposas ficavam muito chateadas e falavam: 'Meu marido não faz isso!'. Ou então brigavam e os maridos contavam pra nós: 'Minha mulher briga comigo toda vez que eu volto pra casa e pergunta aonde eu fui durante minha folga'".

Carga Pesada também foi um truque prodigioso de logística, produção e cenografia, ao fazer milhões de brasileiros acreditarem que "Pedro" e "Bino" realmente cortaram as estradas de norte a sul do Brasil na boleia do "bruto", num seriado em que cerca de 90% dos episódios foram gravados em externas. Não foi assim: beneficiado pelo fato de a maioria das externas serem noturnas, *Carga Pesada*, como lembrou Fagundes, viajou dois anos pelo país sem sair do estado do Rio de Janeiro:

"O Rio é muito rico em paisagens. Tem montanha, tem rio, tem mar, tem cidade, tem cidade pequena. O episódio se passava, por exemplo, no Rio Grande do Sul, e a gente gravava numa região que tinha pinheiros. De preferência gravávamos em volta da cidade, até porque nós só tínhamos três dias por semana pra gravar".

Outra façanha, esta dos cinegrafistas da Central Globo de Produção, eram as gravações de boa parte dos diálogos do seriado na boleia do Scania LK141, o "bruto", quase sempre com o caminhão em movimento na estrada. Amarrados pela cintura e se apoiando no estribo do caminhão, os cinegrafistas tinham de contar com a perícia de Fagundes e Stênio, que, ao volante, nunca podiam esquecer que havia sempre alguém pendurado do lado de fora. Na lembrança de Stênio, a duração dos diálogos era medida em quilômetros:

"A gente viajava uns cinquenta quilômetros por uma estrada fazendo o diálogo, primeiro de um lado, depois de outro. E aí você tinha horários diferentes, luzes diferentes, ruídos diferentes".

A magia do seriado seria forte a ponto de *Carga Pesada* voltar ao ar entre 2003 e 2007, com 62 novos episódios protagonizados pelos mesmos "Pedro" e "Bino", numa segunda fase que completou o que Fagundes chamaria de "casamento mais duradouro" de sua vida, daquela vez impulsionada por um contrato milionário de merchandising vinculado ao lançamento do caminhão Titan, da Volkswagen. O entusiasmo do ator era o mesmo:

"Na minha cabeça, não seria um *remake* de *Carga Pesada*, mas uma retomada, que é diferente. No *remake*, normalmente, você chama atores diferentes para fazer. E eu acho que foi a única vez que um seriado ou programa foi refeito vinte anos depois, com os mesmos atores".

Na nova fase, com direção de Marcos Paulo e textos de Leopoldo Serran, Ivan Sant'Anna, do próprio Fagundes e de George Moura, entre outros, "Bino" se tornara um pequeno empresário, dono de três caminhões, mas enfrentava um câncer que o levara a convidar "Pedro", ainda caminhoneiro, para uma última viagem de caminhão pelas estradas do Brasil. A atriz Patricia Pillar interpretava "Rosa", uma professora que perdera o marido e passara a dirigir seu caminhão, acompanhando "Bino" e "Pedro", com quem, claro, teria um romance. Indicado a Marcos Paulo por Fagundes, Wagner Moura, aos 27 anos, em sua estreia na Globo, fez o papel de "Pedrinho", filho de "Bino" e afilhado de "Pedro".

O problema, no retorno do seriado, segundo Fagundes, não foi a temática, que mais uma vez percorreu a autoestrada de dramas recorrentes brasileiros, como roubo de cargas e de caminhões, tráfico de animais silvestres na Amazônia, trabalho escravo no interior, a vida difícil dos portadores de deficiência, prostituição e a violência que invadiu o interior. Foi a constatação de que o novo elenco não cabia nem na trama, nem na boleia do novo caminhão:

"Grande parte dos conflitos de *Carga Pesada* aconteciam dentro da cabine, as grandes discussões, pelo menos. Era um momento em que eles estavam saindo de um problema para cair no outro, e conversando. E dois já era demais naquela cabine".

O "Pedrinho" de Wagner Moura, segundo Fagundes, estava sobrando nas histórias, por mais que os autores da retomada do seriado tentassem encaixar o filho de "Pedro" nos episódios. Para complicar, os próprios caminhoneiros, mesmo sendo em sua maioria fãs do seriado, já ressalvavam, desde a primeira fase, que, na vida real, dois motoristas dificilmente dividiam um caminhão, por se tratar de um óbvio desperdício.

"Pedrinho" acabaria ficando quase sempre em casa. Praticamente não viajaria, nas histórias. Fagundes*, que em sua entrevista fez questão de festejar o talento do jovem ator que tinha indicado, disse que a solução dramatúrgica para a superlotação da cabine não foi a ideal:

"Sempre que o filho entrou, entrou de uma forma paralela. E quando entrava na cabine, a gente ficava ali, apinhado. Quer dizer, era complicado. Mas a gente acabou tendo o prazer de trabalhar com o Wagner. Ele entrou no time, fantasticamente. Foi muito bom".

Outro problema da segunda fase foi a falta de algo que sobrava em Wagner Moura e começava a escassear, em doses diferentes, tanto em Stênio, à época com 71 anos, quanto em Fagundes, com 54: juventude, músculos e preparo físico para "Pedro" e "Bino" contracenarem com o Titan, caminhão da Volkswagen que a área de merchandising da Globo transformou num personagem à parte das histórias, e que até assustou Stênio, no dia em que os dois atores foram apresentados a ele:

– Fagundes, como é que a gente vai subir nessa cabine?

O estribo era alto, mas, para alívio e conforto de Stênio e Fagundes, ao contrário das filmagens cansativas e arriscadas da primeira fase, o que era um caminhão comum com um cinegrafista pendurado do lado de fora e atores fazendo hora extra de motorista enquanto encenavam tornou-se uma espécie de estúdio sobre rodas: na parte frontal, havia um *cockpit* onde ficava o motorista de fato; no centro, uma cabine do Titan, onde "Pedro" e "Bino" atuavam sem ter que dirigir, rodeada por um trilho que os cinegrafistas usavam para os movimentos de câmera; e, mais atrás, um baú de alumínio onde ficava um pequeno *switcher* de onde o diretor da vez comandava as gravações. Marcos Paulo* vibrou com o equipamento:

"O trilho fazia um 180 graus em volta da cabine do caminhão. Ficou lindo, porque você saía de um lado do caminhão, ia mostrando toda a rodovia, os dois conversando lá dentro e a câmera chegava no outro lado. Ninguém entendia como aquilo era feito".

Carga Pesada foi ao ar pela última vez em 7 de setembro de 2007. Além de marcar para sempre as carreiras de Antonio Fagundes e Stênio Garcia, e de tatear o mundo e a alma dos caminhoneiros do Brasil, deixou, numa das estrofes da trilha sonora composta por Renato Teixeira, uma espécie de roteiro para as futuras incursões da dramaturgia da Globo pelo interior do Brasil:

> *Eu conheço todos os sotaques*
> *Desse povo todas as paisagens*
> *Dessa terra todas as cidades*
> *Das mulheres todas as vontades*
> *Eu conheço as minhas liberdades*
> *Pois a vida não me cobra o frete*

Programa de mulher

A primeira tentativa tinha acontecido em 1973 e, no veredicto de uma reportagem da revista *Veja* de 14 de março daquele ano, *Viva Marília*, programa que teve apenas cinco edições mensais no horário nobre da Globo, a partir de outubro do ano anterior, não conseguira se definir "na linha do equilíbrio entre ser feminista e ser feminino". A ideia da atração era usar a música e o talento da atriz Marília Pêra para levantar e discutir temas femininos como virgindade, prostituição, amizade, filhos, amor, desquite e inserção da mulher no mercado de trabalho, no que ela mesmo chamou, no programa de estreia, de "uma anatomia do segundo sexo; um corte transversal no corpo e na alma das filhas de Eva; um estudo sem vaidade ou modéstia da companheira do homem".

Para realizar o projeto, o programa tinha apenas uma pessoa do citado "segundo sexo", a jornalista Marisa Raja Gabaglia, numa equipe inteiramente dominada por homens, um ou dois deles também conhecidos por colecionar corações partidos femininos: os autores Domingos Oliveira, Nelson Motta, Luiz Carlos Miele e Ronaldo Bôscoli, o produtor musical Guto Graça Mello, o diretor Paulo Afonso Grisolli e o coordenador-geral Daniel Filho.

O último episódio de *Viva Marília* tivera, por sinal, como tema, os "machões", à época uma categoria ainda tratada de forma quase carinhosa, sem destaque para os componentes tóxicos e opressivos do machismo que o termo incorporaria no século 21. Em uma das cenas, Marília e o ator Milton Moraes vivem uma inversão de papéis e valores da época, ela como chefe da família, ele como cuidador do lar, dos filhos e tendo de pedir permissão à mulher para arranjar um emprego. A julgar pela explicação da própria atriz à *Veja*, a Censura teve, no feminismo do programa, apenas mais um motivo para os cortes e vetos que, segundo ela, contribuíram para o fim do projeto:

"O *Viva Marília* se desgastou em parte porque a Censura não permitiu que abordássemos temas de interesse feminino como a menstruação, o parto e a prostituição. E em parte também pelas deficiências de realização, com cenários complicados e pouco tempo para as gravações".

Sete anos depois, no dia 7 de abril de 1980, ao som da música "Cor-de-Rosa Choque", trilha encomendada a Rita Lee e Roberto de Carvalho, uma outra Marília, agora a jornalista Marília Gabriela, comandaria, nos quatrocentos metros quadrados de um velho teatro do centro de São Paulo transformado em estúdio pela Globo, a estreia do programa *TV Mulher*. Daquela vez, a responsabilidade pelo roteiro, direção e edição do programa, logo abaixo do diretor-geral Nilton Travesso, estaria com uma mulher, a jornalista Rose Nogueira, ex-militante de esquerda e ex-companheira de cela e tortura de Dilma Rousseff durante a ditadura, no Presídio Tiradentes, em São Paulo.

Em suas três horas diárias iniciais, a maratona matinal de 22 quadros do *TV Mulher*, apresentados em minúsculos cenários com jeito de showroom da rede Tok&Stok, mergulhava numa série de conteúdos voltados para o público feminino que, com o passar dos anos e décadas, se espalhariam pela grade da própria Globo e dos futuros canais de TV por assinatura, como os programas *Mais Você*, *Saia Justa*, *Bem Estar*, *Encontro* e *Amor & Sexo*, entre outros.

Diferentemente de *Viva Marília* e a exemplo de outros programas que fizeram história na grade da emissora, a nova atração, ancorada por Marília Gabriela e Ney Gonçalves Dias em horários matinais que iriam variar ao longo de seus seis anos de duração, foi, primeiro, uma demanda da área comercial da emissora e, depois, um conceito encomendado, no caso, a Travesso, como lembrou Boni em entrevista à jornalista Luara Calvi Anic, da revista *Gama*, em junho de 2021:

"As agências de propaganda descobriram o óbvio: que as mulheres eram as maiores consumidoras do país. Quem decidia se um novo produto era bom ou ruim, se seria bem vendido ou não, eram elas".

Na lembrança de Antonio Athayde*, *TV Mulher* foi "um sucesso comercial absoluto", numa época em que a Globo praticamente não tinha faturamento na parte da manhã, exibindo desenhos animados, exatamente o tipo de conteúdo que, seis anos depois, ao tomar conta da grade matinal das emissoras concorrentes e levar para elas a audiência infantil, acabaria tirando o programa do ar. Enquanto durou, porém, *TV Mulher*, principalmente nos primeiros anos, seria um fenômeno que surpreenderia seus próprios idealizadores, como disse Travesso, também entrevistado pela *Gama*:

"Ninguém esperava que o programa ia dar 48, 50 pontos de audiência, uma loucura! Era metade das TVs ligadas no programa. Tinha fila para os clientes novos, que depois passaram a ser os grandes clientes da noite, da novela".

Além de sua extensa lista de temas que incluía gastronomia, defesa do consumidor, moda, saúde, educação, beleza, vida saudável, orientação jurídica, atualidades jornalísticas e comportamento sexual, todos apresentados num formato que Boni inicialmente não queria e depois considerou um "momento heroico" da equipe de produção da Globo em São Paulo, *TV Mulher* conseguiu acomodar, nem sempre de forma harmoniosa, um elenco de egos e personalidades desafiadores para Travesso:

"Quando a gente trabalha na televisão, no cinema ou no teatro, o trabalho não cansa, mas administrar o ego das pessoas é a coisa mais difícil. Elas vão se desequilibrando emocionalmente e a soberba às vezes é tão grande que passam a não te ouvir mais. Esse é o grande perigo para depois vir a queda. Quando a vaidade supera a inteligência, você não tem como conversar, como administrar".

O diretor referia-se principalmente à relação tempestuosa, algumas vezes exposta ao vivo, para todo o país, entre Marília Gabriela, já então a caminho de se tornar uma grife do telejornalismo brasileiro mesmo fora da Globo, e Clodovil Hernandes, sucesso imediato do *TV Mulher*, estilista com incursões no teatro e futuro deputado federal que Travesso admirava pela cultura e pela inteligência, "apesar de ser desaforado, malcriado e meio moleque, às vezes".

Na lembrança de Travesso, Clodovil, falecido em 2009, era ciumento a ponto de "ficar louco da vida", pelo simples fato de Marília abrir um jornal para ler, fora de quadro, no estúdio, enquanto ele estava no ar. Queria que ela prestasse atenção, mesmo quando ambos já nem se falavam antes, durante ou depois do programa. Até Clodovil ser substituído pelo estilista Ney Galvão, na sequência de uma crise com Marília em que ele abandonou o estúdio com o programa no ar, houve momentos em que nem Travesso conseguiu dar um basta nas brigas. Boni lembrou que também teve de intervir:

"Clodovil era a principal atração do programa, mas ele queria comandar o *TV Mulher*. Ele me dizia: 'Eu trabalho como costureiro, mas eu sou um pensador!'".

Em entrevista ao UOL em 2006, ao falar daquela "inimizade terrível", Marília disse que Clodovil era "um ser cruel e despudorado" que, mesmo "com todo o talento", conseguia "fazer maldades para conseguir mais espaço no programa". Já Ney Gonçalves Dias, misto de repórter, comentarista do cotidiano e consultor jurídico, orgulhava-se, na mesma entrevista, de ter participado do "embrião de uma programação de qualidade sem deixar de ser popular e, como tal, controverso mesmo dentro da Globo":

"A Globo sempre foi acusada de ter mais forma do que conteúdo. E o *TV Mulher* só tinha conteúdo, não tinha forma. Não passava reportagem gravada, só muito raramente. O negócio era olho no olho".

Entre os muitos titulares do "olho no olho" do *TV Mulher*, alguns ficariam mais na memória dos telespectadores, como a jornalista Xênia Bier e suas intervenções histriônicas no quadro "Mulher, Profissão: Esperança"; o cartunista Henfil, surpreendente colaborador egresso d'*O Pasquim*, inimigo histórico da Globo; a astróloga Zora Yonara e sua substituta, a ex-*frenética* Leiloca; e as atrizes Irene Ravache e Esther Góes, a primeira como entrevistadora e Esther como substituta de Marília Gabriela a partir de 1984, quando ela deixou o programa para se tornar correspondente internacional do *Fantástico* e, meses depois, iniciar sua longa trajetória como Gabi na Bandeirantes.

Nenhum olhar do *TV Mulher* seria mais desconcertante, inovador e polêmico para o público do que o da psicóloga, psicanalista e sexóloga Marta Teresa Smith de Vasconcellos Suplicy, futura prefeita de São Paulo e titular do quadro "Comportamento Sexual", um conteúdo que, segundo Ney Gonçalves Dias, muitas donas de casa proibiam as filhas de assistir, desligando a televisão na hora em que a futura militante e ministra do Partido dos Trabalhadores, então com 35 anos, aparecia na tela:

"Ela falava de pênis, vagina, coisas que nunca tinham sido ditas na televisão. Teve um dia que a Censura veio pra cima e eu tive que ir à casa dela com o Roberto Irineu para ver, educadamente, se podíamos dar uma moderada para fugir da Censura".

Marta reproduziu, para a *Gama*, o diálogo que teve não com Roberto Irineu, mas com um censor, no dia em que ela e Travesso foram convocados para explicar por que o quadro estaria indo "longe demais":

– Longe demais como?

– Ah, tem algumas palavras que não podem ser ditas.

– Olha, eu não tenho nenhuma preocupação em atender, mas me diga quais palavras o senhor acha que são inadequadas?

– A palavra pênis, por exemplo, ser falada assim de manhã.

– Bom, tudo bem, mas qual a palavra que o senhor sugere?

– Membro...

– Não, membro pode ser braço, perna. O nome correto é pênis. Não vejo por que não se possa falar para qualquer pessoa, criança, adolescente, para explicar o corpo humano.

Destinatária de cerca de seis mil cartas enviadas ao *TV Mulher*, Marta encarava dois tipos de correspondência na fase inicial do programa, de acordo com o Memória Globo: as tímidas, que eram cheias de rodeios, e as agressivas, que incluíam xingamentos, censuras aos temas e grosserias. Com dois anos do quadro no ar, as cartas passariam a ser mais corajosas, menos prolixas e sem protestos. A não ser no caso das Senhoras de Santana, um grupo conservador então recém-fundado na zona norte da capital paulista e cujas integrantes chegaram a acampar na porta da Globo em São Paulo, exigindo, sem sucesso, a retirada do quadro do ar. Internamente, na Globo, Marta também tinha um adversário feroz: Homero Icaza Sánchez* e suas curiosas convicções sobre a alma feminina:

"Eu vi coisa, desta senhora, de uma loucura absoluta. Os conselhos que ela dava para as mulheres eram as coisas mais estapafúrdias. Ela não sabe que a sociedade, que a mulher é conservadora. Ainda que achem que não é, é conservadora. Que a mulher gosta do seu marido, que o orgasmo existe, que o amor existe. Era uma luta dela. Parecia que todas as mulheres teriam filho por inseminação artificial. Esse é o problema dos programas femininos".

Não seria nem Homero, nem as Senhoras de Santana, nem os eventuais conflitos de bastidores no condomínio de egos do *TV Mulher* que tirariam do ar o primeiro programa bem-sucedido da Globo direcionado ao público e aos temas femininos. Seria, principalmente, outra mulher, a então ex-modelo gaúcha Maria da Graça Meneghel, que, desde 1983, depois de ser contratada aos 20 anos de idade pela Rede Manchete para apresentar o infantil *Clube da Criança*, vinha tirando audiência da Globo no período da manhã, a ponto de Boni começar a reagir:

"Havia no mercado o fator Xuxa. Fui fazer um estudo da audiência e nós vimos que a Manchete, que tinha um programa inicialmente infantil, estava crescendo porque foram adicionando convidados adultos ao programa, pegando assim um público feminino. Quem assistia ao *TV Mulher* era a audiência na faixa dos 15 aos 55 anos, enquanto a audiência de Xuxa era mais ampla, ia dos 3 até 45 anos".

Boni revelou também que, nas discussões que a Globo promovia com telespectadores, mulheres que assistiam ao *TV Mulher* achavam que Xuxa fazia com que as crianças "ficassem mais calmas, mais obedientes, mais atentas ao programa". À parte a concorrência da futura "rainha dos baixinhos" na Manchete, e dos clássicos do desenho animado então exibidos de manhã pelo SBT, entre eles *Os Cavaleiros do Zodíaco*, *Pica-Pau*, *Os Jetsons* e *Tom & Jerry*, Ricardo Scalamandré*, à época um dos diretores da Central Globo de Comercialização, constatou que *TV Mulher* tinha outro problema:

"A dona de casa, a mulher, não parava para ver quatro horas de programa de manhã. Ela não assistia, não tinha tempo de começar às oito da manhã e ir até o meio-dia, ainda que tivesse uma novela. Ela assistia partes do programa. E a gente percebeu que estava perdendo as crianças".

Para Ugo Santiago, executivo da área comercial da Globo por quatro décadas, entrevistado por este autor em agosto de 2021, também fazia diferença o fato de a disputa de audiência se dar numa época em que, na maioria das residências, existia apenas um televisor, a então chamada "televisão da família":

"Na hora em que começou uma disputa entre mãe e filho, o filho ganhava na maioria das vezes".

Em 30 de junho de 1986, depois do desgaste de algumas trocas do elenco e de ter seu tempo de exibição reduzido para apenas uma hora, *TV Mulher* sairia do ar, abrindo espaço, na grade da Globo, para Xuxa, contratada por um salário três vezes maior que o da Manchete, e seu *Xou da Xuxa*, programa que ficaria no ar nas manhãs de segunda a sábado por seis anos e meio, tornando-se um marco tão espetacular quanto polêmico entre os conceitos e formatos de programação infantil da televisão brasileira.

Nas palavras de Antonio Athayde, "Boni não aguentou perder audiência de manhã e acabou com o *TV Mulher*". Nas de Ricardo Scalamandré, o chefe se viu obrigado a "sacrificar o programa para não ficar sem as crianças". Boni, ao lembrar a decisão na entrevista à *Gama*, disse que não hesitou:

"Encontramos a Xuxa e achamos que ela podia atender aos dois públicos, o feminino adulto e as crianças, aumentando também o espectro para a publicidade capitalizar".

E o projeto de inserir as questões femininas na programação da Globo? Para Boni, *TV Mulher*, durante seis anos, prestou um serviço "na transformação da dona de casa brasileira" e "mexeu muito na cabeça das mulheres sem fazer nenhum tipo de revolução":

"Sempre falei para não levantarmos bandeiras do feminismo: 'Nós vamos fazer um programa que transforme a dona de casa em uma pessoa mais informada, mas não transformá-la em uma feminista'".

A socióloga Eva Blay, coorganizadora do livro *50 anos de feminismo: Argentina, Brasil e Chile*, como outros estudiosos do movimento, e ao contrário de Boni, considerou *TV Mulher* um programa feminista, sim, explicando:

"É que na época se fazia uma caricatura. Ser feminista era uma desqualificação. Então, claro que um programa de televisão não podia e nem achava que era mesmo feminista".

Um rápido olhar para a situação das mulheres em outros horários da grade de programação da Globo e de outras emissoras, no início da década de 1980, bastaria para evidenciar a diferença que *TV Mulher* fez para elas enquanto esteve no ar.

Em sua edição de 2 de março de 1983, por exemplo, a revista *Veja*, em reportagem sobre presença das mulheres no telejornalismo, não deixou passar a frase infeliz de Armando Nogueira ao dizer que Glória Maria era "uma repórter com cheiro de povão", destacou os olhos azuis de Leila Cordeiro e, ao falar de duas das jornalistas do *Jornal da Globo*, informou que Luciana Villas-Boas tinha sido escolhida por Boni "pela voz sussurrante e beleza fascinante" e que Marilena Chiarelli "recebeu joias de um empresário mineiro apaixonado".

Na cobertura de futebol da emissora, o problema causado pela chegada das jornalistas Isabela Scalabrini e Monika Leitão à reportagem, de acordo com o então diretor de esporte Leonardo Gryner*, não foi nem a confusão entre currículo profissional e concurso de beleza:

"Foi um problema para a redação aceitar, foi um problema para os cinegrafistas aceitarem, foi um problema para os times de futebol aceitarem. Diziam: 'Ah, vai entrar no vestiário e vai ser objeto de brincadeira'. Eu dizia: 'Não precisa entrar no vestiário quando vocês estiverem nus. Elas podem muito bem esperar vocês se vestirem e aí entrar e fazer as entrevistas'. Até a gente começar a vencer isso tudo, custou um tempo".

Coisa de décadas.

He too

"*Malu Mulher* foi supercensurado, mas não foi tirado de cartaz. Nós saímos de cartaz."

Em março de 2002, duas décadas depois de ter o seriado em que estrelava tirado subitamente do ar pela Globo no capítulo 11, menos de três meses depois da estreia, na sequência de protestos moralistas e de uma coleção de cortes profundos determinados pela Censura, Antonio Fagundes* não hesitou: para ele, os problemas que inviabilizaram a representação bem-humorada que o seriado *Amizade Colorida* tentou fazer dos impactos do feminismo no comportamento dos homens, entre abril e junho de 1981, foram maiores que os enfrentados pela equipe de *Malu Mulher*, nos 43 episódios em que Regina Duarte dramatizou a condição das mulheres e as bandeiras da causa feminista.

"Era um novo homem, ou seja, aquele homem que não sabe como lidar com essa nova mulher; e essa nova mulher sendo independente, sendo liberada e ele ainda meio apavorado diante disso, em situações engraçadas. Mas nós tivemos grandes problemas com a censura. O que não incomodou a *Malu Mulher* incomodou o *Edu Homem*, incomodou, sim".

O título *Edu Homem*, substituído antes da estreia por *Amizade Colorida*, o próprio Fagundes disse ter concordado, na época, que era "forçar a barra demais" na ideia original de fazer uma brincadeira com o sucesso conquistado, entre maio de 1979 e dezembro de 1980, por *Malu Mulher*, que, em suas palavras, "tratava os problemas que surgiam para a nova mulher de uma forma séria, dramática, profunda, de análise":

"A gente ia brincar com tudo isso, porque com o nascimento dessa nova mulher tinha o nascimento de um novo homem. E esse homem, coitado, só levava pancada. Então, era pra ser comédia. Aí depois a gente achou que era sacanagem fazer um programa dentro da própria Globo brincando com outro programa da Globo".

O que Fagundes e os outros integrantes do projeto *Amizade Colorida* não esperavam, numa época em que já se respirava no país um clima de véspera da redemocratização, era que houvesse tanta reação ao seu personagem, "Eduardo Lusceno", fotógrafo freelancer de moda conquistador e boa-praça que passava sempre por situações desafiadoras em suas conquistas amorosas, sem nunca saber muito bem como lidar com a independência cada vez maior das mulheres. Um relatório do Centro de Inteligência do Exército de 26 de maio de 1981, revelado por Laura Mattos em seu livro *Herói mutilado: Roque Santeiro e os bastidores da censura à TV na ditadura*, ajuda a explicar por onde andava a cabeça dos censores da época:

"A Rede Globo, um dos mais importantes 'centros de irradiação cultural do país', através de seu departamento de telenovelas, dominado por comunistas notórios, como Janete Clair, Dias Gomes e outros, vem se transformando no principal instrumento do Movimento Comunista Brasileiro, no afã de destruir os valores mais sagrados da família brasileira, instilando de maneira insidiosa os 'NOVOS VALORES' da sociedade, com relativo sucesso".

Não eram, portanto, temas políticos ou sociais de teor anticapitalista ou socializante que configuravam o que o relatório chamou de "aspecto mais pernicioso" da programação do horário nobre da Globo. Era a dramaturgia de novelas como *O Bem-Amado*, *Coração Alado* e *Baila Comigo*, "montadas sem um mínimo de sentimento ético, apresentando aos telespectadores um sistemático endeusamento do adultério, do homossexualismo, da promiscuidade e da corrupção". Havia, no relatório, uma menção especial dos militares ao seriado que pretendia brincar com a nova condição do homem brasileiro:

"A recente novidade chamada *Amizade Colorida* vem sendo incentivada através do aviltamento do sexo e da instituição do casamento. Crimes e taras de toda a natureza, como estrupo [*sic*], masturbação, lesbianismo, toxicomania são apresentados com naturalidade, como se fossem fatos normais e corriqueiros de nossa sociedade, em proporções tais que a família tradicional seja considerada exceção".

Nas contas do diretor Paulo Afonso Grisolli, em entrevista ao *Jornal do Brasil* de julho de 1995, um primeiro episódio do seriado teve de ser abandonado, depois de os censores aplicarem 42 cortes no roteiro. A história de estreia acabou sendo "Isso Acontece", escrita por Lenita Plonczynski e na qual "Edu" se envolvia com a modelo "Vera Bianca", interpretada por Sandra Bréa, e tinha que enfrentar uma situação de impotência sexual, numa época em que não existia Viagra e nem era possível, por exemplo, encomendar lotes do comprimido contra disfunção erétil para uso nos quartéis do Exército Brasileiro.

No segundo episódio, intitulado "Barriga", escrito pelo próprio Fagundes, uma das namoradas de "Edu", interpretada por Lúcia Alves, avisava que estava grávida e teria o filho sozinha, levando o protagonista, inconformado com a condição de simples reprodutor, a também "engravidar", mergulhando em leituras sobre gravidez, usando uma barriga falsa para sentir a dor na coluna e chegando a ir a um ginecologista, que o expulsa por achar que estava diante de um maluco.

– Fagundes, o episódio foi proibido. O que você fez? O que que houve?

– Boni, você viu?

– Não.

– Então eu vou te pedir um favor, Boni. Veja o episódio. É ridículo.

Na lembrança de Fagundes, Boni concordou, resolveu "peitar" a Censura e o episódio que o ator considerava "uma bobagem, uma comediazinha que dava pra passar às oito horas da manhã para criança" foi ao ar. O quinto, "Gatinhas e Gatões", cujo tema era o envolvimento de "Edu" com a arquiteta "Lúcia Siqueira", vivida por Tamara Taxman, e a filha de 17 anos "Bebel", interpretada por Carla Camurati, não obviamente nas mesmas cenas, levou as integrantes do grupo Senhoras de Santana, movimento de senhoras conservadoras da zona norte de São Paulo, a organizar um manifesto e enviar ao governo, em maio de 1981, cerca de cem mil assinaturas contrárias ao seriado.

Mais dois episódios e a direção da Globo tomou uma atitude rara diante da Censura: na noite de 8 de junho, no horário previsto para a exibição de "Bagunça", história mutilada e tornada quase incompreensível pelos censores e na qual "Edu" hospedava uma das suas namoradas e assumia todas as funções domésticas, transformando seu estúdio-apartamento num caos, a emissora mostrou apenas um *slide* de *Amizade Colorida*, enquanto um locutor, em *off*, comunicava que o episódio "Bagunça" não seria exibido e que os advogados da Globo tinham entrado com um recurso no Serviço de Censura Federal, repudiando os vetos.

Na grande imprensa, *Amizade Colorida* foi geralmente bem acolhida pela maioria dos críticos. Artur da Távola, d'*O Globo*, lamentou o fato de a emissora ter desistido "cedo demais"; Tarso de Castro, em sua coluna na *Folha de S.Paulo*, considerou o seriado "o que de melhor aconteceu do que se chama de nova fase da Globo"; e a crítica Helena Silveira, na mesma *Folha*, preferiu dar um conselho às Senhoras de Santana em sua coluna de 3 de junho daquele ano:

"E as excelentíssimas senhoras estão se incomodando com as carícias de Antonio Fagundes, com as situações de jovens atores que no vídeo repetem exatamente o que fazem na vida, nos círculos sociais. Por que não conscientizam seus filhos e suas filhas da responsabilidade que vão ter perante o Brasil de amanhã, já que o Brasil de hoje nas mãos de gerações maduras está no estado em que se vê? Por que, senhoras, não ir a cortiços, favelas e, sem nenhum espírito de caridade ofensiva, mas tão somente de fraternidade, pesquisar sobre vidas que não são vidas, mas sobrevivências, apesar de tudo?".

Mais de quatro décadas depois de *Amizade Colorida*, em julho de 2022, o próprio Fagundes resgataria, sob aplausos de 34 mil curtidas entre seu 1,7 milhão de seguidores no Instagram, uma das imagens do seriado que tiravam do sério e do sono, com sentimentos diferentes, para não dizer opostos, tanto as senhoras que repudiaram o programa quanto os milhares de admiradoras de sua beleza: a imagem de "Edu" apenas de cueca, dançando e perambulando pelo seu estúdio-apartamento, no que muitos consideraram como "o primeiro seminude masculino da TV brasileira", acompanhada de um comentário do ator:

"Recordar é viver. Saudade dos anos 70/80".

Enquanto esteve no ar, o enfoque de *Amizade Colorida* também foi criticado por parte do movimento feminista. Em entrevista à *Folha de S. Paulo*, em maio de 1981, Fagundes argumentou:

"Algumas feministas criticam o enfoque dado ao programa, mas o personagem é real. Isso não quer dizer que eu concorde com tudo o que ele faz. O movimento feminista tem o todo meu apoio desde que não fique em atitudes extremadas. Sou contra a troca do machismo pelo feminismo. A luta é outra, contra sistemas e não deve ser desligada da realidade política. Por isso, faço questão de tirar meu chapéu para uma feminista como a boliviana Domitila Barrios de Chungara: o inimigo não está do lado. Está na frente".

Uma polêmica que estava longe de acabar.

Coisa, também, de décadas.

Correndo por baixo

A cena era inimaginável, mesmo para telespectadores acostumados ao grotesco na tela da TV: com sangue brotando pelos olhos, sinal externo do câncer que jamais fora tratado ao longo de seu calvário de cinco meses de diagnósticos errados e altas precipitadas por seis hospitais do Rio de Janeiro, Danúbia, uma menina de 9 meses, morreu nos braços da mãe, Maria Erinalda da Silva, 22 anos, ao vivo, diante das câmeras do programa *O Povo na TV*, do SBT, no início da tarde do dia 14 de dezembro de 1982.

"Nunca a televisão brasileira foi tão fundo no mundocanismo. O que se vê por aí ainda hoje em matéria de exploração da boa-fé do público e de mercantilização da ignorância, da miséria e da violência nem sequer arranha, na comparação, a indignidade que era cotidianamente levada ao ar".

A invocação do documentário italiano *Mundo Cão*, sinônimo inaugural do sensacionalismo nas telas, feita pelo colunista Reinaldo Azevedo em maio de 2020, no site UOL, 38 anos depois da morte de Danúbia, dá uma ideia do impacto causado pelo programa cuja audiência, nas tardes da TV aberta, foi um prenúncio dos desafios que a Globo passaria a ter que enfrentar, nas décadas seguintes, com a entrada no ar, em 19 de agosto de 1981, do Sistema Brasileiro de Televisão (SBT).

Concedida pelo governo militar ao empresário e animador Silvio Santos, após a concorrência pública que seria realizada a partir da cassação das concessões das extintas redes Tupi e Excelsior (contexto político que será abordado no próximo capítulo), a nova emissora tinha incorporado o canal 11, a TVS, no Rio de Janeiro, concedido a ele pelo general Ernesto Geisel em 1975. Como lembrou em agosto de 2024 Mauricio Stycer, biógrafo de

Silvio, "o filé-mignon, a licença para explorar o canal 4, em São Paulo, e outros quatro canais", seria concedido pelo general Figueiredo em 1981 "à base de muita articulação política e bajulação, jamais negadas por Silvio Santos". Nas palavras de Stycer, "um quadro infame, com nítido caráter publicitário", marcou época nesse período: *A Semana do Presidente*.

Uma espécie de concentrado de conteúdos que se dispersariam pelo YouTube no século 21, *O Povo na TV*, apresentado por Wilton Franco, desafiava o Ibope da Globo no início dos anos 1980, entre uma e seis e meia da tarde, com uma receita que misturava fofocas do meio artístico, debates deliberadamente inflamados sobre assuntos polêmicos e escandalosos e um assistencialismo barulhento que, se não resultou em benefícios gerais para a população, turbinou a carreira de alguns de seus apresentadores, como Wagner Montes, Sérgio Mallandro e Roberto Jefferson, o futuro espantalho do bolsonarismo, na descrição de Reinaldo Azevedo, à época "um Jefferson rotundo, eloquente, que gostava de falar difícil para os simples, passando a impressão de sabedoria" e cuja visibilidade, "conquistada naquele pântano moral", rendeu-lhe o primeiro mandato de deputado federal.

"Era o programa mais barato do mundo, claro: duas câmeras e um comandante usando as pessoas, os restos humanos que apareciam ali".

Assim Paulo José*, o primeiro dos vários diretores convocados para enfrentar *O Povo na TV* na disputa do Ibope, definia o programa cujo momento de maior audiência, depois de cinco horas e meia de exibição do que a *Folha de S.Paulo* chamou de "um desfile das mais variadas manifestações de miséria humana", acontecia sempre às seis da tarde, todos os dias, exatamente o horário em que entrava no ar a primeira das novelas diárias da Globo. Era quando Wilton Franco, contrito como um sacerdote e ao som da "Ave Maria", puxava a oração católica, replicando, na TV, o ritual de muitas paróquias do país.

A arma da Globo contra o SBT naquele limiar estratégico do horário nobre foi uma mistura de dramaturgia com jornalismo que herdou, além do nome, o formato do programa *Caso Verdade*, criado em 1976 por Walter Avancini e que dava a casos reais um enfoque dramático contextualizado por entrevistas e reportagens. A munição contra Silvio Santos, no entanto, teria de ser outra, garimpada, sem hesitação, não no imaginário e no cotidiano das "Malus" e "Edus" da classe média, mas, segundo Paulo José, na realidade das pessoas que estavam encorpando a audiência de *O Povo na TV* com índices em alguns momentos próximos de 20%, distância até então impensável para os 40% de média que a Globo costumava assegurar nos finais de tarde:

"Você tinha que fazer um programa para um público desse horário das cinco horas, basicamente donas de casa, domésticas, o pessoal que vê televisão em casa, não quem trabalha fora. Wilton Franco estava pegando plenamente esse público. Então tinha que ser parecido com isso".

E assim seria, de segunda a sexta na tela da Globo, entre abril de 1982 e abril de 1986. Uma espécie de força-tarefa da Central Globo de Produção – integrada por vários diretores e empoderada por um rodízio de apresentadores que incluiu Tony Ramos, Regina Duarte, Paulo Gracindo, Miguel Falabella, Lima Duarte, Francisco Cuoco, Claudia Raia, Raul Cortez, José Wilker, Dina Sfat, Walmor Chagas e até os humoristas Chico Anysio e Renato Aragão – levaria ao ar, das 17h15 às 18h, um total de 152 episódios, em sua maioria sobre "casos populares com uma situação muito forte", segundo Paulo José, criados a partir de cartas enviadas com relatos e sugestões dos telespectadores, a pedido da emissora.

Uma história por semana, contada em cinco capítulos de 25 minutos, com o último deles muitas vezes reservado para um encontro dos personagens reais das histórias com os atores, tudo gravado num ritmo de produção que Paulo José*, vinte anos depois, em sua entrevista, não conseguia imaginar ter sido possível de se obter. Casos como o de uma alcoólatra que tenta se matar, joga-se do oitavo andar e sobrevive depois de sua calça jeans se prender no suporte de uma veneziana; o casal formado por uma mulher branca e um homem negro que decide enfrentar o preconceito; e a jovem vítima de um acidente que se envolve com um homem muito mais velho. Norma Blum*, uma das dezenas de atrizes da Globo que participaram da maratona de episódios do *Caso Verdade*, ressalvou:

"Não sei se tudo era realmente tão verdade assim, ou se tinha algumas coisas dramatúrgicas no meio. Mas era um programa que fazia bastante sucesso".

Na batalha contra *O Povo na TV*, a Globo também produziria edições com teor biográfico do *Caso Verdade* sobre figuras populares como o então jogador Adílio, craque do Flamengo, e a religiosa Irmã Dulce, futura santa canonizada pelo Papa Francisco e cuja intérprete, a atriz Yoná Magalhães, assim como o autor do roteiro, Walther Negrão*, envolveu-se profundamente com o trabalho:

"Pegamos a Yoná Magalhães, a levamos para a Bahia e ela gravou nos lugares da Irmã Dulce, no Hospital Santo Antônio, nos lugares por onde ela passou. Em todos os *breaks* de narração, a Yoná chorava. Quem dirigiu foi o Milton Gonçalves".

Foi também Milton Gonçalves, em mais um momento de protagonismo na história da dramaturgia da Globo, quem levou a atriz Ilka Soares*, falecida em 2022, aos 89 anos, a se despir de sua sofisticação para protagonizar "uma pobrezinha" num *Caso Verdade* sobre uma viúva que recorre aos classificados de um jornal para encontrar um novo marido:

"Ela era pobre de marré deci. Aí o Milton falou: 'Não lava o cabelo, não faz escova, põe uns grampinhos, coloca uma roupa bem esculhambada, anda arrastando a sandália no chão'. Eu varria casa o dia inteiro, lavava roupa e tinha aqueles filhos. Eram três. Essa pobre aí acabou dando certo".

Além de enfrentar a baixaria do SBT no horário, a equipe do *Caso Verdade* também teve problemas com a Censura, como aconteceu com o roteiro do episódio "Volta ao Lar", escrito por Alcides Nogueira* e que contava a história real e trágica de um presidiário que, depois de cumprir integralmente sua pena, não encontrava trabalho ou qualquer maneira de sobreviver fora da prisão. No meio do caminho, como lembrou o autor, havia a "tesoura implacável" da censora Solange Hernandes, de triste memória para a cultura brasileira nos anos 1980:

"O ex-presidiário optava por cometer um crime e voltar para a cadeia, porque ali, pelo menos, teria o que comer e onde dormir. O narrador seria o próprio presidiário, que faria a narração de dentro da cela. Isso conferia um peso dramático muito grande à história. Mas vivíamos ainda um período de ditadura, a Censura Federal era terrível. A famosa Dona Solange cortava tudo e o episódio foi vetado".

O esforço da dramaturgia da Globo de, nas palavras de Boni*, "enfrentar o popularesco com o popular", recusando a suposta alternativa de atingir o público "de menor nível de cultura" com "programas ruins e de baixo nível", fazia parte de uma estratégia maior da emissora que ia além da disputa de audiência com *O Povo na TV*. Ela incluía a recontratação de Chacrinha, demitido pela emissora em 1972, para as tardes de sábado, e um *remake* temporário do humorístico *Balança Mas Não Cai*, que tinha sido tirado do ar um ano antes. De acordo com o ensaio "Travessias e travessuras de uma indústria caótica", do jornalista Carlos Amorim, o SBT era um novo tipo de concorrência cujo fôlego, assim como a garganta do dono, aos domingos, no auditório, duraria décadas:

"Silvio Santos foi o criador de um modelo incomparável de autofinanciamento da emissora, vendendo produtos próprios, móveis e eletrodomésticos das Lojas Tamakavy, títulos premiados de capitalização do Baú da Felicidade e, depois, a Tele Sena. Os principais clientes de publicidade do SBT eram as empresas do próprio grupo. Com isso, Silvio Santos se tornou outro gigante das comunicações".

As décadas passariam e o SBT, embora nunca tenha conseguido acabar com a hegemonia da Globo, mesmo estando à frente de uma rede que chegaria àquele ano com 114 emissoras e afiliadas, ocuparia, quase sempre, às vezes perdendo para a Rede Record, a vice-liderança da audiência, condição que Silvio Santos até assimilou por uns tempos com o slogan de "líder absoluto do segundo lugar".

Sempre mais dependente do modelo Baú da Felicidade de negócios do que da receita dos anunciantes, estes reticentes com as toxinas do conteúdo comprometedor de alguns programas da emissora e sem muita perspectiva de faturamento com o público formado em sua maioria por pessoas de menor poder aquisitivo, o SBT, no entanto, jamais deixaria de ser uma dor de cabeça nas salas poderosas do Jardim Botânico.

No caso da dor de cabeça *O Povo na TV*, o tratamento à base de *Caso Verdade* adotado pela Globo se mostraria eficiente na transferência de audiência para as novelas das seis exibidas pela Globo entre 1982 e 1986. A audiência média de folhetins como *Pão-Pão, Beijo-Beijo*, com 40,92%; *Livre para Voar*, com 38,82%; *De Quina pra Lua*, com 31,22%; e *Sinhá Moça*, com seus à época invejáveis 43,10%, não seria comprometida. Menos ainda o faturamento da emissora no horário.

O Povo na TV, apesar das façanhas eventuais de dois dígitos no Ibope, sairia do ar em 1984, em meio à prisão, por charlatanismo, do curandeiro Roberto Lengruber, que costumava participar do programa encenando, ao vivo, supostas "curas espirituais". Junto com ele foi preso o próprio Wilton Franco, acusado de cumplicidade por anunciar medalhas "mágicas" vendidas pelo curandeiro. Silvio Santos, temendo ser também indiciado pelo crime, acabou com o programa. Mas a demanda estava longe de desaparecer, como observaria em 2001 o repórter Marcelo Migliaccio, da *Folha de S.Paulo*, ao fazer um histórico de *O Povo na TV*:

"Enquanto houver pessoas desesperadas, desassistidas e com a autoestima destroçada, o 'povo' estará sempre na televisão".

Como disse, a propósito, o cobrador de ônibus Marcos Eugênio Garcia, então com 23 anos, pai da menina Danúbia, no dia seguinte à morte da filha na frente das câmeras do SBT, ao criticar a cobertura do episódio pela imprensa:

"Wilton Franco fez o que ninguém fez pela minha filha".

CAPÍTULO 14

Muy amigos

As notícias, nos telejornais da Globo no final de maio de 1982, eram impressionantes: no dia 25, o porta-aviões *HMS Hermes*, nau capitânia da força aeronaval britânica enviada ao Atlântico Sul no dia 2 de abril de 1982, três dias após a invasão argentina das Ilhas Malvinas, estava prestes a ir a pique com sua tripulação de 1.700 homens, levando para o fundo do mar doze caças *Sea Harrier* e dezoito helicópteros *Sea King*.

Quatro dias antes, 21 de maio, cerca de 600 fuzileiros navais britânicos que haviam desembarcado nas praias da Baía de San Carlos, área estratégica para a retomada das ilhas então ocupadas pelo exército argentino, estavam cercados, à beira da rendição. E, no dia 30, o *HMS Invincible*, o outro porta-aviões britânico enviado ao cenário da guerra pela então primeira-ministra Margaret Thatcher, também ardia em chamas, após sofrer um ataque ousado dos caças da Força Aérea Argentina.

Não foi bem assim.

Os dias seguintes e a história mostrariam que o ataque dos caças argentinos do dia 25 resultara no afundamento do cargueiro britânico *Atlantic Conveyor* e não do *HMS Hermes*; que os fuzileiros navais ingleses, em vez de 600, somavam 2.500 homens e jamais tinham sido impedidos de desembarcar na Baía de San Carlos, mesmo encontrando resistência e sob ataque aéreo: e que a notícia importante do dia 30 de maio não era o iminente naufrágio do porta-aviões *HMS Invencible*, que continuava intacto, mas a conquista, pelos ingleses, de Istmo de Darwin e de Goose Green, com o aprisionamento de 1.300 soldados argentinos.

As discrepâncias começaram a ser percebidas a partir do cotejo das informações divulgadas pela ditadura argentina, as únicas disponíveis na fase inicial do conflito, com o noticiário também controlado que aos poucos foi sendo enviado pelos correspondentes dos jornais e emissoras britânicas embarcados na frota despachada por Margaret Thatcher às Malvinas.

Eventos esportivos à parte, a Globo tinha montado sua até então maior cobertura jornalística internacional, incomparavelmente maior do que a de qualquer outro veículo da imprensa brasileira, e a um custo à época estimado em mais de 420 mil dólares. Mandou 46 profissionais à Argentina em esquema de revezamento, além de mobilizar outros 30 que cobriram o conflito a partir de Londres, Washington e Nova York. Jorge Pontual*, que tinha deixado a emissora para trabalhar no *Jornal do Brasil*, e antes de retornar em 1983 para dirigir o *Globo Repórter*, ficou impressionado:

"Eu era editor internacional do *Jornal do Brasil*, e a gente tinha que parar a edição, o fechamento do *JB*, para assistir ao *Jornal Nacional*, porque a gente levava furo direto. Foi a primeira vez que eu vi a redação parar para assistir ao *JN*".

A cobertura incluiu a convocação do então repórter Renato Machado para fazer comentários sobre a Guerra das Malvinas ao lado de Cid Moreira, na bancada do *Fantástico*, e a participação, em Nova York, do então recém-contratado Paulo Francis, cujos comentários para o *Jornal Nacional* ficaram na memória do então editor-chefe do telejornal, Eduardo Simbalista:

"O Francis não comentava apenas: parecia o Senhor da Guerra. Ele mandava recados à rainha Elizabeth e aos generais argentinos".

Ao então editor Fabbio Perez*, com quem combinava diariamente os temas dos comentários para o *JN*, Francis chegou a fazer, no início do conflito, o que Perez chamou, carinhosamente, de uma "previsão curiosa":

– Não tem o menor perigo, Fabbio. Eu tenho a informação de que a Quarta Frota Americana está de prontidão e jamais vai deixar esses ingleses passarem aqui para o nosso hemisfério.

À parte a opinião dos comentaristas e apesar de o objetivo da equipe ter sido o de fazer uma cobertura objetiva e factual, fato é que nenhum repórter ou cinegrafista da Globo ou, diga-se, de qualquer veículo de imprensa de qualquer país tinha permissão dos militares argentinos de se aproximar, de navio ou avião, das Malvinas, situadas a setecentos quilômetros do porto militar de Comodoro Rivadavia e a quase dois mil quilômetros de Buenos Aires.

Nas primeiras semanas, portanto, enquanto os britânicos ainda estavam a caminho do Atlântico Sul para retomar o que, para eles, eram as Falkland Islands, só havia um lado da "guerra": o dos argentinos, que tinham "ocupado" o arquipélago de doze mil quilômetros quadrados, fazendo prisioneiros os integrantes de um pequeno contingente militar inglês que guarnecia a capital, Port Stanley. Ainda assim, antes mesmo de os argentinos começarem a ser derrotados, o controle de informações por parte das autoridades em Buenos Aires já era amplo, geral e irrestrito:

Exemplo: o repórter Paulo Alceu*, enviado pela Globo à capital argentina no início de abril, além de ter sua linha telefônica bloqueada no quarto do hotel, era obrigado a mostrar as reportagens aos militares antes de transmitir o material para o Rio via satélite, e foi repreendido por perguntar ao então chanceler argentino Oscar Camilión se a invasão das Malvinas também tinha como objetivo desviar a atenção do povo argentino da crise econômica enfrentada pelo país naquele momento.

A maioria dos profissionais da Globo enviados à Argentina, incluindo a repórter Glória Maria, que classificaria, no futuro, sua experiência de "correspondente de guerra" como "uma coisa muito tensa", acompanhou o conflito ou de Buenos Aires ou da cidade portuária chilena de Punta Arenas, no extremo sul da Patagônia, distante 778 quilômetros da região onde ocorreram intensos combates, ataques aéreos e operações de desembarque que resultaram no afundamento de navios dos dois lados.

Vontade de cobrir a guerra, porém, não faltou nem ao então vice-presidente executivo da Globo, Roberto Irineu, como ele contou em entrevista a este autor em junho de 2023, assim que a força aeronaval britânica partiu para o Atlântico Sul e ele recebeu um telefonema de Luiz Carlos Sá, executivo que tinha trabalhado na Globo e que na época estava na WTN em Londres. Sá oferecia à Globo a participação em uma operação jornalística independente que estava sendo montada para o que todos acreditavam, naquele momento, que seria "o desembarque dos ingleses para retomar as Malvinas". Roberto Irineu nem pensou:

– Estou dentro!

A operação, orçada em trezentos mil dólares que seriam divididos entre a WTN, a rede americana ABC e a Globo, previa que um avião cargueiro partiria de Miami, levando uma antena desmontável de transmissão via satélite até Punta Arenas, onde o equipamento e os jornalistas do *pool* seriam embarcados num hidroavião *Catalina*, que pousaria próximo a uma das praias do arquipélago para deixar as equipes, retornando dias depois para resgatá-las. O repórter Chico José, escolhido para a reportagem, chegou a embarcar para Punta Arenas, para onde também foi Glória Maria, mas a operação foi cancelada, segundo Roberto Irineu, devido a uma mudança nas expectativas:

"Quando a Força Aérea Argentina começou a afundar navios ingleses com aqueles mísseis Exocet, ficou claro que não seria apenas um desembarque para retomar as Malvinas. Seria guerra mesmo. Aí a WTN, a ABC e nós resolvemos cancelar. O problema foi trazer de volta o Chico José e a Glória Maria, que queriam embarcar de qualquer maneira".

Chico José*, que chegou a cancelar férias para tomar parte na cobertura e até tomara a iniciativa de adquirir as roupas especiais que a equipe teria de usar, resignou-se:

"O avião nunca apareceu porque o piloto chegou à conclusão de que a vida dele valia muito mais do que o que estava sendo pago pelas emissoras".

Quem tentou procurar mais ação foi expulso, como aconteceu com o repórter Hermano Henning e o cinegrafista Luiz Demétrio, ao tentarem registrar a movimentação militar no porto de Comodoro Rivadavia. O substituto de Hermano, o mesmo Chico José, viu-se obrigado a gravar um audioteipe escondido no guarda-roupa de seu quarto no hotel e também acabaria expulso apenas por tentar falar, mesmo sem usar câmera fotográfica ou estar acompanhado de um cinegrafista, com pessoas que doavam sangue no hospital militar da cidade.

A censura implacável na Argentina acabaria gerando um problema que, até então, na Globo, só costumava afetar a qualidade do noticiário nacional da emissora, sempre dócil com a ditadura brasileira e nunca na vanguarda de temas políticos polêmicos. Pela primeira vez, sem considerar a cobertura quase inexistente sobre os crimes das ditaduras vizinhas do Cone Sul, a editoria internacional da emissora foi fortemente influenciada não pela censura militar brasileira, mas por uma surpreendente torcida de setores da opinião pública e da mídia do país, parte da esquerda incluída, pelos argentinos, em sua empreitada nacional populista contra uma das potências militares capitalistas da Europa.

Os ânimos daquela torcida terceiro-mundista esquentariam de vez no início de maio, quando jatos *Super Étendard* e *Skyhawk* da Força Aérea Argentina, usando mísseis Exocet, provocaram o naufrágio das fragatas britânicas *Ardent* e *Sheffield*, matando 46 tripulantes e ferindo outros 57, além de afundarem o cargueiro *Atlantic Conveyor*, causando 18 mortes.

O feito militar inegável dos pilotos argentinos, que até o final do conflito provocariam a surpreendente perda, pela Grã-Bretanha, de seis navios de guerra e sérios danos em quinze embarcações de apoio, foi explorado com exagero pelas fontes oficiais em Buenos Aires e recebido sem muito critério na maioria das redações brasileiras. Na Globo, o episódio marcou o início do que se tornaria uma dissidência na equipe de jornalismo da emissora durante aquela cobertura.

Roberto Feith*, então chefe do escritório da emissora em Londres e trabalhando a partir do noticiário da BBC e de outras fontes da imprensa europeia, não era ouvido em suas ponderações junto ao comando da redação, no Rio. Na entrevista que deu em 2003, Feith*, reconhecendo ser "a voz minoritária" no balanço sobre aquela cobertura, disse que foi difícil lidar com "a simpatia da opinião pública brasileira, do governo brasileiro e dos brasileiros de um modo geral pela Argentina". A dissidência diária se dava em torno da determinação da direção de jornalismo de que fosse dado, sempre, "o mesmo destaque" para o que diziam a Argentina e a Inglaterra. Feith questionava a suposta virtude daquele "equilíbrio":

"Acho que, ao fazer isso, a TV Globo abdicou da sua responsabilidade jornalística de bem informar. Nós podíamos avaliar que a credibilidade da informação vinda do governo inglês era maior do que a do governo argentino, mas a editoria não aceitava essa argumentação. O governo inglês, evidentemente, tinha seus interesses na cobertura da guerra, na maneira como ela se desdobrava, mas, independentemente disso, havia uma tradição de supervisão da imprensa, de crítica da imprensa ao que o governo fazia. Havia uma oposição local ativa, atuante e forte no parlamento da Inglaterra e a certeza de que logo à frente haveria eleições. Então, a possibilidade de o governo mentir era limitada".

De fato, ainda que as reportagens dos correspondentes britânicos também tenham sido "censuradas, atrasadas e ocasionalmente perdidas", como destacou o jornalista Julian Barnes em retrospecto sobre a cobertura do conflito publicado pelo jornal *The Guardian* em 2002, e que nenhuma foto britânica tenha sido transmitida para Londres em 54 dos 74 dias de duração do conflito, quando começou a ação militar em terra, as fontes utilizadas pelo escritório londrino da Globo comandado por Feith se mostraram muito mais precisas e fiéis aos fatos.

Já Buenos Aires, em ocasiões semelhantes, no embalo da propaganda do governo militar, simplesmente não voltava a tocar nos exageros e mentiras produzidas na véspera, como aconteceu nas notas oficiais sobre o suposto naufrágio do porta-aviões *HMS Invincible* e as avarias graves que teriam sido causadas ao *HMS Hermes*. Ao mesmo tempo, à medida que o rápido conflito foi caminhando para o final, o comando militar argentino nada ou pouco revelou sobre o massacre que suas tropas estavam sofrendo em terra.

Parcialmente compostos por recrutas inexperientes vestidos com uniformes comuns e portando armas convencionais sob temperaturas abaixo de zero multiplicadas por ventos eternos, os pelotões do exército argentino, em muitas ocasiões, eram vencidos facilmente, na escuridão da noite, por militares profissionais britânicos equipados com óculos de visão noturna, roupas aquecidas e armas de última geração.

Ao lembrar o estresse de ter sido a "voz minoritária" cujos argumentos acabariam sendo os mesmos da reportagem que a *Veja* publicou na época, classificando de "naufrágio" a cobertura feita pela Globo depois que as forças britânicas chegaram à região das Malvinas, Feith, mesmo estando longe de ser considerado um detrator do jornalismo da emissora, lamentou que o conteúdo transmitido não tenha sido "filtrado pelo conhecimento que se tinha sobre a natureza dos dois regimes políticos":

"Acho que foi o único caso que eu me lembre, em oito anos de trabalho intenso na Globo, que houve um equívoco editorial. Houve uma orientação pró-Argentina na cobertura que iludiu o espectador brasileiro, que achava que a

Argentina estava ganhando a guerra e subitamente descobriu que a Argentina tinha perdido a guerra".

Ao final do que Julian Barnes, citando o argentino Jorge Luis Borges, classificou como "uma disputa de dois carecas brigando por um pente" e "uma guerra bizarra e sem cérebro entre o imperialismo nostálgico e o fascismo nostálgico" apoiada majoritariamente por uma Grã-Bretanha embriagada de "chauvinismo tóxico", estavam mortos 649 militares argentinos, 255 britânicos e 3 civis das ilhas; os feridos dos dois lados chegaram a 1.845; Margaret Thatcher foi reeleita, como se previa, e a ditadura argentina caiu um ano e meio depois, como se esperava; e os militares do mundo, ao acompanharem o conflito, deram-se conta de algumas lições, entre elas a surpreendente fragilidade dos navios de guerra da época diante de mísseis e aviões modernos.

A Globo acabaria sendo a primeira emissora não inglesa e não americana a desembarcar nas Malvinas após a guerra. Aconteceu em março de 1983, bem depois de 14 de junho de 1982, dia da rendição incondicional das tropas argentinas que tinham tomado Port Stanley. O então correspondente Ricardo Pereira* e o cinegrafista Newton Quilichini, ambos do escritório da emissora em Londres, produziram, no arquipélago, uma reportagem que foi exibida no *Jornal da Globo* no primeiro aniversário do fim do conflito. Ricardo, que pouco antes de morrer de câncer, aos 72 anos, voltou ao arquipélago em 2023 para gravar um documentário, nunca achou que o desfecho daquela guerra seria outro:

"A operação daquela junta militar foi totalmente alucinada. Morreu um monte de gente de um lado e de outro. Estava na cara que a Thatcher não ia perder a oportunidade de ganhar aquela guerra. Foi mais um desses absurdos da História".

Fala, Saddam

– Armando, todo mundo, do mundo inteiro, está lá. Você acha que ele vai dar uma entrevista exclusiva para a Globo de Brasília?

O "Armando", do outro lado da linha, era Armando Nogueira. "Todo mundo, do mundo inteiro" eram equipes de todas as emissoras de televisão importantes da Europa e dos Estados Unidos. "Lá" era Bagdá, no Iraque, dias depois da chamada Operação Ópera, um ataque aéreo surpresa realizado em 7 de junho de 1981 pela Força Aérea de Israel e que destruiu um reator em construção no Centro de Pesquisa Nuclear de Al Tuwaitha, a dezessete quilômetros da capital iraquiana. "Ele" era o ditador Saddam Hussein. "Globo de Brasília" era, na verdade, Toninho Drummond, diretor de jornalismo da emissora na capital brasileira. E quem argumentava, um pouco contrafeito, do outro lado da ligação telefônica, era Roberto Feith, então chefe do escritório da Globo em Londres.

A promessa de uma entrevista exclusiva de Saddam para a Globo, num momento em que a mídia do mundo inteiro estava mesmo a postos, em Badgá, de olho nos desdobramentos do controvertido ataque de Israel para interromper o que seria a suposta construção de uma bomba atômica iraquiana, nascera de uma ideia que veio à mente de Drummond* no momento em que ele chegou à redação da emissora, em Brasília, e se inteirou do noticiário. Na mesma hora, ligou para o embaixador do Iraque no Brasil e pediu um encontro. O momento central do diálogo com o diplomata, segundo Drummond:

– Embaixador, estou aqui para propor uma parceria com o senhor. O seu presidente tem mania de dizer que é líder do terceiro mundo. É um sonho dele. Mas todas as vezes que vocês têm que criticar alguém, vocês criticam Israel, vocês criticam os americanos porque eles são aliados dos israelenses, mas, no final, vocês acabam só falando com as televisões americanas.

– Mas qual é a sua proposta?

– É o seguinte: o que eu quero é chegar na frente do primeiro mundo numa entrevista. Afinal, o senhor há de convir que não tem sentido: eles jogam a bomba e eles chegam primeiro? Vamos exercitar o terceiro mundo, vamos praticar, vamos tirar isso do papel. A Rede Globo pode botar uma palavra do presidente do Iraque no mundo inteiro instantaneamente, como fazem a ABC, a NBC e a BBC.

– O senhor pode botar isso no papel?

Não foram apenas a simpatia e a habilidade mineira de Toninho Drummond que fizeram a proposta da Globo saltar da embaixada em Brasília para uma mesa importante da chancelaria iraquiana em Bagdá. Desde 1978, cerca de dez mil trabalhadores da empreiteira Mendes Júnior e de outras empresas brasileiras vinham participando de obras milionárias de infraestrutura no Iraque, como as ferrovias Baghdad Akashat-Al Qaim e Expressway, e a estação de bombeamento do Rio Eufrates, além de várias estradas. Na área comercial, a empresa Engesa vendia, ao Iraque, blindados "Urutu" e lançadores de foguete "Astros", e a Volkswagen do Brasil, milhares de modelos Passat. Pelo lado brasileiro, metade do petróleo importado pelo país, na época, partia do Iraque.

– Está feito. O senhor pode embarcar que o presidente Saddam Hussein dará uma entrevista exclusiva para a Globo.

Com o sinal verde dos iraquianos, Drummond pediu "emprestado" a Roberto Feith, em Londres, o correspondente Ricardo Pereira, com quem já tinha trabalhado no Brasil, e combinou que os dois se encontrariam em Roma para, dali em diante, seguirem juntos para o Iraque com o cinegrafista Benevides Neto, o "Neto". A partir daquele momento, no entanto, em vez de comemorar, Drummond começou a temer pela possibilidade de estar a caminho de um fiasco sem tamanho, principalmente depois de se encontrar, acidentalmente, no embarque para a Itália, com Roberto Irineu, também a caminho de Roma:

– Toninho, o que você está fazendo aqui, rapaz?

– Roberto, você está indo para Roma e eu estou indo para o Iraque.

– Fazer o quê?

– Entrevistar o Saddam.

Roberto Irineu ficou satisfeito com a notícia. Drummond, nem tanto:

"Fiquei preocupado, imaginando aquilo não dando certo, eu voltando para o Brasil e o Roberto Irineu dizendo: 'Toninho, você foi para o Iraque participar de uma entrevista coletiva? Contratamos essas agências todas aí, temos escritório em Londres e você vai para uma coletiva? Que luxo, hein?'. Você já pensou? Eu não ia querer ver o Roberto Irineu mais nunca".

Após o desembarque em Bagdá, a apreensão deu lugar ao que Ricardo Pereira* chamou de "onze dias de tortura" em que os três brasileiros ficaram confinados num hotel, enquanto, do lado de fora, ardia um calor de verão iraquiano que batia os 56 graus.

A entrevista? Ricardo nunca tinha uma resposta tranquilizadora:

"O Iraque já estava em guerra com o Irã. Então, todo dia o cara que era nosso guarda-costas, policial e tradutor dizia: 'Hoje o presidente foi para o *front*. Talvez amanhã'. Eu falava: 'Está bem, então vou sair e encontrar meus amigos na embaixada e na Mendes Júnior'. E o cara dizia: 'Não. Talvez aconteça hoje à noite. Melhor ficar no hotel'".

No caso de Drummond, a tortura era testemunhar a chegada ininterrupta de concorrentes ao mesmo hotel em que estava:

"Nesses nove dias foram chegando equipes. Todas as redes americanas, todas as europeias, todas as asiáticas. E eu para o Ricardo: 'Ricardo, será que o Bob Feith tem razão? Será que nós viemos aqui para participar de uma coletiva? Eu não tenho cara para voltar ao Brasil'".

No décimo primeiro dia, Drummond, Ricardo e "Neto" foram enfim chamados para a exclusiva com Saddam no Palácio do Governo. Seria a primeira vez que o ditador falaria, depois do ataque aéreo israelense, gravando separadamente com a Globo e com uma das redes americanas. E com ninguém mais. O drama, então, passou a ser o de "Neto", que, sob o olhar de Saddam, suaria muito na hora de trocar o rolo de filme usando um saco de pano como câmara escura, com muito medo de o entrevistado perder a paciência e abandonar o salão.

Deu tudo certo: em duas versões de edição, uma menor, exibida no *Jornal Nacional* de 29 de junho, e outra de quase nove minutos, exibida mais tarde, no mesmo dia, pelo programa *Globo Revista*, Saddam disse tudo o que queria dizer: negou que estivesse construindo uma bomba atômica; defendeu o direito do Iraque de ter uma; reiterou que continuaria com o programa nuclear "para fins pacíficos"; atacou o primeiro-ministro israelense Menachem Begin; e agradeceu a amizade do povo brasileiro e do então presidente João Figueiredo.

O embaixador do Iraque no Brasil ficou bem na foto em Bagdá.

E Toninho Drummond voltou tranquilo para Brasília.

Aquela exclusiva com Saddam Hussein seria uma das muitas reportagens em cenários críticos ou de conflito da política internacional nos quais os profissionais da Globo se aproveitariam da condição de não serem originários de nenhuma potência militar ou econômica. Ao longo dos quinze anos da Guerra Civil do Líbano, entre 1975 e 1990, por exemplo, cobrir o conflito era um desafio complexo e às vezes perigoso que incluía transitar, como repórter, entre facções diferentes que brigavam entre si. Mas não para os brasileiros, como lembrou, em seu depoimento, o jornalista Silio Boccanera*, ao falar das várias viagens que fez a Beirute:

"Para brasileiro era mais fácil. Chegava uma equipe americana para passar pela barreira e era assim: 'Americano? Não. Não gostamos de americanos'. Vinha o francês, o sujeito passava duas barreiras, mas não passava a terceira, porque era alguém que não concordava e não aceitava a posição política e diplomática dos governos americano, francês ou britânico. Com a gente, o sujeito nem sabia qual era a posição do governo brasileiro, então, tinha aquela simpatia".

Aquela espécie de imunidade jornalística, de recepção cordial passava a ser festa nos períodos de Copa do Mundo, quando a mística do futebol brasileiro transformava soldados e guerrilheiros armados com granadas e metralhadoras em dóceis torcedores da seleção, tentando falar corretamente o nome do craque Canarinho da vez e imaginando que os repórteres da Globo eram amigos íntimos do ídolo.

Quinze anos depois da exclusiva de Saddam Hussein para Ricardo Pereira, em 1996, César Tralli*, na época integrante da equipe de correspondentes do escritório da Globo em Londres, ao cobrir os combates entre as forças de Israel e os militantes do grupo Hezbollah no sul do Líbano com o cinegrafista Sergio Gilz e sua câmera com um *sticker* da bandeira do Brasil, também fariam bom uso da "imunidade" desfrutada pelos jornalistas brasileiros no Oriente Médio:

"Todas as emissoras do mundo estavam no mesmo hotel em Beirute, o Hotel Comodoro, único que tinha energia elétrica 24 horas. Três andares estavam ocupados pela BBC, dois eram da rede ABC, dois da CBS e num andar onde ficaram outras emissoras estávamos o Sergio Gilz e eu. A gente tinha contratado um motorista de táxi e dissemos a ele que queríamos muito tentar entrevistar o pessoal do Hezbollah. O cara disse que conhecia pessoas da universidade que poderiam abrir a porta para nós".

Valeu a pena. Ao serem identificados como brasileiros, Tralli e Gilz foram orientados a procurar novos intermediários do Hezbollah na cidade de Tiro. No caminho por uma estrada que estava oficialmente bloqueada, segundo Tralli, não haveria como não identificar que se tratava de um carro que levava brasileiros:

"A gente botou adesivo 'Press' em tudo quanto era lugar do carro, bandeirinha do Brasil e um adesivo gigante 'TV Globo – Brazil'. Durante a viagem, tensa, eu falava para o motorista: '*Go, go, go!*'. E a resposta dele se tornou um mantra que eu repetiria em todas as matérias complicadas que fiz depois daquele dia. Ele dizia: '*Don't worry my friend, don't worry. If you are happy, I'm happy and everybody is happy*'".

Ao chegarem no novo ponto de encontro, Tralli e Gilz foram encapuzados, colocados em outro carro no qual deram um passeio cego de cerca de duas horas e deixados, a pé, num lugar no meio do nada próximo à área que era bombardeada por caças israelenses. A ordem então foi a de sair correndo em direção ao local onde, finalmente, eles entrevistaram os combatentes do Hezbollah, todos de balaclava, armados com fuzis e lançadores de foguete.

A reportagem da primeira equipe a entrevistar os integrantes do Hezbollah durante aquele conflito renderia uma matéria destacada no *Fantástico*, e algumas das imagens feitas por Sergio Gilz foram usadas pelas redes dos Estados Unidos e da Europa que ocupavam o Hotel Comodoro, em Beirute. O orgulho com o furo não impediria Tralli de reconhecer, no futuro, que o fato de ser brasileiro fez a diferença, mais uma vez, no Oriente Médio:

"Por terem tanto vínculo com o Brasil, eles realmente enxergam na gente pessoas do bem. É tudo primo, é *friend*, é amigo".

O mico, o filé e as lágrimas

Um mico.

A avaliação de Telmo Zanini*, então editor e futuro executivo da área de esportes da Globo, para definir a cobertura da Olimpíada de 1980, foi implacável, mas Luizinho Nascimento*, à época também editor, futuro diretor do *Fantástico* e responsável pelo comando da cobertura da maioria das copas e olimpíadas que a Globo transmitiria nas décadas seguintes, não discordou de Zanini, ao lembrar a experiência de fazer parte da equipe de trinta profissionais enviados a Moscou pela emissora:

"A gente ficava numa sala com uma ilha de edição, uma botoneira e um russo atrás da gente. E tudo a gente tinha de pedir ao russo, que não falava uma palavra em inglês. E não tinha um intérprete disponível ali. Então, para você pedir o sinal da competição de remo, por exemplo, você ia no gestual, na mímica. Era até engraçado".

A rigor, à exceção do adeus e das lágrimas do mascote Misha, num mosaico animado feito com milhares de placas manuseadas por parte do público do estádio olímpico de Moscou na cerimônia de encerramento, aquela olimpíada, boicotada por mais de sessenta países que aderiram ao boicote então liderado pelos Estados Unidos em protesto contra a invasão soviética do Afeganistão no ano anterior, não teve grandes momentos do esporte para serem registrados ou transmitidos pela pequena equipe da Globo. No caso da participação brasileira, aliás, o que ficou na memória de muitos, como lembrou Zanini em 2001, foi um episódio vergonhoso:

"Na final do salto triplo, o nosso João Carlos de Oliveira, o 'João do Pulo', foi vergonhosamente roubado pelos soviéticos. Foram dois saltos do João que eram para ser medalha de ouro. Até hoje dizem que ele queimou os saltos. Queimou coisa nenhuma!".

Por trás da participação dos atletas do Brasil, um tradicional aliado dos Estados Unidos, mais que as pressões do governo Jimmy Carter junto ao governo João Figueiredo, tinha pesado o poder de João Havelange junto ao Comitê Olímpico Brasileiro (COB) e seu compromisso de retribuir o apoio que recebera das federações dos países do bloco soviético à sua candidatura vitoriosa à presidência da Fifa, seis anos antes.

Já a decisão da Globo de cobrir aquela olimpíada meia-boca que tinha despertado pouco ou nenhum interesse no Brasil, tinha relação direta com um compromisso da emissora com a Organização das Telecomunicações Ibero-Americanas (OTI), entidade criada em 1971 e que era responsável por ratear os direitos de transmissão e mediar as relações entre redes dos países de língua castelhana e portuguesa. No congresso realizado pela entidade na Cidade do México, em 1978, e do qual participou Armando Nogueira*, a OTI decidira que quem transmitisse a Olimpíada de 1980 teria direito de transmitir a Copa de 1982. Nem todas as emissoras brasileiras levaram a decisão da OTI a sério, e Telmo Zanini tinha uma explicação:

"As outras emissoras não acreditaram, achando que na hora da Copa iam dar um jeitinho. Não foram para cobertura da Olimpíada de 1980, que era caríssima, em Moscou, num horário difícil e com um fuso de seis horas de diferença".

Moscou era o "filé com osso" e a Copa da Espanha em 1982 era o "filé sem osso", nas palavras de Armando, ao lembrar a analogia feita pelos dirigentes da OTI na reunião do México, e na qual a entidade anunciou a norma, como parte de seu esforço para que as emissoras latino-americanas, a maioria interessada somente nos direitos da Copa, também transmitissem, ainda que de forma impositiva, outros eventos esportivos internacionais:

"Nós aceitamos essa imposição e fomos pra Moscou. Gastamos uma nota com uma olimpíada que não teve a menor importância. No ano seguinte, essa tal de OTI chamou a Globo e disse: 'Olha aqui: vocês fizeram os jogos olímpicos, a Copa do Mundo de 1982 é de vocês'".

Foi o que bastou, segundo Armando, para que a emissora começasse a ser acusada de ser "não só hegemônica, mas um monopólio que tinha comprado com exclusividade a Copa do Mundo e não dava direito às outras redes de irem à Copa do Mundo". Ciro José*, à época misto de locutor e executivo, disse em sua entrevista que era inútil explicar à imprensa que a norma não tinha sido inventada ou imposta pela Globo. E ficou mais difícil ainda explicar a situação quando Armando se deu conta de que a exclusividade do sinal para o Brasil, na transmissão da Copa da Espanha, seria "obrigatória":

"Mesmo que nós quiséssemos dar o nosso sinal para as outras emissoras, a OTI não permitiria, porque elas tinham desobedecido à norma instituída pelo condomínio latino-americano. Nós não queríamos, diga-se, a exclusividade. Ter exclusividade significava pagar, sozinhos, os direitos, que eram muito caros, coisa de dois a três milhões de dólares, uma fortuna na época".

A imprensa, na época, apurou que a fortuna paga foi bem maior, algo entre seis e oito milhões de dólares. E fato é que, garantido o "filé sem osso" exclusivo, a equipe de esportes da Globo começou a se preparar para a Copa da Espanha com uma disposição que ficou patente já na fase dos jogos-treino da seleção brasileira, ainda em 1981, quando, diante da inexistência, na época, de uma emissora de TV na cidade colombiana de Cali, o diretor Leonardo Gryner* lançou mão de um expediente inusitado para transmitir uma reportagem para a capital Bogotá, para que, de lá, o material fosse gerado para o Rio. Por um valor que não revelou em sua entrevista, Gryner comprou um apagão telefônico momentâneo na cidade:

"Não havia como transmitir o material que tínhamos gravado com nossa Ampex VR-3000, uma câmera portátil enorme e pesada. Aí eu fui à telefônica local e disse: 'Olha, eu vou precisar transmitir um material de televisão'. Era necessário o equivalente a cerca de seiscentas linhas telefônicas para você ter a largura de banda necessária para passar um sinal de televisão. Então fizemos um acordo lá e eles desligaram seiscentos telefones na cidade de Cali".

O filé.

Em 13 de junho de 1982 – quatro anos depois dos dias sombrios da Copa em que a paixão mundial pelo futebol teve de conviver com uma Argentina que sofria com medo e em silêncio pelos assassinatos e torturas em curso nos porões da ditadura –, uma Espanha ensolarada e recém-libertada de quatro décadas de franquismo começou a sediar o mundial que marcaria o início da transformação da Copa num evento planetário bilionário tão espetacular e irresistível quanto inevitável e às vezes controverso.

Seria um mundial cheio de recordes: 2,1 milhões de torcedores foram aos estádios, média de quarenta mil pessoas por partida. Estatisticamente falando, de acordo com um cálculo publicado no livro *100 Years of Football: The Fifa Centennial Book*, cada pessoa no planeta ligou a televisão para assistir à Copa da Espanha pelo menos duas vezes.

Em sintonia com aquela grande transformação que também marcaria o início de uma escalada exponencial dos custos e ganhos em publicidade e marketing associados à Copa do Mundo, a Globo inauguraria, na Espanha, uma nova maneira de o brasileiro torcer, vibrar, comemorar, sofrer e, como ensinaria aquele mundial, chorar, e muito, por causa da seleção.

Foi necessário um navio para a emissora transportar, até a Espanha, cerca de vinte toneladas de equipamentos e instalações, incluindo réplicas dos cenários do *Fantástico* e do *Jornal Nacional* que foram montadas num estúdio de mil metros quadrados situado num dos dois andares que a Globo ocupou no Centro de Produção de Madri. Ali se instalaram cerca de 150 profissionais da emissora, entre jornalistas, técnicos, engenheiros, produtores, locutores e comentaristas que compunham uma estação de TV avançada que, além de se tornar atração turística para dezenas de equipes de jornalismo de outros países que cobriram a Copa, foi o local escolhido pelo rei Juan Carlos para inaugurar o próprio centro de imprensa.

Por setecentos mil dólares, valor apurado à época pela mídia, a Globo garantiu, junto ao sistema Intelsat, a cessão de um satélite exclusivo para transmitir, paralelamente ao sinal gerado para o resto do mundo pela TV espanhola, as imagens captadas por uma câmera exclusiva da emissora durante os jogos da seleção brasileira. Nenhuma outra emissora faria algo parecido. O verbo "maratonar" ainda não tinha sido inventado, mas, à parte os intervalos da competição, seriam duas partidas diárias exibidas ao vivo, acrescidas de um "compacto" à noite, ou para o torcedor rever jogos da seleção ou para partidas não mostradas ao vivo devido a horários coincidentes.

A equipe comandada por Armando Nogueira com o apoio de Woile Guimarães, Leonardo Gryner e Ciro José inclui rostos e vozes que passariam a fazer parte, de vez, do cotidiano do torcedor brasileiro como, entre outros, os narradores Luciano do Valle e Galvão Bueno; os comentaristas Márcio Guedes e Sérgio Noronha; os apresentadores Fernando Vannucci e Léo Batista e os repórteres esportivos Juarez Soares, Raul Quadros e Reginaldo Leme, além de nomes já conhecidos da Central Globo de Jornalismo como Ricardo Pereira, Hermano Henning, Chico José, Lucas Mendes, Roberto Cabrini e Carlos Nascimento*, que em sua entrevista lembrou um detalhe a mais daquela cobertura histórica:

CAPÍTULO 14 · 507

"Todos muito bonitos, bem-vestidos, com uniformes de verão e inverno, gravata, camiseta, short, tudo criado pelo estilista Clodovil Hernandes. Uma equipe elegantíssima".

Além de bem-vestidos e elegantes, repórteres como Lucas Mendes, normalmente baseado em Nova York, foram uma atração à parte, tirando os ingleses, para os colegas das outras televisões que visitaram o complexo da emissora em Madri, devido ao método de edição adotado nas ilhas de edição da Globo, considerado "revolucionário" para eles, apesar de já rotineiro para os profissionais brasileiros, formados no padrão americano.

Lucas e os outros repórteres da Globo primeiro, claro, assistiam às imagens produzidas em campo para depois criarem o texto das matérias. Os colegas do continente europeu e de outros países, alguns ainda na pré-história do telejornalismo, criavam os textos e os editores de imagem tinham que se virar para "cobrir", ilustrar as narrações. Na lembrança do editor Marco Antônio Rodrigues, o "Bodão", a equipe brasileira dava aulas diárias de televisão:

"A cada duas, três palavras do texto do Lucas, vinha a marcação da fita: qual era a imagem que correspondia àquelas palavras. Era uma perfeição. Todo mundo ficava olhando a geração das nossas matérias, o pessoal da TV espanhola, da Colômbia, da Argentina, da Hungria, gente do mundo inteiro. Eles faziam muito rádio, uma coisa muito falada, falada, falada, com aquelas imagens gerais".

Como se esperava, nos dias de jogos da seleção, a Globo reinou absoluta no Ibope, com audiências semelhantes às de capítulos finais das novelas das oito da época. No dia 27 de junho, por exemplo, segunda partida do Brasil na Copa, 4 x 1 para a seleção contra o time da Escócia, a emissora teve 88% de participação no número de televisões ligados em São Paulo.

As lágrimas.

Nem o vergonhoso desmanche da "Família Scolari", na derrota de 7 x 1 para a Alemanha no gramado do Mineirão, em 8 de julho de 2014, foi tão doloroso, para muitos que estavam no Estádio do Sarriá, em Barcelona, na "emissora" montada pela Globo no Centro de Produção, em Madri, ou diante de milhões de televisores no Brasil, no dia 5 de julho de 1982, quando a seleção comandada por Telê Santana e estrelada por Zico, Sócrates, Júnior e Falcão se viu precocemente fora da Copa da Espanha, após os três gols do italiano Paolo Rossi formarem um dos mais lamentados placares da história do futebol mundial, o 3 x 2 para a Itália.

Juarez Soares*, credenciado para transitar pelo gramado, viu o jogo tão de perto que concluiu que a explicação para a derrota da seleção naquele dia não foi, como se apressaram a dizer os inquisidores de plantão, o passe errado de Toninho Cerezo que resultou no segundo gol da Itália. Foi o quarto-zagueiro da *Azzurra* Fulvio Collovati, substituído por Giuseppe Bergomi depois de torcer o tornozelo, aos 34 minutos do primeiro tempo, quando o placar era de 2 x 1 para a Itália:

"O Collovati estava vindo para perto do banco da Itália, mancando, e quando ele chegou estava chorando, aquele zagueiro imenso, e dizendo para o técnico: 'Eu tenho que sair porque eu torci o tornozelo, não posso jogar mais'. Chorava de desespero. E eu falei comigo mesmo: 'Meu Deus do céu, nós não vamos ganhar o jogo. Se a Itália está com esse espírito, o zagueiro chorando no campo porque não pode jogar, este jogo para nós está muito ruim, está muito complicado'".

Veio o apito final e Juarez, perdido em campo, sem saber o que fazer, foi alcançado por Ciro José e, transtornado, resolveu fazer de conta que não viu o chefe. Não adiantou:

– Juarez! Olha aqui!

Junto com Ciro, "catatônicos", estavam Armando Nogueira, Boni, Luciano do Valle e Márcio Guedes.

– O que é, Ciro?

– Grave três minutos para o *Jornal Hoje* e explique o que aconteceu aí.

– Eu? Eu, Ciro? Você está brincando!

– Juarez, o Rio está esperando...

– Então, vou contar até três, ok? Pra você ver como eu gosto de você...

– Mete o pau aí!

Ao lembrar daquele momento, Juarez disse que sabia que não poderia errar ou gaguejar, mas não tinha a menor ideia do que falaria. E quando a Globo, no Rio, o chamou pelo fone, em vez de contar até três, ele contou até cinco e iniciou sua entrada ao vivo no *JH* de uma maneira que não esqueceria:

– Terminou a Copa do Mundo, eu quero a minha mãe, Dona Josefina.

No lado da *Azzurra*, o repórter Ernesto Paglia, cuja simpatia e ascendência italiana ao longo da cobertura o tinham transformado em queridinho do técnico Enzo Bearzot, de quem ganharia até um beijo na final daquela Copa, e dos jogadores, rompidos com os compatriotas da imprensa até a vitória contra o Brasil, viu-se consolado pelos adversários, alguns quase pedindo desculpas e querendo saber o que tinha acontecido:

– *Che fine ha fatto la squadra brasiliana?* [O que aconteceu com a equipe brasileira?]

No Rio de Janeiro, o então novato Tino Marcos* nem conseguiu fazer matéria na casa de Chico Buarque, em cujo campo de futebol o compositor costumava realizar concorridas peladas que reuniam estrelas do futebol e da MPB:

"Cheguei lá, todo mundo num churrasco, bebendo, aquela coisa toda e eu lá bem no cantinho, vendo o jogo. Aí acabou o jogo, o Brasil eliminado, aquela tristeza toda, eu fui entrevistar o Chico, ele estava assim num estado meio avançado da coisa: 'Não vou falar nada, não quero falar merda nenhuma'. Quase que botou a gente pra fora, uma situação muito estranha, não teve entrevista, eu começando e não tinha matéria".

Também no Rio, um Boeing 707 fretado pela Globo estava pronto para levar uma versão compacta da escola de samba Estação Primeira de Mangueira para se apresentar em Madri, caso o Brasil fosse campeão, numa grande festa que a emissora produziria em frente ao Estádio Santiago Bernabéu, onde um prédio em construção seria "envelopado" por uma gigantesca bandeira brasileira iluminada, em projeto cenográfico da agência de publicidade McCann Erickson, contratada por João Carlos Magaldi, diretor da Central Globo de Comunicação.

Na emissora avançada da Globo no Centro de Produção de Madri, enquanto a equipe que cobriu o jogo voltava de Barcelona num voo comercial durante o qual ninguém quis conversar, a impressão de "Bodão", nos momentos que se seguiram à "tragédia do Sarriá", era a de que parecia ter acontecido um acidente grave na redação:

"As pessoas choravam pelos corredores. A gente chorava não só a derrota do Brasil para a Itália; chorava também a nossa cobertura. Ninguém queria trabalhar, estava um velório".

Foi quando Armando, ao chegar em Madri, mandou afixar, em várias paredes da "emissora" da Globo na Espanha, um texto que "Bodão" guardou para sempre:

"Não misturem o destino profissional da seleção brasileira com o destino profissional de cada um de vocês. A seleção foi um jovem de vinte anos que virou a esquina e morreu numa trombada. Vocês, não. Vocês têm uma vida longa profissional pela frente. Vamos nos levantar. Vamos fazer essa cobertura".

Hora de faturar

A cobertura foi até o final e, como lembrou Telmo Zanini*, apesar do sucesso técnico e jornalístico da empreitada, algumas vozes da mídia da época acrescentaram, à antipatia decorrente da exclusividade de transmissão dos jogos, a responsabilidade de um suposto "pé-frio" da Globo na eliminação do Brasil naquela Copa. Isso muitos anos antes de Mick Jagger se declarar torcedor da seleção.

Houve também reclamações contra o estilo ufanista e derramado do narrador Luciano do Valle* por parte de críticos como Maria Helena Dutra, do *Jornal* *do Brasil*, que só muitos anos depois conheceriam o que o substituto imediato dele, Galvão Bueno, faria nas cabines de transmissão, ao se tornar um autoproclamado "vendedor de emoções" a serviço da torcida brasileira.

A maior surpresa, na ressaca daquela Copa, no entanto, foram os pedidos de demissão de alguns personagens importantes da equipe de esportes da Globo, a começar pelo próprio Luciano:

"Eu saí da TV Globo porque não concordava que a emissora não desse espaço para os esportes. A gente tinha motociclismo, automobilismo, futebol e foi a época em que eu comecei a lidar com o voleibol, a geração do William e do Bernard. Vi que o voleibol tinha um time juvenil vice-campeão do mundo, com chance de ser campeão".

Não era exagero de Luciano. No início dos anos 1980, como lembrou Luiz Fernando Lima*, que em 1983 iniciou uma carreira na empresa que o levaria a diretor da área de esportes a partir de 1995, a cobertura de competições era modesta, quase romântica, ainda desvinculada dos projetos comerciais milionários do futuro e sem muito espaço na grade de programação da emissora:

"Quando eu entrei, a Globo devia transmitir uns vinte jogos de futebol, ou menos, por ano. Matéria do esporte, quando entrava no *Jornal Nacional*, era uma festa na redação, porque era difícil o esporte emplacar uma reportagem".

Luciano do Valle*, ao lembrar o momento em que deixou a Globo, semanas depois da Copa, para criar o futuro *Show do Esporte* e exibir, principalmente pela Rede Bandeirantes, corridas de Fórmula Indy e jogos da NBA, além do voleibol, disse que Boni não acreditou, ao receber a notícia:

– Você é louco? Você é titular aqui, por que você vai embora?

– Não adianta ser titular no nada. Boni, voleibol é um negócio muito sério que a gente tinha que trazer para a Globo.

– Luciano, o voleibol tem um problema de grade: a gente sabe quando começa, mas não sabe quando termina.

Não era só mais espaço para o esporte na grade da Globo. Em entrevista ao *Jornal do Brasil*, em agosto de 1982, Luciano reconheceu que, "razões profissionais" à parte, ele queria ganhar mais dinheiro, ao deixar a emissora e levar Juarez Soares com ele:

"Há um ano e oito meses tenho uma empresa de promoções esportivas organizadora, por exemplo, do Campeonato Sul-Americano de Voleibol. E precisava trabalhar numa emissora sem os grandes compromissos comerciais que a Globo tem para cobrir tais eventos".

O mesmo fizeram o diretor Ciro José, então com catorze anos de trabalho na emissora, e o locutor J. Hawilla, que atuara na Globo do Rio durante a Copa, para se tornarem sócios na então recém-fundada Traffic, que se tornaria a maior empresa de marketing esportivo do Brasil, detentora de contratos milionários de direitos de imagem da seleção brasileira e futura dona de quatro afiliadas da Globo no interior de São Paulo. Isso até 2014, quando Hawilla, já sem ter Ciro como sócio, seria acusado, nos Estados Unidos, por fraude eletrônica, extorsão, obstrução de justiça e lavagem de dinheiro em negociações de direitos esportivos, e por isso obrigado a devolver cerca de 151 milhões de dólares às autoridades norte-americanas.

A Globo parecia, àquela altura, estar assistindo, passiva e impotente, a uma fuga de talentos em direção à concorrência e ao filão promissor do então inédito crescimento da comercialização de eventos esportivos. Ainda mais no final de 1983, quando Leonardo Gryner*, então promovido a diretor de esportes, resolveu tirar do ar o *Esporte Espetacular*, convencido de que não fazia sentido manter um programa que não parava de mudar de dia, horário, conteúdo e duração. Uma decisão que levou um dos integrantes da equipe do programa a interpelá-lo, indignado:

– Como você pode fazer isso? O esporte na Globo já tem pouco espaço na grade e você tira do ar o nosso único programa?

A medida, que deixaria o *EE* fora do ar durante cerca de dois anos, até sua volta à grade da emissora nas manhãs de domingo em 1986 para nunca mais sair, pelo menos até 2024, tinha, ao contrário, o objetivo de dar, sim, espaço para conteúdos esportivos de televisão e conquistar a fidelidade do telespectador. Só que faturando o máximo possível e contando com a parceria de Octávio Florisbal, publicitário então recém-contratado para reestruturar o departamento de marketing da Globo e que, anos depois, se tornaria superintendente comercial e diretor-geral da emissora.

Era uma época em que, contradições entre tabagismo e esportes à parte, a Souza Cruz, subsidiária da British American Tobacco no Brasil, por exemplo, inundava o mercado com vultosos patrocínios da marca de cigarros Hollywood colados a eventos de automobilismo, motocross, vôlei, vela e outros esportes. Uma fortuna à qual, como lembrou Gryner, a Globo não tinha acesso:

"Embora a Souza Cruz entendesse que devia pagar e quisesse pagar pela enorme exposição que poderíamos dar à sua marca, nós não tínhamos um formato. A TV Globo, no seu padrão comercial da época, não tinha como vender esse espaço".

Passaria a ter.

O *EE*, em seu novo formato, paralelamente à cobertura jornalística raiz, nascida da pauta tradicional de conteúdos esportivos de interesse do telespectador, passou a oferecer espaço para os chamados "eventos marcados", posteriormente rebatizados como "ações integradas no esporte". Na prática, à parte a embalagem de marketing do nome, seriam conteúdos produzidos pela equipe do *EE* com a participação da área comercial da Globo e dos departamentos de marketing dos anunciantes. Parcerias que em alguns momentos seriam delicadas de administrar, mas que funcionariam num padrão bem diferente do "jabá", apelido de matéria paga maldisfarçada de jornalismo, velho pecado de parte dos veículos da mídia brasileira.

"A gente passou a dar uma visibilidade correta para eles na televisão, de forma aberta e transparente, com regras claras de inserção das marcas. Era a propriedade comercial que eles compravam".

E foi assim que começaram a ser exibidas, dentro do *EE* e também na própria grade da Globo, sempre com a última palavra sobre a exibição a cargo da direção de esportes e não da área comercial, dezenas de competições, algumas delas criadas pela própria equipe da emissora, e eventos claramente vinculados a marcas de bicicletas, automóveis, refrigerantes, cervejas, protetores solares, bancos, calçados, roupas esportivas e empresas de telefonia, entre outros produtos e serviços.

O lugar enfim cativo na grade de programação e os projetos comerciais inseridos no script do *Esporte Espetacular* dariam asas aos jornalistas da equipe de esportes da Globo para eles fazerem o que alguns já vinham fazendo por vocação. Caso de Luizinho Nascimento*, um dos diretores da CGJ que mais experimentaram os limites de linguagem da televisão na produção de reportagens, programas e eventos esportivos:

"A gente fazia esse segmento no esporte mais de aventura, uma coisa meio turística, meio lazer e meio participativa também. Começamos a usar muito câmera 'mudinha', câmera aquática, câmera no capacete do cara que ia pular, microfone no capacete do cara que ia pular, paraquedismo em Birigui, canoagem em Lumiar. O programa tinha esse diferencial".

Uma das ideias "diferenciadas" de Luizinho foi a de convencer o árbitro José Roberto Wright a apitar a final da Taça Guanabara de 1982, entre Flamengo e Vasco, no Maracanã, com um microfone sob o uniforme, gravando para o *EE* tudo o que aconteceu em campo, em episódio que deflagrou uma grande polêmica e inspirou uma manchete famosa do *Jornal do Brasil*, "Watergate no Futebol", além de levar a própria Fifa a proibir novas experiências do tipo. Armando Nogueira, um jornalista egresso da crônica esportiva, ficou entusiasmado com o novo formato:

"Nós tivemos que nos preparar para fazer, ao mesmo tempo, esporte como espetáculo, esporte como informação jornalística e esporte como evento já pré-produzido".

Antes mesmo da criação dos projetos de marketing esportivo mais estruturados do *EE*, o grande impacto da audiência hegemônica da Globo naquele início dos anos 1980 já tinha levado a direção de esportes da emissora a recomendar muita vigilância, por parte das equipes de repórteres e cinegrafistas, diante da proliferação de bonés, quepes, viseiras, faixas, banners e uniformes com marcas em busca de visibilidade gratuita nas coberturas esportivas da emissora. Em defesa do faturamento e também do bom gosto, a ordem era não mostrar marcas que entrevistados e personagens de reportagens tentavam exibir, muitas vezes de forma ostensiva e grosseira. Principalmente as que não tinham contratos com a área comercial da Globo.

O resultado, na tela, em alguns momentos, antes da introdução dos *backdrops* pontilhados de logotipos oficiais dos eventos esportivos do século 21, seriam planos fortíssimos de câmera, closes inexplicavelmente enterrados nos olhos de jogadores e atletas, e enquadramentos heterodoxos confundidos com ensaios estéticos, além de marcas apagadas ou embaçadas artificialmente nas ilhas de edição. Tudo para evitar o contrabando de marketing e a "sujeira" visual na programação da emissora.

Até o técnico Telê Santana sentira o rigor das regras da Globo durante a Copa da Espanha, quando, no início de uma entrevista coletiva, quis aproveitar a própria visibilidade na mídia e a presença do repórter Juarez Soares* e do cinegrafista Daniel Andrade não para faturar com publicidade, mas para fazer uma surpresa que começou com uma promessa de manchete:

– Vou responder o que vocês quiserem...

Câmeras ligadas, Telê pegou uma cartolina, puxou uma caneta e escreveu: "Não fume. O cigarro faz mal", o que fez com que Daniel fechasse imediatamente o enquadramento da câmera, focalizando o técnico da seleção brasileira apenas do pescoço para cima. Ao lembrar o episódio, que aconteceu mais de uma vez durante a Copa da Espanha, Juarez* disse que tentou encontrar o meio-termo com um conselho e um convite a Telê que ele, Juarez, assim reconstituiu:

– Telê, dá um tempo, deixa eu te explicar: tem patrocínio de cigarro. Como você fala "não fume"? Nós estamos em um país capitalista, televisão é capitalista, lá tem patrocínio de tudo, de carro, de bola, da General Motors, da Coca-Cola, de cigarro, tem de tudo. Você não pode fazer isso. Se você quer fazer sua campanha, eu faço até uma entrevista com você, você desancando o pau, dizendo que não pode fumar, que faz mal, está tudo certo. Eu faço e nós colocamos no ar, porque você tem direito de falar isso, explicando como era quando você fumava.

Telê, segundo Juarez, parou de fazer aquele tipo de surpresa, mas não cobrou a entrevista contra o cigarro.

Juarez, por sua vez, resolveu "deixar quieto".

Nem sempre, porém, ao longo dos anos que viriam, os projetos comerciais da área de esportes da Globo seriam campeões de audiência. Ao contrário: em entrevista a este autor, Ricardo Pereira, editor-chefe do *Esporte Espetacular* entre 2002 e 2007, revelou que em seu período à frente do programa teve de enfrentar "uma briga constante" com os executivos da área comercial da Globo, que, segundo ele, "insistiam com a cobertura de eventos que eram ruins".

Um dos "eventos ruins" era o patrocinadíssimo Campeonato Brasileiro de Stock Car, cuja transmissão, pelo *EE*, costumava provocar um tombo médio de 11% para 7% na audiência do programa. Ao negociar com a direção da CGJ sua transferência para o jornalismo da emissora, deixou, para o *EE*, uma advertência que, segundo ele, inspiraria uma correção de rumos em relação aos projetos comerciais pendurados no programa:

– Vocês estão tentando comemorar alguns ovos de ouro, mas estão matando a galinha. Lá na frente vocês não terão mais os ovos.

O locutor Léo Batista* foi um dos profissionais da emissora que experimentaram, ao vivo, momentos difíceis em que o interesse despertado pelo que estava no ar era mínimo. Mas bastava, segundo ele, "falar uma coisinha, uma bobaginha qualquer e aquilo era um tambor, um cogumelo que explodia". Como no dia em que, depois de dizer, no ar, que um jogo que transmitia estava "chato", levou uma bronca inesquecível de um colega da área comercial da Globo:

– Olha, seu Léo, no fim do mês o senhor vai buscar o seu salário em outra freguesia, em outro lugar.

– Por quê?

– Como é que você, transmitindo o jogo, a gente precisando do Ibope e você espanta o público dizendo que o jogo está chato?

– Mas o jogo estava ruim...

– Se você não pode elogiar, não fala nada.

Tiros no coração do Brasil

O carro alugado em que estavam a autora e roteirista Maria Carmem Barbosa*, à época ainda trabalhando como produtora, o diretor Paulo Afonso Grisolli, o diretor de arte Beto Leão e o motorista Lincoln se aproximou vagarosamente de uma casa da pequena cidade alagoana de Olhos d'Água do Casado, a 267 quilômetros de Maceió, no início de 1982.

A ideia era fazer um primeiro contato com o morador da casa, sobrinho-neto da mítica Maria Bonita, mulher de Virgulino Ferreira da Silva, o Lampião, símbolo máximo do cangaço brasileiro entre os anos 1920 e 1930, ambos personagens da primeira minissérie a ser produzida pela Globo em sua história. Era a obra de estreia do projeto Quarta Nobre, então criado por Boni para substituir os filmes e seriados estrangeiros que ocupavam o horário das dez da noite da emissora, e que Daniel Filho definiu como "uma dramaturgia mais compacta, mais delicada, sem grandes gestos".

Maria Carmem, Grisolli e Beto faziam uma pesquisa de locações para os oito capítulos da minissérie *Lampião e Maria Bonita* (1982), escrita por Aguinaldo Silva e Doc Comparato, afinados com a ideia de Daniel de fazer da Quarta Nobre um mergulho mais profundo e sofisticado que o das novelas em temas, autores e cenários brasileiros.

Os três então descobriram que a distância entre a dramaturgia da Globo e certas realidades do país, e vice-versa, era muito maior do que imaginavam quando, ao se aproximarem da casa do sobrinho-neto de Maria Bonita, o homem, segundo Maria Carmem, "botou um fuzil para fora da janela" e quis saber o que eles queriam. Quando alguém mencionou "TV Globo", a reação dele foi surpreendente:

– O que é isso?

Maria Carmem primeiro tentou explicar o que era televisão. Depois, disse que a equipe da Globo ia produzir uma minissérie sobre a saga da tia-avó do homem e o famoso companheiro dela. Não ajudou muito:

– Mas é fotografia?

O motorista Lincoln também tentou ajudar, falando das televisões "públicas" que à época eram uma atração nas noites de muitas praças do interior do Nordeste:

– Não, não! É televisão. É aquilo que tem na praça. Você não foi à praça?

– Não, não, não. Muito longe. Não vou mesmo.

Apesar da falta de comunicação entre os dois mundos, que se agravaria durante a produção da minissérie naquela região, quando Grisolli se exasperou com a dificuldade de os figurantes locais entenderem e fazerem o que ele mandava sem pedir, a equipe formada por uma centena de profissionais da Globo conseguiu gravar as externas previstas no roteiro, ainda que enfrentando um calor insuportável que impossibilitou o trabalho em certas horas do dia. O problema mais sério, na paisagem árida e naturalmente vazia da caatinga, segundo Maria Carmem, foi inventar efeitos especiais nas cenas de ação. Não havia muito o que ser destruído pelas balas:

"Havia muito bangue-bangue, muito tiro, muita explosão, muita gente atingida. Todos os utensílios de barro ficaram, digamos, feridos. Começamos a chamar as batalhas de 'revolta das moringas' porque as únicas coisas que explodiam em cena eram xícaras, pratos, quadros e muitas moringas".

Os desafios da produção não impediriam que a minissérie, dirigida por Grisolli e Luís Antônio Piá, e exibida em oito capítulos entre 26 de abril e 5 de maio de 1982, com interpretações antológicas de Nelson Xavier e Tânia Alves nos papéis do casal protagonista, fosse um sucesso de público e crítica, ao mesclar situações fictícias com a sólida pesquisa histórica realizada pela equipe, e contar a história do homem que foi, ao mesmo tempo, um líder sanguinário combatido pelas autoridades e um herói de parte da população do sertão nordestino.

O mergulho da dramaturgia da Globo na realidade do Nordeste teria outro capítulo revelador do quanto a emissora ainda tinha a descobrir sobre o chamado "Brasil profundo" dois anos depois, em 1984, quando cerca de 130 pessoas da equipe de produção da minissérie *Padre Cícero* (1984), entre elas 25 integrantes do elenco, passaram três meses gravando no povoado de Minuim, município de Santa Brígida, sertão da Bahia. Carlos Vereza, intérprete do personagem "Simas", teve um choque:

"Eu tive a oportunidade de ver uma aldeia medieval em pleno Brasil, onde era uma lata d'água por semana para os moradores, onde a equipe técnica da Globo, sempre carinhosa, dava Coca-Cola, chocolate e as crianças nunca tinham visto lata de refrigerante ou sabonete. Elas comiam sabonete, pensando que fosse doce. Uma miséria absoluta".

Débora Duarte*, intérprete de "Maria de Araújo", personagem-chave da minissérie por ser a protagonista de um suposto milagre envolvendo o polêmico "Padre Cícero Romão Batista", e que se torna líder de uma mobilização fanática por ele, também se impressionou com a miséria das locações e com situações como a do dia em que chegou a um hotel da região que exibia uma placa avisando que a piscina estava fechada "por motivo de sífilis". Mas choque de verdade mesmo Débora teve quando a população local começou a confundir ficção com realidade na gravação da cena do milagre:

"Na hora em que 'Padre Cícero' punha a hóstia na boca da 'Maria de Araújo', ela começava a sangrar. Então, todo mundo falava: 'Milagre! Milagre!'. E eu lembro de quando estávamos gravando essa cena, na hora em que ele pôs a hóstia, começou a chover. E o povo, os figurantes eram ali da caatinga. Foi um tal de me agarrar e me chamar de minha santinha! Eles acreditaram".

No caso de Stênio Garcia*, mesmo interpretando um Padre Cícero controverso, apresentado no roteiro de Aguinaldo Silva e Doc Comparato como um personagem que uma resenha d'*O Globo* situou "entre um bom caráter, homem crédulo, religioso a serviço de seu rebanho, e um oportunista que se aproveitou da fragilidade e da miséria de um povo desesperado em causa própria", a confusão entre ficção e realidade da população local foi ainda mais desconcertante.

Principalmente, segundo Stênio, porque, quando a equipe da Globo chegou para gravar na região de Santa Brígida, não chovia havia quatro anos:

"Nós chegamos e choveu. E aí começaram a atribuir ao Padre Cícero, que não era o Padre Cícero, era eu. Comecei a ganhar presentes e, ao chegar no hotel, tinha litros de cachaça, cágado, que é uma espécie de tartaruga, tinha bode, tinha jegue. Eu cheguei a ganhar um jegue porque era o Padre Cícero que estava ganhando. Então eu me transformei: tinha até criança para batizar".

A exemplo de outros integrantes do elenco, Stênio procurou inspirações mais profundas e sofisticadas que as das novelas urbanas e consultou livros que continham tanto visões "marxistas" quanto religiosas sobre o padre que se tornou uma das figuras mais polêmicas e emblemáticas do Nordeste brasileiro, entre o final do século 19 e o início do século 20. Optou, no final, por uma interpretação que realçava, segundo ele, o lado "meio coronel" do religioso.

O enfoque crítico e desmistificador dado ao personagem por autores, direção e elenco, com referências explícitas ao papel não muito católico dos interesses dos coronéis latifundiários, da Igreja e dos fanáticos religiosos do Nordeste na vida de Padre Cícero, não foi suficiente para evitar que a minissérie, apesar de bem recebida principalmente no meio acadêmico, sofresse com um roteiro que, segundo Nilson Xavier, comprometeu a proposta de Aguinaldo e Comparato por ter sido "cansativo e mal explicado".

Estava aberto, no entanto, com as duas minisséries pioneiras da Quarta Nobre, o caminho para outras incursões marcantes que a Globo faria no Nordeste e em sua temática nas décadas seguintes, como *O Pagador de Promessas* (1988); *O Auto da Compadecida* (1999); *Hoje é Dia de Maria* (2005); *A Pedra do Reino* (2007); *Gonzaga: De Pai para filho* (2013); e *Amores Roubados* (2014), esta última uma trama de paixão e vingança escrita por George Moura e na qual, de acordo com a *Folha de S.Paulo*, "o agreste icônico de Lampião e Padre Cícero" sairia de cena para dar lugar, na tela da Globo, à "terra fértil cortada pelo Rio São Francisco, produtora de vinho e de frutas para exportação".

Não tão distante dos estúdios no bairro do Jardim Botânico como o povoado de Minuim, no sertão da Bahia, mas desconhecidos a ponto de assustarem muitos do elenco e da equipe de produção da emissora, os bastidores da violência do Rio de Janeiro e do cinturão de cidades de seu entorno também foram retratados de forma inédita em *Bandidos da Falange* (1983), outra das minisséries pioneiras da Globo, outro banho frio de realidade brasileira que a emissora tomou e compartilhou com os telespectadores na faixa do horário nobre antes ocupada por enlatados americanos.

Betty Faria*, intérprete de "Marluce", a amante que se torna viúva do bandido "Paulo Alberto" vivido por Nuno Leal Maia, foi uma das integrantes do elenco que, ao deixar o estúdio e participar de muitas das gravações realizadas em mais de duzentas locações, do bucólico bairro de Santa Teresa ao Presídio Vicente Piragibe, em Bangu, guardou na lembrança "um trabalho árduo no sentido físico e espiritual":

"Você ia filmar num cemitério de Coelho Neto, na Baixada Fluminense, e era uma ducha fria na arrogância. Você cai na real. Você cai na real do povo, da vida das pessoas".

Também escrita por Aguinaldo Silva com a colaboração de Doc Comparato e exibida em vinte capítulos entre janeiro e fevereiro de 1983, a minissérie ambientada na Baixada Fluminense e na zona sul do Rio reconstituiu o surgimento de uma organização criminosa, a "Falange Vermelha", e sua rede promíscua de relações com diversos segmentos da sociedade carioca.

"Foi chocante para mim porque eu matava um bandido com um tiro na testa".

Stênio Garcia* interpretou o autor do tiro, "Delegado Lucena", inspirado em Hélio Vígio, policial que chefiou departamentos importantes da Polícia Civil do Rio, à época famoso por ser implacável além da lei com os bandidos, lutador de jiu-jítsu e bem relacionado com a elite carioca, a ponto de, em 1994, depois de ser citado como um dos integrantes da lista de propinas apreendidas na "fortaleza" do bicheiro Castor de Andrade, arrolar Boni como testemunha de seu caráter.

A pegada realista de *Bandidos da Falange*, além de contar com a experiência de quinze anos de Aguinaldo Silva como repórter de polícia no Rio, incluiu, segundo reportagem do *Jornal do Brasil*, até a experiência de 23 anos de vida carcerária e as cicatrizes das inúmeras facadas sofridas por Ademar Onofre de Souza, um ex-integrante das facções que detinham o poder dentro do famoso Presídio da Ilha Grande, em liberdade condicional à época da minissérie e contratado pela produção como consultor da equipe liderada pelo diretor Luiz Antônio Piá. José Wilker*, que fez o papel do policial corrupto "Tito Lívio", gostou muito de sair dos estúdios para o mundo real:

"A gente gravava em lugares estranhíssimos, até num manicômio, os doidinhos soltos ao redor da gente. Meu personagem tinha um namoro com a maldade, tinha um namoro com a marginalidade, com a crueldade. Eu gostava".

Quem também gostou, em rara unanimidade, tratando-se de conteúdos da Globo da época, foram os críticos da grande imprensa. A revista *Veja*, em sua edição de 9 de março de 1983, logo depois, portanto, da exibição da íntegra de *Bandidos da Falange*, considerou o projeto Quarta Nobre "a maior transformação na TV desde que há vinte anos a novela se tornou a fonte maior das emoções de trinta milhões de espectadores".

Com a minissérie ainda no ar, a crítica Helena Silveira, em coluna publicada pela *Folha de S.Paulo* em 13 de janeiro daquele ano, elogiou "o pique, a rapidez das sucessões das cenas, os diálogos poupados e o encadeamento do enredo". E a crítica Maria Helena Dutra, em sua coluna do *Jornal do Brasil* do dia 16 daquele mês, encantou-se com "o texto forte de Aguinaldo Silva, a direção sem nenhum momento de gratuidade de Luis Antônio Piá e Jardel Mello e a imediata credibilidade dos personagens vividos por irrepreensível elenco", acrescentando:

"Acredito ser quase impossível que seriado tão bem realizado possa no seu desenvolver nos trazer surpresas desagradáveis".

Sim, surpresas desagradáveis tinham acontecido, mas antes da estreia. O Brasil ainda era uma ditadura e a então famosa chefe da divisão de Censura da Polícia Federal, "Dona" Solange Maria Hernandes, vetara *Bandidos da Falange* em agosto de 1982, data inicial de lançamento da minissérie pela Globo, argumentando, de forma indireta, em entrevista ao *Jornal do Brasil*, que era melhor que os telespectadores ficassem com a violência dos enlatados americanos do que com a da realidade brasileira:

"Na minha opinião, aquilo que está próximo nos impressiona mais. Por exemplo, eu considero os filmes brasileiros mais violentos do que os estrangeiros".

Aguinaldo Silva, na época, não se preocupara com os cortes, que incluíam, além de cenas de violência, momentos banais como um bate-boca em que as personagens das atrizes Marieta Severo e Betty Faria se xingavam de "piranha". Em entrevista ao *JB*, o autor dizia acreditar que a minissérie seria liberada e que o veto inicial de "Dona" Solange fora devido ao fato de, no começo da história, os bandidos vencerem todos os confrontos com a polícia.

Não seria bem assim: segundo o próprio Memória Globo, ao ser finalmente liberada para estrear em janeiro de 1983, a *Bandidos da Falange* que seria consagrada pelos críticos foi ao ar "com muitos cortes e interferências" da Censura. O que não impediria que, em 2007, no embalo do sucesso de *Tropa de Elite*, filme de José Padilha sobre a mesma temática de *Bandidos da Falange*, a minissérie de Aguinaldo Silva ganhasse uma versão pirata em DVD que foi best-seller nas bancas dos camelôs das cidades brasileiras.

Quem ama e quem mata

Em comum, as minisséries do projeto Quarta Nobre tinham o propósito de mergulhar de forma inédita em temas brasileiros "de forma mais delicada, sem grandes gestos", sim, mas sem perder a audiência jamais. Mesmo que fosse necessário disparar um tiro na hora do intervalo comercial, como aconteceu em *Quem Ama Não Mata*, de Euclydes Marinho, a segunda produção do projeto, exibida entre julho e agosto de 1982.

"As questões que eram sinalizadas na história eram propositalmente muito rotineiras porque o Euclydes queria acabar aquilo com uma tragédia. Era importante que o espectador tivesse dados daquela rotina, de como as pessoas que estavam em casa assistindo poderiam chegar a uma situação de tragédia. Ao mesmo tempo, a gente tinha medo de que, por causa dessa coisa rotineira, o espectador se desinteressasse."

Foi de Daniel Filho a solução para o dilema descrito por Denise Bandeira*, coautora da minissérie que desnudou, na TV aberta, quarenta anos antes da qualificação do crime de feminicídio no Brasil, a violência latente em milhões de lares do país. Ele encomendou uma abertura e uma vinheta de intervalo que contivessem o som assustador de um tiro. A ideia era mesmo dar um susto no telespectador.

Assim foi feito: Hans Donner e sua equipe acrescentaram, ao disparo encomendado por Daniel, uma vidraça estilhaçada, manchas de sangue emoldurando os nomes do elenco liderado por Marília Pêra e Cláudio Marzo, retratos de família, copos vazios de uísque, cinzeiros abarrotados de bitucas e um revólver. Tudo ao som da trilha "Se Queres Saber", de José Fernandes de Paula, cantada por Nana Caymmi, e cuja primeira estrofe dizia:

Se queres saber se eu te amo ainda
Procure entender a minha mágoa infinda

Custou "litros de uísque, quilos de substâncias tóxicas e muita rasgação de coração" a Euclydes Marinho* ser autor dos vinte capítulos da minissérie com a qual a dramaturgia da Globo mergulhou em dimensões que ainda não havia explorado da condição feminina no Brasil. Não somente por causa do peso da temática de casais à beira de trágicos crimes passionais, mas também pelo fato de ele ter reproduzido, em uma das histórias de *Quem Ama Não Mata*, o que estava acontecendo com ele mesmo e a mulher com quem estava casado, a atriz Denise Dumont, integrante do elenco e à época tendo um caso com outro homem. Na minissérie, foi a história do casal "Júlia" e "Chico", interpretado por Denise e Daniel Dantas, com Buza Ferraz no papel do ator com quem "Júlia" se envolvia:

"Escrevi com sangue mesmo. Ela era atriz e me disse que tinha se apaixonado pelo ator com o qual contracenava em um filme que estava fazendo. Eu perguntei: 'E agora, como é que se faz?'. E ela me disse: 'Eu te amo'. Durante algum tempo, eu banquei aquela história. Falei: 'Ok, você está apaixonada por ele. Está comigo, mas está com ele também. Vamos ver no que isso vai dar'. Até que, uma hora, não aguentei, porque tudo tem limite".

Grávida na época em que foi convidada, junto com Tânia Lamarca, a colaborar com Euclydes na história de cinco casais de classe média que tinham visões diferentes sobre casamento, amor e fidelidade, "uma continuidade do *Malu Mulher*, indo um pouco mais fundo", nas palavras de Daniel Filho, Denise Bandeira disse que muitos, na equipe, estavam impressionados e queriam "exorcizar" a "proximidade" da violência doméstica e situações reais de "casais se matando por ciúmes com muita droga, muita violência":

"Todo mundo tem essa fantasia de, ao ser traído, você querer eliminar a sua dor matando o outro. É uma fantasia que qualquer psicanalista diria ser natural de se ter. Daí ao gesto é mais complicado. Então, a ideia nossa era defender a tese de que quem ama não mata".

Marília Pêra*, que se consagraria mais uma vez ao interpretar a dona de casa "Alice", cujo casamento com o dentista "Jorge" interpretado por Cláudio Marzo entra em crise após os dois constatarem a impossibilidade de terem um filho, também estava apreensiva com a circunstância de ter que empunhar uma arma:

"Eu não gostava da ideia de matar. Aliás, acho que foram duas vezes na minha vida em que eu peguei assim um revólver em um espetáculo qualquer para matar. Mas eu me preparei, observando mulheres comuns, absolutamente comuns, sem brilho, mulheres bem-casadas, esposas que vivem para o marido, muito obedientes ao pai, à mãe, pessoas sem brilho".

Em *Quem Ama Não Mata*, o principal cenário, em vez do vazio árido da caatinga nordestina e dos endereços violentos e corruptos do Rio de Janeiro, Daniel Filho* decidiu que seria apenas um apartamento cenográfico. Só que o quarto, o corredor, a sala, o banheiro e a cozinha nunca estariam fora do alcance de várias câmeras que, a exemplo das trocentas lentes do futuro *Big Brother Brasil*, mas ao contrário de seu massacrante inventário anual de tolices humanas, documentariam, quadro a quadro, a dramática deterioração de um casamento, até a morte que, apenas no capítulo final, o telespectador ficaria sabendo ser de "Alice".

Uma polêmica civilizada, e que seria de difícil encaminhamento em círculos mais radicais do identitarismo nas redes sociais do século 21, permeara a realização de *Quem Ama Não Mata*, da criação do texto até 45 minutos antes da exibição do capítulo final da minissérie, na noite de 6 de agosto de 1982. De um lado, Daniel Filho*, remetendo também à sua própria vida amorosa, incluindo o conturbado casamento com a atriz Dorinha Duval, defendia que um crime passional não tinha apenas um culpado:

"Uma relação passional, quando existe realmente um crime passional, o casal se permite chegar àquele estágio da relação; há uma cumplicidade dos dois, um pega uma posição ativa e outro pega uma posição passiva, mas os dois se permitem chegar àquele estágio, àquela violência. Eu e Euclydes brigávamos muito".

Na opinião e na lembrança de Euclydes, de Denise Bandeira, de outros integrantes da equipe do programa e de largos setores da opinião pública brasileira da época, ainda pesava outro fato: o resultado escandaloso do julgamento ocorrido três anos antes, no qual Raul Fernando do Amaral Street, o Doca Street, fora praticamente inocentado, ao ser condenado a dois anos de prisão, com suspensão condicional da pena e soltura imediata, pelo assassinato da companheira, a socialite mineira Ângela Diniz, com quatro tiros, três deles no rosto, durante uma discussão, em dezembro de 1976, em uma casa na Praia dos Ossos, em Armação dos Búzios, estado do Rio.

A tese de "legítima defesa da honra", usada na época pelo advogado Evandro Lins e Silva sob aplausos, no tribunal superlotado de Cabo Frio, conquistara, além do juiz, parte da população e da mídia brasileira, ao detalhar a vida promíscua de Ângela e considerá-la supostamente merecedora da morte, por ser "uma Vênus lasciva movida a oceanos de vodca e quilos de cocaína", como lembrou, em 2006, a jornalista Laura Capriglione, autora de uma entrevista em que o próprio Doca Street se confessou envergonhado com o resultado do primeiro veredicto. Uma medida do impacto da tese da defesa foi o que o jornalista Carlos Heitor Cony, à época trabalhando para a revista *Fatos & Fotos*, escreveu:

"Vi o corpo da moça estendido no mármore da delegacia de Cabo Frio. Parecia ao mesmo tempo uma criança e boneca enorme quebrada... Mas desde o momento em que vi o seu cadáver tive imensa pena, não dela, boneca quebrada, mas de seu assassino".

A frase "Quem ama não mata", mantra do grande protesto contra o resultado do julgamento, tinha saído dos muros das cidades brasileiras para o título da minissérie. E foi sob o efeito do segundo julgamento, que reformou a sentença de Doca Street para quinze anos de prisão em novembro de 1981, seis meses antes da estreia de *Quem Ama Não Mata*, que Daniel decidiu mostrar, logo no primeiro capítulo da minissérie, que um crime passional tinha acontecido no apartamento de "Jorge" e "Alice", só revelando no final quem matou e quem morreu:

"Eu decidi na hora. O programa ia ao ar às dez da noite, eu estava com os dois finais editados e decidi, às 21h15, qual dos dois entrava. Decidi por ele matando a mulher, apesar de que, na época, havia alguns crimes de mulher matando homem. Mas eu achei que, se fizesse isso, eu estaria fazendo uma exceção, porque a regra secular era que a mulher tomava a posição passiva e que o homem tomava a atitude".

A cena final que foi ao ar tinha uma marcação idêntica à que terminava com "Alice" matando "Jorge" e que, algum tempo depois, foi exibida pelo *Fantástico*. Era, até o último minuto de *Quem Ama Não Mata*, qualquer que fosse o desfecho, o dedo de Daniel e sua visão a respeito da "cumplicidade" de homens e mulheres nos crimes passionais:

"A cena era assim: quem primeiro chegava com revólver era quem morria. Na história que foi ao ar, que é quando Marília é quem morre, é ela que corre no revólver para atirar nele. E na outra história, que é quando o Cláudio morre, é ele quem corre no revólver para atirar nela".

Ciúmes e rasteiras

Ney Latorraca* não hesitou em confessar, em sua entrevista, em junho de 2007: sentiu um ciúme mortal não de outro ator, mas de um cachorro de circo, ensinado, que fez o "papel" de "Flox", um cão felpudo e branco que roubou a cena em vários momentos de *Anarquistas, Graças a Deus*, mais uma minissérie marcante do projeto Quarta Nobre, exibida pela Globo em maio de 1984, e na qual ele, Latorraca, foi o protagonista, no papel de "Ernesto Gattai", líder de uma família de imigrantes italianos que tenta sobreviver na São Paulo do início do século 20. E o ciúme se transformou em ódio quando Latorraca fez uma descoberta chocante:

"Descobri que 'Flox' também ganhava mais do que eu. Fiquei com um ódio do cachorro. Eu ganhava, digamos, quatrocentos, e o cachorro, que era de circo, ganhava seiscentos. Nas gravações, eu ouvia o diretor dizer para os câmeras: 'Vai no cachorro, fecha no Flox!'. E o cachorro chorava, latia, mexia na comida, roubava as cenas que eu e a Débora Duarte fazíamos. Eu odiava aquele cachorro".

Morando no Rio e propenso a não aceitar o papel de "Ernesto Gattai" por ter que trabalhar em São Paulo, Latorraca disse ter mudado de ideia ao ser aconselhado por Aracy Balabanian a não recusar, para o bem de sua carreira de ator, um projeto que envolvia, segundo ela, "o partidão" e o escritor Jorge Amado, comunista de carteirinha e marido de Zélia Gattai, também escritora e cujo livro de memórias era a obra que dava nome e conteúdo à adaptação feita, para a minissérie, por Walter George Durst.

Mas os problemas de Latorraca com "Flox", que ganhou até uma reportagem no jornal *O Estado de S.Paulo* por estar "emocionando o país", e que saiu no meio da minissérie em uma cena em que foi atropelado e morto ao fugir da "carrocinha" da prefeitura, foram apenas um dos muitos contratempos que acompanharam aquele projeto.

Anarquistas, Graças a Deus, um episódio incomum de falta de planejamento para uma empresa com fama de organizada como a Globo da época, foi o marco visível da crise de bastidores gerada, na época, pela decisão de Boni de abandonar um projeto que poderia dar à sede paulista da emissora, além da autonomia absoluta que ela já tinha na área comercial e da importância de sua sucursal de jornalismo, um protagonismo até então inexistente na área de dramaturgia.

Criado em 1982, o núcleo paulista de dramaturgia dirigido por Walter Avancini e sediado no bairro paulistano de Santana havia sido orientado pelo próprio Boni a também produzir minisséries para o projeto Quarta Nobre e "desenvolver um trabalho cultural que fugisse às características cariocas da emissora", o que seria feito, por exemplo, no caso de *Avenida Paulista*, minissérie de dezessete capítulos exibida entre maio e junho daquele ano. Em março de 1983, porém, a direção da Globo resolvera desativar o núcleo, antes mesmo de serem encerradas as gravações de *Anarquistas, Graças a Deus*.

"Foi uma traição dos tecnocratas. Alegaram que os gastos do núcleo foram imensos e isso é muito estranho, já que eles são pagos exatamente para criarem meios de diminuir tais gastos, e não o fizeram. Aliás, o núcleo paulista criava muito ruido na emissora, de características eminentemente cariocas. Um centro de produção como esse tem que dar despesas, pelo menos no começo. Só com o tempo poderia dar lucro."

Em seu desabafo, nas páginas do *Jornal do Brasil* de 19 de março de 1983, Avancini contestava o argumento de Boni e da direção da Globo de que o fim do núcleo, além dos altos custos da operação paulista, tinha como razão os altos investimentos necessários à construção do futuro complexo de estúdios da emissora no bairro carioca de Jacarepaguá, o Projac, que seria inaugurado em 1995 e posteriormente batizado de Estúdios Globo. Orgulhoso de terem passado pelo núcleo, segundo suas contas, cerca de quatrocentos atores e mais de seis mil figurantes, Avancini também desconfiava, na entrevista, de que a decisão de Boni tivesse relação com as divergências que ambos tinham tido sobre o que fazer com o projeto *Anarquistas, Graças a Deus*.

De fato, antes de chegar ao formato final de minissérie de nove capítulos, a adaptação do livro de Zélia Gattai, concebida originalmente como novela para o horário das seis da tarde, acabou sendo também cogitada para substituir, no horário das oito da noite, *Sol de Verão* (1982), novela encerrada precocemente devido à morte do ator Jardel Filho. Não por outro motivo, a estreia da história no formato de minissérie, no dia 7 de maio de 1984, foi acompanhada com ceticismo pelo comando artístico sediado no Rio.

– Estamos com um fracasso nas mãos. Ninguém vai ver isso.

Foi assim, em ligação telefônica do Rio, segundo Latorraca, que Daniel Filho vislumbrou, às vésperas da estreia, as chances de *Anarquistas*. A minissérie, no entanto, foi um sucesso imediato de crítica e audiência, a ponto de atrair a atenção de vários veículos da imprensa italiana. José de Abreu*, intérprete do personagem "Angelim", lembrou, satisfeito, a volta por cima de Avancini:

"Não tinha acabado a minissérie ainda, veio uma ordem do Boni para encerrar o núcleo em São Paulo e paramos no meio. Mas o Avancini, um gênio criativo, pegou o material que tinha sido gravado, juntou com o material de arquivo e contou uma história diferente, fazendo uma minissérie ficcional normal. Misturou com filmes, iconografia, com memória e ficou muito bom".

Enriquecida por antigos filmes da época da imigração, *Anarquistas*, que, além de contar a história da infância da escritora Zélia Gattai em São Paulo, reconstituiu a trajetória do pai Ernesto como trabalhador pobre e militante do movimento anarquista, ganhou do crítico e pesquisador Nilson Xavier um elogio que também remetia à falta de apoio do comando artístico carioca:

"*Anarquistas, Graças a Deus* foi um feliz momento da TV Globo, que apenas pecou em não mostrar na íntegra o trabalho da dupla Durst-Avancini produzido na unidade autônoma da Globo paulista. Uma adaptação notável, perfeita reconstituição de época e exemplar direção de Avancini, principalmente ao dirigir os atores, todos espontâneos e mágicos".

O núcleo paulista acabou mesmo fechado; Avancini, apesar de contrariado, continuou na Globo para produzir, só que no Rio, outros projetos antológicos de dramaturgia compacta, como, por exemplo, a minissérie *Grande Sertão: Veredas*, em 1985; e o livro de Zélia Gattai teve as vendas aumentadas em quinze vezes após a exibição de *Anarquistas, Graças a Deus*.

Em abril de 1984, dois anos depois da estreia das minisséries do projeto Quarta Nobre na grade da Globo, diferentemente do que acontecia entre sete e dez da noite, horário dominado com folga pela emissora tanto no *share* de audiência quanto, mais ainda, no faturamento, na faixa do fim de noite os índices das redes concorrentes eram bem mais próximos, ainda que relativos a um número muito menor de televisores ligados. Coisa de 22% para a Globo contra 19% para o SBT e 12% para a Record, naquele mês, segundo o Ibope. Mas, àquela altura, as minisséries, como formato, já estavam definitivamente incorporadas à grade de programação da Globo.

E Ney Latorraca não parou de chorar ao receber um telegrama de Zélia Gattai e ser redimido da humilhação que lhe fora imposta por "Flox", o cão ator, nos primeiros capítulos de *Anarquistas, Graças a Deus*:

"Se meu pai estivesse vivo, ele ficaria muito emocionado, porque eu estou vendo o meu pai em cena, no vídeo".

O primeiro tremor

O controle da Globo, analisado na perspectiva das três primeiras décadas de sua existência, começou a sair das mãos de Boni de forma quase imperceptível quando, em 1982, Adilson Pontes Malta, então diretor da Central Globo de Engenharia, sentindo as primeiras trovoadas da revolução digital que tomaria conta do negócio das telecomunicações, encomendou ao professor Eurico Carvalho, coordenador do mestrado de administração da Fundação Getulio Vargas (FGV), uma consultoria para preparar os técnicos e engenheiros da emissora para os novos tempos.

O resultado daquele trabalho logo se ampliaria para a Central Globo de Recursos Humanos, o que levou o então diretor financeiro Miguel Pires Gonçalves a propor, e o vice-presidente executivo Roberto Irineu Marinho aceitar na hora, que a consultoria fosse feita para todas as áreas da emissora com o nome de Projeto RG84, abreviatura de Rede Globo 1984, ano previsto para seu encerramento.

Completamente cego, por ter sofrido dois acidentes na infância, Eurico à época havia se tornado uma das estrelas da FGV, em cujo vestibular passara datilografando as respostas à medida que um professor ditava as perguntas. Em suas consultorias na Globo, contou com a ajuda de uma jovem assistente que se tornara inseparável dele, pela capacidade que ela tinha de anotar o que acontecia de relevante e também por ser uma espécie de facilitadora, ou "bengala", que era a forma como ela mesmo definia a missão de servir um café para ele sem que a cena fosse constrangedora, ou de ajudá-lo a se movimentar nos ambientes sem que as pessoas percebessem que era cego.

A jovem assistente era Marluce Dias da Silva, então com 32 anos, e que alguns anos depois viria a se tornar a segunda mulher de Eurico e, em 1991, a alternativa escolhida por Roberto Irineu Marinho e os irmãos João Roberto e José Roberto quando convidaram e Eurico declinou da missão de tirar definitivamente a Globo das mãos de Boni e preparar a empresa para o futuro.

– Isso aqui não é fábrica de salsicha.

A frase foi uma espécie de mantra, repetido entre veteranos e pioneiros da emissora que se agrupavam em torno de Boni, Daniel Filho* e Roberto Buzzoni, entre outros, enquanto os executivos mais jovens elogiavam o trabalho de Eurico. Quatro décadas depois, na entrevista que deu ao autor em 2023, Boni, mantendo a sólida tradição de perder a leveza quando o assunto envolvia Marluce, continuaria considerando a consultoria "inteiramente desnecessária":

"Os filhos achavam que aquilo era uma coisa empírica, sem regras. E não era. A Globo era um sistema de produção que tinha sido implantado pelo Joe Wallach, baseado em princípios de produção da TV americana. Uma emissora que naquele ano estava dando um lucro de novecentos milhões de dólares não tinha de baixar custos. Tinha de produzir mais. Racionalizar é uma coisa, cortar é outra".

Ao lembrar a RG84, Boni ainda se ressentia do que considerava uma tentativa da consultoria de desmerecer os "milagres diários" que a Central Globo de Produção realizava ao fazer cinco novelas simultâneas, grandes sucessos de audiência, nos estúdios originalmente construídos para jornalismo no Jardim Botânico:

"Como reorganizar uma empresa na qual você todo dia pegava um cenário, botava num caminhão que ficava rodando pela cidade enquanto outros cenários eram montados, às vezes três por dia? Havia um certo heroísmo que, no meu entender, jamais poderia ser tolhido. Esse foi o espírito que fez a TV Globo. Falavam que a TV Globo era uma empresa paternalista. Que o eixo duro da empresa tinha de ser menos envolvido com a produção de dramaturgia. Eu disse: 'Vocês querem um banco, em vez de televisão, é isso?'".

Daniel, em cuja sala Eurico e Marluce ficaram instalados durante a consultoria, até reconhecia que, com estúdios espalhados em vários endereços do Rio e "parecendo o governo brasileiro, cheio de nichos", a Central Globo de Produção precisava mesmo da organização e dos novos métodos propostos por Eurico. Mas ele não era exatamente um entusiasta da consultoria.

O diretor de produção Ruy Mattos*, ao lembrar em 2001 a experiência do projeto RG84, primeiro deu a entender que levou a consultoria muito a sério:

"E a gente ficou assim: 'Pô, nós somos cobras, o que essa mocinha vem falar aqui para nós se nós sabemos de tudo?'. E nós nos espantamos com a facilidade que o Eurico tinha para explicar e a desenvoltura que a Marluce tinha de circular entre nós explicando. A gente começou a se interessar, passou a olhar com outros olhos".

No momento seguinte da entrevista, Ruy fez um comentário revelador das dificuldades que Eurico e, dez anos depois, Marluce teriam para mudar o que ela classificava como "uma cultura gerencial de autoridade e de lealdade a pessoas, com muito espaço para o paternalismo":

"Depois a gente fazia umas provinhas. E um colava do outro".

O próprio Roberto Irineu sentiria o tamanho do desafio de enfrentar o poder de Boni ao presidir, no salão de um hotel do Rio, em 1984, aos 37 anos,

528 · A GLOBO | VOLUME 1

a mesa do seminário de encerramento da consultoria na qual estavam Roberto Marinho, os irmãos João Roberto e José Roberto, Boni, Miguel Pires Gonçalves, o diretor comercial Dionísio Poli e Eurico Carvalho. Jô Soares, convidado para dar um show para os cerca de duzentos gerentes e executivos de todas as áreas da Globo que tinham participado do projeto RG84, pegou o microfone e provocou:

– Menino, sua mãe sabe que você está aqui?

No mesmo dia, a intervenção que deu o que falar foi a de Boni. Na sua vez de usar o microfone, surpreendeu a todos e contou uma história da franquia paulista Frango Assado Jacareí na qual, segundo ele, um próspero negócio de família teria ido quase à bancarrota, depois que um herdeiro da empresa formado em Harvard propôs medidas radicais de racionalização na empresa.

Roberto Irineu, os irmãos e Marluce tinham uma montanha pela frente.

Poder

Ainda ia demorar quase quinze anos para os filhos de Roberto Marinho. Mas tão difícil quanto substituir as digitais de talento e remover os resíduos para eles tóxicos da liderança de Boni na história da Globo seria dissecar, com precisão, os fatos, méritos e também os exageros que levaram muitos dos entrevistados do Memória Globo, em diferentes graus de veneração, a considerarem José Bonifácio de Oliveira Sobrinho um gênio.

– Você trouxe fotografia três por quatro?

A pergunta costumava ser feita por Boni em reuniões da equipe do *Fantástico* dos anos 1970 presenciadas pelo diretor Luiz Lobo* e nas quais os diferentes interlocutores do chefe tinham sido responsáveis por erros ou decisões que haviam desagradado o então superintendente de Produção e Programação da Globo, criador principal e feroz guardião da revista eletrônica das noites de domingo da emissora.

– Não trouxe, não. Por quê?

– É pra fazer a sua carteira de idiota.

Quando não explodia em conversas pessoais, a fúria perfeccionista de Boni era diluída em temidos memorandos com jeito de aviso-prévio que, nas palavras do autor Manoel Carlos*, "faziam tremer até o Piauí" e que, quase todo dia, pousavam nas mesas ou eram afixados nas paredes da emissora. Como o que Boni escreveu ao se irritar com a frequência da imagem de cavalos nas atrações musicais do mesmo *Fantástico*:

"Se continuar aparecendo tanto cavalo nos números musicais, mando a equipe inteira para o Hipódromo da Gávea".

Walter Clark, em sua biografia, escrita depois da demissão em 1977, com tons de mágoa com o ex-parceiro com o qual inspirou o trocadilho "Boni and Clark" que muitos usaram para traduzir o êxito dos primeiros anos da Globo, reconhece que o costume de Boni de "lascar o chicote no lombo da tropa, pedindo sempre mais qualidade, mais e mais, obsessivamente", era "um pouco a causa e o efeito" do sucesso que a emissora fez. A intensidade e a frequência das intervenções de Boni era tão grande que Roberto Buzzoni*, depois de 27 anos de trabalho "colado" com ele como diretor de programação, exagerou:

"Todo dia ele me demitia por memorando. Era erro de iluminação, erro de áudio, de engenharia, falta de qualidade. Eram referenciais. Ele fazia um diagnóstico exato e dizia: 'Da próxima vez será demitido sumariamente quem iluminar dessa forma'".

João Araújo*, ex-diretor da Som Livre, falecido em 2013 aos 78 anos, ao dar um exemplo de como Boni era "traumático", lembrou que um dos funcionários da gravadora, o produtor Eustáquio Sena, só conseguiu enfrentar uma conversa frente a frente com o chefe depois de tomar uma providência inusitada:

"Esse Eustáquio bebia, coisa que eu não sabia. Tomou um porre porque, para falar com o Boni, ele achava que tinha de tomar um porre".

Mário Lúcio Vaz*, um dos mais importantes executivos da Central Globo de Produção, reconhecia que o estilo de Boni "era um pouco estressante, violento e agressivo", mas com uma vantagem:

"Era bom porque a gente aprendia muito mais rápido. Quando o Boni falava que alguma coisa era uma merda, era ruim, ele explicava a merda".

A julgar por uma entrevista que gravou para o documentário *Galvão: Olha o Que Ele Fez* em 2022, Boni, aos 86 anos, mostrou que ainda tinha orgulho do próprio estilo, ao endossar o comportamento autoritário e intimidador do locutor com os colegas, durante as transmissões esportivas da Globo:

"Você pode ter sucesso sendo querido, mas você vai ter muito mais sucesso se você for temido. Isso é Maquiavel".

Nelson Motta*, amigo de décadas e que definiu Boni como "um herói empresarial", não achou necessário usar a palavra masoquismo, no trecho de seu depoimento em que descreve a relação dos funcionários da Globo com ele:

"Boni sabia fazer câmera, cortar, escrever, colocar uma música, dirigir um ator. Ele sabia tudo, veio de publicidade, tinha uma fabulosa intuição do gosto popular numa época em que as pesquisas de audiência estavam ainda começando no Brasil. Era um cara explosivo, xingava todo mundo, virou um 'folclórico', lendário. Mas também abraçava, chorava com as pessoas. As pessoas tinham o maior orgulho de levar um esporro do Boni e ficar tudo bem depois".

Ao longo dos anos, foram sendo incorporados, à aura do "herói empresarial", relatos de episódios de perfeccionismo de Boni que Mário Lúcio Vaz, por exemplo, reconhecia terem "uma violência e uma agressividade meio fabricada, meio teatral". Eram "explosões operísticas", como definiu Mario Sergio Conti, no capítulo sobre a Globo em *Notícias do Planalto*, livro no qual define Boni como "o pior tipo de chefe, o que tem razão em tudo e não deixa passar nada".

Luiz Carlos Miele*, falecido em 2015, aos 77 anos, lembrou de ter sido chamado à sala de Boni em 1971 não para ser elogiado, como diretor, pelo sucesso do primeiro *Elis Especial* exibido pela Globo:

– Miele, a escada estava suja, aquela escada em que a Elis estava cantando com o Chico Anysio estava suja. Você é diretor e tem que limpar a porra do degrau.

Quatro anos depois, em 1975, durante uma externa com chuva da novela *Gabriela*, um take que mostrava a atriz Sônia Braga vagando faminta e levando a mão na cabeça se tornara o que o próprio Boni* classificou como "o ponto de partida da tolerância zero" na emissora. Mandou o diretor Walter Avancini gravar tudo de novo, depois de notar que as unhas de Sônia, além de muito bem tratadas, estavam pintadas com esmalte vermelho:

– Porra, Avancini. Não é possível que uma pessoa morrendo de fome esteja com aquele esmalte. Vamos tirar o esmalte.

Nem sempre era bronca. As performances, às vezes, eram pura exibição de poder, Roberto Marinho acima de tudo, Boni acima de todos. Como no dia em que o ator Kadu Moliterno*, chamado à sala de Boni, final dos anos 1980, ainda desfrutando o sucesso de "Juba", seu personagem no seriado *Armação Ilimitada* (1985), mas cansado das três novelas que fizera em seguida, tomou coragem e declinou do papel de windsurfista que Boni lhe ofereceu em uma novela que Paulo Ubiratan, presente na reunião, ia dirigir. Boni não desistiu:

– Para onde você vai nas suas férias?

– Vou para o Havaí, Boni.

– O Havaí é bonito. Nós podemos fazer os dez primeiros capítulos lá. O que você acha, Paulinho?

O diretor concordou e Kadu viveu, pessoalmente, a sensação corrente, na Globo, de que "na sala de Boni, tudo podia acontecer":

– Kadu, faz o seguinte: vai na frente e daqui um mês, um mês e meio, você recebe a nossa produção no aeroporto, começa a gravar e volta com a equipe para o Brasil. Fechado?

– Fechado. Tudo pago?

– Claro, tudo pago, primeira classe. Pode ir.

Os *switchers* da Globo eram cenários em que Boni gostava de mostrar como sabia, e sabia mesmo, fazer televisão, especialmente nas transmissões ao vivo.

Era o que William Bonner*, um personagem ilustre delas, chamou de "padrão Boni de qualidade" que, segundo ele, precedeu a inspirou o Padrão Globo de Qualidade. Léo Batista*, estivesse na bancada de um programa ou numa cabine, sabia também como era:

"Aquele ponto no nosso ouvido, aquele feijãozinho ali dentro às vezes derretia. Às vezes o Boni ficava danado, ele demitia! Ou fazia aquela última advertência do tipo: 'Olha, se reincidir, não precisa nem voltar, pode ficar por aí mesmo'".

Mas também nos *switchers*, às vezes, o show do chefe não dava certo. Na lembrança de Ciro José*, durante uma das transmissões do Grande Prêmio do Brasil de Fórmula 1 em Interlagos, na primeira metade dos anos 1970, Boni, inconformado com a lerdeza do sistema manual de inserção das posições dos pilotos na corrida, ignorou os pedidos aflitos de Ciro para que aguardasse o sinal do assistente que operava a geringonça e mandou o diretor de TV inserir, na transmissão, a imagem vazada dos números. O diretor de TV, claro, obedeceu, a imagem da mão do operador ainda manipulando os números apareceu no ar e Boni, possesso, perguntou:

– Ciro, de quem é essa mão?

– Do assistente! Eu estou falando para você esperar um pouco para passar que o cara estava terminando ainda!

– Esse cara é muito lerdo, tira ele daí, está demitido. Você coloca aí, está do seu lado, você coloca a classificação.

Ordem cumprida, assistente afastado e o desempenho de Ciro, obviamente, foi um desastre. Na hora de atualizar a classificação, mostrando Emerson Fittipaldi em primeiro lugar, não deu outra:

– Ciro, essa mão é sua?

– É, Boni.

Tensão no *switcher*.

– Então traga de volta o assistente que você é mais lerdo do que ele.

Jogo de cintura semelhante Boni demonstraria em 1990, quando, empolgado com a própria decisão de contratar os humoristas que fariam história na Globo com o programa *TV Pirata*, tentou, mas não conseguiu emplacar, como lembrou Marcelo Madureira*:

"O Boni resolveu mandar textos para o *TV Pirata*. Nós olhamos os textos, depois dissemos: 'Boni, esses textos estão uma merda'. Ele falou: 'Tem razão, está uma merda'. E jogou no lixo".

O normal, porém, era Boni nunca perder uma discussão, aproveitando a condição de única pessoa na Globo com permissão para mudar de ideia de uma hora para outra sem combinar com ninguém, a não ser o dono. Como ele mesmo lembrou, em sua entrevista ao autor em 2023, ao reconstituir uma conversa ocorrida quando o diretor musical Mariozinho Rocha foi até sua sala para apresentar a vinheta e a música de abertura de uma nova novela às vésperas da estreia:

– Porra, Mariozinho. Não gostei dessa música, não.

– Mas Boni, você ontem aprovou essa música...

Pausa dramática.

– Pra você ver como ela é ruim. Duas vezes que eu escuto e já não gosto.

Para quem buscasse entender a lógica de suas reações, Boni se limitou a dizer que "o coerente é um idiota total".

O pragmatismo incluía o uso de mentiras, como a que sustentou a armadilha que Boni montou com Daniel Filho para tirar Glória Magadan de seu caminho no comando da dramaturgia da Globo, em 1969. Mas ele também praticava uma espécie de uso da mentira para lazer. Não se sabe por que razão, por exemplo, no dia 22 de julho de 1982, antes de uma reunião da direção da Globo no Rio, para espanto admirado de diretores como Antonio Athayde*, Boni resolveu passear pela mitomania e reivindicou para si a autoria e a produção de um episódio jornalístico espetacular que acontecera completamente à sua revelia no dia anterior, na costa brasileira, 440 quilômetros ao sul de Cabo Frio e 650 a leste de Santa Catarina.

Na véspera, o superpetroleiro de bandeira liberiana *Hercules*, que, 42 dias antes, ao passar pela região do conflito das Malvinas, tinha sido atingido por uma bomba que não explodiu e ficara encravada no fundo de um de seus tanques vazios, transformando o navio num risco flutuante por onde passasse, tinha sido propositalmente afundado naquele ponto do Atlântico, em operação supervisionada pela Marinha do Brasil.

O desfecho cinematográfico do afundamento, que incluiu uma espécie de urro feito de jato de água e restos de óleo dos tanques dianteiros do navio, antes de desaparecer, e a volta surpreendente à superfície de sua enorme placa de identificação com o nome *Hercules* virado para cima, fora fartamente documentado por dezenove repórteres de jornais e emissoras de TV do país embarcados no contratorpedeiro *Sergipe*.

Na reunião dos diretores da Globo na sede do Jardim Botânico, Antonio Athayde, empolgado com a reportagem que a equipe da emissora tinha feito sobre o afundamento, levantou a bola, supondo, erroneamente, que a cena tivesse sido filmada de um helicóptero e não, como aconteceu, do alto do convés do *Sergipe*:

– Boni, que espetáculo aquela matéria!

– Athayde, você gostou?

– Pô, adorei, Boni.

– Pois é, fui eu que mandei fazer. Mandei fazer uma placa para jogar ali em cima, para a câmera fechar ali em cima de uma matéria jornalística. O máximo, não é?

Não foi o que os dezenove jornalistas embarcados no *Sergipe*, a tripulação do contratorpedeiro e seu comandante, o capitão de fragata Augusto José Souza Coimbra, testemunharam. E não havia, por perto, até por falta de autonomia, nenhum helicóptero da Marinha, da Globo ou de qualquer outro veículo de imprensa.

Homero Icaza Sánchez*, não menos enamorado do próprio talento, embora reconhecesse a genialidade de Boni, atribuía parte dela à ordem de recebimento ou acesso aos relatórios feitos a partir das pesquisas que ele, Homero, fazia regularmente sobre a reação dos telespectadores ao andamento das tramas das novelas da emissora:

"Não era o autor que recebia. Quem recebia era Boni. E era por isso, às vezes, que Boni era o gênio que dizia ao autor que um personagem não podia morrer".

O que Homero não destacou, em sua entrevista, foi o que Boni* também fazia com os relatórios que recebia do departamento de análises e pesquisa chefiado por ele:

"Eu mandava a novela de um autor para cinco outros autores lerem. Quer dizer, o Benedito Ruy Barbosa lia a novela do Dias Gomes, como lia a novela do Manoel Carlos. Então, todo mundo opinava sobre a novela do outro. E sempre nós incorporávamos alguma coisa do que tinha de bom, e servia de alerta para alguma coisa que tinha de ruim, ou uma repetição".

Mário Lúcio Vaz foi, em 2000, um dos contemporâneos que, em sua entrevista, acrescentaram ao perfil mítico de "herói empresarial" frio e implacável de Boni um outro lado de sua personalidade:

"Por dentro, era uma pessoa das mais delicadas, mais suaves, mais bondosas que eu conheci na minha vida. Até hoje se você chegar perto do Boni você tira até a roupa dele".

Do mesmo modo passional com que dificultou a volta à Globo de Marília Pêra*, uma das maiores atrizes brasileiras de todos os tempos, castigando-a pelo fato de ela ter pedido rescisão de contrato em 1973, exaurida com a gravação de uma novela atrás da outra, Boni acolheu Christiane Torloni* como um pai em 1991, quando o filho da atriz de doze anos, Guilherme, morreu após a camionete dirigida por ela perder o controle e cair de uma altura de pouco mais de quatro metros, na garagem de casa. Boni manteve o contrato durante os três anos em que Christiane morou fora do Brasil:

"Eu tinha acabado de renovar o meu contrato, um contrato longo, e fui devolver o contrato para o Boni. Eu estava saindo do Brasil e não sabia se ia voltar. O Boni ficou muito bravo comigo: 'De jeito nenhum! Você vai e a gente fica aqui tomando conta de você'".

De todas as memórias sobre Boni, à parte as de ex-funcionários anônimos da Globo que não escreveram biografias notadas pela mídia ou não tiveram o espaço do Memória Globo para falar de como suas vidas e profissões foram impactadas, para o bem ou para o mal, por decisões ou atitudes diretas dele, as mais amargas foram as de Walter Clark.

Abalado pela demissão – a ponto de os amigos Washington Olivetto, publicitário, André Midani, executivo e produtor do mercado fonográfico, Thomaz Souto Corrêa, jornalista, Glorinha Kalil, estilista, e Alberto Dines, também jornalista, criarem em 1977 uma confraria com o objetivo secreto de, na expressão de Olivetto, "levantar o astral do Walter" –, o ex-todo-poderoso diretor-geral da Globo usou sua autobiografia, *O campeão de audiência*, para um acerto de contas com Boni:

"Em 1970, quando me separei da Ilka, fato doloroso para nós dois, ele deu um jantar de solidariedade a ela, como se eu tivesse cometido um crime ao terminar o casamento. Depois, deu para falar mal de mim, reclamando que eu fazia média com os milicos, enquanto ele segurava a barra da produção e mantinha a qualidade da Globo, mesmo sob censura. Quer dizer, ele era o herói que resistia, eu o escroto que me compunha, que dava emprego para o odiado Edgardo Erickson. Mas quando o Edgardo voltava de Brasília com algum grande galho da Globo quebrado, era o Boni que ia buscá-lo no aeroporto, carregando-o em triunfo".

Ao longo dos anos, Boni evitaria polemizar publicamente com Clark, que embora reconhecendo no ex-parceiro o mérito de ter sido "o ideólogo do padrão de qualidade" da Globo, também chamou Boni de "formalista neurótico", "escravo da segurança que o videoteipe dava", um executivo de televisão que "não queria saber de jornalismo, que representava o risco, a possibilidade do erro, do imprevisto". Boni, em sua autobiografia, não respondia com o mesmo tipo de munição:

"Eu nunca deixei de reconhecer a importância do Walter na criação da Rede Globo e quero enfatizar que ele foi o ponto de partida para tudo. Na verdade, sempre tivemos uma relação carinhosa. Mas havia entre nós um abismo em nossos estilos de vida e de comando. Os atritos geravam uma fumaça constante e onde há fumaça há fogo".

Em 1991, nove anos depois de entrar na Globo pela primeira vez como assistente de Eurico Carvalho na consultoria RG84, e ao participar da primeira reunião do comitê executivo da emissora como superintendente executiva, Marluce Dias da Silva foi recebida por Boni, ainda vice-presidente de Operações, com uma menção irônica à participação dela na gestão da Mesbla, a icônica loja de departamentos brasileira então recém-falida:

– Eu queria saber se daqui pra frente, nessas reuniões, nós vamos brincar de lojinha.

De certa forma, seriam os problemas de gestão da "lojinha" da Globo, e não os produtos de ótima qualidade que Boni tinha criado e produzido para ela vender desde sempre, que os filhos de Roberto Marinho usariam como motivo para substituir definitivamente Boni por Marluce no comando da emissora em 1997. Como diria Roberto Irineu em entrevista ao autor em 2023, aos 76 anos:

"A TV Globo sempre foi uma empresa de grande sucesso mas de rentabilidade baixa. Numa entrevista em que falei demais, eu disse que papai era um gênio em criar empresas e um gênio de mídia, mas que nunca foi um grande administrador de empresa. Realmente não era. A TV Globo só passou a ter uma rentabilidade maior a partir da entrada da Marluce. Quando ela foi chamada, a empresa estava praticamente empatando. Não estava dando lucro".

Instado a comentar entrevistas e declarações não muito generosos feitos por Boni, ao longo dos anos, sobre suas decisões como executivo maior da Globo, Roberto Irineu lembrou a idade do ex-funcionário, 87 anos, e declinou com carinho:

– Deixa o velhinho lá, tomando os vinhos dele.

CAPÍTULO 15

Todos escrevem ao general

"Eu digo que não dirigi esse programa. Eu cometi esse programa."

Mauro Rychter*, editor pioneiro de novelas, humorísticos, telejornais e programas jornalísticos da Globo, referia-se, em 2015, à responsabilidade de dirigir, no Palácio da Alvorada, em Brasília, as gravações de *O Povo e o Presidente*, espaço semanal de vinte minutos que Roberto Marinho cedeu ao general João Figueiredo no horário nobre, entre maio de 1982 e setembro de 1983, período que coincidiu com a consolidação das operações das redes Manchete e SBT, concessões dadas pelo presidente em nome de uma concorrência contra o que, para ele, era o "monopólio" da Globo.

A entrada no ar do programa, primeiro aos domingos, logo depois do *Fantástico*, depois nas noites de quarta-feira, antes do *Jornal Nacional*, também coincidiu com o momento em que o general, mesmo estando no auge do estremecimento de sua relação com o dono da Globo, fez do espaço nobre na grade da emissora um horário gratuito de propaganda do governo para as eleições dos governos estaduais e do Congresso Nacional em novembro de 1982. O resultado, segundo Toninho Drummond*, diretor da redação da Globo em Brasília e do programa, não poderia ser outro:

"Era um programa chatíssimo de se fazer e mais chato ainda de se ver. Por mais que se buscasse ali um trabalho jornalístico, não tinha muito como, não tinha autenticidade jornalística, por mais que você quisesse".

Oficialmente, a explicação da Globo para a presença daquela criatura estranha entre os conteúdos da disputadíssima grade do horário nobre da emissora e na qual Figueiredo aparecia descontraído, sentado numa poltrona, de paletó esporte, respondendo perguntas selecionadas feitas pelo apresentador Ney Gonçalves Dias, foi a de que *O Povo e o Presidente* surgira de um convite, em carta enviada por Roberto Marinho ao general, propondo "a criação de um programa de TV que estabelecesse um diálogo entre a população e o presidente da República".

O discurso era corroborado pelo então secretário de imprensa da presidência, Carlos Átila, que, cobrado pelo *Jornal do Brasil*, disse que "não houve favorecimento porque não houve concorrência" e que Figueiredo poderia falar a outras emissoras se elas tomassem iniciativa semelhante e apresentassem "uma concepção de programa aceitável na qualidade, no alcance do público e na disponibilidade de tempo".

Em 2023, João Roberto Marinho lembrou de outro motivo que, segundo ele, teria contribuído para a decisão do pai de abrir espaço para o general Figueiredo na programação da emissora:

"É importante lembrar que havia setores no governo contra a abertura democrática. Tratava-se de uma iniciativa para estimular a comunicação entre o presidente e a sociedade. E uma tentativa da televisão de popularizar a abertura".

Toninho Drummond tinha uma explicação mais pragmática:

"A decisão de fazer eu tenho a impressão de que nasceu um pouco da necessidade de não termos que ficar atendendo a pedidos. Um programa em que o governo já anunciava as suas realizações ou dava seus recados. E a forma que a gente, na época, encontrou para fazer isso de uma maneira mais correta, mais limpa, seria botar o povo mesmo para perguntar. Eles escolhiam determinados temas sobre os assuntos do governo e mesmo algumas coisas de política".

Para Mauro Rychter, a Globo foi, na verdade, obrigada por "eles" a fazer o programa:

"A Globo não quis fazer *O Povo e o Presidente* porque deu vontade. Veio do Gabinete Civil da Presidência, do ministro Leitão de Abreu. E inventaram, então, um programa que ia ao ar depois do *Fantástico*".

Antes de Roberto Marinho decidir mandar sua emissora exibir aquele formato obviamente chapa-branca, na contramão do abrandamento da censura, em curso na época, suas relações com Brasília já vinham azedando desde a segunda metade dos anos 1970, quando o ministro da Justiça do governo Geisel, Armando Falcão, chamado de "Armando Falsão" por Roberto Irineu*, só fizera agravar o mal-estar do pai com os militares, fora as dores de cabeça e os prejuízos causados pela censura do ministério às novelas da Globo. Com a chegada ao Palácio do Planalto, em 1979, de João Figueiredo, um general com quem Roberto Marinho tinha uma boa relação havia quatro décadas, o que parecia que ia melhorar só tinha piorado, segundo Roberto Irineu.

Aparentemente, ou pelo menos em público, o general não tinha problemas com a Globo. Até gostava, segundo Boni*, de ser o personagem indireto das críticas adocicadas da personagem "Salomé Maria da Anunciação", no programa

Chico City. E não se importara com uma imitação "perigosamente parecida", palavras de Borjalo, que ganhara do humorista Agildo Ribeiro*.

Não estava tudo bem. De acordo com o filho João Roberto Marinho, em entrevista ao autor em 2023, o rompimento de Figueiredo com o dono da Globo começou a se desenhar na intimidade da residência oficial da Granja do Torto, em Brasília, no início de 1980, devido à maneira como a emissora estava tratando certos assuntos, a começar, segundo o próprio Roberto Marinho, pelas queixas da então primeira-dama Dulce Figueiredo por ter sido filmada chorando num evento beneficente.

Os problemas continuaram um ano depois, de acordo com relato feito pelo ministro Leitão de Abreu ao repórter Pedro Rogério* e reproduzido por ele na entrevista que deu em 2004, com a estreia do seriado *O Bem-Amado*, de Dias Gomes, em abril de 1980.

– Doutor Golbery, eu não aguento mais. Eu aguento editorial de jornal, aguento jornal me esculhambando, mas eu não posso aguentar crise doméstica, essa eu não posso aguentar. Me ajude nisso.

O desabafo de Figueiredo para o então ministro Golbery do Couto e Silva, reconstituído para Pedro Rogério por Leitão de Abreu, substituto de Golbery no Gabinete Civil a partir de agosto daquele ano, era por causa da personagem "Conchita", mulher do prefeito "Odorico Paraguaçu" de Paulo Gracindo, uma sátira óbvia, confirmada pela intérprete Suely Franco* e pelo autor Dias Gomes, de Dulce Figueiredo, famosa pelo volume acima da média de figurino, batom, plástica e do laquê que congelava seus fartos cabelos louros:

– João! Vem cá! Olha aqui o que a TV Globo está fazendo com a gente.

A situação ficou mais crítica quando Dias Gomes escreveu um episódio do seriado inspirado na polêmica que à época mobilizara a mídia, quando Figueiredo usou um jato *DC-10* fretado da Varig para levar uma comitiva escandalosamente numerosa em sua primeira viagem à Europa como presidente, entre 28 de janeiro e 4 de fevereiro de 1981. Sempre citando Leitão de Abreu como fonte, Pedro Rogério concluiu:

"Houve um pedido ao doutor Roberto no sentido de ele pedir ao Dias Gomes que evitasse de calcar episódios do seriado em cima do dia a dia palaciano, e o doutor Roberto disse que jamais daria essa ordem ao Dias Gomes. E essa foi a gota d'água para o rompimento, segundo a história do doutor Leitão".

A desavença grave, segundo uma fonte do autor que ouviu os relatos tanto de Roberto Marinho quanto do presidente, aconteceu mesmo quando Figueiredo tomou as decisões sobre o espólio da TV Tupi à revelia do dono da Globo. Marinho, segundo a fonte, não queria que Silvio Santos, principalmente, e também o Grupo Abril, fossem contemplados, e ficou indignado com seu alijamento da decisão. Primeiro fez uma ligação telefônica cujo mantra em forma de bronca foi: "Você tinha de ter me consultado". Em seguida ao telefonema, que terminou mal, Marinho transcreveu a bronca para uma carta que foi enviada a Figueiredo, e o presidente, segundo a fonte, "pegou a carta com a ponta dos dedos" e mandou de volta para Marinho com uma inscrição: "Devolvida sem ter sido lida".

A partir de julho de 1980, Figueiredo passara a ter um protagonismo central na criação de uma nova realidade do mercado da TV aberta brasileira, ao cassar a concessão de todos os canais da TV Tupi por corrupção financeira e dívidas com a Previdência Social e abrir, logo em seguida, uma licitação para duas novas redes nacionais de televisão. E, nessa questão, segundo João Roberto Marinho, não havia consenso entre seu pai e o presidente da República. O dono da Globo argumentava que o fato de o governo ter aberto edital público, desdobrando a rede Tupi em duas novas redes, acirraria uma concorrência predatória no setor da televisão, criando cinco redes nacionais de televisão com um mercado publicitário ainda pequeno.

Como exemplo, Marinho citava os Estados Unidos, onde três redes nacionais de TV movimentavam à época 12 bilhões de dólares anuais com publicidade de televisão. No Brasil, o mercado publicitário movimentava, anualmente, 380 milhões de dólares e, com mais duas redes nacionais de TV, ficaria com cinco, duas a mais que os EUA. O dono da Globo havia chegado a pedir a Figueiredo que o governo constituísse um grupo de trabalho formado por todos os setores envolvidos, públicos e privados, para realizar um estudo aprofundado sobre a questão. Não adiantou.

Qualquer que tenha sido o peso de Sucupira ou de "Dona" Dulce na questão, fato é que, cerca de um mês depois do episódio problemático de *O Bem-Amado* sobre a viagem de Odorico ao exterior, Figueiredo anunciou que as novas redes seriam a Manchete, do Grupo Bloch, e o SBT, de Silvio Santos. Encerrava, assim, uma disputa que começara em 1980, com propostas de treze grupos empresariais das quais foram selecionadas, para uma segunda etapa, além das duas escolhidas, a do *Jornal do Brasil*, a do Grupo Visão e a da Editora Abril. Na época do anúncio, Figueiredo usara uma entrevista para cutucar: "Roberto Marinho tem o monopólio não porque deseja, mas porque as outras redes não dispõem de condições para disputar com ele".

Ao fazer, em 2023, um retrospecto sobre a decisão de Figueiredo, Roberto Irineu disse que, ao dividir em duas redes o espólio da Tupi, o presidente, na verdade, diminuiu a chance de um concorrente realmente forte da Globo surgir no mercado. Mas o pai só ficaria muito contrariado, segundo ele, se um dos escolhidos fosse o *Jornal do Brasil*, o eterno concorrente d'*O Globo*.

O azedume de Figueiredo em relação à Globo também ficara evidente, na época, durante as passagens do general pelo Rio de Janeiro, a caminho ou de volta de sua casa na região serrana do estado, quando quem tinha de encarar o seu mau humor eram repórteres como Glória Maria*. Numa das ocasiões, ao pedir que Figueiredo gravasse novamente uma fala que a equipe da emissora tinha perdido, Glória, a quem o general se referia como "neguinha" em conversas com assessores, resmungou:

– Não, eu não vou repetir.

– Presidente, por favor, é TV Globo, *Jornal Nacional*, a gente precisa dessa declaração senão eu estou na rua, imagina se eu chegar lá e não tem isso?

– Problema seu, eu não vou repetir.

– Presidente, pelo amor de Deus, é que o nosso filme na hora acabou e a gente precisa disso.

– Problema seu. Pedisse ao Roberto Marinho pra dar mais filme pra senhora.

Os sentimentos mais profundos de Figueiredo em relação a Roberto Marinho e à Globo naquele período só seriam conhecidos quase vinte anos depois, em janeiro de 2000, dias após a morte do general, aos 81 anos, com a revelação, pelo *Jornal do Brasil*, pela *Veja* e também pela própria Globo, no *Fantástico*, do conteúdo de uma fita de vídeo gravada durante um churrasco na casa de um político de Paraíba do Sul, interior do estado do Rio, e do qual o então já ex-presidente participou, descontraído, em 1988. Instado por um convidado do churrasco a falar do poder de Marinho, Figueiredo aceitou:

"É um horror, um horror. É a melhor rede que existe no Brasil. Ele é dono da opinião pública do país. Faz o ministro das Comunicações e muda quem ele quiser. O dia em que Roberto Marinho quiser se virar contra o governo, o governo cai. Ele não chegou a influenciar-me porque brigou comigo. Não lhe dei uma concessão de rádio de televisão e ainda lhe disse: 'Não vou dar porque já tem demais'. Criei três redes de TV: a Manchete, a do Silvio Santos e a Bandeirantes. Aí Roberto Marinho ficou com raiva de mim porque antes era só ele".

A resposta da Globo em 2000, depois de exibir, no *Fantástico*, a gravação do churrasco, conseguida pelo repórter Geneton Moraes Neto, foi um texto lido por Cid Moreira e no qual a direção da emissora afirmou que Roberto Marinho nunca procurou Figueiredo para pedir favores. Evandro Carlos de Andrade, à época diretor da Central Globo de Jornalismo, foi menos protocolar na entrevista que deu, na época, para o mesmo Geneton Moraes Neto:

"É preciso ver o Figueiredo como uma mente decadente, é óbvio. Essas manifestações dele, no governo e depois, tem que ter alguma coisa clínica, isso tem que ser considerado. Pelo seguinte: o doutor Roberto não podia desejar ter a cadeia nem do Silvio Santos, nem do Adolpho Bloch, porque simplesmente era redundante e a lei seria totalmente proibitiva em relação a isso".

Um episódio ocorrido dois meses antes da estreia de *O Povo e o Presidente*, em março de 1982, pode ter tido alguma relação com a criação do programa: o desentendimento de Roberto Marinho com o presidente e seu ministro da Justiça, Ibrahim Abi-Ackel, em relação aos cortes feitos pela Censura na novela *O Homem Proibido*, inspirada num folhetim de Nelson Rodrigues. A resposta de Figueiredo e Abi-Ackel, irritados com o tom de Marinho, segundo o jornal *Tribuna da Imprensa*, foi o lançamento em cadeia nacional, pela Presidência da República, de uma campanha contra a pornografia e a imoralidade.

Se *O Povo e o Presidente* foi resultado de um afago de Roberto Marinho para tentar melhorar a relação e preservar sua concessão sutil e publicamente relativizada pelo general, ou uma chantagem velada de Figueiredo para usar o poder da Globo em seu esforço para salvar os dedos de uma ditadura a caminho de perder os anéis, ou ambas as razões combinadas, fato é que o presidente, sem ter que enfrentar os freios e contrapesos de uma entrevista normal para jornalistas, disse tudo o que queria ao longo da existência do programa, sabendo que, ao fazê-lo, estaria distribuindo pautas e manchetes semanais que a imprensa, mesmo muito incomodada com a exclusividade da emissora naquela espécie de cercadinho de luxo na sala de cinema do Palácio da Alvorada, não podia se permitir desconhecer.

E foi assim que, pela janela poderosa da Globo, Figueiredo anunciou redução do IPI de carros a álcool, comunicou facilidades do Conselho Monetário Nacional para os agricultores, atacou a especulação financeira, garantiu reajuste do salário-mínimo, ameaçou "taxar o lucro exagerado dos banqueiros", alertou servidores em greve para o risco de perderem o emprego e avisou que ainda era cedo para falar em sucessão presidencial, entre outros recados de interesse seu e do PDS, partido de sustentação do governo militar. Pura propaganda política, como muitos previram.

O que surpreendeu foi a ótima audiência do programa. Logo na estreia, embora o colunista político Villas-Bôas Corrêa, por exemplo, tenha visto um presidente "duro, de nervos esticados como as cordão de violão, sem mexer um músculo do rosto, sem conceder um único sorriso", o Ibope registrou *share* de 50% no Rio, 53,7% em São Paulo e 51% em Brasília. Um sucesso que levou o colunista Jésus Rocha, d'*O Pasquim*, a desconfiar que o instituto estava providenciando uma suposta fraude nos índices. Um ano depois, ao longo do mês de maio, *O Povo e o Presidente* seria o terceiro mais assistido da categoria "programas jornalísticos" da TV aberta no Rio, com média de 29%, perdendo apenas para o *Jornal Nacional*, com 49%, e para o telejornal local da Globo, o *RJTV*, com 54%.

"Pergunte ao João que ele responde."

O slogan da campanha que a Globo fez para incentivar a participação dos telespectadores no programa, recurso que seria abandonado na temporada de 1983, levou milhares de pessoas a enviarem cartas para a emissora. Mas em vez de "devidamente acolchoadas por uma longa preparação", como supôs Villas--Bôas Corrêa em sua coluna no *JB*, as cartas, segundo Mauro Rychter, apenas inspiravam o conteúdo das entrevistas:

"Teoricamente, era o presidente Figueiredo respondendo a perguntas do povo. Só que quem fazia as perguntas era o ministro Leitão de Abreu. Ele escrevia as perguntas e também escrevia as respostas".

As cartas de Leitão interpretadas por Figueiredo provocariam situações como a que foi registrada pelo *Jornal do Brasil* em sua edição de 12 de dezembro de 1982: sensibilizado com os comentários do presidente sobre as dificuldades impostas ao país pela dívida externa, o auxiliar de serviços gerais Gilberto Guimarães Diniz se aproximou do general em Resende, estado do Rio, para informar que tinha mandado cheques para a produção do programa, como forma de ajudar o governo a pagar os credores internacionais. O que levou Figueiredo a anunciar, também durante *O Povo e o Presidente*, óbvio, que os cheques seriam devolvidos a Gilberto.

Além das críticas da imprensa, especialmente do *Jornal do Brasil*, um dos veículos que ficaram pelo caminho na disputa da concessão de TV, e que em editorial indignado condenou Figueiredo por se permitir um papel "impróprio e incompatível com a majestade de sua posição institucional" e se converter "numa espécie de protagonista exclusivo cuja função principal seria de favorecer determinada rede em detrimento das demais", *O Povo e o Presidente* foi muito criticado por políticos da oposição, incluindo Ulysses Guimarães, aos quais, no entanto, restaria apenas protestar contra o que, na prática, era propaganda mal disfarçada em ano eleitoral.

O Partido dos Trabalhadores (PT) chegou a impetrar, sem sucesso, mandado de segurança junto ao Tribunal Superior Eleitoral (TSE) contra a participação de Figueiredo no programa. E o comando do PMDB manifestou, inútil ou ingenuamente, segundo o *JB*, a esperança de que uma emissora de TV concorrente da Globo oferecesse tempo ao partido para um programa que não passou do nome: *O Povo e a Oposição*.

A Globo nunca mais incluiria, na grade do horário nobre, um conteúdo com as características oficiosas de *O Povo e o Presidente*. Já Silvio Santos, entrevistado na semana de estreia do programa da Globo, considerou a ideia da emissora "louvável" e disse que não tinha nada contra. Muito pelo contrário: o dono do SBT jamais teria qualquer constrangimento de colocar a rede que recebeu de Figueiredo à inteira e irrestrita disposição de todos os presidentes que viriam, de Sarney a Lula, passando, com especial entusiasmo, por Jair Bolsonaro.

Ao final de quase dois anos, Mauro Rychter, que passou a ser chamado de "Maurão" por Figueiredo, guardou do programa a lembrança de uma experiência infernal:

"Eu tirei as cadeiras todas e a gente fez do cinema do Palácio da Alvorada um palco. Porque era o único lugar no palácio que tinha ar-condicionado. Aquilo ali é um inferno. Eu acho que os presidentes todos que governam esse país têm esse problema, que não se consegue governar: depois de seis meses, fica tudo muito maluco, porque ali é um calor infernal, não tem ar-condicionado, não venta. O coitado do Niemeyer deve ter desenhado aquilo acho que quando ele estava em Moscou".

Do general Figueiredo, ficou, para Rychter, a impressão de "um cara engraçado, militar durão, SNI e tal, mas que de bobo não tinha nada, uma cultura geral vastíssima, muito grande, sem a menor vontade de estar ali e que não tinha nada que ser presidente". Um desabafo, em especial, de Figueiredo sobre a vida na presidência, durante uma gravação de *O Povo e o Presidente*, também ficou na memória de Rychter:

– Porra, Maurão, eu sou do SNI. O cara pediu uma audiência comigo. Antes de ele entrar na minha sala, eu já dava uma olhada na história do sujeito, já via tudo, sabia tudo do cara. Então, o cara vinha lá, se sentava lá, fazia aquela pose de bonzinho e tal. E eu sabia que o cara tinha roubado merenda escolar, já tinha vendido a mãe, tudo. E o cara fazendo aquela cara de bonzinho. E eu com uma vontade de pegar o cara e estrangular. Mas não podia.

Não foi nem gravado, claro.

Qual era a graça

A palavra "gordofobia", um dos neologismos criados para delimitar os campos de batalha dos movimentos identitários do século 21, ainda não existia em março de 1981, quando Jô Soares, então com 43 anos e mais de cem quilos, estreou o programa *Viva o Gordo* como uma homenagem a ilustres colegas de peso como Buda, Sancho Pança, Honoré de Balzac, o então ministro do Planejamento, Delfim Netto, e os comediantes Stan Laurel e Oliver Hardy, intérpretes da histórica dupla *O Gordo e o Magro* (1922). A celebração do que os redatores do programa chamaram de "alegria da vida gorda" ainda teve um balé composto por dançarinas que o site oficial do Memória Globo classificaria, no futuro, como "gordinhas", lideradas pela atriz Claudia Jimenez.

Ao longo dos seis anos em que esteve no ar, nas noites de segunda-feira da Globo, logo depois da novela das oito, com aberturas antológicas nas quais Jô fazia travessuras ao "invadir" imagens históricas do Brasil e do mundo, *Viva o Gordo* compôs, ao lado do *Chico Anysio Show* e do programa *Os Trapalhões*, um mosaico expressivo das dimensões e limites éticos e estéticos do comportamento social de milhões de brasileiros nos anos 1980. Uma época em que o conceito e a prática do comportamento politicamente correto também ainda não tinham sido formulados ou, menos ainda, disseminados na sociedade.

Praticamente todas as categorias que seriam incluídas no futuro índex contra a discriminação proposto pelo movimento identitário estavam em quadros do programa que faziam rir, e muito, e não necessariamente refletir, como se desejaria no futuro. No caso dos "baixinhos", por exemplo, não os do programa da Xuxa, mas as pessoas de baixa estatura, um personagem marcante era o "Reizinho", nascido de uma história real ocorrida com um membro da Academia Brasileira de Letras que Jô Soares* desconfiava ter sido o dicionarista Aurélio Buarque de Holanda:

"O acadêmico tinha saído atrasado de casa para uma recepção de gala na Academia Brasileira de Letras e já saiu de fardão. Tomou um táxi de fardão, entrou e disse: 'Vamos para a Academia Brasileira de Letras', e deu o endereço. O motorista, vendo aquela roupa toda, de repente, não se conteve e perguntou: 'Sois rei?'".

A partir da situação inusitada do táxi, Max Nunes, líder da equipe de autores que incluía, entre outros, o escritor Luis Fernando Verissimo, propôs e Jô desenvolveu o personagem, o rei baixinho e vaidoso que interpretava de joelhos, corpo coberto por uma túnica, cercado de uma corte de puxa-sacos que, sempre que solicitada, o saudava com o bordão "Sois rei! Sois rei, Sois rei!".

E as mulheres do programa? No *Viva o Gordo*, o culto derramado e o olhar sem culpa de todos dedicados à beleza corporal feminina era impressionante, não apenas nos quadros que iam ao ar e hipnotizavam babões de norte a sul do país, mas também nos camarins onde a atriz Denise Bandeira*, por exemplo, surpresa por ter sido convidada a integrar o elenco pelo diretor Cecil Thiré, mesmo não se considerando "um mulherão", espantou-se com o tipo de drama de algumas de suas colegas:

"As mulheres gravavam um quadro atrás do outro. Então era uma tiração de roupas no camarim, a maior parte daquelas mulheres vivia pelada, verdadeiras deusas esculturais, e todas com problemas, 'Ah! Não está bom porque estou gorda, a celulite', aquelas deusas! Era muito engraçado, eu me lembro hoje de como mulher é um bicho louco. Todas reclamavam dos próprios corpos, mulheres deslumbrantes. E a gente gostava de sacanear as mais deusas para sublinhar o absurdo da situação".

Uma das "vítimas" era Claudia Raia, nas palavras de Denise, uma "deusa eterna, uma perfeição, uma Vênus" já aos 18 anos:

– Claudia, acho que você engordou um pouquinho.

– Ah, vocês notaram? Ai, meu Deus, estou horrorosa.

– Não, Claudinha, a gente está brincando.

– Não, mas eu engordei, quer ver?

Um quadro do programa que Denise considerava "uma delícia de fazer", mas "politicamente incorretíssimo", era o de um casal de judeus no qual ela interpretava a mulher, "Sara", que, junto com o marido interpretado por Cecil Thiré, tentava se livrar de um irmão dele interpretado por Jô e que vivia com o casal, dando muita despesa:

"Era um quadro sobre a avareza dos judeus, a sovinice dos judeus. Gerava, este sim, uma reação. Os judeus não gostavam de serem associados a esse clichê de que judeu é pão-duro. E era o Jô que sempre improvisava, fazia loucuras nesse quadro. A gente sempre arrumava um jeito de mandar ele embora. E ele sempre dava uma volta na gente no final do quadro".

Impensável décadas depois, o quadro desenvolvido por Jô* do marido machista de uma certa "Nair", clichê de "mulher burra" e para quem o personagem ligava sempre para esculhambar, chamando-a de "anta", também foi inspirado em personagem real:

"Essa história era de um amigo do Haroldo Barbosa que ligava para xingar a mulher, só que com palavrões horrorosos. Eu dizia: 'Haroldo, isso dá quadro'. Ele dizia: 'Não dá, não dá porque a graça é o palavrão'. Eu dizia: 'Não é, a graça é a situação'. Aí eu fui para casa e escrevi o quadro e, em vez dos palavrões, ele chamava a mulher de 'anta', 'jamanta'. Funcionou que foi uma loucura".

E os gays? Um amigo de Jô, cujo nome ele não revelou em sua entrevista, inspirou o personagem que satirizava a recusa da sociedade em reconhecer e enxergar a existência da homoafetividade, e cujo bordão, "Tem pai que é cego", seria incorporado ao cotidiano dos brasileiros:

"Esse meu amigo tinha um filho que era bicha, mas ele não tinha a menor ideia de que o filho era bicha. Achava que o filho era machíssimo: dizia 'Meu filho, sempre rodeado de mulheres! Ele pega o violão, aquela mulherada toda em volta'. E o filho bicha, bicha, bicha. Aí eu falei: 'É uma ideia maravilhosa, um pai que não consegue enxergar a bichice do filho'".

Não era só comportamento: Jô também ironizava a timidez do processo de abertura política do Brasil, interpretando um general que entrara em coma, entubado, ainda durante a ditadura e que, ao acordar, ficava horrorizado com acontecimentos como, por exemplo, a volta ao país do exilado Leonel Brizola:

– Me tira o tubo!

À medida, porém, que os médicos e enfermeiros em volta iam dando outras informações sobre a lerdeza da volta à democracia, o general concluía que as coisas não tinham mudado tanto:

– Ah, me deixa o tubo!

Nem todos os setores da esquerda gostaram, no entanto, da sátira de Jô aos militantes exilados que hesitavam em voltar para o Brasil durante a abertura democrática:

– Madalena, você não quer que eu volte!

O personagem "'Sebá', codinome Pierre, o último exilado em Paris", que reagia às notícias ruins do país que sua mulher, "Madalena", passava pelo telefone, foi criticado em coluna publicada à época no *Pasquim*, na qual Haroldo Zager considerou o quadro "uma forma de ridicularizar quem voltou e gostaria de voltar para a política".

Os militares? Borjalo, temendo uma reação do governo, chegou a vetar e Jô teve de recorrer a Boni para levar ao ar o personagem de *Viva o Gordo* que se tornaria um dos mais famosos e queridos da história da Globo: o hilariante "capitão gay", super-herói homossexual que defendia "as minorias contra as tiranias" com a ajuda do parceiro "Carlos Suely", outro gay pirotécnico interpretado pelo ator Eliezer Motta, ambos envergando uniformes multicoloridos adornados por pérolas, plumas e uma máscara salpicada de purpurina. Até críticos que consideravam o quadro um reforço de estereótipos se renderam à desvairada bichice do "capitão gay" e de "Carlos Suely".

A existência de um certo Coronel Gay, à época candidato ao governo do Distrito Federal, não foi problema. Pelo contrário: Jô e ele teriam até um encontro divertido no aeroporto de Brasília. Já o quadro "Gandola", nome de uma túnica militar usado num quadro que aludia ao tráfico de influência dos integrantes das Forças Armadas na época da ditadura, foi proibido pela Censura quando, segundo Jô, os militares se deram conta de que as pessoas começaram a usar com ironia, para enfrentar os problemas do dia a dia, a frase que era o bordão do quadro:

– Quem me mandou aqui foi o... Gandoooola.

Problema mesmo Jô Soares teria ao criar, em 1983, uma sátira, igualmente impensável no século 21, ao então cacique xavante Mário Juruna, primeiro deputado federal indígena eleito no Brasil, com um personagem que tinha o hábito de andar com um gravador para registrar as conversas políticas e assim não ser chamado de mentiroso. Testemunha da encrenca, o ator Flávio Migliaccio*, falecido em 2020, aos 85 anos, à época integrante do elenco do *Viva o Gordo*, estava no estúdio da Globo no Rio no dia e até fotografou o momento em que Juruna em pessoa interrompeu as gravações do programa para ter uma prometida "conversa entre homens" com Jô e saiu distribuindo broncas em seu português claudicante para o humorista e outras pessoas da equipe:

"A gravação ficou parada e o Jô numa aflição, querendo sair fora, querendo gravar o programa, não sabendo o que falar para o Juruna. E o Juruna lá não querendo sair, querendo saber: 'Você vai tirar esse personagem?'. Ele queria que tirassem o personagem, que não satirizassem mais ele".

Jô acabou se entendendo com Juruna, convencendo o cacique de que ele deveria aceitar o personagem de forma democrática:

"Depois, quando quiseram cassar ele, eu saí em sua defesa, inclusive no *Jornal Nacional*, vestido de Juruna e dizendo: 'Não tem nada a ver cassar o Juruna. No Brasil já se caçou tanto índio com "ç" que não é justo cassar mais um com dois esses'. Aí ele adorou e veio me dar uma pele de onça de presente. Fedia que era um horror".

Sem a menor graça, nos bastidores da estreia do *Viva o Gordo*, foi a amargura que a criação do programa inseriu na relação de Jô Soares com Agildo Ribeiro, com quem ele dividia o então recém-extinto *Planeta dos Homens*. Amargura que se acentuou ainda mais na maneira com que outro humorista, Chico Anysio*, descreveu, em 2000, o que afastou os dois colegas:

"A segunda-feira ficou para o Jô, começou com o Jô, José Vasconcelos, Renato Corte Real e Agildo. Depois, saíram o Zé e o Renato, ficaram só o Jô e o Agildo. Fizeram *Satiricom*, foi mudando o nome, era o mesmo programa, mudava o nome. Até que o Jô tirou o Agildo. O Agildo diz que o Jô tirou, não sei, deve ter sido. Só sei que o Agildo mandou da Europa um cartão de Judas beijando Cristo, e mandou 'um abraço e outro para você, Jô'. E o Agildo não perdoa o Jô até hoje por isso".

Jô, em sua entrevista, dada em 2002, não desmentiu o relato de Chico Anysio, mas explicou que seu desejo, na época, era fazer um programa que aproveitasse o título de seu show de teatro da época, *Viva o Gordo e Abaixo o Regime*, criado no embalo da abertura democrática. Sobre Agildo Ribeiro:

"O *Planeta* era um programa dividido, apresentado por mim e pelo Agildo, mas eu fazia uma série de quadros, ele fazia os quadros dele. Então foi só uma contingência de dar um passo à frente. Eu até brinquei com Boni e disse: 'Boni, eu fiz cinco anos de *Planeta dos Homens*. Mais um ano, eu me formo em Medicina. Não dá'".

Jô morreu em 2022, Agildo em 2018, Chico em 2012.

Armários trancados

"Sem dar explicações, a direção da emissora determinou o corte de uma cena, já gravada, de um beijo entre duas personagens femininas. A censura assinala um retrocesso de pelo menos dez anos em novelas do canal. Em 2014, dois homens se beijaram no final de *Amor à Vida* e, na novela seguinte, *Em Família*, duas mulheres selaram sua união igualmente com um beijo."

O crítico Mauricio Stycer, em sua coluna na *Folha de S.Paulo* de 18 de maio de 2023, registrava a intervenção da direção da Globo na história das personagens "Clara", papel de Regiane Alves, e "Helena", vivida por Priscila Sztejnman, na novela *Vai na Fé* (2023), de Rosane Svartman, exibida no horário das sete da noite. E identificava, no corte do beijo gay, o que chamou de "preço alto" que a emissora estava pagando, na época, pelos "acenos" que fazia aos evangélicos, "buscando amenizar a imagem negativa que adquiriu junto a parcela do grande público seguidor dessa corrente religiosa".

O autor incluiu, na coluna sobre a guinada da Globo, a novela *Terra e Paixão* (2023), exibida no horário das nove da noite da emissora e à época "dialogando com o público conservador do agronegócio". E, depois de citar o professor de filosofia Renato Janine Ribeiro, para quem a novela continuava sendo o gênero da TV brasileira que melhor exprimia "um ideal de justiça e um sonho de felicidade", observou:

"Ainda que sem a mesma força do passado, essa é uma tradição que não se perdeu. É curioso observar, porém, como vários dos temas mais sensíveis em novelas do passado seguem trabalhados sem enredos contemporâneos".

Não era a primeira vez, descontando quase duas décadas de paranoia moralista da censura da ditadura, que a direção da Globo tomava a decisão de intervir em suas novelas por causa da temática homoafetiva. Voltando no tempo, em 2010, no *remake* da novela *Ti-Ti-Ti*, o romance entre os personagens "Julinho", vivido por André Arteche, e "Thales", interpretado por Armando Babaioff, não teve beijo na boca.

Antes, em 2005, no caso da novela *América*, exibida no horário das nove da noite, a autora Gloria Perez abriu até uma polêmica pública com a direção da Globo, via jornais e revistas, reclamando do corte da cena de um beijo explícito dos personagens "Júnior", vivido por Bruno Gagliasso, e "Zeca", interpretado por Erom Cordeiro. Gloria dizia que a cena tinha sido cortada e a emissora contestava, informando que a cena de um beijo explícito é que não tinha sido autorizada desde o início das gravações.

No Brasil do início dos anos 1980, quando era a censura do governo militar que dava a última palavra sobre o que podia ou não ser mostrado nas novelas da Globo, a questão não era uma eventual cena de beijo gay. Nem pensar. Era a simples menção da palavra "homossexual" no roteiro. Até as personagens femininas tinham limites, como lembrou Silvio de Abreu*, autor da novela *Guerra dos Sexos*:

"A cada três semanas, eu tinha que ir a Brasília para conseguir liberar um capítulo da novela, porque não podia nada. Eu tinha uma personagem da Maria Zilda, a 'Vânia', uma mulher que não queria se casar. Queria ir para cama com os homens, mas não queria se casar. Não podia".

Chico Anysio*, que naqueles tempos de censura até se acostumou a gravar 55 minutos de programa, sabendo que pelo menos 15 minutos seriam cortados, lembrou de um ingrediente insólito na relação dos autores da Globo, na época, com a Divisão de Censura de Diversões Públicas do Ministério da Justiça:

"O censor tinha mais medo da censura do que eu. O cara que ia censurar o programa morria de medo de seu chefe dizer: 'Como é que você deixou aquilo passar?'. Então, ele cortava tudo e não havia diálogo porque ele não permitia. Ele dizia: 'Corta isso. Não quero explicação, corta!'".

Foi nesse contexto histórico, com a ditadura ainda em vigor, que Gilberto Braga* teve uma ideia que contribuiu de forma decisiva para que *Brilhante*, novela que ele escreveu para o horário das oito e cujos 155 capítulos foram ao ar entre junho de 1981 e março de 1982, fosse, segundo ele mesmo, "um fracasso retumbante": um núcleo, o da família "Newman", em que o personagem "Inácio", considerado pelo crítico Tony Goes "o primeiro gay mais ou menos assumido de uma novela brasileira" e interpretado por Dennis Carvalho, esconde sua homoafetividade, resistindo à obsessão da mãe "Chica Newman", papel de Fernanda Montenegro, de vê-lo casado com uma mulher:

"*Brilhante* entrou no ar e foi um susto. Foi uma novela muito mal bolada, tinha uma história impossível de contar. Eu não sei como eu caí nessa esparrela, porque era uma época de censura rigorosa".

A descrição feita pelo próprio Gilberto Braga* da trama principal da novela, usando o nome dos atores e não dos personagens, dá uma ideia do tamanho do problema que ele criou para si mesmo:

"A Vera Fischer saca que o rapaz é homossexual e é a primeira pessoa que tem coragem de chegar para aquela matriarca rica e dizer: 'Escuta, seu filho não vai se casar com mulher, ele não gosta de mulher, ele é homossexual!'. E aí, dá o azar para o novelão: a Fernanda Montenegro fica com ódio da Vera Fischer, que ousou dizer a verdade para ela, e ainda dá o azar de a Vera Fischer se apaixonar pelo genro da Fernanda, que era o Tarcísio Meira, casado com a filha de Fernanda, que era a Renée de Vielmond. Isso seria a espinha dorsal da novela. Agora, como contar essa história sem poder falar em homossexualismo?".

O resultado, nas palavras do próprio Gilberto, foi "uma salada que pouca gente entendia". Beneficiado, porém, por uma época em que a Globo, sem ter que enfrentar concorrentes fortes, quase nunca perdia muita audiência, mesmo quando exibia novelas ruins, ele teve tempo de contornar as restrições da Censura ao personagem "Inácio":

"Eu consegui aos poucos ir modificando. Acabaram gostando, principalmente quando eu joguei mais a história para o lado de um romance da Fernanda Montenegro com o Cláudio Marzo, que era o motorista dela. Aí a novela saiu bem, com prestígio. Mas no início foi um tremendo fracasso".

Fernanda Montenegro*, na entrevista que deu em 2002, se disse satisfeita com a solução encontrada por Gilberto para o personagem de Dennis Carvalho, e que incluiu a partida discreta dele com um namorado para Nova York no capítulo final, sem necessidade, segundo a atriz, de "esfregar na cara das pessoas", usando um "traço grosso", a mensagem de que "Inácio" era gay:

"Não era escondido, era claro, mas também não era exibido. Tinha um diálogo em que a mãe perguntava: 'Como? Sauna de noite? Ué, vocês dois, sauna, de noite?'. Era uma coisa mais natural do que a imposição de hoje. Hoje não tem sutileza nessas coisas".

Com o fim da censura, quando a responsabilidade sobre o tratamento dado pela dramaturgia da Globo aos temas e personagens homoafetivos passou a ser exclusiva da direção da emissora, os critérios se tornariam menos toscos mas, por outro lado, mais difusos. Em 2007, um quarto de século depois do veto da ditadura à exposição da homoafetividade de "Inácio" na novela *Brilhante*, o então diretor-geral da Globo, Octávio Florisbal*, elencaria as condições então necessárias para que um beijo gay explícito fosse mostrado pela emissora no horário nobre, o que só acabaria acontecendo em 2014, com os personagens das novelas *Amor à Vida* e *Em Família*:

"O dia em que o beijo gay for uma coisa comum na fila de cinema, nos shoppings, nos restaurantes, que a sociedade tiver aceitado de forma natural o beijo entre dois homens ou duas mulheres em público, aí nós iremos introduzi-los nas nossas novelas. Até lá nós vamos fazer isso de uma maneira muito velada, com insinuações, mas nunca de uma forma explícita".

E se alguém discordasse ou reclamasse? Em entrevista a este autor em abril de 2024, o então diretor do núcleo de teledramaturgia da Globo, José Luiz Villamarim, lembrou o argumento final com que a direção da emissora costumava encerrar os conflitos internos com autores ou diretores em torno do momento, do tipo e da angulação dos beijos gays e de outros fetiches da caretice nacional:

"Essa é uma questão sempre delicada, mas o dono da novela é a emissora, sem dúvida nenhuma. Para o bem e para o mal, as novelas têm que entender o que está acontecendo na sociedade".

A ideia continuaria sendo a de criar polêmica, e não desconforto. O que explica a posição adotada, por exemplo, em 2023, quando Rosane Svartman, autora de *Vai na Fé*, não quis entrar na polêmica nem se mostrou publicamente desconfortável com os cortes de beijos gays solicitados pela direção da emissora. Indagada sobre o assunto durante uma entrevista ao programa *Fim de Expediente*, da rádio CBN, no dia 14 de julho, limitou-se a dizer que não era a única pessoa responsável pelo conteúdo da novela.

Praga

Beijo gay cortado ou escondido na novela seria o de menos.

A partir daquele início dos anos 1980, as histórias e personagens homoafetivos desapareceriam, e seria por longos anos, da dramaturgia da Globo e de outras emissoras, para ressurgir, aos poucos, de forma traumática, na pauta jornalística da imprensa, e da pior maneira que eles, os gays da vida real, poderiam conceber. Começava a cobertura interminável e planetária na qual os jornalistas, incluindo os da Globo, teriam pela frente um desafio que muitas vezes não conseguiriam vencer: o de noticiar uma epidemia letal sem contribuir, involuntariamente ou não, para o aumento do preconceito, da paranoia e do estigma imposto pela sociedade aos portadores da doença.

– Quanto tempo eu tenho de vida?

A redações brasileiras demorariam a entrar a fundo nos dramas que aconteceram, a partir de 1983, nos quartos isolados do Hospital Emílio Ribas, em São Paulo, para onde foram levados e diagnosticados os primeiros pacientes, no Brasil, da doença contra a qual, a exemplo do pânico generalizado que marcou a cobertura do início da pandemia da Covid-19 em 2020, ninguém no mundo à época sabia o que fazer: a aids, Síndrome da Imunodeficiência Adquirida, que seria responsável, segundo dados da ONU, por um total entre 32,9 milhões e 51,3 milhões de mortes em todo o planeta, ao longo das quatro décadas que viriam.

Do outro lado do buraco aberto na parede, nos quartos isolados do Hospital Emílio Ribas de onde vinham as perguntas angustiadas dos pacientes com aids, estavam médicos como Zarifa Khoury, então residente em infectologia. Em maio de 2023, ao lembrar a experiência em entrevista para a jornalista Stefhanie Piovezan, da *Folha de S.Paulo*, ela se emocionou:

"Às vezes, saíamos para tomar um café do outro lado da rua e nos deparávamos com pacientes se jogando pela janela, cometendo suicídio".

Naqueles dias dramáticos vividos pelos médicos do Hospital Emílio Ribas, a imprensa brasileira, incluindo jornais como a *Folha de S.Paulo*, o *Jornal* *do Brasil* e também a Central Globo de Jornalismo, ainda estavam no início de uma cobertura cujo volume, refém da lógica de proximidade que comanda o olhar jornalístico, só aumentaria quando começaram a ficar cada vez mais frequentes, no Brasil, os casos da doença. Antes de 1983, o então correspondente da Globo em Nova York, Hélio Costa*, havia tido dificuldade de convencer a direção do *Fantástico*, que ele identificou como "Brasil", sobre a relevância da nova doença:

"Eu fiz uma matéria no Centro de Estudos de Doenças Infecciosas em Atlanta, o maior centro de investigação de doenças transmissíveis, e de lá eu saí com essa ideia de que ia acontecer uma epidemia de uma doença raríssima, uma coisa estranhíssima que se chamava aids. E, simplesmente, o Brasil disse assim: 'Não, isso não existe aqui. Nós não queremos nem saber disso. Essa matéria não vale, não tem isso aqui'".

Acabaria sendo de autoria do próprio Hélio Costa a primeira reportagem da Globo a tratar da aids, exibida no *Fantástico* de 27 de março de 1983, e na qual ele repercutia uma longa matéria publicada pela revista *Time* com imagens em preto e branco de pacientes da doença em leitos hospitalares, destacando a opinião de autoridades norte-americanas de que a síndrome havia se transformado "na epidemia mais violenta do século". A partir daquele momento, o *Fantástico* passaria a ser a referência de milhões de brasileiros assustados com a doença.

A relação do programa com a aids foi tão marcante que inspirou a dissertação de mestrado apresentada em 2006 pela historiadora Germana Fernandes Barata, da USP, sob o título *A primeira década da Aids no Brasil: o* Fantástico *apresenta a doença ao público (1983-1992)*. Em seu trabalho de análise de 26 das 105 reportagens exibidas pelo programa sobre aids ao longo da década estudada, Germana conclui que a cobertura "priorizou o cenário nacional e o discurso científico, reservando um bom espaço para divulgação da doença e contribuindo para informar a população sobre os meios de prevenção, os avanços científicos em relação à enfermidade e a qualidade do sistema público de saúde brasileiro". Mas também ressalvou:

"Fica claro também o fortalecimento dos mitos e metáforas relativos à história das doenças e à ciência, além dos preconceitos e estigmas contra seus pacientes, sobretudo os pertencentes aos chamados grupos de risco, o que pode ter contribuído para distanciar o telespectador da realidade da doença".

O impacto social da epidemia e a facilidade com que a cobertura jornalística da doença poderia alimentar, involuntariamente, a repulsa física e o preconceito moral da sociedade contra os homossexuais, e ainda contribuir para o descuido com a aids por parte da população em geral, levariam a Central

Globo de Comunicação (CGCom) a produzir, em 1986, o que Luiz Lobo*, um dos diretores da central, afirmou ter sido "a primeira campanha privada contra a aids no mundo". A mensagem de prevenção, levada ao ar pela Globo, com participação de integrantes do elenco da emissora, tinha um slogan que ia direto ao ponto: "Aids mata".

O que Luiz Lobo e o diretor da CGCom João Carlos Magaldi não esperavam era encontrar resistência dentro do próprio Ministério da Saúde quando, num gesto de atenção, foram a Brasília apresentar a campanha ao então ministro Roberto Santos. Logo após a exibição do material em uma sala na qual Santos reunira cerca de vinte integrantes da direção do ministério, Luiz Lobo foi surpreendido pela reação do ministro:

– Está bem. Interessante, mas o que vocês estão querendo?

– Bom, o que nós estamos querendo é primário em publicidade. Não se faz publicidade de um produto sem ter o produto na prateleira. Se os postos de saúde não se prepararem para receber as pessoas contaminadas, e não der solução, não adianta fazer programa educativo.

– É, mas o ministério não vai fazer nada, não. O ministério não está interessado em aids.

– Eu não entendi ministro.

– Nós temos outros problemas muito maiores, muito mais graves numericamente.

Não por acaso, assim como a homoafetividade que parte da sociedade brasileira à época passou a vincular automaticamente, de forma moralista e irracional, ao fantasma da aids, a epidemia e as tragédias reais e cotidianas que a doença causou também demorariam alguns anos para serem inseridas na dramaturgia da Globo. A autora Gloria Perez seria a primeira a tratar de aids, mas em *Carmem*, novela que escreveu para a TV Manchete e que foi exibida pela emissora em 1987.

Na Globo, a primeira tentativa de falar sobre aids em novela foi do autor Walther Negrão*, em 1992, nove anos depois da reportagem pioneira do *Fantástico* sobre a doença, e aconteceu quando ele escrevia a novela *Despedida de Solteiro*, que seria exibida entre junho de 1992 e janeiro de 1993, no horário das seis da tarde.

O personagem soropositivo criado por Negrão seria "João Marcos", protagonista interpretado por Felipe Camargo que, depois de ser condenado pela morte de uma jovem durante uma caçada, contaminava-se ao sofrer violência sexual no período de sete anos em que ficara preso. "Pela importância da questão", Negrão chegou a pedir a ajuda ao médico Drauzio Varella, à época trabalhando com os presos da Penitenciária do Carandiru, em São Paulo, para escrever os capítulos relacionados à aids. Mas não adiantou:

"Eu tive que transformar a doença do personagem em hepatite. Ele morre de hepatite".

Houve a minissérie *O Portador*, cujos oito episódios contaram, nos finais de noite de setembro de 1991, a história de um rapaz interpretado pelo ator Jayme Periard que se contamina após uma transfusão de sangue. Mas aids, em novela da Globo, era outra história.

Só catorze anos depois da primeira reportagem da emissora sobre a aids, com a estreia de *Zazá*, novela das sete exibida entre maio de 1997 e janeiro de 1998, um personagem soropositivo, a secretária "Jaqueline Almada", interpretada pela atriz Adriana Londoño e que se descobre portadora do vírus, seria encaixada na trama cuja protagonista era uma milionária excêntrica apaixonada por aviões interpretada por Fernanda Montenegro.

Não houve drama com a entrada em cena, enfim, da aids na novela, a não ser o que foi vivido pelo autor Lauro César Muniz*, cujo filho Ricardo, infectado com HIV em 1987, morrera em 1992, aos 28 anos:

"Foi uma catarse minha. Eu tinha perdido o meu filho, e tinha necessidade de salvar as pessoas, de alertar as pessoas sobre o perigo da aids. Porque não há nada mais pavoroso, não há uma doença tão terrível, insidiosa e que destrói tanto uma pessoa como a aids. Aquela experiência trágica que eu vivi com o meu filho estava muito forte em mim".

Em *Zazá*, "Jacqueline" se casou com "Solano", personagem de Alexandre Borges, e, através da relação dos dois, Lauro falou sobre as formas de prevenção da aids e atacou o preconceito que cercava a doença. No último capítulo, a atriz Sandra Bréa, portadora do vírus HIV e uma das vítimas famosas da aids no Brasil, ao lado do ator Lauro Corona, do sociólogo Herbert de Souza e do cantor Cazuza, entre muitas outras, fez uma participação especial que emocionou tanto os que presenciaram a gravação quanto o público em casa. Sandra, que morreria três anos depois, fez um discurso otimista sobre as pesquisas que buscavam a cura da doença.

Era tão forte o estigma da doença que, cinco anos antes de *Zazá*, com o filho internado no hospital, Lauro, ao ser convocado pelo diretor Mário Lúcio Vaz para escrever uma novela para o horário das sete, mentiu deliberadamente sobre o drama familiar. Disse que estava "sem condições de escrever" e sugeriu que a novela *Perigosas Peruas* (1992), escrita por Carlos Lombardi, fosse produzida:

"Eu escondia a pedido do meu filho. Ele não queria que as pessoas soubessem. Você imagina se isso cai na televisão. Ia virar um calvário, um suplício para todos, principalmente para ele. Então eu me fechei e não revelei à Globo que eu estava naquela situação".

Divórcio

A incompatibilidade era flagrante. Eduardo Coutinho, chegando aos 50 anos e ainda distante, no tempo, do auge de carreira que o consagraria como um dos maiores documentaristas da história do cinema brasileiro, era, em 1982, um dos cineastas que formavam a equipe de editores do *Globo Repórter*. Sem conseguir conter a irritação, ele fazia "um escândalo", segundo o colega Jotair Assad*, só de ver funcionar o botão de *fast-forward* das máquinas de edição eletrônica ENG (*Electronic News Gathering)* que na época estavam substituindo, aos poucos, as moviolas em que o programa era editado em celuloide até então.

A resistência de Coutinho ao videoteipe era apenas um dos sinais do fim, em curso e em câmera lenta, do casamento de conveniência que, cerca de dez anos antes, conciliara as necessidades daqueles cineastas que a ditadura tinha deixado sem autorização ou dinheiro para filmar com o desejo da Globo, então concretizado com o *Globo Shell Especial* criado por João Carlos Magaldi, de exibir, sob a direção de Paulo Gil Soares, conteúdos mais profundos que fossem além do noticiário dos telejornais, das reportagens do *Fantástico* e do programa chapa-branca do deputado Amaral Netto.

– Mas *Globo Repórter* não tem repórter? Como é que pode?

A pergunta em forma de provocação, feita pelos profissionais de televisão que tinham de obedecer à turma do cinema novo que tinha poder junto a Paulo Gil Soares, precedeu, segundo Jotair Assad, à mudança que afastaria de vez os cineastas do jornalismo da emissora. E as críticas não se limitavam apenas à falta de um repórter falando para o telespectador, olho no olho. Remetiam, também, à impossibilidade de os tubos de imagem da época, a anos-luz da qualidade da TV em alta definição do século 21, reproduzirem a força da grande tela das salas escuras de cinema, as longas sequências sem trilha sonora ou ação e a natureza quase sempre árida e crua dos documentários da época.

Estava chegando ao fim o formato adotado na primeira década do programa e no qual diretores de cinema como João Batista de Andrade, Geraldo Sarno, Washington Novaes, Maurice Capovilla, Walter Lima Jr. e Luiz Carlos Maciel, entre outros, elegiam as próprias pautas e produziam os programas com forte acento autoral, sem ter que pedir licença ao diretor de jornalismo, Armando Nogueira. E embora a pauta de cunho jornalístico em vigor não fosse tão diferente da que seria adotada no novo formato que estava para ser implantado, a maneira com que o programa seria produzido e, principalmente, editado é que mudaria bastante:

"Nós resolvemos nos despir do pudor de combinar o entretenimento com a necessidade de informar. A única regra rígida é de informar com arte. O mistério é a dosagem ideal entre a notícia e o acabamento do programa. Temos que encontrar a maneira certa de dar carona ao público, do princípio ao fim".

O autor do comentário sobre o novo *Globo Repórter*, em entrevista dada ao *Jornal do Brasil* em abril de 1984 sob o título "Notícia como espetáculo", era Roberto Feith, já depois de aceitar o convite de Armando Nogueira para trocar a chefia do escritório da Globo em Londres pelo comando do programa. Àquela altura, Feith já comemorava os ótimos índices de audiência obtidos a partir de 1981 com um formato inteiramente diferente dos documentários de cinema monotemáticos de quarenta minutos narrados em *off* que os cineastas da equipe pioneira encaixavam na grade de programação da Globo. Na mesma entrevista, Feith deixou evidente a ruptura do programa com os conceitos e também com a temática inspirada no cinema novo:

"Não queremos fazer programas em circuito fechado, agradando apenas a pequenos segmentos. Foi por essa razão que abandonamos as linhas didáticas e sociológicas sempre herméticas. Uma das nossas maiores preocupações é não desperdiçar esse espaço aberto para o jornalismo dentro do horário nobre".

Pedro Bial, então um jornalista de 27 anos apaixonado por cinema que aproveitara cada instante de convívio com os cineastas da equipe pioneira do *Globo Repórter*, lembrou, em sua entrevista ao autor em 2023, que as diferenças não se restringiam ao formato. Estavam em choque também duas visões: de um lado, um certo anti-intelectualismo de Boni de profissionais originários basicamente do rádio. De outro, os cineastas que "desprezavam as chanchadas e expressões de arte popular consideradas obstáculos alienantes da conscientização necessária para a revolução". Uma frase marcante de Eduardo Coutinho em uma das discussões com Roberto Feith ilustrava à perfeição, segundo Bial, o conflito em curso nos bastidores do programa:

– Não vem me falar de frases curtas, não, que isso aí é ideológico!

Feith, por sua vez, ecoava um comentário que Boni costumava fazer quando o assunto era a relação entre a televisão e a intelectualidade:

"Entre as coisas mais fáceis de serem feitas na televisão, uma delas é o hermético. Você faz, ninguém entende, não dá audiência e você acha que é uma maravilha de qualidade. Esse é fácil".

Em vez dos diretores do cinema novo, o novo formato do *Globo Repórter* tinha como inspiração, segundo Feith, os conselhos e a experiência em televisão de roteiristas e diretores de novela e minisséries como Walter Avancini e Paulo Afonso Grisolli:

"Queríamos aprender com eles as técnicas de contar uma história para televisão. Nós sentíamos que mexer com a cabeça e o coração do telespectador dá bom resultado, mas a arma definitiva é pegar audiência pelo estômago".

Não sem começar a ser criticado por parte da intelectualidade, via jornais e revistas, por uma suposta opção pela "superficialidade" e por uma alegada "renúncia" à tarefa de conscientizar a população, o programa passou a ter a estrutura narrativa que mudaria pouco ao longo de quatro décadas, exibindo, por algum tempo, até quatro assuntos por edição, em blocos cuja duração era definida pelo potencial de audiência da reportagem.

Sem perder as boas câmeras, os microfones sem fio e direcionais, os acessórios de iluminação e os tripés, equipamentos já incorporados à produção na gestão de Paulo Gil Soares, o programa, em vez da narração anônima e para muitos monótona dos primeiros tempos, passou a ter apresentador, função que caberia, em períodos diferentes, a Eliakim Araújo, Celso Freitas, Sérgio Chapelin, Glória Maria e Sandra Annenberg. E o repórter, finalmente justificando o nome do programa, começou a aparecer diante da câmera, em passagens, ou *stand-ups*, ao longo das matérias, dando mais agilidade e carga testemunhal às histórias.

"Nós éramos jornalistas acostumados a fazer reportagens de um, dois, três, quatro, dez minutos, mas quarenta? Era outra coisa. A gente começou a fazer programas com roteiro, começou a sair em campo com roteiros."

Seria assim, com um roteiro à mão, em março de 1984, que Ernesto Paglia*, aos 24 anos, faria um *Globo Repórter* sobre o cacique Mário Juruna, o primeiro deputado indígena do Brasil. Como Paglia, toda uma geração de repórteres e cinegrafistas da emissora, até então circunscrita aos telejornais e ao *Fantástico*, começou a ser convocada para atuar também no programa. Caso, entre muitos outros, de Tonico Ferreira, Chico José, Ricardo Pereira, Hermano Henning, Ilze Scamparini, Isabela Assumpção, Neide Duarte, Caco Barcellos e Pedro Bial*, que lembrou com satisfação, em 2001, os tempos de liderança absoluta em que a disputa de audiência ainda não era uma obsessão:

"Hoje a primeira coisa que as pessoas querem saber é qual foi o Ibope. A liderança naquela época era tão esmagadora que a gente nem queria saber do Ibope. As pessoas não se preocupavam com isso".

Os índices do programa no Ibope do horário nobre, no início dos anos 1980, eram mais que confortáveis. Em 1982, por exemplo, pelo critério do Índice de Audiência (IA) do instituto, que levava em conta todos os domicílios com TV, incluindo os desligados, a Globo detinha, no horário nobre, 63,7% no Rio e 52,6% em São Paulo, enquanto o SBT, segundo colocado, conseguia, 10,6% e 5,1%, respectivamente.

Os números, ainda mais avassaladores se fosse considerado o *share*, a porcentagem de cada emissora no total de televisores ligados, beirando os 80%, não eram, nem de longe, tão decisivos e dramáticos como seriam nos anos da feroz concorrência que o programa enfrentaria, cercado de Ratinhos, Arquivos X e de programas de auditórios da concorrência por todos os lados, primeiro sob comando de Jorge Pontual, de 1984 a 1995, e depois sob Silvia Sayão, de 1996 a 2020.

E mais: os anos 1980 eram uma época em que ainda não existia TV por assinatura no Brasil e o *streaming* era apenas uma possibilidade tecnológica. Além disso, o *Globo Repórter* era o único programa da emissora e um dos poucos da televisão brasileira dedicados a documentários, um tipo de conteúdo que só era exibido regularmente em algumas poucas e pequenas salas de cinema do país.

Àquela condição de plataforma única de documentários, agora, sim, para a televisão, somava-se a audiência cativa, de inércia, qualquer que fosse o tema escolhido, do amplo leque de interesses, faixas de renda, níveis intelectuais, graus de cultura e grupos etários que se acomodavam à época, de forma quase compulsória, na programação do horário nobre da Globo. Segundo Paglia, a escolha dos temas, tarefa que se tornaria um pesadelo no futuro, seguramente não era balizada pelo Ibope:

"A audiência era sempre imensa, muito grande. O tema tanto fazia e a verdade é que não havia uma grande oscilação. A medida dessa audiência era feita de forma indireta, não havia medição instantânea, minuto a minuto, em tempo real, e a gente ficava sabendo, quando ficava sabendo, semanas mais tarde, dias depois do programa ir ao ar".

Um exemplo de como o programa, mesmo depois de ser adaptado à linguagem de televisão, permitiu-se assuntos mais complexos, arriscando mais para cima, com temas menos espetaculares e de apelo maior junto à classe média com níveis mais elevados de cultura e de conhecimento, foi a reportagem em duas partes feita em 1982 por Ricardo Pereira* e pelo cinegrafista Paulo Pimentel, e cujo tema foi um balanço sobre o primeiro ano do governo socialista de François Mitterrand na França. Assunto impensável, para não dizer risível, nas futuras reuniões de pauta do *Globo Repórter*.

A primeira parte do programa, de vinte minutos, mostrou Ricardo convivendo dois dias com uma família de proletários comunistas que tinham votado em Mitterrand e estavam frustrados com seu governo. Na segunda metade, também de vinte minutos, era Ricardo passando dois dias com o barão Philippe de Rothschild, produtor do famoso vinho *bordeaux*, um dos homens mais

CAPÍTULO 15 · 559

sofisticados da França e defensor da tese de que o país, em um ano, tinha mudado mais do que devia. Em sua entrevista, em 2004, Ricardo* lembrou a façanha:

"Era o contraponto: a direita achando que o país tinha mudado demais e a esquerda achando que o país não tinha mudado. Isso entrou no ar às nove da noite, na TV Globo".

Único formato da emissora pronto, à época, para mergulhos jornalísticos maiores que os do *Fantástico*, o novo *Globo Repórter*, antes sob forte influência do olhar dos cineastas, passaria a integrar regularmente a cobertura da Central Globo de Jornalismo em grandes temas da atualidade da época.

Para citar alguns: a devastação da Amazônia; o velho desafio da seca no Nordeste; o fenômeno de Serra Pelada; a explosão da música sertaneja; a glória e a tragédia de Ayrton Senna; as vitórias e derrotas da seleção brasileira na Copa; as investigações sobre o atentado do Riocentro e os desaparecidos políticos da ditadura brasileira; a queda do Muro de Berlim; o colapso da União Soviética e o fim do *Apartheid* na África do Sul; além dos avanços da ciência e da tecnologia do período e de muitas aventuras jornalísticas em cenários naturais deslumbrantes do Brasil e do mundo, no ar, na terra e no mar, estes geralmente a cargo do repórter Chico José.

Isso até a virada do milênio, quando a guinada do perfil da audiência da TV aberta brasileira em direção às classes C, D e E, a chegada da internet e da TV por assinatura e a concorrência maior das outras redes começariam a empurrar o *Globo Repórter* para a pauta predominantemente ecológica, turística, gastronômica, sanitária e comportamental que dominaria os conteúdos do programa nas duas primeiras décadas do século 21.

A moviola do *Globo Repórter* ainda teria um papel nobre, antes de ser definitivamente aposentada: foi nela que Eduardo Coutinho, entre um trabalho e outro do programa e, principalmente, longe da ilha de edição eletrônica, completou a montagem de *Cabra Marcado para Morrer*, que viria a ser o seu primeiro longa-metragem documental e vencedor de doze prêmios em festivais internacionais, entre eles o da crítica internacional do Festival de Berlim de 1984, ano, aliás, em que Coutinho pediu demissão na Globo.

Como acontece em muitas separações, foi bom para os dois lados.

Lições da rua

"Que alegria! Que esperança! Estamos assistindo ao momento da fecundação, em nosso país, do mais importante filho da televisão."

O memorando era de Boni e, a pedido dele, fora distribuído para toda a equipe da Central Globo de Jornalismo, no Rio de Janeiro, no dia 19 de março de 1982, para celebrar não as mudanças importantes em curso, na mesma época, na redação do *Globo Repórter*, como se poderia imaginar. O que Boni comemorara em êxtase, num dos *switchers* do Jardim Botânico, cercado de diretores da emissora, era o que tinha acontecido naquele dia em uma fila de candidatos a emprego, na entrada da sede da Embratel, na Avenida Presidente Vargas, centro do Rio, onde estavam o repórter André Luiz Azevedo e o cinegrafista Sergio Gilz, e que Boni assim definiu no memorando:

"Informação instantânea. O *Globo Cidade*, ideia simples, complexa em sua realização, coloca-nos muito próximos do sonho".

Era o primeiro *flash*, a entrada ao vivo inaugural do programa criado por ele mesmo, embrião do jornalismo comunitário instantâneo que, com o passar dos anos, seria replicado na programação da emissora em todo o país, em diferentes formatos, e cujo objetivo expresso era "reforçar a identificação das comunidades com a Globo" com uma espécie de "plantão permanente", conectado com as diversas regiões das grandes cidades brasileiras e atento às reivindicações dos telespectadores. Até então, o que existira de mais parecido, na programação da emissora, eram o *Globo em Dois Minutos* e o *Plantão Globo*, telejornais dos anos 1970 com hora marcada na grade, voltados para as questões urbanas, mas sem a agilidade e a instantaneidade do *Globo Cidade*.

A receita básica do novo programa, que passaria a pontuar os intervalos da programação da emissora ao longo do dia, com *flashes* de duração variável e só parando às sete da noite, era uma perua Veraneio com uma antena parabólica instalada no teto e uma equipe completa de reportagem sempre à procura do principal ingrediente do programa: o "povo fala", expressão de autoria desconhecida, mas certamente inventada ou nas redações do rádio ou nas da televisão, e que designa gravações de depoimentos de pessoas comuns, escolhidas aleatoriamente nas ruas, para se manifestarem sobre um determinado tema ou acontecimento.

No início, porém, quando uma equipe de TV em ação nas ruas ainda era uma novidade intimidadora, em parte pelo medo que muitos tinham de dizer coisas que poderiam ser perigosas num país ainda governado pelos "homens", leia-se ditadura militar, o *flash* com o "povo fala" às vezes não dava certo ou não acontecia. "O povo não falava", como lembrou o pioneiro André Luiz Azevedo*:

"Era difícil você botar o microfone na boca de uma pessoa e ouvir uma declaração. As pessoas ficavam muito envergonhadas, riam, se escondiam, fugiam, não sabiam o que falar. Antes do *Globo Cidade*, o povo só aparecia na TV de uma maneira folclórica, ou aquela coisa do cinema novo, de uma maneira estereotipada. Eu acho que nós botamos o povo na TV realmente, e sem se envergonhar, sem se humilhar".

CAPÍTULO 15 · 561

Ricardo Lisboa Pereira* foi um dos editores que comandaram os *flashes* do *Globo Cidade*, numa época em que as transmissões ao vivo da CGJ, além de dependerem de equipamentos, antenas e sistemas de comunicação que ainda deixavam os técnicos e operadores da Central Globo de Engenharia de cabelo em pé, embutiam o risco de alguém ser alvejado por um memorando perfeccionista de Boni, caso as coisas não dessem certo:

"Era no sufoco, mas era emocionante. Quando acabava as pessoas se abraçavam, ficavam emocionadas, era uma vitória da gente, do domínio da técnica, a gente crescendo junto com a televisão. Estamos falando dos anos 1980, o país saindo da ditadura militar e as pessoas não falavam, estavam começando a exercitar essa coisa de falar".

André Luiz Azevedo, mesmo reconhecendo que o *Globo Cidade* resultou em maior integração entre a emissora e as comunidades, pediu para sair, cansado de "mostrar buraco de rua todo dia". E foi a futura apresentadora Leila Cordeiro, entre vários repórteres que passaram pelo programa, quem introduziu, na ancoragem, uma linguagem mais direta e despojada, convidando o telespectador, na base do "vem comigo", a acompanhar a apuração das cobranças sobre problemas cotidianos como falta d'água, violência policial, falta de luz e poluição.

O modelo *Globo Cidade* inspiraria futuros programas e quadros semelhantes em outras emissoras da Globo, com repórteres igualmente marcantes como Márcio Canuto, em São Paulo, nos anos 1990, e Susana Naspolini, com o quadro *RJ Móvel*, na Globo Rio, a partir de 2002. Em qualquer que fosse a versão, porém, havia uma diferença em relação aos programas de assistencialismo popularesco da concorrência: em vez de chamar para si, em discursos personalistas e demagógicos feitos para claques de auditórios, a responsabilidade de resolver os problemas, os repórteres da Globo cobravam diretamente as respectivas instituições e autoridades teoricamente responsáveis pela mazela.

Aquela janela diária imprevisível aberta, ao vivo, para a realidade das grandes cidades brasileiras também seria, com a consolidação do *Globo Cidade*, um termômetro pelo qual os próprios profissionais da emissora sentiriam, ao longo dos anos, sem filtros, em inúmeros episódios, não só a admiração e a hostilidade das pessoas em relação à Globo, mas também, como lembrou Pereira, o assustador poder de mobilização da emissora:

"Era o outro lado da moeda. A gente tinha situações em que a polícia ligava para nós, pedindo que a gente fosse cobrir uma determinada manifestação, porque os manifestantes só sairiam da rua se a Globo fosse ao local. Era impressionante".

No final daquele ano de 1982, o poder da Globo estaria no centro de uma grande controvérsia. Assim que começasse a contagem dos votos da eleição para governador do estado do Rio de Janeiro.

Falta de aviso não foi

Vinte dias antes das eleições gerais de 15 de novembro de 1982, durante uma reunião realizada num hotel da zona sul do Rio, ao conhecer os detalhes do projeto da cobertura jornalística que a Globo faria da apuração dos votos que renovariam o Congresso Nacional, as 23 assembleias legislativas estaduais e milhares de câmaras municipais, além de elegerem, pela primeira vez, desde o golpe militar de 1964, os governadores e prefeitos do país, exceto os das capitais, ainda indicados pela ditadura, o diretor de jornalismo da Globo em Brasília, Toninho Drummond*, até então ignorado no planejamento daquela operação, levantou a mão e pediu a palavra:

– Quero dar um palpite aqui. Isso não vai funcionar.

Surpresa geral. Afinal, Boni, Armando Nogueira, Roberto Buzzoni e outros diretores da emissora, mordidos com o poderoso desastre da seleção brasileira diante da Itália na Copa da Espanha, em 5 de julho daquele ano, e, junto com ele, o melancólico desmoronamento da maior operação jornalística montada até então pela Globo em sua história, queriam fechar o ano com uma espécie de revanche. E o ponto alto da cobertura seria oferecer, para os mais de 112 milhões de telespectadores que a emissora alcançava à época em quase dezesseis milhões de lares brasileiros, um sistema paralelo de totalização dos votos, com o objetivo de divulgar os resultados das urnas com rapidez e se antecipar aos números oficiais.

A rigor, a cobertura começara meses antes, quando os repórteres que formavam a elite do jornalismo da Globo em todo o país foram hospedados no Hotel Praia Ipanema, na Avenida Vieira Souto, para serem submetidos a uma intensa preparação que durara dias inteiros de palestras no Hotel Nacional, bairro de São Conrado, com a participação dos presidentes de todos os partidos políticos envolvidos na disputa, Ulysses Guimarães inclusive, de diretores do Tribunal Superior Eleitoral e de vários cientistas políticos, entre eles o historiador Hélio Silva. O então repórter Chico Pinheiro*, que compôs a dupla de convocados da Globo Minas com o colega Álvaro Pereira, ficara impressionado:

"A gente ganhou um manual tão perfeito, em termos de cobertura, que se eu na véspera da eleição tivesse que ser removido pra fazer a cobertura da campanha em Manaus, por exemplo, eu estaria muito bem coberto com aquele manual. Tinha tudo: a história do estado, os telefones de todas as lideranças políticas, tudo".

E mais: o estúdio do programa *TV Mulher*, em São Paulo, sede escolhida, segundo Armando Nogueira*, num "gesto de apreço" de Boni para o público e para o poderoso mercado publicitário concentrado na cidade, fora transformado, pelo cenógrafo Jean Philippe Therène, num estúdio-redação do programa *Eleições 82*, para onde convergiriam todas as informações e reportagens das equipes da Globo espalhadas por 23 estados, que sustentaria em torno de cinco horas diárias de cobertura durante a apuração dos votos. "Um negócio absolutamente revolucionário na época", nas palavras de Luiz Gleiser*, futuro diretor da emissora, à época contratado como *freelancer* na cobertura.

O planejamento da cobertura incluiu até uma aplicação inusitada, ao telejornalismo, da mentalidade técnica e operacional avessa ao risco e ao imprevisível que caracterizava o já então famoso Padrão Globo de Qualidade: a produção de um conteúdo que André Luiz Azevedo*, um dos repórteres do projeto, classificou como "um pecado mortal, uma coisa superpretensiosa, arrogante, suntuosa e sem o conteúdo, que é o importante":

"Eu morro de vergonha de ter feito. A gente fez entrevista com todos os candidatos sendo vitoriosos. Isso eu acho que foi o maior mico que a gente pagou na vida. Eu, por exemplo, fui ao Espírito Santo, fiz um perfil do estado, da economia do estado, e aí fui ouvir cada candidato a governador e cada candidato ao Senado, eles já supostamente eleitos, para que, quando houvesse o anúncio do resultado, a Globo pudesse ser a primeira a botar no ar uma declaração do candidato eleito. Ou seja: nada mais falso, nada mais mentiroso do que isso. E foi feito em todos os estados, com todos os candidatos".

André não mencionou, em sua entrevista, quem foi o autor da ideia daquele mutirão aloprado de gravações prévias, mas lembrou que, quando os resultados do pleito começaram a ser anunciados e o *Eleições 82* levou ao ar a primeira daquelas reações artificiais, o próprio Boni mandou suspender imediatamente a exibição do material.

Absurdo à parte, além de mobilizar os melhores quadros da Central Globo de Jornalismo em todo o país para a cobertura, a emissora acabara de estrear, em 2 de agosto daquele ano, o *Jornal da Globo*, um programa com um olhar preferencial e mais analítico para os assuntos da política, da economia e da cultura, apresentado por Renato Machado e Belisa Ribeiro, e com a participação de repórteres e comentaristas como Paulo Francis, Theresa Walcacer, Marilena Chiarelli, Carlos Monforte, Antônio Britto, Marco Antônio Rocha e Márcio Guedes.

Do ponto de vista editorial, Woile Guimarães*, nomeado por Armando editor de reportagem daquela cobertura, disse que "a orientação foi sempre aberta, sempre clara, sempre muito transparente, do Armando, da Alice, que era fazer jornalismo":

"Não tinha e nem podia ter nenhuma orientação transversa, numa época de abertura, com a imprensa toda em cima".

O próprio Toninho Drummond, na palestra que fizera para os repórteres do projeto *Eleições 82*, mesmo alijado da formulação da cobertura, dera uma orientação que André Luiz Azevedo guardou na memória:

– A Globo é uma emissora conservadora. A Globo não vai à frente nem vai atrás do movimento da opinião pública. Se o movimento da opinião pública for numa direção, nós vamos juntos, mas não somos nunca ponta de lança e também não podemos ficar a reboque, porque aí a gente é desprezado pela sociedade.

O que fizera, então, o próprio Toninho e também o repórter Antônio Britto, que o acompanhava na reunião no Rio às vésperas da eleição, acreditarem que o projeto *Eleições 82* não ia funcionar? A resposta estava na decisão da emissora, inacreditável para eles, de que o conteúdo fundamental daquela cobertura, os números da votação em todo o país, por medida de economia, seriam fornecidos à Globo por uma rede de centros de processamento de dados de jornais como o próprio *O Globo*, *O Estado de S. Paulo* e outros diários importantes dos estados com os quais a Globo fizera parcerias.

Ao explicar o quão temerária tinha sido aquela decisão, Toninho descreveu a rotina de um suposto repórter do *Estadão* encarregado de mandar, para o banco de dados do jornal em São Paulo, os números de uma seção eleitoral de Ribeirão Preto, por exemplo:

"O repórter passa a manhã na seção. Anota, anota e bota o papel no bolso. Aí vai almoçar. Depois, volta lá e anota, anota. Papel no bolso. E só vai botar no computador às sete, oito horas da noite. Acontece que o *deadline* deles, no jornal, é um. O nosso é outro".

Armando Nogueira*, às vésperas da eleição, otimista, prometera, em entrevista à *Veja*, oferecer aos telespectadores "o voto brasileiro do Oiapoque ao Chuí". Mas em sua entrevista, em 2001, quase vinte anos depois, revelou opinião idêntica à de Toninho Drummond. Também achava que o sistema era um contrato com a lerdeza incompatível com a velocidade do telejornalismo, e que aquela opção foi "um erro estratégico espantoso da própria Rede Globo":

"Quando eu tomei conhecimento dessa estratégia, fiquei muito preocupado, porque eu queria demonstrar aos meus superiores que nós estávamos misturando as estações. A metáfora tinha tudo a ver: uma coisa é uma linguagem de jornal, outra coisa é uma linguagem de televisão, que é um jornal multiplicado por tantos minutos quanto tenha o dia. Discordei da decisão de não fazer uma apuração com características de televisão, dentro da televisão, por questões de economia".

Boni*, o responsável pelo "erro estratégico espantoso", reconheceu, em 2014, que "houve uma série de equívocos engraçados" naquela decisão:

"Era necessário, naquele momento, fazer alguma economia. Os custos de apuração eram muito altos. Naquele momento, não interessava para a TV Globo apurar vereadores, coisa desse tipo, porque, para a grande massa de televisão, o que interessava eram os resultados das eleições majoritárias".

Houve, a propósito, até uma oferta de um pacote fechado de totalização, poucos dias antes da eleição, de acordo com Woile Guimarães* e Luiz González*, um dos executivos que integraram a equipe do *Eleições 82* em São Paulo. E a oferta partiu de um certo Arcádio Vieira, vice-presidente da Proconsult, a empresa contratada pelo TRE do Rio para fazer a totalização oficial dos votos do estado.

Arcádio pediu um almoço com Alberico de Souza Cruz, nomeado por Armando Nogueira editor de análise do *Eleições 82*, e Pedro Roza, diretor da Central Globo de Engenharia de Sistemas, responsável pelo desenvolvimento do programa-fonte de totalização de votos que seria usado no centro de processamento d'*O Globo*. Arcádio queria vender cópias do chamado "meio magnético", a fita de computação que seria usada pela Proconsult na totalização oficial.

A oferta, segundo o Memória Globo, foi prontamente rejeitada e a direção d'*O Globo*, ao ser informada, comunicou o ocorrido ao TRE no dia 11 de novembro, quatro dias antes do pleito. O então juiz eleitoral responsável pela totalização eletrônica, Dalpes Monsores, garantiu ao jornal que seriam tomadas providências para evitar o desvio de material referente à apuração do tribunal.

O Caso Proconsult estava apenas começando.

Não deu outra

– Vamos botar o Brizola na frente de uma vez!

Pedro Roza*, responsável pela entrega, para a equipe do programa *Eleições 82*, dos números totalizados pelo centro de processamento de dados do jornal *O Globo*, não revelou, em seu depoimento, qual foi o colega jornalista que fez a sugestão, mas lembrou a frase para dar uma ideia da perplexidade e da angústia que tomaram conta de boa parte da equipe, já no segundo dia de apuração da eleição no estado do Rio, após receber a ordem de interromper e recomeçar, do zero, a contagem dos votos da capital fluminense.

Motivo: os computadores do jornal, segundo Roza, davam erro e não aceitavam os números oriundos de praticamente todas as seções eleitorais da capital, onde a maioria do eleitorado era brizolista, o que não acontecia com os votos do interior, que davam vantagem para o então candidato do PDS, Wellington Moreira Franco. Para se ter uma ideia do tamanho da encrenca, era como se uma suposta apuração paralela da Globo, por exemplo, conseguisse totalizar votos apenas do Sudeste ou só do Nordeste, nas apertadas disputas presidenciais entre Lula e Bolsonaro, em 2022, ou entre Dilma Rousseff e Aécio Neves, em 2014.

Dois dias antes, 15 de novembro, logo depois do encerramento da votação em todo o país, Carlos Monforte, âncora do programa *Eleições 82*, tinha apresentado uma pesquisa exclusiva de boca de urna realizada pelo Ibope que indicava a provável vitória de Leonel Brizola, com 31,3%, contra Moreira Franco, com 26,8%. No mesmo dia, a Globo exibira uma entrevista do repórter André Luiz Azevedo com Brizola em cuja edição, de cinco minutos, o candidato celebrara com cautela sua possível vitória como "um resgate do trabalhismo" e antecipara uma "oposição independente" ao governo.

Os números da capital, no entanto, a exemplo do que estava acontecendo na apuração paralela feita também pelo concorrente *Jornal do Brasil*, não eram aceitos pelos computadores d'*O Globo*. E a explicação, válida não apenas para o Rio, mas para a cobertura em todo o país, segundo Pedro Roza, era a de que o programa-fonte que tinha sido desenhado pela Central Globo de Engenharia de Sistemas para processar os números oficiais fora baseado, como acontecera em outros estados, na exigência da legislação eleitoral da época de vinculação de votos, ou seja, de que todos os candidatos escolhidos na cédula, de governador a vereador, fossem do mesmo partido.

Já se sabia, pelo noticiário político sobre aquela campanha, que a exigência do voto vinculado era um casuísmo premeditado, fabricado pelo governo do general Figueiredo para dificultar o desempenho dos partidos da oposição nas capitais, onde a ocorrência de votos desvinculados, ou seja, errados e legalmente anuláveis, seria, como foi, muito maior. O que poucos imaginavam era como a própria apuração dos votos, ao ser informatizada, também prejudicaria os candidatos da oposição, incluindo Leonel Brizola, no Rio.

Luiz González foi testemunha do que chamou de "barbeiragem" da Globo, ao adotar o sistema que se revelou "um desastre", assim que os dados coletados dos mapas de urna oficiais em todo o país começaram a chegar aos centros de processamento dos jornais parceiros da emissora, para serem digitados e formarem os gráficos que seriam levados ao ar:

"O programa só aceitava voto vinculado. Então, se havia mil votos em uma urna para um candidato a governador, teria que haver mil votos para o partido dele para senador, deputado federal, deputado estadual, prefeito e vereador. Os mapas começaram a ser recusados. Nenhum entrava".

Bastava um voto desvinculado, fosse por erro do eleitor na hora de votar ou na confecção dos totais de cada urna, nas juntas eleitorais, para que um mapa eleitoral inteiro, com centenas de informações, fosse rejeitado pelos computadores integrados à rede montada por Pedro Roza. No caso da cidade do Rio de

Janeiro, a taxa de votos desvinculados que chegavam ao *Globo*, depois de copiados nas juntas eleitorais por dezenas de estudantes de jornalismo contratados pelo jornal, era muito alta, segundo ele.

Para distorcer ainda mais a totalização, no caso dos votos do interior, onde se sabia que o PDS, partido do governo, teria melhor desempenho não só no Rio mas em todo o país, o problema de rejeição dos votos não vinculados praticamente não existia, como lembrou o repórter André Luiz Azevedo*, pelo fato de os votos proporcionais do interior, para senador, deputado e vereador, serem historicamente muito menos dispersos do que os da capital:

"Na capital, você têm uma dispersão de votos muito grande. Em cada urna você tinha candidatos com um, dois votos, candidatos com três votos, com cinco votos. Você tinha sessenta, oitenta candidatos sendo votados em cada urna. No interior, você têm três candidatos sendo votados. São os três candidatos da cidade ou três candidatos da região. E os votos do interior, por isso, entraram muito mais rápido".

O sistema de totalização também tinha naufragado em São Paulo, segundo Luiz González, com a apuração feita em parceria com *O Estado de S. Paulo*, mas sem muita repercussão, devido, segundo ele, à vantagem tranquila de 49,09% obtida pelo então candidato do PMDB, Franco Montoro, contra os 25,68% de Reinaldo de Barros, do PDS. Ainda assim, Luiz Gleiser* disse que "lá pelas tantas, aquela coisa toda começou a ficar meio estranha, e começou a haver um clima na redação, que era um pessoal extremamente inteligente e politizado, de que alguma coisa estranha havia acontecido". Em Belo Horizonte, segundo Chico Pinheiro*, "houve um alerta de que poderia haver a divulgação de um resultado que não batesse com o resultado oficial":

"Não sei se por paranoia, uma noite chegaram na redação o assessor de imprensa do candidato Tancredo Neves, o jornalista J. D. Vital e o candidato a vice Hélio Garcia, muito preocupados, pedindo pra ver como é que estava sendo feita a contagem pelos estagiários que trabalham nos telefones do segundo andar da emissora. Olharam, olharam, olharam e acho que não encontraram nada de anormal, tanto é que foram embora".

Na redação da Globo no Jardim Botânico, porém, era difícil acreditar que não houvesse algo de errado naquela apuração. Mônica Labarthe, uma das editoras do *Eleições 82*, contou em entrevista a este autor que guardou na lembrança "dias de espanto, desespero e desamparo" da equipe encarregada de cobrir a eleição fluminense, quando aquele projeto "megalomaníaco", segundo ela, começou a entrar no ar. Luís Carlos Cabral, Luís Fernando Mercadante e Cláudio Nogueira, os principais responsáveis pela cobertura no Rio, foram, segundo Mônica, simplesmente esquecidos ou evitados pelo comando da cobertura sediado em São Paulo, formado por Armando Nogueira, Alice-Maria, Alberico de Souza Cruz e Woile Guimarães:

"Os números não chegavam e a gente não conseguia entender o que estava acontecendo".

Luciana Savaget*, futura diretora de programas do *Globo Repórter* e à época trabalhando na produção da CGJ, lembrou de colegas que trabalhavam na apuração e que não paravam de reclamar da falta de números do Rio. Theresa Walcacer*, então editora do *Jornal da Globo*, não esqueceu de uma conversa com seu chefe, o editor José Antônio Severo:

"O Severo disse: 'A situação está feia, Armando e Alice estão lá em São Paulo, não estão sabendo de nada, ou estão sabendo e estão fazendo que não estão sabendo, ouvidos moucos'. E a gente estava tocando o rolo e vendo o ti--ti-ti crescendo. Me lembro do PC, o repórter Paulo Cesar Araújo, desesperado, no terceiro andar, no corredor, falando: 'O que é isso? O que é isso?', como se a Globo estivesse comprometida até a raiz dos cabelos com resultados injustos, mentirosos".

Como tinha previsto Toninho Drummond, vinte dias antes da eleição, a demora dos estudantes d'*O Globo*, obrigados a anotar cerca de mil números em cada seção eleitoral, de governador e vereador, era mortal para a velocidade da apuração da Globo. Foi então que o comando da cobertura, convencido de que "os números da capital estavam muito ruins no Rio de Janeiro", segundo Pedro Roza, decidiu interromper a inserção de novos dados, para fazer adaptações ao programa-fonte que permitissem, à rede do *Eleições 82*, aceitar votos não vinculados.

Na lembrança de Luiz González, por conta da mudança no programa-fonte, os terminais do programa *Eleições 82* ficaram sem novos números do estado do Rio por um período que durou entre dezoito e vinte horas. E até que os votos da capital entrassem em quantidade suficiente para que Brizola ultrapassasse Moreira Franco na contagem do jornal *O Globo*, e mesmo depois, as empresas de Roberto Marinho seriam submetidas ao que Pedro Roza chamou de "bombardeio" sem precedentes e com "muito fel":

"No momento em que a apuração desconsiderou os votos da capital e recomeçou a contagem, os números do Moreira Franco deram um pulo na frente. Você tinha uma carga muito grande de votos do interior".

O problema, no entanto, não era apenas a aceitação, pelo programa-fonte, dos votos do interior do Rio e a rejeição dos votos desvinculados, a maioria originários da capital. Era também a maneira como os votos estavam alimentando os computadores do *Globo*.

– Cabral, tem uma coisa errada.

No centro de processamento de dados do *Globo*, no centro do Rio, Antonio Henrique Lago, chefe de reportagem do jornalismo da Globo Rio, era o responsável pela interlocução com o operador encarregado pelos computadores e, nessa condição, a primeira pessoa da emissora a receber os dados da apuração do Rio que lastreariam os boletins apresentados ao vivo pelos repórteres Paulo Alceu e Sônia Pompeu. Em entrevista ao autor em agosto de 2023, Lago explicou o motivo do alerta ao chefe Luís Carlos Cabral, que ficava na sede da Globo no Jardim Botânico:

"Eu ficava puxando o programa de projeção e foi daí que eu percebi que ele tinha uma amostragem errada do colégio eleitoral do estado do Rio. Em vez de inserir dois votos da capital para cada voto do interior e da Baixada Fluminense, o programa dava o mesmo peso aos votos para as três regiões, gerando uma totalização que, mesmo sendo parcial, era desproporcional à distribuição do eleitorado. E, na hora de projetar o resultado final, o programa estava apontando a vitória de Moreira Franco".

– Você tem um programa confiável?

Lago respondeu a Cabral que tinha. Antes da eleição, segundo relato feito em sua entrevista, ao conhecer os detalhes do programa desenvolvido pela equipe de Pedro Roza, Lago estranhara os pesos iguais dados à capital, à Baixada Fluminense e ao interior do estado e, por isso, pedira ao operador do centro de processamento do *Globo* que criasse, por precaução, um programa de projeção do resultado final baseado no peso maior da capital. Ao saber do programa, Cabral deu a ordem:

– Então vamos dar a sua projeção em todos os boletins nossos. Damos que o Moreira está na frente na contagem de votos e explicamos que nossa projeção indica a vitória de Brizola.

Foi o que aconteceu: na hora de entrar no ar com os boletins, além de informar os dados da contagem oficial de votos, Lago também contextualizava, dando projeções de uma vitória final de Brizola, como aconteceu no dia 17 de novembro, quando Sônia Pompeu divulgou o somatório dos números referentes a apenas 3,2% dos votos da capital, contra 5,4% da região metropolitana e 10,9% do interior, ressalvando:

"Ainda há pouco, o computador aqui do centro de processamento de dados do *Globo* deu a provável vitória do candidato do PDT Leonel Brizola para o governo do estado. Por enquanto, os números que chegam das juntas apuradoras até aqui dão a liderança de Moreira Franco, do PDS. Isso porque a apuração dos votos do interior, onde Moreira Franco é mais forte, está mais rápida do que aqui na capital".

Também no dia 17, o repórter Paulo Alceu divulgou a mesma projeção, antecipando uma diferença de 53 mil votos de frente para Brizola, em relação a Moreira Franco. E, no *Jornal Nacional* daquele dia, o então editor de política d'*O Globo*, Merval Pereira Filho, falando do estúdio montado no centro de processamento de dados do jornal, também ressaltou o fato de a maioria dos votos computados até aquele momento pertencerem a seções eleitorais do interior do estado, acrescentando que, à medida que as urnas da capital viessem a ser apuradas, a tendência era a de Leonel Brizola passar à frente de Moreira Franco.

Aí quem ficou contrariado com as projeções que só apontavam para a vitória de Leonel Brizola foi Roberto Marinho, segundo relato de Luís Carlos Cabral transcrito no livro *A história secreta da Rede Globo*, de Daniel Herz. A conversa telefônica, de acordo com a reconstituição de Cabral, começou com uma pergunta contrariada do dono da Globo:

– Quem era o responsável pelo jornalismo da Rede Globo ontem à tarde?

– Pelo jornalismo nacional, Eduardo Simbalista; pelo jornalismo local, eu mesmo, Luís Carlos Cabral.

– É com você mesmo que eu quero falar. Você me desobedeceu.

– Doutor Roberto, se desobedeci foi involuntariamente.

– Você me desobedeceu. Eu disse que não era para projetar e você passou o dia inteiro projetando, dizendo que o Brizola vai ganhar. Você me desobedeceu.

– Mas, doutor Roberto, eu não podia desobedecer ordens que não recebi. Projetei segundo a orientação de meus chefes.

– E quem são os seus chefes?

– Os meus chefes são, pela ordem, Alice-Maria, Armando Nogueira e Roberto Irineu.

– Eles não são chefes coisa nenhuma. O chefe aqui sou eu e você me desobedeceu.

– Bem, doutor Roberto, não desobedeci.

– Vai trabalhando aí que na segunda-feira a gente conversa. Até logo.

Em 2023, João Roberto Marinho disse que não teve conhecimento de que o pai tenha acompanhado os acontecimentos de forma direta. No comando jornalístico da cobertura, porém, segundo Lago, começou uma discussão interna sobre o que fazer, já que, segundo ele, Roberto Marinho não queria mais projeções, apenas a contagem de votos que, àquela altura, continuava irrisória.

Fora da Globo, no entanto, a incapacidade da emissora de avançar na totalização dos números do Rio e as suspeitas passaram a crescer exponencialmente a cada atualização da votação transmitida pela Rádio Jornal do Brasil, cujo sistema de apuração, inicialmente independente do usado pelo *Jornal do Brasil*, apresentava números muito avançados em relação aos dos dois jornais, sempre com Brizola na frente, seguido dos candidatos Moreira Franco, Miro Teixeira, do PMDB, Sandra Cavalcanti, do PTB, e Lysâneas Maciel, do PT, nesta ordem.

Havia uma explicação óbvia, no entanto, pelo menos para a enorme diferença de velocidade na apuração da Rádio JB, que também contratara cerca de trinta estudantes de jornalismo para coletar os dados dos mesmos mapas oficiais consultados pela equipe de estudantes d'*O Globo* nas juntas de apuração do TRE: os estagiários da rádio, sem ter que se preocupar com votos vinculados, só tinham de anotar, em cada mapa de urna oficial, os votos para governador, depois correr para o telefone público mais próximo e passar os números para a redação, onde, em vez de um centro de processamento de dados, eram calculadoras mecânicas Facit movidas a manivela que faziam a totalização.

Resultado: os estudantes da Rádio JB, entre eles o jovem Ali Kamel, futuro diretor de jornalismo da Globo, levavam alguns minutos para consultar os mapas de urna, enquanto os d'*O Globo* demoravam horas e até dias, em alguns casos. O próprio *Jornal do Brasil*, que nos primeiros dias optara por divulgar apenas os números oficiais da Proconsult, depois de enfrentar problemas com o sistema de apuração com o qual contaria na cobertura, acabou optando por seguir os números da rádio do grupo e abandonar a contagem dos votos proporcionais. Testemunha do baile inesquecível que a Globo levou da Rádio JB, André Luiz Azevedo reconheceu:

"Eles conseguiram uma velocidade maluca de apuração. Um esquema supersimples. Claro que tinha erro num esquema desse, mas o erro dele era cem vezes menor do que o erro nosso, com toda aquela parafernália, aquela monstruosidade, aquele show de eleições que não funcionava".

Roberto Marinho, segundo Lago, acabou delegando a decisão sobre as projeções do resultado do Rio ao chefe de redação do *Globo*, Henrique Caban, que por sua vez deu carta branca para que Lago usasse a projeção que considerasse mais confiável. Além de continuar com as projeções que apontavam para a vitória de Brizola, Lago, para descontar a enorme frente que a Rádio JB tinha na totalização, chegou a sugerir a Caban que, a exemplo do *Jornal do Brasil*, o *Globo* também abandonasse a apuração dos votos proporcionais e se concentrasse apenas nos votos para governador. Caban, naturalmente, segundo Lago, estava preocupado com o jornal e não com a televisão:

– Não dá. Na eleição passada, nós matamos o *JB* na composição da Assembleia Legislativa e vamos repetir nessa eleição. Não vamos mudar.

Era só o que faltava

Como se não bastasse ser dono da rede de televisão mais poderosa do país; maior beneficiário da política de integração nacional de telecomunicações levada a cabo pela ditadura; detentor de 80% das verbas do mercado publicitário com suas empresas de mídia e empresário mais influente na economia e na política nacional, Roberto Marinho ainda queria usar seu poder para tentar impedir que um velho desafeto, Leonel Brizola, fosse eleito governador do Rio de Janeiro.

Era essa a leitura dominante, em grande parte da opinião pública, durante aquele estranho apagão de números na apuração das eleições fluminenses, quando Homero Icaza Sánchez, o "Bruxo" das pesquisas de audiência da Globo e um "brizolista doente", segundo Boni, resolveu participar ativamente do incêndio: no auge das suspeitas em relação à emissora, nos primeiros dias da apuração, alegadamente autorizado por Roberto Marinho e certamente sem avisar Armando Nogueira, Boni e Roberto Irineu, Homero ligou da Globo para Brizola e aconselhou:

– Ponha a boca no mundo!

Meses antes de dar o conselho, paralelamente à análise mensal do desempenho medido pelo Ibope, com exclusividade para a Globo, dos candidatos a governador em todos os estados, Homero tinha tentado, sem sucesso, como revelou em entrevista à *Playboy* em maio de 1983, atuar como marqueteiro político. Oferecera conselhos e pesquisas, pela ordem, a Miro Teixeira, candidato do PMDB, a Maurício Cibulares, coordenador da campanha da candidata Sandra Cavalcanti, do PTB, e aos executivos da Artplan, agência de publicidade de Roberto Medina, então responsável pela campanha do candidato Moreira Franco, do PDS.

No caso de Miro, a quem Homero disse ter sido apresentado por Miguel Pires Gonçalves, então diretor financeiro da Globo, a proposta foi interceptada e abatida em voo pelos "luas pretas", como eram chamados os políticos e militantes do PCB que assessoravam o candidato do PMDB. Com o coordenador da campanha de Sandra, não houve, segundo ele, concordância sobre nada. E na Artplan, Homero conseguiu emplacar apenas a venda de uma pesquisa que foi paga e passe bem, muito obrigado.

Com Brizola, quarto e último contato que teve com as candidaturas do estado do Rio, a aproximação, segundo o relato de Homero à *Playboy*, se dera durante a campanha, quando o candidato do PDT quis saber o que diziam as pesquisas particulares do "Bruxo". E se aprofundara no início da apuração dos votos, quando, convencido de que havia indícios de uma fraude em andamento, sugerira a Brizola "botar a boca no mundo".

Homero não foi o primeiro a farejar algo errado na eleição do Rio. Elio Gaspari, à época diretor-adjunto da *Veja* e titular da coluna "Coisas da Política" do *Jornal do Brasil*, na edição de 21 de outubro do jornal, a menos de um mês da eleição, em nota sob o título "Uma nova sigla eleitoral no Rio de Janeiro", já tinha avisado sobre uma "atividade de pessoas ligadas ao Serviço Nacional de

Informações (SNI) em favor do PDS e de seu candidato, Wellington Moreira Franco", acrescentando:

"De todas as siglas de três letras em ação no Rio, o SNI é a mais discreta, pela própria natureza de suas operações".

A própria campanha de Brizola, independentemente dos conselhos do "Bruxo" da Globo, também já estava atuando preventivamente. Sob comando de César Maia, futuro prefeito do Rio e à época um economista e ex-exilado político filiado ao PDT, o partido criara, em 12 de novembro, três dias antes da eleição, uma central paralela de apuração que estava totalizando os votos nos computadores da construtora Sérgio Dourado, na Rua Prudente de Morais, em Ipanema.

Já havia causado preocupação e suspeita, entre os brizolistas, antes da eleição, o tipo de empresa de informática escolhida pelo TRE do Rio. Afinal, num ano em que a estatal Serpro tinha sido contratada pela maioria dos tribunais regionais eleitorais para informatizar a totalização dos mapas então produzidos manualmente pelas juntas de apuração das zonas eleitorais, o tribunal do Rio fechara contrato com a Proconsult, empresa criada por militares que já eram donos de outro empreendimento do ramo, a Racimec, e cujo responsável técnico era o tenente-coronel Haroldo Lobão, ex-chefe do Centro de Processamento de Dados (CPD) do Exército.

Num primeiro momento, a equipe de César Maia, ao fazer o cotejo de seus números com os da Proconsult, além de constatar e estranhar a prioridade dada pela empresa à totalização dos votos do interior, reduto do candidato Moreira Franco, verificou, inicialmente sem considerar como fraude, a ocorrência de uma grande quantidade de votos não vinculados e, portanto, nulos, à luz da legislação. Ou seja: o mesmo problema que tinha travado os computadores do *Globo* e atrasado a totalização da Globo, logo no início da apuração.

A fraude, César Maia e sua equipe logo denunciariam, estava no que o programa-fonte dos computadores da Proconsult estaria fazendo com o "Diferencial Delta", nome dado pelos diretores da empresa para os votos que, por não serem vinculados, tinham de ser anulados: em vez de aparecerem na totalização oficial da Proconsult como "nulos", eles teriam passado a engordar, junto com os votos em branco, e de maneira quase imperceptível, a votação do candidato Moreira Franco. Quase imperceptível porque a migração de números não contrariava as expectativas de votos que os fiscais eleitorais dos candidatos Brizola, Miro, Sandra e Lysâneas tinham, respectivamente, em cada uma das diferentes zonas e seções eleitorais. Foi então a vez de César Maia botar a boca no mundo.

O clima político no Rio de Janeiro, já superaquecido por causa das suspeitas geradas pela contradição entre os números avançados da Rádio Jornal do Brasil, que davam Brizola na frente, e os totais irrisórios da Globo e da Proconsult, que ainda mostravam Moreira Franco na liderança, incendiou de vez. Para se ter uma ideia do grau de contaminação do ambiente, o primeiro boletim oficial do TRE foi divulgado no fim da noite de 17 de novembro, depois de um atraso de 24 horas, seguido de sete adiamentos e com o resultado de apenas 32 urnas, 15 do interior, 15 da capital e 2 de Nova Iguaçu, na Baixada Fluminense.

Em 18 de novembro, com o intuito de diminuir a temperatura da crise, Miro Teixeira deu entrevista à Globo, reconhecendo a vitória de Brizola. No dia seguinte, ao reunir correspondentes internacionais para a histórica entrevista coletiva no Hotel Glória, Brizola criticou a morosidade das apurações, acrescentando que "a divulgação de dados contraditórios pelo TRE, pelas Organizações Globo e pelo *Jornal do Brasil* gerava um ambiente confuso e criava um clima favorável à fraude eleitoral". E concluiu:

"Só a fraude nos tira a vitória".

Estava dado o nó cego que amarraria, ao longo das décadas seguintes, no mesmo embrulho político, de um lado, a indigente totalização de votos feita pela Globo na eleição liderada por um inimigo histórico de Roberto Marinho, e, de outro, a fraude eletrônica para impedir a chegada de Brizola ao governo do Rio, descoberta, denunciada e, como muitos acreditariam, abortada a tempo de não deixar vestígios nos computadores da Proconsult, quando eles fossem investigados pela Polícia Federal.

Em 20 de novembro, o *Jornal do Brasil*, baseado em informações de fiscais e delegados dos partidos, informava que a rejeição dos boletins pelos computadores da Proconsult era superior a 80%. Àquela altura, a apuração da eleição no estado do Rio era descrita, em matéria do *Globo* do dia 20, como um caos feito de "desorganização, demora, desrespeito à legislação eleitoral e má vontade da grande maioria das juntas apuradoras". O *JB*, por sua vez, reclamava de falta de informação e acesso às salas de totalização e ao computador, além da ausência de informação sobre os votos nulos e em branco.

Com o reconhecimento da vitória de Brizola por Moreira Franco, no dia 24 de novembro, e, dois dias depois, a confirmação, pelo TRE do Rio, e pelo tenente-coronel que era responsável técnico da Proconsult, de que havia "erros" nos boletins oficiais, além da rejeição àquela altura de 90% dos mapas das juntas apuradoras pelo sistema da empresa, a apuração das eleições do Rio virou, enfim, um escândalo. Foi quando aconteceram, pela ordem, uma auditoria do tribunal, uma investigação da Polícia Federal, a substituição da Proconsult pelo Serpro na totalização e uma recontagem de votos que confirmaria os números totalizados pela equipe de César Maia.

A situação da Proconsult se complicaria ainda mais no dia 27, quando *o Jornal do Brasil* denunciou que, juntamente com a Rádio Jornal do Brasil, havia sofrido pressões da Proconsult para mudar os resultados que vinha divulgando. Arcádio Vieira, o vice-presidente da empresa, teria tentado impor ao jornal e à rádio o seu modelo de projeção, que levava em consideração o aumento dos votos brancos e nulos. Na ocasião, o *JB* informou que havia recusado a oferta e demitira seu gerente de Métodos e Sistemas, Tadeu Lanes, que havia se mostrado receptivo aos argumentos de Arcádio Vieira.

Para a surpresa geral, porém, no dia 5 de dezembro, a Proconsult foi autorizada a retomar a totalização dos votos pelos juízes do Tribunal Regional Eleitoral do Rio, sob a justificativa de que os erros encontrados "não foram intencionais". Finalmente, no dia 16 de dezembro, os próprios técnicos do Serpro divulgaram o relatório da auditoria feita pela empresa na Proconsult, concluindo, sem mencionar a ocorrência de fraude, que a totalização dos votos fora apenas "mal planejada e desorganizada".

Entre as pessoas que discordariam dessa conclusão, por acreditarem, em diferentes graus de certeza, que houve, sim, pelo menos o que Elio Gaspari chamou de "atividade de pessoas ligadas ao Serviço Nacional de Informações (SNI)" em favor do candidato Moreira Franco, estariam, além de César Maia, o ex-candidato Miro Teixeira, o dono do Ibope, Carlos Augusto Montenegro, João Roberto Marinho, Evandro Carlos de Andrade e inúmeros políticos, leitores, telespectadores e jornalistas que acompanharam e escreveram sobre o caso, entre eles o respeitado colunista Carlos Castello Branco, do *Jornal do Brasil*, para quem a denúncia feita por Brizola na entrevista do Hotel Glória paralisara "o jogo que se armava clandestinamente nos bastidores da computação".

O passivo

– Preciso tomar um café.

A perplexidade de Roberto Irineu, ao final do desastroso enfrentamento entre Armando Nogueira e Leonel Brizola, na entrevista ao vivo do candidato, na Globo, depois da grande repercussão da coletiva do Hotel Glória, no dia 19 de novembro, fez com que o filho mais velho de Roberto Marinho fosse parar no balcão do Calamares, um bar situado a metros da entrada social da Globo na Rua Lopes Quintas, frequentado por jornalistas e radialistas, e que não era exatamente um ponto de encontro dos diretores da empresa. Mônica Labarthe era uma das jornalistas que o acompanhavam:

"O Roberto Irineu estava tão abandonado por São Paulo quanto a gente".

De São Paulo, ao vivo, com Brizola no estúdio da emissora no Rio, Armando se mostrara indignado, durante a entrevista, com a onda de suspeição em torno da equipe da Globo e fizera uma defesa apaixonada dos profissionais da emissora. Mas fora também criticado por Roberto Irineu, Boni, Alberico e Woile Guimarães, entre outros, por se deixar envolver por um político experiente, que, "costeando o alambrado", como o próprio Brizola gostava de dizer, aproveitou a entrevista para manter ainda mais acesa, sem nunca ser categórico, a chama da suspeita contra a emissora.

Para piorar a situação de Armando, devido à pressa na preparação do estúdio no Rio, sem ter à sua frente um monitor com a imagem de Brizola no estúdio de São Paulo, ele foi orientado a falar e olhar o tempo todo para um prego cravado do cenário, para compor a enquadramento do diálogo. Resultado, segundo o próprio Armando:

"O Brizola discutia comigo, mas eu discutia com um prego".

Armando só não quis conversa com Homero Icaza Sánchez, considerado por ele um dos principais responsáveis pela "maneira absolutamente deformada" com que a cobertura da Globo nas eleições de 1982 passou para a história. Em sua entrevista, em 2001, Homero disse que, em nenhum momento, incriminou a Globo ou seus profissionais, acrescentando que falou com Roberto Marinho antes de ligar para Brizola, informação que João Roberto Marinho, em 2023, disse ser impossível de ser confirmada. Armando Nogueira, em seu depoimento, também gravado em 2001, não tinha dúvidas sobre o comportamento do "Bruxo":

"Ele passava informações para o Brizola de que havia realmente um propósito sinistro dentro da Rede Globo. E eu tive que romper relações com esse canalha, porque ele levantou uma calúnia contra os profissionais que eu liderava. Eram cerca de 250 profissionais e ele levantou a calúnia de que nós estávamos manipulando os números porque tínhamos um acordo com a Proconsult".

"Eu jamais imaginei que o Homero fosse ligar para o Brizola."

Era Boni que, em sua entrevista ao autor em 2023, ao comentar a rescisão de contrato de Homero, seu principal especialista em pesquisas de audiência, ocorrida logo depois da eleição e motivada pelo que Roberto Irineu considerou uma "traição" à empresa, disse que, embora tecnicamente certo, ao detectar os resultados errados na totalização do TRE, o "Bruxo", além de trabalhar para a campanha de Brizola sem o conhecimento do comando da Globo, foi "infeliz" na hora de sugerir que o candidato denunciasse publicamente a tentativa de fraude:

"O Homero passou a mão no telefone e ligou para o Brizola para dizer que a Globo estava fornecendo resultados falsos da campanha, mas ele não acusou a Globo de estar manipulando o resultado. Ele sabia que era a Proconsult que estava mandando os resultados do TRE, e não foi claro com o Brizola. Não sei se o Brizola entendeu, ou usou politicamente. E foi um dos episódios que contribuíram para a imagem negativa da TV Globo, sem ela ter culpa rigorosamente nenhuma".

Antes de voltar a trabalhar para a Globo em 1989, como consultor e analista de sinopses de novelas – em operação "difícil" que Boni* disse ter conduzido junto aos Marinho –, Homero, na mesma entrevista à *Playboy* de 1983, jogaria no colo do responsável por sua demissão todos os supostos pecados cometidos pela Globo na eleição de 1982, chegando a acusar o Roberto Irineu de encomendar a ele pesquisas que dessem Moreira Franco como vencedor da eleição. Em 2023, ao ser instado por este autor a comentar as acusações, Roberto Irineu disse:

"Eu nunca fiz pressão no Homero. Ele não ia na minha sala para despacho e nem eu chamava o Homero, que despachava com o Boni normalmente. Essa história de que eu pressionei é ridícula".

"Madame Proconsult."

O apelido foi dado por brizolistas a Sônia Pompeu, que formou, com o repórter Paulo Alceu, a dupla de âncoras da Globo responsável pela apresentação dos boletins com os números da apuração das eleições do estado do Rio. A hostilidade chegou a tal ponto que alguns motoristas de táxi da capital, categoria que votou maciçamente em Brizola, recusaram-se a fazer corridas com ela.

O constrangimento de Sônia, que se viu obrigada até a usar uma peruca para sair de casa, foi apenas uma das pontas visíveis das rachaduras causadas na credibilidade editorial da emissora pela cobertura que Toninho Drummond anteviu e que, em se confirmando desastrosa, o levou a pedir demissão do cargo de diretor de jornalismo da Globo em Brasília. Principalmente depois de ser informado de que Alberico de Souza Cruz e Woile Guimarães, os dois executivos responsáveis pelo projeto *Eleições 82*, tinham sido promovidos aos cargos mais poderosos da Central Globo de Jornalismo abaixo de Armando Nogueira:

"Nós fomos uns grandes incompetentes para projetar uma cobertura eleitoral, só isso. Aquela famigerada cobertura deu tanto desgaste à imagem da Globo, um erro tremendo que nós cometemos e pagamos por isso. Eu tenho o dever de dar o testemunho da dignidade profissional do Armando Nogueira, da competência do Armando Nogueira como diretor da CGJ. Mas, evidentemente, errar, você erra".

Em 2023, nove anos depois de deixar a Globo, Sônia disse acreditar que houve alguma relação entre o sistema de apuração de votos usado pela emissora com a operação que ela continuava acreditando ter sido feita na Proconsult para impedir a eleição de Brizola. Em sua entrevista, em setembro de 2008, quando ainda trabalhava na empresa como editora-executiva do *Jornal das Dez* da GloboNews, mesmo incentivada pelos entrevistadores a fazer um relato sobre o trabalho naquela cobertura, Sônia preferiu não falar sobre o assunto. Disse apenas que tinha achado "tudo muito estranho".

Luís Carlos Cabral, na entrevista que deu ao livro *A história secreta da Rede Globo*, de Daniel Herz, disse que o papel da emissora "era apenas o de preparar a opinião pública para o que iria acontecer: o roubo, por Moreira Franco, dos votos de Leonel Brizola". Sem apontar responsáveis ou detalhar o que chamou de "evidências", mas defendendo os colegas, "profissionais corretos que foram ficando assustados", Cabral disse que o processo de alimentação dos computadores d'*O Globo* estava "distorcido", e questionou as explicações dadas ao colega Antonio Lago pela equipe responsável pelo programa-fonte usado pela emissora:

"Não posso dizer, embora intuíssemos todos, de quem partiam as ordens para que se trabalhasse assim. Ao Lago foi dito que havia problemas estruturais. O sistema havia sido mal montado. Tratava-se, enfim, de uma questão de incompetência. A desculpa é, logo se verá, esfarrapada. Se há alguma coisa competente no Brasil, esta é, reconheça-se, o *Globo* e a TV Globo. Roberto Marinho sabe fazer o que quer".

Antonio Lago, na entrevista ao autor em 2023, catorze anos depois de deixar a emissora, disse acreditar que as pessoas erram ao analisarem apenas o que aconteceu no Rio de Janeiro naquela eleição. Referia-se aos bons resultados obtidos pelo PDS por conta da regra do voto vinculado, similares ao desempenho dos quatro partidos de oposição da época, PMDB, PDT, PTB e PT:

"Para mim, a palavra de ordem do governo naquela eleição era a seguinte: a oposição não podia repetir a vitória da eleição anterior, em 1974. A gente tem que lembrar que ainda era meia ditadura. E eles tinham tomado um grande susto na eleição de 1974. O voto vinculado permitiu que em todo o país todos aceitassem o tal Diferencial Delta. Acho que a coisa estava toda arrumadinha. E os jornais estavam divulgando a coisa toda arrumadinha".

E quanto à suposta participação da Globo?

"Eu tenho uma desconfiança, mas desconfiança não é julgamento. Não aponto o dedo."

Entre os jornalistas que participaram da cobertura, também houve os que, sem negar o erro de origem no projeto da emissora e o grande desgaste sofrido por todos da Central Globo de Jornalismo que trabalharam no *Eleições 82*, não acreditaram haver ligação do sistema de apuração da Globo com o que quer que tenha sido feito nos computadores da Proconsult. Caso, por exemplo, de Mônica Labarthe e de André Luiz Azevedo. Para André, a dificuldade foi até acreditar que uma conspiração de Estado daquela envergadura pudesse acontecer numa "empresa superprecária que funcionava debaixo de uma sapataria, num lugar que parecia um ninho de rato":

"Para mim não está claro se houve realmente uma tentativa, ou não, de manipulação das eleições de 1982. O que pra mim está absolutamente claro é que nós não participamos disso. Nós, dentro da Globo, sofremos muito com isso. Houve aproveitamento político e o clima ficou insuportável realmente. Carros sendo virados, confusão danada, todo esse clima justamente por causa desse show que a gente montou".

Para Toninho Drummond, Brizola se aproveitou da situação e explorou "cretinamente" os problemas e suspeitas que surgiram durante a apuração dos votos:

"Ele sabia, ele tinha informações porque nós passamos informações para ele do que estava acontecendo. Mas ele não ia perder esse prato. Eu até admito, se houve alguma coisa, uma tentativa, foi uma coisa realmente da Proconsult, do governo, do SNI, sei lá de quem. Mas participação nossa consciente: zero. Nós fomos uns grandes incompetentes para projetar uma cobertura eleitoral, só isso".

Quatro décadas depois, o jornalista Eugênio Bucci, autor de uma biografia de Roberto Marinho para a série Perfis Brasileiros, lançada pela Companhia das Letras em 2021, depois de pesquisar a apuração das eleições de 1982 no Rio e constatar, como outros antes dele, que "a Proconsult cometeu erros de planejamento e organização nas totalizações, mas não se provou nada que pudesse indicar a intenção de golpear a vontade dos eleitores", atestou a permanência do prejuízo institucional da Globo:

"A bagunça na proclamação de resultados parciais fez com que a Globo vestisse, à revelia, o papel de assecla dos interesses reacionários abrigados na ditadura para impedir a vitória de um candidato de oposição ao regime. O desgaste foi retumbante, e, para piorar, a Globo fugia do debate".

Foi mais ou menos o que observou, trinta anos depois daquela eleição, na entrevista que deu em 2002, o repórter Ernesto Paglia, um dos destinatários compulsórios, nas ruas do país, de cobranças relacionadas aos episódios que, como o Caso Proconsult, em suas palavras, mancharam a "folha corrida" da Globo:

"São episódios que até hoje carregamos. Isso eu acho que é algo para o qual a empresa tem que se voltar, até sinto que há intenção. Recentemente ouvi a alta direção da empresa dizer que nós somos ruins de comunicação institucional. Concordo. Mas há boas razões para isso também. O nosso passivo nesse caso é complicado".

Parte do passivo pode ser medida em publicações acadêmicas e jornalísticas inspiradas naquela conturbada segunda quinzena de novembro de 1982. Alguns trabalhos acadêmicos, no entanto, tomaram o que seria uma tese a ser demonstrada factualmente, a existência de um conluio da Globo com a ditadura contra Brizola, como premissa, mesmo que baseada em erros grosseiros de informação. Caso, por exemplo, da monografia intitulada *Espetáculo e escândalo na cobertura política do* Jornal Nacional, na qual a doutora em ciência da comunicação pela USP Florentina das Neves Souza afirma, por exemplo, que a Proconsult também era contratada da Globo e que o *Jornal Nacional* "divulgaria só números oficiais e daria falsos resultados" durante a apuração da eleição.

No mercado editorial, o Caso Proconsult também foi tema de livros sobre a Globo como *Plim-Plim: a peleja de Brizola contra a fraude eleitoral*, no qual os autores Paulo Henrique Amorim, ex-comentarista e ex-correspondente da emissora, e Maria Helena Passos interpretaram os acontecimentos de novembro de 1982 como mais um capítulo de uma série de conspirações que os jornais e emissoras integrantes do que Amorim batizou de "Partido da Imprensa Golpista", no caso a Globo, fizeram, segundo os autores, ao longo da segunda metade do século 20, de Getúlio Vargas a Luiz Inácio Lula da Silva.

Houve também trabalhos consistentes, como a dissertação de mestrado *O Caso Proconsult: embates na apuração das eleições para o governo fluminense em 1982*, na qual o historiador Mauro José de Souza Silveira, da Fundação Getulio Vargas, reconstituiu, em 2018, de forma minuciosa, dia após dia, com entrevistas atualizadas de protagonistas do caso e reprodução fiel do noticiário da época, a cobertura jornalística e os acontecimentos em torno da apuração do TRE do Rio de Janeiro.

Silveira expôs não apenas as contradições que cercaram a investigação da atuação da Proconsult, mas também a atmosfera tóxica que contaminou os políticos e partidos envolvidos na disputa, assim como a agressividade que inundou, com manchetes mútuas cheias de suspeita e veneno, a velha concorrência entre *O Globo* e o *Jornal do Brasil*. Para o autor, a parcialidade assumida na cobertura do jornal *O Globo* ao longo da campanha eleitoral, simpática a Moreira Franco, e crítica em relação a Brizola, "resultou nas desconfianças contra o jornal da família Marinho nos dias que se seguiram à abertura das urnas":

"A pesquisa realizada me permitiu comprovar o empenho do grupo Globo, declaradamente na campanha e de uma forma não assumida na cobertura da apuração para derrotar Leonel Brizola e eleger Moreira Franco. É importante destacar que jornalistas que atuaram na época, entrevistados e citados neste trabalho, descartaram a participação da empresa em qualquer tentativa de fraude das eleições".

Leonel Brizola, de quem não se conheceu, pelo menos até sua posse, nenhuma afirmação pública e categórica em que ele acusa a Globo de participação em alguma tentativa de fraude naquela eleição, terceirizou as certezas sobre o Caso Proconsult. Deixou-as a cargo de seus eleitores e correligionários, como o então senador Saturnino Braga, inimigo de Roberto Marinho desde os tempos da CPI do grupo Time-Life, e que acusou a emissora de manipular a apuração em discurso feito no Senado no dia 24 de novembro de 1982, recebendo, como resposta, uma carta indignada publicada no *Globo* por Iram Frejat, coordenador da equipe do jornal na apuração, eleitor de Saturnino e irmão do deputado José Frejat, um líder importante dos brizolistas.

Roberto Marinho, em entrevista a Regina Echeverria, publicada pelo jornal *O Estado de S. Paulo* em 5 de maio de 1990, não mediu palavras sobre o velho desafeto, ao comentar o Caso Proconsult:

"Quando terminou essa história, os nossos números não tiveram diferença de um único voto, a mais ou a menos, do resultado oficial do tribunal. Como os resultados iniciais eram contra o Brizola, ele fez aquele escândalo todo, o que o tornou uma pessoa em cuja boa-fé ninguém pode acreditar".

Em 2023, em entrevista ao autor, João Roberto Marinho disse que considerava uma "ofensa" e "coisa de maluco" imaginar que sua família pudesse estar envolvida em uma fraude eleitoral contra Brizola. Ao seu lado, o irmão Roberto Irineu lembrou um episódio que, segundo ele, aconteceu em 1983, meses depois da eleição, quando teve um encontro acidental com o já empossado governador Brizola na zona sul do Rio, durante uma festa na cobertura de João Araújo, diretor da Som Livre e amigo em comum. Para a surpresa de Roberto, "incomodadíssimo" com a situação, Brizola sentou-se ao seu lado e disse:

– Eu não tenho nada contra o seu pai, não. Eu, quando cheguei aqui pra fazer campanha, tinha de escolher um inimigo pra poder crescer em cima dele. Queria pegar alguém importante e não um bobo qualquer. Peguei o homem mais importante que tinha, que era seu pai.

Roberto Irineu disse que ficou mais incomodado ainda, sem saber o que responder. E, antes de se afastar, o governador arrematou, risonho:

– Isso é política.

CAPÍTULO 16

Primeiras baixas

O dia 19 de fevereiro de 1983, um sábado de Carnaval, começou a se tornar especialmente marcante para o autor Manoel Carlos* por volta do meio-dia, quando, ao se aproximar da Praça Nossa Senhora da Paz, em Ipanema, na zona sul do Rio, para comprar jornais, ouviu no rádio do carro a notícia da morte, por enfarte agudo com edema pulmonar, aos 56 anos, de seu grande amigo Jardel Filho, o "Heitor" de *Sol de Verão*, novela das oito escrita pelo próprio Manoel. A partir daquele momento, seriam horas intensas em que ele viveria duas experiências fortes e simultâneas: o drama de cuidar do corpo do amigo e o testemunho de um fenômeno que só faria crescer nos anos que viriam: o impacto que as mortes de artistas e celebridades da tela da Globo passaram a ter na vida dos brasileiros.

Ao chegar ao apartamento de um prédio sem elevador da Rua Peri, no Jardim Botânico, onde o ator vivia com a mulher Cecília Notari, Manoel já encontrou o colega Dias Gomes ao lado do corpo e, ao se dar conta de que Jardel estava muito barbudo, resolveu fazer a barba do amigo:

"Nós não queríamos que ele ficasse daquele jeito, porque ele era um homem muito bonito. Aí, então, escanhoei lá e fiz a barba do Jardel, morto".

Os momentos seguintes, segundo Manoel, foram dignos de "um filme italiano": Jardel era um homem muito grande, 1,90 metro de altura e mais de 100 quilos, e encontrar um caixão adequado tornou-se um problema:

"Não tinha caixão que aguentasse. Pusemos ele no chão da sala, porque ele era muito grande, e veio um caixão em que ele não cabia. Providenciou-se um outro caixão e o fundo quebrou. Providenciou-se outro caixão, que não descia pela escada, que era em caracol. E Jardel desceu em pé, meio dentro e meio fora do caixão, todo mundo ajudando, até a rua".

E foi nas ruas do Rio, a caminho do velório de Jardel no Theatro Municipal, que Manoel Carlos se impressionou com cenas que, segundo ele, também poderiam ser de "filme italiano":

"Jardel era um protagonista absoluto. E o Brasil inteiro ficou sabendo da morte dele. Foi uma coisa tão terrível, sabe? As pessoas choravam na rua. E foi no Carnaval. O velório dele, no Municipal, foi uma coisa inesquecível porque o Bola Preta fica ao lado do teatro e desceu todo mundo, no final do baile do Cordão do Bola Preta, e entrou no velório. Todo mundo fantasiado. Então foi uma coisa! Um *happening* maluco com a morte do Jardel".

O "filme italiano" vivido por Manoel Carlos ainda teria um epílogo no Cemitério São João Batista, no bairro de Botafogo, quando, na hora do sepultamento de Jardel, aos olhos da multidão que se concentrou entre os túmulos, o caixão do ator não entrou no jazigo da família:

"O caixão muito grande não entrava no túmulo e tiveram que parar o sepultamento. Só faltava passar sorveteiro e pipoqueiro. Todo mundo sentado nos túmulos e os pedreiros quebrando as laterais para ver se entrava".

Mesmo com desconto pelo fato de se tratar do *Globo*, o conteúdo das duas páginas dadas pelo jornal dos Marinho no dia seguinte, domingo de Carnaval, para a perda de "Heitor", par romântico da personagem "Rachel", interpretada por Irene Ravache em *Sol de Verão*, dava uma ideia da força da novela das oito da Globo: presença do então governador Chagas Freitas e de Roberto Marinho no velório; repercussão da morte na classe artística e no elenco da Globo; bastidores dos últimos momentos da vida de Jardel; especulações sobre os rumos da novela; e uma enquete popular sobre como o folhetim de Manoel Carlos "deveria terminar".

Decidir como terminar *Sol de Verão* se tornaria uma pequena novela nos bastidores da Globo, que fez até uma pesquisa junto ao público para saber se a trama continuava. E como o resultado indicou que sim, Manoel Carlos sugeriu que a emissora levasse em conta o fato de a dramaturgia da Globo já fazer parte da vida real dos brasileiros:

"A Globo estava preocupadíssima com o que fazer com a novela. Sugeri que se assumisse a morte na trama porque o Brasil inteiro sabia que o Jardel havia morrido. Era uma tristeza nacional. Nós faríamos mais quinze, dezesseis capítulos e encerraríamos a novela".

Boni não concordou com um final tão curto. Manoel discordou, pediu para ser substituído e Lauro César Muniz foi convocado pela direção para escrever o resto da novela, que acabou chegando ao final com dezessete capítulos, um a mais que os 16 sugeridos por Manoel Carlos, que acabaria saindo da Globo para ficar afastado da emissora por uma década. Não apenas pelo ruído com Boni em torno do desfecho de *Sol de Verão*, mas também por uma batida de frente que tivera com um dos diretores da Central Globo de Produção.

O morto, naquela época, não precisava nem ser do elenco da Globo. Bastava ser parente como, por exemplo, Dona Cira, mãe do ator Marcelo Picchi e sogra da atriz Elizabeth Savala*, a "Bruna Malzoni", da novela *Pão-Pão, Beijo-Beijo*, exibida pela Globo entre março e outubro daquele ano, no horário das seis da tarde. O enterro de Dona Cira em São Carlos, interior de São Paulo, acompanhado por uma multidão aos gritos de "Lili", "Lili", "Lili", foi uma experiência traumática para a atriz:

"No dia do enterro da Dona Cira, simplesmente o cemitério foi destruído. Eu tive que fugir do cemitério, não pude ficar até o final do enterro porque as pessoas começaram a subir nas tumbas, foi uma loucura".

Outra perda comoveu o país em 28 de junho de 1984, quando o avião em que estavam catorze jornalistas das redes Globo, Manchete, Bandeirantes e TVE se chocou com um morro entre o Rio e a cidade litorânea de Macaé, onde a Petrobras comemorava a extração diária de quinhentos mil barris de petróleo na Bacia de Campos. A tragédia atingiu duplamente a equipe da Central Globo de Jornalismo do Rio.

"Quando entrei no ar, havia a suspeita de que todo mundo tinha morrido, mas é claro que tiveram a delicadeza de não ficar contando, porque a gente estava ao vivo. Mas quando abriram a porta do estúdio, depois que o programa acabou, era um corredor de gente chorando."

Leda Nagle*, apresentadora do *Jornal Hoje*, soube no corredor que tinha perdido quatro colegas: o repórter Luiz Eduardo Lobo, o "Lobinho", 27 anos, os cinegrafistas Dario Duarte da Silva, 28, e Jorge Antônio Leandro, 46, e o operador de VT Lewy Dias da Silva, 21. Mas, ainda naquela tarde, a Veraneio de reportagem da Globo que voltava do local do acidente, transportando o repórter Samuel Wainer Filho, 29 anos, filho do fundador do jornal *Última Hora* e de Danuza Leão, e o cinegrafista Felipe Ruiz, 28 anos, derrapou na pista molhada e se chocou contra uma árvore, matando os dois e deixando feridos um operador de VT e o motorista.

"Samuca" tinha se oferecido para cobrir a tragédia no local, por se considerar o repórter em melhores condições psicológicas, como recém-chegado na redação então devastada pela morte dos quatro colegas que estavam no avião *EMB-110 Bandeirante*. Dar a notícia da morte de "Samuca" e de Felipe Ruiz, no *Jornal Nacional* do dia 29 de junho, foi um dos raros momentos de que se tem notícia de que Cid Moreira balançou, impactado pela emoção. Antes de ir para o estúdio, naquele dia, de acordo com o relato de Alberico de Souza Cruz*, Cid prometeu:

– Olha, Alberico, eu estou sentindo como você. Agora, você pode ficar tranquilo que eu vou apresentar o jornal com a maior dignidade, não vou passar nenhuma emoção exagerada do que eu estou sentindo porque eu serei profissional.

Logo depois, segundo Alberico, falecido em 2022, aos 84 anos, Cid foi "chorar no canto dele". E, na hora do *JN*, milhões de brasileiros perceberam que, apesar da voz ligeiramente embargada, Cid Moreira deu a notícia com a sobriedade e o distanciamento que, à época, eram norma sagrada para todos os apresentadores da emissora.

Seis anos depois da morte de Jardel Filho, em 1989, outra perda que provocaria comoção entre os brasileiros seria a da atriz e musa do cinema e da televisão Dina Sfat, aos 50 anos, vítima de um câncer de mama contra o qual lutava desde 1985, e menos de dois meses depois de seu último trabalho, como "Laura", mulher rica, dura e fria que dá um golpe do baú no personagem "Liminha" vivido por Armando Bógus, na novela *Bebê a Bordo*. No caso de Dina, houve um drama nos bastidores que os telespectadores não viram, como lembrou Carlos Lombardi*, o autor da novela:

"Ela estranhou no começo. Aí ela relaxou e se divertiu muito. E acabou sendo muito penoso para todos nós, porque ela foi piorando durante, até eu já não poder escrever externas para ela. Eu tinha que poupá-la muito, fisicamente".

A preocupação com o desgaste físico da atriz levou a produção da novela a consultar um dos médicos que cuidavam de Dina e a resposta dele, segundo Lombardi, foi surpreendente:

– Olha, é o contrário. Vocês precisam se virar para mantê-la, porque, quando acabar a novela, ela vai morrer. O que a está mantendo é a novela.

O mesmo Armando Bógus que contracenou com Dina em *Bebê a Bordo*, por coincidência, seria protagonista de outro drama circunscrito aos bastidores da dramaturgia da Globo em 1992, quando, ao interpretar o vilão "Cândido Alegria", na novela *Pedra Sobre Pedra*, mesmo sob tratamento contra a leucemia, protestou quando o autor Aguinaldo Silva decidiu diminuir as entradas e falas do ator para poupá-lo.

Bógus, que morreria meses depois do final da novela, aos 63 anos, levou o papel até o fim de uma maneira "brilhante", como observou Nilson Xavier, ao protagonizar uma das melhores sequências da novela, quando, derrotado e praguejando, "Cândido Alegria" se transformou em uma estátua de pedra.

A metralhadora do macaco

– O senhor trabalha na TV Globo?

– Trabalho.

– O que é que o senhor faz lá?

– Eu sou diretor de jornalismo.

– Ah, o senhor trabalha com o Cid Moreira e o Sérgio Chapelin?

– É, trabalho.

– Eu gosto muito deles. E vou dizer uma coisa ao senhor: eu não tenho ciúmes deles.

Era mais um dia de trabalho de Armando Nogueira*, nos anos 1980, ao pegar um táxi de Ipanema para a sede da emissora no Jardim Botânico. Intrigado, ele deu corda:

– Mas por que é que você não tem ciúmes deles? Por que é que você está dizendo isso?

– É porque depois que eu chego do trabalho e a minha mulher está em casa vendo novela, vendo a minha mulher se derretendo para aqueles galãs, confesso que fico me sentindo mal. Em seguida, vem o *Jornal Nacional* e aparece o Sérgio Chapelin e o Cid Moreira. Os dois são bonitos e, no entanto, eu não tenho ciúmes deles.

Na interpretação de Armando, o taxista não tinha ciúmes de Cid e Sérgio porque os dois apresentadores eram "substantivos e símbolos da realidade", enquanto atores do elenco da Globo como Tarcísio Meira e Francisco Cuoco eram poderosos "símbolos de ficção" que mexiam, sabe-se lá como, com a imaginação da mulher do taxista. E os impactados pelas novelas da Globo, no início dos anos 1980, não eram apenas taxistas anônimos e ciumentos:

Quando me apaixono pra valer
Certas cenas eu nem quero ver
No dia de uma delas se casar quase morri
Felizmente faltou luz no bairro e eu não vi

O cantor Roberto Carlos, por exemplo, além de explicitar o sentimento na letra da canção "Meus Amores da Televisão", que compôs com Erasmo Carlos, foi além: durante o relacionamento de onze anos que teve com a atriz Myrian Rios, entre 1979 e 1990, em mais uma de suas excentricidades, impôs à produção da Globo uma tarefa extra, segundo o autor Walther Negrão*: informar à atriz, com bastante antecedência, quando seriam gravadas e exibidas cenas de beijo dela com o ator Fábio Jr., na novela *O Amor é Nosso*, exibida no horário das sete da noite, entre abril e outubro de 1981:

"Ela tinha que tirar o Roberto Carlos de casa para ele não ver o capítulo, porque ele morria de ciúmes do Fábio Jr. Não podia ver o Fábio beijar a mulher dele".

A atriz Christiane Torloni*, ao participar de uma cena de dramaturgia inserida num dos especiais de Natal de Roberto Carlos pela Globo, percebeu a dificuldade do cantor de separar realidade da ficção produzida pela emissora até mesmo quando ele próprio tinha de contracenar com outra pessoa.

No caso de Christiane, a cena de ficção, que ficaria entre um e outro número musical do "rei" no especial, era de uma briga de casal e, segundo ela, na hora de gravar, ao seguir o script e esbravejar com Roberto, ele parou, olhou para ela e disse:

– Você não pode me dizer isso.

Christiane pensou que pudesse ser um "caco" de Roberto e continuou a esbravejar. E ele respondendo:

– Você não pode me dizer isso.

Por achar que o cantor estava "entrando no jogo", Christiane continuou encenando o barraco, até o momento em que Roberto parou de novo, olhou para o diretor Augusto César Vannucci e disse:

– Ela não pode me dizer isso.

Vannucci foi então cortando os diálogos a pedido do cantor, até o momento em que a atriz perguntou:

– Vannucci, e a gente faz o quê?

– Quebra tudo!

Christiane saiu quebrando o "cenário inteiro" e, logo em seguida, emendou a cena final que, segundo ela, impossibilitava qualquer tipo de simulação: "Catei o rei e dei-lhe um beijo".

O conteúdo único da programação de rede da Globo para todo o país também esbarrava em sentimentos regionais, como Tarcísio Meira constataria pessoalmente, ao andar pela rua, no Rio Grande do Sul, em 1985, durante as gravações da minissérie *O Tempo e o Vento*, na qual interpretou o "capitão Rodrigo", personagem central do romance de Erico Verissimo, adaptado para a TV por Doc Comparato sob a direção-geral de Paulo José:

– Tu vais fazer o "capitão Rodrigo"?

– Vou...

– Cuidado! Tu tens que ser muito macho, hein!

– Pode deixar, eu sou macho!

Em diálogos como esse, com homens que encontrava nas ruas do sul, Tarcísio sentiu "a responsabilidade de fazer o 'capitão Rodrigo' não sendo gaúcho":

"Eles me ameaçavam. E eu tinha muito medo de decepcionar as pessoas, porque o 'capitão Rodrigo' é o herói que habitou o imaginário de todas as mulheres do Brasil, quiçá de muitas mulheres do mundo. Eu não me sentia mais fisicamente apto para fazer esse papel, pela juventude. Eu não tinha mais a idade para o papel".

A idade e o perfil do ator para o papel do "capitão Rodrigo" eram preocupações reais de Daniel Filho. O ator José de Abreu*, que chegou a se candidatar ao papel mas acabou fazendo "Juvenal", um dos personagens da minissérie, estava presente quando Paulo José, na busca de uma solução gaúcha para o papel principal, testou um cantor do Rio Grande do Sul:

"Tinha um problema: o cara era baixinho. Subia no cavalo e tinha que aumentar o cavalo do cara, para ele ficar do meu tamanho. Não dava. Gravamos por uns quinze dias e, quando o Boni viu, falou: 'Tá maluco?'".

Tarcísio Meira foi um "capitão Rodrigo" impecável e a minissérie, apesar de bem-recebida pela maioria dos críticos, não foi um sucesso popular por causa, de certa forma, do grande poder da própria Globo, com a intensa cobertura jornalística que a emissora fazia à época de uma das maiores tragédias políticas da história do Brasil. Como lembrou o autor Ricardo Linhares*, que chegou a colaborar com o texto de *O Tempo e o Vento*, a minissérie estreou no dia seguinte à morte do presidente Tancredo Neves, em 22 de abril de 1985:

"Ninguém queria ver ficção naquele momento. Nós estávamos estarrecidos, preocupados com o que acontecia no país. Tudo girava em torno de Tancredo. Por isso, foi uma minissérie que não pegou".

Naqueles tempos hegemônicos, a dramaturgia da Globo também geraria reações inesperadas no público, como aconteceu com "Tony Carrado", o bicheiro interpretado por Nuno Leal Maia* em *Mandala*, novela de Dias Gomes exibida em 1987, no horário das oito e meia da noite. A ideia do autor era transpor o mito de Édipo e Jocasta para o Brasil dos anos 1960, mas, nas ruas, o que ficou, na memória dos brasileiros, ao som incessante do refrão "Como uma deusa...", na voz da cantora Rosana, foi a simpatia, o estilo envolvente, os erros hilariantes de português e a paixão arrebatada de "Tony Carrado" pela "Jocasta" interpretada por Vera Fischer, até conquistá-la no final da novela.

Nuno virou "queridinho" dos bicheiros cariocas e não se preocupou muito com o flerte com o crime organizado do Rio de Janeiro. Repetiu, aliás, uma imersão semelhante no mundo da chamada contravenção feita em 1972 por Paulo Gracindo, que aprendeu trejeitos e o modo de falar e vestir dos bicheiros enquanto tomava cachaça com eles, na construção do personagem "Tucão", da novela *Bandeira 2*:

"Foi aí que eu comecei a me enfronhar no mundo do futebol, lá no Bangu, com o Castor de Andrade, com o Carlinhos Maracanã. Eles começaram a querer ficar junto do personagem".

Como observou Nilson Xavier, o sucesso da música "O Amor e o Poder", a do refrão "Como uma deusa...", foi mais um exemplo da força da dramaturgia da Globo: entre o final de 1987 e o primeiro semestre de 1988, o tema da novela ficaria mais de dez semanas em primeiro lugar no *ranking* de execução nas rádios brasileiras, incluindo as emissoras em AM e FM. Além disso, o álbum da cantora Rosana, *Coração Selvagem*, que incluía a canção, vendeu mais de um milhão de cópias.

A exposição que a audiência hegemônica da Globo dava, na primeira metade dos anos 1980, a quem quer que frequentasse a tela da emissora por algum tempo, inspirou alguns comportamentos e também novas fontes de renda, além dos tradicionais cachês da publicidade que geralmente só engordavam a conta bancária dos muito famosos.

Uma reportagem da *Veja*, edição de novembro de 1980, identificou o que chamou de uma "revolução", provocada pelo quadro "Gols do Fantástico", referindo-se a ídolos de futebol locais que ganhavam fama ao aparecerem marcando gols nas noites de domingo na tela da Globo, mas que, segundo a revista, não jogavam nada. Exemplos citados pela *Veja*: os então famosos Neinha, jogador do Fluminense, e Beijoca, do Flamengo. E não era apenas fazer o gol: na hora de comemorar, antes de celebrar com a torcida, os jogadores começaram a correr primeiro em direção às câmeras da televisão, torcendo para que fossem as do *Fantástico*.

Outro filão que começou a ganhar força entre os atores da emissora, naquela época, foi o da participação em bailes de debutantes Brasil afora. Paulo Figueiredo, por exemplo, ainda segundo a *Veja*, admitiu que construiu uma casa em São Paulo apenas com o que arrecadou em bailes pelo interior. O colega Kadu Moliterno, entrevistado pela revista, disse que chegou a dançar com 48 meninas em apenas um dos bailes:

"É assim que o ator brasileiro ganha dinheiro. Saio das festas me sentindo uma laranja chupada. É muito desgastante e não acrescenta nada à profissão de ator".

Três décadas antes do tsunami de absurdos que as redes sociais passaram a disseminar diariamente na internet, a mitologia gerada pela grande audiência da Globo inspiraria uma lenda poderosa em março de 1985: a de um suposto atentado a tiros que o então presidente eleito Tancredo Neves teria sofrido na véspera de sua posse, e cuja testemunha, atingida por um tiro na perna, teria sido a repórter Glória Maria.

Não havia como os profissionais da Globo desmentirem aquele negacionismo em versão analógica e convencerem as pessoas, ao serem abordados na rua ou em locais públicos, de que não, Glória Maria não tinha sido baleada no dia 14 de março, quando Tancredo foi internado no Hospital de Base da capital com a infecção generalizada que o levaria à morte 37 dias depois.

As pessoas juravam que Tancredo estava internado porque, na verdade, tinha sido baleado ao participar de uma missa na Catedral de Brasília, e que

Glória, ao fazer a cobertura do evento, não apenas tinha presenciado o atentado como também fora atingida de raspão na perna e também estava internada. Silvia Sayão*, à época editora da equipe da CGJ em São Paulo, ficou impressionada com o fato de os telespectadores não desistirem da lenda nem depois de Glória Maria aparecer no *Jornal Nacional*:

"A gente recebia muito telefonema de gente perguntando. Aí teve um dia em que foi engraçado; eu estava ao lado de um editor e ele no telefone: 'Pelo amor de Deus, você não viu a Glória Maria agora no jornal? Ela acabou de entrar no ar!'".

Muito antes, também, da invenção do verbo "viralizar" e das redes sociais, nem era necessário uma imagem, mas apenas um som, por alguns segundos, na transmissão da Globo, para que milhares de telespectadores percebessem, excitados, que algo tinha dado errado na catedral de perfeição técnica apelidada pela grande imprensa de "Vênus Platinada". Como aconteceu na redação da CGJ em São Paulo quando Marco Antônio Rodrigues*, o "Bodão", editor da equipe de esportes da emissora, ficou contrariado com um erro do apresentador Osmar Santos que provocou uma pane operacional em cadeia, deixando fora do ar, por segundos intermináveis, um programa especial com as jogadoras de basquete Hortência e Paula:

– Puta que pariu, Osmar! Que cagada você fez!

A imagem do estúdio, durante a pane, fora substituída por um *slide* com o logotipo do programa, mas o áudio não tinha sido cortado. Milhares, talvez milhões de telespectadores, ouviram os palavrões. Naquele dia, certo de que seria demitido, o que acabou não acontecendo, "Bodão" aprendeu que não se fala palavrão no estúdio nunca, no ar ou fora do ar. E lembrou de uma frase que Armando Nogueira gostava de usar para explicar a força e as armadilhas do veículo:

"Armando sempre dizia que televisão é uma metralhadora na mão de macaco. É um perigo danado".

Mais ainda quando alguém da Globo usava o poder da emissora para se envolver em situações arriscadas, como aconteceu, para a contrariedade de Armando, quando o repórter Chico José aceitou substituir uma mulher grávida de dois meses que era mantida refém, junto com outras nove pessoas, por assaltantes cercados pela polícia, dentro de uma agência do Banco do Brasil em Recife, em 1987.

– A gente só fala se for com o repórter Francisco José.

A exigência, feita pelos assaltantes de dentro da agência bancária, de acordo com a entrevista dada por Chico José* em 2008, levou o delegado então responsável pelo cerco policial a perguntar ao repórter se ele aceitaria fazer a mediação. A resposta de Chico:

– Eu falo, mas eu vou subir pra falar com eles gravando.

Ao lembrar o desdobramento do caso, Chico minimizou o risco que correu, junto com o cinegrafista e o operador de VT da Globo, dizendo que a ameaça de matar os reféns era "conversa fiada" dos assaltantes com os quais ele, a equipe e alguns reféns acabariam fazendo uma longa viagem, todos espremidos dentro de uma Veraneio, até uma favela de Salvador, a mais de oitocentos quilômetros de Recife, onde os criminosos abandonaram o carro e desapareceram:

"E fui para um hotel de cinco estrelas, dirigindo o carro que eles roubaram da polícia. Terminamos num hotel de cinco estrelas, os reféns junto comigo. No dia seguinte, a gente voltou para Recife e foi tanta gente para o aeroporto que eu tive que sair no camburão da polícia".

Apesar do desfecho sem mortos ou feridos, Armando* reprovou a atitude de Chico, dizendo que não admitia a ideia de repórteres se tornarem heróis:

"O Francisco José foi muito elogiado pelos jornais, mas eu fiz um memorando censurando o comportamento dele. Naquele momento, nós perdemos um repórter. Ele pode ter ganho muita fama, mas nós perdemos um bom repórter que estava cobrindo muito bem aquele episódio dramático".

A alta visibilidade da Globo também faria com que o repórter e futuro apresentador Carlos Nascimento* fosse responsável involuntário por quinze segundos comprometedores de fama de Júlio César, zagueiro da seleção brasileira que disputou a Copa de 1986 no México. Avisado por um produtor que o apoiava nas entrevistas ao vivo, na entrada do estádio de Guadalajara, que "a noiva do Júlio César" estava por perto e que valia a pena tentar uma declaração da moça, Nascimento foi em frente, ao vivo:

– Ah, você é a namorada do Júlio César, a noiva?

Dezesseis anos depois daquela pergunta, ao lembrar o momento, Nascimento* disse que a moça não disse nem que sim, nem que não. E havia uma razão para aquele comportamento:

"A verdadeira noiva estava naquele momento na casa dela em Campinas com a mãe, a família reunida. Tinham feito uma galinhada, especialidade lá da mãe, reunido a imprensa inteira para homenagear o Júlio César e eu entro com a noiva lá de Guadalajara, que era, na verdade, uma namoradinha e que era conhecida, inclusive, da família, eu acho que já sabiam de alguma historinha. Aí foi um constrangimento danado na casa da noiva verdadeira".

A obsessão dos executivos da Globo em exibir sua excelência operacional com *flashes* ao vivo, especialmente durante a transmissão do Carnaval carioca, também renderia tiros pela culatra antológicos nos *switchers* da emissora, como aconteceu quando André Luiz Azevedo*, ao argumentar, fora do ar, que não havia mais nada a falar ou mostrar durante um intervalo do desfile do sambódromo, recebeu ordem expressa de Alice-Maria de fazer "um *flash* sobre invasão de pista". No meio do tumulto, obediente, o produtor Manoel Alves colocou André e o cinegrafista que o acompanhava de frente para uma jovem que ambos identificaram como "uma típica invasora de pista":

– Você está trabalhando?

– Não.

– Você está desfilando?

– Não.

– Você está credenciada?

– Não.

– Como é que você entrou aqui?

– Meu primo é da Globo.

A "sorte", segundo André, era que quem estava no comando da transmissão era Fernando Vanucci, um apresentador acostumado com improvisações:

– Ter primo na Globo é sempre bom, é ou não é?

No caso da então repórter Leilane Neubarth*, os riscos da alta exposição da emissora surgiriam a partir do slogan da cobertura do Carnaval de 1990, criado pela Central Globo de Comunicação e que terminava sempre com a expressão "Na Globo você deita e rola":

"Foi um caos aquele slogan de Carnaval. O que a gente ouviu de piadinha: 'E aí, deita e rola comigo!', 'Vem cá, ô da Globo, vem deitar e rolar!'. Foi dramático e a vontade que eu tinha era de dizer que o pessoal que escolhe o slogan devia estar na rua, vestindo aquela camiseta, pra poder passar pelo que a gente estava passando".

O estrago, em certas situações, era causado pela simples presença ou frequência das câmeras da Globo em determinados lugares ou eventos como, por exemplo, o Carnaval de Olinda, cuja "destruição" foi assumida por Chico José na entrevista que deu em agosto de 2008:

"O Carnaval de Olinda era muito bonito e nós acabamos com o Carnaval de Olinda, a TV Globo, eu, com a participação. Isso porque a cada ano que nós mostrávamos, no ano seguinte aumentava o número de pessoas, e o Carnaval era o desfile dos clubes de Olinda, Vassourinhas, Elefante, Pitombeira, Marinho dos Caetés, que desfilavam pelas ruas históricas da cidade, aquelas ruas estreitas, pelo calçamento, as orquestras de frevo tocando atrás e eles dançando com fantasias. As ruas eram decoradas pelos moradores, era uma coisa belíssima. Hoje não tem mais espaço pra passar um clube em Olinda, de tanta gente que invade a cidade, que fica andando pelas ruas da cidade".

O mesmo destino Chico* disse que deu, junto com a Globo, ao desfile do Galo da Madrugada, bloco de Carnaval do Recife que ele mesmo continuava apresentando, na época de sua entrevista, como "o maior bloco de Carnaval do planeta, com registro no livro de recordes *Guinness*":

"No primeiro ano do Galo, isso há 28 anos, em 1980, eu fiz a cobertura. Cabia numa rua. Hoje não cabe no centro da cidade. Hoje o Galo da Madruga-da já tem transmissão para a Globo Internacional, pra 116 países com transmis-são ao vivo, 16 câmeras espalhadas pela cidade, câmera em helicóptero, virou um grande acontecimento".

Conhecidos de algum lugar

À medida que a Globo crescia, houve também muita confusão na manei-ra como os brasileiros organizaram a memória da prodigiosa quantidade de imagens, personagens e acontecimentos com os quais a emissora, diariamen-te, ia ocupando, para uns, ou invadindo, para outros, milhões de residências em todo o país. É o que diriam, principalmente, repórteres e comentaristas da Central Globo de Jornalismo, cuja experiência com a natureza efêmera, imprecisa e artificial da fama adquirida pela televisão sempre rendeu episó-dios inusitados, não importando a época, o tempo de casa ou a frequência de cada um no vídeo.

O gaúcho Marcelo Canellas, com mais de trinta anos de participação em centenas de reportagens para os telejornais e programas da Central Globo de Jornalismo, contou a este autor que sentiu, nas alturas de um voo de Porto Alegre para Brasília, no final dos anos 1990, o quão confusas podiam ser as lembranças que os brasileiros guardavam dos jornalistas que viam diariamente na tela da Globo. No assento ao lado de Marcelo, uma senhora não resistiu e perguntou:

– Você trabalha no *Jornal Nacional*?

Marcelo, acostumado, confirmou. E a mulher:

– Eu sabia! Eu sabia! Caco Dornelles!

Era um "três em um" de talento jornalístico produzido pela mulher, mis-turando o nome de Canellas com os de outros dois repórteres gaúchos: Carlos Dornelles e Caco Barcellos.

Alguns telespectadores, mesmo confrontados com equívocos de identi-ficação, não desistiam, como disse, em entrevista a este autor, Franklin Mar-tins, ex-comentarista de política do *Jornal Nacional* e do *Jornal da Globo*, ao ser abordado pelo balconista de uma lanchonete do Conjunto Nacional de Brasília que o serviu com um copo de mate:

– O senhor é o Joelmir Beting?

Franklin disse que não e cortou a conversa, inutilmente:

– Me diga a verdade, o senhor é o Joelmir Beting.

– Não...

– Mas a sua voz é igualzinha à do Joelmir Beting.

Franklin pagou pelo mate e, na hora do troco, o balconista continuou:

– O senhor pode dizer que não é, mas eu tenho certeza de que o senhor é o Joelmir Beting.

Mais de quinze anos depois, já fora do ar havia alguns anos, em plena pandemia da Covid-19 e com o rosto quase todo coberto por uma máscara, ao pegar um táxi em São Paulo, Franklin tomaria um susto diferente, agora com a permanência da fama de ter frequentado a tela da Globo, quando o motorista se virou para ele e disse:

– O senhor parou com o jornalismo?

Quem era famoso por causa da Globo, mas não aparecia muito no vídeo, como o autor Gilberto Braga*, também era afetado pelos acidentes nos cruzamentos traiçoeiros da memória do telespectador. No início de julho de 1981, por exemplo, em meio à ressaca moral com a recepção ruim do público aos primeiros capítulos da novela *Brilhante*, cansado, noite virada de trabalho e deprimido, Gilberto resolveu aproveitar o domingo de sol em Ipanema para ir à praia, onde encontrou "uma perua amiga" acompanhada de outra mulher, a quem foi entusiasticamente apresentado:

– Olha, este é Gilberto Braga, o maior novelista do Brasil. Ah, Gilberto, lá em casa só vemos as suas novelas! Que maravilha! Nessa última dos gêmeos eu acho que você se superou!

A novela "dos gêmeos" era *Baila Comigo*, escrita por Manoel Carlos. E a perua arrematou, falando de *Brilhante*:

– Essa novela que começou agora, desligamos!

O mesmo Gilberto Braga viveria outra experiência inusitada com a fama em 1986, ao caminhar pela calçada da Avenida Vieira Souto, também em Ipanema, quando estava no ar, na Globo, sua minissérie *Anos Dourados*:

"Uma mulher na Vieira Souto bateu com o carro porque me viu. Aí deixou o carro lá, batido, azar, e falou: 'Ah, não faz mal, eu queria dar um beijo em você porque eu estou adorando *Anos Dourados*'".

Stênio Garcia*, àquela altura nos picos da popularidade com o sucesso de "Bino", seu personagem no seriado *Carga Pesada*, não contava muito com a precisão ou a duração da memória do telespectador. E fez questão de dar um conselho aos jovens atores em seu depoimento:

"Tudo é consumido em um apagar e acender das luzes. Não se deixem envolver por isso. A força não é sua. A força é do veículo".

Conselho semelhante foi dado, na mesma época, a Santiago, um menino de 7 anos que, ao acompanhar o pai, o jornalista Antônio Britto*, comentarista e apresentador da Globo em Brasília, numa ida a um supermercado da capital, ficou "maravilhado" com o cerco deslumbrado dos clientes, assim que Britto foi identificado. Passada a tietagem, Britto fez questão de alertar o filho:

– Santiago, juntou todo esse pessoal por causa do Roberto Marinho. Porque quem sai na TV Globo junta pessoal no supermercado.

Por trás do conselho ao filho, o tempo comprovaria, estavam as razões que levariam Britto a trocar a Globo, primeiro, pelo histórico protagonismo como porta-voz do presidente eleito Tancredo Neves em 1985 e, depois, por uma carreira política como ministro e governador do Rio Grande do Sul, antes de trocar de vez a cena pública pela discrição do cargo de presidente da Interfarma, a quase clandestina Associação da Indústria Farmacêutica de Pesquisa e, depois, de diretor-executivo da Associação Nacional de Hospitais Privados:

"Eu nunca deixei de ser e não quero deixar de ser o sujeito que começou no jornalismo na outra ponta. A minha vida toda de jornalista foi escrevendo para os outros no início, trabalhando para os outros, como produtor, como pauteiro. Eu, antes de pegar qualquer luz pela frente, eu fiquei muito tempo atrás, e hoje eu agradeço muito a isso porque isso me permitiu não me deslumbrar com a luz".

Quem conheceu Armando Nogueira, conhecedor que era do poder efêmero das luzes da "metralhadora de macaco" da Globo, certamente apostaria que ele entendeu as razões que levaram Antônio Britto a deixar a Globo. O mesmo Armando, porém, sabia muito bem o que queria em 1985, ao contratar, para a equipe de repórteres de rede da emissora, Domingos Meirelles*, então um respeitado jornalista da imprensa escrita, já nos seus 45 anos de idade e muito preocupado com a própria falta de experiência de vídeo.

Armando sabia que o vistoso currículo jornalístico de Domingos, de certo modo, não interessava porque não aparecia para a câmera. Mas queria mostrar aos telespectadores que Domingos era um repórter de peso, tinha prestígio e uma longa trajetória no jornalismo brasileiro. E explicou ao novo contratado por que ele tinha sido escolhido:

– Eu não estou interessado nos seus olhos verdes, mas nos seus cabelos grisalhos.

O resto ficaria por conta da força da Globo. E para quem quisesse saber qual era a parcela da emissora na fama dos profissionais que ela exibia, o repórter Maurício Kubrusly* confessou uma "insanidade": a experiência radical que viveu em 1993, ao participar de um *Globo Repórter* sobre a paixão dos brasileiros por futebol, no embalo da final do Campeonato Paulista daquele ano entre Corinthians e Palmeiras:

"Meus neurônios deviam estar dormindo. A ideia era mostrar como são violentas as torcidas que mais se odeiam em São Paulo. Eu tive uma ideia bastante singela que era botar uma camisa do Palmeiras e entrar na torcida do Corinthians, e botar uma camisa do Corinthians e entrar na torcida do Palmeiras. Era no Morumbi: uma torcida sobe por um lado e a outra sobe pelo outro. Eu dava três passos e já era cercado, eles já chegavam batendo. Eles me jogaram no chão e teve um cara que começou a dar soco em mim no meu esterno, eu disse: 'Eu vou morrer aqui'".

E onde estava o cinegrafista da Globo, cuja câmera costumava ser a proteção dos jornalistas em campo? O cinegrafista de Kubrusly estava longe e a ideia era essa mesmo: estar sem microfone ou qualquer outra identificação de jornalista ou da Globo. A sorte, segundo Kubrusly, foi que "tinha muita polícia":

"Prenderam várias pessoas dos dois lados. Depois foram me chamar porque eu deveria prestar queixa num caminhão-prisão. Eles me levaram pra reconhecer as pessoas, mas eu disse: 'Não, solta todo mundo, o maluco sou eu, eu não vou dar queixa de ninguém, vocês me desculpem, era uma brincadeira que eu estava fazendo'".

Quem ousaria, então, em pleno 1983, época de liderança absoluta da Globo, abrir mão da visibilidade, da importância e do prestígio garantidos pela presença diária na frente das lentes poderosas da emissora?

Sérgio Chapelin ousou.

Logo ele, um dos titulares da bancada do *Jornal Nacional*, insatisfeito com o salário que recebia e com a proibição imposta pela Globo aos apresentadores do jornalismo da emissora de usar a própria imagem em contratos de publicidade, decidiu ouvir uma proposta do SBT para substituir J. Silvestre no comando do programa *Show Sem Limite*.

O movimento era tão sem precedentes, na época, que Armando Nogueira, segundo Chapelin*, não levou a sério o aviso que recebeu do apresentador, ao final de uma edição do *JN*, de que havia uma proposta da rede de Silvio Santos pronta para ser assinada, quando ele chegasse em casa.

"O importante para mim não era a audiência do programa. Eram as minhas contas a pagar. Eu tive que mentir um pouco para os repórteres que ficaram em cima de mim na época, dizendo que ia tentar uma coisa nova. Não era nada, não, era o bolso que estava vazio. Fui para o SBT ganhando cinco vezes o que eu ganhava na Globo."

Um ano depois, o problema de Chapelin, às vésperas da renovação do contrato com o SBT, não era mais como pagar as contas. Era a vergonha, segundo ele, de participar de um programa que, mesmo tendo a equipe trocada a seu pedido, "era uma porcaria, de fato uma porcaria onde tudo era ruim, na filosofia do Silvio Santos do quanto pior, melhor":

"Era uma pobreza muito grande e eu me sentia perdido ali, naquele tiroteio. A nova equipe de produção começou a fazer mais números musicais e puseram o balé do SBT, que era uma coisa assim de deixar qualquer um envergonhado. Aí, apesar da proposta do Silvio de triplicar o meu salário, o que já era um pulo mais alto ainda, não aceitei. Eu falei: 'Não, eu vou embora, vou ficar desempregado, não importa'".

Chapelin* não ficou desempregado. Ligou para Boni e a resposta foi um convite imediato para uma conversa no dia seguinte, cujo momento decisivo, um diálogo reproduzido por ele em sua entrevista, era uma evidência da diferença de parâmetros entre a Globo e a concorrência:

– Boni, eu pedi oito mil. Eu ganho sete e o Silvio me dá vinte para ficar lá.

– Porra, só isso? Então, você não vai sair assim daqui, não. Vai sair com um contrato assinado.

Silvio Santos esperneou com a volta de Chapelin à Globo, usando até o auditório do próprio programa para reclamar, no ar, do boicote que a concorrente vinha fazendo, em sua grade, a comerciais protagonizados por Chapelin, suposta razão principal da volta do apresentador à emissora, e cobrando até de Roberto Marinho o que chamou de "responsabilidade para os herdeiros". Ficou nisso.

O retorno de Chapelin à Central Globo de Jornalismo, em 1984, não significaria reassumir a bancada do *Jornal Nacional*, à época já sendo apresentado por Cid Moreira e Celso Freitas. Para Chapelin, que passou a apresentar o *Fantástico*, foi o preço de ter contrariado Armando Nogueira:

"Armando não queria que eu fizesse mais *Jornal Nacional*, *Globo Repórter*, nada que fosse exatamente dirigido por ele. O *Fantástico* era do Boni, um programa do Boni, apesar de eu ler, no programa, as notícias que eram produzidas na redação que o Armando dirigia".

Ricardo Scalamandré, que em 1983 tinha trocado uma diretoria na Globo pelo comando da área comercial do SBT e havia sido o autor da ideia de Silvio Santos tirar Chapelin do *Jornal Nacional*, ficou intrigado com a facilidade com que o apresentador foi recontratado por Boni. Conhecia a regra da "porteira fechada" para quem quisesse voltar para a Globo, depois de sair para a concorrência. Anos depois, quando também já estava de volta à emissora, Scalamandré perguntou a Boni se a regra da "porteira fechada" não estava mais valendo na ocasião do retorno de Chapelin. Resposta:

– Fiz questão de que ele voltasse pra contar a merda que é lá. Aí ele faria propaganda pra ninguém sair.

Muito além da torta

Uma pessoa ficava particularmente incomodada, em 2023, toda vez que assistia, e sempre foram muitas, inúmeras vezes, em infinitos *replays*, a cena em que Fernanda Montenegro atirava uma torta na cara de Paulo Autran, num dos 185 capítulos da novela *Guerra dos Sexos*, exibida entre junho de 1983 e janeiro de 1984 no horário das sete da noite da Globo. O incomodado era o autor Silvio de Abreu, que escreveu a novela com a colaboração de Carlos Lombardi:

"A novela foi ao ar em 1983. Então, tem toda uma geração que pensa que *Guerra dos Sexos* é só aquela cena da Fernanda atirando torta na cara do Paulo no café da manhã. E a novela é muito mais que isso".

Bastaria perguntar. Para Mauro Alencar, um dos maiores especialistas em novelas do Brasil, a história de "Otávio" e "Charlô", os primos que se odiavam interpretados por Autran e Fernanda é "o exemplo mais perfeito de comédia na teledramaturgia brasileira". Nilson Xavier, outro especialista, diz que *Guerra dos Sexos* "revolucionou o humor na televisão brasileira e serviu de embrião para Guel Arraes também fazer história na TV logo depois, com os programas *Armação Ilimitada* e *TV Pirata*". Maitê Proença, a personagem "Juliana", viveu uma descoberta tão simples quanto fundamental:

"Eu descobri que o público de novelas também gostava muito de rir".

Glória Menezes, a "Roberta Leone" de *Guerra dos Sexos*, deu-se conta de que o ator "podia olhar para a câmera e conversar com o telespectador", enquanto o diretor Paulo José subvertia a linguagem tradicional das novelas, ao colocar os personagens interagindo com o telespectador e usando o recurso dramatúrgico conhecido como "quebra da quarta parede", que Silvio de Abreu até já havia usado, de forma mais discreta, em *Jogo da Vida* (1981), sua novela anterior.

O próprio Silvio, porém, em entrevista ao autor em 2023, fez questão de desfazer a ideia de que *Guerra dos Sexos* foi uma proposta recebida sem resistências dentro da Central Globo de Produção. Não foi bem assim.

– Não é novela. Tem que ter melodrama. Isso é uma comédia.

A reação do diretor Régis Cardoso quando, no início de 1983, Silvio apresentou, para o horário das sete, a sinopse de *Guerra dos Sexos* não surpreendeu o autor. Ele conhecia o estilo de Régis desde 1978, quando, depois de ser contratado pela Globo, na esteira do sucesso de sua *Éramos Seis*, exibida pela Tupi, ficara contrariado com a leitura que o diretor fizera de *Pecado Rasgado*, novela de estreia do autor na emissora.

A proposta de Silvio, em *Pecado Rasgado*, era, segundo ele, assumidamente "anárquica" e mais cinematográfica, o que era sinônimo de problema para os padrões da produção de novelas na Globo da época, pouco afeitos a cenas muito movimentadas ou a sequências envolvendo, por exemplo, a existência de janelas no estúdio, devido à dificuldade de iluminação, externas ou algo mais além da tradicional imagem cruzada de duas câmeras fixas:

"Sou um cara de cinema. Quando começo a escrever, imagino a cena pronta na minha frente. É como se estivesse vendo um filme".

Nas palavras de Silvio, "Régis pegou toda a novela e botou dentro do estúdio, como fazia sempre". E fora tal o desentendimento entre os dois, na realização de *Pecado Rasgado*, que o autor pedira demissão, voltando a trabalhar em cinema. Dois anos depois, em 1980, um infarto sofrido por Cassiano Gabus Mendes na altura do capítulo 100 de sua *Plumas e Paetês* o levou a pedir que a Globo convidasse Silvio para terminar a trama. Após cumprir a missão com êxito, Silvio resolveu reapresentar a sinopse de *Guerra dos Sexos* no início de 1983. Só que agora com o apoio de Fernanda Montenegro, Paulo Autran, Tarcísio Meira e Glória Menezes:

"Aí pensei: 'Bom, com os maiores mitos do teatro reunidos com os maiores mitos da televisão, eu vou poder ter o aval do público'. E aí a novela estreou e foi um enorme sucesso".

Dezenove anos depois de *Guerra dos Sexos*, em sua entrevista, Silvio dizia não se incomodar com o título de "chanchadeiro" que recebeu com "o maior prazer", pelo orgulho que sentia por sua formação profissional ter passado pelas chanchadas da Atlântida. Para ele, *Guerra dos Sexos* havia inaugurado um novo gênero, que passou a ser sinônimo do horário da sete da noite na Globo, como aconteceria em *Sassaricando*, sua novela de 1987 na qual Tônia Carrero, Eva Wilma e Irene Ravache formaram um trio de solteironas empoderadas à procura de um milionário, mais uma vez interpretado por Paulo Autran:

"De *Guerra dos Sexos* para cá a novela ficou muito mais lúdica, ficou muito mais divertida, perdeu uma certa pretensão de fazer coisas importantes. Virou um divertimento que a novela das sete até hoje é. A novela das seis é romântica, a das sete é comédia e a das oito é um drama mais forte".

Guel Arraes*, em sua entrevista, em 2002, já depois de ter sido responsável, como produtor ou diretor, por minisséries, seriados e programas marcantes posteriores a *Guerra dos Sexos*, concordou:

"A gente sentia que estava fazendo uma coisa que era importante culturalmente e ao mesmo tempo a gente não tinha nenhuma pretensão, a gente queria divertir".

Divertir e, quatro décadas antes da criação do conceito do machismo estrutural, também ridicularizar o comportamento dos homens, como lembrou Fernanda, referindo-se ao personagem de Tarcísio Meira, "Felipe de Alcântara Pereira Barreto", filho adotivo e único herdeiro de "Charlô":

"Foi a brincadeira entre a competência e a incompetência. Porque o lado masculino, com o Tarcisão fazendo comédia maravilhosamente bem, achava que todas aquelas mulheres eram incompetentes. E nós achávamos que tínhamos que provar para aqueles débeis mentais que nós éramos competentes".

Ao criar uma história em que mulheres uniam suas forças contra o sexo oposto, Silvio disse querer retratar uma discussão que já detectava nos anos 1980:

"A mulher estava subindo, o homem não estava querendo, muito incomodado com a ascensão profissional da mulher. A mulher brigava por salários melhores e ele não queria porque não queria perder o lugar. E essa coisa parecia muito engraçada porque era muito ridícula".

Silvio nem precisava sair de casa para se inspirar:

"Eu via na minha própria casa, porque a minha mulher trabalhava fora, eu trabalhava fora, mas a regalia era minha. Quando ela não estava lá para fazer o almoço, eu brigava. Ela tem uma dupla jornada de trabalho sempre, e o homem não. Ele vai, faz a coisa dele, volta e diz: 'Estou cansado, me tira o sapato'".

Ao reunir, não no horário da novela das oito, tradicionalmente ocupado por temas e mergulhos dramatúrgicos mais densos, mas na faixa inofensiva das sete da noite, e com uma cena explícita de comédia pastelão típica de *Os Trapalhões*, um casal emblemático do teatro brasileiro como Paulo Autran e Fernanda Montenegro, *Guerra dos Sexos* foi também o marco de uma espécie de rendição definitiva da classe artística à indústria de novelas da Globo. Como observou o crítico Artur da Távola, em sua coluna publicada no *Globo* em 21 de junho:

"Ali não estavam apenas os dois personagens mas a pessoa dos atores. Haver testemunhado a soltura, o alto senso de ironia, leveza e graça dos dois que nos permitiram essa súbita intimidade com um momento de infância, bagunça e desordenação total de suas auras e carismas, ficará como um momento importante, jocoso, agudo, alegre e feliz da temporada 1983 em nossa televisão".

Em reportagem também sobre *Guerra dos Sexos*, em sua edição de 12 de junho daquele ano, o *Jornal do Brasil* ampliou as razões pelas quais Fernanda e Paulo tinham aceitado o convite de Silvio de Abreu para atuar na novela: por respeito ao autor, com quem a atriz já tinha trabalhado na TV Excelsior, por considerarem o elenco muito competente e também por acharem razoável o salário pago pela emissora. Justificativa de Fernanda ao *JB*:

"Numa época de desemprego, acho uma ofensa aos deuses recusar trabalho. A gente nunca sabe o dia de amanhã".

Fernanda* guardou de *Guerra dos Sexos* a lembrança de um encontro em cena inédito e "maravilhoso" com Paulo Autran e no qual ambos entraram "a zero quilômetro" e tiveram uma "sintonia de comediantes" com a ousadia na medida certa. Autran, à época com 61 anos, já tinha afrouxado suas restrições à telenovela e confessou, em entrevista ao *Globo*, na época do lançamento da novela, que o preconceito que alimentava em relação à TV já tinha acabado em 1979, quando interpretou o personagem "Bruno Baldaracci", na novela *Pai Herói*.

Quase vinte anos depois de *Guerra dos Sexos*, Fernanda descreveu o processo pelo qual muitos artistas originários do teatro e do cinema se submeteram, ao passarem a fazer parte do elenco da Globo:

"Na Globo, quando qualquer contestador, qualquer quebrador de instituições ou de submissões, de alma, entra pra TV Globo, ele se organiza. Mas isso desde os anos 1970. Se é cabeludo, corta o cabelo; se não toma banho, toma banho; se é marginal, se organiza na margem, sai da margem, entra na corrente, compreende? Passa a ser disciplinado, passa a ter horário, já começa a ter telefone, CPF, começa a ter carteira de identidade. A Globo é ótima para enquadrar, não é? Então, tem desde o submisso aparentemente domado pela TV Globo até o quadrado, até o contestador, o de 80 anos, o de 10 anos. É um caldeirão maravilhoso de convívio".

Na mesma entrevista, porém, Fernanda mostrou que também seria uma ofensa aos deuses aceitar fazer um "dois em um", quando Manoel Carlos e Gilberto Braga a quiseram no elenco de suas respectivas novelas e ela teve de resolver a questão financeira diretamente com Boni:

"Eu fui chamada para conversar com ele. Eu tinha feito um contrato para uma novela do Manoel Carlos, mas aí o Gilberto Braga me quis antes e o meu papel estava um pouco jogado lá para escanteio na novela do Manoel. Mas eu não era contratada da casa. Então eu disse: 'Se eu for fazer outra novela, eu quero ganhar pela novela do Manoel e quero ganhar pela novela do Gilberto".

Para "Fernandona", torta na cara, tudo bem.

Trabalhar de graça, nem pensar.

Segredos do intervalo

Foi um choque. Era pra ser uma reunião apenas protocolar, para as assinaturas das partes, mas Octávio Florisbal, então vice-presidente de mídia da Lintas, agência detentora das contas de alguns dos maiores anunciantes do mercado publicitário brasileiro, pegou o contrato milionário referente às inserções comerciais do maior deles, a Gessy Lever, a serem feitas na grade da Globo ao longo de 1982, levado à reunião por Celso Castro, executivo da área comercial da emissora, e rasgou o documento com indignação. Depois, atirou os pedaços de papel pela janela que dava para a Rua Bela Cintra, no bairro paulistano Cerqueira César, e encerrou a reunião, pedindo que Celso se retirasse da sala.

Octávio estava inconformado porque a Globo tinha alterado, de forma unilateral, as condições do contrato com a Gessy Lever que tinham sido discutidas previamente com a Lintas. Atitude emblemática de uma época em que o mercado publicitário já vivia uma realidade oposta à dos anos 1960, quando os anunciantes e suas agências impunham condições, percentuais, prazos e até programas que queriam a emissoras descapitalizadas e fragilizadas por eternas crises de gestão. Agora quem ditava as regras era a Globo, que em poucos meses convidaria o próprio Octávio para ser diretor de marketing. Na entrevista que deu em 2000, ele explicou o que o tinha tirado do sério na reunião da Lintas:

"A facilidade que você tinha nos outros veículos, você não tinha na Globo. As negociações eram muito demoradas porque, de um lado, estava a equipe da Globo liderada pelo Dionísio Poli, evitando dar descontos que fossem além de um determinado nível. E, do outro, estavam as agências, no caso eu, pela Lintas, tentando obter as melhores condições, porque os clientes estavam acostumados com essas condições".

Eduardo Correa, ex-gerente de comunicação da Central Globo de Marketing, disse em entrevista a este autor que foi testemunha de como era a correlação de forças do mercado publicitário nos anos 1980:

"Pelo pouco que sei, as grandes empresas anunciantes são tirânicas em suas relações comerciais com os fornecedores e o varejo. Mas acho que, no caso da Globo, eles tinham de baixar a cabeça. A tirana, na publicidade, era a Globo".

Tanto que o barraco e o contrato rasgado de forma espetacular na reunião da Lintas não pesaram, nem para um lado nem para o outro, no final de setembro de 1982, quando Dionísio Poli fez o convite e Octávio aceitou a proposta de montar a Central Globo de Marketing. Mais importante, para Poli, era ter, na equipe comercial da emissora, o executivo que passara anos tomando as decisões estratégicas de publicidade de gigantes do mercado como a Gessy Lever, a Johnson & Johnson, a Nestlé, entre outras.

Pelo lado de Octávio, que já tinha trabalhado nas agências Thompson e Norton antes de ser contratado pela Lintas, o convite da Globo chegara no momento em que ele já estava de viagem marcada para a Inglaterra, onde passaria três anos na Lintas, sendo preparado para se tornar o novo presidente da agência no Brasil. Mas Octávio gostava muito de televisão e ficou balançado com o fato de a Globo ser uma empresa brasileira:

"Pensando muito cá entre nós, na Lintas eu sempre seria um latino-americano, um cara que tem passaporte verde, não azul ou vermelho. Enfim, sempre teria um coordenador internacional pra chegar aqui e dizer o que está bom, o que está ruim. E eu já tinha passado vinte e tantos anos convivendo com coordenadores internacionais".

O que Octávio não imaginava era que, ao informar à Lintas que estava indo para a Globo, a agência, em represália, soltasse uma bomba que sacudiria o mercado publicitário: a divulgação, pela Lintas, do resultado de uma pesquisa sigilosa sobre os limites da atenção do telespectador durante o intervalo comercial, trabalho feito originalmente para uso exclusivo da equipe de mídia da agência, batizado com o nome Olhos na TV e que tinha sido encomendado pelo próprio Octávio a Eugênia Paesani, pioneira das pesquisas de mercado no Brasil.

A ideia era usar os números da pesquisa como arma para baixar o preço cobrado pela Globo na hora de discutir, em reuniões obviamente reservadas, os contratos dos clientes da Lintas com a emissora. E o resultado, embora previsível pelo senso comum, quantificava percentuais que eram muito ruins para o negócio da televisão e o da Globo em particular. A pesquisa indicava que, embora 79% dos telespectadores permanecessem na sala durante o intervalo comercial, apenas 23,7% prestavam atenção aos anúncios. José Carlos de Salles Gomes Neto, ou Salles Neto, dono da revista *Meio & Mensagem*, contou a este autor que acompanhou a crise de perto:

"Os jornais, ainda poderosos na disputa do bolo publicitário, comemoraram a chance de mostrar que a Globo, concorrente na disputa da verba dos anunciantes, não era tudo o que dizia. Deram primeira página".

O troco da Globo não demorou e foi dado a portas fechadas por Dionísio Poli, com um ultimato: ou a Lintas se retratava, publicando anúncios em todos os jornais de grande circulação, ou a Globo "romperia o relacionamento comercial" com a agência, o que significaria, na prática, a suspensão imediata dos descontos e do repasse das milionárias bonificações de volume, as BVs referentes aos anúncios dos poderosos clientes da Lintas veiculados pela emissora.

A agência chegou a ensaiar uma resistência com uma espécie de intervenção, na filial brasileira, de diretores da Lintas americana, chamados de *mariners* por Salles Neto, mas acabou cedendo à pressão da Globo: publicou, nos jornais de São Paulo, uma declaração sobre a eficiência da televisão como veículo de publicidade, interrompeu a divulgação dos detalhes da pesquisa de Eugênia Paesani e substituiu o presidente da filial brasileira responsável pelo vazamento dos números. "Uma baita enquadrada", nas palavras do dono da *Meio & Mensagem*.

Na mesma época, num protesto em que conseguiu o apoio das outras emissoras, a Globo recusou uma campanha da DPZ para os televisores da marca Colorado, cujo mote era a sugestão de que o comprador usasse o controle remoto para encontrar "uma programação de melhor qualidade". Em outra peça da campanha, que acabou sendo inteiramente reformulada, como lembrou Washington Olivetto, à época diretor de criação da DPZ, o anúncio provocava:

"O Colorado quer o seu amor, mas não o que pertence à sua mulher".

As placas tectônicas da vaidade, no círculo restrito de altos cargos da área comercial da Globo, também se moveriam com a chegada de Octávio Florisbal para montar a central de marketing da emissora. E o movimento mais radical foi o de um dos diretores nacionais, Ricardo Scalamandré*, que, em 1983, diante da perspectiva de perder o contato direto que tinha com Boni e com os executivos que comandavam as outras centrais a partir do Rio, e também insatisfeito com a promoção ao cargo de diretor de comercialização da região de São Paulo, decidiu aceitar o convite de Silvio Santos para ser superintendente comercial do SBT:

"E eu me senti o pior dos caras, porque eu deixei de ser da área nacional. Não ia mais para o Rio, não falava mais com Boni, não tinha mais reuniões com Roberto Irineu. Eu me senti horrível. Fiquei como diretor de São Paulo, que era superimportante, mas eu que fui imaturo. São Paulo representava 50% do nosso faturamento e era onde a gente tinha concorrência. Mas houve o convite e eu acabei indo para o SBT".

Os dois anos em que Scalamandré atuaria na disputa do mercado publicitário como superintendente comercial do SBT, ainda que tenham permitido a ele a autoria de alguns dribles inesquecíveis nos ex-colegas da Globo, foram uma experiência traumática durante a qual ele descobriu que, ao lado do notório abismo que à época separava a líder de audiência das outras redes nos índices do Ibope, existia uma hegemonia comercial e financeira da Globo que era ainda mais massacrante, ainda que imperceptível para o público em geral.

O choque inicial de Scalamandré, ao assumir a superintendência do SBT, foi apenas simbólico, mas também traumático, e aconteceu logo no primeiro dia: habituado ao conforto dos andares superiores do prédio da Globo na Rua Lopes Quintas, ao glamour da sede comercial da emissora na Alameda Santos, no coração dos Jardins, e aos almoços quase diários com clientes poderosos no restaurante Massimo, ele tomou um susto ao chegar à portaria da sede do SBT no bairro de Vila Guilherme, na zona norte de São Paulo, e se deparar com a fila de pessoas necessitadas, algumas de muleta, mulheres humildes com crianças no colo, todas à espera de uma chance de serem atendidas pelo curandeiro Roberto Lemgruber, no programa *O Povo na TV*. Um cenário que Mauro Lissoni, então responsável pela grade do SBT, descreveu de forma contundente no livro *Biografia da televisão brasileira*:

"Quando você chegava na emissora, precisava tirar o crachá para não te identificarem, porque aquelas pessoas se jogavam no pescoço da gente porque queriam ser curadas naquele pátio dos milagres, como chamávamos internamente".

O susto se tornaria constrangimento para Scalamandré horas depois, quando, por uma infeliz coincidência, a primeira visita que ele receberia, o publicitário Paulo Salles, estava usando muletas devido a uma fratura no pé. Resultado: ao insistir em passar pela portaria do SBT dizendo que era "convidado do superintendente Ricardo Scalamandré", Paulo Salles foi despachado para a fila do programa *O Povo na TV* por um segurança da emissora:

– Não tem nenhum diretor com esse nome aqui. Vai lá para a fila e não enche.

Muito mais traumáticos que os incidentes de portaria no novo emprego seriam os números, mais exatamente os descontos que o SBT oferecia aos anunciantes em troca de anúncios, em sua tabela de preços de inserções comerciais. Acostumado à postura quase sempre irredutível da Globo diante dos pedidos de descontos feitos pelas agências, Scalamandré ficou escandalizado:

"Os descontos eram absurdos: 50%, 70%, 80%. Eram tão grandes que nem era necessário ter uma tabela de preços. Por isso, logo que cheguei, já reduzi à metade a tabela do SBT".

Na lembrança de Willy Haas*, futuro diretor da Central Globo de Comercialização e à época já trabalhando na emissora, as redes concorrentes chegavam a oferecer um ou dois meses de inserções gratuitas como argumento de venda. Marcelo Assumpção*, outro executivo de vendas que se tornaria diretor da área comercial da Globo, lembrou, sem citar o nome, que um diretor da Record não se importou nem em revelar, num encontro público do setor, que praticava descontos de até 93%. Na mesma época, a Globo, segundo Eduardo Correa, agia de forma oposta:

"A Globo tinha condições de valorizar seus preços. Nossa tabela era pra valer, sem aquela pornografia de descontos dos outros veículos. Vi, ao contrário, a Globo reduzir o nível de desconto até para um grande anunciante, que teve de engolir porque não podia passar sem anunciar na Globo".

Ainda assim, Scalamandré conseguiria, por algum tempo, cutucar a gigante do mercado: sob o lema "SBT, compromisso com a verdade", substituiu a tabela de preços do SBT que ninguém levava a sério no mercado por uma outra que só tinha os valores alterados, para cima ou para baixo, quando a Globo alterava os dela, e com o mesmo percentual. Ou seja: se num determinado horário a Globo detinha 50% de audiência e o SBT ficava com 5%, ou seja, 10% do Ibope da Globo, o preço do comercial no SBT seria, também, equivalente a 10% do preço da Globo, descontados ainda, no valor cobrado pelo SBT, os 20% a menos de alcance que o sinal da TV de Silvio Santos tinha em relação ao das antenas da Globo.

Deu certo. No final de 1984, Scalamandré conseguiria uma façanha naqueles tempos de hegemonia absoluta da Globo no mercado publicitário: todas as empresas que anunciavam na Globo estavam anunciando, também, no SBT e com uma participação maior que a merecida, já que a rede de Silvio Santos, na época, faturava entre 17% e 19% do bolo publicitário com uma audiência que variava entre 12% e 13%.

O problema é que, também no final de 1984, a inflação brasileira chegaria a nada menos do que 223% ao ano, um índice que, aos poucos, acabou inviabilizando a política de comercialização do SBT baseada na tabela da Globo. E a razão Scalamandré só descobriria ao voltar à emissora no ano seguinte:

"A Globo tinha congelado sua tabela de preços por um ano inteiro para evitar a perda de anunciantes para o SBT. A decisão foi de segurar ou até baixar os preços, se fosse preciso, para, desse modo, espremer o faturamento do SBT até o limite do vermelho. Com a inflação em alta, a tabela da Globo chegou a ficar defasada em 50%, uma situação que a emissora, ao contrário do SBT, tinha como sustentar, diminuindo sua margem de lucro. E o SBT foi ficando cada vez mais estrangulado".

Em 2008, um quarto de século depois daquele breve período de concorrência comercial mais organizada do SBT, a hegemonia da área comercial da Globo continuaria absoluta e, com sucessivos recordes de faturamento, conseguiria a façanha de se descolar da queda crescente e irreversível já em curso da audiência da emissora. Naquele ano, Willy Haas*, o então diretor-geral de comercialização, viveria, com a empresária Luiza Trajano, dona da rede de varejo Magazine Luiza, uma situação emblemática do mercado da TV aberta brasileira na primeira década do século 21.

Luiza tinha procurado Willy, pedindo ajuda para uma resposta que ela queria dar às redes concorrentes da Globo, que a pressionavam para comprar espaço publicitário em suas respectivas grades, após o mercado receber a informação de que a Magazine Luiza tinha fechado um projeto comercial com a Globo no valor total de cem de milhões de reais. Luiza, de acordo com Willy, não aguentava mais os apelos e lamentações dos executivos da área comercial das outras redes. Willy então propôs:

– Faz o seguinte, Dona Luiza: tira cinco milhões dos meus cem e dá para os concorrentes. Um milhão para cada rede.

O chefe de Willy, na época, era Octávio Florisbal, agora diretor-geral da Globo, um executivo conhecido, na emissora, pelo temperamento tranquilo, pela sobriedade contagiante e por uma paciência que todos consideravam incompatível com explosões ou gestos extremos como o de rasgar um contrato da Globo e jogá-lo pela janela, por exemplo.

Os truques do camelô

Ainda que desmoralizantes, não foram os descontos "absurdos" oferecidos aos anunciantes pela equipe de vendas do SBT que levaram Ricardo Scalamandré* a desistir do cargo de superintendente comercial na rede de Silvio Santos e voltar para a Globo:

"A gente morria de medo do Jassa."

Scalamandré se referia ao cabeleireiro José Jacenildo dos Santos, responsável, durante décadas, pelo corte de cabelo de Silvio Santos, e também uma espécie de oráculo improvisado em cujas opiniões o dono do SBT baseava seu modo imprevisível e folclórico de montar e desmontar a grade de programação da emissora da noite para o dia, às vezes atropelando acordos, contratos e até direitos alheios.

"Quando o Silvio ia cortar o cabelo no Jassa, se o Jassa dizia 'Silvio, não gostei do programa', o Silvio tirava do ar".

Uma reunião de família também era suficiente para o empresário e apresentador detonar, sem maiores explicações, uma contratação importante. Aconteceu, por exemplo, segundo Scalamandré, com a jornalista e apresentadora Marília Gabriela, cujo contrato foi acertado num dia com o executivo Luciano Callegari e desfeito na manhã seguinte, pelo mesmo Luciano, após uma conversa de Silvio com a família na hora do jantar.

Apesar do histórico não muito estimulante da emissora, Scalamandré, determinado a fazer a diferença, convocou o publicitário Washington Olivetto para criar uma campanha publicitária na qual o SBT, ao mesmo tempo que reconhecia a liderança de audiência praticamente inalcançável da Globo, proclamava-se "líder absoluto do segundo lugar":

"Tinha uma jogada ali, que o Washington bolou, e que a gente conversou, que era assim: ao ser vice-líder, vice-campeão, você está muito mais próximo do primeiro do que do terceiro, que era a realidade".

Em seu livro *Direto de Washington*, Olivetto conta que a campanha da "liderança absoluta do segundo lugar" foi "uma maneira simpática de o SBT, sem se propor a alcançar a Globo, distanciar-se das redes Bandeirantes, Record e Manchete". Mas tomando cuidado para que Silvio Santos, Jassa e outros não interferissem:

"Esse tema gerou uma série de anúncios divertidos que veiculávamos nos principais jornais e revistas, buscando os formadores de opinião, enquanto o SBT melhorava o nível da programação, contratando profissionais como Jô Soares, Lillian Witte Fibe e Boris Casoy. Propositalmente, não fizemos nenhum comercial de televisão, até porque, se tivesse televisão, o Silvio Santos ia querer fazer ele mesmo e a nossa estratégia de atingir os formadores de opinião iria para o brejo".

Os anúncios do SBT acabaram ganhando prêmios e a campanha, que continuou mesmo depois da volta de Scalamandré para a Globo, mereceu um elogio atravessado de Boni em entrevista à *Veja*:

"O Washington conseguiu fazer do SBT a televisão mais lida do país".

O que o SBT botava no ar, porém, como Scalamandré constataria, era com Silvio. Como aconteceu no dia em que, preocupado com a aproximação do fim do prazo de validade dos direitos de exibição de um pacote de filmes antigos que comprara, Silvio chamou Scalamandré e explicou a mexida que ia dar na grade da noite de domingo:

– Não adianta que meu programa não ganha do *Fantástico*. Então vou terminar meu programa às oito e aí vou colocar uns filmes.

Scalamandré achou ótimo. Os filmes substituiriam, naquele horário, o programa *O Homem do Sapato Branco*, que esteve na grade de programação da Globo entre agosto de 1968 e março de 1969, um clássico "mundo cão" cujo conteúdo só fazia afugentar anunciantes. Silvio continuou:

– Vai se chamar *Grandes Reprises*.

– Ótimo, Silvio. *Grandes Reprises* está bacana.

– Tem um monte de filme legal: tem *Ben-Hur*, tem *Imitação da Vida*. Vou estrear com *Imitação da Vida*.

– Certo, Silvio.

Horas depois, Scalamandré recebeu um memorando interno sobre a "estreia do programa *Grandes Reprises* com o filme *Odeio a Minha Mãe*, com Lana Turner". E não demorou muito para descobrir que Silvio Santos tinha mudado, por conta própria, o título do filme que contava uma história de rejeição entre mãe e filha. O diálogo que se seguiu, e que Scalamandré* reproduziu em sua entrevista, é revelador sobre como funcionava a cabeça do dono da "emissora líder absoluta do segundo lugar":

– Silvio, acho que você mudou o filme.

– Eu botei *Odeio a Minha Mãe*.

– Mas Silvio, por quê? *Imitação da Vida* é um clássico!

– Não, não, não. Ninguém vai ver, *Imitação da Vida* é muito chique. A nossa televisão é mais assim: *Odeio a Minha Mãe*.

– Mas não é reprise, ninguém viu *Odeio a Minha Mãe*, Silvio.

– Ricardo, estou falando para você que eu vou fazer desse jeito. *Odeio a Minha Mãe* vai dar audiência.

– Ah, é? E eu que vendi o programa para a Leite Ninho? Já pensou? *Odeio a Minha Mãe*, um patrocínio de Leite Ninho. Não dá certo isso, Silvio.

– Ah, quer saber? Eu trato de programação. Você, vá vender!

Foi "batida de telefone na cara".

Mas Scalamandré ainda viveria outra experiência inesquecível com o dono do SBT em 1985, antes de ir embora, quando *Roque Santeiro* quebrava recordes sucessivos de audiência na Globo e Silvio, mesmo assim, decidiu estrear, no horário nobre, a série *Pássaros Feridos*, sucesso da TV americana que contava a história de um padre que passa a vida no dilema de seguir na vida religiosa ou abandoná-la e viver um grande amor. Conhecedor da cabeça de Boni, Scalamandré propôs uma estratégia de lançamento inspirada no mote da "liderança absoluta do segundo lugar":

– Silvio, eu conheço a Globo e conheço o Boni. *Roque Santeiro* é líder absoluta de audiência, um absurdo de novela. Se a gente botar *Pássaros Feridos* às nove da noite, ele vai esticar a novela. Sugiro que a gente faça um anúncio na *Folha de S.Paulo*, no *Estado de S. Paulo*, no *Globo*, dizendo o seguinte: "Assista a *Pássaros Feridos* logo após a sua novela preferida".

– O quê? Eu vou gastar dinheiro em publicidade? Você está maluco? Não vou fazer isso!

– Mas Silvio...

– Deixa comigo!

Às vésperas da estreia da série, um domingo, Scalamandré em seu sítio, já esquecido da campanha que não emplacara com o patrão, o telefone toca. Era um diretor do SBT:

– Liga a televisão! Liga a televisão! Corre, *Programa Silvio Santos, Programa Silvio Santos*!

Era Silvio Santos, no auditório, levando em frente a ideia da campanha de lançamento proposta por Scalamandré, só que a custo zero:

– Minhas colegas de trabalho, vocês não sabem o filme [*sic*] que eu comprei para vocês verem! O filme é o máximo: *Pássaros Feridos*, maravilhoso, um espetáculo, minhas filhas viram. Vocês não podem perder. Ricardo Scalamandré, meu diretor comercial aqui, disse que a TV Globo vai esticar o *Roque Santeiro*. Aliás, que novela, hein? Como a Globo sabe fazer novela, eu nunca vi uma coisa dessas! Lá em casa eu fico louco da vida, mas todo mundo assiste a *Roque Santeiro*. Então, pode assistir à vontade. Assiste, eu vou ficar esperando. Na hora que acabar, vocês mudam de canal e vão ver *Pássaros Feridos*.

Na segunda-feira, não deu outra: a Globo esticou o capítulo de *Roque Santeiro* e, enquanto a novela estava no ar, o SBT exibiu o desenho *A Pantera Cor-de-Rosa*. Quando terminou *Roque Santeiro*, *Pássaros Feridos* entrou no ar. Na manhã seguinte, Carlos Augusto Montenegro, dono do Ibope, ligou para Scalamandré:

– Você está sentado?

– Diga...

– Olha o que aconteceu com a estratégia do seu chefe: deu 52 pontos de audiência, foi um estouro, um arrasa-quarteirão, foi o máximo!

No horário das dez da noite, o SBT tinha vencido a Globo em São Paulo, Curitiba e Porto Alegre. O feito virou uma reportagem da *Veja*, que incluiu uma ironia de Silvio Santos à estratégia de Boni:

"A Globo errou ao não colocar uma coisa melhor para concorrer com *Pássaros Feridos*".

É consenso – nas fontes de informação coletadas pelo livro *A deusa ferida: por que a Rede Globo não é mais a campeã absoluta de audiência*, obra referencial em se tratando da audiência da televisão brasileira na época – que, até o final dos anos 1980, a Globo mantinha, no horário nobre, média superior a sessenta pontos, enquanto as demais redes concorrentes, somadas, não alcançavam dez pontos. Aquela semana vitoriosa de *Pássaros Feridos*, portanto, tinha sido apenas um triunfo episódico do SBT, mas, coincidência ou não, na sexta-feira daquela semana, dia do último capítulo da série, Scalamandré foi convidado e aceitou voltar para a Globo, passando a comandar a força de vendas e o marketing, então dirigido por Octávio Florisbal, e a frequentar, como queria, o Jardim Botânico.

Já na Globo, Scalamandré soube por Roberto Buzzoni que ele, cumprindo o dever de diretor de programação, tinha sugerido a compra da série *Pássaros Feridos* a Boni, que não quis, mas, ao se dar conta do sucesso da série na tela do SBT, não hesitou em exercitar sua conhecida capacidade de, no final, estar sempre com a razão, nas decisões da emissora:

– Buzzoni, como é que você deixa passar esse negócio comigo?

– Mas Boni, eu mostrei para você!

– O quê?

– Eu mostrei, você falou que não queria.

– Por que você não insistiu? Você deveria ter insistido.

Três dias de folia e brincadeira

"Na Quarta-feira de Cinzas, Adolpho sentiu um vazio. E agora? O cofre estava cheio de publicidade, receitas futuras brilhavam no horizonte como estrelas. Mas faltava um ano para o próximo Carnaval Manchete. Era 'a TV de primeira classe', e os próximos doze meses seriam uma ladeira íngreme com garantia de muitos gastos e esperança de uns pontinhos no Ibope. Ibope que, passado o *frisson* inicial, voltaria a ser dominado pela Globo, com direito a Silvio Santos no lombo, fazendo sua TV para as massas, programas populares de auditório, grandes promoções, sorteios e novelas mexicanas."

O trecho do livro *Os irmãos Karamabloch*, de Arnaldo Bloch, descreve o estado de espírito do tio, o empresário Adolpho Bloch, na manhã de 7 de março de 1984, o dia seguinte a uma surra de audiência histórica e sem precedentes que a Globo tinha acabado de levar da então jovem Rede Manchete, no ar havia apenas nove meses, com a cobertura exclusiva do Carnaval carioca. Era a primeira façanha da emissora na qual Bloch gastara 48 milhões de dólares em equipamentos, transmissores e câmeras inéditas no Brasil, segundo o ensaio "Travessias e travessuras de uma indústria caótica", de autoria do jornalista Carlos Amorim, ex-diretor de jornalismo da Manchete.

Os números da audiência do primeiro desfile do sambódromo do Rio, projeto patrocinado pelo então governador Leonel Brizola, idealizado por seu vice Darcy Ribeiro e desenhado pelo arquiteto Oscar Niemeyer, e que foram registrados com destaque pelo *Jornal do Brasil*, eram massacrantes: já no sábado de Carnaval, a Manchete havia batido a Globo depois das dez da noite. No domingo, vitória histórica sobre o *Fantástico*: 43 a 24 na primeira meia hora, 47 a 22 na segunda, 51 a 26 na terceira e 55 a 27 na meia hora final.

Na segunda-feira, a Globo Rio só tinha conseguido ficar na frente no Ibope por apenas uma hora, com a novela das seis *Voltei pra você*. Depois, a surra continuou contra o *Jornal Nacional*, a novela das oito *Champagne*, então estrelada por Tony Ramos, Irene Ravache e Antonio Fagundes, um especial de Roberto Carlos e os filmes *Os Doze Condenados* e *Síndrome da China*. Adolpho Bloch, segundo o livro do sobrinho, "relampejava":

"O Carnaval era todo dele. E de seus olhos faiscaram raios de deslumbre de menino quando o sambódromo brizolista ecoou, em coro, na Praça da Apoteose, o grande estribilho da temporada, transmitido para um Brasil de 90 pontos de audiência: 'O povo não é bobo, abaixo a Rede Globo!'".

Na terça de manhã, inacreditáveis 61 a 2 na disputa entre a cobertura do desfile pela Manchete e o infantil *Balão Mágico*, da Globo. Que apesar de se recuperar a partir da novela das seis naquele dia, sofreu nova derrota na noite de quarta-feira, durante a apuração do resultado do desfile, quando o Ibope registrou um vareio de 56 a 17.

"A Marquês de Sapucaí destruiu Hollywood."

Maurício Sherman, o diretor responsável pela operação da cobertura da Manchete, um dos entrevistados da reportagem da *Veja* sobre aquela cobertura, ironizava com a frase sobre Hollywood e o fiasco da tentativa da Globo de enfrentar o Carnaval da concorrente durante a madrugada com campeões de bilheteria do cinema americano, estratégia que Boni lembrou ter dado certo em todo o país, menos no Rio de Janeiro. A revista também registrou o erro de cálculo de véspera de Roberto Irineu, ao dizer que a derrota da Globo no Ibope, embora possível, não seria "um banho". O diretor de programação da Manchete, Moysés Weltman, também entrevistado pela *Veja*, sonhou:

"Essa cobertura representa para a Manchete o mesmo que a inundação do Rio em 1966 foi para a Globo: a saída às ruas, a popularização".

Caberia a Roberto Buzzoni a missão ingrata, dada por Boni, de fazer o que Carlos Augusto Montenegro, dono do Ibope, entrevistado pelo autor em 2022, chamou de "questionamento enérgico" do comando da TV Globo sobre o massacre imposto pela Manchete em alguns horários. Para Montenegro, era o mesmo questionamento que todas as emissoras faziam quando perdiam e que, no caso da Globo, foi ainda mais fácil de explicar, já que, em suas palavras, "o instituto era o mesmo, a diretoria era a mesma e a metodologia e os pesquisadores eram os mesmos". Ao saber, por Buzzoni, que Boni estava "soltando marimbondos", Montenegro respondeu:

"Isso é um hábito do Rio de Janeiro. E é um hábito que vocês criaram. Vocês não podem menosprezar a força de vocês. Estão transmitindo Carnaval há vinte anos. Um belo dia, não passa e vocês querem o quê?".

Não passou na Globo por causa de uma combinação de fatores que incluíram a presença de Leonel Brizola na cadeira de governador do estado do Rio, a opinião contrária de Boni à transmissão ao vivo na íntegra dos desfiles de escolas de samba como conteúdo de televisão e o não cumprimento, pela Manchete, de um acordo de cavalheiros com a Globo, episódio que transformaria Roberto Marinho num incontornável inimigo de Adolpho Bloch.

A voz de Brizola, desde o início de seu governo, em 1983, não entrava no noticiário da Globo. Quando era absolutamente imprescindível, em nome de um mínimo de credibilidade editorial, suas declarações eram reproduzidas na voz dos apresentadores ou repórteres da emissora, enquanto, no vídeo, Brizola aparecia apenas "mastigando", como se dizia no jargão da televisão.

De sua parte, o velho desafeto de Roberto Marinho tratava com desconfiança e ironias os repórteres da emissora que faziam a cobertura do Palácio Guanabara e boicotava iniciativas da Globo, como a campanha O Rio contra o crime, lançada em 1984. O clima era tão carregado que o diretor João Carlos Magaldi chegara a ser demitido, em decisão tomada e depois reconsiderada por Roberto Marinho, por ter sido responsável pela doação, sem combinar com o patrão, via Fundação Roberto Marinho, de bolas de futebol a alunos dos Cieps, os centros integrados de educação que à época eram marca registrada de Brizola e de seu eterno plano de chegar à Presidência da República.

"Era o primeiro Carnaval do sambódromo e a TV Globo, obviamente, tinha um problema muito grande com o Brizola e não queria botar azeitona na empada do Brizola, e disse: 'Nós não vamos transmitir o Carnaval'."

CAPÍTULO 16 · 613

A lembrança de Marcos Uchoa*, à época repórter da Manchete, sobre o que considerou uma posição de "soberba" e "arrogância" da Globo, era compartilhada por Maurício Sherman, para quem a decisão "inexplicável" da emissora "assombrou todo mundo":

"Parece que o Boni achou, de repente, ou resolveu achar que ninguém queria saber de Carnaval, não se interessava, sei lá. Aí o Brizola correu para o Adolpho Bloch, para a Manchete transmitir o Carnaval. E facilitou tudo. Facilitou a importação, foram quilômetros e mais quilômetros de cabos de câmera. E o Adolpho então me pediu para planificar a transmissão dos desfiles".

Boni* realmente achava, e continuaria achando pelo menos até 2014, data de sua segunda entrevista ao Memória Globo, que desfile de escola de samba era um conteúdo apropriado para a televisão só se fosse editado. Para ele, as paradas da comissão de frente e do casal de mestre-sala e porta-bandeira durante o desfile não eram boas para uma transmissão de TV. Darcy Ribeiro, para ele, tinha "pirado na batatinha" ao criar a Praça da Apoteose numa das extremidades do sambódromo. E a única novidade, em trinta anos de transmissão do Carnaval pela TV, segundo ele, tinha sido a câmera-trilho que corria toda a extensão da pista e que ele, Boni, claro, tinha encomendado, antes de 1984, a Fernando Bittencourt, diretor da Central Globo de Engenharia.

"De vez em quando um gênio erra."

O comentário de Geraldinho Carneiro*, um insuspeito admirador de Boni, resumia a sensação generalizada de que o vice-presidente de operações da Globo cometera mesmo um equívoco ao abrir mão de um evento que teria, no comando do *switcher* da Manchete, Roberto Talma, um diretor à época brigado com a Globo, e, na liderança da equipe de comentaristas, Fernando Pamplona, "o inventor do Carnaval contemporâneo", nas palavras de Geraldinho.

Boni, no entanto, não foi o único responsável pelo erro da Globo naquele Carnaval, e, no caso, não por obra da retórica de executivo infalível que ele sempre procurou encostar em sua genialidade, mas também de acordo com o relato de Arnaldo Bloch em seu livro. Na verdade, às vésperas do Carnaval, a Globo quis, sim, e muito, transmitir os desfiles em conjunto com a Manchete, tentando fazer valer um acordo de cavalheiros prévio celebrado entre Boni e o diretor Moysés Weltman:

"Eu fiz esse acordo com o Moysés Weltman, que já tinha, inclusive, trabalhado na Globo. Eu disse: 'Me faz uma coisa: não é possível chegar a um acordo, você compra isso para a Manchete e você depois repassa os direitos para a TV Globo, e você vai comprar barato' [...] Aconteceu é que o Bloch, de posse do contrato, falou: 'Não abro para a TV Globo'".

A partir daquele momento, Boni não conseguiria mais falar com Weltman. Estava claro, para ele, que a Manchete queria fazer o Carnaval sozinha:

"E nós não tínhamos a quem recorrer, porque era o pessoal do Brizola, que estava se lixando para a gente e queria deixar a gente fora dessa parada. Queriam dizer que nós tínhamos boicotado a inauguração do sambódromo, quando, na verdade, nós fomos tirados fora, por causa de uma negociação em que a Manchete não honrou o que ela tinha prometido".

Não adiantou nem mesmo a entrada em cena de Roberto Marinho em pessoa, contando com a reciprocidade para a ajuda que dera a Bloch na montagem da própria TV Manchete pouco mais de um ano antes, quando cedeu à então futura concorrente a consultoria de Herbert Fiuza, diretor da Central Globo de Engenharia, para elaborar o projeto técnico da emissora que foi apresentado ao Ministério das Comunicações. Bloch, de acordo com o livro do sobrinho, também não atendia:

"Adolpho resmungou, grunhiu, chorou, mas não atendeu [...] A culpa escorria pelo seu semblante. Sofria sinceramente. Mas o ataque já fora ordenado, o contrato assinado, recuar era impossível".

Quando conseguiu conversar com Bloch, de acordo com uma reportagem da *Veja* sobre o episódio, Marinho teria ouvido, como resposta ao pedido de compartilhamento da transmissão do Carnaval de 1984, uma justificativa que deflagraria o rompimento definitivo dos dois empresários:

– Roberto, ser dono de televisão é complicado. Eu queria retornar suas ligações, mas os meus executivos não deixaram. A gente não manda mais como antigamente.

Ainda naquela Quarta-feira de Cinzas inesquecível de 1984, segundo o livro *Os irmãos Karamabloch*, enquanto acompanhava a transmissão dos resultados do desfile realizados no sambódromo recém-inaugurado, entre uns e outros "dez, nota dez" que consagrariam a Estação Primeira de Mangueira como primeira campeã da nova passarela, Adolpho Bloch "teve uma luz", deu um tapa na mesa, pediu ao secretário Laírton para chamar imediatamente Pedro Jack Kapeller, o "Jaquito", Oscar Bloch, Sigelmann, Carlos Heitor Cony e o diretor artístico Maurício Sherman, e expediu as novas ordens:

– Agora *ieu* quero novela.

Não deixava de ser uma antecipação dos triunfos que a TV Manchete conquistaria no futuro, com os 42 pontos de audiência obtidos no Rio de Janeiro pela novela *Dona Beija* em 1986, e com *Pantanal*, fenômeno nacional com o qual a emissora marcaria a história da teledramaturgia brasileira entre março e dezembro de 1990.

No décimo andar da Rua Lopes Quintas, no Jardim Botânico, Roberto Marinho também tomou, logo depois daquele Carnaval, uma decisão que comunicou a Boni fazendo uso da famosa expressão usada por Catão, o censor romano que encerrava seus discursos no Senado com a frase: *Delenda est Carthago*, ou *Que Cartago seja destruída*:

– Boni, tira todo mundo da Manchete, *delenda* a Manchete. Tira Xuxa, tira tudo, *delenda* a Manchete.

Assim seria feito, começando pela apresentadora Xuxa.

Em 1993, em reportagem sobre a decadência da qual a Manchete não se livraria até sair do ar definitivamente em maio de 1999, sem audiência e coberta de dívidas, a revista *Veja* revelaria, sem citar a fonte, que Adolpho Bloch, então com 85 anos, teria procurado Roberto Marinho, 89, e pedido o "empréstimo" de Boni e Daniel Filho para que eles dessem "um rumo" para a emissora. De acordo com a revista, ao responder, o dono da Globo refrescou a memória de Bloch:

– Eu quero te pedir desculpas. Fiquei com raiva de você no episódio do Carnaval injustamente. Você tinha razão. É muito difícil dirigir televisão. Os executivos mandam mais que a gente. Pedi ao Boni para te ajudar mas ele não quer ir.

CAPÍTULO 17

A volta ao berço

Otto Lara Resende era um assessor cuja função, segundo Roberto Irineu*, era enriquecer as decisões dos diretores da Globo com doses diárias de seu olhar inspirado e inteligente para o cenário político, social e cultural do país, uísque nas reuniões diárias que se seguiam ao *Jornal Nacional* e vinho em almoços comandados por Boni. Não por outro motivo, ganhara o apelido de "Walter Ego", assim que começou a trabalhar com Walter Clark, nos anos 1970.

Já tinha sido dele, em novembro de 1983, o que pode ser considerado, no mínimo, um empurrão a mais na campanha das Diretas Já. E aconteceu quando Otto foi convidado por Roberto Irineu para assistir a uma palestra que aconteceria na casa do advogado Miguel Lins, no Rio, junto com outros executivos da Globo, entre eles Armando Nogueira, João Carlos Magaldi, Pedro Carvalho e também Evandro Carlos de Andrade, à época ainda diretor de redação do jornal *O Globo*, além do então senador recém-eleito Fernando Henrique Cardoso.

O palestrante era Franco Montoro e, quando Otto se deu conta de que o assunto da palestra era um projeto do então governador de São Paulo de disseminar hortas comunitárias pelo estado, ele não aguentou: escondeu-se atrás de Roberto Irineu, para fazer parecer que era ele, Roberto, quem estava falando, e interrompeu Montoro:

– Farol alto, governador!

Seriam necessárias cinco intervenções com a proposta de "farol alto" até que Montoro, famoso por seus costumeiros devaneios em público, perguntar, primeiro a Roberto Irineu e, depois, a Otto, por que estavam fazendo aquela proposta para ele. A resposta de Otto, coincidência ou não, antecederia, em alguns dias, a entrada decisiva de Montoro no movimento pelas Diretas:

– Governador, no momento em que está se discutindo eleições diretas, a volta à normalidade, o senhor ficar falando para nós sobre hortas comunitárias não têm o menor sentido. Por que o senhor não reconsidera isso e lança o manifesto pelas Diretas?

Foi também de Otto, agora de olho nas mudanças que estavam acontecendo no país em 1984, ao cumprir suas funções durante um almoço da emissora descrito como "maravilhoso" por Boni*, e do qual participaram Daniel Filho, Borjalo e Dias Gomes, entre outros, uma proposta que pegou a todos de surpresa:

– E por que vocês não aproveitam aquela novela que tinha sido censurada, *Roque Santeiro*?

Na lembrança de Boni, no instante seguinte à sugestão de Otto, "Daniel deu um pulo na cadeira, saiu correndo e foi produzir *Roque Santeiro*". Na dúvida, como revelaria em entrevista à *Veja* em outubro daquele ano, Daniel já tinha, na ponta da língua, as razões para um eventual fracasso, e também para o sucesso daquela espécie de *remake* da novela que foi sem nunca ter sido, e que, na versão original escrita por Dias Gomes dez anos antes e vetada pela Censura, tinha um título quilométrico: *A Saga de Roque Santeiro e a Incrível História da Viúva que Foi Sem Nunca Ter Sido*. Em caso de fracasso:

"Diríamos que a novela não tinha nenhum par romântico, que o público prefere tramas adocicadas e psicológicas, que ninguém quer saber de misticismo de cidadezinhas do interior, que a audiência não se identificou com os personagens caricatos ou, ainda, que novela é um gênero em declínio".

Para explicar a alternativa que se confirmaria de forma espetacular, a do sucesso e da repercussão dos 209 capítulos escritos por Dias Gomes e Aguinaldo Silva, dirigidos por Paulo Ubiratan e exibidos pela Globo entre junho de 1985 e fevereiro de 1986, tempo em que o Brasil foi conquistado pela viúva "Porcina" de Regina Duarte e pelo "Sinhozinho Malta" de Lima Duarte, Daniel Filho, supervisor da novela, disse:

"Em primeiro lugar, trata-se de uma questão mágica, com todos os elementos casando perfeitamente. Em segundo lugar, a própria Globo mudou e existe um astral novo na emissora, fazendo com que todos ousem mais".

O "astral novo" da Globo, para José Wilker*, intérprete do próprio "Roque Santeiro", decorria da decisão do país de "rir de si mesmo". E o país estava rindo não apenas por causa da novela, segundo o filósofo e cientista político Renato Janine Ribeiro:

"O *Jornal Nacional* mostrava políticos, em geral nordestinos, que depois de servirem a todos os ditadores haviam se reciclado com a volta da democracia. Apareciam como grandes homens da República. Meia hora depois, a principal novela da mesma Globo expunha clones deles como emblemas do que há de pior em nossa sociedade".

Apesar de saudada pelo especialista em dramaturgia Mauro Alencar como "uma mistura de fé, política e religião com a liberdade propiciada pela Nova República", a nova versão de *Roque Santeiro*, embora longe da truculência sofrida pela primeira versão, cuja origem os generais do governo Geisel descobriram ter sido *O berço do herói*, peça de Dias Gomes sobre um militar farsante e covarde, também teve de enfrentar a Censura.

Para Laura Mattos, autora de *Herói mutilado: Roque Santeiro e os bastidores da censura à TV na ditadura*, o livro que faz um detalhado inventário dos estragos da censura nas duas versões de *Roque Santeiro*, a da época da ditadura e a do início do governo Sarney, a nova investida da Censura "foi ofuscada, na imprensa, pela euforia com sua audiência histórica e com o fim da ditadura". A conta de Laura:

"Quando *Roque Santeiro* enfim estreou, em 24 de junho de 1985, José Sarney, o primeiro presidente civil depois da ditadura, estava havia pouco mais de três meses no comando da chamada Nova República. Aclamada como um ícone da volta da liberdade de expressão, a novela acumulou 597 páginas na Divisão de Censura de Diversões Públicas. Àquela altura, a maior parte das supressões se relacionava à 'moral e aos bons costumes'".

Para a autora, o novo foco dos censores, perdida a batalha da censura política com a volta da democracia, era tentar preservar "os velhos princípios do poder", proibindo o adultério, beijos considerados picantes, mulheres ousadas e, principalmente, homossexuais. Em seu livro, Laura mostra como se deu, por exemplo, a censura de uma sequência do capítulo 17, em que "Lulu", personagem vivida por Cássia Kis e que era rejeitada sexualmente pelo marido "Zé das Medalhas", papel de Armando Bógus, faz uma confidência a "Padre Hipólito", personagem de Paulo Gracindo:

"Ela diz ao 'Padre Hipólito': 'O Zé me evita há cinco anos. Desde que eu descobri que eu... que eu sentia prazer!'. A primeira parte, a do 'me evita há cinco anos', tudo bem. Mas a do 'descobri que eu sentia prazer', não. As censoras consideraram inadequado ao horário, por enfocar uma problemática adulta, ou seja, a rejeição sexual por parte do marido ao constatar o prazer da esposa".

Os cacoetes da ditadura continuariam, segundo Laura, até o novo ministro da Justiça, Fernando Lyra, irritado com as restrições impostas à novela, intervir pessoalmente na Divisão de Censura de Diversões Públicas. Ele proibiu cortes, determinou que a divisão passasse a funcionar apenas como "órgão classificatório" e recomendou que as cenas consideradas "muito pesadas" fossem enviadas diretamente ao seu gabinete. Não era difícil concluir que o ministro da Justiça da Nova República não queria problemas com os brasileiros. Em qualquer das métricas que à época calcularam a audiência de *Roque Santeiro*, os índices foram históricos, como mostram as três fontes seguintes, destacadas pelo pesquisador Nilson Xavier.

Com base no Ibope, o livro *Telenovela: história e produção*, lançado em 1989 e que listou as dez novelas mais vistas no horário das oito da noite da Globo até então, mostra que *Roque Santeiro* aparece em primeiro, nas duas maiores cidades do país: média geral de 74% em São Paulo e de 78% no Rio de Janeiro. O *Almanaque da TV*, lançado em 2007, informa que a média da novela foi a maior até então: 80%, equivalentes, na época, a setenta milhões de telespectadores. E Boni, em sua autobiografia publicada em 2011, garante:

"Foi o maior sucesso de audiência da história das telenovelas, mantendo uma média de 67% do primeiro ao último capítulo, com picos de 100%. E olha que estamos falando de índice de audiência e não de participação, o *share*".

Em pesquisa publicada em 29 de dezembro de 1996 pela *Folha de S.Paulo*, com cem profissionais ligados à televisão, principalmente atores e autores de telenovelas, cada eleitor valendo um voto, *Roque Santeiro* seria considerada a melhor de todos os tempos, com dezesseis votos, seguida por *Vale Tudo*, com doze, e por *Beto Rockfeller* e *Gabriela*, empatadas em terceiro, com oito votos cada uma.

Alguns integrantes do elenco que tiveram o privilégio de participar de *Roque Santeiro* foram especialmente impactados, cada um por um motivo. José Wilker, embora fizesse o papel principal, como o ex-coroinha e artesão de santos de barro que volta à fictícia "Asa Branca", onde os moradores o haviam transformado em santo e autor de milagres, depois de sua suposta morte como um mártir, defendendo a cidade de um bandido cruel, só entrou na história depois do capítulo 20. E, a julgar pelo que Wilker* disse, a entrada em cena *a posteriori*, com o set já congestionado por outros atores e atrizes fazendo muito sucesso, o levou a uma inusitada alternativa de performance:

"Todo mundo na novela atuava, era um carnaval, todo mundo era excessivo, brilhantemente excessivo. Eu resolvi não fazer nada, não ter nenhum gesto, nada [...] Se eu chegasse no capítulo 20 da novela fazendo tantos gestos quanto, ou mais gestos, eu seria absolutamente invisível".

Lima Duarte*, à parte seu antológico papel de "Sinhozinho Malta", o temido fazendeiro e amante da pretensa viúva de "Roque Santeiro", a fogosa "Porcina" interpretada por Regina Duarte, viveu, nos bastidores da novela, uma experiência que alternou tristeza e afeto. Testemunha discreta dos primeiros sinais do mal de Alzheimer que afastaria das câmeras o consagrado Paulo Gracindo, Lima usou parte de seu tempo para ajudar o colega a memorizar as falas de seu personagem, um padre típico do interior, bravo e simpático:

"A gente decorava muito junto. Ele já tinha um pouquinho de problema para decorar, que se acentuou com o *Roque Santeiro* porque ele teve Alzheimer. Então a gente passava muito as cenas. Eu tinha bastante cuidado com ele, eu gostava dele".

Yoná Magalhães*, uma das principais musas dos tempos pioneiros das telenovelas brasileiras, então com 49 anos, no papel de "Matilde", dona da "Pousada do Sossego" e da boate "Sexus", onde encantava os homens de "Asa Branca" ao lado das "meninas" interpretadas por Claudia Raia e Isis de Oliveira, achou que podia fazer mais do que as cenas de ensaio previstas no roteiro e pediu para também dançar e cantar, usando malhas provocantes.

E veio a surpresa: ao sair do tradicional "plano e contraplano" que a tinha consagrado e ser mostrada com o corpo inteiro que os figurinos dos folhetins passados escondiam, Yoná*, mesmo atuando quase sempre ao lado de dois "aviões" que tinham metade de sua idade, virou símbolo sexual e acabou posando para um ensaio fotográfico para a revista *Playboy*, "com retoquezinho nas fotos", como diria em entrevista ao jornal *O Globo* em 2013. Em sua entrevista ao Memória Globo, ela disse:

"Parece que, pela primeira vez, descobriram que eu era um ser humano com cabeça, tronco e membros. Que coisa braba essa história de imagem! Enfim, aconteceu o nunca esperado por ninguém, nem por mim, que foi o convite da *Playboy*".

Mais de trinta anos antes do início da notória política da Globo de aumentar, significativamente, a escalação de atrizes e atores negros para papéis relevantes em suas novelas, o cantor e ator Tony Tornado*, no papel de "Rodésio", descrito no site da emissora como "empregado de 'Porcina' tratado como escravo, o que alimenta nele certa revolta, sufocada pelo sentimento de fidelidade canina à patroa", foi protagonista de um dos finais gravados de *Roque Santeiro*:

"Nós fizemos alguns finais e num dos finais o 'Rodésio' terminava com a 'Porcina', só que não foi para o ar. Não explicaram e eu também não procurei saber nada. Mas quem estava na cena sabe. Fizeram eu não sei se foi para enganar o espectador também".

Por trás da própria escolha de Regina Duarte para o papel que foi tão marcante em sua carreira como o de suas personagens em *Minha Doce Namorada* e *Selva de Pedra*, e no seriado *Malu Mulher*, houve uma indecisão que seu desempenho como "Porcina" faria soar impensável quando a novela acabou. Palavras, mais uma vez, de Lima Duarte*, na reconstituição de uma conversa que teve com o diretor Paulo Ubiratan, ainda durante as primeiras externas da novela em Vassouras, interior do estado do Rio, quando a dona do papel da viúva ainda não estava escolhida:

– Lima, Sônia Braga, o que você acha?

– Sônia Braga, "Porcina"?

– É, o Daniel vai para os Estados Unidos falar com ela, ver se ela quer vir fazer.

– Bom, tudo bem, Sônia Braga.

No dia seguinte, depois de dormir pensando em como seria o dueto com Sônia Braga, Lima teve uma nova conversa com Ubiratan, que lhe contou:

– Lima, não deu certo a Sônia Braga. Vera Fischer, o que você acha?

– Vera, meu Deus!

E assim continuaram as cogitações, que incluíram, segundo Lima, Marília Pêra e Fernanda Montenegro, até o dia em que o diretor comunicou a escolha que surpreendeu:

– Lima, Regina Duarte...

– Nossa Senhora! A namoradinha do Brasil pra fazer a "Porcina"! Mas como é que é, rapaz?

– Ela vai fazer, está ensaiando, vai ser formidável, vai ser muito divertido.

Divertidíssimo, a começar por Regina*, que, em sua entrevista, viu no personagem da viúva "um sinônimo de alegria e liberdade como mulher":

"Quando eu recebi o capítulo e li a primeira vez, eu ria enquanto eu decorava, estudando em casa, eu ria nos ensaios, eu ria gravando: 'Para, eu não estou aguentando', de tanto rir. E ria depois em casa, assistindo aos capítulos".

O impacto do papel na vida de Regina, segundo ela, foi muito além da libertação de seu estilo à época "*ton sur ton*, toda recatada, toda tímida, que só usava o brinco que combinava com o sapato e com a bolsa": foi um trabalho que a ajudou a se sentir "bem, amada, feliz, de bem com o mundo, com a vida", e a se "desiludir" e perceber que não precisava se levar "tão a sério". E a mensagem da novela, segundo a futura heroína do bolsonarismo?

"*Roque Santeiro* falava do povo brasileiro de uma forma muito bem-humorada. Tinha um tom ácido, com críticas sociais importantes, mas não perdia o bom humor, a alegria, a ironia. Falava da malandragem, da corrupção, das tramoias, dos jeitinhos brasileiros com muita graça, com muito charme."

O que poucos esperavam era que um malcontido barraco eclodisse em torno da autoria da nova *Roque Santeiro*, quando Dias Gomes, então com 63 anos, pagou, de certa forma, o preço pela decisão de não mais escrever novelas, ao preferir a "supervisão", e Aguinaldo Silva, 42, queimou parcialmente a língua, ao recalibrar seu recorrente desdém pela discussão sobre a importância, a propriedade e os méritos de quem escrevia as novelas da Globo. Foi, mais uma vez, a jornalista Laura Mattos quem reconstituiu, em reportagem publicada pela *Folha de S.Paulo* em 22 de setembro de 2019, a disputa entre os autores:

"A rivalidade surgiu quando a imprensa passou a fazer reportagens sobre o sucesso. Dias começou a ficar irritado, achando que Aguinaldo se colocava como pai da ideia. O rumo da história passou a dividi-los e por pouco *Roque Santeiro* não foi outra novela".

No capítulo 87, antes da metade da história, o personagem "Padre Albano", interpretado por Cláudio Cavalcanti, reunia as pessoas na praça para contar a verdade sobre "Roque Santeiro". Aguinaldo, com o apoio de seus colaboradores Marcílio Moraes e Joaquim Assis, achava, segundo Laura, que o argumento original de Dias Gomes, à época de férias na Europa, esgotara-se. Queria que a novela tratasse da reconstrução da cidade sem o mito. Dias quis então retomar a trama, para espanto da equipe de produção e do elenco, incluindo Cláudio Cavalcanti*:

"O Dias entrou querendo mudar algumas coisas que não podiam ser mudadas [...] Quer dizer, foi confuso. A gente teve que botar no chão: 'Espera aí, tem que explicar pra ele, todo mundo fez essa novela, menos ele'. O Dias não estava vendo a novela, estava viajando".

Aguinaldo* foi convencido a se afastar, a contragosto, e não se conformou com a volta de Dias. Em sua entrevista, em 2000, argumentou:

"Eu sempre digo que *Roque Santeiro* é uma novela de Dias Gomes escrita por mim. Quem escreve a novela é que na verdade sabe da novela, é o dono da novela. *Roque Santeiro* tem muitos elementos meus, e isso ficou comprovado pelas novelas que eu fiz depois. Você pega *Roque Santeiro*, *Tieta*, *Pedra Sobre Pedra*, *Fera Ferida* e *A Indomada*, você vê que elas têm todas o mesmo estilo, o mesmo tipo de personagens".

Ao defender que os dois autores disputavam, além dos dividendos financeiros relativos aos direitos da novela, a "paternidade do fenômeno", Laura citou uma correspondência de Dias enviada a Boni em dezembro de 1986, reivindicando a autoria de 99 dos 209 capítulos, os 51 iniciais e os 48 finais. No mês seguinte, seria a vez de Aguinaldo reclamar com Boni a autoria de 110 capítulos, acrescentando:

"Nesse instante, do que estou mais precisando é de incentivos, e não que venha alguém minimizar o meu trabalho".

A conta de Aguinaldo acabaria sendo acatada pela Globo e, de acordo com Laura, a amizade morreu para sempre:

"Aguinaldo ainda hoje evita o assunto. Já disse que teria voltado a falar com Dias pouco antes da morte do autor, num acidente. A família de Dias, porém, não bota fé nesse último capítulo".

Para Aguinaldo, segundo seu relato na autobiografia *Meu passado me perdoa: memórias de uma vida novelesca*, lançada em 2024, houve, se não um último capítulo, um último episódio entre os dois semanas antes da morte de Dias Gomes, em 1999, na pausa para o café durante uma reunião de autores na Globo, no Rio:

– Você toma com açúcar ou adoçante?

Era Dias Gomes, dando início a uma conversa de cerca de cinco minutos sobre "trivialidades", num clima amigável que, segundo Aguinaldo, decepcionou os outros roteiristas, certos de que os dois autores de *Roque Santeiro*, a qualquer momento, acabariam se engalfinhando "após aqueles anos todos de baixarias mútuas". Para Aguinaldo, porém, aquela conversa trivial foi um alívio que se tornou ainda maior com a morte trágica de Dias Gomes logo depois:

"Hoje, Dias Gomes é, sozinho, parte importante da história da dramaturgia brasileira, e eu, graças à bondade dele ao ter me escolhido para escrever *Roque Santeiro* – mas também por tudo que fiz a seguir –, espero que essa história me conceda pelo menos uma vinheta de pé de página ou algumas linhas abaixo do texto dedicado a ele".

Ary Fontoura, o "prefeito Florindo Abelha", ou "Seu Flô", prefeito de "Asa Branca" e outro dos personagens inesquecíveis da novela, resumiu o que para ele sempre importaria:

"Nós só tivemos acesso ao resultado. O resultado maravilhoso do *Roque Santeiro*, uma grande novela de dois autores fantásticos".

Otto Lara Resende já não era mais assessor da direção da Globo em 22 de fevereiro de 1986, quando a emissora fez o Brasil parar para assistir o capítulo final da novela cuja reedição ele sugerira, e no qual "Porcina" escolheu ficar com "Sinhozinho Malta", em vez de "Roque Santeiro". Tinha sido demitido naquele mesmo 1984 do almoço "maravilhoso" com Boni, após dezessete anos na empresa, no que Roberto Irineu descreveu ao autor, em 2023, como um dos momentos mais difíceis de sua carreira, primeiro como alto executivo e depois como presidente da emissora:

"O Otto vinha dizendo a todo mundo, inclusive ao papai, que estava cansado e que queria sair da TV Globo. Chegou a me pedir várias vezes que o deixasse partir. Falou disso com todos da Globo por mais de um ano. Eu, claro, sempre o dissuadia da ideia. Mas ele insistia muito junto ao papai e um dia o papai me chama e diz para eu conversar com o Otto, dizendo que íamos concordar com o pedido dele. Eu era contra, mas fui ter a conversa. O Otto ficou chateado comigo por algum tempo, como se a iniciativa tivesse sido minha e não dele mesmo".

Otto ficaria recluso por seis anos em seu apartamento no Jardim Botânico, no Rio, cultivando uma barba inédita em sua vida, até ser contratado, aos 69 anos, por intermédio do jornalista Jânio de Freitas, como colunista da *Folha de S.Paulo*. Morreu em dezembro de 1992, deixando, além de livros, crônicas e textos memoráveis, uma série de frases antológicas, uma delas, quem sabe, contendo uma pista para explicar as circunstâncias misteriosas que marcaram sua saída da Globo:

"Depois dos 50, a vida precisa de um anestésico".

O povo não era bobo

A ideia também era começar a mudar o país a partir de Curitiba. A diferença é que Sergio Moro, por exemplo, ainda era um menino de 12 anos que vivia com os pais em Maringá, interior do Paraná; Deltan Dallagnol estava a dois dias de completar 4 aninhos, em Pato Branco, no mesmo estado; a 13ª Vara Federal, berço da maior e mais controversa operação jurídico-policial contra a corrupção da história do Brasil, não existia; e a Globo estava ainda a três décadas de iniciar, na capital paranaense, a mais duradoura, onipresente e polêmica cobertura especial de seu departamento de jornalismo, em cinquenta anos de existência da emissora.

Em 12 de janeiro de 1984, a ideia dos líderes e organizadores do movimento das Diretas Já era fazer do comício marcado para o local conhecido como "Boca Maldita", no centro de Curitiba, o pontapé inicial da campanha pela aprovação, em 25 de abril daquele ano, na Câmara dos Deputados, da Emenda Dante de Oliveira, que propunha a escolha pelo voto direto do próximo presidente da República. Àquela altura, o movimento ganhara dois impulsos definitivos: de um lado, a adesão dos governadores de oposição concentrados no PMDB. De outro, a eleição radioativa de Raúl Alfonsín, o presidente civil que, três meses antes, tinha começado a pôr fim aos sete anos da sangrenta ditadura militar argentina, ali pertinho, do outro lado da fronteira.

Mas que não contassem muito com a Globo: a ordem da sede da emissora, no Rio, era circunscrever o noticiário sobre aquele comício à área de cobertura do telejornal local da TV Paranaense, afiliada de Curitiba. Nada de *Jornal Nacional*. Até aquele momento, o noticiário de rede da emissora praticamente ignorara a proposta do deputado mato-grossense Dante de Oliveira: em 234 edições do *JN*, entre 2 de março de 1983, data de apresentação da emenda, e dezembro do mesmo ano, tinham sido exibidas três reportagens de rede com menção explícita ao projeto, nenhuma delas com mais de dois minutos e meio. Dados do próprio *Jornal Nacional: a notícia faz história*, livro editado pela emissora.

A única e poderosa imersão da Globo no assunto eleições diretas, mas não especificamente à emenda, até então, acontecera no dia 16 de novembro, a mais de seis mil quilômetros de Brasília, durante uma visita oficial do presidente Figueiredo a Lagos, antiga capital da Nigéria, quando o repórter Álvaro Pereira* se aproximou dele e fez o que chamou de "pergunta que não queria calar": "Por que o governo era contra as eleições diretas?". Como sempre acontecia, o general primeiramente se irritou. Depois, respondeu. E, daquela vez, de forma surpreendente:

"Se dependesse do meu voto, aprovaria. Só que o meu partido não abre mão do direito de escolher o futuro presidente".

Álvaro e o cinegrafista José Dantas sabiam que tinham uma bomba jornalística na mão. E, a partir daquele momento, a Central Globo de Jornalismo fizera o que sabia fazer, mas não podia, no caso da cobertura política: pôs em prática uma operação logística que envolveu o aluguel de um jato executivo para levar a fita da entrevista da Nigéria para a Costa do Marfim, onde a reportagem foi editada e gerada via satélite para o Rio, a tempo de entrar no *Jornal Nacional* daquele dia e provocar um terremoto político que, dois dias depois, levaria o mesmo *JN* a dedicar inacreditáveis nove minutos de noticiário relacionado à resposta de Figueiredo a Álvaro Pereira:

"Houve uma repercussão enorme no Brasil. O PDS entrou em polvorosa. Ficaram irritadíssimos com Figueiredo, e, quando ele desembarcou no Brasil, depois da viagem à África, ficou pelo menos uma semana tentando contornar a crise política que ele havia criado com essa declaração na Nigéria".

A chamada "bomba da Nigéria" havia sido uma exceção. O padrão da Globo naquela cobertura se confirmaria no dia 12 de janeiro, quando a emissora cumpriu à risca a ordem de restringir, ao telejornalismo local de Curitiba, a reportagem sobre o comício que reuniu mais de cinquenta mil pessoas na "Boca Maldita" para ouvir e aplaudir os discursos dos então governadores José Richa, do Paraná, Franco Montoro, de São Paulo, e Tancredo Neves, de Minas Gerais, além do então presidente do PMDB, deputado Ulysses Guimarães.

Nem mesmo a inserção de quinze anúncios, chamando o público para o comício, e que seriam pagos pelo PMDB, foram aceitos pela área comercial da emissora, segundo *O girassol que nos tinge*, livro sobre as Diretas Já escrito pelo jornalista Oscar Pilagallo. O jornal *O Globo* também foi discreto no dia seguinte, com uma matéria no pé da página 6, sem chamada na primeira página, enquanto a *Folha de S.Paulo* deu quase metade da capa e uma página inteira para a cobertura do comício.

"Que comício? Ninguém sabe onde é."

A ironia do então porta-voz Carlos Átila em relação ao evento de Curitiba duraria pouco tempo: logo viriam, além dos comícios em Salvador, Campinas e em outras cidades, atos políticos, manifestos, passeatas, shows e pesquisas de opinião, como a que foi feita naquele mês pelo Instituto Gallup e que mostrava que nove em cada dez brasileiros preferiam as eleições diretas para escolher seu presidente. Fatos que, quando noticiados pela Globo, e sempre de forma discreta, só eram veiculados pelas afiliadas da emissora localizadas nas cidades onde eles aconteciam. Nada de *Jornal Nacional*.

Como se poderia esperar, não há registros alegres ou orgulhosos, independentemente de cargo ou função, nos depoimentos dados ao Memória Globo pelos jornalistas que trabalhavam na emissora na época do lançamento da campanha das Diretas. Incluindo Woile Guimarães*, então diretor de telejornais de rede, para quem aqueles dias foram "um período muito difícil":

"Foi também um período de muita discussão, muito sofrimento, para a empresa também. Eu vivi isso aí nos corredores daqui, do Armando falando com os diretores de centrais, com o Boni, todo mundo lutando para dar a informação".

Gilnei Rampazzo* tinha assumido o cargo de coordenador do noticiário nacional em Brasília no momento em que a campanha estava "começando a tomar volume nas ruas" e confirmou que havia, sim, "restrição ao noticiário das Diretas nos telejornais de rede". Álvaro Pereira*, à época subordinado de Gilnei, mesmo acostumado com o contorcionismo narrativo exigido dos repórteres de política da emissora na época, descreveu a cobertura como um momento em que tinha de "trabalhar num terreno muito minado", acrescentando que "era preciso ter um certo jogo de cintura até para usar as palavras certas, no momento certo".

Carlos Nascimento*, ainda repórter em 1984, lamentou os "micos" que os colegas diretamente envolvidos naquela cobertura tiveram de "pagar". André Luiz Azevedo*, um crítico da própria maneira da Globo, e, lembrou, dele mesmo, de cobrir política e eleições, sempre em busca "do voto da freira, do prisioneiro, do adolescente, tudo quanto era bobagem, tudo folclore" e sem mostrar "o que era importante realmente", disse que, mesmo quando cobriu os comícios, a emissora o fez "de uma maneira conservadora". Ronan Soares*, então um dos editores do *Jornal Nacional*, referiu-se ao período como "um nó, uma interrogação na história da Globo" e que representou um problema a mais para a equipe:

"A Alice um dia falou comigo: 'A audiência está baixa. O que está havendo com a produção?'".

Alguns repórteres tentaram uma espécie de resistência pacífica à postura editorial da emissora. Carlos Tramontina*, por exemplo, chegou a comprar duas dúzias de rosas amarelas, a cor que era símbolo das Diretas Já, para distribuir entre os colegas da redação de São Paulo que iam para a rua cobrir a campanha, não raro para não ver o resultado no ar. Luiz Fernando Mercadante, à época participando do comando da CGJ no Rio, soube da ideia e proibiu que as equipes fossem para a rua com as rosas. Os repórteres ainda tentaram manter uma pétala amarela nas lapelas e vestidos, mas Mercadante, segundo Tramontina, mandou um recado definitivo para a chefia de São Paulo:

– Manda todo mundo tirar. Ninguém vai aparecer no ar com qualquer coisa amarela.

No Rio, a então dublê de repórter e apresentadora Leilane Neubarth* recebeu uma recomendação de Armando Nogueira, inesquecível para ela, de que, na cobertura da campanha das Diretas, ao aparecer diante da câmera, ela fizesse "uma coisa imparcial, sem torcer, sem ficar muito alegre, demonstrando muita felicidade por aquele movimento". E teve mais: durante a campanha, um zeloso defensor da linha editorial da Globo fizera chegar ao conhecimento de Alice-Maria que Leilane estava circulando em sua motocicleta pelas ruas da zona sul carioca com uma camiseta da campanha das Diretas:

"A Alice me chamou a atenção, dizendo que eu não poderia usar aquela camiseta no meio da rua, mesmo não estando trabalhando, quer dizer, mesmo estando numa situação fora do trabalho, porque aquilo demonstraria que eu tinha uma posição política, ou seja, que eu era a favor das Diretas Já, e eles tinham uma premissa de que o jornalista não tem que se posicionar, especialmente o apresentador, ele tem apenas que narrar os fatos".

Também na redação do Rio, a editora Renée Castelo Branco, além de havia muito tempo saber que políticos engajados na campanha como Lula e Leonel Brizola não podiam ter o som de suas vozes reproduzido em reportagens da emissora, tinha de ficar atenta a uma lista não necessariamente escrita de personalidades que não poderiam ser entrevistadas:

"Uns porque o governo militar não queria; outros porque não sei quem não queria; outros porque diziam que quem não queria era o dono. E depois é que você vem a ver que os donos eram quem menos tinham a ver com aquilo. Às vezes, não sempre. Mas às vezes. Então, tinha muito impedimento".

A apresentadora Leda Nagle*, na entrevista que deu em 2015, resumiu o mal-estar das redações da emissora durante as Diretas Já:

"Eu me lembro tão mais dos palanques e da rua do que da cobertura".

Heranças

Roberto Irineu Marinho, então com 37 anos, e Otavio Frias de Oliveira Filho, 27, herdeiros e executivos da Globo e da *Folha de S.Paulo* em 1983, foram, além de testemunhas, protagonistas importantes em momentos diferentes do capítulo das Diretas Já na história da emissora e do jornal, respectivamente.

Vice-presidente executivo da emissora então mais identificada com a ditadura instalada no Brasil em 1964, Roberto Irineu* acompanhara o lento e gradual afastamento entre o pai e o presidente Figueiredo, até o momento em que, segundo os filhos e personagens próximos ao dono da Globo como Boni*, os dois não mais se falaram. Mesmo com a Globo exibindo, no horário nobre, o programa *O Povo e o Presidente*, uma poderosa janela para o governo falar o que bem entendesse à sociedade, sem qualquer contraponto jornalístico.

Razões existiam para o rompimento: a sequência interminável de atritos decorrentes de vetos e cortes impostos pelo Ministério da Justiça aos conteúdos da dramaturgia da emissora; a divergência entre o dono da Globo e o presidente em relação à maneira como o governo agira nas concessões de TV dadas, três anos antes, a Adolpho Bloch e Silvio Santos; a truculenta censura imposta pelos militares à emissora em 1981, durante a cobertura do atentado do Riocentro e, em alguma medida, as queixas de Dulce Figueiredo, que se sentia alvo de sátiras de Dias Gomes no seriado *O Bem-Amado*.

Otavio Frias Filho, na época, era secretário do conselho editorial da *Folha de S.Paulo*, o jornal que "também cresceu e se consolidou econômica e editorialmente sob o regime militar", apoiando "discretamente" o golpe contra o presidente João Goulart porque os donos, Octavio Frias de Oliveira e Carlos Caldeira Filho, "entraram em cena, em agosto de 1962, quando a conspiração já estava articulada", como escreveu o jornalista Oscar Pilagallo, também autor de um memorial sobre as ligações do Grupo Folha com a ditadura.

A "guinada" da *Folha*, segundo Pilagallo, havia ocorrido em janeiro de 1974, quando, às vésperas da posse do então presidente Geisel, seu futuro chefe da Casa Civil, Golbery do Couto e Silva, expusera a Octavio Frias, em encontro que os dois tiveram no Rio, o projeto da abertura política. A conversa de Frias com Golbery coincidiu com discussões internas com vistas a transformar editorialmente o jornal, afastando-o do regime militar e aproximando-o da sociedade civil. Ainda segundo Pilagallo, as discussões culminaram com o encontro de Ubatuba, em 1974, na casa de praia de Frias:

"Por vários dias, estiveram lá reunidos, além dele, Cláudio Abramo, Ruy Lopes, Boris Casoy e Otavio Frias Filho. Ficou decidido que, em qualquer situação, a *Folha* deveria seguir uma linha que fosse um grau à esquerda da adotada pelo concorrente, *O Estado de S. Paulo*".

Quase dez anos depois da conversa de Frias com Golbery, Otavio, então se considerando "uma pessoa com ideias de esquerda", segundo Pilagallo, tomou a decisão que o levaria a comandar a campanha do jornal pelas eleições diretas:

"Naquela tarde de primavera, sentado à mesa de trabalho do pai, Otavio foi enfático. Apoiou as mãos na escrivaninha e inclinou-se em direção aos interlocutores para sublinhar o que tinha em mente: o engajamento total da *Folha*. Boris conta que um silêncio de surpresa durou alguns segundos, até ser quebrado pelo endosso de 'seu Frias', como era mais conhecido o dono do jornal".

Roberto Irineu, àquela altura, já tinha sido até chamado para um depoimento no gabinete do general Newton Cruz, chefe da agência central do Serviço Nacional de Informações (SNI), em Brasília, por conta de mais um capítulo do seriado *O Bem-Amado*, mas, em vez de uma nova bronca da primeira-dama, a razão tinha sido o episódio "O povo de Deus e o milagre dos coronéis", exibido pela Globo em 19 de maio de 1981 e considerado, segundo informe do próprio SNI datado de 2 de junho daquele ano, "nitidamente subversivo", pelo fato de Dias Gomes incitar "a luta de classes" com "assessoramento" de "clérigos da Comissão Pastoral da Terra".

"Eu fui a Brasília para proteger o meu pai."

Preocupado com a convocação, Roberto Irineu* disse, em sua entrevista ao autor em agosto de 2023, que pediu ajuda do secretário Carlos Átila e ao general Rubem Ludwig, à época recém-saído do comando do Ministério da Educação e Cultura. Acabou tendo dois encontros com Newton Cruz na agência central do SNI, durante os quais disse ter conseguido "desarmar uma série de venenos que faziam contra a Globo" junto aos militares. Não sem um momento mais acalorado em que houve até "dedo na cara":

"Ele está sentado em uma cadeira, eu estava sentado no sofá. Ele começou a se empolgar, eu era muito jovem, meio maluco também, ele, de pura empolgação, meteu o dedo na minha cara. Eu me levantei, segurei a mão dele, falei: 'Jamais ponha o dedo na minha cara'. Ele olhou para mim e disse: 'Garoto, você é maluco! Você está na sede central do SNI e você está desafiando o general-chefe. Você é doido?'. Aí, eu me acalmei, me sentei e disse: 'Desculpe'. Ele disse: 'Mas desculpe por botar a mão no seu nariz'".

O protagonismo de Otavio Frias Filho, que o levaria a ocupar o cargo de diretor de redação da *Folha de S.Paulo* até sua morte, 34 anos depois, em 2018, aos 61 anos, começaria imediatamente após a reunião em que o pai aprovou a entrada total da *Folha de S.Paulo* na campanha das Diretas. Já em dezembro de 1983, um mês antes do primeiro grande comício, em editorial de primeira página, ele cobrou com firmeza o comando da campanha pela "letargia vergonhosa" na qual as oposições, "incapazes de traduzir palavras em atos", segundo ele, afundavam. E acusou os articuladores do movimento de "trair a vontade da opinião pública" e também os governadores de oposição de serem "amesquinhados pelo prolongado exercício da retórica e agora amolecidos pelas fumaças do poder".

O protagonismo de Roberto Irineu, embora decisivo, de acordo com a opinião insuspeita, no caso, do próprio Boni, um contido crítico do filho mais velho do patrão, seria breve e ainda demoraria algumas semanas para acontecer. E, ao contrário de Octavio Frias, então com 72 anos, Roberto Marinho, apesar de seus 80 anos e do desgaste em sua relação com o general da vez, sequer admitia discutir a sucessão no comando da Globo com os três filhos ou com quem quer que fosse.

Na mesma época, segundo relato de Mario Sergio Conti, em seu livro *Notícias do Planalto*, Marinho tinha sido convencido pelo ministro Leitão de Abreu – substituto de Golbery do Couto e Silva, que deixara o governo depois de Figueiredo não dar conta de enquadrar a linha dura do regime no episódio do atentado ao Riocentro – de que a campanha das Diretas era "nociva" ao quinto general presidente da ditadura de 1964 e, portanto, "ao bem-estar nacional".

Na prática, à exceção do episódio da "bomba da Nigéria", a partir de janeiro de 1984, enquanto a *Folha de S.Paulo* de Otavio Frias Filho, segundo Oscar Pilagallo, "abria mão da sobriedade que caracteriza o noticiário de um grande veículo e passou a imprimir um tom ufanista nas reportagens que detalhavam cada um dos comícios", sendo apelidada de "Jornal das Diretas", a Globo de Roberto Irineu, por ordem do pai, caminharia para o extremo oposto do olhar jornalístico para o cenário político.

Os micos da catedral

Eram cinco da tarde do dia 25 de janeiro de 1984. O comando da emissora estava todo no *switcher* que recebia o sinal com as imagens ao vivo das centenas de milhares de pessoas que se comprimiam na Praça da Sé para acompanhar os discursos dos políticos e personalidades que participavam do primeiro grande comício da campanha das Diretas Já. Todos, no *switcher*, achavam que era um momento histórico, mas não sabiam exatamente o que fazer e, por isso, as imagens ainda não estavam no ar.

Após algumas consultas entre os executivos, o dono da emissora se aproximou da moderna mesa de corte Grass Valley do *switcher* e empurrou solenemente a alavanca que pôs no ar as imagens da Sé, interrompendo a programação que estava no ar. E, como se tudo tivesse sido ensaiado, no centro do palanque apinhado de celebridades, o radialista Osmar Santos, locutor oficial da campanha, gritou:

– Diretas quando?

Ao som do "Já" dos milhares de vozes na praça, o *switcher* se encheu de soluços, gritos e aplausos, uma balbúrdia que contaminou os técnicos e operadores da emissora. Estava começando, mesmo, ao vivo, para todas as afiliadas da rede espalhadas pelo Brasil, um capítulo importante da história da televisão brasileira.

Não era a Globo.

O *switcher* era o da TV Manchete, na sede situada no número 804 da Rua do Russel, no bairro da Glória, Rio de Janeiro. Os executivos eram Pedro Jack Kapeller, o "Jaquito", Mauro Costa, o diretor de jornalismo, Moysés Weltman, o diretor-geral da emissora, e Rubens Furtado, o superintendente, além de Oscar Bloch Sigelmann, o sócio que circulava em Brasília em nome da empresa e que dera o sinal verde para o dono da emissora, Adolpho Bloch, empurrar a alavanca.

O autor do relato, o jornalista Carlos Amorim, também presente e à época editor-chefe de telejornais, tirou daquele momento, no *switcher*, a inspiração para o slogan da cobertura que a emissora faria da campanha:

"Rede Manchete, levando o Brasil a sério".

A Globo mantinha no ar a programação normal e tinha feito algumas entradas ao vivo rápidas, durante os intervalos comerciais normais daquela tarde, com a inserção de *flashes* do repórter Ernesto Paglia, mas só para São Paulo e falando apenas do aniversário de 430 anos da cidade, também comemorado naquele dia.

Por precaução, em vista da "animosidade" que as equipes da Globo já vinham enfrentando nas ruas por causa do noticiário praticamente omisso da emissora sobre os comícios, e que incluíram um cerco agressivo de manifestantes seguido de ameaça de tombar a Veraneio em que estava a colega Isabela Assumpção, Paglia* teve de se posicionar a mais de quatrocentos metros do palanque das Diretas Já, no terraço do prédio da Secretaria de Fazenda do Estado de São Paulo:

"Fiquei lá no alto, com uma lente que tinha sido levada do Rio de Janeiro pra São Paulo, porque nós não tínhamos essa lente. Era uma lente brutal, de mil milímetros, ou seja, um metro de lente, e que tinha o *zoom* movido por manivela por três ou quatro operadores. Era uma distância prudente".

Enquanto Paglia encarava o que chamou de "atitude hostil das pessoas, revoltadas com o fato de o noticiário da Globo ignorar as Diretas", na redação paulistana da emissora, então situada no velho prédio da Praça Marechal Deodoro, ao lado do Viaduto Minhocão, no centro da cidade, a equipe da CGJ trabalhava ao sabor da indecisão de Roberto Marinho sobre como seria o *Jornal Nacional* daquela noite.

Hesitação que começara dias antes, quando Dionísio Poli*, então superintendente comercial da Globo, preocupado com a falta de reportagens sobre o comício de lançamento da campanha em Curitiba no início do mês, tinha advertido, com o apoio dos diretores Armando Nogueira e João Carlos Magaldi, que a Globo corria um "grande risco" se não cobrisse os comícios.

– Mas a gente não pode.

A resposta de Marinho, referindo-se, segundo Poli, ao "medo dos militares", não o fez desistir. Em outra conversa, agora às vésperas do comício da Praça da Sé, o diretor responsável pelo faturamento da Globo insistiu:

– Doutor Roberto, olhe, os anunciantes estão começando a fazer perguntas nesse sentido. E, se a Globo não fizer uma boa matéria no *Jornal Nacional*, com cobertura direta, nós vamos ter prejuízos comerciais.

Poli* confessou, na entrevista que deu em 2010, que "não sabia se era verdade" que os anunciantes estavam assim tão comprometidos com as Diretas Já, mas nem esse argumento adiantou:

"Ele ficou um pouco preocupado, mas continuou negando, negando, negando. E eu continuei enchendo o saco dele".

A terceira e última conversa aconteceria no início da tarde do dia 25, horas antes do comício na Sé, quando Poli ligou de São Paulo para Marinho no Rio e manteve com ele um diálogo telefônico revelador, também reconstituído em sua entrevista:

– Doutor Roberto, essa manifestação já está sendo importante.

– Como assim?

– Doutor Roberto, vai ser na Praça da Sé. Todas as ruas que dão acesso à Praça da Sé estão lotadas de gente que está chegando.

– Como é que você sabe? Como é que você está vendo?

– A TV Cultura está transmitindo.

– Ah, é? Mas isso é coisa do Montoro.

– Outro detalhe: hoje é feriado, todos os meios de transporte são gratuitos.

– Mas isso é uma coisa intolerável da parte do Montoro.

Na lembrança de Poli, a conversa já durava mais de meia hora quando, ao acompanhar a transmissão ao vivo da TV Cultura de São Paulo, ele percebeu que artistas conhecidos começaram a subir no palco das Diretas Já:

– Doutor Roberto, estou vendo uns artistas populares brasileiros.

– Tem algum dos nossos?

– Existe artista popular que não seja nosso? São só nossos, doutor Roberto.

– Me fale o nome.

– Vou falar nome nenhum, doutor Roberto, estão todos lá. Todos!

– Tá bom. Então vamos dar só em São Paulo. Você manda fazer um minuto.

– Doutor Roberto, eu não vou fazer isso. Eu não sou diretor de jornalismo, não tenho nenhuma autoridade sobre o jornalismo.

– Mas o senhor chame o Armando Nogueira, dê a ele essa ordem.

– Mas o Armando não está aqui hoje.

– Mas você precisa fazer alguma coisa.

– Doutor Roberto, eu até tenho que acabar esse telefonema porque eu vou perder o avião, estou indo aí para o Rio.

– Tá bom.

No início da noite, a decisão final de Roberto Marinho de dar uma matéria no *JN* citando apenas os artistas e o aniversário de São Paulo, com uma referência mínima ao comício e sem citar os políticos, menos ainda mostrar trechos de seus discursos, deixou a redação da Praça Marechal Deodoro em estado de choque, com cenas de choro e indignação. Lembrando a chamada desastrosa do *JN* que falou apenas do aniversário da cidade e mostrou imagens de Lula e Fernando Henrique no palanque, Boni* disse que "era melhor não ter feito nada".

O livro *Jornal Nacional: a notícia faz história* sustenta, na página 157, que a origem do que chamou de "confusão" entre comício e festa de aniversário teria sido uma das manchetes da escalada, a abertura do *JN* daquele dia, lida pelo apresentador Marcos Hummel e que dizia apenas que São Paulo estava festejando 430 anos de fundação. Mas na íntegra da reportagem de Ernesto Paglia não há dúvidas de que a campanha das Diretas era um assunto secundário.

Em tom de crônica, Paglia primeiro cita a missa celebrada por Dom Paulo Evaristo Arns, destacando o trecho da homilia em que ele fala "libertação de um povo" sem referência explícita, naquele momento, às Diretas. Depois, fala do aniversário, também naquele dia, da Universidade de São Paulo e da participação da então ministra da Educação, Esther de Figueiredo Ferraz. Na segunda metade da matéria, a narração de Paglia dizia:

"Mais à tarde, milhões de pessoas vieram ao centro de São Paulo para, na Praça da Sé, se reunir num comício em que pediam eleições diretas para presidente".

Em seguida, o texto acrescentava que "não foi apenas uma manifestação política" e passava a citar apenas os músicos e artistas famosos que participavam do comício. No final da reportagem, Paglia menciona o fato de a chuva não ter afastado o público e encaminha a única menção explícita à política, uma frase confusa do governador Franco Montoro:

"Um dos passos da democracia. Houve a anistia, houve a censura, o fim da tortura; mas é preciso conquistar o fundo do poder que é a Presidência da República".

Paglia não estava feliz ao falar daquele momento que, para ele, foi uma das "manchas" da história da Globo:

"Foi a primeira vez em que a TV Globo, naquela época, mencionou a existência de um movimento que já tinha popularidade suficiente pra reunir um milhão e meio de pessoas na Praça da Sé em São Paulo".

Na redação do Rio, o estado de espírito da equipe não era diferente. Renée Castelo Branco*, mais de três décadas depois daquele 25 de janeiro, lembrou, em sua entrevista, que a reportagem de Paglia "virou uma matéria do aniversário de São Paulo, uma coisa horrorosa":

"A Globo foi acusada de dar mal o protesto lá das Diretas Já em São Paulo. Dar mal, não: deu de uma forma que eu não consegui acreditar. As pessoas estavam lá pelas Diretas".

Antônio Britto*, então editor regional da Globo em Brasília, fez-se duas perguntas, ao manifestar sua opinião sobre o comportamento imposto ao jornalismo da emissora por Roberto Marinho. A primeira questão era se a cobertura das outras redes e da Globo sobre a campanha das Diretas foi mais tímida do que a das revistas e jornais. Britto disse que sim, era verdade. E foi para a segunda pergunta:

"Acho que quem responde sim para essa primeira pergunta tem o dever de se fazer a segunda pergunta: poderia ser a cobertura da televisão tão quente ou mais quente que a dos jornais e das revistas? E aí a minha resposta é não. Por quê? Porque a forma como o regime moribundo vigiava, controlava e pressionava um veículo com quarenta milhões ou cinquenta milhões de telespectadores era, sim, diferente da forma como ele controlava outros veículos".

Boni*, na mesma linha, enfatizou o fato de Marinho estar "literalmente rompido com o poder", submetido a uma "pressão intensa" e com a concessão de TV "sob ameaça":

"Nas Diretas Já, a Globo cometeu um erro absoluto, isso aí é culpa dela mesmo. O doutor Roberto Marinho estava naquele momento de dificuldade de relacionamento com o governo [...] Chegou a ser ameaçado. Mandou uma carta para o Figueiredo, o Figueiredo devolveu sem abrir a carta, e fez telefonemas que eu não acompanhei. Eu não sei o conteúdo dessa carta, mas eu sei que ele dizia constantemente que ele estava numa situação difícil, estavam ameaçando ele, que a Globo tinha uma audiência maciça e que ela não podia entrar nessa campanha".

Inquietação também não faltava, segundo o editor Ronan Soares*, entre os militares, preocupados com a reverberação, no Brasil, do "movimento de revanche contra os generais e a repressão na Argentina":

"Os militares brasileiros já estavam abrindo, politicamente, e o que acontece? Eles começam a retornar ao medo e ao controle. Porque eles tinham medo de que uma abertura rápida no Brasil levasse à revanche. Queriam uma abertura sob controle. Começa a vir essa pressão para que a Globo vá mais devagar. Então, isso torna mais lento o processo de abertura na Globo. Porque para as outras TVs o governo não estava nem aí; se a Bandeirantes estava dando, se não estava dando. Para eles não tinha a menor importância".

Houve também protagonistas e testemunhas que fizeram reflexões surpreendentes. Evandro Carlos de Andrade*, futuro diretor de jornalismo da emissora e à época diretor de redação do jornal O Globo, inicialmente, como outros, argumentou que, pelo fato de 80% da audiência ser da Globo, os militares "não davam bola para a concorrência porque não tinha repercussão" e botavam coronéis na redação da emissora "fiscalizando, chateando, pressionando".

Em seguida, Evandro, ao comentar a pressão sofrida por Roberto Marinho na época das Diretas Já, relativizou o que aconteceu na imprensa brasileira durante as duas décadas da ditadura, quando dezenas de jornalistas foram presos, alguns assassinados, como Vladimir Herzog, outros tantos tiveram de se exilar, publicações críticas ao regime foram fechadas e empresas como a TV Excelsior e o Correio da Manhã foram asfixiadas pelos militares. E exagerou:

"A maior vítima da ditadura, da censura, foi a TV Globo".

Outro ex-diretor da Central Globo de Jornalismo, Alberico de Souza Cruz*, à época diretor de telejornais comunitários, sugeriu, no depoimento dado em 2003, que a cobertura restrita e apenas local do primeiro comício da campanha em Curitiba, ao contrário do que disseram as outras fontes entrevistadas pelo Memória Globo, não foi de Roberto Marinho, mas de Armando Nogueira, a quem sucederia em 1990 e por quem seria considerado um "traidor", na sequência das polêmicas em torno da cobertura feita pela emissora na eleição do presidente Fernando Collor de Mello:

"Ao mesmo tempo que o Armando mandava que eu assumisse o comando, eu sentia que o Armando não queria entrar na campanha de peito aberto, não queria, se tivesse de enfrentar o doutor Roberto".

Ao relatar uma conversa que disse ter tido com o dono da Globo, a pedido de "alguns amigos" que, como ele, teriam ficado inconformados com a suposta omissão de Armando na cobertura das Diretas Já, Alberico descreveu um Roberto Marinho irreconhecível, pelo menos se forem levados em consideração os relatos das outras testemunhas dos bastidores da Globo naquele momento:

"Eu fui conversar com o doutor Roberto, explicar pra ele o que que era a campanha das Diretas, que a Globo precisava entrar nisso. Como não foi minha surpresa, o doutor Roberto vira-se pra mim e fala assim: 'Olha, jovem, eu nunca determinei que a Globo não cobrisse eleições'. Eu falei: 'Como, doutor Roberto?'. Aí ele falou: 'Não, o que eu disse ao Boni foi o seguinte: pode cobrir, agora, com responsabilidade, sem que a TV Globo se torne instrumento de a, b ou c, porque tem muita gente'".

Em entrevista à edição da *Veja* de 5 de setembro de 1984, o próprio Roberto Marinho, ao justificar a falta de cobertura jornalística da campanha das Diretas Já pela Globo, disse que os comícios "poderiam representar um fator de inquietação nacional". Dionísio Poli*, testemunha da relutância de Marinho em autorizar a cobertura desde o primeiro comício, afirmou que o patrão só começou a dar sinais de que mudaria de opinião depois do comício da Praça da Sé:

"Aí começou realmente uma coisa que era inevitável, inevitável. Os militares estavam começando a perder mesmo energia e confiança neles mesmos. Então, este foi um episódio de relacionamento. Mas era uma coisa pessoal, não era o departamento, era eu com o doutor Roberto, e me deu muita satisfação ver o pequeno sucesso que eu tinha tido. Mas foi um mês de batalha com ele. Ele tinha muito medo, e justamente ele tinha medo, mas aí o fenômeno era importante demais, era autêntico demais, não dava. Só se saíssem matando gente".

Sucessão temporária

Ao desembarcar no Rio em meados de janeiro, logo depois de "botar o pé dentro da Globo", de volta de suas costumeiras férias no inverno europeu, Roberto Irineu foi imediatamente procurado por vários diretores da emissora, entre eles Armando Nogueira e Otto Lara Resende, todos preocupados com a desastrosa cobertura feita dias antes pela emissora, no comício da Praça da Sé. Quase quarenta anos depois, na entrevista que deu ao autor em 31 de agosto de 2023, Roberto Irineu reconstituiu o diálogo que teve com o pai naquele dia:

– Papai, como estão as coisas?

– Estou muito preocupado. Por um lado, estou sendo apertado pelo governo, me telefonam todo dia. Por outro, estou sentindo que estamos cobrindo de uma maneira distante demais.

– Cobrir nós estamos cobrindo...

– É, mas eu acho que a gente podia fazer mais. O problema é que, quando formos cobrir ao vivo, essas coisas perdem muito o controle. Um vai falando o que deve ser falado e emenda o outro dizendo que mata e arrebenta. Tem sempre um incendiário pra estragar.

– Se você quiser, eu posso coordenar isso pessoalmente, cobrindo o que é o movimento, mostrando os discursos construtivos e evitando os discursos radicais. E de ambos os lados. Tirar os discursos radicais do outro lado também.

– Seria ótimo, mas vamos conversando dia a dia.

O relato que Boni fez, sem citar qual foi a fonte, daquela reunião entre Roberto Irineu e o pai faz referência a um "momento muito tenso", uma "discussão" em que o filho mais velho "se colocou à frente" e defendeu que a emissora cobrisse normalmente a campanha das Diretas:

"O Roberto Irineu assume que não podia ser assim, que era ruim para a TV Globo, ruim para a imagem da TV Globo, que as Diretas aconteceriam de forma inexorável e que nós tínhamos que fazer as Diretas, e que não era um absurdo. E ele consegue, de alguma forma, a anuência do doutor Roberto para a gente entrar nas Diretas Já. Foi uma atitude espetacular do Roberto Irineu".

Assim como o irmão Paulo Roberto, morto num acidente de carro no *Réveillon* de 1970, aos 19 anos, na Região dos Lagos, litoral do Rio, Roberto Irineu costumava "peitar o doutor Roberto, muitas vezes com razão", segundo José Aleixo, executivo da Globo que se tornou assessor financeiro de Roberto Marinho, e que fez, para Leonencio Nossa, um perfil do relacionamento de Roberto Irineu, João Roberto e José Roberto com o pai:

"Roberto Irineu e o pai tiveram um conflito, não era uma coisa de não se falarem, de não se visitarem, não chegava a isso. Dissabores talvez do passado. Vamos dizer assim: dos três filhos, o João Roberto era talvez o que tinha mais paciência com ele. Era o mais querido. Até porque o doutor Roberto sempre gostou muito de política, e o João é o mais político de todos. Já o Zezinho era um cara da vida".

Ao ser confrontado em 2023 com o perfil dos filhos feito por Aleixo, e com o relato de Boni sobre a reunião com o pai sobre as Diretas Já, Roberto Irineu confirmou que "atritos existiam", mas ressalvou que eles se circunscreviam ao relacionamento pessoal, não ao profissional. Prova dessa distinção tinha sido, segundo ele, a decisão de Roberto Marinho, no auge de uma briga séria que ambos tiveram em 1974, de convocar o filho para participar de forma decisiva da escolha do sistema que a empresa compraria nos Estados Unidos para modernizar o parque gráfico do jornal *O Globo*. Sobre o relato de Boni, Roberto Irineu respondeu com uma pergunta ao autor:

"Tendo trabalhado no jornal e na Globo, e sabendo como era o meu pai, você acha que alguma discussão acalorada com ele terminaria comigo coordenando tudo aquilo?".

Difícil. Fato é que, pela primeira vez, desde a entrada da Globo no ar, em 1965, dezenove anos antes, e no meio de um capítulo decisivo da história política do país, Roberto Marinho abdicaria do comando pessoal direto de sua emissora. Acompanharia, à distância, o trabalho do filho mais velho, ainda que por apenas algumas semanas e, claro, sem memorandos com cópias para as diretorias e, muito menos, imagina, notas oficiais para a imprensa. Roberto Irineu ressalvou que foi uma "delegação" e que "não era a de tomar conta da Globo":

"Daí eu comecei a me envolver e decidi assumir a coordenação, com o apoio de Otto, Armando e de todos na emissora. O importante era o tom: até onde a gente iria e a partir de que momento a gente sairia. Nossa referência seriam os discursos de Tancredo Neves".

O primeiro desafio, na missão que terminaria na cobertura da votação da Emenda Dante de Oliveira, no dia 25 de abril, em Brasília, ia acontecer no cruzamento das avenidas Presidente Vargas e Rio Branco, no centro do Rio, em frente à Igreja da Candelária, no dia 10 de abril daquele mês.

O ronco da Candelária

Primeiro foram dois jipes militares com escolta armada e um general de Exército que se apresentou na portaria social da Rua Lopes Quintas na manhã do dia do comício da Candelária, 10 de abril, querendo falar com a direção da Globo. Queria saber se a emissora ia transmitir, direto, a totalidade do comício.

Ia. Muito. Não a totalidade, mas, daquela vez, de forma incomparavelmente mais livre, ainda que com algumas restrições editoriais. Seria, nas palavras de Woile Guimarães, "uma grande cobertura". Na lembrança do editor Fabio Watson*, à época integrante da equipe da Editoria Rio que trabalhou aquela manhã inteira antes de seguir para a Candelária "como cidadão", o estado de espírito dos jornalistas da emissora era completamente diferente:

"Não tinha nenhuma cobertura até aquele momento. Aí realmente foi aquilo: 'Vamos fazer a melhor cobertura de todos os tempos', todos, repórteres, editores. E era uma coisa mais cívica misturada. Era você como cidadão, como jornalista, participando de tudo aquilo".

Na resposta ao general que chegou de jipe com escolta armada, Roberto Irineu* naturalmente não entrou em detalhes sobre a grande estrutura que a Globo havia montado para a transmissão do comício da Candelária, com 2 câmeras fixas e 9 portáteis, e a participação de 25 repórteres, entre eles Sônia Pompeu, Luiz Eduardo Lobo, Samuel Wainer Filho, André Luiz Azevedo e Glória Maria, além de dezenas de técnicos, produtores e cinegrafistas:

"Eu disse ao general que estávamos nos preparando para dar *flashes* do comício e que não transmitiríamos os trechos que contivessem agressões às Forças Armadas, pois não achávamos construtivo. Discursos pela liberdade e pela democracia iriam ao ar. Se começassem a falar mal de gente, aqueles discursos radicais, não era papel da televisão divulgar, naquele momento de transição".

As horas seguintes mostrariam que os militares não ficaram satisfeitos com as informações passadas por Roberto Irineu ao general que fizera o assédio por via terrestre naquela manhã: entre quatro e meia e cinco da tarde,, momento em que *flashes* ao vivo da concentração na Candelária eram alternados, na programação da Globo, com um filme da *Sessão da Tarde*, um helicóptero militar *Bell UH-1 Iroquois*, modelo que se tornou ícone da Guerra do Vietnã, pairou à frente do décimo andar da sede da Globo, na altura da janela da sala de onde Roberto Irineu comandava pessoalmente a programação da emissora.

A Central Globo de Engenharia tinha instalado, na sala, a pedido de Roberto Irineu, um pequeno *switcher*, ligado ao controle-mestre da emissora, de onde saía o sinal da Globo para todo o país, com o diretor de TV e os operadores dirigidos por Alice-Maria e Armando Nogueira, além de monitores que mostravam a programação que as redes Bandeirantes, Manchete e SBT colocavam no ar. Também estavam na sala Boni, Roberto Buzzoni, Otto Lara Resende, Pedro Carvalho, assessor da vice-presidência, e uma testemunha ilustre e acidental que visitava a Globo naquele dia: a cineasta italiana de origem austríaca Lina Wertmüller, diretora dos filmes *Pasqualino Sete Belezas* e *Mimi, o metalúrgico*, entre outros. O "jogo dos militares", para Roberto Irineu, era "assustar":

"O helicóptero se aproximou da janela. Abriram a porta lateral, apareceu um soldado de capacete com uma metralhadora na mão. Alguns se agacharam, outros se esconderam, mas ninguém saiu correndo. Pareceu uma eternidade, mas foi entre cinco e dez minutos. Eu, sinceramente, nunca acreditei que alguém fosse atirar no décimo andar da TV Globo, mas não é agradável ter uma metralhadora apontada de um helicóptero".

Nem o coronel Paiva Chaves, executivo da emissora que fazia o vaivém entre a Globo e os generais de Brasília, conseguiria identificar, segundo Roberto Irineu, a linha de comando daquele derradeiro *raid* de intimidação do Exército Brasileiro à mobilização do jornalismo da emissora.

Derradeiro e inútil.

– É a Rede Globo. Vai ter que sair daqui.

– Olha, eu vou trabalhar e você não vai me impedir. Eu estou num transporte público. Se você quiser, você sai. Se você não se sente confortável de estar junto com uma equipe da Globo, você desce. A gente pagou passagem como você. Decide o que você quer fazer. Agora, você vai ficar com a boca calada até eu acabar de gravar.

Glória Maria, talvez preocupada com o desconto que os colegas costumavam dar para o tom superlativo que ela dava aos seus relatos, tanto diante quanto fora das câmeras, jurou "pelas duas filhas", na entrevista que deu em 2018, que foi assim mesmo que ela reagiu ao "jovenzinho de 16 ou 17 anos" que a interpelou dentro de um ônibus, durante a reportagem que ela fez sobre a participação popular no comício das Diretas Já na Candelária. Uma discussão que, segundo ela, continuou quando o "jovenzinho" a encarou, desafiador:

– Como ela fala...

– Olha aqui, é o seguinte: você cala a sua boca, porque se você não sair do ônibus a gente vai te tirar, se você não deixar eu gravar.

Glória conseguiu gravar o que queria dentro do ônibus e disse que parte da discussão foi até incluída numa edição do *Globo Repórter*. Àquela altura, ela e os outros jornalistas da Globo em todo o país já estavam, de certo modo, acostumados a ouvir, nas ruas, o slogan que já fazia parte do repertório de palavras de ordem das manifestações da campanha: "O povo não é bobo, abaixo a Rede Globo". Sabiam que não seria de uma hora para outra que uma parte da opinião pública ia esquecer o que viu ou, no caso das Diretas Já, o que não mostraram na tela da Globo.

Ainda assim, principalmente para a equipe da CGJ do Rio de Janeiro, aquele 10 de abril de 1984 foi um dia histórico e inesquecível, em especial para Ronan Soares*, então com 45 anos, editor de política do *Jornal Nacional*, e Renée Castelo Branco*, 35, editora da equipe da Globo Rio, ambos responsáveis, com o apoio de Paulino Serra, pela edição, para o *JN*, do material produzido no comício que reuniu uma multidão calculada em cerca de um milhão de pessoas em frente à Igreja da Candelária.

Veterano do *JN* e egresso dos tempos difíceis da cobertura política em Brasília como repórter da imprensa escrita, Ronan deu início ao trabalho de edição fazendo um alerta a um editor que tinha separado sonoras, ou falas, de alguns líderes sindicais que tinham estado no palanque da manifestação:

– Olha, não adianta esquentar para o lado de discurso de esquerda porque complica. A gente tem que ter muito cuidado com essa edição de hoje. Tem que ter Milton Nascimento, muita bandeira, Chico Buarque, se tiver, muita alegria, mulher bonita, garoto, garota, estudante todo colorido. É por aí a coisa.

Era o tipo de cobertura que incomodava repórteres como André Luiz Azevedo, um dos integrantes da "equipe da Candelária", para quem havia "muita espuma e pouco conteúdo, mais pelo lado do folclore, com pouca informação objetiva" no estilo da Globo de cobrir política, quando a emissora cobria. Para Ronan, no entanto, o enfoque daquele dia era muito claro:

"A minha ideia era: não, a abertura política é festa popular, é democratização. Não é revanche. Você não vai ficar com ódio de quem fez o governo militar. Eu disse para a Renée: vamos fazer a festa do comício da Candelária. Menos discurso. Discurso, só Sobral Pinto, Tancredo, a frente mesmo".

Com a aproximação do *deadline*, a hora de as fitas editadas serem entregues para a equipe técnica do *JN*, Renée começou a ficar preocupada, enquanto editava sua parte:

CAPÍTULO 17 · 641

– Ronan, já tem dois minutos e meio só na minha matéria.

– A minha deve estar com uns dois e meio também.

– Qual é o tempo que a gente tem?

– Três e meio... Renée, manda ver, deixa rolar. Falaram que a novela ia atrasar mesmo. Então, não vão cortar a matéria.

Renée, temendo cortes drásticos em sua edição, foi tantas vezes ao banheiro naquele início de noite, "de nervoso", que até desidratou:

"Fiquei tão nervosa, era quase que o destino do Brasil nas mãos da gente ali. Era mesmo, não era brincadeira".

Ronan, apesar de mais experiente, também teve motivos para ir ao banheiro quando deu de cara com Roberto Irineu e Armando Nogueira na redação, querendo saber da edição do material que, logo mais, seria assistido por dezenas de milhões de brasileiros. Sua resposta sobre a edição:

– Está bem. Está leve, está alegre, está colorida, está festiva. Não passa ideia complicada não. Acho que está indo bem.

– Então está ótimo.

A reação de Roberto Irineu, ao não pedir uma ilha de edição para conferir o conteúdo das matérias, até então só assistidas pelo trio de editores encarregados do assunto, deu a Ronan a certeza de que ele estava vivendo o momento de "maior risco" de sua longa carreira. Não precisava tanto: ao confirmar o episódio na entrevista ao autor, Roberto Irineu disse que sabia que Ronan era um editor "muito equilibrado" e confiou na avaliação dele.

No final, o comício da Candelária acabou ocupando nove minutos do *Jornal Nacional*, um tempo risível para o padrão de quinze, vinte e de até trinta minutos dedicados por algumas edições do jornal, trinta anos depois, durante meses, à Operação Lava Jato e ao Supremo Tribunal Federal. Mas inimaginável na Globo dos anos 1980.

Aquele *JN* mostrou, entre os momentos marcantes do comício, Milton Nascimento cantando "Coração de Estudante" e, como Ronan previra, terminou por invadir o horário de *Champagne*, a novela das oito da vez, transmitindo, ao vivo, a parte final da manifestação, com os discursos de Ulysses Guimarães e, para a surpresa geral, de Leonel Brizola. Isso depois de destacar o momento em que um dos 52 oradores do comício, o jurista Sobral Pinto, aos 90 anos, recitou para a multidão o paragrafo 1º do Artigo 1º da Constituição de 1967:

"Todo poder emana do povo e em seu nome é exercido".

O material produzido pelas equipes no comício ainda ocupou 16 dos 21 minutos do *Jornal da Globo* daquela noite. Antes, quando os créditos do *JN* subiram na tela, o sentimento de Renée Castelo Branco não foi diferente do que tomou conta de boa parte dos colegas:

"Foi um negócio inacreditável. E ficou lindíssimo. Ficou lindo. A gente recebendo material, fazendo como deveria ser feito, como se fosse um lugar sem censura, mesmo depois daquela desgraça lá em São Paulo. Foi uma coisa muito emocionante, nossa Senhora! Acho que essa é a coisa que eu lembro que foi mais incrível, mais marcante, de tudo que eu passei aqui. Foi muito. E nunca mais, acho".

Ronan lembrou que a emoção também tinha tomado conta das redações da Globo em outros estados.

"Eu falei assim: 'Gente, hoje a história desse país vai mudar'. Aí nós saímos, fomos para a sala do Centro de Produção Nacional. A gente abriu o microfone para os estados. São Paulo só aplaudiu. Não falou nada".

Aplaudiu, não falou nada e também se vingou da "desgraça" da Praça da Sé: seis dias depois da Candelária, na cobertura de mais um comício gigantesco, para um público agora estimado em mais de um milhão de pessoas, desta vez no Vale do Anhangabaú, a edição do *Jornal Nacional* foi quase toda dedicada às Diretas Já e a um projeto de reforma de última hora proposto pelo governo Figueiredo, estabelecendo eleições diretas para presidente, mas só em 1988.

A mobilização incluiu, só em São Paulo, segundo o livro *Jornal Nacional: a notícia faz história*, dez unidades de geração ao vivo, vinte equipes de reportagem, uma unidade móvel com *switcher* completo no local da manifestação e um helicóptero. Na lembrança de Carlos Nascimento*, a Globo, nesse dia, embora tenha transmitido os *flashes* ao vivo apenas para o estado de São Paulo, "cobriu e cobriu muitíssimo bem":

"Naquele dia a gente não só cobriu, como cobriu *over*. Começamos às seis horas da manhã e paramos às dez da noite".

Carlos Tramontina*, outro integrante da equipe, não precisou comprar rosas amarelas. Cobriu e assistiu o comício "de camarote", do alto do prédio da Eletropaulo, posteriormente transformado em sede da Prefeitura de São Paulo, e se emocionou com a equipe se abraçando no final do comício, cantando o Hino Nacional junto com a multidão e acreditando, para depois descobrir que não seria bem assim, que estava enterrando, segundo ele, "figuras nefastas para a história do país como Paulo Maluf, Jânio Quadros e Delfim Netto".

Outras decepções ainda estavam por vir.

Carga de cavalaria

Brasília, 18 de abril.

A Globo estava irreconhecível. Faltando uma semana para a votação das Diretas, já estava em curso, no embalo da produção maciça levada ao ar nos comícios da Candelária e do Vale do Anhangabaú, a preparação de um esquema inédito de cobertura política na história da emissora. Incluía até reforço das sedes do Rio e de São Paulo, que mandaram para Brasília uma unidade móvel de transmissão, jornalistas, técnicos e equipamentos. No total, uma equipe que contou com mais de cem profissionais da emissora.

Tudo para que a Globo tivesse todas as condições técnicas necessárias não apenas para produzir reportagens para os telejornais e *flashes* para a programação, mas, daquela vez, também para transmitir, ao vivo, do começo ao fim, voto a voto, deputado por deputado, a decisão da Câmara sobre a Emenda Dante de Oliveira. A preparação incluiu, segundo Roberto Irineu, até o fechamento, com tijolo e cimento, da porta de acesso ao transmissor da Globo na Torre de Brasília, para evitar uma eventual invasão dos censores do Dentel.

Naquele dia, porém, um decreto foi assinado pelo presidente João Figueiredo para ser implementado pelo então ocupante do Comando Militar do Planalto, general Newton Cruz, sob a justificativa de garantir a manutenção da ordem pública e a soberania do Congresso Nacional, permitindo, assim, que os parlamentares pudessem "decidir livremente" no dia 25 daquele mês, na hora de votar a Emenda Dante de Oliveira.

O espírito do decreto era mais ou menos o mesmo do plano que Jair Bolsonaro e os militares e civis golpistas que o cercavam tentaram colocar em prática em Brasília no dia 8 de janeiro de 2023, a pretexto de acabar com a violenta baderna que eles mesmos haviam provocado na cidade, uma semana após a terceira posse de Luiz Inácio Lula da Silva na Presidência da República: o decreto de Figueiredo instaurava um estado de emergência que estabeleceu, pelo prazo de sessenta dias, no Distrito Federal e em dez municípios de Goiás, entre outras medidas repressivas, possibilidade de detenção de pessoas em edifícios comuns, suspensão da liberdade de reunião e associação e intervenção em sindicatos e em outras organizações, além da censura prévia às emissoras de rádio e televisão.

"A gente seguiu produzindo como se estivéssemos na França. Foi uma decisão que se tomou em Brasília, no Rio, e isso enlouqueceu o pessoal do Dentel."

A referência de Antônio Britto* ao suposto enlouquecimento dos funcionários do Departamento Nacional de Telecomunicações, o Dentel, era por causa da operação de resistência que a equipe da Central Globo de Jornalismo deflagrou, assim que entrou em vigor, na capital, a censura prévia estabelecida pelo decreto do então chamado "estado de emergência".

Como todas as reportagens de televisão produzidas num raio de 250 quilômetros da Esplanada dos Ministérios tinham de ser assistidas e formalmente autorizadas pela equipe do Dentel, antes de irem ao ar, a ordem, na Globo, segundo Woile Guimarães*, era fazer os censores, com apenas duas ilhas de edição no departamento, naufragarem num mar de fitas editadas: que continham reportagens importantes da cobertura das Diretas Já e centenas de boletins cheios de "coisas as mais estapafúrdias", segundo ele. Gilnei Rampazzo* participou da operação:

"A estratégia foi encher os caras de matéria. A gente mandava fita e mais fita. Aí os caras começaram a ficar loucos, porque as outras emissoras também eram obrigadas a mandar e eles não estavam preparados para isso".

A resistência da equipe da Globo, que foi assunto até de reportagem do *Jornal do Brasil* em sua edição do dia 29 de abril, deu certo apenas parcialmente, já que boa parte do material acabou mesmo censurado. Mas, para Britto, foi também um momento especial para uma geração de jornalistas que, como ele, à época começavam a passar dos 30 anos de idade:

"Foram dias inacreditáveis nos quais a gente não podia divulgar aquilo que o país inteiro estava acompanhando. Era um exercício maluco. A gente pautava, redigia, gravava, editava, como se estivesse num país democrático, e enchia o Dentel de fita. Era motoqueiro e fita pra tudo que era lado. As pessoas estavam escrevendo por nada, redigindo por nada, gravando por nada. Foi um dos episódios mais bonitos que eu acho que a nossa geração teve, porque a gente cobria com tesão, como se estivesse ao vivo para todo o planeta".

A repórter Sônia Pompeu*, um dos reforços do Rio na cobertura do capítulo final das Diretas Já em Brasília, teve como missão, no dia 24, véspera da votação, registrar os acontecimentos nas ruas da capital sem poder mostrar ao vivo. A julgar pela exposição de motivos do decreto de emergência, àquela altura, as ruas poderiam estar ocupadas por massas descontroladas determinadas a afrontar a soberania do Congresso Nacional.

A única evidência de perturbação da ordem pública que Sônia conseguiu encontrar foi o general Newton Cruz em pessoa, com seu cavalo branco e o bastão com o qual comandou os 6 mil militares e 116 blindados destacados para garantir a implantação das medidas de emergência. Aos palavrões, ele estava enfurecido com o comportado buzinaço que alguns motoristas faziam na Esplanada dos Ministérios:

"Quando vejo, estava lá o general Newton Cruz que nem um louco, batendo com o bastão nos carros".

Mesmo sabendo que estava proibida de fazer a entrada ao vivo, Sônia relatou a situação a Wianey Pinheiro, chefe do Centro de Produção de Notícias, que também participava da cobertura:

"Perguntei ao Pinheirinho o que fazer e ele falou: 'Vamos entrar ao vivo!'. O Pinheirinho peitou e a TV Globo bancou. Deu uma confusão federal, mas nós pusemos no ar o general Newton Cruz que nem um louco com o bastão nas mãos. Uma cena dantesca".

A partir daquele episódio hípico-repressivo, Roberto Irineu disse ao autor que interrompeu os contatos telefônicos regulares que vinha fazendo com o general Newton Cruz procurando tranquilizar os militares com o compromisso de que a cobertura da Globo das Diretas Já seria cuidadosa e equilibrada.

Marilena Chiarelli, repórter da equipe da Globo em Brasília, assim como Sônia Pompeu, também tinha levantado cedo para ver como estaria o entorno da capital durante as medidas de emergência. Voltou para a redação com uma matéria de humor:

"Eu não tinha absolutamente nada. Minha matéria era até uma matéria ridícula. Cidade calma e o sujeito sentado no meio da praça, fumando um cigarro e perguntando: 'Que medida de emergência? O que é isso? Que emergência?'".

Na manhã de 25 de abril, por conta das dificuldades impostas pelo Dentel, a Globo não conseguiu levar ao ar o telejornal local *DFTV* nem o *Bom Dia Brasil*, o que levou o comando da cobertura da emissora, temendo a possibilidade de o problema voltar a acontecer no dia seguinte à votação, a determinar que o *Bom Dia Brasil* fosse produzido e transmitido pela equipe da emissora em Belo Horizonte até segunda ordem.

No Congresso, a unidade móvel da Globo começou a transmitir os acontecimentos já na parte da manhã, usando uma linha de satélite para o Rio. Álvaro Pereira*, um dos repórteres da cobertura, com o roteiro na ponta da língua, trabalhava normalmente. Mas quem assistia eram apenas as pessoas que acompanhavam Roberto Irineu em sua sala, no décimo andar da sede da Globo no Jardim Botânico:

"No fundo, estávamos fazendo uma cobertura dirigida basicamente à direção do jornalismo da Globo no Rio. Mas a gente transmitiu mesmo. Eu participei dessa transmissão como se fosse pra valer e não era pra valer, era apenas para conhecimento interno. Eu suponho que a direção alimentou, até a última hora, a perspectiva de que pudesse haver a liberação. A gente não desativou o processo que havia sido montado".

Foi inútil. Naquela noite, quando a votação começou, já depois do encerramento do *Jornal Nacional*, nem a Globo nem qualquer outra emissora teve permissão para levar ao ar, ao vivo, as imagens e as palavras dos deputados que permitiram e as dos que impediram que a Emenda Dante de Oliveira obtivesse pelo menos 320 votos, equivalentes a dois terços da Câmara. Foram 298 a favor, 65 contra, 113 ausências e 3 abstenções. Faltaram 22 votos. Os brasileiros teriam de esperar mais cinco anos, até 1989, para voltar a escolher seu presidente pelo voto.

Restaram, aos profissionais da Globo e de outras emissoras, diante da revigorada censura imposta pela ditadura à televisão, alguns protestos poéticos:

Jô Soares* ficou em silêncio durante um minuto, marcado pelo som do tique-taque de um relógio, em sua coluna no *Jornal da Globo*; Leilane Neubarth, com um broche amarelo na lapela, e Eliakim Araújo, apresentadores do *JG*, deram destaque a um protesto dos jornalistas contra a censura, deixando só para o final a informação de que era uma notícia do Chile; e Osmar Santos, locutor das Diretas Já, informou, em sua coluna no mesmo *JG*, que o som de buzinas, rojões e panelas que os telespectadores estavam ouvindo em todo o país naquela noite não era pela conquista do tetracampeonato mundial de futebol. No dia seguinte, o programa *Globo Esporte* usou, como trilha sonora de encerramento, a música "Apesar de Você", de Chico Buarque.

"Use preto pelo Congresso Nacional." A mensagem sobre o título de oito colunas "A naçao frustrada!", na capa em que a *Folha de S.Paulo* do dia 26 listou os nomes de todos os deputados que votaram "sim" e "não", antecipou as quinze páginas da cobertura dada pelo jornal à votação e disseram tudo: "Madrugada dos ausentes, o fim de um dia de esperança"; "Figueiredo ameaça com medidas mais enérgicas"; "Para Maluf, novos comícios serão atos de subversão"; "Montoro antecipa seu retorno e pede tranquilidade"; "PMDB está dividido sobre novas manifestações de rua"; e "Tancredo admite ser possível sua candidatura".

Entre os entrevistados do Memória Globo, a maioria lembrou com tristeza e consternação o desfecho da campanha e da cobertura das Diretas Já. Um tom diferente, porém, foi adotado por Alexandre Garcia* em seu depoimento dado em 2004, ao lembrar de como acompanhou os acontecimentos, ainda como repórter e comentarista da TV Manchete, em Brasília. Mesmo reconhecendo que a votação da Diretas Já tinha sido "um grande momento" que parou o país, Alexandre entrou no modo "eu já sabia":

"O dia da votação das Diretas Já, que não passou, foi um grande engodo nacional porque nós, jornalistas, sabíamos que não tinha voto pra passar e a gente ficou lá botando lenha na fogueira, inventando um milhão de pessoas na Sé, inventando um milhão de pessoas na Candelária. Todo mundo sabe que, na Sé, não cabem duzentas mil, Candelária tampouco".

Nós quem? É o que poderiam dizer muitos colegas de Alexandre na época, dentro e fora da Globo, e que, como ele, jamais poderiam garantir o que aconteceria, no placar da Câmara dos Deputados, se os parlamentares, na hora de votar a emenda das diretas, estivessem sendo mostrados ao vivo, para todo o país, como aconteceria na eleição indireta de Tancredo Neves menos de um ano depois, ou no *impeachment* de Dilma Rousseff, em agosto de 2016.

Sob ameaça de cancelamento imediato das concessões, feita pelo coronel Antonio Fernandes Neiva, diretor-geral do Dentel, as emissoras de TV tinham sido terminantemente proibidas de "identificar os votantes" e de focar, individualmente, qualquer deputado, fosse votando ou discursando. Qual o sentido da censura e do estado de sítio padrão república das bananas implantado naquela semana em Brasília, perguntariam muitos colegas de Alexandre, se a derrota da emenda das diretas era assim tão líquida e certa?

Clóvis Rossi, jornalista como Alexandre, observou, em sua reportagem para a *Folha de S.Paulo* sobre a votação, que muitos deputados governistas nem se aproximaram dos microfones do plenário, preferindo, "em clima de acentuada vergonha", votar com a bancada. Fernando Gabeira, outro colega de Alexandre, escreveu, também na *Folha*, que "o coração do Brasil não estava no plenário", acrescentando:

"Hoje não passa de um dia perdido no tempo. Nunca tive tanto orgulho de ser brasileiro como nessa semana de abril".

Era óbvio, no entanto, para qualquer jornalista com o mínimo de informação sobre os bastidores de Brasília naquele momento, incluindo Rossi e Gabeira, que muitas lideranças políticas que não eram de esquerda e que haviam participado do palanque das Diretas até torciam, discreta ou secretamente, para que a Emenda Dante de Oliveira não passasse, e já articulavam a candidatura indireta de Tancredo Neves, argumentando, num misto de justificativa com advertência, que pavimentar a vitória de um moderado como Tancredo contra o governista Paulo Maluf era a alternativa mais segura num país ainda tecnicamente submetido a uma ditadura militar.

Outro adepto do modo "eu já sabia" foi Alberico de Souza Cruz*, que em sua entrevista, em 2003, oito anos depois de ser substituído no comando da Central Globo de Jornalismo por Evandro Carlos de Andrade, deixou patente não apenas sua convicção, por "vivência na área", de que a Emenda Dante de Oliveira seria derrotada, apesar do "clima de euforia", mas sua contrariedade à ausência de Boni e ao protagonismo de Roberto Irineu, voz decisiva em sua futura demissão no comando da cobertura da campanha das Diretas Já pela Globo:

"Eu acho que nós, do jornalismo, cometemos um erro. Havia uma manifestação interna, de diretores, um pouco contra o Boni. Então, essas pessoas se uniram ao Roberto Irineu, que queria enquadrar o Boni [...] O Boni não sabia o que estava sendo feito lá [...] ele achava que aquilo não tinha que estar na sala do Roberto Irineu, era um negócio estritamente profissional. A empresa se envolvendo naquilo, o Boni não concordava muito. Então eu fiquei de fora, acompanhei, eu avisei que a votação seria aquela porque havia um clima de euforia".

A *Globo* e a *Folha de S.Paulo*, os dois veículos que mais se destacaram, por razões opostas, durante as Diretas Já, fizeram movimentos também diferentes, a partir do que aconteceu durante a campanha. A Globo, ao longo do tempo, tentaria mostrar que cobriu o movimento. E a *Folha*, logo depois da votação em Brasília, decidiu abandonar o tipo de cobertura na qual, pela descrição de Oscar Pilagallo em seu livro *O girassol que nos tinge*, "afastou escrúpulos sobre a objetividade possível do jornalismo moderno e apostou numa narrativa apaixonada, típica das antigas campanhas políticas".

O livro *Jornal Nacional: a notícia faz história*, considerado uma versão oficial da Globo sobre episódios marcantes da história de seu jornalismo, não faz uma autocrítica. Tenta contextualizar, argumentando que "a população brasileira desejava não uma cobertura, mas uma campanha pró-Diretas de grandes dimensões" na qual a emissora "se engajasse politicamente na luta por eleições diretas, que fosse não apenas a narradora comedida daqueles eventos, mas seu agente, seu fermento".

O livro alega, ainda, que "o desencontro se deu quando a Globo, condicionada pelas circunstâncias históricas da época e por um jogo de pressões políticas muito forte, decidiu manter a cobertura, ao menos inicialmente, num tom não emocional, equidistante e comedido". E conclui que "o povo brasileiro, no entanto, desde o início, soube da campanha das Diretas pela Globo".

No outro extremo da cobertura feita pelos grandes veículos de comunicação do país durante a campanha, a *Folha de S.Paulo*, após quatro meses de cobertura intensa sob comando de Otavio Frias Filho, tinha tratado o resultado da votação da Emenda Dante de Oliveira com um editorial na edição de 26 de abril sob o título "Cai a emenda, não nós", no qual descreveu os que haviam votado "não" ou se omitido como "espectros de parlamentares, fiapos de homens públicos, fósseis da ditadura".

Um mês depois, em 24 de maio, Otavio assumiria a direção de redação do jornal e uma de suas prioridades foi prepará-lo para a "fase pós-Diretas" que, segundo Oscar Pilagallo, seria marcada pelo "fim do consenso quase absoluto observado durante o auge da campanha". Em entrevista ao Centro de Pesquisa e Documentação de História Contemporânea do Brasil (CPDOC) da Fundação Getulio Vargas citada por Pilagallo, Otavio definiu a nova empreitada: "resgatar a reportagem descritiva, sem juízo de valor" e "dessentimentalizar o texto jornalístico, no sentido de escoimá-lo de uma série de subjetividades, pieguices, emocionalismos, etc.".

Roberto Irineu, ao se lembrar daquelas semanas críticas de 1984 em entrevista a este autor em agosto de 2023, primeiro fez questão de dizer que considerava "Otavinho" um escritor "brilhante" que demonstrou uma "coragem inacreditável" ao escrever, em 2003, *Queda livre: ensaios de risco*, um livro em cuja apresentação a editora Companhia das Letras informa que o autor fala de experiências radicais que incluíram tomar o chá alucinógeno do Santo Daime na Amazônia, peregrinar pelo Caminho de Santiago, na Espanha, "explorar o mundo do sexo transgressivo" e "aproximar-se do suicídio".

Depois do elogio, Roberto Irineu lamentou o comportamento de Otavio em relação à Globo na cobertura, ao publicar, além de reportagens e artigos que chegaram a tratar a atitude da emissora como "boicote" às Diretas Já, editoriais como o que afirmou que a Globo "fingiu redimir-se dos fracassos anteriores", ao não interromper a programação durante o comício do Anhangabaú, e limitar-se a *flashes* locais ao vivo sobre a manifestação:

"Naquele momento ele não foi justo conosco. Ele fez uma alavancagem em cima da Globo, na linha do 'vamos crescer em cima'. Tinha uma diferença muito grande entre veículos. Uma coisa é a palavra escrita que você lê, refletindo, e outra coisa era a emoção que o *Jornal Nacional* transmitia naquele momento para dezenas de milhões de pessoas. A televisão é muito emotiva, tem que ser mais comedida nas coberturas que faz, tratar mais de princípios do que de opiniões. A audiência que o *JN* tinha podia botar fogo no país inteiro. Era preciso ter uma responsabilidade e uma maneira de agir completamente diferente de um jornal ou de uma revista semanal".

Boni*, em sua segunda entrevista, gravada em 2014, além de falar das semanas nas quais Roberto Irineu substituiu o pai e reiterar que "ele fez o que pôde", incluiu, em seu balanço, o que chamou de "pecados graves" cometidos por Roberto Marinho, antes de ceder temporariamente o comando da emissora ao filho:

"A Globo não soube gerenciar essa dificuldade que ela tinha com relação ao poder concedente do canal que ela operava. Nós não tivemos possibilidade e o doutor Roberto não nos ouviu. Nem sei se ele podia nos ouvir".

Quarenta anos depois da campanha Diretas Já, a Globo e a *Folha de S.Paulo*, agora juntas e acompanhadas por grande parte dos jornais, revistas semanais e emissoras de televisão do país, estariam no centro de uma nova polêmica em que a mídia brasileira foi acusada não de omissão, mas de cobrir de forma exagerada, irresponsável e parcial a Operação Lava Jato, investigação contra a corrupção que começou na 13ª Vara Federal de Curitiba, situada no número 888 da Avenida Anita Garibaldi, a doze minutos, de carro, da "Boca Maldita", onde um comício marcara, em 1984, o lançamento do movimento pela volta das eleições diretas para presidente da República.

Duas bandeiras de luta inquestionáveis.

Duas campanhas que deram errado.

Duas coberturas polêmicas que, no caso da televisão, como lembraria o jornalista José Henrique Mariante, evidenciaram o eterno desafio do telejornalismo de todas as emissoras: saber a hora de ligar câmeras e microfones, mas também a hora de desligar.

ÍNDICE ONOMÁSTICO

Abdon Torres 51, 52
Adilson Pontes Malta 38, 56, 527
Adolpho Bloch 354, 542, 612-616, 629, 632
Adriana Esteves 222, 319
Adriano Reis 222
Agildo Ribeiro 28, 162, 163, 174, 175, 186, 189, 539, 548
Aguinaldo Silva 151, 222, 516, 517, 519, 520, 586, 618, 622
Alanis Guillen 26
Alberico de Souza Cruz 255, 461, 566, 569, 578, 585, 636, 648
Alberto Dines 535
Alcides Nogueira 493
Alcione Mazzeo 418
Alex Periscinoto 28
Alexandre Garcia 435, 647
Alfredo Marsillac 74, 86, 106, 108, 122, 133, 357
Ali Kamel 40, 139, 237, 255, 396, 572
Alice-Maria Tavares Reiniger (Alice; Alice-Maria) 128, 130, 132, 134, 181, 238, 255, 266, 282, 297, 310, 317, 340, 341, 342, 348-352, 358, 462, 464, 564, 569, 571, 593, 627, 628, 640
Aloysio Legey 475
Álvaro Pereira 237, 399, 400, 563, 625-627, 646
Álvaro Pereira Jr. 273
Amaral Netto 39, 40, 104-108, 132, 267, 425, 556
Amauri Soares 19, 25, 224
Amauri Torrense 394
Amaury Monteiro 181
Amilton Fernandes 60, 100
Ana Escalada 349
Ana Maria Braga 30, 162
Ana Maria Magalhães 303
Analu Prestes 333
Anderson Silva 146
André Luiz Azevedo 561, 562, 564, 565, 567, 568, 572, 579, 593, 627, 639, 641
André Midani 149, 535
Ângela Diniz 182, 523
Angela Maria 239, 470

Angela Ro Ro 407
Antonio Athayde 281, 482, 485, 533
Antônio Britto 400, 564, 565, 596, 635, 644
Antonio Calmon 183
Antonio Candido 431
Antônio Carlos Bernardes Gomes (Mussum) 375, 376
Antonio Carlos Jobim (Tom Jobim) 93, 94, 135, 258, 473
Antonio Carlos Murici 115
Antônio Delfim Netto 133, 200, 426, 427, 544, 643
Antonio Fagundes 115, 220, 222-223, 407, 409, 444, 475-480, 487-490, 612
Antonio Henrique Lago 462, 463, 465, 570, 579
Antonio Risério 263
Aracy Balabanian 38, 231, 234, 335, 364, 524
Aracy Cardoso 102
Argemiro Ferreira 29
Arlete Salles 252, 275, 365
Armando Babaioff 549
Armando Bógus 166, 231, 277, 304, 355, 363, 586, 619
Armando Costa 230, 231, 420
Armando Falcão 296, 297, 303, 342, 538
Armando Nogueira 40, 41, 66, 75, 76, 106, 108, 128, 130-134, 136, 141, 181-183, 212, 238, 239, 253, 255, 266, 270, 271, 272, 281-284, 286, 297, 298, 309, 312, 336, 341, 342, 344, 347, 348, 352, 386, 394, 397, 401, 403, 459, 464, 465, 468, 486, 500, 505, 507, 509, 513, 556, 557, 563, 565, 566, 569, 571, 573, 576-578, 587, 591, 596-598, 617, 628, 632, 633, 636, 637, 640, 624
Arnaldo Artilheiro 145
Arnaldo Bloch 612, 614
Arnaldo Jabor 408
Arnaud Rodrigues 265
Arnon de Mello 33, 34
Ary Coslov 476
Ary Fontoura 28, 101, 273, 624
Assis Chateaubriand 29, 52, 63, 64, 194, 373
Ayrton Senna (Senna) 19, 135, 147, 148, 313, 425, 432, 560

Beatriz Lyra 127

Beatriz Segall 27

Belisa Ribeiro 564

Benedito Ruy Barbosa 27, 83, 98, 100, 127, 381, 442, 534

Benevides Neto 268, 501

Bento Carneiro 263

Bernie Ecclestone 146

Berto Filho 357, 463

Bete Mendes 110, 274, 364, 436

Beto Rockfeller 29, 109-111, 113, 116, 124, 148, 164, 165, 190, 192, 223, 620

Betty Faria 152, 191, 209, 222, 250, 293, 296, 298, 300, 354, 365, 370, 519, 520

Bia Abramo 405, 406

Bill Stewart 291

Bob Marley 471

Boni (José Bonifácio de Oliveira Sobrinho) 39, 45, 46, 48, 51, 54-56, 60, 61, 75, 78-80, 83-89, 93, 95-103, 106-113, 116, 118-120, 124, 128-130, 144, 148, 150-152, 156, 160-163, 168, 172-176, 185, 188, 189, 192-194, 198, 202, 203, 206, 209-211, 216-218, 220, 222, 229, 232, 233-236, 238-242, 246-248, 250, 251, 253, 256, 257, 260, 276-278, 281, 282, 286, 293, 295-297, 299-301, 310, 311, 314-316, 323, 333, 334, 344, 346-348, 357, 359, 368, 369, 375-378, 380, 381, 384-390, 404, 406, 408, 409, 411, 412, 415, 417-419, 421-423, 434, 436, 438, 440, 450, 454, 456, 459, 464, 472, 474, 475, 482, 483, 485, 486, 488, 493, 509, 511, 516, 519, 525-536, 538, 547, 548, 557, 560-565, 573, 577, 578, 584, 589, 598, 602, 605, 609-618, 620, 623, 624, 627, 628, 630, 634-638, 640, 648, 650

Boris Casoy 608, 629

Borjalo 77, 90, 94, 111, 129, 130, 179, 185-187, 229, 238, 341, 344, 539, 347, 618

Bruno Gagliasso 549

Bruno Luperi 382

Bruno Mazzeo 265

Buza Ferraz 274, 521

Cacá Diegues 408

Caco Barcellos 467, 558, 594

Caetano Veloso 88, 95, 97, 132, 149, 258, 262, 307, 378, 408

Camila Pitanga 225, 435

Carla Camurati 489

Carlos Alberto 36, 91, 109, 162, 233, 253, 378, 441

Carlos Albuquerque 92

Carlos Amorim 180, 182, 342, 493, 612, 632

Carlos Augusto Montenegro 576, 610, 613

Carlos Augusto Strazzer 373

Carlos Dornelles 594

Carlos Drummond de Andrade 82, 184, 248, 265, 372, 378

Carlos Heitor Cony 523, 615

Carlos Henrique 400

Carlos Lacerda 31-34, 49, 52, 58, 62-64, 66, 67, 69, 70-72, 99, 105, 194, 199

Carlos Lamarca 181

Carlos Lombardi 555, 586, 599

Carlos Manga 47, 89, 265

Carlos Massa (Ratinho) 85, 169

Carlos Monforte 393, 402, 564, 567

Carlos Moreno 363

Carlos Nascimento 135, 349, 393, 402, 403, 425, 433, 435, 507, 592, 627, 643

Carlos Queiroz Telles 476

Carlos Schroder 18, 131, 162, 255

Carlos Suely 547

Carlos Tramontina 392, 402, 627, 643

Carlos Vereza 251, 275, 517

Carmen Miranda 240, 370

Carol Barcellos 108

Carolina Dieckmann 35

Carolina Lauriano 391

Cassiano Gabus Mendes 29, 109, 113, 220, 361, 362, 600

Cássio Gabus Mendes 325, 366

Celso Castro 602

Celso Freitas 135, 558, 598

Celso Ming 428

César Tralli 503,

Chacrinha (Abelardo Barbosa) 82, 86-89, 121, 123, 146, 162, 163, 168, 170-172, 186, 191, 195, 203, 207, 234-236, 239, 261, 457, 493

Charles Burke Elbrick 134, 251, 451

Chaves Machado 463

Chico Anysio 30, 45, 74, 188, 203, 236, 260-263, 265, 343

Chico Buarque de Hollanda 93, 94, 97, 132, 149, 249, 258, 434, 469, 509, 641, 647

Chico Pinheiro 268, 460, 467, 563, 568

Chico Santa Rita 401

Christiane Torloni 534, 587

Chucho Narvaez 40, 78, 106

Cicinio Cardoso Maia

Cid Moreira 77, 131, 133, 135-137, 181, 203,

210, 213, 270, 280, 281, 284, 293, 297, 298, 358, 359, 398, 456, 496, 541, 585-587, 598

Cidinha Campos 240, 243

Cintia Lopes 328, 368, 410

Ciro José 147, 308, 309, 311-315, 317, 352, 506, 507, 509, 511, 512, 532

Clara Nunes 260

Clarice Piovesan 364, 368

Cláudia Abreu 443

Claudia Jimenez 545

Cláudia Lessin Rodrigues 182

Claudia Raia 217, 354, 444, 445, 492, 546, 621

Cláudio Cavalcanti 156, 192, 322, 623

Cláudio Marzo 37, 91, 149, 151, 152, 155, 166, 197, 203, 218, 521, 522, 551

Clayton Conservani 108

Clodovil Hernandes 482, 508

Cristiana Sousa Cruz 391

Cristina Franco 350

Cristina Padiglione 223

Cristina Piasentini 349

Dagoberto Souto Maior 391

Daniel Andrade 514

Daniel Dantas 521

Daniel Filho 36, 37, 45, 60, 97-99, 101, 103, 109-113, 125, 149, 150, 152, 154-156, 178, 193, 209, 216, 224, 225, 228, 229, 238, 260, 274, 276, 293, 295, 297-299, 302, 322, 324-326, 332-335, 344, 356, 365, 367, 370, 371, 386, 404, 406-408, 410, 411, 419, 420, 422, 424, 438, 439, 445, 469-471, 481, 516, 521, 522, 526, 527, 533, 588, 616, 618

Daniel Herz 71, 571, 579

Darcy Ribeiro 612, 614

Dario Duarte 585

David Vetter 241

Débora Duarte 517, 524

Deltan Dallagnol 625

Denise Bandeira 231, 404, 406, 521-523, 545

Denise Dumont 521

Denise Saraceni 420

Dennis Carvalho 259, 334, 410, 418, 420, 550, 551

Dercy Gonçalves 38, 82, 146, 162, 170, 172,

Dias Gomes 17, 18, 101, 102, 112, 116, 153, 167, 177-179, 187, 193, 210, 245-249, 273, 274, 294-296, 298, 299, 341, 371, 411, 439, 440, 476, 488, 534, 539, 583, 589, 618, 619, 622-624, 629, 630

Dilma Rousseff 131, 180, 481, 567, 647

Dina Sfat 204, 223, 341, 356, 347, 348, 446, 492, 586

Dionísio Poli 53, 87, 159, 414, 529, 603, 604, 632, 637

Dira Paes 445

Dirceu Rabelo 390

Dirceu Soares 475

Djalma Marinho 66, 68

Djenane Machado 125, 230

Dom Paulo Evaristo Arns 403, 634

Domingos Meirelles 596

Domingos Montagner 225

Domingos Oliveira 52, 405, 481

Dorinha Duval 156, 224, 225, 294, 368, 523

Duarte Franco 144

Dulce Figueiredo 539, 629

Edgardo Erickson 39, 40-42, 75, 106, 114, 132, 383, 400, 535

Edir Macedo 61, 374

Edna Savaget 30

Edson Celulari 445

Edson Ribeiro 255

Eduardo Correa 603, 606

Eduardo Coutinho 184, 556, 557, 560

Eduardo Simbalista 496, 571

Eduardo Tornaghi 406

Edwaldo Pacote 232, 276

Elias Gleizer 322

Eliezer Motta 547

Elio Gaspari 75, 93, 114, 119, 120, 132, 133, 269, 305, 342, 573, 576

Elis Regina 94, 149, 252, 253, 257, 332, 469, 472

Elizabeth Savala 157, 277, 279, 320, 354, 363, 585

Elizangela 42, 163

Elmo Francfort 194, 205, 206, 435

Elvira Lobato 55

Ely Moreira 78, 466

Emerson Fittipaldi 147, 149, 239, 312, 425, 532

Emiliano Castor 255

Emiliano Queiroz 91, 100, 125, 149, 209, 245, 246

Epaminondas Xavier Gracindo (Gracindo Jr.) 28, 158, 209, 245, 333

Eric Rzepecki 102, 364

Erico Verissimo 322, 356, 588

Ernesto Che Guevara 78

Ernesto Geisel 41, 285, 294, 335, 371, 460, 490

Ernesto Paglia 393, 394, 402, 509, 558, 559, 580, 632, 664, 635

ÍNDICE ONOMÁSTICO · 653

Erom Cordeiro 549

Euclides Quandt 44, 69, 196

Euclydes Marinho 406, 420, 521

Eurico Carvalho 527, 529, 535

Eva Blay 486

Eva Todor 368

Eva Wilma 600

Evandro Carlos de Andrade 18, 19, 22, 41, 53, 68, 75, 107, 254, 255, 289, 298, 342, 387, 467, 468, 541, 576, 617, 636, 648

Fabbio Perez 496

Fábio Assunção 222, 443

Fabio Sabag 98

Fabio Watson 639

Fausto Silva 203, 204

Felipe Camargo 446, 554

Felipe Ruiz 585

Fernanda Barbosa Teixeira 30

Fernanda Montenegro 27, 28, 436, 550, 551, 555, 599, 600, 601, 622

Fernanda Torres 203

Fernando Barbosa Lima 77, 78

Fernando Bittencourt 45, 356, 451, 459, 614

Fernando Collor de Mello 33, 131, 135, 636

Fernando Gabeira 29, 134, 251, 648

Fernando Henrique Cardoso 135, 332, 343, 617, 634

Fernando Morais 395

Fernando Pacheco Jordão 396

Fernando Pamplona 614

Fernando Vannucci 507

Ferreira Gullar 248, 439, 476

Fidel Castro 424

Flávio Migliaccio 218, 231, 233, 265, 548

Francisco Cuoco 203, 205, 223-225, 239, 296, 297, 300, 302, 367, 368, 372, 373, 492, 587

Francisco José de Brito (Chico José) 318, 352, 497, 498, 507, 558, 560, 591, 593

Frank Sinatra 472, 475

Franklin Martins 134, 594

Fritz Utzeri 467

Fúlvio Stefanini 278

Gabriel Jacome 25

Gabriel Kondorf 141

Gabriel Priolli 136, 184

Gabriel Romeiro 426

Geneton Moraes Neto 22, 107, 255, 256, 387, 468, 541

George Moura 276, 479, 518

Geraldinho Carneiro 89, 614

Geraldo Canali 352

Geraldo Costa Manso 335, 336

Geraldo Del Rey 60, 149, 150

Geraldo Sarno 183, 556

Geraldo Vandré 93, 94, 97, 451

Germana Fernandes Barata 553

Gianfrancesco Guarnieri 195, 298, 341, 476, 477

Gilberto Braga 219, 220, 303, 328-332, 363, 381, 407, 408-412, 448, 550, 595, 602

Gilberto Gil 88, 94, 95, 132, 237, 262, 263, 307, 469, 471

Gilberto Leifert 56, 413

Gilberto Martinho 157

Gilnei Rampazzo 627, 645

Giulia Gam 445

Glauber Rocha 355, 408

Glória Magadan 59, 60, 91, 98-102, 109, 110, 112, 113, 124, 125, 148, 150, 178, 192, 305, 533

Glória Maria 74, 258, 352, 486, 497, 541, 558, 590, 591, 639, 640

Glória Menezes 37, 102, 109, 110, 148, 154, 155, 162, 209, 220, 228, 251, 279, 370, 371, 437, 599, 600

Gloria Perez 248, 422, 549, 554

Gloria Pires 219, 336, 407, 409, 411, 440, 447, 448

Glorinha Beuttenmüller 348, 349, 352, 353

Golbery do Couto e Silva 196, 247, 293, 298, 396, 467, 539, 629, 631

Gonzaga Blota 279, 370, 410, 476

Gracindo Jr. 28, 158, 209, 245, 333, 600

Guel Arraes 228, 231, 371, 599

Gustavo Dahl 183

Guta Stresser 231

Guto Graça Mello 239, 301, 469, 470, 481

Hamilton Almeida Filho 386

Hans Donner 243, 301, 359, 418, 458, 521

Haroldo Barbosa 174, 176, 186, 188, 546

Haroldo Costa 73

Hedyl Valle Jr. 317

Helen Martins 433

Helena Silveira 489, 520

Hélio Costa 241, 282, 283, 290, 292, 553

Henrique Caban 343, 572

Henrique de Souza Filho (Henfil) 252, 302, 341, 483

Henrique Martins 35, 59, 102

Heraldo Pereira 394

Herbert Fiuza 30, 44, 45, 73, 74, 207, 211, 357, 457, 615

Herbert Richers 358, 409

Hermano Henning 352, 498, 507, 558

Heron Domingues 205, 212-214, 239, 255, 283, 284, 353

Herval Rossano 126, 322, 327-331, 440, 448, 449

Hilton Gomes 31, 58, 94, 122, 123, 131, 135, 162

Homero Icaza Sánchez (El Brujo) 154, 173, 215-217, 219, 220, 222, 239, 244, 277, 372, 374, 385, 419, 421, 424, 484, 534, 573, 577

Hugo Garcia 79

Humberto Pereira 401, 425, 432, 450

Hygino Corsetti 145, 168, 170, 171, 205, 206, 210, 211

Ibrahim Abi-Ackel 460, 467, 542

Ibrahim Sued 74, 75, 106, 132, 162, 178, 253

Ida Gomes 209

Ilka Soares 51, 88, 94, 115, 142, 191, 362, 492

Ilze Scamparini 558

Irene Ravache 28, 98, 354, 483, 584, 600, 612

Irineu Marinho 32, 466

Isaac Karabtchevsky 79, 82, 379

Isabel Ribeiro 304

Isabela Scalabrini 486

Isis Valverde 224

Ivaci Matias 426

Ivan Lessa 188, 190, 233, 298, 302, 303

Ivan Lins 469

Ivani Ribeiro 60, 152, 372, 373

Iza Freaza 107, 278, 302, 366

Jacinto Figueira Júnior 118, 169, 170

Jackson Antunes 448

Jair Bolsonaro 27, 92, 151, 244, 252, 303, 360, 391, 392, 424, 476, 544, 644

Janete Clair 101, 102, 109, 112, 116, 125, 126, 148, 150, 153, 155-157, 187, 208, 219, 223, 246, 248, 250, 251, 294, 295, 298, 299, 302, 305, 334, 365, 368, 369, 371, 373, 410, 422, 436, 488

Jarbas Passarinho 114

Jardel Filho 191, 193, 525, 583, 586

Jardel Mello 439, 520

Jayme Monjardim 220

Jayme Periard 555

Jayme Sirotsky 337

Jean Philippe 563

Jim Jones 264, 290

Jimmy Cliff 469, 471, 472

Jô Soares 174, 186, 188, 203, 205, 229, 368, 415, 426, 529, 544, 545,547, 548, 608

Joana Fomm 98, 405, 407, 410, 411

João Araújo 530, 582

João Carlos Magaldi 182, 203, 297, 510, 554, 556, 613, 617, 632

João Emanuel Carneiro 123

João Gilberto 469, 470, 471

João Havelange 19, 140, 315, 319, 505

João Lorêdo 38, 65, 90, 158, 209, 238, 242

João Paiva Chaves 39, 42-44, 57, 82, 107, 340, 341, 389, 640

João Roberto Kelly 82

João Roberto Marinho 538

João Rodrigues 35, 45,48, 145, 159, 160, 174, 186, 358, 368

João Saldanha 73, 77, 85, 141, 155

Joaquim Assis 623

Joaquim Barbosa 654

Job Lorena 464, 467, 468

Joe Wallach 43, 49, 50, 53, 54, 56, 57, 67, 68, 73, 80, 87, 90, 99, 106, 107, 112, 114, 117, 118, 120, 198, 200, 202, 344, 383, 386, 388, 389, 528

Joel Barcelos 193

Joelmir Beting 428, 594, 595

Jorge Adib 222, 236

Jorge Amado 173, 179, 276, 277, 323, 331, 524

Jorge Andrade 279, 280

Jorge Ben Jor (Jorge Ben) 95, 97, 469

Jorge Coutinho 125

Jorge Fernando 404, 405

Jorge Pontual 75, 283, 284, 298, 496, 559

Jorge Serpa 201

Jorge Videla 292, 318

José Armando Vannucci 250

José Carlos Pieri 140

José de Abreu 322, 326, 328, 526, 588

José Hamilton Ribeiro 267, 268, 401, 426, 431

José Luiz Franchini 73, 281

José Mayer 356,

José Octavio de Castro Neves 160, 347

José Roberto Filippelli 423

José Roberto Wright 513

José Ulisses Arce 129, 130, 131, 160, 389, 414

José Wilker 38, 164, 165, 179, 191-193, 240, 246, 278, 341, 355, 361, 363, 492, 519, 618, 620

Jotair Assad 132, 144, 410, 556

Juarez Soares 318, 350, 352, 507, 508, 511, 514

Juca de Oliveira 370

Juliana Carneiro 323, 326

Júlio de Mesquita Filho 62

Juscelino Kubitschek (JK) 33, 338-340

Kadu Moliterno 447, 448, 531, 590

Katia Krause 105, 108

Laerte Morrone 233

Laura Capriglione 523

Laura Mattos 117, 157, 177-179, 187, 211, 245, 247, 248, 274, 297, 298, 305, 306, 487, 619, 622

Lauro César Muniz 29, 102, 176, 179, 192, 294, 297, 332, 335, 363, 368, 370, 371, 411, 437, 438, 555, 584

Lauro Corona 410, 555

Leda Nagle 350, 585, 628

Leila Cordeiro 461, 463, 486, 562

Leila Diniz 72, 102, 152, 189

Leila Miranda 262

Leilane Neubarth 66, 350, 453, 593, 628, 647

Leite Ottati 116, 117, 178

Lenita Plonczynski 420, 488

Léo Batista 141, 142, 265, 507, 515, 532

Leonardo Gryner 266, 309-312, 315, 316, 486, 506, 507, 512

Leonardo Villar 226, 279

Leonel Brizola 64, 220, 397, 547, 567, 570, 571, 573, 576, 579, 581, 582, 612, 613, 628, 642

Leonencio Nossa 32, 44, 64, 66, 201, 202, 341, 638

Leonora Bardini 25

Leticia Muhana 350

Letícia Spiller 222

Lewy Dias da Silva 585

Lilia Cabral 335, 447

Lillian Witte Fibe 135, 351, 428, 608

Lima Duarte 23, 29, 109, 110, 116, 165, 187, 191-193, 195, 246, 275, 296, 297, 300, 302, 364, 369, 434-436, 441, 442, 456, 457, 492, 618, 620, 621

Louise Cardoso 328

Lucas Battaglin 426, 429, 432

Lucas Mendes 288-290, 292, 507, 508

Lucélia Santos 328, 329, 331, 364, 404, 421

Luciana Savaget 569

Luciana Villas-Boas 221, 486

Luciano Callegari 608

Luciano do Valle 147, 310-312, 315, 507, 509-511

Lúcio Mauro 175, 176, 190, 193, 194, 231, 261, 376

Luis Carlos Cabral 462, 568, 570, 571, 579

Luís Edgar de Andrade 212, 239, 286, 340-342, 403, 450

Luís Fernando Silva Pinto 290, 402

Luis Fernando Verissimo 545

Luis Gustavo 109, 113, 164-166, 436

Luís Lara 148

Luiz Armando Queiroz 229, 231

Luiz Carlos Maciel 96, 406, 469, 556

Luiz Carlos Miele 28, 190, 239, 243, 253, 481, 531

Luiz Carlos Sá 311, 497

Luiz Eduardo Borgerth 55, 65, 84, 120, 145, 148, 199, 343

Luiz Eduardo Lobo 585, 639

Luiz Fernando Carvalho 326, 327

Luiz Fernando Lima 511

Luiz Fernando Mercadante 349, 401, 425, 463, 627

Luiz Gleiser 259, 380, 564, 568

Luiz González 566-569

Luiz Guimarães 117, 118, 122, 157, 159, 458

Luiz Henrique Rabello 462

Luiz Inácio Lula da Silva (Lula) 92, 391, 392, 394-397, 399, 567, 581, 628, 634, 644

Luiz Lobo 181, 182, 184, 239, 240, 286, 287, 529, 554

Luiz Villamarim 276, 321, 322, 551

Luiza Trajano 607

Luizinho Nascimento 237, 241, 258, 504, 513

Lula Vieira 130, 281, 384, 416

Malu Mader 219, 301, 324

Manoel Carlos 29, 100, 101, 239, 240, 420-422, 448, 529, 534, 583, 584, 595, 602

Manoel Francisco Nascimento Brito (Nascimento Brito) 33, 64

Manoel Martins 221

Marcello Antony 442, 443

Marcello Caetano 286

Marcelo Assumpção 606

Marcelo Canellas 594

Marcelo Madureira 532

Marcelo Picchi 320, 584

Marcelo Rubens Paiva 438

Márcia Clark 45, 46, 367

Marcio Sternick 391

Marco Antônio Gonçalves 269, 450, 454

Marco Antônio Rodrigues 508, 591

Marco Nanini 231, 363

Marcos Caruso 300, 436, 447

Marcos Hummel 137

Marcos Palmeira 330

Marcos Paulo 218, 354, 363, 405, 410, 445, 446, 479, 480

Marcos Uchoa 614

656 · A GLOBO | VOLUME 1

Marcos Valle 203, 234
Marcus Hummel 634
Maria Adelaide Amaral (Maria Adelaide) 220
Maria Bethânia 471, 472
Maria Bonita 515, 516
Maria Carmem Barbosa (Maria Carmem) 214, 420, 470, 515
Maria Fernanda Cândido (Maria Fernanda) 442, 443
Maria Helena Dutra 334, 436, 510, 520
Maria Helena Passos 581
Maria Zilda 550
Mariana Fontanelle 391
Mariano Boni 432
Marieta Severo 98, 231, 520
Marilena Chiarelli 41, 338, 400, 486, 564, 646
Marília Gabriela 350, 481-483, 608
Marília Pêra 37, 158, 203, 220, 240, 243, 354, 481, 521, 522, 534, 622
Marina (cantora) 472
Mario Ferreira 290
Mário Gomes 365, 366
Mário Lago 59, 60, 298, 334, 342, 366, 409
Mário Lúcio Vaz 29, 190, 220, 222, 257, 265, 368, 530, 531, 534, 555
Mario Sergio Conti 531, 631
Mariozinho Rocha 221, 533
Marisa Raja Gabaglia 239, 481
Marluce Dias da Silva 390, 527, 535
Marta Teresa Smith de Vasconcellos Suplicy 483
Maurício Kubrusly 596
Maurício Sherman 38, 50, 51, 65, 76, 90, 158, 195, 239, 259, 276, 376, 612, 614, 615
Maurício Sirotsky 208
Mauricio Stycer 123, 169, 238, 410, 411, 490, 549
Mauro Alencar 279, 599, 618
Mauro Borja Lopes 77, 341
Mauro Rychter 213, 449, 537, 538, 543, 544
Mauro Salles 51, 373
Max Nunes 174, 176, 186, 188, 229, 306, 545
Mayara Magri 444
Merval Pereira 336, 571
Michael Jackson 290
Miguel Falabella 492
Miguel Pires Gonçalves 527, 529, 573
Milton Coelho da Graça (Milton Coelho) 466, 468
Milton Gonçalves 124-127, 154, 229, 233, 248, 304-306, 326, 329, 356, 435, 476, 492
Milton Moraes 164, 165, 228, 273, 303, 405, 481

Milton Nascimento 95, 97, 258, 451, 469, 471, 641, 642
Mino Carta 413
Miro Teixeira 571, 573, 575, 576
Moacyr Franco 190, 239, 356
Monique Evans 262
Monteiro Lobato 380-382
Mounir Safatli 292, 338
Myrian Rios 587
Narciso Kalili 401
Narjara Turetta 420
Nathalia Timberg 31, 82, 100
Neide Aparecida 31
Neide Duarte 558
Nelson Gomes 108, 160, 415
Nelson Motta 77, 94, 96, 97, 149, 162, 203, 204, 234, 385, 407, 409, 412, 469, 481, 530
Nelson Piquet 148, 313, 425
Nelson Rodrigues 57, 76, 83, 141, 168, 171, 173, 325, 330, 332, 398, 473, 542
Nelson Werneck Sodré 295, 298
Nelson Xavier 517
Neuza Amaral 155, 328, 449
Newton Cruz 630, 644-646
Newton Quilichini 290, 318, 500
Ney Latorraca 280, 320, 321, 365, 524, 526
Ney Matogrosso 242, 471
Nilson Xavier 100, 109, 247, 274, 280, 361, 370, 372, 424, 438, 518, 526, 586, 589, 599, 619
Nilton Travesso 239, 481
Nívea Maria 320, 443
Norma Blum 35, 57, 58, 477, 492
Nuno Leal Maia 519, 589
Octávio Florisbal 221, 222, 512, 551, 602, 605, 607, 611
Octavio Frias de Oliveira 53, 629
Octavio Tostes 134
Odete Roitman 26, 151
Odorico Paraguassu 26
Oduvaldo Vianna 179
Oduvaldo Vianna Filho (Vianinha) 230, 231, 342
Orlando Moreira 73, 180, 313, 317
Orlando Orfei 376, 377
Oscar Niemeyer 248, 439, 612
Oscar Pilagallo 626, 629, 631, 649
Osmar Prado 151, 229
Osmar Santos 591, 631, 647
Oswaldo Junqueira Ortiz Monteiro (Ortiz Monteiro) 55

Otavio Frias Filho (Octavio Frias de Oliveira Filho) 53, 629, 630
Otto Lara Resende 30, 76, 77, 211, 388, 403, 617, 624, 637, 640
Patricia Pillar 276, 435, 479
Paulo Afonso Grisolli 230, 322, 381, 420, 422, 481, 488, 515, 558
Paulo Alberto Moretzsohn Monteiro de Barros (Artur da Távola) 302, 335, 433, 434, 489, 601
Paulo Alceu 496, 570, 578
Paulo Autran 115, 436, 599-601
Paulo Francis 243, 289, 496, 564
Paulo Gil Soares 183, 238, 286, 556, 558
Paulo Goulart 153
Paulo Gracindo 164, 167, 178, 187, 194, 239, 244-246, 278, 298, 332, 334, 335, 342, 363, 368, 439, 440, 492, 539, 589, 619, 620
Paulo Guedes 360
Paulo Henrique Amorim 581
Paulo José 115, 150, 153, 218, 226, 231, 233, 234, 303, 304, 342, 356, 404, 476, 491, 492, 588, 589, 599
Paulo Maluf 643, 647, 648
Paulo Marinho 26
Paulo Pimentel 208, 290, 385, 559
Paulo Renato Soares 391, 392
Paulo Roberto (Marinho) 30, 638
Paulo Silvino 79, 189, 190
Paulo Ubiratan 322, 355, 445, 531, 618, 621
Paulo Vieira 224
Pedro Bial 87, 258, 352, 435, 443, 557, 558, 656
Pedro Cardoso 231
Pedro Carvalho 617, 640
Pedro Jack Kapeller 615, 632
Pedro Luiz Paoliello 317
Pedro Rogério 539
Pedro Roza 566, 567, 569, 570
Pepita Rodrigues 357
Phelippe Daou 49
Pietro Mario 42
Priscila Sztejnman 549
Raul Bastos 401
Raul Cortez 342, 405, 442, 492
Raul Longras 82, 85, 86, 162, 168-170
Raul Quadros 507
Regina Blois Duarte (Regina Duarte) 149-153, 155, 157, 163, 166, 167, 203, 216, 218, 219, 223, 225, 297, 298, 321, 351, 355, 418-421, 424, 445, 472, 487, 492, 618, 620-622
Regina Echeverria 200, 582

Reginaldo Leme 314, 507
Reinaldo Azevedo 490, 491
Renata Pallottini 420
Renata Rodrigues 238
Renata Sorrah 164, 251, 304, 371
Renata Vasconcellos 27, 135, 351, 360, 379
Renato Aragão 375-378, 492
Renato Corte Real 174, 548
Renato Janine Ribeiro 549, 618
Renato Machado 290, 496, 564
Renato Pacote 112, 251
Renato Ribeiro 255, 256
Renê Xavier dos Santos 44
Renée Castelo Branco 395, 397, 628, 635, 641, 642
Reynaldo Boury 38, 48, 115, 154, 224, 446
Reynaldo Cabrera 269
Reynaldo Losso 47
Ricardo Boechat 75
Ricardo Linhares (Linhares) 219, 589
Ricardo Lisboa Pereira 562
Ricardo Pereira 22, 268, 288, 292, 293, 500-503, 507, 515, 558, 559
Ricardo Scalamandré (Scalamadré) 130, 146, 147, 148, 427, 472, 485, 598, 605-611
Ricardo Waddington 322
Richard Nixon 283, 353
Rita Lee 96, 97, 258, 407, 469, 470-472, 481
Rita Marques 451, 452
Roberto Buzzoni 186, 245, 380, 417, 527, 530, 562, 611, 613, 640
Roberto Carlos 97, 163, 185, 186, 256-258, 365, 457, 587, 612
Roberto D'Ávila 336
Roberto Feith 183, 287, 290, 498, 500, 501, 502, 557
Roberto Irineu Marinho (Roberto Irineu) 19-20, 30, 32-34, 51-53, 56, 72, 131, 132, 198, 200-202, 296, 341, 383, 386, 462, 464, 465, 484, 497, 502, 527-529, 536, 538, 540, 571, 573, 576-578, 582, 605, 612, 617, 624, 628, 630, 631, 637-640, 642, 644, 646, 648-650
Roberto Marinho (Doutor Roberto/ Dr. Roberto) 19, 26, 27, 30-34, 37, 39, 40, 41, 44, 49-57, 59-72, 78, 80, 82, 87, 99, 107, 121, 128-130, 133, 143, 144, 178, 180-182, 184, 196-202, 207, 215, 235, 255, 273, 286, 287, 290-298, 305, 315, 316, 319, 336, 340-345, 354, 369, 374, 383-389, 395, 397, 398, 400, 401, 417, 427, 459, 466-468, 529, 531,

536-542, 569, 571-573, 575-577, 579, 580, 582, 584, 596, 598, 613, 615, 616, 630, 632-638, 650

Roberto Marinho Neto 19, 319

Roberto Medina 92, 97, 473, 573

Roberto Montoro 118, 120

Roberto Saturnino Braga 66, 68, 397, 582

Roberto Talma 220, 258, 279, 280, 323, 448, 614

Rolando Boldrin 433-435

Ronald Golias 229

Ronan Soares (Ronan) 41, 339, 343, 351, 399, 400, 403, 464, 627, 635, 641-643

Rosamaria Murtinho 405, 435, 448, 657

Rosane Svartman 549, 552

Rose Nogueira 481

Rubens Amaral 28, 50, 53, 57, 67, 144

Rubens de Falco 100, 329, 330, 331

Rubens Furtado 373, 632

Ruth Albuquerque (Dona Ruth)

Ruy Castro 260, 398

Ruy Mattos 85, 86, 528

Saddam Hussein Abd 268, 500, 501, 503

Sadi Cabral 98

Samuel Wainer Filho 585, 639

Sandra Annenberg 17-19, 558

Sandra Barsotti 333

Sandra Passarinho 285, 287-289, 292, 317, 336

Sebastiao Azambuja (Sabá) 181

Sérgio Chapelin (Chapelin) 135, 203, 210, 213, 214, 254, 280, 284, 350, 353, 358, 359, 558, 586, 587, 597, 598

Sergio Gilz 22, 268, 290, 291, 454, 503, 504, 561

Sergio Moro 625

Sérgio Motta Mello (Motta Mello) 285, 291, 402

Silio Boccanera 290, 503

Silvia Pfeifer 380

Silvia Poppovic 428

Silvia Sayão 467, 559, 591

Silvio de Abreu 327, 550, 599, 601

Silvio Santos 54, 56, 86, 87, 108, 118, 122, 123, 160, 171, 172, 243, 375, 419, 490, 491, 493, 494, 539-543, 597, 598, 605-611, 629

Sônia Braga 231, 277, 278, 370, 407, 409-412, 444, 531, 621, 622

Sônia Bridi 226

Sônia Pompeu 570, 578, 639, 645, 646

Stella Goulart Marinho (Stella; Dona Stella;) 32, 82, 411, 447, 448

Stênio Garcia 304, 342, 364, 368, 475, 480, 517, 519, 595

Stepan Nercessian 265, 304, 342, 364

Suely Franco 539

Susana Naspolini 562

Susana Schild 473

Susana Vieira 29

Suzana Faini 125

Sylvio Frota 337

Tamara Leftel 270

Tamara Taxman 489

Tancredo Neves 131, 135, 268, 399, 404, 453, 568, 589, 590, 596, 626, 639, 647, 648

Tarcísio Meira 27, 36, 37, 48, 51, 102, 109, 110, 125, 148, 154, 157, 162, 228, 250, 251, 297, 305, 351, 356, 365, 367, 370, 380, 438, 550, 587-589, 600

Ted Boy Marino 145, 162

Teixeira Heizer 29, 143, 144, 441

Telmo Zanini 504, 505, 510

Teresa Cristina Rodrigues 398

Tereza Rachel 372

Thelma Reston 262

Theresa Amayo 103

Theresa Walcacer 180, 465, 564, 569

Theresinha Amayo 151

Tiago Leifert 141, 214

Tino Marcos 509

Tom Jobim 93, 94, 135, 258, 473

Tonico Ferreira 402, 558

Tonico Pereira 28

Toninho Drummond 65, 210, 293, 336-338, 383, 400, 500, 501, 503, 537, 538, 563, 565, 569, 578, 580

Tony Goes 366, 550

Tony Ramos 28, 223, 436, 492, 612

Tony Tornado 96, 127, 621

Ugo Santiago 485

Uri Geller 373

Vanda Lacerda 405

Vera Cruz 185

Vera Fischer 95, 439, 446, 455, 550, 589, 622

Veruska Donato 349

Vicente Sesso 152, 218, 436

Victor Costa 53, 55, 121

Vinicius Menezes 391

Vitor Belfort 146

Vladimir Herzog 136, 269, 409, 636

Vladimir Palmeira 180

Von Holleben 95

Wagner Moura 479

Walmor Chagas 364, 492

ÍNDICE ONOMÁSTICO · 659

Walter Avancini 102, 109, 165, 195, 224, 228, 250, 275-277, 279, 280, 319, 321, 324, 439, 491, 525, 531, 558

Walter Carvalho 276

Walter Clark 31, 33, 39, 40, 43, 44, 46, 49, 51, 54-60, 64, 67, 68, 71, 73, 77, 79-84, 87, 88, 90, 92, 97, 98, 104, 108, 109, 112, 114, 116-122, 125, 128-131, 133, 140, 142, 144, 145, 160-162, 169, 170, 172, 173, 175, 178, 193, 195, 198, 199, 202, 205, 206, 208, 211, 251, 295, 305, 342, 344, 345, 347, 359, 362, 383, 384, 386, 387, 390, 530, 535, 617

Walter George Durst 239, 276, 437, 439, 476, 524

Walter Lima Jr. 183, 556

Walther Moreira Salles (Moreira Salles) 197, 201, 202

Walther Negrão 209, 218, 221, 226, 250, 422, 492, 554, 587

Washington Novaes 410, 556

Washington Olivetto 161, 363, 416, 535, 604, 608

Wellington Moreira Franco 566, 567, 569-571, 573-576, 578, 579, 581

Wianey Pinheiro 645

William Bonner 27, 40, 135, 215, 360, 379, 391, 392, 396, 429, 451, 532

Willy Haas 158, 606, 607

Wilson Aguiar 116, 232

Wilson Simonal 97

Wilton Franco 171, 491, 492, 494

Woile Guimarães 401, 507, 564, 566, 569, 577, 578, 627, 639, 645

Wolf Maya 98

Yara Amaral 153, 409

Yara Cortes 332, 334, 335

Yoná Magalhães 36, 91, 98, 109, 110, 162, 178, 328, 439, 441, 492, 621

Yves Alves 427

Zbigniew Marian Ziembiński (Ziembinski) 99, 100, 191, 228, 250, 251, 274-276

Zeca Camargo 435

Zezé Motta 472

Zilka Salaberry 154, 157

Ziraldo 96, 188-190, 297, 421, 436

Zora Yonara 483

REFERÊNCIAS BIBLIOGRÁFICAS

Obras literárias, artigos científicos, revistas e jornais consultados

ABRAMO, Bia. Juventude em dois tempos. *Folha de S.Paulo*, 15 nov. 2009. Disponível em: https://www1.folha.uol.com.br/fsp/ilustrad/fq1511200919.htm. Acesso em: 15 set. 2024.

ALBUQUERQUE, Carlos. Rock in Rio é shopping center ao ar livre com música no cardápio. *Folha de S.Paulo*, 11 set. 2022. Disponível em: https://www1.folha.uol.com.br/ilustrada/2022/09/rock-in-rio-e-shopping-center-ao-ar-livre-com-musica-no-cardapio.shtml. Acesso em: 12 set. 2024.

ALENCAR, Mauro. *A Hollywood brasileira*: panorama da telenovela no Brasil. Rio de Janeiro: Senac, 2002.

ALONSO, Gustavo. *Simonal*: quem não tem swing morre com a boca cheia de formiga. Rio de Janeiro: Record, 2019.

AMARAL, Maria Adelaide. *Dercy de cabo a rabo*. São Paulo: Globo, 1994.

AMORIM, Carlos. Travessias e travessuras de uma indústria caótica. *In*: RODRIGUES, Ernesto. *No próximo bloco...O jornalismo brasileiro na TV e na internet*. São Paulo: Loyola, 2018. p. 19-38.

AMORIM, Paulo Henrique; PASSOS, Maria Helena. *Plim-plim*: a peleja de Brizola contra a fraude eleitoral. São Paulo: Conrad, 2005.

ANDRADE, Carlos Drummond de. *O observador no escritório*. Rio de Janeiro: Record, 1985.

ANIC, Luara Calvi. Como o Xou da Xuxa tirou do ar o primeiro programa de TV feminista do Brasil? *Gama*, 25 jun. 2021. Disponível em: https://gamarevista.uol.com.br/sociedade/como-o-xou-da-xuxa-tirou-do-ar-o-primeiro-programa-de-tv-feminista-do-brasil/. Acesso em: 16 set. 2024.

ANTENORE, Armando. Na boleia, com Pedro e Bino. *Folha de S.Paulo*, 25 maio 2003. Disponível em: https://www1.folha.uol.com.br/fsp/tvfolha/tv2505200302.htm. Acesso em: 16 set. 2024.

AUGUSTO, Sérgio. Pecado capital. *O Pasquim*, "Pasquim Tivê", ano 1976, edição 341, p. 25. Disponível em: https://memoria.bn.gov.br/docreader/DocReader.aspx?bib=124745&pagfis=11885. Acesso em: 13 set. 2024.

AUTORES: histórias da teledramaturgia. São Paulo: Globo, 2008.

BARATA, Germana Fernandes. *A primeira década da Aids no Brasil*: o Fantástico apresenta a doença ao público (1983-1992). 2006. 196 f. Dissertação (Mestrado em História) – Faculdade de Filosofia, Letras e Ciências Humanas, Universidade de São Paulo, São Paulo, 2006. Disponível em: https://www.fiocruz.br/brasiliana/cgi/cgilua.exe/sys/start.htm?infoid=458&sid=27. Acesso em: 18 set. 2024.

BASBAUM, Hersch W. *Lauro César Muniz solta o verbo*. São Paulo: Imesp, 2011. (Aplauso perfil)

BERNARDO, André; LOPES, Cintia. *A seguir, cenas do próximo capítulo*. São Paulo: Panda Books, 2009.

BEUTTENMULLER, Alberto. Tv Globo acaba com núcleo paulista. *Jornal do Brasil*, ano 1983, edição n. 341, Caderno B, "No ar", p. 5. Disponível em: https://memoria.bn.gov.br/DocReader/DocReader.aspx?bib=030015_10&Pesq=avancini&pagfis=92807. Acesso em: 18 set. 2024.

BLAY, Eva; AVELAR, Lucia. *50 anos de feminismo*: Argentina, Brasil e Chile. São Paulo: Edusp, 2022.

BLOCH, Arnaldo. *Os irmãos Karamabloch*: ascensão e queda de um império familiar. São Paulo: Companhia das Letras, 2008.

BONFIM, Êgon. História: Pássaros Feridos. *ÊHMB de Olho na TV*, 13 jun. 2016. Disponível em: https://ehmbdeolhonatv.blogspot.com/2016/06/historia-passaros-feridos.html. Acesso em: 18 set. 2024.

BORELLI, Silvia Helena Simões; PRIOLLI, Gabriel (Orgs.). *A deusa ferida*: por que a Rede Globo não é mais a campeã absoluta de audiência. São Paulo: Summus, 2000.

BORGERTH, Luiz Eduardo. *Quem e como fizemos a TV Globo*. São Paulo: A Girafa, 2003.

BRASIL. Constituição (1946). *Constituição dos Estados Unidos do Brasil*. Rio de Janeiro, 18 de setembro de 1946. Disponível em: https://www.planalto.gov.br/ccivil_03////Constituicao/Constituicao46.htm. Acesso em: 11 set. 2024.

BRAUNE, Bia; MONTEIRO, Ricardo de Goes Xavier [Rixa]. *Almanaque da TV*: histórias e curiosidades desta máquina de fazer doido. Rio de Janeiro: Ediouro, 2007.

BRITTO, Angela. *Walter Avancini*: o último artesão. Rio de Janeiro: Gryphus, 2005.

BUCCI, Eugênio. *Roberto Marinho*: um jornalista e seu boneco imaginário. São Paulo: Companhia das Letras, 2021. (Perfis brasileiros)

BUCCI, Eugênio; KEHL, Maria Rita. *Videologias*: ensaios sobre televisão. São Paulo: Boitempo, 2004. (Coleção Estado de Sítio).

CABERNITE, Leão. Televisão, subcultura a serviço da alienação. *Jornal do Brasil*, 16 jun. 1968.

CALMON, João. *O livro negro da invasão branca*: duas invasões. Rio de Janeiro: Edições O Cruzeiro, 1966.

CAPRIGLIONE, Laura. "Doca Street usa livro para lucrar à custa de minha mãe". *Folha de S. Paulo*, 06 set. 2006. Disponível em: https://www1.folha.uol.com.br/fsp/cotidian/ff0609200612.htm. Acesso em: 18 set. 2024.

CARRATO, Ângela; SANTANA, Eliara; GUIMARÃES, Juarez. *Jornal Nacional*: um projeto de poder – A narrativa que legitimou a desconstrução da democracia brasileira. Belo Horizonte: Comunicação de Fato, 2021. *E-book*.

CASTRO, Daniel. Globo é condenada por misoginia ao impor "padrão de beleza" e discriminar repórter. *Uol*, Notícias da TV, 03 abr. 2024. Disponível em: https://noticiasdatv.uol.com.br/noticia/daniel-castro/globo-e-condenada-por-impor-ditadura-da-magreza-em-sentenca-milionaria-inedita-117625?cpid=txt. Acesso em: 17 set. 2024.

CASTRO, Daniel; SCALZO, Mariana. "Vale Tudo" é a predileta das atrizes. *Folha de S.Paulo*, ano 76, n. 24.742, 29 dez. 1996. Disponível em: https://acervo.folha.com.br/digital/leitor.do?numero=13383&keyword=Roque%2CSanteiro%2CRoque%2CSanteiro&anchor=264733&origem=busca&originURL=&maxTouch=0&pd=a-10e9d1ffd48f2141b1bb4a9a3128fe2. Acesso em: 19 set. 2024.

CHACRINHA: eu vim para confundir e não para explicar. Diretores: Micael Langer e Cláudio Manoel. [*S.l.*]: Media Bridge; Globo Filmes, 2021. 88 min. Documentário.

CLARK, Walter; PRIOLLI, Gabriel. *O campeão de audiência*: uma autobiografia. São Paulo: Summus, 1991.

CONTI, Mario Sergio Conti. *Notícias do planalto*: a imprensa e o poder nos anos Collor. São Paulo: Companhia das Letras, 2012.

CORRÊA, Villas-Bôas. Depois do fantástico, soltem o João. *Jornal do Brasil*, ano 1982, edição n. 56, 1º Caderno, "Coisas da política", p. 11. Disponível em: https://memoria.bn.gov.br/DocReader/DocReader.aspx?bib=030015_10&Pesq=%22o%20povo%20e%20o%20presidente%22%20programa&pagfis=72463. Acesso em: 18 set. 2024.

COSTA, Ana Clara. *O cardeal três*: Ali Kamel e o fim de uma era. *Piauí*, n. 211, abr. 2024. Disponível em: https://piaui.folha.uol.com.br/materia/ali-kamel-e-o-fim-de-uma-era/. Acesso em: 17 set. 2024.

COSTA, Fábio. *Novela*: a obra aberta e seus problemas. São Paulo: Giostri, 2016.

DICIONÁRIO da TV Globo: programas de dramaturgia e entretenimento. Rio de Janeiro: Zahar, 2003. v. 1.

DOCA Street afirma que mereceu ser condenado. *Folha de S.Paulo*, 1 set. 2006. Disponível em: https://www1.folha.uol.com.br/fsp/cotidian/ff0109200607.htm. Acesso em: 18 set. 2024.

EGYPTO, Luiz. A Globo e a Proconsult. *Observatório da Imprensa*, n. 284, 6 jul. 2004. Disponível em: https://www.observatoriodaimprensa.com.br/memoria/a-globo-e-a-proconsult/. Acesso em: 17 set. 2024.

ESSINGER, Silvio. Há 40 anos, Frank Sinatra cantava no Maracanã. Conheça as histórias por trás do show que marcou uma geração. *O Globo*, 19 jan. 2020. Disponível em: https://oglobo.globo.com/cultura/musica/ha-40-anosfrank-sinatra-cantava-no-maracana-conheca-as-historias-por-tras-do-show-que-marcou-uma-geracao-1-24199530. Acesso em: 16 set. 2024.

FAUSTÃO SE REVOLTA e diz que não canta mais tema de fim de ano da Globo. *Folha de S.Paulo*, 12 mar. 2018. Disponível em: https://f5.folha.uol.com.br/televisao/2018/03/faustao-se-revolta-e-diz-que-nao-canta-mais-tema-de-fim-de-ano-da-globo.shtml. Acesso em: 13 set. 2024.

FEITOSA, Isaias. Rolando Boldrin abandona o mais brasileiro dos musicais da TV. *Jornal do Brasil*, ano 1984, edição n. 58, Caderno B, p. 2. Disponível em: https://memoria.bn.gov.br/DocReader/DocReader.aspx?bib=030015_10&Pesq=%22bandidos%20da%20falange%22&pagfis=121132. Acesso em: 15 set. 2024.

FILHO, Daniel. *Antes que me esqueçam*. Rio de Janeiro: Guanabara, 1988.

FILHO, Daniel. *O circo eletrônico*: fazendo TV no Brasil. Rio de Janeiro: Zahar, 2001.

FORTUNA, Maria. Por que Bolsonaro quer Regina Duarte na Cultura? *O Globo*, 18 jan. 2020. Disponível em: https://oglobo.globo.com/cultura/por-que-bolsonaro-quer-regina-duarte-na-cultura-1-24198731. Acesso em: 15 set. 2024.

FRANFORT, Elmo; VIEL, Maurício. *TV Tupi*: do tamanho do Brasil. Joinville: Clube de autores, 2022.

FREAZA, Iza. Pecado capital. *O Pasquim*, "Pasquim Tivê", ano 1975, edição n. 337, p. 21. Disponível em: http://memoria.bn.br/docreader/DocReader.aspx?bib=124745&pagfis=11597. Acesso em: 15 set. 2024.

FREIRE FILHO, João. Notas históricas sobre o conceito de qualidade na crítica televisual brasileira. *Galáxia*, n. 7, p. 85-110, abr. 2004. Disponível em: https://revistas.pucsp.br/index.php/galaxia/article/view/1364. Acesso em: 11 set. 2024.

FREIRE FILHO, João. TV de qualidade: uma contradição em termos? *In*: CONGRESSO BRASILEIRO DA COMUNICAÇÃO, XXIV, 2001, Campo Grande. *Anais...* Campo Grande: Intercom, 2001. 15 p. Disponível em: http://www.intercom.org.br/papers/nacionais/2001/papers/NP7FREIRE.PDF. Acesso em: 13 set. 2024.

FRIAS FILHO, Otavio. *Queda livre*: ensaios de risco. São Paulo: Companhia das Letras, 2003.

FRIEDRICH, Marcia *et al*. Trajetória da escolarização de jovens e adultos no Brasil: de plataformas de governo a propostas pedagógicas esvaziadas. *Ensaio: Avaliação e Políticas Públicas em Educação*, [S.l.], v. 18, n. 67, p. 389-410, abr. 2010. Disponível em: https://revistas.cesgranrio.org.br/index.php/ensaio/article/view/496. Acesso em: 17 set. 2024.

FUENTE, Anna Marie De La. "Big Brother Brazil" Hits 1.5 Billion Vote Milestone. *Variety*, Apr. 2, 2020. Disponível em: https://variety.com/2020/tv/global/big-brother-brazil-hits-15-billion-vote-milestone-1234569516/. Acesso em: 17 set. 2024.

FUENTE, Anna Marie De La. Brazil's Globo Pacts with Google Cloud in Bid to Become a Mediatech Company. *Variety*, Apr. 7, 2021. Disponível em: https://variety.com/2021/digital/global/globo-google-cloud-mediatech-company-1234945642/. Acesso em: 17 set. 2024.

GALVÃO: olha o que ele fez. Direção e roteiro: Gustavo Gomes e Sidney Garambone. [S.l.]: Globoplay, 2023. 55 min. Documentário.

GASPARI, Elio. *A ditadura encurralada*. Rio de Janeiro: Intrínseca, 2014b. (O sacerdote e o feiticeiro, 4).

GASPARI, Elio. *A ditadura envergonhada*. Rio de Janeiro: Intrínseca, 2014a. (As ilusões armadas, 1).

GLOBO Domination: Brazil's Biggest Media Firm is Flourishing with an old-fashioned business model. *The Economist*, Jun. 5th 2014. Disponível em: https://www.economist.com/business/2014/06/05/globo-domination. Acesso em: 17 set. 2024.

GUAZINA, Liziane Soares. *Jornalismo em busca da credibilidade*: a cobertura adversária do Jornal Nacional no escândalo do mensalão. 2011. 256 f., il. Tese (Doutorado em Comunicação) – Universidade de Brasília, Brasília, 2011.

HAAG, Carlos. A novela perdeu o bonde da história: cai status do gênero como lugar privilegiado de discussão das questões nacionais. *Pesquisa Fapesp*, n. 186, p. 90-93, ago. 2011. Disponível em: https://revistapesquisa.fapesp.br/wp-content/uploads/2011/08/090-093-186.pdf. Acesso em: 15 set. 2024.

HENDY, David. *The BBC*: A People's History. London: Profile Books, 2022.

HENFIL. Pecado capital. *O Pasquim*, "Pasquim Tivê", ano 1975, edição n. 337, p. 21. Disponível em: http://memoria.bn.br/docreader/DocReader.aspx?bib=124745&pagfis=11597. Acesso em: 15 set. 2024.

HERZ, Daniel. *A história secreta da Rede Globo*. Porto Alegre: Tchê!, 1987.

JAGUAR. O pecado capital. *O Pasquim*, "Pasquim Tivê", ano 1975, edição n. 338, p. 43. Disponível em: https://memoria.bn.gov.br/docreader/DocReader.aspx?bib=124745&pagfis=11695. Acesso em: 13 set. 2024.

JORNAL DO BRASIL. Rio de Janeiro, período 1980-1989. Edições consultadas: n. 04, 08, 09, 10, 12, 16, 17, 18, 19, 20, 21, 30, 32, 34, 36, 37, 36ª, 38, 40, 41, 42, 43, 46, 47, 48, 50, 51, 52, 53, 54, 55, 56, 57, 58, 59, 62, 63, 67, 68, 69, 70, 74, 76, 78, 79, 81, 85, 86, 88, 90, 97, 108, 109, 113, 115, 116, 118, 122, 128, 129, 130, 134, 139, 146, 149, 151, 154, 155, 161, 162, 167, 170, 173, 173B, 178, 179, 186, 188, 191, 192, 193, 199, 201, 205, 206, 207, 223, 232, 234, 236, 242, 246, 248, 250, 255, 260, 261, 269A, 270, 272, 275, 276, 278, 280, 282, 289, 293, 294A, 296A, 297, 300, 302, 317, 318, 331, 332B, 334, 339, 344B, 348, 349, 352, 354B, 357, 360, 451. Disponível em: https://memoria.bn.gov.br/DocReader/DocReader.aspx?bib=030015_10&pesq=%22bandidos%20da%20falange%22&pagfis=41910. Acesso em: 17 set. 2024.

KRAUSE, Katia. Amaral Netto, o Repórter: o Brasil na televisão, de 1968 a 1983. In: SIMPÓSIO NACIONAL DE HISTÓRIA, XXVII, 22 a 26 jul. 2013, Natal. *Anais...* Natal: ANPUH, 2013. 17 p. Disponível em: https://anpuh.org.br/uploads/anais-simposios/pdf/2019-01/1548874921_deb57a63a6ba26b95b460accce1249ef.pdf. Acesso em: 16 set. 2024.

LAGE, Miriam. Notícia como espetáculo: a fórmula do "Globo Repórter" que está dando certo. *Jornal do Brasil*, ano 1984, edição 10, Caderno B, p. 2. Disponível em: https://memoria.bn.gov.br/DocReader/DocReader.aspx?bib=030015_10&Pesq=espet%c3%a1culo&pagfis=118279. Acesso em: 18 set. 2024.

LESSA, Ivan. Flávio Pinto Vieira. *O Pasquim*, "Pasquim Tivê", ano 1976, edição 341, p. 25. Disponível em: https://memoria.bn.gov.br/docreader/DocReader.aspx?bib=124745&pagfis=11885. Acesso em: 13 set. 2024.

LESSA, Ivan. Ivan Lessa: Obama, Vila Sésamo e eu. *Terra*, 15 jun. 2009. Disponível em: https://www.terra.com.br/noticias/ivan-lessa-obama-vila-sesamo-e-eu,40fbe9f6e80ea310VgnCLD200000bbcceb0aRCRD.html. Acesso em: 13 set. 2009.

LESSA, Ivan. Pecado capital. *O Pasquim*, "Pasquim Tivê", ano 1975, edição 339, p. 25. Disponível em: https://memoria.bn.gov.br/docreader/DocReader.aspx?bib=124745&pagfis=11757. Acesso em: 13 set. 2024.

LICIA, Nydia. *Rubens de Falco*: um internacional ator brasileiro. São Paulo: Imprensa Oficial do Estado de São Paulo (Imesp), 2005. (Aplauso perfil).

LIMA, Isabelle Moreira. Minissérie da Globo "Amores Roubados" tenta captar o "sertão real". *Folha de S. Paulo*, 08 out. 2013. Disponível em: https://m.folha.uol.com.br/ilustrada/2013/10/1352968-minisserie-da-globo-amores-roubados-tenta-captar-o-sertao-real.shtml?mobile. Acesso em: 18 set. 2024.

LUNARDI, Rafaela. Em busca do "Falso Brilhante". Performance e projeto autoral na trajetória de Elis Regina (Brasil, 1965-1976). 2011. 310 f. Dissertação (Mestrado em História) – Faculdade de Filosofia, Letras e Ciências Humanas, Universidade de São Paulo, São Paulo, 2011. Disponível

em: https://teses.usp.br/teses/disponiveis/8/8138/tde-25102011-082846/pt-br.php. Acesso em: 17 set. 2024.

MAIA, Paulo. O primeiro musical deste ano da graça. *Jornal do Brasil*, ano 1981, edição n. 332, Caderno B, p. 2. Disponível em: https://memoria.bn.gov.br/DocReader/DocReader.aspx?bib=030015_10&Pesq=%22o%20povo%20e%20o%20presidente%22%20programa&pagfis=28407. Acesso em: 16 set. 2024.

MARKUN, Paulo. *O sapo e o príncipe*: personagens, fatos e fábulas do Brasil contemporâneo. Rio de Janeiro: Objetiva, 2004.

MARTINS, Rafael Moro; NEVES, Rafael; DEMORI, Leandro. "Um transatlântico": o namoro entre a Lava Jato e a Rede Globo. *Intercept Brasil*, 09 fev. 2021. Disponível em: https://www.intercept.com.br/2021/02/09/namoro-lava-jato-rede-globo/. Acesso em: 16 set. 2024.

MATIAS, Karina. "Malu Mulher" não votaria em Bolsonaro, afirma Daniel Filho, criador da série, que completa 40 anos. *Folha de S.Paulo*, 24 maio 2019. Disponível em: https://f5.folha.uol.com.br/televisao/2019/05/malu-mulher-nao-votaria-em-bolsonaro-afirma-daniel-filho-criador-da-serie-que-completa-40-anos.shtml. Acesso em: 15 set. 2024.

MATTOS, Laura. "O Bem-Amado" mostra que o Brasil de Bolsonaro é o mesmo dos coronéis. *Folha de S.Paulo*, 21 fev. 2021. Disponível em: https://www1.folha.uol.com.br/ilustrada/2021/02/o-bem-amado-mostra-que-o-brasil-de-bolsonaro-e-o-mesmo-dos-coroneis.shtml. Acesso em: 13 set. 2024.

MATTOS, Laura. "Roque Santeiro" revela como censura atua durante e após ditadura. *Folha de S.Paulo*, 22 set. 2019. Disponível em: https://www1.folha.uol.com.br/ilustrissima/2019/09/roque-santeiro-revela-como-censura-opera-durante-e-apos-ditadura.shtml. Acesso em: 12 set. 2024.

MATTOS, Laura. A trama oculta de "Roque Santeiro". *Folha de S.Paulo*, 26 jun. 2011. Disponível em: https://www1.folha.uol.com.br/fsp/ilustrad/fq2606201109.htm#:~:text=A%20rivalidade%20surgiu%20quando%20a,Roque%22%20n%C3%A3o%20foi%20outra%20novela. Acesso em: 19 set. 2024.

MATTOS, Laura. *Herói mutilado*: Roque Santeiro e os Bastidores da censura à TV na ditadura. São Paulo: Companhia das Letras, 2019. *E-book.*

MATTOS, Laura. Lula-Bolsonaro é novela que merecia Dias Gomes e Janete Clair juntos. *Folha de S.Paulo*, 11 mar. 2021. Disponível em: https://www1.folha.uol.com.br/ilustrada/2021/03/lula-bolsonaro-e-novela-que-merecia-dias-gomes-e-janete-clair-juntos.shtml. Acesso em: 13 set. 2024.

MATTOS, Laura. Na ditadura militar, praga que tirou a novela do público não foi um vírus, mas a censura. *Folha de S.Paulo*, 17 mar. 2020. Disponível em: https://www1.folha.uol.com.br/ilustrada/2020/03/na-ditadura-militar-praga-que-tirou-novela-do-publico-nao-foi-um-virus-mas-a-censura.shtml. Acesso em: 13 set. 2024.

MATTOS, Laura. Por que as novelas ainda são a "doce epidemia do país" mesmo há 70 anos no ar. *Folha de S.Paulo*, 17 set. 2020. Disponível em: https://www1.folha.uol.com.br/ilustrada/2020/09/por-que-as-novelas-ainda-sao-a-doce-epidemia-do-pais-mesmo-ha-70-anos-no-ar.shtml#:~:text=A%20telenovela%2C%20que%20nos%20anos,oferta%20audiovisual%20que%20parece%20infinita. Acesso em: 17 set. 2024.

MEDEIROS, Jotabê. Show de Frank Sinatra no Brasil mudou paradigmas do entretenimento no país. *Uol*, 10 dez. 2015. Disponível em: https://musica.uol.com.br/noticias/redacao/2015/12/10/show-de-frank-sinatra-no-brasil-mudou-paradigmas-do-entretenimento-no-pais.htm. Acesso em: 16 set. 2024.

MELLO, Antonio. Jornal Nacional de 1º de maio de 1981 informa que havia mais duas bombas no atentado do Riocentro. *Blog do Mello*, 1 maio 2011. Disponível em: https://www.blogdomello.org/2011/05/jornal-nacional-de-1-de-maio-de-1981.html. Acesso em: 16 set. 2024.

MEMÓRIA GLOBO. *Jornal Nacional*: a notícia faz história. 12. ed. rev. Rio de Janeiro: Zahar, 2004.

MENDES, Marcos (Org.). *Para não esquecer*: políticas públicas que empobrecem o Brasil. Rio de Janeiro: Autografia, 2022.

MIGUEL, Luis Felipe. *A eleição visível*: a Rede Globo descobre a política em 2002. *Dados – Revista de Ciências Sociais*, Rio de Janeiro, v. 46. n. 2, p. 289-310, 2003. Disponível em: https://www.scielo.br/j/dados/a/btxKtckGWqyMwv37ffNKS4M/?format=pdf&lang=pt. Acesso em: 16 set. 2024.

MIRA, Maria Celeste. *Circo eletrônico*: Silvio Santos e o SBT. São Paulo: Loyola; Olho d'água, 1995.

MONTEIRO, Denilson. *Dez, nota dez!*: Eu sou Carlos Imperial. São Paulo: Planeta, 2015.

MONTEZANO, Roberto Marcos da Silva. *Valores e a reestruturação das Organizações Globo*. 2006. Trabalho de Conclusão de Curso (Graduação em Administração) – Faculdade de Finanças e Economia, Ibmec, [S.l.], 2006.

MORAIS, Fernando. *Lula*: biografia. São Paulo: Companhia das Letras, 2021. v. 1.

MUNGIOLI, Maria Cristina Palma. A função social da minissérie Grande Sertão Veredas na construção de um sentido identitário de nação. *Comunicação & Educação*, v. XIV, n. 3, p. 37-48, set./dez. 2009. Disponível em: https://www.revistas.usp.br/comueduc/article/view/43605. Acesso em: 17 set. 2024.

NARLOCH, Leandro. A voz do Brasil – Rede Globo: mocinha ou vilã? *Superinteressante*, 14 fev. 2017. Disponível em: https://super.abril.com.br/cultura/a-voz-do-brasil. Acesso em: 17 set. 2024.

NASSIFE, Eduardo; FABRETTI, Fábio Fabrício. *40 anos de Gloria*. São Paulo: Geração, 2010.

NERCESSIAN, Stepan. Nercessian (entrevista). *O Pasquim*, ano 1978, edição n. 452, p. 7-11. Disponível em: https://memoria.bn.gov.br/docreader/DocReader.aspx?bib=124745&pesq=%22TV%20GLOBO%22&pagfis=16167. Acesso em: 15 set. 2024.

NOBLAT, Ricardo. As primeiras horas de agonia de Tancredo Neves. *Observatório da imprensa*, n. 320, 15 mar. 2005. Disponível em: https://www.observatoriodaimprensa.com.br/marcha-do-tempo/as-primeiras-horas-da-agonia-de-tancredo-neves-642/. Acesso em: 17 set. 2024.

NOGUEIRA, Marcos. O Brasil é um enorme brigadeiro gourmet. *Folha de S.Paulo*, 05 fev. 2021.

NOSSA, Leonencio. *Roberto Marinho*: o poder está no ar – Do nascimento ao Jornal Nacional. Rio de Janeiro: Nova Fronteira, 2019. *E-book*.

O GLOBO. Rio de Janeiro, período 1982-2022. Disponível em: https://oglobo.globo.com/acervo/. Acesso em: 17 set. 2024.

O PASQUIM. Rio de Janeiro, período 1969-1991. Edições consultadas: n. 009, 22, 72, 100, 116, 147, 153, 171, 173, 174, 195, 220, 255, 292, 293, 295, 306, 327, 332, 334, 337, 338, 339, 341, 342, 346, 349, 356, 357, 366, 368, 392, 405, 406, 448, 452, 462, 494, 499, 507, 565, 566, 573, 604, 614, 617, 651, 678, 715, 738, 851, 876, 955, 957, 987, 992, 993, 1005, 1022, 1038, 1039, 1044, 1046, 1059, 1064. Disponível em: https://memoria.bn.gov.br/docreader/DocReader.aspx?bib=124745&pesq=%22TV%20

GLOBO%22&pagfis=22453. Acesso em: 15 set. 2009.

OLIVEIRA NETO, Manoel Cyrillo de. Há 55 anos, guerrilheiros capturavam embaixador americano e colocavam ditadura militar de joelhos. *Holofote*, 04 set. 2024. Disponível em: https://www.holofotenoticias.com.br/politica/ha-50-anos--guerrilheiros-capturavam-embaixador-americano-e-colocavam-ditadura-militar-de-joelhos. Acesso em: 12 set. 2024.

OLIVEIRA SOBRINHO, José Bonifácio de. *O livro do Boni*. Rio de Janeiro: Casa da Palavra, 2011.

OLIVEIRA SOBRINHO, José Bonifácio de. Para Boni, acordo "Globo Time-Life" foi operação totalmente ilegal. *Portal Imprensa*, set. 2010.

OLIVETTO, Washington. *Direto de Washington*: W. Olivetto por ele mesmo. Edição extraordinária. São Paulo: Sextante, 2019. *E-book*.

O ÓPIO DO POVO. São Paulo, jan. 1968.

ORTIZ, Renato; BORELLI, Silvia Helena Simões; RAMOS, José Mário Ortiz. *Telenovela*: história e produção. 2. ed. São Paulo: Brasiliense, 1989.

OS FILHOS do direito de nascer. *Veja*, 7 maio 1969. Disponível subsidiariamente em: https://www.portalentretextos.com.br/post/maio-de--69-a-revista-veja-publica-uma-reportagem-definitiva-sobre-a-historia-das-telenovelas-no-brasil. Acesso em: 11 set. 2024.

PADIGLIONE, Cristina. De "Pantanal" às clássicas, por que as novelas agora dominam até o streaming? *Folha de S.Paulo*, 09 jul. 2022. Disponível em: https://www1.folha.uol.com.br/ilustrada/2022/07/de-pantanal-as-classicas-novelas-sao-ultima-moda-mesmo-na-era-do-streaming.shtml#:~:text=Conte%C3%BAdos%20de%20alto%20engajamento%2C%20de,de%20abordagens%20da%20sociedade%20contempor%C3%A2nea. Acesso em: 13 set. 2024.

PADIGLIONE, Cristina. Netflix faz novelas e Globo investe no streaming na briga pelo público brasileiro. *Folha de S.Paulo*, 28 ago. 2021. Disponível em: https://www1.folha.uol.com.br/ilustrada/2021/08/netflix-faz-novelas-e-globo-investe-no-streaming-na-briga-pelo-publico-brasileiro.shtml#:~:text=Netflix%20faz%20novelas%20e%20Globo,08%2F2021%20%2D%20Ilustrada%20%2D%20Folha. Acesso em: 17 set. 2024.

PALHA, Cássia Rita Louro. Televisão e política: o mito Tancredo Neves entre a morte, o legado e a redenção. *Revista Brasileira de História*, São Paulo, v. 31, n. 62, p. 217-234, 2011. Disponível em: https://www.scielo.br/j/rbh/a/rxtXS8S3Py-8j4WX7995Vf9r/?format=pdf&lang=pt. Acesso em: 17 set. 2024.

PELEIAS, Sandra. Fernanda x Autran: dois monstros sagrados num grande duelo de interpretação. *Jornal do Brasil*, ano 1983, edição n. 65, "TV", p. 8-9. Disponível em: https://memoria.bn.gov.br/DocReader/DocReader.aspx?bib=030015_10&Pesq=ofensa&pagfis=99366. Acesso em: 18 set. 2024.

PEREIRA, Andrea Cristina Martins Pereira. A minissérie Grande Sertão Veredas: de entretenimento a registro memorialístico. *Articum*, v. 14, n. 2, 2016. Disponível em: https://www.periodicos.unimontes.br/index.php/araticum/article/view/779. Acesso em: 17 set. 2024.

PILAGALLO, Oscar. *História da Imprensa Paulista*: jornalismo e poder de D. Pedro I a Dilma. São Paulo: Três Estrelas, 2011.

PINHEIRO, Dimitri. Anos rebeldes e a abertura da teleficção. *Sociol. Antropol.*, Rio de Janeiro, v. 10, n. 3, p. 907-930, set./dez. 2020. Disponível em: https://www.scielo.br/j/sant/a/d3MBHRqN-ckwXXSzJxggwh5S/?format=pdf. Acesso em: 17 set. 2024.

PINHEIRO, Felipe. Ney Gonçalves Dias lembra "TV Mulher": "Gabi e Clodovil eram inimigos". *Uol*, 27 maio 2016. Disponível em: https://tvefamosos.uol.com.br/noticias/redacao/2016/05/27/ney-goncalves-dias-lembra-tv-mulher-gabi-e-clodovil-eram-inimigos.htm. Acesso em: 16 set. 2024.

PIOVEZAN, Stefhanie. 40 anos após descoberta do HIV, médicos relembram isolamento, suicídios e estigma. *Folha de S.Paulo*, 19 maio 2023. Disponível em: https://www1.folha.uol.com.br/equilibrioesaude/2023/05/40-anos-apos-descoberta-do-hiv-medicos-relembram-isolamento-suicidios-e-estigma.shtml#:~:text=O%20contato%20com%20as%20visitas,suic%C3%Ddio%22%2C%20conta%20a%20m%C3%A9dica. Acesso em: 18 set. 2024.

PLAYBOY. São Paulo: Abril, 1983.

RAIA, Claudia; HERMANN, Rosana. *Sempre raia um novo dia*: memórias. Rio de Janeiro: HarperCollins, 2020.

RAMOS, Roberto. A ideologia da Escolinha do Professor Raimundo. Porto Alegre: EdiPUCRS, 2002. (Coleção Comunicação, 20).

RICCO, Flávio; VANNUCCI, José Armando.

Biografia da televisão brasileira. Sumaré: Matrix, 2017.

ROCHA, Maria Eduarda da Mota. O núcleo Guel Arraes, da Rede Globo de televisão, e a consagração cultural da "periferia". *Sociologia & Antropologia*, Rio de Janeiro, v. 3, n. 6, p. 557-578, nov. 2013. Disponível em: https://www.scielo.br/j/sant/a/Tyv8MZwshYKRt97MGh4d6Dh/?format=pdf&lang=pt. Acesso em: 17 set. 2024.

RODRIGUES, Ernesto. *Ayrton*: o herói revelado. São Paulo: Tordesilhas, 2024.

RODRIGUES, Ernesto. *Jogo duro*: a história de João Havelange. Rio de Janeiro: Record, 2007.

RODRIGUES, Ernesto. *No próximo bloco...* O jornalismo brasileiro na TV e na internet. São Paulo: Loyola, 2018a.

ROGRIGUES, Ernesto. *Zilda Arns*: uma biografia. São Paulo: Anfiteatro, 2018b.

ROSSI, Clóvis. Use preto pelo Congresso Nacional: a nação frustrada! *Folha de S.Paulo*, 26 abr. 1984. Disponível em: http://almanaque.folha.uol.com.br/brasil_26abr1984.htm. Acesso em: 19 set. 2024.

SANT'ANNA, Ivan. Cadeia de erros: como e por que o Legacy da Embraer bateu no Boeing da Gol e matou 154 pessoas. *Piauí*, edição 57, jun. 2011. Disponível em: https://piaui.folha.uol.com.br/materia/cadeia-de-erros/. Acesso em: 16 set. 2024.

SANTA CRUZ, Lucia. 50 anos de jornalismo da Globo: recordar para reafirmar. *Revista Observatório*, v. 3, p. 365-391, 2017.

SANTOS, Angela Marina Bravin dos. A suposta supremacia da fala carioca: uma questão de norma. *In*: CONGRESSO NACIONAL DE LINGUÍSTICA E FILOLOGIA, VII, 2003, Rio de Janeiro. *Anais...* Rio de Janeiro: Cadernos do CNFL, 2003. p. 69-76.

SCARDUELLI, Paulo. *Ayrton Senna*: herói da mídia. São Paulo: Brasiliense, 1995.

SÉRGIO, Renato. *Bráulio Pedroso*: audácia inovadora. São Paulo: Imesp, 2011. (Aplauso perfil).

SILVA, Adriana Ferreira. Camila Pitanga relembra morte de Domingos Montagner: "Lido com a dor até hoje". *Marie Claire*, 28. jun. 2019. Disponível em: https://revistamarieclaire.globo.com/Mulheres-do-Mundo/noticia/2019/06/camila-pitanga-relembra-morte-de-domingos-montagner-lido-com-dor-ate-hoje.html. Acesso em: 13 set. 2024.

SILVA, Adriano. *Treze meses dentro da TV*: uma aventura corporativa exemplar. Rio de Janeiro: Rocco, 2017.

SILVA, Bruno. Programa do SBT transmitiu morte de bebê ao vivo, foi duramente criticado e saiu do ar pouco tempo depois. *TV Foco*, 16 set. 2022. Disponível em: https://www.otvfoco.com.br/programa-do-sbt-transmitiu-morte-de-bebe-ao-vivo-foi-duramente-criticado/. Acesso em: 16 set. 2024.

SILVA, Fernando de Barros e. Roberto Carlos lança o Natal da reeleição. *Folha de S.Paulo*, 08 dez. 1996. Disponível em: https://www1.folha.uol.com.br/fsp/1996/12/08/tv_folha/1.html. Acesso em: 13 set. 2024.

SILVA, Pierre Normando Gomes da Silva; GOMES, Eunice Simões Lins. Eternamente jovem: corpo malhado, ficção televisual e imaginário. *Pensar a Prática*, Goiânia, v. 11, n. 2, p. 197-207, 2008. Disponível em: https://revistas.ufg.br/fef/article/view/1795. Acesso em: 17 set. 2024.

SILVEIRA, Mauro José de Souza. *O Caso Proconsult*: embates na apuração das eleições para o governo fluminense em 1982. 2018. 138 f. Dissertação (Mestrado em Bens Culturais e Projetos Sociais) – Centro de Pesquisa e Documentação de História Contemporânea do Brasil, Rio de Janeiro, 2018. Disponível em: https://repositorio.fgv.br/items/b96ec8d4-49d3-4d42-a267-168249835975. Acesso em: 18 set. 2024.

SOARES, Jô; SUZUKI JR., Matinas. *O livro de Jô*: uma autobiografia desautorizada. São Paulo: Companhia das Letras, 2017. v. 1.

SOARES, Jô; SUZUKI JR., Matinas. *O livro de Jô*: uma autobiografia desautorizada. São Paulo: Companhia das Letras, 2018. v. 2.

SOUZA, Florentina das Neves. Espetáculo e escândalo na cobertura política do Jornal Nacional. *Líbero*, v. X, n. 20, p. 139-149, dez. 2007. Disponível em: https://seer.casperlibero.edu.br/index.php/libero/article/view/652. Acesso em: 18 set. 2024.

SOUZA, Tárik de. O som nosso de cada dia. *Jornal do Brasil*, ano 1981, edição n. 161, Caderno B, p. 6. Disponível em: https://memoria.bn.gov.br/DocReader/DocReader.aspx?bib=030015_10&Pesq=%22bandidos%20da%20falange%22&pagfis=39957. Acesso em: 15 set. 2024.

STYCER, Mauricio. Enfrentando o racismo. *Folha de S.Paulo*, 05 jan. 2020.

STYCER, Mauricio. Novelas pagam preço alto por acenos da Globo a evangélicos e agronegócio. *Blog do Paulinho* [originalmente publicado na *Folha de*

S.Paulo], 18 maio 2023. Disponível em: https://blogdopaulinho.com.br/2023/05/18/novelas-pagam-preco-alto-por-acenos-da-globo-a-evangelicos-e-agronegocio/. Acesso em: 18 set. 2024.

STYCER, Mauricio. *Topa tudo por dinheiro*: as muitas faces do empresário Silvio Santos. São Paulo: Todavia, 2018. *E-book*.

TÁVOLA, Artur da. Fernanda Montenegro, as tortas, Paulo Autran e o pastelão em TV. *O Globo*, 21 jun. 1983. Disponível em: https://oglobo.globo.com/acervo/. Acesso em: 18 set. 2024.

TÚNEL DO TEMPO: Novela das 10 com baixa audiência na Globo. [*Veja*, 20 set. 1972]. Disponível em: https://audienciadatvmix.wordpress.com/2015/05/08/tunel-do-tempo-novela-das-10-com-baixa-audiencia-na-globo/. Acesso em: 13 set. 2024.

VEJA. São Paulo: Abril, período 1968-2021. Edições consultadas: n. 37, 97, 190, 194, 232, 236, 243, 320, 428, 429, 467, 476, 477, 480, 484, 529, 532, 636, 642, 718, 745, 752, 856, 876, 887, 966, 1186, 1242, 1243, 1253, 1251, 1260, 1271, 1274, 1275, 1289, 1295, 1296, 1301, 1304, 1311, 1312, 1314, 1343, 1373, 1375, 1388, 1474, 1482, 1489, 1491,1524, 1550, 1563A, 1579, 1587, 1596, 1600, 1613, 1620, 1623, 1624, 1631, 1635, 1649, 1657, 1658, 1662, 1663, 1671, 1676, 1691, 1697, 1699, 1702, 1703, 1704, 1706,1714, 1717, 1718, 1725, 1727, 1739, 1742, 1745, 1751, 1755, 2288, 2319, 2334, 2348, 2349, 2352, 2356, 2367, 2375, 2382, 2392, 2405, 2449, 2527, 2528, 2539, 2656, 2661, 2664, 2721, 2762. Disponível em: https://veja.abril.com.br/acervo. Acesso em: 17 set. 2024.

VIEIRA, Flávio Pinto Vieira. O pecado capital. *O Pasquim*, "Pasquim Tivê", ano 1975, edição n. 338, p. 43. Disponível em: https://memoria.bn.gov.br/docreader/DocReader.aspx?bib=124745&pagfis=11695. Acesso em: 13 set. 2024.

WOLTON, Dominique. *Elogio do grande público*: uma teoria crítica da televisão. São Paulo: Saraiva, 1996.

XAVIER, Nilson. Anjo Mau (1976). *Teledramaturgia*, [s.d]. Disponível em: https://observatoriodatv.com.br/teledramaturgia/anjo-mau-1976/. Acesso em: 15 set. 2024.

XAVIER, Nilson. Teledramaturgia. Disponível em: http://teledramaturgia.com.br. Acesso em: 26 set. 2024.

XEXÉO, Artur. *Janete Clair*: a usineira de sonhos. Rio de Janeiro: Relume Dumará, 1996. (Perfis do Rio).

XEXÉO, Artur. Minha história da televisão. *O Globo*,13 set. 2020. Disponível em: https://oglobo.globo.com/cultura/minha-historia-da-televisao-24636217. Acesso em 11 set. 2024.

XEXÉO, Artur; STYCER, Mauricio. *Gilberto Braga*: o Balzac da Globo – Vida e obra do autor que revolucionou as novelas brasileiras. Rio de Janeiro: Intrínseca, 2024.

ZORZI, André Carlos. Dia da Consciência Negra: a presença do negro em novelas da TV. *O Estado de S. Paulo*, 20 nov. 2019. Disponível em: https://www.estadao.com.br/emais/tv/dia-da-consciencia-negra-a-presenca-do-negro-em-novelas-na-tv/. Acesso em: 17 set. 2024..

Entrevistas inéditas concedidas ao autor

Amauri Soares; Antônio Henrique Lago; Armando Strozemberg; Boni; Carlos Augusto Montenegro; Carlos Nascimento; Carlos Schroder; Cicinio Cardoso Maia; Décio Coimbra; Edson Nascimbeni; Eduardo Correa; Eduardo Faustini; Érico Magalhães; Ernesto Paglia; Evandro Guimarães; Fabbio Perez; Fabio Watson; Franklin Martins; George Moura; Gilberto Carvalho; Gilberto Leifert; Helena Chagas; Heloísa Machado; Hugo Garcia; João Bosco Franco; João Luiz Faria Neto; João Ramalho; João Roberto Marinho; José Luiz Villamarin; José Roberto Marinho; Juliana Carneiro; Luis Erlanger; Luizinho Nascimento; Lula Vieira; Merval Pereira; Mônica Labarthe; Octávio Florisbal; Octavio Tostes; Paulo Zero; Pedro Bial; Regina Varella; Ricardo Pereira; Ricardo Scalamandré; Roberto Cabrini; Roberto Irineu Marinho; Salles Neto; Sandra Annenberg; Sergio Gilz; Silvio de Abreu; Sônia Bridi; Ugo Santiago; Washington Olivetto; Willy Haas.

Além dos nomes acima listados, outros dez entrevistados que deram informações para este livro, entre eles profissionais que trabalharam ou ainda trabalham na Globo, pediram que seus nomes não fossem revelados.

Entrevistas consultadas no Memória Globo

Adriana Esteves; Agildo Ribeiro; Aguinaldo Silva; Alberico Souza Cruz; Albert Alcoulumbre; Alcides Nogueira; Alessandra Negrini; Alex Escobar; Alexandre Arrabal; Alexandre Garcia; Alexandre Nero; Alfredo Marsillac; Ali Kamel; Álvaro Pereira; Amauri Soares; Ana Lucia; Ana Luiza; Ana

Maria Braga; Ana Paula; Ana Paula Araujo; Ana Rosa; Anco Saraiva; André Luiz Azevedo; Andréa Beltrão; Andréia Sadi; Angélica; Antonio Athayde; Antonio Britto; Antonio Fagundes; Aracy Balabanian; Arlete Salles; Armando Augusto Nogueira; Armando Nogueira; Arnaldo Cezar; Ary Fontoura; Ary Nogueira; Beatriz Segall; Benedito Ruy; Bete Mendes; Beth Filipecki; Betty Faria; Boni; Borgerth; Borjalo; Bruno Gagliasso; Bussunda; Buzzoni; Caco Barcelos; Camila Pitanga; Cao Albuquerque; Carla Vilhena; Carlos Absalão; Carlos Alberto; Carlos Henrique; Carlos Lombardi; Carlos Manga; Carlos Monforte; Carlos Nascimento; Carlos Schroder; Carlos Tramontina; Carlos Vereza; Carolina Dieckmann; Cássia Kis; Cássio Gabus; César Tralli; Chico Anysio; Chico Pinheiro; Chico Spinoza; Christiane Torloni; Chucho Narvaez; Cid Moreira; Ciro Jose; Claudia Bomtempo; Claudia Raia; Cláudio Cavalcanti; Claudio Manoel; Claudio Marzo; Clayton Conservani; Cléber Machado; Cristina Aragao; Cristina Piasentini; Custodio Coimbra; Daniel Filho; Debora Bloch; Débora Duarte; Débora Falabella; Deborah Evelyn; Deborah Secco; Dedé Santana; Denise Bandeira; Dhu Moraes; Diogo Vilela; Dionísio Poli; Dira Paes; Domingos de Oliveira; Domingos Meirelles; Dorinha Duval; Duca Rachid; Edney Silvestre; Edson Celulari; Eduardo Moscovis; Eduardo Salgueiro; Elias Gleizer; Elizabeth Savala; Elizangela; Emilia Duncan; Emiliano Queiroz; Eric Faria; Eric Hart; Erick Brêtas; Érico Magalhães; Ermelinda Rita; Ernesto Paglia; Euclydes Marinho; Eugenia Moreyra; Eva Todor; Eva Wilma; Evandro Carlos de Andrade; Evandro Mesquita; Evarisco Costa; Fabbio Perez; Fábio Assunção; Fabio Sabag; Fabio Watson; Fátima Bernardes; Fausto Silva; Fernanda Gentil; Fernanda Montenegro; Fernanda Torres; Fernando Bittencourt; Fernando Gueiros; Fernando Molica; Fernando Rocha; Flávia Alessandra; Flávio Migliaccio; Francisco Cuoco; Francisco Jose; Geneton Moraes Neto; Geraldo Carneiro; Geraldo Case; Gilberto Braga; Gilberto Leifert; Gilnei Rampazzo; Giovanna Antonelli; Giuliana Morrone; Glenda Kozlowski; Glória Maria; Glória Menezes; Gloria Perez; Gloria Pires; Glorinha Beutenmüller; Gogoia Sampaio; Gracindo Jr; Graziela Azevedo; Guel Arraes; Hans Donner; Helena Gastal; Helio Alvarez; Hélio Costa; Helio de La Peña; Heraldo Pereira; Herbert Fiuza; Herval Rossano; Homero Icaza; Hugo Carvana; Humberto Martins; Humberto Pereira;

Ida Gomes; Ilka Soares; Ilva Niño; Ilze Scamparini; Irene Ravache; Isabela Garcia; Jo Soares; Joana Fomm; João Araújo; João Emanuel Carneiro; João Lorêdo; João Paiva; João Pedro; João Roberto; Joao Rodrigues; Joe Wallach; Jorge Fernando; Jorge Nóbrega; Jorge Pontual; José Augusto; José Bonifácio de Oliveria Sobrinho; José de; José Gabriel Chagas Chaguinha; José Hamilton; Jose Lewgoy; José Luiz; José Mayer; Jose Raimundo; Jose Ricardo; José Roberto Burnier; José Wilker; Jotair Assad; Juarez Soares; Juca de; Juliana Paes; Julio Mosquéra; Kadu Moliterno; Laura Cardoso; Lauro César Muniz; Léa Garcia; Leda Nagle; Leilane Neubarth; Léo Batista; Leonardo Gryner; Lessa de Lacerda; Leticia Muhana; Licia Manzo; Lilia Cabral; Lilia Teles; Liliana Nakonechnyj; Lima Duarte; Lucas Bataglin; Lucas Mendes; Lucélia Santos; Luciana Savaget; Luciano do Valle; Luciano Huck; Lúcio Mauro; Luís Edgar; Luis Erlanger; Luis Ernesto; Luis Gustavo; Luis Roberto; Luís Lara; Luiz Carlos Miele; Luiz Cláudio; Luiz Fernando; Luiz Fernando Avila; Luiz Fernando Lima; Luiz Gleiser; Luiz Guimarães; Luiz Henrique Rabello; Luiz Lobo; Luiz Nascimento; Luiz Quilião; Maitê Proença; Malu Mader; Manoel Carlos; Marcel Souto Maior; Marcelo Assumpção; Marcelo Canellas; Marcelo Lins; Marcelo Madureira; Marcelo Matte; Marcelo Moreira; Márcia Clark; Márcia Monteiro; Marco Antonio Gonçalves; Marco Antônio Rodrigues; Marco Nanini; Marcos Caruso; Marcos Losekann; Marcos Palmeira; Marcos Paulo; Marcos Schechtman; Marcos Uchoa; Maria Adelaide Amaral; Maria Beltrão; Maria Carmem; Maria Thereza Pinheiro; Mariana Ferrão; Mariana Ximenes; Mariano Boni; Marieta Severo; Marilena Chiarelli; Marília Carneiro; Marília Pêra; Mario de Moraes; Mário Lago; Mário Lobo Zagallo; Mário Lucio; Marisa Orth; Marita Graça; Marluce Dias da Silva; Matheus Nachtergaele; Mauricio Kubrusly; Maurício Sherman; Mauro Mendonça; Mauro Naves; Mauro Rychter; MauroSalles; Max Nunes; Miguel Falabella; Milton Gonçalves; Mônica Labarthe; Monica Sanches; Mounir Safatli; Mylena Ciribelli; Nathalia Timberg; Nelson Gomes; Nelson Motta; Nelson Sirotsky; Nereide Beirão; Neuza Amaral; Newton Quilichini; Ney Latorraca; Nicette Bruno; Nilton Nunes; Nívea Maria; Norma Blum; Nuno Leal Maia; Octávio Florisbal; Orlando Moreira; Osmar Prado; Otávio Augusto; Patrícia Poeta; Paula Saldanha; Paulo Goulart; Paulo José; Paulo Lois; Paulo Pimentel; Paulo Renato; Paulo Silvino;

Paulo Zero; Pedro Bassan; Pedro Bial; Pedro Paulo; Pedro Paulo Rangel; Pedro Rogério; Phelippe Daou; Pietro Mario; Planilha Exemplo; Priscila Fantin; Raul Cortez; Regina Casé; Regina Duarte; Reginaldo Faria; Reginaldo Leme; Reinaldo Figueiredo; Renata Rodrigues; Renata Sorrah; Renata Vasconcellos; Renato Aragão; Renato Machado; Renato Ribeiro Soares; Renée Castelo; Reynaldo Boury; Reynaldo Cabrera; Ricardo Linhares; Ricardo Pereira; Ricardo Scalamandré; Ricardo Villela; Rita Marques; Robert Feith; Roberto Bomfim; Roberto Buzzoni; Roberto D'Ávila; Roberto Irineu Marinho; Roberto Kovalick; Roberto Schmidt; Roberto Talma; Rodrigo Lombardi; Rogerio Marques; Ronan Soares; Rosa Magalhães; Rosamaria Murtinho; Rosane Araujo; Ruth de Souza; Ruy Mattos; Sandra Annenberg; Sandra Moreyra; Sandra Passarinho; Segisnando Alencar; Selma Lopes; Selton Mello; Serginho Groisman; Sergio Chapelin; Sergio Gilz; Sergio Motta Mello; Sidney Garambone; Silio Boccanera; Silvia Faria; Silvia Sayão; Silvio de Abreu; Simone Duarte; Sônia Bridi; Sônia Soares; Stênio Garcia; Suely Franco; Susana Naspolini; Susana Vieira; Tadeu Schmidt; Tarcísio Meira; Teixeira Heizer; Telmo Zanini; Teresa Cavalleiro; Thelma Guedes; Theresa Walcacer; Thiago Lacerda; Tiago Leifert; Tino Marcos; Tonico Ferreira; Tonico Pereira; Toninho Drummond; Tony Ramos; Valmir Salaro; Vera Fischer; Vera Holtz; Vera Iris Paternostro; Vivian Rodrigues; Vladimir Netto; Wagner Moura; Walther Negrão; Willem Van; William Bonner; William Waack; Willy Haas; Woile Guimaraes; Wolf Maya; Yoná Magalhães; Zeca Camargo; Zeca Viana; Zileide Silva; Zilka Salaberry.

Este livro foi composto com tipografia Adobe Garamond Pro
e impresso em papel Off-White 70g/m² na Formato Artes Gráficas.